발달심리학

DEVELOPMENTAL PSYCHOLOGY

성현란 · 성은현 · 장유경 · 정명숙 · 박혜원 · 이현진
정윤경 · 김혜리 · 송현주 · 유　경 · 유연옥　공저

학지사

머리말

    우리는 살면서 사람에 대해 기본적으로 다음과 같은 다양한 의문을 가지고 있다. 아이가 태어나서 성장하는 동안 연령대에 따라 생각이나 행동이 어떻게 달라질까? 어떤 사람은 지능이 높은데 다른 사람은 왜 그렇지 않을까? 아동기의 지능이나 성격은 나이가 들어서도 유지될까, 아니면 변화할까? 한 아이의 지능이나 성격은 유전적 특징 때문일까, 아니면 가정에서의 양육 때문일까? 이 외에도 성인기 이후에 지적 능력은 계속 증가할까, 아니면 감소할까? 아이들은 엄하게 키워야 할까, 아니면 자유롭게 키워야 할까? 발달심리학이라는 학문은 이러한 본질적 질문에 답하기 위해 연구하는 학문이다. 이 책의 저자들은 젊은 날에 이론적 측면과 실용적 측면 모두를 탐구하는 발달심리학에 매료되어 지금까지 발달심리학을 배우고, 연구하고, 가르쳐 왔다.

    최근 한국에서도 수많은 발달심리학 교과서가 출판되고 있다. 그럼에도 불구하고 이 책을 쓰게 된 것은 저자들이 수십 년간 발달심리학을 연구하고 강의해 온 경험을 살려 발달심리학에서 강조하고자 하는 내용을 제공하고 싶었기 때문이다. 더 나아가, 최근의 이론과 국내의 연구 결과들을 소개하고, 발달심리학과 관련된 최근 실생활에서의 이슈들을 다루고 싶었기 때문이다. 이 책은 심리학을 전공하는 학부생이나 대학원생뿐만 아니라 타 전공의 학생들에게도 인간의 발달에 관해 이론적이고 실용적인 도움을 줄 것으로 생각한다.

인간의 발달을 체계적으로 기술하고자 할 때에는 크게 두 가지 차원을 고려해야 한다. 즉, '발달 단계에 따른 변화의 차원'과 '발달 영역 또는 주제에 따른 차원'의 두 가지가 있는데, 어느 쪽을 축으로 하여 기술할 것인가를 선택해야 한다. 첫 번째 방식은, 영아기, 아동기, 청소년기 등 발달 단계(연령대)별로 구분하여 각 발달 영역(운동, 인지, 지각, 성격)을 기술하는 것이다. 두 번째 방식은, 발달 영역 또는 주제에 따른 발달 단계별 변화를 기술하는 것이다. 발달 단계별로 발달 영역을 기술하는 경우에는 어느 연령대에 있는가에 따라 종합적 이해를 할 수 있는 장점이 있음에도 불구하고, 이 책에서는 발달 영역을 축으로 연령적 변화를 기술함으로써 각 발달 영역을 체계적이고 연속적인 발달과정으로 이해하는 쪽을 선택하였다. 왜냐하면 발달의 현상은 연속적이어서 전 단계와 후 단계의 구분이 명확하기보다는 서로 긴밀하게 연결되어 있고, 중복되는 측면이 있기 때문에 각 발달 영역에 대해 연령적 변화를 기술하는 방식이 발달의 연속적 현상을 더 잘 이해할 수 있다고 생각하였다.

발달심리학은 그 범위가 광범위하여 보통 심리학과 학부생들은 아동심리학, 청소년심리학, 성인 그리고 노년심리학으로 구분하여 배우는 경우가 많다. 그러나 발달심리학에 관해 한 강좌만 듣게 되는 심리학과나 타 전공의 학부생과 대학원생을 위해 발달심리학의 지식을 포괄적으로 제공할 수 있는 책이 필요함을 절감하였다. 따라서 이 책은 발달 영역별 기술 시 청소년기까지의 발달적 변화를 포함하였고, 성인 및 노인 발달을 별도로 포함하였다. 단, 발달 영역에 따라 발달 속도가 다른 까닭에 비중을 두는 연령대는 다를 수밖에 없다. 예를 들어, 운동 및 지각 발달 영역은 주로 영아기와 유아기에 신속하게 발달이 일어나므로 이 시기의 발달에 비중을 두고 기술하지만, 자아의 발달은 청소년기에 많이 일어나므로 이전 단계뿐 아니라 청소년기에도 비중을 두고 기술하였다.

이 책은 11개의 장으로 이루어져 있으며, 11인의 저자에 의해 저술되었다. 제1장 발달심리학의 개관은 성현란, 제2장 발달의 생물학적 기초 및 신체·운동 발달은 성은현, 제3장 인지발달의 이론은 장유경, 제4장 주의, 지각 및 기억 발달은 정명숙, 제5장 지능 및 창의성 발달은 박혜원, 제6장 언어발달은 이현진, 제7장 정서, 기질 및 애착 발달은 정윤경, 제8장 사회인지발달: 자기와 타인에 대한 이해는 김혜리, 제9장 도덕성, 공격성 및 성 정체성 발달은 송현주, 제10장 성인 및 노인 발달은 유경, 제11장 생태적 맥락과 발달은 유연옥이 저술하였다.

　많은 발달심리학 교과서가 존재하는 상황에서 또 하나의 책을 쓴다는 것은 그야말로 큰 용기가 필요하다. 이 책을 쓰기로 마음 먹은 지는 꽤 오래되었으나 근면성과 용기 부족으로 이제야 겨우 세상에 나오게 되었다. 부족한 부분은 앞으로 개정을 통해 보완하고자 한다. 한국의 심리학 초창기에 발달심리학에 대한 열정적 강의와 연구로 후학을 키우셨던 고려대학교의 김성태 교수님, 서울대학교의 서봉연 교수님, 중앙대학교의 성옥련 교수님, 동아대학교의 송명자 교수님, 그리고 은퇴 후에도 현장에서 활발하게 활동하고 계시는 이화여자대학교의 김태련 교수님이 안 계셨다면 오늘날 한국에서 발달심리학의 발전은 없었을 것이다. 이 책을 마무리하면서, 강의실 또는 학회에서, 이 분들의 제자로서 또는 후배로서 배움을 받았던 때가 생각이 난다. 그분들께 감사와 존경의 마음을 보낸다. 이 책이 나오기까지 그간 무한한 인내심과 격려를 보내 주신 학지사의 김진환 사장님을 비롯한 여러 관계자에게 마음 깊이 감사드린다.

2018년 겨울
저자 대표 성현란

차례

＊ 머리말 _ 3

제1장 | **발달심리학의 개관**

제2장 | 발달의 생물학적 기초 및 신체 · 운동 발달

제3장 | 인지발달의 이론

제4장 | 주의, 지각 및 기억 발달

제5장 | 지능 및 창의성 발달

제6장 │ 언어발달

제7장 │ 정서, 기질 및 애착 발달

제8장 │ 사회인지발달: 자기와 타인에 대한 이해

제9장 │ 도덕성, 공격성 및 성 정체성 발달

Developmental
Psychology

발달심리학의 개관

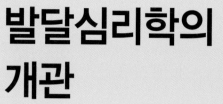
제1장

자라나는 아이들을 보면 연령대에 따라 생각하는 것과 행동하는 것이 다르다. 태내기를 거쳐 태어난 영아가 엄마 얼굴도 알아보지 못하다가 엄마 얼굴을 구분하게 되고, 말을 배우고, 자신에 대한 초보적 인식도 발달한다. 유아기에는 자기중심적이기는 하지만 친구와 노는 것을 좋아할 만큼 사회성도 발달하며, 초등학교에 다니는 중기 아동기에는 자신과 타인의 관점의 차이를 인식하면서 학교생활을 한다. 어느덧 사춘기 청소년이 되면 지나치게 외모에 신경을 쓰는가 하면 부모에게 자신의 생각을 다 말하지 않게 되고 친구들과 지내는 시간이 많아지는 것을 알 수 있다. 청소년 후기로 가면서 자신의 미래에 대한 걱정도 많아지지만 자신의 문제를 스스로 결정하는 능력이 발달하고, 부모의 상황도 이해할 수 있게 되어 부모가 어느 정도 자녀에게 의지할 수 있을 만큼 의젓해진다. 그 이후 초기 성인기, 중년기, 그리고 노년기로 이어지면서 각 연령대와 관련된 인지적 특징과 성격적 특징을 보인다. 이와 같이 연령이 증가함에 따라 공통되는 변화과정을 보임과 동시에 사람들은 저마다 지적 능력이 다르고 가족이나 친구들과 지내는 방식이 다르며 생활 방식과 취미가 다른 것을 볼 수 있다.

발달심리학은 이와 같이 연령에 따른 공통된 발달 과정을 연구할 뿐 아니라 발달 과정의 개인차를 연구하는 심리학 분야이다. 이 책에서 연령대에 따라 어떠한 변화가 일어나는지, 그러한 변화는 개인적 요인이나 환경 요인의 영향과 어떻게 연관되는 것인지에 대한 질문과 더불어 발달 과정에서 보이는 개인차에 대한 질문에 대해 과학적 연구에 근거하여 답해 줄 것이다.

1. 발달심리학이란

이 장에서는 발달심리학이라는 학문이 어떤 것인지에 대해 살펴보고자 한다. 먼저 발달심리학이란 무엇인지를 살펴보고, 발달심리학의 역사를 크게 네 시기로 나누어 살펴볼 것이다. 또한 발달의 기본적 개념을 이해하는 데 관련된 논쟁점들에 대해 알아보고, 인간의 발달을 포괄적으로 이해할 수 있게 하는 여섯 가지의 이론적 접근을 소개하고, 끝으로 연구 방법에 대해 살펴보고자 한다.

1) 발달의 정의

발달(development)이란 신체적, 운동적, 그리고 심리적 측면에 있어서 전 생애, 즉 수정에서 죽음에 이르기까지에 걸쳐 일어나는 체계적이고 연속적인 변화를 가리킨다. 아기는 나이가 들면서 체중과 키가 증가하고, 걷게 되고, 말을 할 수 있게 되며, 지각 및 인지 능력이 증가하게 된다. 학문적으로 발달을 정의할 때 변화, 체계성, 그리고 연속성을 강조한다. 모든 변화를 발달이라고 보는 것이 아니라, 체계적이고 연속적인 변화를 발달이라고 보는 것이다(Shaffer & Kipp, 2014). '체계적'이라 함은 일정한 순서와 패턴이 있음을 의미하고, '연속적'이라 함은 초기의 변화가 후기의 변화에 영향을 미치며, 후기의 변화는 초기의 변화와 연관됨을 의미한다.

과거의 전통적인 발달심리학 관점에서는 아동기와 청소년기에는 성숙과 성장이, 그이후의 시기에는 감소와 퇴화가 주된 특징이라고 강조하였다. 즉, 발달 연구가 청소년기까지로 제한되는 경향이 있었으나 전 생애 발달이론(Baltes, 1979, 1987, 1997; Baltes, Linderberger, & Staunger, 1998)이 대두되면서 전 생애에 걸쳐 발달이 일어난다고 보게 되었다. 전 생애 관점(life-span view)에 의하면, 발달이란 청소년기가 끝남에 따라 완성되는 것이 아니며, 청소년기가 끝난 이후인 성인기와 노년기에도 발달은 계속 일어난다.

발달은 전 생애에 걸쳐 일어나는 상승적 변화뿐만 아니라 하강적 변화도 포함한다. 단, 태어나서 청소년기까지는 대체로 성장과 분화에 의해 상승적 변화가 일어나지만 그 이후의 생애 주기로 이행해 가면서 성장과 분화보다는 유지 및 감퇴가 일어난다. 감퇴 같은 하강적 변화도 발달에 포함시켜야 한다고 보는 전 생애 관점에 기초하여 발달심리학 연구의 대상은 청소년기까지가 아니라 성인기와 노년기까지로 확장되었으며, 노년기에 대한 연구를 통해 노년기의 상승적 변화도 밝혀 가고 있다.

인간의 발달을 연구하는 주된 학문은 발달심리학이라고 볼 수 있지만 인간의 발달에 대해서는 발달심리학자뿐만 아니라 생물학자, 사회학자, 인류학자, 역사학자도 인간의 발달을 보다 더 포괄적으로 이해할 수 있도록 학문적 기여를 하고 있다. 따라서 발달을 연구하는 학문을 총칭하여 발달과학이라고 부르며, 이 발달과학은 다학문적 특성을 가지고 있다고 볼 수 있다.

2) 발달의 영역

발달 연구에서 다루는 여러 발달 영역은 크게 생물학적 영역, 인지적 영역, 그리고 사회정서적 영역으로 나눌 수 있다. 이 세 가지 주요 영역은 더 세분화된 주제로 구성되어 있으며, 발달심리학자들은 이 영역과 주제에 대해 기술(description)하고 설명(explanation)하면서 예측(prediction)과 통제(control)를 목표로(이 장의 '5. 발달의 연구' 참조) 연구를 한다. 생물학적 영역은 개인이 물려받은 유전자에 따라 성장하는 신체와 뇌의 발달, 감각과 운동 기술 발달, 그리고 호르몬의 변화에 따른 발달의 측면이다. 인지적 영역은 지각, 사고, 지능, 그리고 언어의 발달과 관련되며, 사물의 형태와 색, 소리를 구분하는 능력의 발달을 다루고, 언어를 말하고 듣는 능력의 발달을 포함하며, 기억하기, 문장 이해하기, 수 문제 이해하기, 추론하기 등을 포함한다. 사회정서적 영역은 정서와 성격의 발달, 타인의 정서이해와 타인과의 관계 형성을 포함한다. 즉, 영아의 기질과 애착에 대해 연구하고, 정서 표현의 발달과 자아의 발달을 다루며, 성취 동기, 성차, 공격성, 그리고 도덕성 등의 발달을 다룬다.

이 세 가지 주요 영역은 서로 독립적이라기보다 상호 관련되어 있다. 다시 말해서, 신체적으로 건강하면(생물학적 영역) 가정이나 학교에서 더 적극적으로 활동하고, 친구들에게도 더 이타적으로 행동할 수 있을 것(사회정서적 영역)이고, 그에 따라 부모와 교사에게도 더 긍정적으로 평가되고 수용될 것이다. 또한 어려서부터 모와의 안정애착이 형성되고 부와 모의 긍정적 양육을 받으면 아이는 긍정적 자아개념을 가지게 되고, 자아

운동발달

인지발달

사회성 발달

정서발달

통제력이 증가되어(사회정서적 영역) 학습상황에 대해 자신감과 동기가 증가함으로써
주의집중도 더 잘하게 되고, 인지 능력의 증가(인지적 영역)를 가져오게 될 것이다.

3) 발달의 시기

수태부터 사망까지 전 생애에 걸쳐 발달의 주요 영역의 특성이 어떻게 조직되는가에
따라 태내기, 영아기, 초기 아동기, 중기 아동기, 청소년기, 초기 성인기, 중년기 및 노
년기로 연령 구분을 한다([그림 1-1] 참조). (이 책에서의 나이는 모두 만 나이를 지칭한다.)

태내기   태내기(prenatal period)는 수정란이 형성된 때부터 출생까지의 시기이며, 약
9개월간이다. 태내기는 신체의 기본적 구조와 기관이 형성되고, 기본적 기능이 발달하
는 중요한 시기이다. 태내기는 다시 접합기, 배아기, 태아기로 세분화된다. 이 시기는 모
의 건강과 영양의 영향을 받을 뿐 아니라 심리적 상태, 더 나아가 다양한 유해물질의 영
향을 받을 수 있는 시기로서 연구자들의 관심이 더욱 증가되고 있다.

영아기   영아기(infancy)는 출생 후 24개월까지의 시기를 가리킨다. 영아기의 초기 단계인 태어나서 한 달까지를 신생아기(neonatal period)라고 한다(Kail, 2002). 영아기는 세상 밖으로 태어난 아기가 태내 환경과는 다른 새로운 환경에 부딪히면서 독립된 개체로 발달하기 위해 신체발달과 인지 및 사회성 발달이 신속하게 이루어지는 시기이다. 과거에 비해 새로운 연구 방법의 발달로 영아기의 발달에 관한 연구들이 가능하게 되었고, 이들의 다양한 영역의 능력을 밝혀 내고 있다.

초기 아동기   초기 아동기(early childhood)는 아동 초기인 2세부터 5세 말까지의 시기를 가리킨다. 유아기 또는 학령 전기(preschool period)라고도 부른다. 또한 1.5세부터 2세 말까지의 시기를 걸음마기(toddlerhood)로 구분하기도 한다. 이 시기의 어린이는 자신의 생존에 필요한 기본적인 자조 활동을 익히고, 읽기와 쓰기를 비롯하여 또래와 함께 보내기 등과 같은 초등학교 교육을 받기 위한 준비를 한다.

중기 아동기   중기 아동기(middle childhood)(Shaffer & Kipp, 2014)는 6세부터 11세 말까지의 시기를 가리키며, 학령기라고도 부른다. 초등학교에서 읽기, 쓰기 및 수 기술을 터득하며, 학교 및 일상생활에 관련된 다양한 규칙을 익히고 또래들과 지내는 법을 익힌다.

청소년기   청소년기(adolescence)는 아동기 이후부터 성인기 이전까지의 시기이며, 대략 10~12세에 시작하여 18~25세에 끝난다. 과거에는 이 시기를 후기 아동기(late childhood)라고 부르기도 하였으나 최근에 와서 점차 청소년기의 종료 시기가 25세 정도까지 확장됨에 따라 후기 아동기라는 용어는 거의 사용하지 않는다. 청소년기는 신체적인 발달 급등이 일어나는 사춘기 변화로 시작되어 직업 및 결혼과 같은 성인 역할을 습득함으로써 끝이 난다. 체중과 키가 크게 증가하고, 일차 및 이차 성징이 발달한다. 또한 형식조작적 사고의 발달로 인해 논리적·추상적·이상주의적 사고를 보이게 되고, 성격 및 자아가 발달함에 따라 부모로부터의 독립을 추구해 간다.

초기 성인기   초기 성인기(early adulthood)는 연령적으로는 대략 18~25세부터 시작하여 40세까지로 본다. 신체적·정신적 능력이 최고조에 이르고, 유연성이 커져 많은 일을 빠른 속도로 수행할 수 있다. 초기 성인기에 이르러 직업 세계에 처음으로 발을 내딛어 직장에서의 적응을 위해 노력할 뿐 아니라 배우자를 선택하여 가정을 이루고 자녀를 생산하여 양육하는 데 힘을 쏟는다. 다양한 역할 요구로 인해 어려움을 느낄 수 있다.

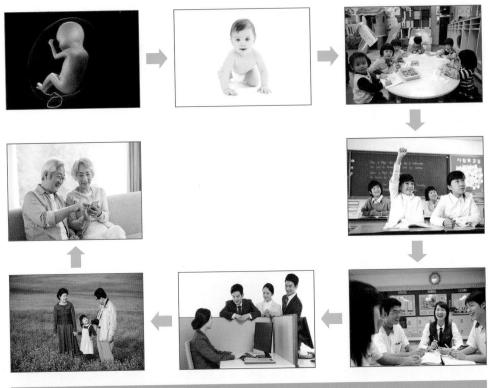

[그림 1-1] 신체적 및 심리적 특징에 따른 각 발달 시기 구분

중년기   중년기(middle adulthood)는 대략 40세 이후부터 65세까지의 시기를 가리키며, 생물학적 노화가 일어나기 시작한다. 청력과 시력이 저하되기 시작하고, 피부 노화가 눈에 보이기 시작한다. 정신적 능력의 속도는 느려지지만, 경험의 축적에 따른 풍부한 전문 지식으로 인해 자신의 활동 영역에서 전문가의 역할을 수행할 뿐 아니라 후배 동료들의 멘토 역할을 기꺼이 수행함으로써 생성감이 최고조에 이른다. 자녀들이 부모를 떠나 독립함에 따라 부부만이 남게 되는 빈 둥지 시기를 경험하게 되는데, 연구결과들에 따르면 통설과는 달리 오히려 이 시기에 부부의 결혼만족도가 더 증가한다.

노년기   노년기(period of aging)는 65세 이후의 시기를 가리키며, 신체적 구조와 기능이 감소하고 지적 능력의 감퇴를 특징으로 하지만 대부분의 노인은 이를 보상하는 법을 익혀 건강하게 적응한다. 현대 발달심리학에서는 노년기에 일어나는 감퇴뿐만 아니라 성장의 측면을 밝히는 데 큰 관심을 두고 있다. 노년기에 지혜가 발달하거나 자아통합이 발달하는 것으로 본다. 노년기에는 은퇴를 하여 사회적 활동의 범위가 축소되지만 여가 시간이 증가하므로 가족 관계 및 가까운 동년배와의 관계를 밀접하게 유지하는 데 의미를 둔다.

2. 아동발달 연구의 역사

아동발달 연구의 역사를 어떤 연대에 따라 구분하는가는 연구자에 따라 상당한 차이가 있으나 여러 연구자의 구분을 참조하여 다음과 같이 네 개의 시기로 구분하여 기술하고자 한다.

1) 발달심리학 이전의 시기: 중세~18세기까지

과거에는 아동이 현대에서와 같이 많은 존중을 받지 않았으며, 아동의 특징을 고려한 교육도 충분히 이루어지지 않았다. 그러나 인구학적 구조의 변화와 산업화로 인해 아동에 대한 관점에 변화가 일어났다. 한국에서도 과거에는 한 가정에서 5~6명 이상의 자녀를 낳았지만 영양이나 위생이 좋지 않아서 일찍 사망해 버리는 경우가 허다했다. 따라서 아동을 정성들여 키우고 충분한 교육을 시켜야 할 대상으로 보지 않았을 뿐 아니라 가정에 따라서는 생계를 위해 아동이 노동력을 제공해야 하는 경우도 많았다. 현대에 이르러 아동의 사망률이 낮아졌을 뿐 아니라 출산율도 현저하게 낮아져 아이를 한두 명씩 낳는 경우가 흔해졌고, 산업화로 인해 인간의 노동을 기계가 대치하게 되어 아이들은 더 이상 노동력을 제공할 필요가 없게 되었다. 이러한 변화로 인해 아동은 더욱 귀한 존재가 되었으며, 교육을 받아야 할 대상으로 보게 되었다. 현대로 오면서 교육 기간은 더욱더 길어지게 되었으며, 아동과 청소년의 과학적 이해에 대한 요구가 커졌다.

영국의 철학자 로크(J. Locke, 1632~1704)는 백지설(theory of tabula rasa)을 주장함으로써 아동에 대한 새로운 관점을 갖게 해 주었다. 즉, 갓 태어난 아기의 마음은 백지와 같은 무의 상태이고, 이 백지 위에 어떠한 경험이 축적되느냐에 따라 선한 사람이 될 수도 있고 악한 사람이 될 수도 있다고 보았다. Locke는 선한 사람으로 만들기 위해서는 아동에게 좋은 경험을 제공하고 좋은 습관을 익히도록 해야 한다고 하였다. 무엇보다

Locke는 인간의 정신에 존재하는 어떠한 내용도 생래적이지 않으며 모두 경험을 통해 형성된다고 보았다. 또한 정신이 형성되는 과정에서 다양한 경험, 즉 행동의 반복, 타인의 행동의 모방, 보상과 벌에 의해 사고와 감정의 연합이 이루어지면서 발달한다고 보았다. 이러한 개념들은 현대 학습심리학의 기초 개념인데(Crain, 2005), Locke는 이러한 개념을 아동의 발달에 적용했다는 점에서 초기 발달심리학자로 볼 수 있다.

루소(J. J Rousseau, 1712~1778)는 아동이 성인과 다르다고 본 점에서는 Locke와 유사하지만, 연령에 따라 아동 특유의 감정과 사고방식을 가진 존재로 보았다. Rousseau는 『에밀』이라는 저서에서 아동기를 유아기, 아동기, 아동 후기, 청소년기로 분류하여 각 단계에 따라 언어, 사고, 그리고 흥미를 갖는 대상에 차이가 있다고 보았다. 또한 이러한 차이는 성인의 가르침과 훈련에 의해서가 아니라 타고난 천성에 의해 일어나는 것이라고 하였다. 또한 그는 아동이 태어날 때부터 선하며, 옳고 그름에 대한 판단을 가지고 태어나기 때문에 어른이 지시하거나 강요하기보다 아동이 원하는 대로 자연스럽게 두는 것이 바람직하다는 주장도 하였는데, 이는 현대 발달심리학의 견해와 다소 차이가 있기는 하다.

2) 발달심리학의 기원

다윈(C. R. Darwin, 1809~1882)은 19세기 후반에 자신의 아들을 관찰하여 생후 3년간의 발달을 기록했다는 점에서 아동을 관찰한 초기 연구자들 중 한 사람으로 볼 수 있다. 그는 영아 관찰을 통해 어린 아기의 발달 과정(개체 발생)이 인류의 진화적 발달 과정(계통 발생)을 보여 준다고 생각하였고, 이러한 생각은 아동에 대한 관심을 자극하였다. Darwin과 발달심리학 간의 관계에 대한 집중적 개관연구(Charlesworth, 1992)에 의하면, 진화론은 자연선택의 압력과 유전자가 인간의 행동에 미치는 영향의 중요성을 발달심리학자에게 인식시켜 주었다. Darwin은 동물과 인간 간의 연속성을 주장함으로써 아동의 연구에 대한 관심을 불러일으켰다는 점에서 발달심리학에 기여했지만, 그의 영향은 어디까지나 직접적이기보다는 간접적이라고 볼 수 있다.

아동을 과학적으로 연구하기 시작한 발달심리학 분야의 개척자는 홀(G. S. Hall, 1846~1924)이라고 인정되고 있다. 그는 설문지법을 사용하여 대규모 집단의 아동의 특징을 조사한 첫 번째 심리학자이다. 또한 1904년에 청소년기에 대한 책을 저술함으로써 청소년기에 대한 관심을 일으켰는데, 이 책은 청소년에 대해 심리학적으로 접근한 최초의 저술이다. Hall은 Darwin의 진화론의 영향을 받아 청소년기는 질풍노도의 시기이며 모든 문화에서 공통적으로 일어나는 문화보편적 현상이라는 주장을 하였으나 현대 심리학에서는 지지되지 않고 있다. Hall은 1922년에 노년기에 관한 책도 저술하였으며, 노화연구에 대한 연구단체도 발족시킴으로써 오랜 시간이 흐른 후에야 관심을 가지게 된 노화연구의 개척자 중 한 사람이라고 볼 수 있다.

프랑스 학자인 비네(A. Binet, 1857~1911)는 시몽(T. Simon, 1872~1961)과 공동으로 최초의 지능검사를 개발한 업적으로 유명하지만, 아동을 관찰하여 유아와 성인의 사고에 질적 차이가 있음(Binet & Simon, 1909)을 기술했을 뿐 아니라 아동의 언어와 기억의 발달에 관해서도 연구하였다. Binet는 현대 발달심리학의 발전에 기여한 훌륭한 초기 발달심리학자 중 한 사람이다.

게젤(A. L. Gesell, 1880~1961)은 아동의 발달적 변화를 면밀히 관찰한 미국의 심리학자로서, 돔 형태의 아동 촬영장치를 만들어 체계적 관찰이 가능하게 하였다. 그는 5세 이전에 나타나는 행동패턴의 변화에 관심이 컸고, 10개 연령층에 대해 각 연령층 당 50명씩 500명의 아동을 관찰하였으며, 5세 이전의 연령층에 대해서는 1개월에 한 번씩 관찰하거나 발달검사를 실시하였다(Thelen & Adolph, 1994). Gesell이 만든 발달규준은 현재에도 많은 발달검사에서 생물학적 발달 및 운동 발달의 이정표가 될 정도로 정확하고 상세한 관찰을 하였다고 인정받고 있다. 그는 발달 과정에서의 인과관계에 대한 연구는 하지 않았기 때문에 발달심리학 이론을 남기지는 못했지만 발달에 있어서 개인차가 있음을 관찰하였고, 신체 및 운동 발달의 순서에 유전적 프로그램이 영향을 미친다는 생득론을 주장하였다.

프로이트(S. Freud, 1856~1939)는 독일의 정신분석의로서 심리학자들이 연구하였던 방법과는 다르게 정서적 문제가 있는 사람들을 치료하는 과정에서 임상적 방법에 기초하여 아동에 대한 이론을 체계화하였는데, 그의 심리성적 발달이론은 아동의 이해에 중요한 영향을 끼쳤다. 그는 심리적 변화가 생물학적 성숙의 영향을 받는다고 믿었고, 생

프로이트
(S. Freud)

의 초기 5년 동안의 아동기의 경험이 이후의 성격발달에 지대한 영향을 미친다는 것을 주장한 점에서 현대 발달심리학에 밑거름을 제공하였다.

3) 1950~1960년대

케언스(Cairns, 1998)는 1950년대 이후를 발달심리학의 현대 기간으로 보았다. 심리학을 창시한 분트(W. M. Wundt, 1832~1920)와 그의 제자 티치너(E. B. Tichener, 1867~1927) 같은 초기의 심리학자들은 아동을 과학적으로 연구하는 것은 불가능하다고 생각하였으나 그러한 예상을 깨고 아동에 관한 과학적 연구가 이루어졌으며, 심지어 신생아 및 영아에 대해서까지도 과학적 연구가 가능하게 되었다. 이 시기의 특징은 다음의 네 가지로 볼 수 있다.

첫째, 발달에 대한 기술적 자료를 단순히 수집하기보다 발달이 일어나는 기제와 의미에 더 관심을 두기 시작했으며, 제2차 세계대전의 영향을 받아 서로 다른 나라 간에 다양한 심리학 이론이 활발하게 교류하게 되었다. 이에 따라 스위스 학자인 피아제(J. Piaget)의 인지발달이론이 새롭게 관심을 받게 되었고, 그의 이론에 대한 많은 연구가 이루어지게 되었으며 이는 발달심리학에 지대한 기여를 하였다.

둘째, 실험아동심리학의 등장이다. 이 시기의 정신분석이론과 학습이론은 여전히 심리학에 대한 영향력이 컸기 때문에 이러한 이론을 검증하려는 연구들이 많이 이루어졌다. 그리하여 새롭게 형태 변별이나 색채 변별과 같은 간단한 학습에 대한 연구를 행하거나, 신생아와 영유아의 조건형성을 탐색하거나, 조건형성법을 사용하여 자극변별이나 크기 항상성 등을 연구하는 실험아동심리학이 등장하였다(Parke, Ornstein, Rieser & Zahn-Waxler, 1994). 뿐만 아니라 시각적 절벽을 사용한 영아의 깊이 지각 연구(Gibson & Walk, 1960) 등도 이루어져 아직 언어가 발달하지 않은 영아에 대해서도 객관적 방법으로 연구할 수 있게 되었는데, 이러한 실험아동심리학은 오늘날 활발한 연구가 이루어지고 있는 영역인 영아의 감각 및 지각 발달의 기초가 되었다.

셋째, 발달심리학의 연구에서 성인 및 노인에 대한 관심이 1960년대에 급속히 증가한 점이다. 그동안 발달심리학의 연구가 주로 아동과 청소년을 대상으로 이루어져 왔으나 성인과 노인에 대한 연구로 확장됨으로써 발달심리학에 전 생애적 발달에 대한 관심을 불러일으켰다(Baltes, 1979). 전 생애 발달에 관한 대표적 연구로는 뉴가든(B. Neugarten, 1916~2001)과 해비거스트(R. J. Havighurst, 1900~1991)의 연구를 들 수 있다.

넷째, 연구 방법의 측면인데 1960년대에는 주로 **실험법**을 사용했다는 점이다. 1900년대 초기에는 자기보고법과 같은 비실험적 접근과 실험적 접근을 모두 비슷하게 사용하였으나 1960년대로 오면서 연구자들은 실험적 접근을 주로 사용하게 되었다. 따라서 현장 실험, 자연적 실험, 그리고 비실험적인 현장 연구는 거의 이루어지지 않았다. 이러한 배경에는 당시 심리학에 대한 학습이론의 영향이 컸던 점이 크게 작용했다고 본다. 실험실 연구로는 사회적 강화가 영아의 사회적 반응에 미치는 효과 연구(Rheingold, Gewirtz, & Ross, 1959)와 할로우와 지머만(Harlow & Zimmermann, 1959)의 원숭이의 애착발달 연구가 있다. 그러나 이들의 실험실 연구는 후에 **생태적 타당성**이 부족하다는 비판을 받게 되었다.

4) 1970년대 이후

1970년대부터 현재까지의 특징은 다음과 같이 요약할 수 있다.

첫째, 연구 주제의 측면에서 인지발달에 대한 관심과 정서 및 사회성 발달의 생물학적 기초에 대한 관심과 연구가 증가되었다(Parke et al., 1994). 이러한 연구 주제에 대해 관심이 증가한 데에는 과학적 방법의 발전(예: 정보처리적 방법)과 뇌과학의 발전이 관련이 있다. 이외에도 영아에 대한 연구가 매우 활발히 이루어지고 있다. 현대의 영아 연구는 영아의 유능성에 초점을 맞추어 연구하는 경향이 있고, 부모-영아의 면대면 상호작용, 영아 정서의 사회적 조절 효과 및 마음이론의 발달에 관한 연구가 활발히 이루어지고 있다.

둘째, 연구 방법 면에서 큰 변화가 일어났는데, 1960년대에는 실험실 내에서의 실험적 연구법을 강조한 데 비해 연구 장면이 현장과 자연으로 확장되어 현장과 자연적 상황에서 실험적 연구법을 적용한 연구들이 증가하였다. 더 나아가, 실험법이 아닌 자연관찰법이나 사례연구와 같은 비실험적 연구들에 대해서도 더 허용하게 되어 비실험적 연구 방법이 증가하게 되었다. 연구 방법 면에서의 또 한 가지 변화는 **횡단적 설계**뿐만 아니라 **종단적 설계**가 활발해졌다는 점이다. 종단적 설계는 1920년대에 시작되었지만 매우 드물었고, 1980년대와 1990년대에 와서야 증가하였다. 발달에 따른 개인 내 변화 대 안정성에 대한 관심이 증가함에 따라 종단적 연구가 증가하였다.

셋째, 1990년대에 들어 응용에 대한 관심이 크게 증가하였다(Parke et al., 1994). 정신 건강과 사회적 문제에 대해 관심을 기울이게 되었고, 가난이나 미혼모 가정, 미숙아 및 장애아와 발달 간의 관계에 초점을 두게 되었으며, 아동의 정신병리에 대한 관심이 증가하였고, 병원, 보육시설과 같은 현장에서의 연구가 증가하였다. 더 나아가, 빈곤 계층 아동의 발달을 개선하고자 하는 노력, 교실 수업의 효율을 개선하고자 하는 노력, 그리고 사회 정책에 대한 도움을 주고자 하는 노력들이 증가하였다.

끝으로, 1960년대에 비해 학제적(interdisciplinary) 연구가 크게 증가하여 발달심리학과 소아청소년 의학, 유전학, 신경학, 그리고 생리심리학 간의 공동 연구가 활발해졌다. 특히 현대에 과학 기술의 발달과 뇌과학의 발달로 인해 인지적 특징을 뇌와 관련시킨 연구들이 많이 이루어졌고, 영아 연구와 더불어 비교문화적 연구에 대한 관심도 증가하였다.

3. 발달심리학의 주요 논쟁점

인간의 발달에 관한 논쟁점은 다양한 차원에 따라 존재할 수 있지만 여기서는 다음과 같이 네 가지로 살펴보고자 한다. 첫째, 인간이 발달하는 과정에 영향을 미치는 주요 요인을 천성으로 보는가, 아니면 환경에서의 양육으로 보는가이다. 둘째, 발달하는 다양한 특징은 연속적인가, 아니면 비연속적인가이다. 셋째, 집단 내에서 개인의 상대적 위치가 안정적인가, 아니면 비안정적인가이다. 넷째, 발달의 변화는 다양한 문화의 차이에도 불구하고 보편성이 있는가, 아니면 문화에 따라 차이를 보임으로써 특수성이 있는가이다.

1) 천성과 양육

인간의 발달에 관한 논쟁점 중에서 가장 오래된 것은 천성(nature) 대 양육(nurture)

의 영향에 대한 것이다. 이 논쟁점은 현재에도 여전히 많은 관심을 끌고 있다(Cairns, 1992). 천성이란 유기체의 유전자에 내재된 계획에 따라 발달함을 의미하고, 양육은 살아가는 환경에서의 경험에 따라 발달함을 의미한다. 아기들이 태어나고, 기어 다니고, 설 수 있고, 걸을 수 있게 되는 시기는 대체로 비슷하고, 무엇보다 그 순서는 어떤 문화에서 자랐든, 연습을 많이 시켰든 그렇지 않든 동일하다. 그 이유는 이와 같은 운동발달의 순서가 유전적으로 계획되어 있기 때문이다. 하지만 걷기 시작하는 시기는 아기에 따라 차이를 보이는데, 이는 유전적 특성의 개인차와 더불어 각 문화와 가정에 따른 경험의 차이에서 기인한다고 볼 수 있다.

심리학의 초기 논쟁은 유전에 의해 결정되는지, 경험에 의해 결정되는지와 같은 이분법적 형태를 띠었다. 하지만 발달 특징에 따라 천성과 양육의 영향에 차이가 있다. 이 둘은 인간발달에 모두 필요하며 어느 하나만으로 발달이 일어나는 것은 불가능하다. 유전과 환경 양자는 서로 독립적으로 영향을 미치는 것이 아니라 양자 간의 끊임없는 상호작용을 통해 유기체의 발달에 영향을 미친다는 점에서 유전과 환경은 유전 '대' 환경의 관계로 보기보다 유전'과' 환경의 관계로 보는 것이 적절하다고 보고 있다. 앞으로는 생물학 수준, 상호작용 수준, 그리고 사회적 관계망의 수준에서 천성과 양육이 '함께' 어떤 영향을 미치는지를 물어야 한다(Cairns, 1992).

2) 연속성과 비연속성

영아기, 유아기, 아동기, 청소년기, 성인기로 발달해 가는 과정에서 변화의 본질에 대한 중요한 문제 중 하나는 연속적인가, 아니면 비연속적인가 하는 것이다. 연속성(continuity)이란 발달에서 질적으로 차이가 없으면서 점진적 변화를 보이는 것을 지칭하며, 이에 반해 비연속성(discontinuity)이란 이전 단계의 발달이 다음 단계의 발달과 질적으로 차이가 있으면서 갑작스러운 변화를 보이는 것을 말한다(그림 1-2) 참조).

연속적 발달의 예를 들어보자. 영아기에서 아동기에 걸쳐 성장하면서 키가 크고 체중이 증가하는 것은 연속적 발달이다. 왜냐하면 같은 형태가 양적으로 증가한 것일 뿐 새로운 특징이 출현한 것이 아니기 때문이다. 그러나 사춘기에 이차 성징이 발달하는 것과 같이 아동기에는 없었던 신체 특징이 새롭게 출현한다든가 성적 욕구나 추상적

연속적 발달: 양적 변화

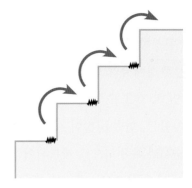

비연속적 발달: 질적 변화

[그림 1-2] 연속적 발달과 비연속적 발달

사고가 새롭게 출현하는 것은 비연속적 발달이다. 학습이론은 경험의 반복에 따라 특정 기술이나 능력이 꾸준히 증진되는 것을 발달로 본다는 점에서 연속적 발달이론이다. 반면, Freud나 Piaget의 발달 단계 이론들은 단계가 진행함에 따라 사고, 감정, 행동의 질적 변화가 일어난다고 설명한다는 점에서 비연속적 발달이론이다. 발달 단계 이론에서는 특정 단계의 연령 범위에 속한다면 연령이 다르더라도 동일한 수준의 사고나 감정을 보이지만, 낮은 단계에서는 볼 수 없었던 사고나 감정이 높은 단계에서는 일어난다고 본다. 또한 낮은 단계에서 높은 단계로 옮겨 가는 이행기가 짧기 때문에 다음 단계로의 변화가 갑작스럽게 일어난다는 것을 특징으로 한다. 비연속적 발달의 경우, 각 단계의 끝부분에는 다음 단계로 가기 위한 짧은 이행기가 존재한다.

3) 안정성과 불안정성

안정성(stability)과 불안정성(unstability)에 관한 논쟁은 집단 내에서의 개인의 어떤 특성의 상대적 위치가 시간이 흐름에 따라 일관성 있게 유지되는지, 아니면 그 위치가 변하는지에 관한 것이다. 개인은 연령이 증가함에 따라 발달적 변화가 일어나지만 다른 사람들에게도 그와 같은 발달적 변화가 유사하게 일어난다면 개인이 가지고 있던 상대적 위치는 비슷하게 유지될 것이고 안정성이 있다고 볼 수 있다. 예를 들어, 10세인 어떤 아동의 지능이 우수한 편이라고 하자. 그 아동의 지적 능력 자체는 연령이 증가함에 따라 더 발달하게 된다. 하지만 그 아동의 지능의 상대적 위치(IQ로 측정된다)는 크게 변화하지 않을 가능성이 높은데, 그 이유는 다른 아동 역시 지적 능력이 발달하기 때문이다. 따라서 개인의 지능의 상대적 위치는 크게 변화하지 않게 되며, 지능이라는 특성에 안정성이 있다고 본다. 그러나 모든 아동의 지능이 성장해 가면서 동일한 상대적 위치를 유지하는 것은 아니다. 어떤 특성에 대해 집단 내에서 상대적 위치가 변하는 사례가 적다면 안정성이 있다고 볼 수 있고, 상대적 위치가 변하는 사례가 빈번하다면 그 특성은 불안정성이 있다고 볼 수 있다.

4) 보편성과 특수성

또 하나의 중요한 논쟁점은 인간의 발달이 다양한 문화에 따라 경험이 다름에도 불구하고, 유사한 발달 과정을 보이는지 아니면 문화에 따라 다른 발달 과정을 보이는지에 관한 것이다. 문화적 차이의 영향에 대한 심리학의 관심은 1960년대에 이르러서야 생겨났는데, 이는 인류학의 관심보다 한 세기 이상 늦었다고 볼 수 있다(Mistry & Saraswathi, 2003). 1960년대 이전까지는 서구에서 발전된 심리학의 이론이나 개념이 모든 문화에 적용되는 보편성을 지닌다고 생각했다. 그러나 연구를 거듭하면서 문화에 따라 심리적 특성에 차이가 있을 수 있다는 문화적 상대주의, 즉 문화적 특수성을 인정하게 되었다.

이를테면, 사춘기 경험을 하는 시기에 청소년과 부모는 갈등이 증가하고 정서적으로도 거리를 두게 된다고 알려져 있으나 이는 미국 백인 가정의 청소년에게 주로 나타나

문명 사회의 청소년과 원시 부족의 청소년의 일과는 매우 다르다.

는 현상이라는 주장이 대두되었다. 폴리네시아 지역의 청소년들은 이러한 문제가 없을 뿐 아니라, 같은 미국 내에서도 멕시코계 미국인 가정의 경우에는 양자 간의 관계가 오히려 가까워진다는 보고가 있다. 이는 바로 심리적 특성의 발달이 모든 문화에 공통적이고 보편적으로 일어나는 것이 아니라 문화에 따라 차이가 있음을 보여 주는 것이다.

심리학에서 여러 영역의 발달 과정에 대해 문화적 특수성을 탐구하는 것을 주된 연구 목적으로 삼지는 않으나, 문화적 보편성과 아울러 문화적 특수성을 인식하고 탐구함으로써 인간의 발달에 대한 더 정확한 이해에 한 걸음 근접해 간다고 볼 수 있다. 발달심리학에서도 1980년대에서 1990년대로 오면서 문화에 따른 차이를 밝히려는 비교문화적 연구에 대한 관심이 커졌다(Rogoff, Gauvain, & Ellin, 1984; Rogoff, 1990)

4. 발달심리학의 접근

발달적 현상을 포괄적으로 이해하기 위해서는 발달을 설명하는 원리와 개념을 포함하는 주요 이론적 접근을 알 필요가 있다. 여러 가지 접근이 있지만 여기서는 주된 접근으로 알려져 있는 학습이론적 접근, 정신분석학적 접근, 인지적 접근, 동물행동학적 접근, 맥락적 접근, 그리고 역동적 체계 접근에 관해 살펴볼 것이다.

1) 학습이론적 접근

학습이론적 접근(learning approach)은 환경에서의 경험을 통해 사고나 행동이 획득되어 간다는 것을 강조하며, 다양한 사고 및 행동은 **고전적 조건형성**(classical conditioning), **조작적 조건형성**(operant conditioning), **사회학습**(social learning)이론에 의해 각각 설명될 수 있다.

(1) 행동주의 이론
파블로프(I. P. Pavlov, 1849~1936)는 개의 타액반사에 관한 생리학적 연구를 수행하던 중에 음식물이 아직 제공되지 않았는데도 음식을 제공하는 사람을 보는 것만으로도 타액을 분비하는 것을 관찰하게 되었다. Pavlov는 개가 **중립 자극**(사람, 종소리)을 음식과 짝 짓는 것을 학습함으로써 타액 분비와 무관했던 중립 자극에 대해 타액 분비를 할 수 있게 되었다고 보았고, 이를 고전적 조건형성이라고 명명하였다. 아기도 일상생활 속에서 고전적 조건형성에 의해 수많은 중립 자극에 반사나 반응을 획득함으로써 새로운 학습을 하게 되고 적응력이 증가되어 간다. 엄마가 목욕물의 온도를 가늠하기 위해 손으로 물을 젓는 소리가 들리면 어린 영아가 눈을 깜박깜박하는데, 이러한 행동은 물소리가 들린 후 잇따라 엄마의 손이 자신의 얼굴을 문지를 것이라는 것을 학습하였기 때문이다.

스키너(B. F. Skinner, 1904~1990)는 비둘기가 판을 부리로 쪼면 먹이가 떨어져 먹을 수 있게 하는 스키너상자를 고안하여 조작적 조건형성을 실험하였다. 비둘기가 붉은색 판을 쪼을 때에만 먹이가 주어지면 다른 색 판을 쪼지 않고 붉은색 판만을 쪼는 행동을 학습하게 되는데, 이는 붉은색 판을 쪼는 행동과 음식을 연합하였기 때문이다. **조작적 조건형성**의 원리는 특정 상황(붉은색 판, 파란색 판이 존재)에서 특정 행동(붉은색 판을 쪼는 행동)이 획득되기 위해서는 **보상**(정적 강화, 먹이가 나옴) 또는 **부적 강화**(혐오 자극이 사라짐)가 뒤따라 수반되어야

스키너
(B. F. Skinner)

한다는 것이다. 아동은 성장함에 따라 식사 시간이 되면 식탁 의자에 제대로 앉아야 한다는 것을 배우게 되는데, 그렇게 함으로써 식사를 할 수 있고 부모로부터 칭찬을 받을 수 있기 때문이다.

고전적 조건형성과 조작적 조건형성에서 정서, 사고 및 행동의 발달은 강화가 어떻게 이루어졌는가에 달려 있다고 보며, 수많은 행동이 강화의 역사에 의해 획득되어 간다고 보기 때문에 연속적 발달이론이다. 또한 행동주의 접근은 개인의 행동방식과 성격이 스스로의 선택이라기보다 외부로부터 주어지는 강화의 역사에 의해 결정된다고 본다는 점에서 결정론적 관점을 취한다고 본다.

(2) 사회학습이론

밴듀라(A. Bandura, 1925~)는 학습자에게 반드시 강화가 주어지지 않더라도 타인을

밴듀라
(A. Bandura)

관찰하는 것만으로 새로운 행동을 획득할 수 있다는 **사회학습이론**을 제시하였다. 사회학습이론에 의하면, 인간은 인지적 능력이 크기 때문에 타인이 하는 행동을 관찰하는 것만으로도 그 행동을 획득할 수 있다. Bandura의 유명한 연구(Bandura, 1965, 1973)에서 성인들이 보보인형을 때리거나 폭언하는 필름에 노출되었던 유아들은 노출이 되지 않았던 유아들보다 실제 놀이 시간에 다양한 형태의 공격행동을 더 많이 하는 것으로 관찰되었다. 이러한 관찰학습의 영향은 필름 속의 주인공이 공격행동을 한 후에 보상이 뒤따를 때 뿐 아니라 무보상, 심지어 처벌이 뒤따르는 경우에도 여전히 일어난다는 점에 주목해야 한다. 다시 말해서, 모델이 공격행동을 하는 것을 일단 관찰하게 되면 모델에게 보상이 뒤따르든 처벌이 뒤따르든 관계없이, 아동의 공격행동이 증가한다는 것이다.

학습자가 일일이 강화를 받음으로써 새로운 행동을 획득해야 한다면 학습의 속도는 느릴 수밖에 없을 것이다. 다행히도 아이들은 부와 모, 형제, 그리고 주변 사람들이 하는 수많은 행동을 보면서 배우게 될 뿐만 아니라 책, TV, 그리고 영화 등을 통해서 배울 수 있기 때문에 보다 더 빠른 속도로 많은 것을 배우게 되어 보다 더 빠르게 세상에 적응해 나갈 수 있는 것이다.

관찰 학습에서 관찰되는 사람을 모델이라고 하고, 모델을 관찰함으로써 학습한다는 점에서 모델링 학습 또는 관찰 학습이라고 부른다. 또 학습자가 직접 강화 받는 것이 아니라 모델이 강화 받는 행동을 학습자가 학습한다는 점에서 **대리 학습**(vicarious learning)이라고 하며, **모방 학습**이라고도 부른다. 관찰 학습은 고전적 조건형성과 조작적 조건형성에 비해 학습의 인지적 측면을 강조하는 것이 중요한 특징이다. 관찰 학습에는 인지적 측면이 많이 개입되기 때문에 동물을 훈련시킬 때에는 관찰 학습을 사용하기가 거의 불가능하다. 인지적 능력이 상대적으로 낮은 어린 아이에 대해서도 관찰 학습을 통해 새롭고 복잡한 행동을 획득하도록 하기보다 조건형성이 더 효과적일 경우가 많다.

학습이론적 접근에 의하면, 환경 속에서 어떤 강화와 처벌이 일어나는지 또는 어떤 행동을 관찰하는지에 따라 행동이 학습되며, 학습된 행동들의 누적 결과가 곧 발달적 변화이다. 따라서 이 접근에서는 발달을 연속적인 변화로 보며 **질적 변화**이기보다는 **양**

적 변화로 본다. 한편, 이 접근은 발달에 있어서 개인이 가지고 있는 성향과 선호, 그리고 개인의 자유의지를 과소평가했다고 평가된다.

2) 정신분석학적 접근

아동기의 발달을 가장 일찍 체계적으로 설명한 학자 중 한 사람은 정신분석이론의 창시자인 정신과 의사 Freud이다. Freud의 **정신분석학적 접근**(psychoanalitical approach)에서는 정신적 문제가 있는 사람들을 자유연상법을 통해 치료하는 과정에서 **무의식적 욕구**와 신경증적 증상 간의 관계, 아동기의 고착된 무의식적 욕구의 존재를 알게 되었고, 아동기의 억압된 무의식적 욕구가 성인기의 증상의 원인임을 강조하였다. 여기서는 Freud의 심리성적(psychosexual) 발달이론과 신정신분석학자인 에릭슨(E. H. Erikson, 1902~1994)의 심리사회적(psychosocial) 발달이론이 인간의 발달과 어떠한 관련성이 있는지에 대해 간략히 살펴보고자 한다.

(1) 심리성적 발달이론

인간의 이해에 대한 Freud의 가장 큰 공헌은 무의식적 욕구의 존재를 인식시켜 준 것이고, 이 욕구가 인간의 정서, 사고, 그리고 행동에 영향을 미친다고 생각한 점이다. 무의식적 성적 욕구인 **리비도**(Libido)가 발달 과정에서 신체의 서로 다른 부위를 통해 충족되고 발산하게 되는데, Freud의 심리성적 발달이론에서 바로 이 리비도가 주로 표현되고 충족되는 부위에 따라 각 단계를 명명하였고, 구강기, 항문기, 남근기, 잠복기, 생식기의 5단계로 체계화하였다(〈표 1-1〉 참조).

Freud 이론에서 성격은 **원초아**(id), **자아**(ego), 그리고 **초자아**(superego)로 구성되어 있으며, 어린 아동은 아직 자아와 초자아가 발달되지 않아 원초아의 영향에 따라 주로 활동한다. 영아는 배고픔을 느꼈을 때 배고픔이 즉각적으로 충족되기를 원하지만 어머니가 젖을 줄 때까지 기다릴 수밖에 없기 때문에 이 간격 동안에 원초아의 쾌락 원리를 통해 배고픔을 해소해 주는 욕구충족적 환상을 떠올린다. 예를 들어, 우리는 종종 목이 마를 때 시원한 물 한잔을 떠올리게 되는데, 목마름을 실제적 방법으로 해소하기 전에 일시적으로 욕구를 충족시켜 주는 기능을 한다. 나이가 들어감에 따라 자아가 발달하

〈표 1-1〉 Freud의 심리성적 발달 단계

심리성적 단계	연령	발달 특징
1단계: 구강기	출생~1세	영아는 젖이나 젖병을 빠는 행위를 통해 욕구를 충족한다. 구강적 욕구가 적절하게 충족되지 않으면 구강기 고착 행동을 보이는데, 손가락 빨기, 음식에 대한 집착, 과도한 흡연, 지나친 타인 의존이나 타인 비난을 한다고 본다.
2단계: 항문기	1~3세	걸음마기 아동은 항문 부위의 활동을 통해 욕구를 충족한다. 이 시기에 배변훈련이 중요한데 훈련이 너무 엄격하거나 지나치게 허용적이면 항문기 고착 성격을 보일 수 있다. 전자의 경우 깔끔하거나 강박적 성격을 보이고, 후자의 경우 지저분하거나 무질서한 성격을 보인다.
3단계: 남근기	3~6세	초기 아동기 아동은 자신의 성기 부위의 자극을 통해 욕구를 충족한다. 유아는 이성 부모에게 근친상간적 욕구를 보이는데, 남아는 어머니에게 외디푸스 콤플렉스를, 여아는 아버지에게 엘렉트라 콤플렉스를 가지게 되고, 이를 해결하는 과정에서 죄책감, 초자아, 동일시 등이 발달한다.
4단계: 잠복기	6~11세	학령기 아동은 성적 욕구가 광범위하게 억압되고 대신 학업과 동성 친구관계를 통해 사회적으로 용납되는 활동의 습득과 가치관 형성에 에너지를 쏟는다.
5단계: 생식기	11세 이후	사춘기를 맞이하여 억압되었던 성적 욕구가 부활한다. 이성과의 관계를 통해 욕구를 충족하고자 하며, 이러한 과정은 사춘기 이후의 생애까지 지속된다고 본다.

게 되면 현실 원리에 따라 스스로 배고픔을 해소하는 데 필요한 행동을 지각과 인지과정에 입각하여 수행하게 된다. 자아는 현실을 고려하면서 원초아의 영향뿐 아니라 초자아의 기준에 맞추어 욕구를 충족해야 한다. 초자아는 무의식적 욕구를 충족하고자 할 때 자아가 도덕적 원리에 맞추어 충족하게 하는 기능을 하며, 자아 이상을 가지도록 해 준다. 자아는 초자아의 도덕적 기준과 처벌을 예상할 때 불안을 느끼게 되므로 초자아의 명령을 위배하지 않으면서 욕구 충족을 하려고 한다.

자아는 불안을 감소시키기 위해 방어기제를 발달시킨다. Freud의 딸인 안나 프로이트(A. Freud, 1895~1982)는 발달 단계에 따라 주로 사용하는 방어기제가 달라진다고 하였는데, 1단계인 구강기에는 투사와 부정, 2단계인 항문기에는 반동 형성, 3단계인 남근기에는 억압이라는 방어기제를 사용하기 시작한다고 하였다(Freud, 1936). 또한 청소년기에는 합리화와 주지화라는 방어기제를 많이 사용한다고 하였다.

　Freud의 이론에는 성에 대한 생각이 억압되고 남성 위주의 가부장적 사고가 지배했던 빅토리아 왕조 시대의 사고방식이 그대로 반영되어 있다는 비판을 받고 있고, 어린 시절의 경험이 성인기의 심리적 문제를 결정한다는 점에서 지나친 결정론적 견해라는 비판을 받고 있다. 그럼에도 불구하고 성인은 물론 아동에 대한 투사적 심리검사 및 심리치료에 정신분석학적 접근이 어느 정도 유용할 뿐 아니라, 정상 발달의 과정에 있는 아동을 이해하는 데에도 긍정적 기여를 하는 다양한 접근 중 하나임에는 틀림이 없다.

(2) 심리사회적 발달이론

　Erikson의 심리사회적 발달이론은 자아의 발달을 이해하는 데 가장 큰 기여를 한 신정신분석적 접근이다(Crain, 2005). 그의 생부는 덴마크인이었으나 유대인 계부와 어머니에 의해 독일에서 양육 받는 과정에서 다른 아이들과 다르게 자신의 정체성에 대한 생각을 많이 하게 되었고, 고등학교 졸업 후에는 진로를 결정하기가 어려워서 대학에 진학하지 않고 1년간 유럽 곳곳을 여행하면서 지냈다. 25세가 되어 Anna Freud와 함께 정신분석 연구를 하면서 그녀에게 정신분석을 받기도 하였다.

에릭슨
(E. Erikson)

　Erikson은 자아의 발달에 관심을 가졌고, 자아가 전 생애에 걸쳐 8단계를 거쳐 발달해 간다고 하였다. 즉, 자아는 여덟 단계를 거치면서 각 단계에서 신뢰성 대 불신감, 자율성 대 수치심(의심), 주도성 대 죄책감, 근면성 대 열등감, 자아정체성 대 역할 혼미, 친밀성 대 고립, 생성감 대 침체성, 자아통합 대 절망감의 위기를 경험한다(〈표 1-2〉참조). 각 단계에서 아이는 가정과 사회에서 긍정적 경험과 부정적 경험을 모두 경험하게 되지만 어느 쪽을 주로 경험하는가에 따라 긍정적 성질의 자아(신뢰성, 자율성 등)가 발달하거나 부정적 성질의 자아(불신감, 수치심 등)가 발달할 수 있다.

　Erikson은 신정신분석이론가로서 정신분석학에 뿌리를 두고 있지만 원초아보다 자아의 발달에 초점을 두면서 전 생애에 걸친 자아의 발달 단계를 명료하게 제시하였다. 또한 각 단계의 자아가 발달하는 데 영향을 미치는 요인을 가족에 국한하지 않고 더 넓은 사회에까지 확장함으로써 자아 발달을 보다 더 포괄적으로 이해하는 데 큰 기여를 하였다.

〈표 1-2〉 Erikson의 심리사회적 발달 단계

심리사회적 발달 단계	연령	발달 특징
1단계: 신뢰성 대 불신감	출생~1세	영아에 대한 양육과정에서 기본적 욕구가 적절하게 충족되면 세상을 신뢰하게 되지만 그렇지 않으면 세상을 불신하게 된다.
2단계: 자율성 대 수치심, 의심	1~3세	걸음마기에 인지 능력과 운동 기술의 증가로 다양한 활동을 시도하며 대소변 훈련을 받는다. 스스로 성공 경험을 함으로써 자율성이 형성되지만 부모로부터 지나친 통제를 받거나 비판을 받는다면 수치감을 느끼거나 자신의 능력을 의심한다.
3단계: 주도성 대 죄책감	3~6세	학령 전기에 인지 능력과 운동 기술이 더욱 증가하여 자신이 원하는 활동을 계획하고 목표를 이루고자 한다. 목표를 이루고 긍정적 경험을 하게 되면 주도성을 형성하지만 좌절하거나 비난받게 되면 자신의 목표가 옳지 않다는 죄책감을 느낀다.
4단계: 근면성 대 열등감	6~11세	학령기에 성적 욕구가 강하게 억압되며 자신이 속한 사회에서 필요한 기술이나 사회성을 기르기 위해 열중하는 시기이다. 가정, 학교, 또래관계에서 긍정적 경험을 하게 되면 근면성이 형성되지만 부정적 경험을 하게 되면 열등감이 형성된다.
5단계: 자아정체성 대 역할 혼미	청소년기	청소년기에 '나는 누구인가'의 질문에 대한 답을 찾으려고 한다. 다양한 역할 실험과 탐색을 통해 자아정체성을 형성하며, 반대로 탐색 경험의 기회가 적고 통제를 많이 받으면 역할 혼미에 빠지게 된다. 이후의 성인기 생활에 큰 영향을 미치는 시기이다.
6단계: 친밀감 대 고립	초기 성인기	자아정체성을 형성한 젊은이들은 자신에 맞는 타인과 친밀한 관계를 형성하고자 한다. 반대로, 역할 혼미에 빠진 젊은이는 타인과 관계 맺기에 자신이 없게 되어 고립된다.
7단계: 생성감 대 침체성	중년기	중년기에 자녀를 양육하고 직업적 활동을 통해 생성감을 가지게 된다. 그러나 청소년기에 자아탐색이 충분히 이루어지지 않아 자신만의 삶의 방식과 직업목표가 확고하지 못한 사람은 침체성을 경험하게 된다.
8단계: 자아통합 대 절망감	노년기	자신이 지나온 삶을 되돌아보고 음미하게 되는데 자신의 삶을 긍정적으로 평가하는 사람들은 자아통합을 하게 된다. 반대로, 자신의 삶을 후회하고 부정적으로 보는 사람은 되돌리기 위해 충분한 시간이 남아 있지 않음을 인식하고 절망감을 경험한다.

3) 인지적 접근

학습이론적 접근이나 정신분석학적 접근에서는 외부 환경의 영향을 강조함으로써 인간 발달의 수동적 측면을 보여 주었으나, 인지적 접근에서는 같은 환경에 대해서도 사고 수준과 방식에 따라 개인의 주의와 해석이 달라지므로 환경에 대한 이해는 개인에 따라 다르다고 본다. 인지적 접근에서는 발달 단계에 따른 인지의 질적 차이가 있음을 강조하고, 환경에 대한 주의, 기억, 인출의 과정을 연구함으로써 환경을 이해하고 적응해 가는 과정에서 인간의 능동적 측면을 강조한다. 여기서는 Piaget의 인지발달이론, 정보처리 이론 그리고 이론-이론에 대해 살펴보고자 한다.

(1) Piaget의 인지발달이론

피아제(J. Piaget, 1896~1980)는 발달심리학에서 인지적 접근(cognitive approach)의 가장 초기 연구자로 볼 수 있다. 무엇보다 Piaget는 연령에 따라 일어나는 인지발달을 질적 변화로 보았다는 점에서 당시에 매우 새로운 접근이었다. 뿐만 아니라 전 생애를 감각운동기, 전조작기, 구체적 조작기, 그리고 형식적 조작기의 4단계(제3장 참조)로 나누었고, 각 단계에서의 사고는 질적인 면에서 동일한 특징을 가지고 있고, 그에 따라 인지적 판단이나 사회적 행동에도 영향을 미친다고 보았다. 동화와 조절이라는 생물학적 개념을 인간의 인지

피아제
(J. Piaget)

발달의 과정에 적용하여 인지발달이 일어나는 과정에서 동화와 조절이 끊임없이 동일하게 반복된다고 하였다. Piaget의 인지발달이론을 통해 우리는 그동안 이해하지 못했던 어린 아동들의 행동이나 반응(예: 같은 개수의 과자인데도 배열이 달라지면 더 적어졌다고 생각하고 불만을 가지거나 여아가 바지를 입으면 남자로 변한다고 생각하는 것)을 보다 더 잘 이해하게 되었고, 청소년의 독특한 행동과 정서(예: 외모에 지나치게 신경을 많이 쓰거나 위험한 시합을 무모하게 하는 것)를 더 잘 이해하게 되었으며, 행동과 정서도 결국 인지에 기초하여 설명됨을 알게 되었다. Piaget의 인지발달이론은 각 연령대의 인간의 다양한 사고, 행동 및 정서가 각 단계에 해당하는 동일한 질적 특징을 보인다고 하는 점에서

영역일반적 이론이라고 한다. 이에 비해 다음에 설명하게 될 이론-이론은 영역특정적 이론이라고 부르는데, 그 이유는 언어 이론은 언어발달이라는 특정 영역에만 적용되고 수 이론은 수발달이라는 특정 영역에만 적용되는 것과 같이 각 영역에 따라 각각 다른 원리가 적용된다고 보기 때문이다.

(2) 정보처리이론

겉으로 직접 관찰하기 어려운 인지 현상을 객관적 방법으로 연구할 수 있게 된 것은 정보처리 접근(information-processing approach)이 발전하면서부터이다. 정보처리 접근에서는 인간의 인지체계를 컴퓨터에 비유하며 보다 더 객관적이고 상세하게 인지체계를 밝힐 수 있도록 기여하였다. 인지발달에 대한 본격적인 연구는 정보처리적 방법으로 알려져 있는 반응 시간, 안구운동, 심장박동, 호흡수를 측정함으로써 언어 표현이 원활하지 못한 영아와 유아에 대해서도 과학적으로 연구할 수 있게 되면서 이루어졌다. 인지발달에 대한 정보처리 접근에서는 연령에 따라 어떠한 인지적 차이가 존재하는지, 그리고 그러한 차이는 왜 일어나는지, 즉 변화의 기제를 상세하게 밝히고자 한다. 기억을 감각기억, 단기기억, 그리고 장기기억으로 나누고 각각의 연령에 따른 변화를 관찰하여 영아기 및 유아기의 지각 및 인지 발달을 밝혔다. 신피아제 이론가들(Case, 1992; Fischer & Bidell, 1998)은 Piaget의 인지발달이론이 단계별 특징을 기술하고 있지만 인지가 발달하는 기제를 밝히지 못했다는 비판점을 보완적으로 설명하기 위해 Piaget의 이론에 정보처리 접근을 접목하였다. 인지발달에 관심을 가진 정보처리이론가(Siegler & Jenkins, 1989)들 중에는 수의 발달이 어떤 과정을 통해 일어나는지, 읽기나 쓰기가 어떤 과정을 통해 일어나는지와 같은 실제적인 학습 기술에 대해 관심을 가지고 연구하여 학습에 관련된 교육현장 및 치료현장에서 적용할 수 있는 결과들을 얻기도 하였다.

(3) 이론-이론

이론-이론(theory-theory)은 특정 영역의 정보를 이해하기 쉽도록 어느 정도 준비가 되어 태어난다고 보는데, 즉 이론이 준비되어 태어난다고 보는 이론이다. 1980년대부터 일단의 발달심리학자들은 그동안 생각해 왔던 것보다 영아가 많은 것을 알고 있다는 사실을 밝히는 데 주력해 왔으며, 영아가 유능한 것은 세상에 대해 이해하기 쉽게 해 주는 인지적 경향성과 같은 이론을 가지고 태어났기 때문이라는 것이다. 하지만 아기들이 가지고 있는 이론은 단순하고 불완전하기 때문에 계속되는 경험에 의해 곧바로 수정되어 간다. Piaget는 감각운동기의 영아와 전조작기의 유아가 학령기 아동에 비해 여러 가지 능력이 결여되어 있음을 밝힘으로써 영아와 유아의 특징을 이해하게 해 주었다. 이에 비해, 베이야종(Baillargeon), 젤먼(Gelman), 고프니크(Gopnik), 그리고 스펠크(Spelke) 같은 발달심리학자들은 이론-이론가로서 영아와 유아의 유능성에 대해 강조하고 있다(제3장 참조).

인간의 발달에 대한 현대심리학의 관점은 경험론적 입장이라고 볼 수 있으나 이론-이론은 영아가 어느 정도 인지적으로 준비되어 태어난다는 입장이어서 생득론적 관점이 추가되었다. 영아가 보다 더 잘 생존하고, 빨리 적응하고, 필요한 능력들을 빨리 습득하기 위해 완전히 백지상태로 태어난 것이 아니라 선천적 경향성을 가지고 태어난 것이라고 볼 수 있다. 하지만 아기들이 가지고 있는 이론은 생후 초기에만 작동하고 유효한 것일 뿐이며, 그 이후의 발달에는 어떠한 경험과 훈련을 통해 지식을 구성해 가는가가 중요하다. 이론-이론은 초기에 선천적 이론에 기초하여 아기가 생존에 도움을 받고 빠른 속도로 발달하게 되지만 곧 경험과 훈련이 중요한 영향을 미친다는 점에서 신생득론적 관점(neonativism)을 취한다. 아이들이 서로 다른 문화에서 성장함에도 불구하고, 세상에 대한 이해의 방식이 매우 유사한 이유는 바로 영아들이 공통된 이론을 가지고 태어나 경험을 통해 지식을 구성해 가기 때문이라고 설명할 수 있다.

아기들이 가지고 있는 이론은 발달의 영역에 따라 다르다(제3장 참조). 따라서 각 영역에 적용되는 언어 이론, 수 이론, 마음 이론, 물리학 이론, 생물학 이론 등을 가지고 있어 영역특정적(domain-specific)이며, 각 영역의 발달이 신속하게 이루어지도록 기여한다. 이는 Pieget의 인지발달이론에서 동일한 인지발달 단계에 해당하는 경우에 언어, 인지, 그리고 사회적 판단 등이 같은 수준에 있다고 보는 영역일반적(domain-general) 이론과 대비된다. 물론 아기의 이론은 학자들이 구성한 이론처럼 체계적으로 검증된 것도 아니고 정교하지도 않지만 경험 과정 속에서 나름의 검증과 수정을 한다는 점과 인과관계를 설명해 주고, 구성개념이 관련되어 있고, 눈에 보이지 않는 것에 대해 이해할 수 있게 해 준다는 점 등에서 과학자의 이론과 비슷한 성질을 가진다고 보고 있다.

　지금까지 살펴본 인지적 접근에서는 연령대에 따라 이해할 수 있는 것과 이해할 수 없는 것에 대해 발달심리학자들은 놀라울 정도로 많은 사실을 밝혀 내었다. 인지의 발달적 차이에 따라 학교에서 공부하는 방식에 영향을 미칠 뿐 아니라 놀이 방식, 자기 이해 및 타인에 대한 이해, 사회적 관계, 그리고 정서적 반응 등에도 영향을 미친다는 것을 알게 해 주었다.

4) 동물행동학적 접근

　동물행동학적 접근(ethological approach)은 진화론적 근거 및 진화적 반응이 종의 생존과 발달에 기여한다는 입장에서 현재의 인간과 동물의 행동을 과학적으로 연구하면서 Darwin의 진화론을 인간의 발달을 이해하는 데 적용하는 학문적 접근이다. 동물행동학에서는 동물의 종이 생물학적으로 프로그램된 행동을 선천적으로 가지고 태어난다고 본다. 로렌즈(K. Lorenz, 1903~1989)와 틴버겐(N. Tinbergen, 1907~1988)은 조류에서 보이는 각인(imprinting)의 기제를 밝혀 낸 대표적인 현대 동물행동학자로, 노벨 생리의학상을 공동 수상하였다. 대부분의 조류는 어미 따르기 행동을 보이는데 이를 각인이라고 하며, 각인은 생후 짧은 기간(흔히 24시간) 이내에 노출된 움직이는 대상에 대해서만 일어난다. 각인은 생물학적으로 사전계획된 것으로, 어미의 보호를 받고 먹이를 제공 받음으로써 생존할 수 있게 해 주는 중요한 기능이 있다. Lorenz는 각인의 기제를 밝힘으로써 회색 기러기가 Lorenz 자신에게 각인되고, 심지어 구애행동을 하는 것을 증명해 보이기도 하였다.

　각인은 동물의 생존에 기여하는 중요한 **본능**(instinct) 중의 하나인데, 동물행동학자들은 본능이란 각 종의 구성원 모두가 공유하고, 단순한 반사와 다르게 구애행동이나 새끼 돌보기 행동과 같이 비교적 복잡한 행동의 연쇄로 구성되지만 흥미로운 것은 이러한 본능적 행동이 매우 단순한 해발자극에 의해 일어나게 됨을 밝혔다. 예를 들어, 성체가 된 숫가시고기는 본능에 따라 다른 숫가시고기에 대해서는 맹렬히 공격하지만 암가시고기에 대해서는 복잡한 구애행동을 수행한다. 숫가시고기는 어떻게 암수를 구별하는 것일까? 다행히도 구별 방법은 매우 간단하다. 숫가시고기는 성체가 되면 아랫배에 빨간 점(해발자극)이 생기므로 숫가시고기끼리는 단순히 빨간 점을 공격하도록 하는 본능이 선천적으로 프로그램 되어 있기 때문에 공격하는 것일 뿐 가시고기의 전체 형태를 보고 구별하여 공격하는 것이 아니다.

　각인을 통해 살펴본 바와 같이, 인간의 경우에도 특정 발달을 위한 결정기(critical period)가 있는 것일까? 결정기란 특정 행동이나 능력의 발달이 일어날 수 있는 비교적 제한된 기간을 말하며, 이 기간 동안에 적절한 경험을 필요로 한다. 따라서 이 기간이 지난 후에는 적절한 경험을 하더라도 정상적 발달이 일어나기가 어렵다. 동물의 경우 각인이 일어나는 데에는 결정기에 적절한 경험이 필요하지만, 인간의 경우에는 결정기가 존재하기보다는 민감기(sensitive period)가 존재할 것으로 보며, 민감기에 적절한 경험을 하는 것이 최적의 발달을 가져올 것으로 본다. 예를 들어, 언어발달의 민감기가 지난 아이에게는 비슷한 정도의 언어 자극이 입력된다고 하더라도 언어발달에 불리하다. 일반적으로 발달에 대한 초기 경험의 중요성을 강조하기는 하지만 발달 단계상 모든 경험은 중요할 수밖에 없으며, 인간은 발달의 어느 단계에서도 경험을 통해 변화할 수 있다는 의미에서 가소성(plasticity)이 크다고 본다. 따라서 민감기를 지나쳤더라도 발달상의 불이익을 상당히 보상할 수 있고 역전시킬 수 있을 것으로 본다.

로렌츠에게 각인된 새끼 오리는 로렌츠를 어미로 알고 따라다닌다.

글상자 1-1   인간에게 모성 본능은 있는 것일까?

모성 본능이라는 말을 흔히 하는데, 실은 모성 본능은 동물행동학자들이 말하는 본능의 정의와는 거리가 멀다. 만약 어머니가 아기를 돌보는 행동이 본능이라면 모든 어머니는 아기를 무조건 잘 돌봐야 할 것이고, 아동학대라는 현상은 존재하지 않아야 한다. 대부분의 어머니는 아기를 잘 돌보는 행동을 하는데, 그 이유는 어머니에게 아기를 돌보는 본능이 있어서가 아니라 사회의 규범 속에서 후손을 출산하고 양육하면서 종족을 유지하려는 규범이 자연스럽게 형성되었기 때문으로 보아야 한다. 단, 아기는 어머니로부터 돌봄을 받지 못할 경우 생존이 불가능하므로 돌봄을 더 잘 받을 수 있도록 아기 특유의 특징들을 선천적으로 가지고 태어나며, 이 특징들은 양육자에게 애착유발을 한다. 즉, 어린 아기는 **이마가 넓은** 귀여운 용모의 특징을 비롯하여 울기, 옹알이하기, 눈 맞추기, 미소 짓기, 따라다니기 등의 행동을 보인다. 이러한 행동은 어머니로 하여금 돌봐 주고, 보호하고, 놀아주는 행동을 유발하므로 **애착유발행동**이라고 하는데, 볼비(J. Bowlby, 1907~1990)에 의하면 인간 아기에서 보이는 진화의 결과이다. 인간에게는 동물에게 존재하는 본능은 볼 수 없으나 **본능의 흔적**에 해당하는 다양한 특징이 있어서 생존을 도울 뿐 아니라 보다 더 신속한 발달이 일어나도록 돕는다.

아기, 강아지, 그리고 새끼 호랑이는 공통적으로 이마 부분이 넓은 특징을 가지고 있어 귀여운 느낌을 일으키며 이는 어미의 돌봄을 유발한다.

볼비(J. M. Bowlby, 1907~1990)를 통해 아기의 여러 가지 특징과 행동에 진화론적 의미가 있음을 알게 되었다. 더 나아가서, 다음 장들에서 살펴보게 될 지각 및 인지 발달을 비롯하여 정서 및 사회성 발달을 통해 진화론적 의미와 관련된 행동을 알게 될 것이다.

5) 맥락적 접근

인간의 정신 기능에 대한 맥락적 접근(contextual approach)은 1970년대의 서구 발달심리학에서 중요시하게 된 새로운 관점으로, 구소련의 발달심리학자인 비고츠키(L. V. Vygotsky, 1896~1934)로부터 큰 영향을 받았으며(Wertsch & Tulviste, 1994), 현재에도 그 중요성이 강조되고 있다. 이 접근의 핵심은 개인의 정신 기능을 이해하기 위해서는 개인이 살고 있는 환경 또는 맥락을 분석해야 한다는 것이다. 브론펜브레너(U. Bronfenbrenner, 1917~2005)는 자신의 생태학적 이론을 통해 우리가 몸담고 있는 생태적 맥락을 고려해야만 인간의 발달을 이해할 수 있다고 강조했다는 점에서 Vygotsky와 마찬가지로 맥락적 접근에 크게 기여한 학자이다. Vygotsky는 38세의 젊은 나이에 생을 마감했으므로 자신이 구축하고자 하였던 심리학 이론을 완성할 수는 없었으나 그럼에도 불구하고 현대 심리학 및 발달심리학의 이론적 접근에 지대한 영향을 미쳤다.

(1) Vygotsky의 사회문화적 이론

Vygotsky는 아동의 발달과 교육에 대한 새로운 아이디어들을 제안하였고, 수많은 발달심리학자에게 커다란 영향을 미쳤다. Vygotsky는 정신과정의 발달이 사회적 기원에 의해 일어난다고 설명한 점에서 큰 주목을 받았다. Vygotsky에 의하면, 정신 기능은 아동이 속한 문화에서 시작되고 따라서 정신 기능을 이해하려면 아동의 사회문화적 과정을 탐색할 필요가 있다. 다시 말하면, 개인의 내부에 존재하는 정신 기능을 이해하기 위해서는 개인의 외부에 존재하는 사회문화적 환경을 분석하여야 한다는 것이다.

Vygotsky는 다양한 새로운 개념을 제안하였다. 우리는 기본적 정신 기능을 가지고 태어나지만 살아가는 사회와 문화 속에서 끊임없는 사회적 상호작용과 적응과정을 통해 정신 기능이 발달하는 것이라고 하였다. 각 사회에 적응하기 위해 사용하는 **물리적 도구**와 심리적 도구에는 차이가 있다. 문명사회에서는 기억을 잘하도록 하기 위한 기억전략들이 있고, 이것을 아이들에게 전수한다. 기억전략은 심리적 도구의 예이며, 이외에도 문명사회일수록 언어, 수체계, 글자, 도표, 지도 등의 심리적 도구를 많이 개발하여 사용하면서 후세에 전수한다. 수판, 타자기, 계산기, 컴퓨터는 인간의 적응을 돕는 물리적 도구이다. Vygotsky는 물리적 도구나 심리적 도구를 전수하는 데 부모의 역할과 교사의 역할을 매우 강조하였다. 아동의 지식과 기술이 발달하는 데 아동과 부모 및 교사 간의 **양방향적 상호작용**을 강조하였으며, 이에 대해 자세히 설명하고 있다.

부모나 교사의 지식과 기술이 아동에게 옮겨 가서 내재화하게 하려면 반드시 사회적 상호작용이 필요하며, 아동의 근접발달영역에서 상호작용이 일어나야 효과가 크다고 본다. 아동의 준비 상태에 따라 다양한 종류의 상호작용 방법이 있는데, 직접적 가르침의 정도가 가장 큰 개인교수, 아동에게 지식이 내재화할 때까지 이끌어 주고 지지를 해주는 발판화, 아동이 스스로 문제를 발견하여 사고를 발전해 가도록 하는 소크라테스식 문답법 등이 있다. 이외에도 또래 간의 상호작용을 통한 협동학습이 사고의 발달에 미치는 영향을 강조하였다.

Vygotsky는 아동에게 효율적인 교육 방식이 어떤 것인지를 알게 해 주었다. 또한 그는 Gesell과 Piaget가 강조한 바와 같은 내재적 힘에 의한 발달의 중요성을 인식하였지만, 내재적 힘이 계속적인 발달로 이어지기 위해서는 무엇보다 사회문화적 환경의 중요성이 중요함을 강조하였고, 결과적으로 심리학의 맥락주의 관점을 자극하고 형성시키는 데 큰 공헌을 하였다.

(2) Bronfenbrenner의 생태학적 이론

러시아에서 출생하여 어려서부터 미국에서 자라면서 교육을 받은 미국심리학자인 Bronfenbrenner는 생태학적 이론을 통해 발달은 실험실 연구만으로 이해할 수 없으며, 아동과 청소년이 몸담고 있는 생태적 환경을 분석함으로써 더 잘 이해할 수 있다고 하였다. 행동주의에서 개인의 발달에 영향을 미치는 환경적 힘을 과대평가한 것에 비해 Bronfenbrenner는 생물학적 힘과 환경적 힘이 상호작용하여 발달이 일어난다고 보았다.

브론펜브레너
(Urie Bronfenbrenner)

그동안 아동에게 영향을 미치는 환경을 가정에 국한하는 경향이 있었으나, Bronfenbrenner는 환경을 넓은 생태체계로 확장하여 가족, 학교, 놀이터와 같은 **미시체계** 외에도 미시체계가 서로 상호작용하는 관계인 **중간체계**를 포함시켰고, 학교와 지역사회와 같은 **외체계**를 포함시켰다. 더 나아가, 각 국가의 제도, 규범, 가치관과 같은 넓은 문화인 거시체계를 포함시켰으며, 시간체계까지도 생태학적 이론에 포함시켜 개인이 발달의 어느 시기에 있는가에 따라 각 생태학적 맥락의 영향이 다르게 작용할 수 있다고 보았다(제11장 참조). 예를 들어, 초등학생에게 작용하는 생물학적 힘과 사춘기 청소년에게 작용하는 생물학적 힘은 그 영향력의 차이가 매우 큰데, 그 이유는 생물학적 힘이 발달의 시기에 따라 달라지기 때문이다. 아동 및 청소년은 발달 과정 속에 있으므로 앞에서 말한 다양한 맥락체계와 관련을 가지고 상호작용하며 살고 있다. 각 맥락체계는 다른 맥락체계들과 상호작용하여 아동과 청소년에게 영향을 미친다. 더 나아가, 각 개인은 맥락체계의 영향을 받을 뿐 아니라 자신의 생물학적 특징을 가지고 맥락체계에 영향을 주기도 하기 때문에 개인과 맥락 간의 관계는 일방향적이 아니라 양방향적이며, 결국 상호작용적 관계이다. Bronfenbrenner는 맥락을 다양한 수준으로 체계화하여 아동 및 청소년, 더 나아가 성인에 대해 영향을 미치는 맥락에 대한 이해를 확장시켰다.

6) 역동적 체계 접근

인간의 발달은 시간이 흐름에 따라 변화하며, 다양한 원인이 작용하여 일어나는 매우 복잡한 현상이다. 앞에서 살펴본 바와 같이, 인간의 복잡한 발달 현상을 설명하기 위해 Piaget의 인지발달이론, Freud 및 Erikson의 성격발달이론 등 많은 대이론이 출현하였다. 그러나 최근으로 오면서 공격성에 대한 사회정보처리이론(Dodge, 1986), 도덕발달이론(Kohlberg, 1969) 등과 같이 특정 영역의 발달을 설명하는 수많은 소이론(mini theory)이 출현하고 있다. 그러나 발달심리학자들은 개인을 포괄적으로 이해하기 위해서는 다양한 영역의 발달을 설명해 주는 많은 소이론을 일관된 틀로 묶어 주는 통합적 접근이 필요하다고 인식하고 있다. 역동적 체계 접근(dynamic system approach)은 발달에 대한 최신의 이론적 접근으로서, 인간의 발달에 대한 통합적 접근이며, 물리학과 수학의 복잡하고 비선형적인 체계를 설명하는 이론에서 직접적으로 나온 것이지만 심리학과 생물학에서도 오랜 전통을 가지고 있다고 볼 수 있다(Thelen & Smith, 1998).

인간의 발달을 통합적으로 설명한다는 것은 쉽지 않은 일이다. 텔렌과 스미스(Thelen & Smith, 1994)는 역동적 체계 접근을 통해 영아의 운동이나 지각이 발달해 가는 과정을 보여 주었다. 아기들은 3.5개월에서 4개월에 손을 뻗어 보이는 물건을 잡지만 처음에는 협응과 통제가 빈약하여 목표물을 놓치거나 움직임이 매끄럽지 않다. Thelen과 Smith에 의하면, 잡기는 수많은 구성요소와 절차의 함수이며 근육과 관절의 생리학적·대사적·생물기계적 속성, 그리고 중추신경 계통의 상태, 시력과 시각적 주의, 동기화 등의 구성요소를 포함한다고 하였다. 이 구성요소 모두가 생후 1년 동안에 신속하게 변화함으로써 아기들의 잡는 행동은 정확해지고 유연해진다. 그들은 잡기가 시작된 후에 더 새로운, 더 고차적 상태로 이동하게 해 주는 기능이 있는 **통제 변수**(control parameter)는 많은 변수 중에서 한두 가지뿐일 것으로 보았다. 그들은 네 명의 영아를 대상으로 하여 잡기 발달을 연구한 결과, 통제 변수를 완전히 밝히지는 못했지만 **전반적 속도 변인**이 잡기 궤도의 직선성과 부드러움에 대한 통제 변수로 작용할 것으로 보았다.

잡기의 발달을 통해 살펴본 것처럼, 발달의 각 영역은 다양한 수준이 위계적으로 연결된 시스템이며 영역별 시스템이 통합되어 더 큰 시스템을 구성한다(Parke et al., 1994). 역동적 체계 접근은 아직까지 운동발달에 제한적으로 적용하여 연구되었지만 앞으로 언어 학습이나 사회적 행동 등에 적용할 수 있다면 다양한 영역의 발달에 대해 보다 더 통합적 이해가 가능할 것이다.

5. 발달의 연구

발달심리학은 주로 과학적 연구 방법을 통해 발달적 변화를 이해하고자 한다. 과학적 연구에는 **기술 연구**와 **설명 연구**가 있다. 발달에 대한 기술 연구란 발달적 변화를 있는 그대로 관찰하여 체계적으로 제시하는 것이고, 설명 연구란 그러한 발달적 변화가 일어나게 된 과정 및 원인을 제시하는 것이다. 기술 연구이든, 설명 연구이든 많은 학자가 수용할 수 있는 과학적 방법으로 자료를 수집하고 분석하고 해석해야 한다. 따라서 과학적 연구 방법은 서로 다른 연구자들이 동일한 연구 방법을 사용한다면 동일한 결과를 얻게 되고, 따라서 동일한 해석 및 결론에 도달할 수 있어야 하므로 반복 가능하며 객관성이 보장되어야 한다는 점을 특징으로 한다.

1) 자료 수집

아동이나 청소년에 관한 발달의 다양한 측면을 알기 위해서 가능한 한 **신뢰도** (reliability)와 **타당도**(validity)가 높은 방법을 통해서 관련 자료를 수집해야 한다. 신뢰도는 같은 특징을 일정 시간이 흐른 후에 반복해서 측정했을 때 같은 점수가 나오거나(검사-재검사 신뢰도) 같은 특징에 대해 여러 사람이 같은 점수를 산출하는 정도(평정자 간 신뢰도)이다. 타당도는 측정하고자 하는 특성을 정확하게 측정하는 정도를 지칭하는데, 예를 들어 지능을 측정하고자 할 때 지능검사 문항이 학교에서 학습한 지식을 많이 반영했다면 지능검사로서의 타당도는 낮아진다. 지능검사란 현재까지 습득한 지식을 측정하는 것이 목적이라기보다 얼마나 효율적으로 학습할 수 있는 정도와 알고 있는 지식을 활용할 수 있는 정도 등을 측정하고자 하는 것이 목적이기 때문이다.

발달심리학자들이 정보를 수집하는 방법은 크게 자기보고법과 관찰법으로 나눌 수 있는데, 자기보고법에는 질문지법, 면접법, 임상법이 있고, 관찰법에는 자연 관찰법과 구조화된 관찰법이 있다. 물론 이러한 모든 방법은 신뢰도와 타당도를 갖출 것을 전제로 한다.

(1) 자기보고법

자기보고법(self report)은 측정하고자 하는 특성을 반영한다고 보이는 문항들을 통해 자료를 수집하는 방법으로, 참가자가 질문지에 직접 답을 쓰거나 면접을 통해 연구자가 질문하고 참가자가 말로 답한 것을 면접자가 기록하는 것을 포함한다. 자기보고법은 질문지를 사용하든, 면접을 사용하든 참가자가 직접 자신의 생각이나 태도를 표현한다는 점이 특징이며, **구조화 면접**과 **비구조화 면접**으로 구분된다. 구조화 면접이란 미리 계획된 질문에 대해 제시된 여러 개의 선택지 중에서 답을 선택하도록 하는 방식이고, 비구조화 면접이란 질문에 대해 참가자의 생각을 스스로 쓰게 하는 방식이다.

자기보고법은 짧은 시간에 많은 참가자에게 실시할 수 있어 많은 정보를 얻을 수 있고, 주로 지필검사 형식을 사용하기 때문에 실시가 편리하다는 장점이 있어 흔히 사용되고 있다. 그러나 자기보고법에는 여러 가지 문제점이 따를 수 있다. 즉, 참가자가 질문을 정확하게 이해했는지, 솔직하게 응답했는지에 따른 문제가 있을 수 있다. 설문지의 경우에는 나이가 어릴수록 스스로 읽고 답하기에 어려움이 있어서 대체로 초등학교 중후반은 되어야 실시할 수 있다. 언어적 표현이 어려운 유아의 경우에는 스스로 설문지에 답하게 하기보다 연구자가 말로 질문하고 유아의 생각을 묘사한 그림을 보고 자신의 생각과 가까운 것을 선택하게 하는 방법을 사용함으로써 자료를 수집할 수 있다. 또한 참가자들이 정직하지 않게 답할 수가 있는데, 사회적 바람직성(social desirability)과 관련된 질문에 대해서 사회에서 바람직하다고 보는 방식의 응답을 하게 되는 경향이 있다. 특히 청소년의 사적 영역('술 마시기나 담배 피우기를 어느 정도 하는가?' '음란물에 어느 정도 접속하는가?' 등)을 다루게 될 때 솔직한 응답을 끌어내기 어려울 수 있다.

임상법은 자기보고법의 일종이며, 소수의 아동이나 청소년의 반응에 초점을 두고 연구할 때 사용한다. 발달심리학의 연구에서 임상법을 사용한 대표적 연구자는 인지발달을 연구한 Piaget인데, 그는 아이들에게 질문을 던진 후 답을 듣고 나서 답에 따라 그것에 맞추어 다음의 질문을 이어 가는 방식을 취하였다. 이 방법을 통해서 Piaget는 아동의 인지발달을 심층적으로 연구할 수 있었다. 임상법은 말로 질문을 하고 답을 듣는다는 점에서 면접법과 유사하나, 면접법은 모든 참가자에게 묻는 질문이 동일하지만, 임상법은 각 참가자가 앞의 질문에 어떤 답을 하는가에 따라 후속 질문이 달라진다는 점과 답을 양적으로 점수화하기가 어렵다는 점이 차이점이다.

(2) 관찰법

관찰법(observation)은 연구자가 참가자에게 응답하게 하는 것이 아니라 참가자가 하는 행동을 직접 관찰하여 자료를 수집하는 방법이다. 관찰법에는 자연 관찰과 구조화된 관찰이 있다. 자연 관찰(naturalistic observation)이란 현장 연구에서와 같이 연구자가 참가자의 행동하는 상황을 의도적으로 변화시키거나 조작하지 않고 자연스러운 상황에서 하는 행동을 관찰하는 방법이다. 예를 들어, 유아의 공격성을 관찰하기 위해 평소에 어린이집에서 제공하는 놀이 시간에 보이는 행동을 관찰할 수 있다. 자연 관찰법에서도 관찰자를 의식하여 참가자들이 평소와 다른 행동을 보일 수 있기 때문에 관찰자의 영향을 최소화할 필요가 있다. 따라서 관찰자의 영향을 감소시키기 위해 녹화를 하거나 일방경을 통해 관찰하거나, 관찰자가 함께 같은 공간에서 활동하면서 관찰할 수 있다.

일상생활에서 일어날 확률이 낮거나 바람직하지 않은 행동은 자연 관찰을 통해 연구하기가 어려울 수 있다. 예를 들어, 엄마가 18개월 된 영아를 낯선 사람 옆에 남겨 두고 자리를 떠난 상황에서 아기가 어떤 반응을 보이는지를 관찰하고자 할 때 이러한 상황은 일상생활에서는 흔히 일어나지 않을 것이기 때문에 연구자는 이러한 상황을 인위적으로 만들어서 관찰할 수밖에 없다.

　구조화된 관찰(structured observation)은 연구자가 관찰하고자 하는 행동이 일어나기 쉽도록 상황을 만들어서 참가자의 행동을 관찰하는 방법이다. 애착을 연구한 에인스워스와 동료들(Ainsworth et al., 1978)은 엄마가 떠난 상황에서 영아 혼자 낯선 사람과 남겨졌을 때 보이는 행동을 관찰하거나 일련의 상황에서 보이는 행동을 관찰하여 애착의 유형을 연구하였다. 이와 같이 관찰 상황을 연구자가 조작하여 관찰하는 것을 구조화된 관찰이라고 한다. 단, 구조화된 관찰은 대체로 참가자들이 연구자의 실험실에 와서 이루어지므로 참가자들이 관찰된다는 것을 알 수 있어 일상생활과 다소 다르게 행동할 수 있다는 문제점이 있다.

(3) 정신생리학적 방법

　아이들의 특징을 관찰하기 위해 정신생리학적 반응을 측정하는 방법이 있다. 아이들의 사고와 정서를 연구하기 위해 눈의 움직임, 심장 박동률, 그리고 호르몬과 같은 생리적 반응을 측정하거나 EEG, MRI, fMRI 등 뇌의 구조 및 기능을 측정하여 정보를 수집하는 방법을 정신생리학적 방법이라고 한다. 아동의 경험이 정신생리학적 반응에 어떤 관련이 있는지를 연구하거나 정신생리학적 반응이 아동의 인지 및 정서와 어떤 관련이 있는지를 연구한다. 정신생리학적 방법은 참가자의 언어적 보고를 필요로 하지 않기 때문에 언어가 발달하지 않은 영아 및 유아의 인지와 정서를 연구하기에 특히 유용한 방법이다.

　정신생리학적 방법을 사용한 유명한 연구로 깁슨과 워크(Gibson & Walk, 1960)의 연구가 있는데, 영아의 깊이 지각을 연구하기 위해 **시각 절벽**을 고안하여 영아가 깊은 쪽으로 기어가지 않으려는 반응을 하는 것을 관찰하였고, 이러한 반응을 깊은 쪽을 지각할 수 있고 이를 두려워한다는 지표로 보았다. 그러나 기어갈 수 있는 운동 능력이 아직 발달하지 않은 2개월 된 영아의 깊이 지각을 검증하기 위해서는 운동 능력을 지표로 사용할 수 없기 때문에 캄푸스와 동료들(Campos et al., 1970)은 깊은 쪽에 놓여 있을 때와 낮은 쪽에 놓여 있을 때 영아의 **심장 박동률의 변화**로 깊이 지각을 알아보았다. 다른 연구

(Fantz, 1961)에서는 여러 종류의 자극을 제시하여 영아의 특정 자극에 대한 주의시간을 비교하여 자극을 구분할 수 있는지, 또는 특정 자극을 더 선호하는지를 연구하였다.

최근으로 오면서 스트레스 연구에 혈압이나 코르티솔의 수준을 측정하거나, 뇌파 활동을 측정하거나, 또는 뇌 부위의 구조나 기능을 측정하는 정신생리학적 방법을 활발하게 활용하고 있다. 그러나 정신생리학적 측정치가 심리 상태를 정확하게 알려 주지 못할 수 있다. 영아가 특정 자극을 더 오래 주의하였을 때 자극의 여러 가지 측면 중 어떤 측면이 주의를 끌었을지, 또는 측정 당시의 영아의 상태 등이 미치는 영향을 명확히 알기 어렵기 때문이다. 하지만 정신생리학적 방법은 영아에서부터 성인까지의 연구에 유용하게 활용되고 있다.

(4) 사례연구

사례연구(case study)는 흔히 개인 또는 5인 이내의 소수를 대상으로 하여 다양한 방법으로 정보를 수집하여 심층적 이해를 하고자 하는 방법이다. 사례연구는 보통 사람들이 흔히 경험하지 않는 특수한 경험을 알아보고자 할 때 사용한다. 즉, 아동기에 정신장애에 걸려서 치유되는 과정을 집중적으로 다룬다든지, 청소년기에 자아정체성을 찾아가는 과정을 다루거나, 유명인사의 삶의 여정을 다룬 연구들이 있다. 사례연구는 자료를 언어적으로 기술하기 때문에 **질적 연구**(qualitative study)로 하는 경향이 있으며, 자료를 수량화해서 통계적 검증을 하는 **양적 연구**(quantitative study)와 대비된다.

사례연구에서 개인의 정보는 설문지 및 검사, 면접, 그리고 관찰 등 다양한 방법을 통해 얻을 수 있으며, 심층적 이해를 위해 표준화된 방법 외에 각 사례에 특유한 질문을 포함한 면접을 하는 것이 특징이기 때문에 양적 연구에 비해 자료가 방대해지는 경향이 있다. 면접을 통해 개인의 신념, 가치관, 생활에서 중요하게 생각하는 것과 정서에 대해 연구 대상자가 스스로 생각하는 것을 있는 그대로 이해할 수 있고, 개인을 통합된 전체로서 이해할 수 있는 것이 큰 장점이다.

2) 현상기술과 현상 간 관계 찾기의 연구

인간의 행동에 대한 연구는 크게 현상기술의 연구와 현상 간 관계 찾기(Shaffer & Kipp,

2014)의 연구로 나눌 수 있다. 현상기술의 연구는 아동의 연령대에 따라 나타나는 운동 및 지각 능력, 놀이 행동의 변화, 인지적 기능의 발달적 변화를 있는 그대로 체계적으로 정리하여 제시하는 것이다. Gesell이 아동의 신체 및 운동 발달을 연령에 따라 상세한 지표를 제시한 것이 대표적인 현상기술의 연구이며, 이외에 발달 시기에 따라 놀이 방식이나 도덕 판단이 변화함을 보여 주는 것도 현상기술의 연구이다. 이에 비해 현상 간 관계 찾기의 연구는 두 가지 이상의 현상 간의 관계를 밝히는 것을 목적으로 하며, 상관연구와 실험연구를 통해서 이루어진다.

(1) 상관연구

두 개 이상의 변인 간의 관계를 알아보고자 할 때, 연구자가 각 변인에 대해 조작을 가하지 않고 있는 그대로 측정하거나 관찰하여 자료를 얻는 경우를 상관연구(correlational study)라고 부른다. 예를 들어, 다양한 대중 매체를 통한 공격적 영상의 시청으로 인한 아동 및 청소년의 공격성 간의 관계를 검토하고자 할 때, 아이들의 일상생활 속에서 공격적 영상을 시청하는 양과 그들 각자의 공격성 점수를 측정하여 그 둘 간의 상관관계를 알아본다.

그런데 두 개의 변인 사이에 관계성이 있는 것으로 검증될 경우, 관계성이 있음을 알려 줄 뿐 어느 한 변인이 다른 변인에 대해 원인임을 보장해 주지는 않는다. 즉, 상관연구를 통해 공격적 영상물을 많이 시청하는 아이들일수록 공격성이 높다는 결과가 얻어진다고 해도 공격적 영상물의 시청이 공격성을 높이는 원인이라고 밝힌 것은 아니다. 상관연구를 통해 두 변인 간의 관계성이 존재한다고, 즉 상관관계가 있다고 밝혀졌다고 하더라도 두 변인 간의 관계가 인과관계에 있는지를 검증하기 위해서는 실험 연구를 반드시 필요로 한다. 그 이유는 다음에 상세하게 설명할 것이다.

(2) 실험연구

실험연구(experimental study)는 두 변인 간에 인과관계(causal relation)가 있는지를 검증하는 연구 방법이다. 원인에 해당하는 변인을 독립변인(independent variable), 결과에 해당하는 변인을 종속변인(dependent variable)이라고 칭한다. 실험연구에서 연구자는 독립변인을 체계적으로 조작하여(operate) 이 변인의 수준에 따라 결과가 어떻게 달라지는

지를 알아보기 위해 **종속변인을** 측정한다. 앞의 상관연구에서 예로 든 주제를 실험 연구로도 시행할 수 있다. 즉, 아이들을 먼저 **무선표집하여**(random sampling) 몇 개의 수준에 **무선할당**(random assign)한 후 연구자가 준비한 공격적 영상물을 수준에 따라 시청하게 하는 것이다.

예를 들어, 공격적 영상물의 시청 양에 따라 1수준(공격적 영상물 시청 고수준), 2수준(공격적 영상물 시청 중수준), 3수준(공격적 영상물 시청 저수준), 4수준(비공격적 영상물 시청)으로 나누어 일정 기간 동안 일정 양의 영상물 시청을 하도록 한다. 일정 기간이 흐른 후 아이들이 놀이 시간에 공격행동을 얼마나 하는지를 관찰하여 두 변인 간의 관계가 있음이 증명된다면, 독립변인이 종속변인에 영향을 미치는 인과관계가 있다고 연구자는 해석하게 된다.

공격적 영상물 시청과 공격행동 간의 관계를 실험적 방법으로 검증했을 경우에 한해 인과관계가 있음을 인정하는 이유는 무엇일까? 그 답은 바로 실험연구에서는 피험 아동들을 **무선표집하여** 영상물 시청의 각 수준에 **무선할당**했다는 것에 있다. 아이들은 공격적 영상물 시청과 관계없이 제각기 공격적 성향의 정도나 처한 환경이 다를 수 있다. 그러나 실험법에서는 1수준에서 4수준에 걸쳐 다양한 공격성을 보이는 아이들을 무선할당하였기 때문에 다양한 공격성 성향이나 다양한 환경 차이가 있는 아이들이 각 수준에 해당하는 집단에 골고루 할당되었다고 간주한다. 따라서 공격적 영상물 시청 수준이 높을수록 공격행동의 수준이 높다고 나온다면, 공격성의 개인차의 영향은 배제되고 단지 독립변인의 수준의 영향에 따라 결과의 차이가 초래되었다고 해석할 수 있는 것이다. 그러나 상관연구의 경우에는 두 변인 간에 관계성이 밝혀졌다 하더라도 각 집단에 속한 개인의 공격성 수준이나 환경의 차이가 통제되지 않았기 때문에 원래의 공격성 수준이 높을수록 공격적 영상물의 시청을 많이 하게 되어 공격행동을 높일 가능성을 배제할 수 없다는 문제가 있다. 이와 같이 독립변인 이외의 변인이 종속변인에 영향을 미치게 되는 것을 과외변인의 효과가 **혼입**(confounding)되었다고 하는데, 상관연구에서는 **과외변인의 혼입 가능성을** 배제하기가 어렵다.

과학의 궁극적 목적이 인과관계를 밝히는 것이지만 인간을 연구함에 있어 여러 가지 이유로 실험연구가 불가능한 경우가 많다. '부모의 지능'이 자녀의 지능에 미치는 영향 또는 '사회경제적 계층'이 자녀의 자존감에 미치는 영향을 연구하고자 할 때, 독립변인에 해당하는 부모의 지능과 사회경제적 계층의 각 수준에 연구자가 임의로 무선할당하여 조작할 수 있겠는가? 이는 전혀 불가능한 일이다. 더 나아가, 독립변인의 조작이 가능한 경우라 하더라도 윤리적으로 허용되지 않는다면 실험이 불가능하다.

3) 연령 비교를 위한 연구 설계

발달 연구에서 인간의 신체, 운동, 사고, 감정, 그리고 성격이 연령이 증가함에 따라 어떠한 변화가 일어나는지를 밝히고자 하는 것이 중요한 연구 관심사 중의 하나이다. 이와 같이 시간의 흐름에 따른 발달적 변화를 알고자 할 때 행하는 연구 설계에는 **횡단적 설계, 종단적 설계, 계열적 설계, 시간지연 설계, 그리고 미시발생적 설계**가 있다. 각 설계의 특징에 대해 알아보고자 한다(〈표 1-3〉 참조).

(1) 횡단적 설계

횡단적 설계(cross-sectional design)는 특정 시기에 서로 다른 연령대의 사람들을 동시에 표집하여 조사한다. 각 연령대의 집단에 속한 사람들은 각기 다른 **동시대 출생집단**(cohort)의 사람들이다. 예를 들어, 5세, 10세, 15세라는 연령대에 따른 변화를 알고자 할 때 횡단적 설계로 세 연령대에 따른 차이를 비교한다면, 이 세 집단 간에는 연령의 차이만 있는 것이 아니라 동시대 출생집단의 차이까지 존재하게 된다. 따라서 횡단적 설계를 통해 조사된 이들 세 연령대의 발달적 변화에는 **연령 차** 이외에 **동시대 출생집단의 효과**가 반영될 수 있다.

발달적 변화에 대한 순수한 연령의 효과를 밝히고자 하지만, 횡단적 설계를 하여 자료를 수집한다면 동시대 출생집단의 효과가 추가적으로 영향을 줄 수 있기 때문에 동시대 출생집단의 효과가 혼입될 수 있다. **동시대 출생집단의 효과가 혼입됨**으로써 연령에 따른 발달적 변화가 극적으로 왜곡되었음을 보여 준 연구는 성인들을 대상으로 한 지능 변화의 연구이다. 네셀로드, 샤이에와 발테스(Nesselrode, Schaie, & Baltes, 1972)는 성인기의 지능발달에 관심을 가졌는데, 그동안 성인기 이후에 지능이 급속히 감소한다고 보는 관점에 대해 검토하고자 하였다. 7년 간격으로 30세부터 77세 사이에 걸쳐 지능을 측정한 결과, 연령이 높을수록 지능이 크게 감소하였다. 이러한 감소 곡선이 나온

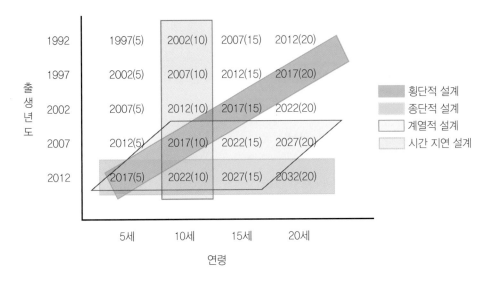

세로선과 가로선 안에 있는 수치는 측정 연도이고, 괄호 속의 수치는 측정 시 연령이다. 계열적 설계 속에 횡단적 설계, 종단적 설계 그리고 시간 지연 설계의 부분이 포함되어 있다.

[그림 1-3] 횡단적 설계, 종단적 설계, 계열적 설계와 시간 지연 설계

것은 연령이 높아져서 지능이 감소한 것이 아니라 연령이 높을수록 출생년도가 빠른 나머지 동시대 출생집단 효과의 혼입이 일어났기 때문이다.

횡단적 설계는 이와 같은 중대한 혼입의 문제가 있음에도 불구하고 연구자들이 가장 많이 사용하고 있다. 그 이유는 횡단적 설계가 시간과 경비가 적게 든다는 커다란 장점이 있기 때문이다. 5세, 10세, 15세의 연령대를 비교하고자 하는 경우에도 특정 시기에 각 연령대를 동시에 표집하기 때문에 짧은 기간에 연구를 완성할 수 있고, 참가자를 장기간 관리하거나 추적하지 않아도 되기 때문에 최소한의 비용으로 연구를 진행할 수 있다. 이 설계에 비록 동시대 출생집단 효과가 혼입될 수 있으나 어떤 심리적 특징인가, 어느 정도 간격의 연령차를 연구하는가에 따라 살아온 환경의 차이가 크지 않다면 결과의 해석에 큰 문제가 되지 않는 경우도 많기 때문에 가장 흔히 사용되고 있다.

(2) 종단적 설계

발달적 변화에 대한 연령의 순수한 효과를 알고자 한다면 **종단적 설계**(longitudinal design)가 가장 바람직하다. 종단적 설계에서는 특정 연령의 사람들을 표집하여 일정

기간 동안 반복적으로 추적하여 조사한다. 이 설계에서 연구 참여자들은 모두 동일한 동시대 출생집단에 속해 있으므로 이 설계를 통해 관찰되는 발달적 변화는 연령의 순수한 효과라고 볼 수 있다. 이 설계에서는 더 나아가 동일한 개인 내에서 연령이 변화함에 따라 서로 다르게 발달하는 과정을 파악할 수 있다. 이 설계가 가지는 훌륭한 장점에도 불구하고, 빈번하게 사용하기 어려운 단점이 많이 있다.

　종단적 연구는 길게는 수십 년에 걸쳐 이루어지기도 하지만(예: Terman, 1925; Kagan & Moss, 1962; Colby, Kohlberg, Gibbs, Lieberman, 1980), 더 흔하게 수년 동안에 걸쳐 짧게 이루어지기도(예: 곽금주, 성현란, 장유경, 심희옥, 2002) 한다. Terman과 동료들은 지적으로 우수한 아이들(IQ 140 이상)을 2세에서 14세까지 표집하여 그들이 60세가 될 때까지 계속하여 자료를 얻었으며, 성인기에 어떤 삶을 살아가는지를 검토하였다. 한국에서는 종단적 연구가 드문 편이다. 한국행동과학연구소에서 한국 최초로 아동에 대한 종단적 연구를 시행하였다. 종단적 연구 중에서도 영아를 대상으로 한 연구는 특히 드문데, 곽금주 등(2002)은 1개월부터 36개월 된 영아들을 각 월령별로 80명씩 3,000여 명을 전국 규모로 표집하여 3년간의 발달을 측정하고 연구함으로써 한국 영아의 운동, 인지, 언어 및 사회성 발달의 지표(곽금주, 성현란, 장유경, 심희옥, 이지연, 김수정, 배기조, 2005)를 제공하였고, 영아와 관련한 수많은 연구를 산출하였다. 종단적 연구는 완성하는 데 시간이 오래 걸리고, 이에 따른 비용이 많이 든다. 뿐만 아니라 연구 참여자들이 반복적으로 동일한 측정도구를 접하면서 익숙해짐으로써 일어나는 연습 효과가 영향을 미칠 수 있다. 무엇보다 오랜 기간이 지나면서 연구 참여자의 선별적 감소(selective attrition)가 일어나는 것이 문제이다. 세월이 흐르면서 연구 참여자들의 가정 환경에 변화가 생겨, 이를테면 타 지역으로 이사를 하거나 여러 가지 이유로 연구에 참여하지 못하게 될 수가 있다. 문제는 연구에서 탈락하는 연구 참여자들에 비해 남아 있는 연구 참여자들이 가족관계나 경제적 측면에서 안정적일 가능성이 있고, 부모가 자녀교육이나 일상생활에 더 적극적일 가능성이 있어 원래 집단의 대표성이 감소하게 된다는 점이다. 따라서 연구 참여자의 감소가 일어났다면 연구의 결과는 계속 남아서 참여하게 된 집단의 특성을 고려하여 일반화하는 것이 타당할 것이다.

　종단적 연구는 동일한 동시대 출생집단을 계속 추적하여 조사하기 때문에 연령에 따른 발달적 변화에 대해 동시대 출생집단 효과가 혼입되지 않는 큰 장점이 있는 대신에 측정 시기의 차이가 혼입될 가능성이 있다. 예를 들어, 1995년에 연구 참여자를 표집하여 2030년까지 계속 추적 조사하는 종단적 연구에서 두 시기 사이에 사회문화적 환경에 차이가 클 경우에 측정하는 시기가 발달적 변화에 어느 정도 영향을 미칠 수 있다. 한편, 특정 동시대 출생집단만을 대상으로 하기 때문에 종단적 설계에서 얻어진 결과를 다른 동시대 출생집단에 일반화하기 어려울 수도 있다([그림 1-4] 참조).

한국에서도 1950년대에 아동기를 보낸 경우와 2000년대에 아동기를 보낸 경우의 경험 내용은 판이하게 다르다.

[그림 1-4] 1950년대(좌)와 2000년대(우)의 아동들의 놀이 활동

(3) 계열적 설계와 시간 지연 설계

앞에서 살펴본 바와 같이, 횡단적 설계와 종단적 설계에는 각각의 장점과 단점이 있다. 이에 두 설계의 장점들을 살리고자 두 설계를 결합한 것을 **계열적 설계**(sequential design)라고 한다. 예를 들어, 이 설계에서는 연구를 시작할 때 5세와 10세의 두 개 연령층 집단을 표집하여(횡단적 설계) 반복적으로 이 집단들을 10년간 추적연구를 하는 방법이다(종단적 설계). 이렇게 하면 10년 후에 5세는 15세, 10세는 20세가 되어, 결국 이 설계를 통해 10년간 추적연구를 했지만 5세부터 20세까지 폭넓은 연령 범위에 대한 조사가 가능하게 되고, 다양한 자료를 비교할 수 있는 장점을 갖게 된다. 즉, 각 연령 집단에 대한 10년간에 걸친 종단적 변화를 알 수 있고, 15년 간격의 연령적 변화를 알 수 있을 뿐 아니라 같은 10세이면서 출생년도가 서로 다른 집단의 자료를 비교할 수 있다. 같은 15세 집단 간에도 차이가 있으면 동시대 출생집단의 효과가 반영되었음을 알 수 있고, 이들 집단 간에 별 차이가 없다면 조사된 특성에 있어 동시대 출생집단에 따른 효과가 별로 없었다고 결론 내릴 수 있다. 계열적 설계의 중요한 장점은 실제 추적 연구를 수행한 기간보다 더 긴 연령 기간에 대한 발달적 변화를 파악할 수 있다는 점이다.

  시간 지연 설계(time-lag design)는 동일한 연령 집단을 다양한 시기에 측정하여 측정 시기와 출생 시기는 다르지만 연령은 동일한 집단이 어떻게 다른지 비교할 수 있는 방법이다. 예를 들어, 10세 집단이 2017년에 보이는 특징과 2022년에 보이는 특징이 같을 수도 있지만 만약 다르다면 이는 동시대 출생집단의 효과가 작용했을 뿐만 아니라 측정 시기의 효과도 작용했다고 볼 수 있다. 일반적으로 시간 지연 설계를 독자적으로 수행하기보다는 계열적 설계의 수행에 의해 가능하게 된다.

글상자 1-2　**연령에 따른 시각 및 공간 지능의 변화: 계열적 설계의 예**

  네셀로드와 동료들(Nesselroade et al., 1972)은 성인기의 지능발달 연구를 21년 동안 수행하였다. 연령에 따른 성인기의 지능의 변화를 횡단적 설계와 종단적 설계를 통해 연구하였을 때 어떤 결론을 내리게 될까? 예시를 위해 그들이 1956년과 1963년에 측정한 자료를 기초로 하여 각 설계에 따른 결과를 살펴보자. 1956년에 21세부터 70세까지의 8개 연령 집단의 시각 및 공간 지능을 측정하였고, 7년이 지난 1963년에 모든 각 집단에 대해 다시 측정하였다(계열적 설계). 1956년에 측정한 8개 연령 집단의 인지 능력과 1963년에 측정한 8개 집단의 인지 능력에 대해 연령적 변화를 살펴보면, 나이가 많아질수록 지능이 급속히 감소하는 것을 볼 수 있다(횡단적 설계). 그런데 1956년에 31세였던 집단이 7년이 지나 38세가 되었을 때(점선으로 표시, 종단적 설계) 지능이 더 증가하였다. 심지어 70세였던 집단이 77세가 되었을 때에도 지능이 증가하였다. 이 부분의 결과는 성인기의 인지 능력을 종단적 설계에 의해 연령적 변화를 관찰할 경우에는 성인기 이후에 연령이 증가해도 지능은 감소하지 않는다는 것을 보여 주고 있다. 그러나 횡단적 설계에 의해 인지 능력을 관찰할 경우에는 두 개의 실선의 변화를 통해 연령이 증가함에 따라 급속히 감소하는 것으로 보인다. 횡단적 설계에 의한 연령 변화에는 연령에 따른 진정한 변화가 반영되었다기보다 동시대 출생집단 효과가 많이 반영되었고, 나이가 더 많을수록 더 일찍 태어난 사람들이어서 인지 능력이 낮게 나온 것이다. 또 하나의 흥미로운 결과는 분홍색 상자 속(시간 지연 설계)의 52세에 대한 두 개의 점수인데, 같은 52세 집단이지만 1963년에 52세인 집단(1911 cohort)의 점수가 1956년에 52세인 집단(1904 cohort)

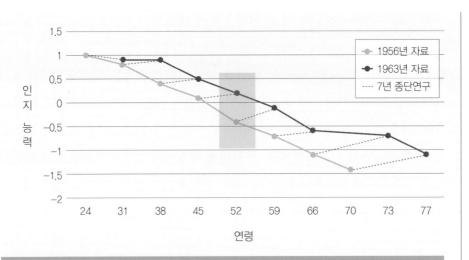

[그림 1–5] 연령에 따른 인지 능력의 변화

출처: Nesselroade, Schaie, & Baltes(1972).

의 점수보다 높았다. 이러한 차이는 동시대 출생집단 효과에 의한 것이며, 같은 연령이어도 신세대
가 구세대보다 지능이 높음을 알 수 있다. 단, 최근으로 올수록 연령이 많은 사람들도 고등교육을 받
고 지적 활동도 더 증가하므로 지능에 대한 동시대 출생집단 효과는 과거에 비해 줄어들고 있다. 앞
에서 살펴본 바와 같이, 계열적 설계는 측정을 다양하게 해야 하므로 경비와 노력이 많이 들지만 다
양한 집단 간 비교를 할 수 있다는 장점이 있다.

(4) 미시발생적 설계

미시발생적 설계(microgenetic design)는 앞의 세 가지 설계에 비해 발달적 변화가 일어
나는 기제를 파악하기 위해 사용되는 방법으로, 비교적 짧은 기간에 걸쳐 집중적으로 조
사하는 연구 방법이다. 이 방법은 인지발달 연구에서 많이 사용되었는데, 수 세기 전략
의 발달이 일어나는 것을 연구하기 위해 시글러와 젠킨스(Siegler & Jenkins, 1989)는 4세
와 5세 아동 8명을 대상으로 11주에 걸쳐 매주 3회 동안 더하기 문제 풀기를 연습시켰
다. 이 과정에서 새로운 수 세기 전략을 발견하는 데 걸리는 회기의 수를 조사하여 아동
에 따라 차이가 많다는 것을 발견하였고, 어떤 과제일 때 새로운 전략을 발견하도록 촉
진시키는지, 과제를 수행할 때 새로운 전략을 발견하는 과정에서 어떤 행동을 보이는지
등을 알아내었다. 이외에 15개월에서 23개월 사이의 영아들을 대상으로 2주에 1회씩 조
사하여 자신의 코에 묻은(영아가 모르는 사이에 묻혀 둔) 립스틱에 대한 반응의 변화를 통

해 영아기의 자아인식을 관찰한 연구(Lewis & Brooks-Gunn, 1979)도 있다.

〈표 1-3〉 연령 비교를 위한 연구 설계에 따른 특징과 장·단점

설계	특징	장점	단점
횡단적 설계	특정 시기에 여러 연령 집단을 관찰한다.	단기간에 적은 비용과 노력으로 연령에 따른 발달적 변화를 알 수 있다.	연령 차이로 나타난 결과가 순수한 연령 차 이외에 동시대 출생집단의 효과가 혼입될 수 있다. 개인별 발달적 변화를 관찰하지 못한다.
종단적 설계	특정 시기에 한 연령 집단을 표집하여 시기에 따라 반복적 관찰한다.	각 개인의 연령에 따른 발달적 변화를 알 수 있다. 초기의 특징 및 경험이 후기의 결과와 어떤 관련성이 있는지를 알 수 있다. 개인별 발달적 변화를 추적할 수 있다.	시간과 비용이 많이 든다. 장기간 연구할 경우, 연구 참여자들의 선택적 감소가 일어나 표집의 대표성이 감소한다. 한 개의 동시대 출생집단만을 대상으로 하기 때문에 결과를 다른 동시대 출생집단에 대해 일반화하기 어려울 수 있다. 반복적 측정으로 인해 측정도구에 대한 친숙도 효과가 혼입될 수 있다.
계열적 설계	특정 시기에 여러 연령 집단을 표집하여 시기에 따라 반복적 관찰한다.	연령에 따른 발달적 변화를 알 수 있고, 동시대 출생집단이 다르면서 동일한 연령을 비교하여 동시대 출생집단의 효과를 알 수 있다. 종단적 설계보다 시간과 비용을 절약하면서 그와 비슷한 연구 효과를 얻을 수 있다.	같은 연령 간 비교를 하는 경우 대체로 종단적 설계보다 시간과 비용이 적게 드나 횡단적 설계보다는 많이 든다. 일부 연령에 대해서만 종단적 설계가 적용되므로 관찰한 일부 연령의 차이에 대해서 동시대 출생집단의 효과가 혼입될 수 있다.
미시발생적 설계	특정 발달적 변화가 일어날 것으로 보이는 연령 기간을 선택하여 집중적으로 반복해서 자주 관찰한다.	변화 및 발달이 일어나는 세부적 과정과 원인을 밝히는 데 도움이 된다.	비교적 짧은 기간 동안 반복적으로 관찰하는 과정에서 일상생활과 다른 자극(질문, 측정)이 제시되므로 변화가 일반적인 현상이 아닐 수 있고, 긴 기간 동안의 변화를 알기 어렵다.

4) 연구 윤리

인간을 대상으로 하는 심리학 연구를 수행하고자 할 때 연구자는 연구 윤리를 반드시 고려해야 한다. 연구자는 **연구 윤리**의 수칙을 지킴으로써 연구 참여자의 신체적 및 정신적 피해를 받지 않거나 최소화하도록 한다. 일반적으로 연구자는 연구 참여자에게 눈에 띄는 명백한 피해를 줄 수 있는 연구는 수행하지 않아야 한다. 그러나 연구자 자신도 모르게 크고 작은 여러 가지 윤리적 문제가 개입될 수 있으므로 정부기관에서 제공하는 연구 윤리 지침을 숙지하고 이를 따라야 한다. 한국에서도 연구자는 소속 대학이나 연구기관의 연구윤리심의위원회의 승인을 받아야 하고, 점차 학술지에서도 생명윤리 지침교육을 받고 수행한 연구에 한해 게재하는 방향으로 가고 있다.

아동은 어리기 때문에 연구의 잠재적 위험에 대한 손상 가능성이 더 클 것으로 본다. 연구 윤리 지침은 최소한의 기준일 뿐이며 세세한 위험에 대한 보호는 연구자들의 몫이므로 연구자는 피해를 최소화할 수 있는 방법에 대해 관심을 갖고 고안해야 할 것이다.

반두라의 유명한 연구(Bandura, 1965, 1973)에서 성인이 보보인형을 때리거나 폭언하는 필름에 노출된 유아는 노출이 되지 않은 유아보다 놀이 시간에 실제로 다양한 공격행동을 더 많이 하는 것으로 관찰되었다. 만약 공격행동이 증가된 것이 일시적인 것이 아니라 지속되는 것이라면, 이 유아는 연구에 참여함으로써 부정적 성격 특성이 형성될 수 있으므로 윤리적 문제가 대두될 것이다.

끝으로, 연구자는 연구 과정에서 얻은 개인 정보에 대해 비밀을 유지할 의무가 있다. 따라서 정당한 이유로 아동에 대한 정보를 노출하고자 할 때에는 당사자들에게 이를 고지하고 허가를 얻어야 한다. 그러나 아동 및 청소년 본인이나 타인에게 위험을 초래할 가능성이 크다고 보일 때에는 비밀 유지보다 이들의 보호를 위한 조치를 우선시 하여야 한다.

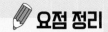

요점 정리

■ 발달심리학이란

• 발달은 전 생애에 걸쳐 일어나는 신체적, 운동적, 그리고 심리적 측면의 체계적·연속적 변화를 가리킨다.

• 발달의 영역에는 크게 생물학적 영역, 인지적 영역, 그리고 사회정서적 영역이 있다.

• 발달의 시기는 태내기, 영아기, 초기 아동기, 중기 아동기, 청소년기, 초기 성인기, 중년기, 노년기로 나뉜다.

■ 아동발달 연구의 역사

• 발달심리학 이전의 시기에 Locke는 백지설을 통해 인간의 정신은 경험에 의해 사고와 감정이 형성된다고 주장하였고, Rousseau는 각 연령에 따라 아동 특유의 감정과 사고방식에 차이가 있다고 함으로써 인간발달의 천성적 측면을 주장하였다.

• Hall의 청소년과 노인에 대한 저술, Binet에 의한 최초의 지능검사 개발, Gesell에 의한 아동의 신체 및 운동 발달의 면밀한 관찰, Freud에 의한 아동의 생의 초기 경험 이후의 성격 발달에 대한 영향의 강조는 현대 발달심리학의 발전에 기여하였다.

• 1950년대와 1960년대의 발달심리학은 발달 현상의 기술을 넘어 발달의 기제를 밝히고자 하였고, 실험아동심리학이 등장하였으며, 성인 및 노인에 대한 관심이 증가하였고, 주로 실험법을 사용하였다는 특징이 있다.

• 1970년대 이후에는 인지발달에 대한 관심과 정서 및 사회성 발달에 대한 생물학적 기초에 대한 관심이 증가되었고, 실험법 외에 자연 관찰, 그리고, 사례연구 등 다양한 연구법에 대한 관심이 증가하였으며, 현장 응용에 대한 관심과 학제적 연구가 증가하였다.

■ 발달심리학의 주요 논쟁점

• 인간의 발달에 관한 천성 대 양육의 영향에 대한 논쟁은 과거에는 이분법적이었으나 현대에는 천성과 양육이 함께 발달에 영향을 미치는 상호작용적 관계로 본다.

• 영아기에서 성인기로 발달해 가는 과정에서 연속성을 보이는지, 비연속성을 보이는지에 대한 논쟁이 있다. 아동기 동안의 키나 체중은 연속적 변화이고, 사춘기의 갑작스러운 이차 성징의 출현이나 감정의 출현은 비연속적 변화이다.

• 집단 내에서의 개인의 특성은 안정성이 있는지, 불안정성이 있는지에 관한 논쟁이 있다. 연령이 증가함에 따라 개인의 특성의 상대적 위치가 유지되면 안정성이 있다고 보고, 반대로 상대적 위치가 변화하면 불안정성이 있다고 본다.

• 인간의 발달이 문화가 달라도 유사한 심리적 특성을 보이면 보편성이 있다고 보고, 문화가 달라짐에 따라 다른 특징을 보이면 특수성이 있다고 본다.

■ 발달심리학의 접근

• 발달심리학의 접근에는 학습이론적 접근, 정신분석학적 접근, 인지적 접근, 동물행동학적 접근, 맥락적 접근, 그리고 역동적 체계 접근이 있다.

• 학습이론적 접근에는 고전적 조건형성, 조작적 조건형성, 사회학습이론이 포함되는데, 환경에서의 경험을 통해 사고와 행동이 획득되어 감을 강조하며, 중립 자극과 무조건 자극의 연합, 정적 강화와 부적 강화, 모델의 관찰 등이 주요 개념이다.

• 정신분석학적 접근에서는 무의식적 욕구, 원초아, 자아, 초자아 등과 관련하여 성격의 발달을 체계화하였으며, 더 나아가 각 발달 단계의 위기를 통해 자아의 발달을 상세하게 체계화하였다.

• 인지적 접근에서는 인간은 사고 능력이 있기 때문에 환경을 스스로 이해하고 환경에 대해 분석하여 지식을 저장하고 그 지식을 활용하는 능동적 측면을 강조한다. 발달 단계에 따른 사고의 질적 차이, 정보처리적 방법에 의한 인지발달의 기제에 대한 이해, 그리고 영아가 가지고 태어난 선천적 이론 등의 주요 개념을 통해 사고와 행동의 발달을 설명한다.

• 동물행동학적 접근에서는 자연 생태에서의 동물의 행동 연구에 기초하여 인간의 발달을 설명하고자 한다. 각인과 결정기 등과 같은 주요 개념은 인간 아기의 애착 행동에 대한 이해에 기여한다.

• 맥락적 접근은 심리학의 비교적 새로운 중요한 관점으로 작용하고 있으며, 인간의 사고와 행동의 발달을 이해하기 위해서는 몸담고 있는 생태적 맥락을 분석해야만 한다고 본다. 이 접근에서 환경이 다양한 수준으로 구성됨을 보여 준다.

• 역동적 체계 접근은 매우 새로운 접근이며, 다양한 영역의 발달을 설명하는 수많은 소이론들을 일관된 틀로 묶어 통합적 접근을 해야 비로소 인간의 복잡한 발달 현상을 설명할 수 있다고 본다.

■ 발달의 연구

- 과학적 연구에는 기술 연구와 설명 연구가 있다.
- 자료 수집의 방법에는 자기보고법, 관찰법, 정신생리학적 방법, 사례연구가 있다.
- 현상 간 관계 찾기를 연구하는 방법에는 상관연구와 실험연구가 있다.
- 상관연구는 두 개 이상의 변인 간의 관계를 알아보고자 할 때 연구자가 각 변인에 대해 조작하지 않는 방법인데, 관계가 유의하더라도 반드시 인과관계임을 보장하지는 않는다.
- 실험연구는 연구자가 원인에 해당하는 독립변인을 조작하고, 결과에 해당하는 종속변인을 관찰하는 방법이며, 관계가 유의하다면 인과관계가 있다고 판단한다.
- 횡단적 설계는 특정 시기에 여러 연령층의 집단을 표집하여 조사한다. 짧은 기간에 적은 비용으로 연구할 수 있으나 연령에 따른 차이에 동시대 출생집단 효과가 혼입될 수 있다.
- 종단적 설계는 동일 연령대의 집단만을 표집하여 연령이 증가함에 따라 반복적으로 조사하여 연령에 따른 차이를 비교한다. 시간과 비용이 많이 들지만 동시대 출생집단 효과가 혼입되지 않으며, 개인의 연령에 따른 발달적 변화와 연속성을 알 수 있다.
- 계열적 설계는 두 개 이상의 연령층 집단을 표집하여(횡단적 설계) 시간이 흐름에 따라 반복적으로 조사해 가는(종단적 설계) 연구 설계이다. 여러 개의 측정치를 얻기 때문에 많은 노력이 필요하나 다양한 비교를 통해 발달적 변화와 연속성에 대한 다양한 측면을 파악할 수 있다.
- 시간 지연 설계는 보통 계열적 설계를 수행하는 과정에서 같은 연령대에 대한 측정치를 여러 측정 시기에 대해 얻을 수 있게 됨으로써 이들을 비교하는 설계이다. 동일한 연령 집단이더라도 측정 시기가 달라짐에 따라 조사 결과에 차이가 있다면 동시대 출생집단 효과와 측정 시기의 효과가 반영되었다고 볼 수 있다.
- 미시발생적 설계는 비교적 짧은 시간에 걸쳐 아동에게 일어나는 변화를 집중적으로 관찰함으로써 발달적 변화가 일어나는 기제를 밝히고자 하는 설계이다.
- 연구자는 연구에 참여함으로써 올 수 있는 연구 참여자의 신체적 및 정신적 피해를 최소화하고 개인 정보의 비밀을 유지할 의무 등 연구 윤리를 준수해야 한다.

✏️ 주요 용어

각인	결정기	계열적 설계	관찰법
구조화된 관찰	기술연구	노년기	동물행동학적 접근
동시대 출생집단 효과	맥락적 접근	미시발생적 설계	민감기
발달	백지설	보편성	본능
불안정성	비연속성	상관연구	선별적 감소
설명 연구	시간 지연 설계	실험연구	안정성
양육	역동적 체계 접근	연구 윤리	연속성
영아기	영역일반적 이론	영역특정적 이론	이행기
인지적 접근	임상법	전 생애 관점	정신분석학적 접근
종단적 설계	중기 아동기	중년기	천성
청소년기	초기 성인기	초기 아동기	태내기
특수성	학습이론적 접근	혼입	횡단적 설계

Developmental
Psychology

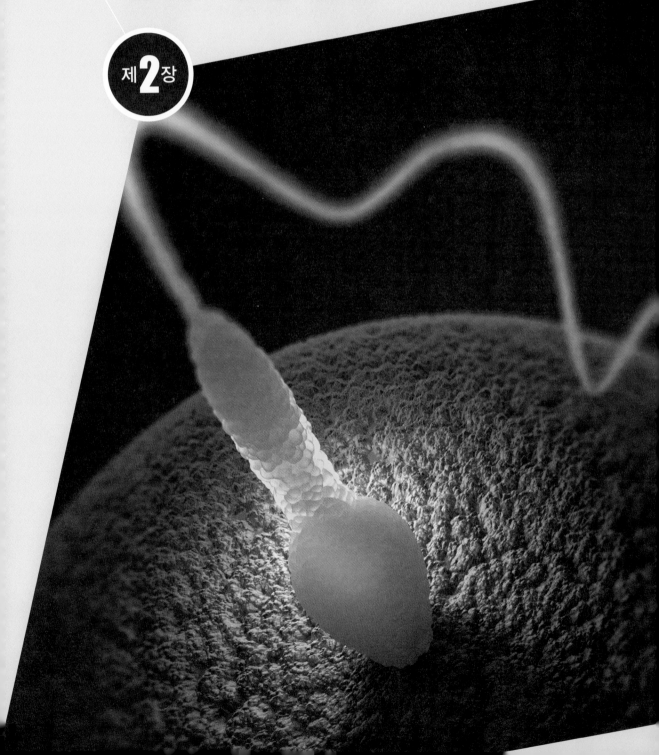

발달의 생물학적 기초 및 신체 · 운동 발달

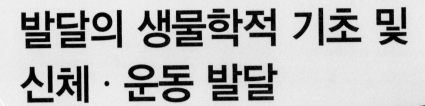

제**2**장

이 장에서는 인간발달의 시작인 태아기부터 신생아기와 영아기의 신체 및 운동 발달에 대해 알아보고자 한다. 전반부는 태내발달과 관련된 내용을 다룰 것이다. 태아기의 발달은 이후 발달에 중요한 영향을 미치게 된다. 46개의 염색체가 감수분열을 하는 과정에서 균등하게 분리가 일어나지 않거나 염색체 일부가 떨어져 나가는 경우에 염색체 이상이 생기게 되며, 이 결과 태아는 다운증후군이나 클라인펠터증후군과 같은 염색체 이상 증상을 갖고 태어난다. 또한 태내발달 과정에서 모체를 통해 제공되는 환경은 출생 후 아이의 발달에 크고 작은 영향을 미치게 된다. 중반부는 아이의 출생 직후의 발달에 대해 다룰 것이다. 출생 후 인생의 첫 4주 기간을 신생아기라고 하는데, 신생아의 호흡, 맥박, 수면패턴, 반사운동, 감각 등은 어른과 같지 않다. 그러므로 신생아의 특성을 살펴보고, 신생아의 건강 상태와 반응성 정도를 측정하기 위한 도구는 어떠한 것이 있는지 알아볼 것이다. 마지막으로, 후반부에서는 신생아기를 지나 일생 중 가장 급격한 신체·운동 발달이 이루어지는 영아기의 신체 및 운동 발달의 특성을 자세히 살펴볼 것이다. 그리고 이후 유아동기, 청소년기, 성인기의 신체·운동 발달의 특성을 간략히 소개할 것이다.

1. 유전적 기초

1) 유전부호

모든 다세포 동물은 수많은 세포를 가지고 있다. 세포는 핵을 가지고 있으며, 핵 안에 염색체가 있다. 염색체의 수는 동물의 종류에 따라 다른데, 예를 들어 개구리는 26개, 강아지는 68개이다. 세포핵 안에 들어 있는 인간의 염색체는 46개이다. 이 염색체는 두 개씩 짝을 이루고 있어 23쌍의 형태를 보이는데, 이 중 22쌍은 상염색체이고 1쌍은 성염색체로, 각 쌍의 염색체는 각각 부모로부터 받은 것이다. 이 염색체들은 이중 나선 구조로 된 DNA(Deoxyribonucleic Acid: 디옥시리보 핵산)라는 화학 물질로 구성된다. DNA는 유전자(gene)의 집합체이다([그림 2-1] 참조).

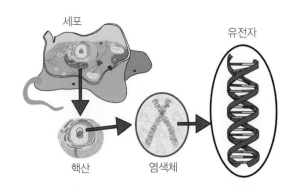

[그림 2-1] 세포, 염색체, 유전자(DNA)

DNA는 체세포분열[1]과 감수분열을 통해 새로운 세포를 만든다. 일반적인 체세포분열은 체세포의 수를 증가시켜 몸을 키우거나 세포 분화를 목적으로 하는데, 세포분열

---

1) 체세포분열을 흔히 유사분열(mitosis)이라고도 하는데, 엄밀히 말하면 유사분열에는 체세포분열과 감수분열이 포함된다. 유사분열은 세포분열 과정에서 염색체가 나타나고 방추사가 생기는 핵분열의 한 형식으로, 간접분열이라고도 한다. 유사분열은 무사분열과 대별된다. 무사분열(amitosis)은 유사분열과 달리 염색체와 방추체가 나타나지 않고 핵이 둘로 나뉘어져 이분되는 분열법을 의미하며, 직접분열이라고도 한다. 체세포분열과 감수분열 모두 염색체가 나타나고 방추사가 생기는 핵분열 형식이기 때문에 유사분열이다.

전후에 염색체 수가 변하지 않는 1회의 동형핵분열이 일어난다. 그러므로 새로운 세포 안의 염색체 수는 본래의 세포 안의 염색체 수와 동일하며 생장이나 세포의 재생에 관여한다. 이에 비해 일반적인 감수분열은 자손의 수를 증가시키는 생식을 위해 정자와 난자 같은 생식세포 형성 시 일어난다. 감수분열은 핵분열의 특수한 경우로 두 번의 유사분열로 이루어지는데, 먼저 염색체 수가 반감되는 유사분열을 하고, 두 번째 분열은 보통의 유사분열을 한다. 즉, 첫 회에는 46개의 염색체가 두 개로 짝을 지어 23개의 염색체 쌍을 형성하다가 세포가 둘로 나누어지면서 짝을 이루지 않은 23개의 염색체만 남게 된다. 이러한 23개의 염색체는 수정을 통해 각각 어머니와 아버지로부터 받은 23개의 염색체가 짝을 이루게 되면서 23쌍의 염색체를 갖게 된다([그림 2-2] 참조). 그러므로 자녀는 부모로부터 각각 50%의 영향을 받게 된다.

[그림 2-2] 정자와 난자의 결합

출처: http://upload.wikimedia.org/wikipedia/commons/8/86/Sperm-egg.jpg

2) 유전자의 원리

개인이 갖고 있는 유전자의 구성을 유전형(genotype)이라 하고, 이 유전자가 발현되어 갈색 눈동자, 곱슬머리 등과 같이 외부로 표현되는 것을 표현형(phenotype)이라고 한다. 자녀의 23쌍의 염색체를 한 쌍씩 살펴보면 부모의 염색체로부터 각각 받은 유전자가 서로 동질적일 수 있고, 이질적일 수 있다. 즉, 어머니로부터 곱슬머리의 유전자를 받고, 아버지로부터도 곱슬머리의 유전자를 받았다면 동형접합(homozygous)이라고 하고, 어머니로부터 곱슬머리의 유전자를 받았는데 아버지로부터 직모의 유전자를 받았다면 이형접합(heterozygous)이라고 할 수 있다. 이형접합의 경우에는 우성 유전자가 열성 유전자를 지배하여 표출하게 되어 있다. 앞의 예에서 곱슬머리는 직모에 비해 우성 유전자이므로 아이는 어머니처럼 곱슬머리를 갖게 될 것이다. 그러므로 부모 모두로부터 열성 유전자인 직모를 물려받지 않은 경우, 아이는 열성 유전자인 직모의 유전자를 지니고 있음을 모를 수도 있다.

〈표 2-1〉 우성과 열성

우성	열성
검은 머리	금발
정상 머리	대머리
곱슬머리	직모
붉지 않은 머리	붉은 머리
보조개	보조개 없음
정상 청력	청각 장애
정상 시력	근시
원시	정상 시력
정상 피부	백색증(albinism)
A형	O형
B형	O형
Rh+	Rh−

출처: 조복희(2008); Berk(2000).

3) 성의 결정

23쌍의 염색체 중 22쌍은 상염색체이고 마지막 23번째의 쌍은 성염색체이다. 여성의 성염색체는 XX로 구성되어 있고, 남성의 성염색체는 XY로 구성되어 있다([그림 2-3] 참조). 어머니의 난자는 X염색체만 가지고 있고, 아버지의 정자는 X염색체, Y염색체를 반씩 가지고 있어 X정자와 Y정자를 생산하게 된다.

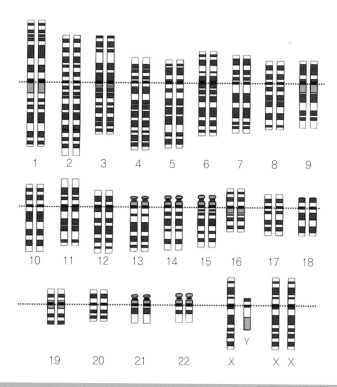

출처: http://commons.wikimedia.org/wiki/File:Karyotype.png?uselang=ko

  X와 Y 각 염색체의 크기는 Y염색체가 비교적 작고 길이도 Y염색체가 X염색체의 1/3 정도로 짧다. 그러므로 X염색체의 유전자들을 억압할 유전자들이 Y염색체에는 부족하여 어머니가 비정상적인 유전자를 가질 경우에는 유전될 가능성이 여아에게서보다 남아에게서 비교적 높다.

  난자가 X 또는 Y 중 어떤 염색체를 가진 정자와 만나느냐에 따라 태아의 성별이 결정된다. 여아는 X염색체를 가진 난자와 X염색체를 가진 정자의 수정을 통해 XX조합의 염색체를 갖게 된다. 남아는 X염색체를 가진 난자와 Y염색체를 가진 정자의 수정을 통해 XY조합의 염색체를 갖게 된다.

  이론적으로는 X염색체를 가진 정자와 Y염색체를 가진 정자가 반반이므로 남아와 여아가 태어날 확률은 50:50이다. 그러나 Y염색체를 가진 정자는 머리가 작고 꼬리가 길어서, 머리가 크고 꼬리가 짧은 X염색체를 가진 정자보다 활동성이 높기 때문에 수정될 확률이 130:100으로 남자가 더 높다(전남련 외, 2014).

4) 염색체 이상

생식세포의 46개 염색체가 감수분열을 하는 과정에서 균등하게 분리가 일어나지 않거나 염색체 일부가 떨어져 나가는 경우가 있다. 이 경우, 대부분 다음과 같은 신체적 · 정신적 증상을 보이게 된다.

(1) 다운증후군

감수분열이 일어나는 동안 21번째 상염색체가 정상적으로 분리되지 않아서 두 개가 아니라 세 개가 될 경우에 나타난다. 700~800명 중 1명 정도 나타나는데, 이 증상을 발견한 다운(J. L. Down)의 이름을 붙여 다운증후군이라 하였다. 서양인들이 보기에 몽고인의 얼굴을 닮았다 하여 몽고리즘(Mongolism)으로 불리기도 했는데, 보통 작은 키에 둥근 얼굴, 작은 눈, 낮은 코와 같은 독특한 신체적 특징을 가지고 있다. 또한 운동 신경 및 지능 발달이 미숙하고 기억력과 말하는 것에도 문제가 나타난다. 60여 년 전에는 성인 초기에 사망하는 경우가 대부분이었으나 오늘날에는 의학이 발달하여 50대 또는 그 이상까지 사는 경우도 많아졌다. 다운증후군이 나타나는 이유에 대해서는 아직 정확하게 알려져 있지 않다. 그러나 난자 또는 정자의 건강 상태가 연령에 따라 약해지기 때문에 어머니와 아버지의 연령이 높을 때 다운증후군의 아이를 가질 확률이 급격히 증가한다. 연령별 다운증후군 출산율이 연구에 따라 조금씩 차이는 있지만 대체로 〈표 2-2〉와 같이 정리할 수 있다.

〈표 2-2〉 연령에 따른 다운증후군 아이의 출산율

어머니의 연령	다운증후군 출산 가능성
20세 이하	1,770명 출산에 1명
30세	885명 출산에 1명
35세	400명 출산에 1명
40세	100명 출산에 1명
45세	30명 출산에 1명
50세	11명 출산에 1명

출처: 임지영 외(2014); Berk(2012).

(2) 성염색체 변이

다운증후군 이외에 상염색체 이상을 가진 태아는 유산되거나 태어나도 아동 초기까지 생존하지 못하게 된다. 그러나 성염색체 이상은 문제의 심각성이 덜하여 상대적으로 오래 생존할 수 있다. 여기서는 클라인펠터증후군, X결함증후군, 터너증후군, XYY증후군에 대해 살펴보기로 한다.

클라인펠터증후군(Klinefelter syndrome)　　남아가 X염색체를 하나 더 가져서 XXY가 되는 경우이다. 이 경우 X가 두 개이므로 남성적 특성이 약하고 여성적 특성이 발달하게 된다. 즉, 가슴과 엉덩이가 발달하고 고환의 미성숙으로 정자를 만들지 못하여 생식 능력이 없게 된다.

X결함증후군(Fragille-X syndrome)　　성염색체 X가 정상적 형태가 아니고 하단 부분이 접혀 있거나 잘라져 있어 유전적 이상 증후를 보인다. 신체적 특징은 얼굴이 길고, 돌출된 이마와 큰 머리, 당나귀 귀 모양을 하고 있으며, 영유아기에 발달 지체를 보인다. 이 증후군은 여성보다 남성에게 발병률이 높은데, 남성 성염색체는 XY인데 비해 여성 성염색체는 XX로, 여성의 경우에는 X가 두 개이므로 결함이 있는 X염색체가 다른 하나의 건강한 X염색체에 의해 수정 · 보완될 수 있기 때문이다.

터너증후군(Turner syndrome)　　여성에게 나타나는 것으로, 하나의 X염색체가 없는 XO의 경우이다. 목이 두껍고 짧으며 신체상으로는 여성의 생식기를 가지고 있으나 사춘기가 되어도 이차 성징이 나타나지 않는다. 예를 들어, 가슴의 발달이나 음모의 성장

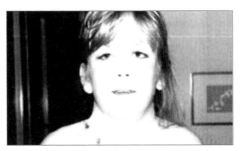

[그림 2-4] 터너증후군

출처: http://en.wikipedia.org/wiki/File:Neck_Turner.JPG

등이 이루어지지 않는다. 또한 그림을 그리는 것, 좌우 구별, 이정표 따라가기, 공간 능력이나 수학적 능력에서 어려움을 가지지만 언어적 능력이 뛰어난 것이 특징이다([그림 2-4] 참조).

XYY증후군   성염색체 Y가 하나 더 많아 평균 이상보다 키가 크고, 특히 치아가 큰 것이 특징이다. 생식 능력은 정상이므로 임신이 가능하며, 공격적 행동을 나타내는 경향이 있어 범죄율이 높으며, 정신 지체를 보이기도 하고, 성인기에 정신분열증이 발병할 확률도 높다.

5) 유전과 환경

인간의 발달에 미치는 유전과 환경의 영향력은 지속적으로 발달심리학자들의 논제가 되고 있다. 골턴(F. Galton, 1822~1911)은 가계를 연구하여 지능에 미치는 유전적 영향력을 강조하였다. 반면, 행동주의자들은 인간의 행동 특성에 미치는 학습의 효과를 강조하기 때문에 유전보다는 환경에 주안점을 두었다. 유전과 환경의 대표적인 연구는 부샤드와 맥그(Bouchard & McGue, 1981)의 혈연 간 지능의 상관관계 연구이다. 그들은 〈표 2-3〉과 같이 일란성 쌍생아, 이란성 쌍생아, 형제, 부모-자녀, 양부모-자녀, 사촌

〈표 2-3〉 혈연 관계에서 지능의 상관관계

관계		상관계수
일란성 쌍생아	함께 양육	.86
	분리 양육	.72
이란성 쌍생아	함께 양육	.60
	분리 양육	.52
형제	함께 양육	.47
	분리 양육	.24
부모-자녀		.40
양부모-자녀		.31
사촌		.15

출처: 최경숙, 송하나(2010); Bouchard & McGue(1981).

의 지능 간 상관관계를 연구하였다. 즉, 일란성 쌍생아, 이란성 쌍생아, 형제를 함께 양육한 경우와 분리하여 양육한 경우를 구분해서 자료를 비교함으로써 유전의 영향력 뿐 아니라 환경의 영향력도 살펴보았다.

〈표 2-3〉을 보면 지능의 상관계수는 일란성 쌍생아를 같은 가정에서 함께 양육할 경우에는 .86이었고, 다른 가정에서 양육할 경우에는 .79였다. 즉, 같은 가정에서 함께 양육할 때가 다른 가정에서 양육할 때보다 상관계수가 높았다. 또한 이란성 쌍생아를 함께 같은 가정에서 양육할 경우에는 지능의 상관계수는 .60이어서 일란성 쌍생아를 따로 다른 가정에서 양육하는 경우보다 낮았다. 형제를 함께 양육하는 경우에는 이란성 쌍생아를 함께 양육하는 것보다 낮은 .47이었고, 형제를 다른 가정에서 양육할 경우에는 더 낮은 .24였다. 부모와 자녀의 상관은 .40이었고, 양부모와 자녀의 상관은 .31이었으며, 사촌 간에는 .15였다. 이러한 결과들은 지능의 경우 유전의 영향력이 환경의 영향력보다 우세함을 암시한다.

이렇게 유전과 환경에 대한 논의가 시작된 지 100여 년이 지났지만 아직도 유전과 환경의 영향력에 대한 명확한 결론을 내리는 것은 불가능하다. 많은 학자는 발달에 미치는 영향이 유전이냐 환경이냐 하는 이분법을 주장하기보다 유전과 환경이 역동적으로 상호작용한다는 데 동의한다. 유전과 환경의 상호작용과 관련해서는 그동안 많이 알려진 반응범위(range of reaction)와 운하화(canalization)를 소개한 버크(Berk, 2006)의 연구를 토대로 살펴보기로 한다.

(1) 반응범위

반응범위(range of reaction)란 고테스만(Gottesman, 1963a)이 제안한 개념으로, 개인이 갖고 있는 환경에 영향을 받아 반응하게 되는 유전자의 발현 정도를 말한다. 같은 환경이 주어져도 그 영향을 받는 정도는 사람마다 다르다. Berk(2006)는 벤, 린다, 론 세 사람의 지능의 발현 정도가 환경에 따라 어떻게 달라지는지 [그림 2-5]와 같이 보여 주었다.

[그림 2-5]에서 벤의 지능검사 점수를 볼 때, 비자극적인 환경에서부터 자극적인 환경까지 지속적으로 환경의 영향을 받고 있음을 알 수 있다. 이에 비해, 린다는 중간 정도의 자극적인 환경이 될 때까지는 환경의 영향을 많이 받아 지능검사 점수가 급속히

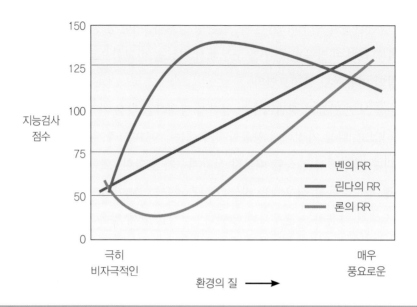

[그림 2-5] 환경 변화에 따른 지능의 반응범위의 개인차

출처: Berk(2006).

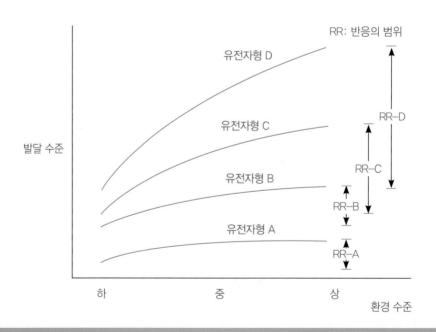

[그림 2-6] 환경 변화에 따른 반응범위

출처: Gottesman(1963b).

올라가지만 매우 풍요로운 환경에서는 오히려 지능검사 점수가 감소함을 볼 수 있다. 또한 론은 극히 비자극적인 환경에서 약간 풍요로운 환경이 될 때 오히려 지능검사 점수가 떨어지다가 그 후에 계속 증가함을 볼 수 있다. 이렇듯 환경이 좋아진다고 모든 개인이 동일하게 지능이 좋아지는 것이 아니라 환경이 미치는 영향력은 개인에 따라 다르다고 할 수 있다.

[그림 2-6]은 반응범위가 유전자형에 따라 다름을 보여 준다. 예를 들어, 유전자형 A의 반응범위는 매우 좁은데 비해, 유전자형 D의 반응범위는 매우 넓음을 볼 수 있다. 반응범위가 넓다는 것은 지능이 환경의 영향을 받아 변화하는 범위가 넓음을 의미한다.

(2) 운하화

운하화(canalization)란 어떤 특성의 발달에 있어서 특정 결과가 나타나도록 그 특성의 발달을 제한하는 유전적 경향성을 말한다. 운하화가 강하게 된 특성 또는 행동은 유전적 발달 스케줄에 따라 발달하며 환경의 힘이 약할 때에는 잘 바뀌지 않는다(Waddington, 1966). 예를 들어, 아이의 유전적 성장 스케줄에 따라 특정한 시기가 되면 머리를 들게 되고 이후에 앉게 되는 행동이나 특정한 시기에 옹알이를 시작하는 것은 강하게 운하화된 행동이라 할 수 있다. 이렇게 유전적 경향성이 강한 행동 특성에 대해서는 환경의 영향력이 크지 않지만 어떤 특성은 환경적 영향을 받게 된다. 예를 들어, 성격은 환경의 영향을 더 많이 받게 되는데, 개인의 성격에 미치는 유전적 경향성도 무시할 수 없지만 환경이 자극적인지 아닌지에 따라 큰 영향을 받기 때문에 성격은 상대적으로 덜 운하화된 특성이라 할 수 있다.

2. 태내발달과 출산

1) 태내발달

태내기란 수정부터 출산에 이르기까지 약 38주의 기간을 말하며, 약 266일 동안 지속된다. 이 시기의 발달은 접합기(배종기/배란기/발아기), 배아기, 태아기의 3단계로 구분된다.

(1) 접합기

접합기(the period of the zygote: 배종기/배란기/발아기)는 임신 후 첫 2주를 말하며, 정자와 난자가 결합한 수정란이 나팔관을 거쳐서 자궁벽에 착상하기까지의 기간이다. 수정되는 순간부터 생명은 시작되며, 정자와 난자의 결합으로 이루어진 수정란은 급속하게 세포분열을 한다. 수정된 난자는 세포분열을 하면서 나팔관을 지나 3~4일 후에 자궁에 이르게 되며, 다시 3~4일을 이동하다가 자궁벽에 자리를 잡는 것을 착상이라고 하는데, 난자 배출 후 착상까지는 약 10~14일 정도 시간이 필요하다. 이때 산모는 신체 변화를 전혀 느끼지 못한다(조복희, 2006). 미분화 배아세포가 자궁벽에 착상하면 모체와의 밀착된 의존관계가 시작되며, 이 시기에는 태아의 성장에 필요한 태반, 탯줄, 양수, 양막낭 등이 형성된다. 자궁에 착상하지 않고 난관, 난소, 자궁경부 등에 착상이 이루어지면 출생 전 유산이 될 가능성이 높다. 착상과 동시에 접합기는 끝나고 배아기가 시작된다.

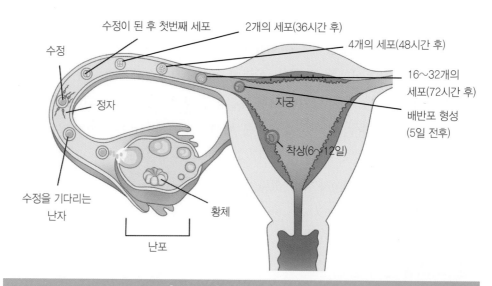

[그림 2-7] 배란에서 착상까지

(2) 배아기

배아기(the period of embryo)는 수정란이 자궁벽에 착상한 후부터 약 2~8주 사이의 기간을 의미한다. 이 기간에 배아(embryo)는 주요 신체 기관과 조직을 발달시키며, 배아의 세포는 외배엽, 중배엽, 내배엽으로 분화된다. 외배엽은 세포의 가장 바깥에 있는 층으로, 귀, 코, 눈 등의 감각수용기, 피부의 표피, 손톱, 발톱, 머리카락 등의 피부 조직, 뇌, 척수, 치아 등이 된다. 중배엽은 세포의 중간층으로, 피부의 진피, 근육, 골격, 심장, 순환계, 배설기관, 생식계 등이 되고, 내배엽은 허파, 내장, 간, 소화기관 등의 신체 내부 기관으로 발달한다(정옥분, 2012).

임신 3~4주가 되면 심장이 생기고 뛰기 시작하며 배아가 사람의 형태를 갖추게 된다. 4주에는 소화기관과 신경체계가 발달하기 시작한다. 5주가 되면 팔과 다리, 폐가 형성되기 시작하고, 6주에는 내부 생식기, 눈, 귀, 발 등이 형성된다. 8주가 되면 근육이 형성되고 대뇌피질이 발달하기 시작한다. 4~5주경에 태반이 발달하고, 탯줄이 태반과 태아를 연결한다. 탯줄은 태아의 생명줄로, 산모의 혈액 속의 영양분을 태반을 통해 태아에게 전달해 주며, 이산화탄소나 배설물과 같은 태아의 생산물도 산모를 통해 배출하는 기능을 한다. 이 시기에 산모는 호르몬 수준에서 변화가 나타나기 때문에 냄새에 민감해지고 음식에 대한 거부반응이 생기는 입덧을 경험하기도 하며 쉽게 피로감을 느끼기도 한다.

배아기에 결함이 있는 경우에는 시각 장애, 폐의 결함, 언청이 등과 같은 장애를 갖게 되며, 배아의 결함이 크면 배아는 더 이상 살지 못하고 자연유산이 된다. 이처럼 배아기는 신체의 여러 구조와 내부 기관이 생기는 **빠른** 변화가 일어나는 시기이므로 산모의 각별한 주의가 요구된다(Berk, 2002).

(3) 태아기

태아기는 임신 8주경부터 출생까지의 기간을 의미한다. 태아기의 발달 과정을 초음파를 통해 관찰할 수 있다([그림 2-8] 참조).

초음파 사진에서 보듯이, 12주 정도가 되면 인간의 형체를 닮기 시작한다. 태아의 팔과 다리의 움직임이 나타나며, 심장박동도 활발해지고, 뇌가 급속도로 발달하여 머리가 다른 부분에 비해 상당히 커지며, 태아의 생식 기관의 분화가 이루어져 성 구별이 가능해진다. 16~20주가 되면 임산부가 임신을 가장 잘 실감할 수 있는 태동을 느끼며, 태아의 심장박동은 안정성을 갖게 된다. 태내의 활발한 태아의 활동은 출생 이후 사용될 반사 능력의 기초가 된다. 28주 전후에 태아는 생존 능력을 갖게 되어 모체 밖으로 나와도 생존할 수 있게 된다. 28주의 태아는 소리에 민감하고, 밤낮을 구분하며, 눈을 깜빡거린다. 이때 태아는 손가락을 빨고 입을 벌리거나 다물기도 하며 양수를 마시기도 한다. 35주가 되면 출생 후에 체온을 유지할 수 있도록 피부에 지방이 발달한다. 36주 정도이면 태아의 머리가 아래를 향한 위치로 정착하여 출산을 용이하게 해 준다.

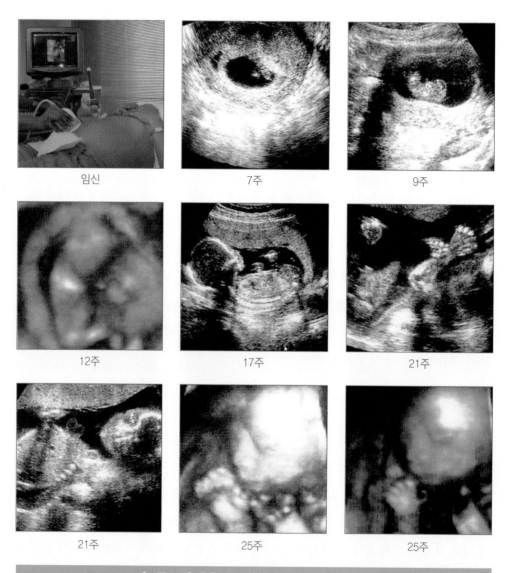

[그림 2-8] 초음파로 관찰한 주별 태내발달 과정

출처: http://pixabay.com

2) 태아기 발달에 영향을 미치는 요인

태내 환경은 비교적 안전한 곳이지만 적절하지 못한 환경을 제공할 경우에는 태아에게 심각한 결함을 줄 수 있다. 테라토겐(teratogen)[2]은 기형 발생 물질로, 임신 기간 중의 위험 환경 요소에 대한 정의이다(Berk, 2003). 위험한 환경은 약물, 담배, 알코올 등 부정적인 요소들과 관련된다.

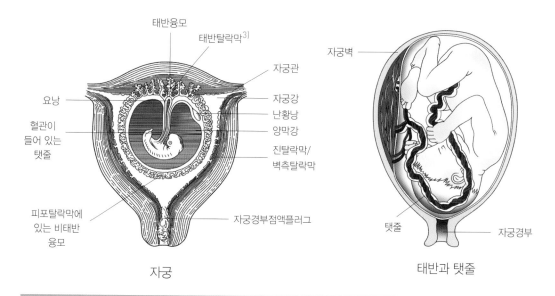

[그림 2-9] 자궁 내 태아

출처: http://commons.wikimedia.org

(1) 영양

임신 기간 중의 충분한 영양 공급은 태아의 건강뿐만 아니라 산모의 건강에도 필수적이다. 무조건 많이 먹고 고칼로리를 섭취하기보다 균형 잡힌 영양소를 적절하게 섭취하는 것이 산모와 태아의 건강을 지키는 데 도움을 준다. 산모의 영양 부족은 저체중아, 태아의 조산, 사산, 또는 선천적 기형아가 태어날 가능성이 높고, 신체발달 및 지적

2) tera는 그리스어로 '괴물'이라는 뜻으로, 테라토겐은 태아에게 기형을 유발할 수 있는 물질을 일컫는다.
3) 탈락막: 착상 후의 자궁내막

발달 등 태아의 성장에 부정적인 영향을 미칠 수 있다. 임신 초기에 비타민과 무기질의 공급을 충분히 해 주는 것이 필요하고 칼슘이 풍부한 식사는 산모의 고혈압과 조산을 예방하며, 칼슘은 태아의 뼈를 성장시키는 데 도움을 준다. 엽산은 DNA를 합성하고 뇌의 기능을 정상적으로 발달시키는 데 도움을 준다. 철분은 태아의 순환기 계통의 성장 발달을 위해서 필요하며, 마그네슘과 아연은 출생 합병증의 위험을 감소시킨다. 단백질은 태아조직 성장을 촉진하고 태반의 성장과 발달을 돕는다. 단백질 부족은 태아의 골격이나 장 기관의 발육을 저해하며, 태아의 지능을 저하시키고, 태어난 후 학습 수행에 결손을 가져올 수 있다. 비타민의 결핍은 신체 기형의 원인이 되며, 철분 결핍은 자율신경계의 손상을 가져올 수 있다(송명자, 1997; 임지영 외, 2014).

(2) 연령

임신부의 연령은 태내발달에 영향을 준다. 특별한 문제가 발생하지 않는 연령은 25~35세 정도이며, 35세가 넘어 출산을 하는 경우를 의학적으로 '노산'이라고 한다. 노산의 경우 임신중독증, 전치태반, 난산, 다운증후군을 가진 태아가 출생할 가능성이 높다(Berk, 2002). 이보다 어린 10대가 임신하는 경우에는 자궁의 미성숙이나 호르몬 상의 문제를 초래하여 미숙아를 낳을 가능성이 높고, 사산아 출산율이 20대 산모보다 높게 나타난다. 대부분 10대 산모가 미숙아, 저체중아, 사산아를 낳을 가능성이 높은 것은 이들이 아기를 낳을 수 있을 만큼 신체 성숙이 충분히 이루어지지 않았기 때문이기도 하며, 아직 임신에 대한 바른 지식이 없어 영양을 고루 섭취하지 않기 때문이기도 하다.

(3) 약물복용

거의 모든 약은 복용 시기, 복용량, 빈도, 약의 특성에 따라 태아에게 영향을 미치며, 특히 임신 초기에 미치는 영향력은 심각하다. 1960년대에 유럽과 남미 지역에서 임신 초기의 입덧 증상을 완화하기 위하여 임산부에게 흔히 처방된 약이 탈리도마이드(thalidomide)였다. 이는 원래 순한 수면제로 개발되어 사용되었는데, 임신 초기의 입덧에도 효과가 있다고 알려져 임산부들에게 처방되었다. 그런데 이를 복용한 산모에게서 귀, 심장, 신장, 생식기와 팔, 다리에 기형을 가진 아기들이 태어났다. 이 약으로 인하여 전 세계의 7,000명의 태아가 손상을 입었다(Berk, 2006). 또 다른 약물은

1945~1970년 사이에 자연유산을 방지하기 위하여 인공 호르몬제 디에틸스틸베스트롤(diethylstilbestrol)이 널리 사용되었는데, 이 약물을 복용한 임신부의 자녀 중 딸은 자궁암에 걸릴 확률이 높고 임신 중 어려움을 더 겪었으며, 출산의 어려움을 겪는 것으로 밝혀졌다. 코카인이나 헤로인 같은 습관성 약물의 경우에는 태반을 통하여 태아에게 영향을 주어 청각 장애, 심장이나 관절의 결함, 구개 파열, 사지 기형 등의 위험을 초래한다(정옥분, 2006). 또한 임신 초기에 임신 사실을 모른 채 약물복용을 하면 자연유산이 되거나 태아가 염색체 이상을 나타낼 확률이 높다. 따라서 임신 가능성이 있는 경우에는 약물복용을 자제하는 것이 바람직하다.

(4) 흡연과 음주

산모의 흡연은 태반을 통하여 태아에게도 니코틴이 축적되고 일산화탄소의 농도를 상승시켜 중앙신경계에 이상을 초래하며, 심장 이상, 호흡 곤란 등의 가능성을 증가시킨다. 또한 태아에게 필요한 산소 공급을 저해하여 저체중아를 출산하게 하는 대표적 원인이 된다. 산모의 직접 흡연뿐만 아니라 가족의 간접 흡연도 태아발달에 영향을 준다. 어머니가 흡연자인 4세 아이를 대상으로 한 연구에서 흡연이 언어 능력과 인지 능력을 지체시키는 원인이 될 수 있음이 밝혀졌다(Santrok, 2006).

산모의 음주는 태아에게 심각한 결과를 가져오는데, 임신 동안 폭음을 하는 경우에는 태어난 아이가 비정상적인 증상을 갖게 되어 이를 태아알코올증후군(Fetal Alcohol Syndrome: FAS)이라고 하였다. 태아알코올증후군을 가지고 태어난 아기는 정신 지체, 운동 기능 발달 지체, 기억력 손상, 언어 능력 저하, 면역체계 이상, 심장 기능 결함 등의 이상을 보이게 된다.

(5) 질병

임산부의 질병은 아기에게 치명적인 결과를 가져온다. 질병에는 바이러스에 의한 풍진과 성생활에 의해 감염되는 매독, 임질, 에이즈(ADIS) 등이 있으며, 고혈압, 당뇨병 등도 치명적인 결과를 가져온다. 풍진은 예방접종을 실시하고 있기 때문에 산모가 감염되는 경우가 드물지만 임신 초기에 감염되면 시각 장애, 청각 장애, 정신 지체 또는 심장 기형 등이 발생한다. 특히 임신 후 3~4주 될 때 감염되면 태아에게 전달되어 그 영향력은 치명적이며 8주까지도 결함을 유발할 수 있는 가능성이 있다. 매독은 매독균이 태아에게 전달되어 대부분 태아가 유산·사산되며, 출생하더라도 기형이나 정신 지체 등 심각한 장애를 갖게 된다. 임질을 앓고 있는 엄마에게서 태어난 아기는 임질균이 눈으로 가게 되면 시각장애인이 된다. 후천성면역결핍증(Acquired Immune Deficiency Syndrome: AIDS)은 감염된 사람과 성관계를 통하여 전염되는 바이러스 감염증으로, 체내의 세포 면역 기능을 저하시킨다. 아기에게 감염되는 경로는 임신 중 태반을 통하여, 출산 중 산모의 혈액이나 체액의 접촉, 출산 후 모유 수유로 감염될 수 있다. 임산부의 당뇨병은 유산이나 사산을 초래할 가능성이 높다. 아기가 태어나더라도 태어난 아기가 신체 이상이나 신경학적 결함을 보일 확률이 정상적인 임신부의 3배나 된다.

(6) 환경오염

산업사회에 화학물질 사용이 증가되면서 납, 수은 등을 포함한 폐기물 방류, 페인팅이나 공장에서 쓰이는 특정 물질, 방사선 등도 잠재적으로 기형 발생을 일으키는 물질이 된다. 산모가 매연이나 납 중독 가능성이 있는 환경에 노출되면 태아가 저체중 또는 정신발달 지체 등의 신체 결함을 가질 수 있다. 오염의 정도가 소량일 경우에도 생후 2년 동안 지능발달 장애를 수반할 수 있으며, 피부 이상, 손·발톱 기형 등을 보이기도 한다.

(7) 산모의 정서적 스트레스

산모의 정서적 안정이 태아발달에 영향을 준다는 것은 생리학적으로도 설명할 수 있다. 산모가 불안, 걱정 등의 감정을 가질 경우에는 정상적인 호흡과 호르몬 분비에 변화가 생기고, 이것이 태아에게 영향을 미치게 된다. 산모가 심한 정서적 스트레스를 경험할 경우 유산, 조산, 저체중아 출산 등이 나타난다. 임신 기간 중 산모가 정서적 불안을 많이 경험했을 경우 태어난 영아들은 과잉 활동적이며, 수유와 수면 상의 문제가 많았고, 행동발달이나 사회성에도 문제를 보였다.

3) 출산

수정된 순간부터 38주가 지나면 출산이 시작된다. 최근 10여 년 동안 우리나라 출산율은 [그림 2-10]과 같이 가임여성 1명당 1.078~1.297명으로 나타났다. 연령집단별 출산율은 1997년에서 2005년까지는 25~29세 여성의 출산율이 다른 연령에 비해 가장 높았으나, 2007년 이후에는 30~34세 여성의 출산율이 가장 높게 나타났다.

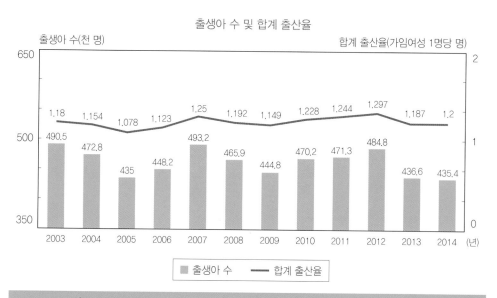

[그림 2-10] 가임여성 1인당 출산율

출처: e나라지표 2015. 08. 25 보도자료, http://www.index.go.kr/potal/main/EachDtlPageDetail.do?idx_cd=1428

〈표 2-4〉 **연령집단별 출산율**　　　　　　(단위: 가임여성 1명당 명, 해당 연령 여성인구 1천 명당 명)

		2004	2005	2006	2007	2008	2009	2010	2011	2012	2013	2014
합계 출산율		1.154	1.076	1.123	1.250	1.192	1.149	1.226	1.244	1.297	1.187	1.205
연령집단별 출산율	15~19세	2.3	2.1	2.2	2.2	1.7	1.7	1.8	1.8	1.8	1.7	1.6
	20~24세	20.6	17.8	17.6	19.5	18.2	16.5	16.5	16.4	16.0	14.0	13.1
	25~29세	104.5	91.7	89.4	95.5	85.6	80.4	79.7	78.4	77.4	65.9	63.4
	30~34세	83.2	81.5	89.4	101.3	101.5	100.8	112.4	114.4	121.9	111.4	113.8
	35~39세	18.2	18.7	21.2	25.6	26.5	27.3	32.6	35.4	39.0	39.5	43.2
	40~44세	2.4	2.4	2.6	3.1	3.2	3.4	4.1	4.6	4.9	4.8	5.2
	45~49세	0.2	0.2	0.2	0.2	0.2	0.2	0.2	0.2	0.2	0.1	0.1

출처: e나라지표 2015. 8. 25. 보도자료, http://www.index.go.kr/potal/main/EachDtlPageDetail.do?idx_cd=2913#quick_02

(1) 출산 과정

① 출산

태아는 수정된 후에 266일 동안 산모의 배 속에서 지낸다. 분만예정일은 마지막 월경 주기의 첫날로부터 280일이 되는 시점이다. 마지막 월경이 시작된 달에 9개월을 더한다. 그러나 더한 합이 12개월이 넘으면 마지막 월경이 시작된 달에서 3개월을 뺀다. 예를 들어, 마지막 월경이 시작된 달이 7월이면 분만예정달은 4월(7-3=4)이 된다. 분만예정일은 마지막 월경이 시작된 날에 7일을 더하여 계산한다. 그러나 분만예정일은 태아의 크기, 자궁의 크기, 호르몬 수준, 산모의 생리적 · 심리적 영향에 따라 다소 유동적일 수 있다. 분만예정일을 전후하여 2~4주 사이는 정상으로 본다(권민균 외, 2012; 정옥분, 2012).

② 출산의 단계

출산이 다가오기 시작하면 자궁 내 수축이 불규칙하지만 빈번하게 나타나면서 가진통을 느끼게 되는데, 이는 생리통과 유사한 형태이다. 또한 이슬이라고 하는 출산 징후를 겪기도 하는데, 이는 약간의 출혈을 동반하는 분비물이 나오는 현상이다. 이슬이 비친다는 것은 대부분 출산이 임박했다는 것이지만 개인에 따라 금방 분만이 진행될 수도 있고, 일주일 이내에 분만이 일어나지 않을 수도 있다. 출산의 과정은 진통이 시작되어 자궁경부가 태아가 나올 수 있도록 열리는 개구기, 자궁이 전부 열려 진통과 복압의 작용으로 태아가 나오게 되는 출산기, 태아가 출산한 이후 자궁이 수축되면서 태반이 자궁벽에서 떨어져 나와 난막과 함께 배출되는 후산기의 세 단계로 나누어진다.

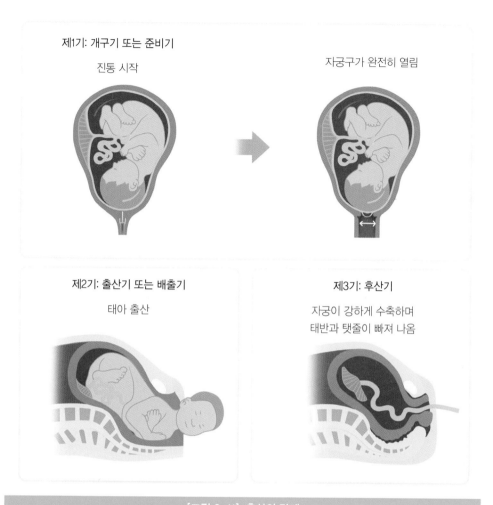

제1기: 개구기 또는 준비기

진통 시작

자궁구가 완전히 열림

제2기: 출산기 또는 배출기

태아 출산

제3기: 후산기

자궁이 강하게 수축하며
태반과 탯줄이 빠져 나옴

[그림 2-11] 출산의 단계

(2) 출산 방법

① 자연분만

자연분만은 전통적인 분만법으로 임신 38~42주 사이에 정상적으로 질을 통해 태아를 낳는 가장 좋은 분만법이다. 실제로 여자의 몸은 그 자체로 도움 없이도 혼자서 분만을 할 수 있도록 만들어져 있고, 태아 스스로도 산도를 통해 새로운 세상에 접하기 위해 노력을 하기 때문에 사실상 자연분만은 아주 자연스러우며 건강한 분만법이다(네이버 지식백과).

② 다양한 분만

산모의 감통 효과와 태아에게 편안하고 안전한 환경을 제공하기 위한 다양한 분만법이 개발되고 있는데, 무통분만, 라마즈 분만, 수중분만, 제왕절개 분만 등이 있다.

무통분만   분만 시 자궁 수축에 따른 공포와 고통을 감소시키기 위해 통증을 완화시켜 주는 진통제, 감각을 마비시키는 마취제, 분만 시간을 단축하기 위한 촉진제 등이 사용된다. 마취제의 경우 전신마취와 국부마취가 있는데, 국부마취는 산모의 의식을 잃지 않게 하면서 통증을 완화시키므로 보통 국부마취를 하게 된다.

라마즈분만   프랑스 의사인 라마즈(Fernand Lamaze)에 의해 개발된 것으로, 이미지 연상법, 산모의 호흡법, 이완법을 사용하여 진통 중인 산모의 통증을 완화시키는 방법이다. 이미지 연상법이란 산모가 즐거웠던 기억을 떠올리면서 엔도르핀의 분비를 증가시켜 통증을 경감하는 방법이다. 또한 진통이 일어났을 때 적절한 분만 동작을 취할 수 있도록 사전에 호흡법을 훈련하고 연습한다.

수중분만   양수와 동일한 조건의 물속에서 출산하는 방법으로, 프랑스의 산부인과 의사인 오당(Michelle Odent)에 의해 1970년대에 처음으로 실시되었다. 양수와 비슷한 환경이므로 출산 시 태아의 상태가 편안할 수 있지만 태아와 산모에게 감염의 위험이 있다.

제왕절개분만   수술에 의한 분만으로, 자연분만이 어려운 경우 산모의 복부를 절개하여 자궁으로부터 태아를 꺼내는 외과적인 출산 방법이다. Rh 불일치, 태아의 위치가 잘못된 경우, 골반이 좁은 경우, 전치태반, 조기파수가 된 경우 등의 의학적 응급상황에서 사용된다. 〈표 2-5〉에서 보듯이 산모의 나이가 많을수록 제왕절개 비율이 증가하며, 〈표 2-6〉과 같이 2008년부터 2012년까지 제왕절개 비율은 약 36% 정도로 거의 변동이 없는 것으로 나타났다.

〈표 2-5〉 2012년 연령별 제왕절개 비율

산모의 연령	합계	제왕절개 후 자연분만	제왕절개	제왕절개 비율
19세 이하	2,238	1,787	451	20.2
20~24세	21,288	15,647	5,641	26.5

25~29세	106,677	73,165	33,512	31.4
30~34세	240,622	154,135	86,487	35.9
35~39세	88,156	48,110	40,046	45.4
40~44세	13,380	5,443	7,937	59.3
45세 이상	386	119	267	69.2

출처: 건강보험심사평가원(2012), 제왕절개분만평가보고서.

〈표 2-6〉 연도별 제왕절개 비율

연도	합계	제왕절개 후 자연분만	제왕절개	제왕절개 비율
2008	454,526	289,672	164,854	36.3
2009	433,716	277,422	156,294	36.0
2010	459,516	293,944	165,572	36.0
2011	461,426	293,653	167,773	36.4
2012	472,747	298,406	174,341	36.9

출처: 건강보험심사평가원(2012), 제왕절개분만평가보고서.

(3) 의료 개입

① 난산

난산이란 태아가 산도를 통과하는 과정에서 구조적 또는 기능적 이상이 생겨 분만이 순조롭게 진행되지 않는 경우를 말한다. 산모가 출산 과정에서 너무 지쳤거나 태아가 너무 큰 경우, 질이 너무 협소한 경우, 태아의 머리가 자궁경부로 향하여 있지 않은 경우, 태반이 너무 빨리 자궁벽에서 떨어진 경우, 태아에게 어떤 위험성이 존재하는 경우 등은 정상적인 분만을 하기 어려운 상황이며, 이러한 경우에는 제왕절개 수술을 하게 된다.

② 산소결핍증

탯줄이 꼬여 있거나, 태아가 모체 밖으로 나오기 이전에 태반이 자궁벽에서 떨어지거나, 산모에게 너무 마취를 많이 시킨 경우 등에는 태아가 산소 결핍을 겪을 가능성이 높다. 산소 결핍 상태가 몇 분만 되어도 태아는 사망하게 되며, 사망에 이르지 않더라도 태아의 운동 기능을 통제하는 뇌세포가 손상을 입어 뇌성마비가 되거나, 운동신경 통제에 결함을 가져와 팔다리를 움직이거나 근육을 사용하는 데 어려움을 초래한다.

③ 조산아(미숙아)와 저체중아

조산아(preterm infant)는 태내발달 기간을 다 채우지 못하고 출생하여 충분한 발달이 안 된 아기이다. 일반적으로 29~38주 사이에 분만이 일어날 경우에 조산이라고 한다. 조산은 자연조산과 인공조산으로 구분되는데, 자연조산은 산모의 이상으로 인해 분만을 하게 되고, 인공조산은 인위적으로 진통을 일으켜 출산 기일 전에 분만을 유도하는 것이다. 어느 경우이든 조산아는 신경계통이 완전히 발달하지 못하며, 근육이 약하고 혈관이 좁고 감염에 대한 저항력이 적으며, 빨기, 삼키기, 기침 등 정상적 반사작용도 약하고 불규칙적이다. 조산아는 기침을 하거나 삼키기를 잘하지 못하기 때문에 음식이 공기의 통로를 막을 위험성이 크며, 피부에 지방이 축적되지 않아 체온 조절이 어렵다.

⟨표 2-7⟩ 저체중 출생아의 합병증 및 후유증

급성기	후기
저산소증, 허혈증	지능 저하, 강직성 양측마비, 소두증, 경련, 학습장애
뇌실내출혈	지능 저하, 강직, 경련, 수두증
감각신경계 손상	농아, 맹아, 미숙아 망막증, 사시, 근시
호흡 부전	만성폐질환, 폐인성 심부전, 기관지 수축, 반복성 폐렴, 기도협착
괴사성 장염	단장증후군[4], 흡수장애, 영양실조, 감염성 설사
담즙정체성 질환	간경화, 간부전, 영양실조
영양 부족	골감소증, 골절, 빈혈, 성장장애
사회적 문제	아동학대, 아동방임, 성장장애, 이혼
기타	영아돌연사증후군, 감염, 서혜부 탈장, 피부반흔, 위식도 역류

출처: 네이버 지식백과, http://terms.naver.com/entry.nhn?docId=2119984&mobile&cid=51004&categoryId=51004), 국가건강정보포털의학정보.

---

4) 단장증후군은 선천성 또는 생후에 수술적 절제로 전체 소장의 50% 이상이 소실되어 흡수 장애와 영양실조를 일으키는 증후군이다.

조산아의 주된 원인은 낮은 사회경제적 여건, 산모의 나이가 16세 미만이거나 35세 이상인 경우, 오랜 기간 서 있거나 물리적 스트레스를 받는 활동을 하는 경우, 쌍생아 임신, 자궁기형이나 전치태반, 임신성 고혈압과 당뇨병 등이다.

　신생아의 몸무게는 평균 3.3kg인데, 태내에 있는 기간과 상관없이 출생 당시의 몸무게가 2.5kg 이하인 경우에 저체중아라 한다. 저체중아의 약 2/3는 미숙아이고, 나머지 1/3은 산모나 태반 및 태아의 여러 원인으로 인해 체중이 정상보다 미달되는 경우이다.

3. 신생아

　신생아는 출생 후 첫 4주 동안의 아기를 일컫는다. 태아일 때에는 모체 안에서 자동적으로 영양을 공급받던 것이 출산과 동시에 스스로 영양을 섭취하고 호흡을 해야 하는 급격한 환경 변화를 맞게 된다.

1) 신생아의 특징

(1) 맥박, 호흡, 체온

　신생아의 맥박은 1분에 120~160회 정도로 빠르고 불규칙하지만 출생 후 4~5일 정도가 지나면 약간 느려진다. 신생아의 호흡은 반사적인 행위로, 1분에 35~45회 정도로 어른의 2배 정도 많이 하지만 시간이 지날수록 안정된다. 신생아의 체온은 37~37.5℃로 성인보다 다소 높다. 땀샘이 잘 발달되지 않아 체온 조절 능력이 성인보다 미흡하여 외부 온도의 영향을 많이 받는다. 지방층은 마지막 출산하기 2개월 전에 발달하기 때문에 조산아는 체온 조절 능력이 다소 부족하다. 따라서 몸을 따뜻하게 유지해 주는 것이 필요하다(권민균 등, 2012; 정옥분, 2012; 조복희, 2006).

(2) 수면

　신생아의 수면 시간은 하루에 16~18시간 정도를 차지하며, 약 3시간 정도 자다 일어나 수유하고 다시 자는 식의 수면패턴을 가진다. 성장하면서 한 번 잠든 후 깰 때까지의 시간은 길어지며, 24개월경에는 전체 수면 시간이 12시간 정도가 된다. 수면은 REM(Rapid Eye Movement) 수면과 NREM(Non-Rapid Eye Movement) 수면으로 나뉜다. REM 수면 동안 뇌 활동은 각성상태에서 활동하는 것과 매우 유사하게 활동한다. 자고 있는 상태임에도 눈동자가 빠르게 움직이며 불규칙한 호흡과 맥박이 나타난다. NREM 수면은 조용하고 깊은 잠을 자는 것으로, 심장박동, 호흡 등이 느리고 일정하다. 신생아, 아동, 성인 모두 REM 수면과 NREM 수면을 번갈아 갖는데, 신생아의 REM 수면은 전체 수면의 50% 정도에 달하여 아동과 성인보다 많고, 3개월경에는 40%로 줄어들며, 3~5세경에는 성인과 같이 20% 정도로 감소한다(정옥분, 2012; Berk, 2007). 3개월 이전 아기는 잠들기 시작할 때 REM 수면으로 시작하지만 3개월 이후에는 REM 수면으로 시작하지 않게 된다. REM 수면은 아기의 뇌발달을 촉진시킨다(Santrock, 2004).

(3) 울음

울음은 아이가 부모에게 보내는 원초적인 소통의 신호이다. 울음에 반응하면서 부모는 아이가 필요로 하는 음식, 위로와 자극 등을 공급하게 된다. 생후 처음에는 아기의 울음이 뜻하는 바를 알아차리지 못하지만 시간이 지나면서 부모는 울음의 강도에 따라 칭얼거리는 것인지, 배고픈 것인지, 불편한 것인지, 화난 것인지, 아픈 것인지를 구별하게 된다. 일반적으로 뇌가 손상되었거나 태내에서 출생 당시 합병증을 가진 신생아의 울음은 날카롭고 찢는 듯한데, 울음의 지속 시간은 정상 아기보다 길지 않다.

(4) 수유

모유에는 가장 적절한 영양 성분이 갖추어져 있고, 체내 흡수가 잘 되므로 모유만으로도 충분한 영양분을 공급받을 수 있다. 특히 출산 후 1~2일 사이에 나오는 색이 짙은 초유는 영양만이 아니라 면역 성분이 있고, 태변의 배출을 도와주므로 반드시 공급하는 것이 좋다. 물론 산모에게 특별한 질병이 있거나 의사의 지시를 받았다면 예외가될 수 있다. 신생아의 위는 어른의 위와 생김새가 다르게 직선형에 가까워서 한 번에 많은 양을 섭취하지 못한다. 보통 2~3시간 간격으로 섭취하게 되는데, 모유는 7~10회 정도, 우유는 5~6회 정도 섭취한다. 우유는 모유에 비해 단백질과 칼슘이 많아서 소화가 안 되기 때문이다. 아기가 젖을 빨 때 듣는 어머니의 심장 뛰는 소리는 아이에게 심리적 안정을 제공한다. 이외에도 모유 수유를 하면 준비하기에 간편하고 경제적일 뿐만 아니라 자궁의 수축을 촉진시켜 원상태로 회복시키는 기간을 단축시킨다. 그리고 아기는 젖 빨기로 인해 턱 부분의 발달이 잘 되고, 질병에 대한 저항력을 갖게 되므로 특히 6개월 이내에는 모유 수유를 권장한다.

(5) 배변

신생아는 출생 후 1~2일에 짙은 녹색 또는 황색이 나는 태변을 4~5회 배설한다. 태변은 냄새가 없고 끈적거리는데 이것은 주로 소화액이나 담즙이며, 태내에서 마신 양수가 축적되어 있다가 배출되는 것이다.

소변은 수분이 적고 요산염이 많아 처음에는 기저귀가 황적색으로 물드는 경우가 있다. 생후 1~2주일 정도까지는 수분의 섭취량에 따라 차이가 있으나 보통 1일에 10~25회 배출하며, 어른에 비해 냄새와 색이 진하지 않다.

2) 신생아의 감각

사람은 주변의 자극을 오감을 통해 경험한다. 출생 전에도 미숙하지만 오감이 기능한다고 하며, 출생 후에도 오감은 아직 성숙하지 않은 상태에서 서서히 발달한다. 신생아의 시각, 청각, 미각, 후각, 촉각의 특성을 살펴보면 다음과 같다.

(1) 시각

신생아의 시각은 감각 기관 중 가장 마지막에 성숙하는데, 이는 대뇌피질에 있는 시각중추가 아직 성숙하지 않았기 때문이다. 출생 직후에 신생아는 물체에 초점을 맞추지 못하고 성인의 시력보다 10~30배 정도 낮은 시력을 보인다. 그러나 생후 7~8개월이 되면 시력은 현저하게 발달하고, 생후 1년이 되면 거의 성인과 비슷한 시력을 갖게 된다. 팬츠(R. L. Fantz)의 실험에서는 생후 2일 된 신생아가 빨간색, 노란색, 흰색의 원보다 사람 얼굴이나 신문인쇄 등의 형태를 더 오래 보았는데, 이는 2일 된 아기도 형태를 지각할 수 있음을 시사한다.

(2) 청각

소리를 탐지하는 능력은 출생 두 달 전부터 어느 정도 가능하다. 처음에는 작은 소리를 잘 듣지 못하고 큰 소리에만 반응을 보이나 생후 일주일이 지나면 좀 더 작은 소리에 반응하기 시작한다. 신생아는 저음보다 고음에, 다른 여러 소리보다 인간의 목소리에 특히 민감하다. 7~20일 정도 된 아기는 낯선 목소리보다 어머니의 목소리에 민감하게 반응하고, 생후 2~3개월이 되면 da와 ba를 구별할 수 있는 능력이 생긴다(조복희, 2006). 또한 신생아는 모든 언어의 음소를 구별하여 들을 수 있는데, 성장하면서 신경세포가 자주 접하지 않는 언어의 음소에는 반응하지 않고 계속 접하는 음소에만 반응하게 된다.

(3) 후각

신생아의 후각은 선천적으로 좋아하는 냄새를 맡을 정도로 발달되어 있는데, 바닐라와 초콜릿 같은 달콤한 냄새를 맡을 때에는 기분 좋은 얼굴 표정을 하고, 썩은 달걀이나 생선 냄새를 맡을 때에는 좋아하지 않았다. 맥팔레인(MacFarlane, 1975)의 실험에 따르면 어머니의 젖 냄새를 인식하는 데에는 며칠간의 경험이 필요한데, 생후 2일이 된 신생아는 어머니의 젖을 묻힌 솜을 특별히 선호하지 않았지만 6일이 된 신생아는 어머니의 젖을 묻힌 솜을 선호하였다(Santrock, 2006).

(4) 미각

미각은 태내에서 발달하여 출생 직후에 여러 가지 맛을 구분할 수 있다. 출생한지 2시간 된 신생아가 단맛, 신맛, 쓴맛이 나는 음료를 맛보았을 때, 각기 다른 얼굴 표정을 지었다는 로즌스타인과 오스터(Rosenstein & Oster, 1988)의 연구 결과는 이미 유명하다. 영아기 말이 되면 미각은 매우 예민해지고, 음식에 대한 선호가 급격하게 발달하여 영아기 이후에는 새로운 음식을 잘 먹으려 하지 않는다. 이 때문에 영아기에 다양한 음식을 제공하는 것이 중요하다(Berger, 1991).

(5) 촉각

출생 시 신생아의 촉각은 아주 민감하게 발달되어 있지는 않다. 그러나 신생아의 입

주위에 자극을 주면 그 자극을 향해 고개와 입을 돌리는 근원반사 행동을 보이는 것을 보면 신생아도 촉각에 반응한다는 것을 알 수 있다. 촉각은 후각, 시각 등 다른 감각과는 달리 매우 근접하게 있어야 느낄 수 있는 감각이다. 어머니의 품에 안겨 젖을 먹으면서 친밀감과 애착이 발달하게 되는데 이런 의미에서 촉각은 사회성 발달에 중요하다. 또한 지난 수년간 의사들은 신생아가 고통을 느끼지 않는다고 생각하였으나 최근에 신생아도 고통을 느낀다는 주장이 나오고 있다.

3) 반사행동

반사(reflex)는 외부의 자극에 대해 무의식적이고 자동적으로 반응하는 것을 말한다. 근원반사, 빨기반사, 호흡반사 등 신생아의 생존에 필요한 것과 명백한 이유와 기능은 알 수 없으나 걷기반사처럼 운동 기능과 관련된 것, 잡기반사처럼 부모와의 상호작용과 관련될 것으로 추측되는 반사가 있다(한국심리학회, 2014).

(1) 근원반사와 빨기반사

근원반사는 입 주위에 자극을 주면 그 자극을 향해 고개와 입을 돌리는 반사로, 입에서 먼 뺨에 자극물을 갖다 대어도 필사적으로 자극물을 찾으려 하나 후에는 점차 입에 닿은 것에만 반응한다. 빨기반사는 입에 닿는 것은 자동적으로 빨게 되는 행동이다. 대체로 근원반사는 생후 3개월 정도가 되면 사라지기 시작하고, 빨기 반사는 의식적인 빨기 행동으로 대체된다(한국심리학회, 2014).

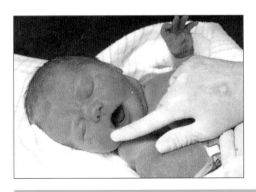

[그림 2-12] 근원반사(좌), 빨기반사(우)

출처: https://www.memorangapp.com/flashcards/3261/Reflexes/

(2) 모로반사

이 반사를 발견한 오스트리아의 소아학자 모로(E. Moro)의 이름을 붙여서 **모로반사**라 한다. 갑작스럽게 큰 소리가 나거나 머리의 위치가 변하면 아기는 깜짝 놀라면서 팔다리를 쫙 폈다가 다시 활처럼 구부려 오므리는 반응을 한다. 예를 들어, 머리를 지지하면서 아기를 들고 있다가 갑자기 팔을 낮추게 되면 아기는 팔을 바깥쪽으로 벌렸다가 안쪽으로 모으는 행동을 보인다. 이때 보통 등은 휘고, 손은 약간 구부정하게 바뀌고, 무릎은 배 쪽으로 접히게 된다. 모로반사는 보통 생후 6개월 이후에 사라진다.

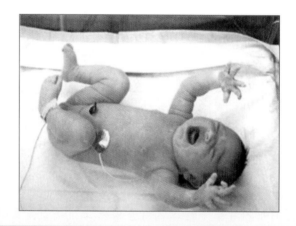

[그림 2-13] 모로반사

출처: https://www.memorangapp.com/flashcards/3261/Reflexes/

(3) 바빈스키반사

프랑스의 생리학자 **바빈스키**(J. Babinski)가 발견한 **반사행동**이다. 신생아의 발바닥을 손가락으로 발꿈치에서 발가락 쪽으로 문지르면 엄지발가락은 위쪽으로 움직이고, 나머지 발가락은 부채처럼 쫙 펴는 반응을 보인다. 바빈스키반사는 대략 생후 12개월 전후에 사라진다.

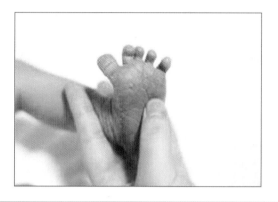

[그림 2-14] 바빈스키반사

(4) 파악반사

잡기반사라고도 하는데, 신생아가 무엇이든 손에 닿으면 꽉 쥐는 현상을 말한다. 신생아의 쥐는 힘은 약 1~2분 동안 막대기에 매달릴 수 있을 만큼 강하다. 원숭이가 나무에 매달려 있는 행동에 근거해 인류 진화 과정의 흔적으로 설명하는 사람도 있다. 파악반사는 생후 3~4개월 이후에 사라진다.

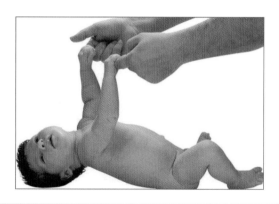

[그림 2-15] 파악반사

출처: http://www.peacefulparents.org/newborn/369/

(5) 걷기반사와 수영반사

걷기반사는 신생아를 살짝 들어 올려 평평한 바닥에 발을 닿게 하면, 마치 걸어가듯이 무릎을 구부려 발을 번갈아 가며 땅에 내려놓는 반응을 하는 것이다. 걷기반사가 사라지는 시기는 보통 생후 4개월 전후이다. 수영반사는 아기를 물속에 넣으면 물 위에 뜨기 위해 적절한 수영 동작을 하는 것으로, 생후 6~7개월 이후에 사라진다.

[그림 2-16] 걷기반사(좌), 수영반사(우)

출처: http://www.peacefulparents.org/newborn/369/; https://backyardresorts.wordpress.com/tag/swimming-reflex/

(6) 긴장성 목 반사(tonic neck reflex)

영아의 머리를 한쪽으로 돌려놓으면 얼굴이 향하는 쪽의 팔을 쭉 뻗으면서 반대쪽 팔을 구부리는 것을 말한다. 펜싱하는 자세와 유사하다고 하여 펜싱반사라고도 한다. 이 반사는 영아가 엎드릴 때, 기도 확보 및 산소 소통에 중요하며 후에 뻗기 운동의 기초가 된다. 보통 생후 4~6개월경에 사라진다.

4) 신생아의 건강과 반응성 측정

신생아가 건강하고 정상인지를 판단하기 위하여 신생아의 반사, 상태 변화, 자극에 대한 반응성 등을 평가하는 다양한 도구가 있는데, 그중 가장 대표적인 것이 아프가 척도와 브라젤턴 신생아 행동평가 척도이다.

(1) 아프가 척도(Apgar Scale)

아프가 척도(Apgar Scale)는 1953년에 버지니아 아프가(Virginia Apgar) 박사에 의해 개발되었으며, 출생 직후 신생아의 건강 상태를 측정하는 데 사용하는 대표적인 검사

〈표 2-8〉 아프가 척도

척도	0점	1점	2점
피부색 (appearance)	몸 전체가 푸르고 창백함	몸은 분홍빛, 팔다리는 푸른빛	몸 전체가 건강한 분홍빛
심장박동 (pulse)	없음	느림 (분당 100회 이하)	빠름 (분당 100회 이상)
반사의 민감성 (grimace)	무반응	약한 반사 반응 (찡그림)	강한 반사 반응 (강한 울음)
근육긴장(activity)	축 늘어져 있음	약하고 비활동적	강하고 활동적
호흡(respiration)	없음	약하고 불규칙	정상적인 호흡과 울음

출처: 정옥분(2012); 조복희(2006); Steinberg, Vandell, & Bornstein(2011).

이다. 피부색, 심장박동, 반사의 민감성, 근육긴장, 호흡의 다섯 가지 영역에 대해 0, 1, 2점의 점수를 주며, 출생 후 1분과 5분, 총 2회 실시한다. 각각의 점수를 합산하여 7~10점은 정상, 4~6점은 도움이 필요함, 0~3점은 위험한 상태로 즉각적인 조치가 필요함을 의미한다.

(2) 브라젤턴 신생아 행동평가 척도

브라젤턴 신생아 행동평가 척도(Brazelton Neonatal Behavior Assessment Scale: NBAS)는 브라젤턴(T. Brazelton) 박사가 개발한 신생아 행동평가 척도로서, 출생 후 24~36시간 사이에 실시한다. 신생아를 적극적인 참여자라고 간주하여 신생아의 신경발달, 반사, 사람에게 반응하는 정도를 측정하고 가장 높은 수행점수를 반영한다. 재채기나 눈깜빡임 등 16개의 반사행동과 딸랑이에 대한 아기의 반응과 같은 주변 환경에 대한 반응성을 평가한다. 또한 "폭 안기는 정도" 등의 27개 문항에 대해서도 신생아를 평가하는데, 이 27개 문항들을 다시 4개의 범주—생리적(physiological), 운동적(motoric), 상태(state), 상호작용(interaction)—로 구분하여 이 범주에 대해 '우려(worrisome)' '정상(normal)' '최상(superior)'으로 신생아를 분류한다(Santrock, 2004).

4. 영아기의 신체 · 운동 발달

1) 신체발달

(1) 발달의 원리

영아기 신체발달 연구들을 통해 다음과 같은 일반적인 신체발달의 원리가 발견되었다.

첫째, 신체발달의 방향성은 상부인 머리에서 시작하여 팔, 다리 등 하부로 진행되며, 몸의 중심에서부터 말초로 향하여 이루어진다. 아이는 먼저 목에 힘이 생겨 목을 가누게 되고, 몸통에 힘이 생겨 앉게 되고, 다리에 힘이 생겨 걷게 된다. 또한 조그만 구슬에 관심을 둔 아기는 손가락을 사용하여 집기보다 온몸으로 구슬을 집으려 한다. 몸의 중심에서 가까운 어깨 근육이 먼저 발달하여 이를 사용하여 집으려 하기 때문이다. 그 다음 팔, 손, 손가락 등 중심에서 말초의 순서로 발달하게 된다.

둘째, 모든 신체의 부분은 같은 속도로 발달하지 않는 독립성을 가지고 있다. 예를 들어, 건강한 영아의 경우 신장은 1년 동안 1.5배, 체중은 3배 정도로 빠르게 증가한다. 그러나 이차 성징을 나타내는 신체 부위는 사춘기를 전후해서야 발달한다. 이것은 신체의 각 부위가 독립적으로 각자의 속도로 발달함을 보여 준다.

셋째, 신체의 많은 부분은 일반적으로 매우 조직화된 발달 곡선을 따라가도록 유전적으로 프로그램 되어 있다. 예를 들어, 어릴 때 화상을 입어 치료를 하느라 특정 기간 동안 다리를 사용하지 않았던 아이나 일정 기간 동안 언어적 자극을 받지 못했던 아이도 치료가 끝나거나 언어적 자극을 주는 사람들과 함께 생활하면 그동안 정상 발달 궤도에서 벗어났던 부분들이 다시 정상 궤도로 진입하게 된다. 유전의 힘은 즉시 이를 교정하려는 특성이 있다.

넷째, 신체발달은 서로 유기적으로 연관되어 있으며 서로 보완하는 역할도 한다. 종종 특정 부위에 손상을 입어 영구적으로 사용하지 못할 경우, 대신할 수 있는 다른 부분의 기능이 더욱 발달하는 것을 볼 수 있다.

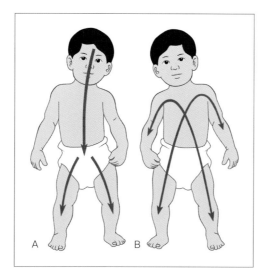

A : 머리에서 팔, 다리로 발달　　　B : 중심에서 말초로 발달

[그림 2-17] 발달의 방향

출처: http://www.psikologiku.com/perbedaan-pola-cephalocaudal-dan-proximodistal/

(2) 몸무게와 키

영아기의 키와 몸무게의 증가는 일생 중 가장 빠른 속도로 진행된다. 신생아의 몸무게는 남아가 평균 3.3kg, 여아가 평균 3.2kg 정도이다(질병관리본부, 2017). 이러한 몸무게는 1세경이 되면 출생 시의 약 3배가 되고, 2세경이 되면 출생 시의 약 4배가 된다.

신생아의 키는 남아가 평균 49.9cm, 여아가 평균 49.1cm 정도이다(질병관리본부, 2017). 신장은 생후 1년경에는 남아가 75.7cm, 여아가 74cm 정도가 되며, 2세경에는 약 85.7~87.1cm 정도가 된다. 그리고 2세 이후에는 한 해에 약 8.3~8.7cm씩 커져서 35개월 된 아이의 키는 94.4~95.4cm로, 출생 시의 약 2배가 된다.

〈표 2-9〉 0~35개월 표준성장도표

연령(개월)	남아		여자	
	체중(kg)	신장(cm)	체중(kg)	신장(cm)
0	3.3	49.9	3.2	49.1
1	4.5	54.7	4.2	53.7
2	5.6	58.4	5.1	57.1

3	6.4	61.4	5.8	59.8
4	7.0	63.9	6.4	62.1
5	7.5	65.9	6.9	64.0
6	7.9	67.6	7.3	65.7
7	8.3	69.2	7.6	67.3
8	8.6	70.6	7.9	68.7
9	8.9	72.0	8.2	70.1
10	9.2	73.3	8.5	71.5
11	9.4	74.5	8.7	72.8
12	9.6	75.7	8.9	74.0
13	9.9	76.9	9.2	75.2
14	10.1	78.0	9.4	76.4
15	10.3	79.1	9.6	77.5
16	10.5	80.2	9.8	78.6
17	10.7	81.2	10.0	79.7
18	10.9	82.3	10.2	80.7
19	11.1	83.2	10.4	81.7
20	11.3	84.2	10.6	82.7
21	11.5	85.1	10.9	83.7
22	11.8	86.0	11.1	84.6
23	12.0	86.9	11.3	85.5
24	12.2	87.1	11.5	85.7
25	12.4	88.0	11.7	86.6
26	12.5	88.8	11.9	87.4
27	12.7	89.6	12.1	88.3
28	12.9	90.4	12.3	89.1
29	13.1	91.2	12.5	89.9
30	13.3	91.9	12.7	90.7
31	13.5	92.7	12.9	91.4
32	13.7	93.4	13.1	92.2
33	13.8	94.1	13.3	92.9
34	14.0	94.8	13.5	93.6
35	14.2	95.4	13.7	94.4

출처: 질병관리본부(2017). 한국소아청소년성장도표.

(3) 신체 비율과 골격의 변화

임신에서부터 출산할 때까지는 머리 부분이 가장 빠른 성장을 보이나, 출생 후 1년은 몸통이 빨리 성장하고 그 이후부터 청년기까지는 다리가 가장 빨리 성장한다. 머리가 신체에서 차지하는 비율은 신생아의 경우 1/4이고, 생후 2세경에는 1/5이 된다.

출생 시 신생아의 뼈는 대부분 연골로 구성되어 있으며, 뼈와 뼈 사이의 공간이 매우 넓다. 성장하면서 뼈의 수도 늘어나고, 뼈도 단단해지는데, 이를 경골화라고 한다. 이러한 뼈의 발달은 청년기까지 계속 진행된다. 두개골은 출생 후 2년 동안 빠르게 성장하며, 출생 시 두개골에는 여섯 개의 숫구멍(천문)이 있다. 그중 정수리 앞쪽 다이아몬드 모양의 숫구멍을 대천문이라 하고, 뒷부분을 소천문이라 한다. 대천문과 소천문은 육안으로 관찰 가능한 것으로 팔딱팔딱 뛰고, 만지면 말랑말랑하며, 대천문은 2년 전후, 소천문은 3개월~1년 사이에 닫힌다(한국사전연구사편집부, 1996).

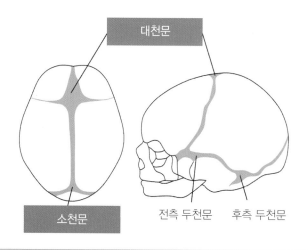

[그림 2-18] 대천문과 소천문

(4) 치아발달

치아는 유치와 영구치로 구분되며, 유치의 수는 20개이고, 영구치의 수는 32개이다. 유치는 출생 후 6~7개월이 되면 아랫니 2개가 나오기 시작하여 약 2개월 뒤에 윗니 2개가 나오고, 1년이 되면 6개, 20개월~30개월이 되면 20개의 유치가 나오게 된다. 자세한 유치의 발달 과정은 [그림 2-19]와 같다.

정상 아기	이 나는 순서
6~7개월(2개)	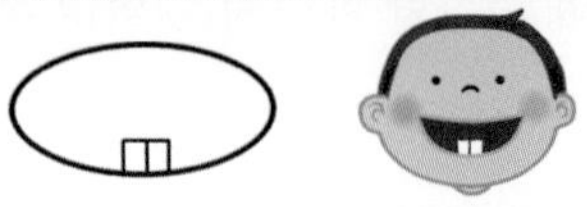
8~9개월(4개)	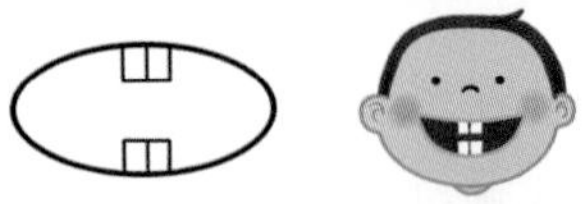
10~12개월(6개)	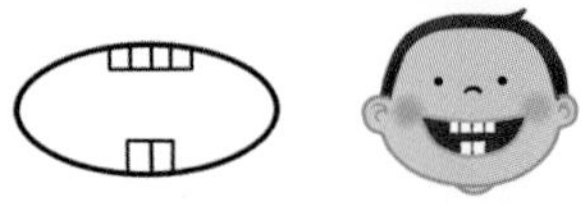
12~14개월(8개)	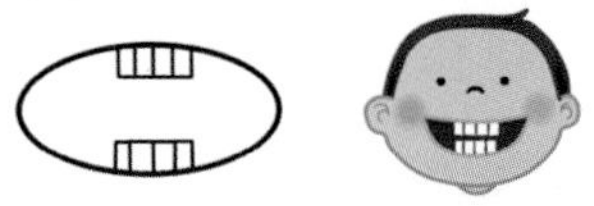
14~16개월(12개)	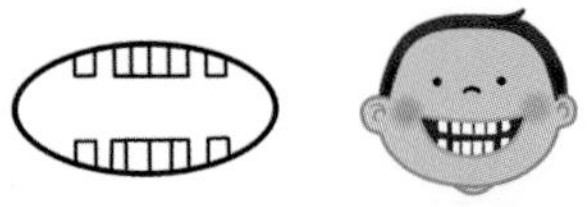
16~20개월(16개)	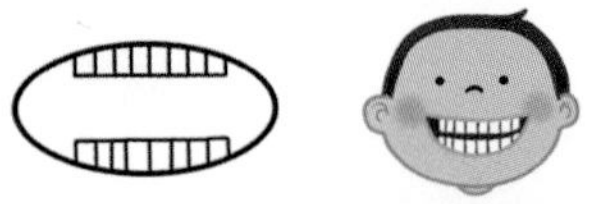
20~30개월(20개)	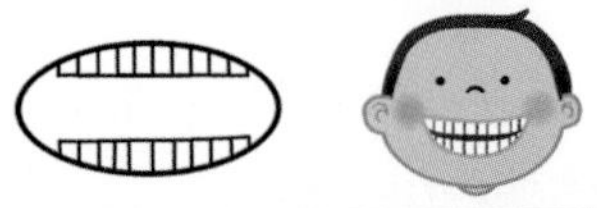

[그림 2-19] 치아발달 순서

2) 운동발달

머리, 목, 어깨, 허리, 다리 등 신체발달의 원리에 부합되게 상부에서 하부로 발달이 진행되어 목도 가누지 못하던 신생아가 2세경에는 자유롭게 걸을 수 있게 된다. 이러한 영아기의 운동발달 과정을 설명하기 위해 대근육 운동과 소근육 운동의 발달이 이루어지는 시기를 여러 책(정옥분, 2012; 조복희, 2006; Santrock, 2006)에서 소개하고 있지만 운동발달에 개인차가 존재하기 때문인지 연령별 발달 시기는 책마다 다소 차이를 보인다.

영아의 대근육 운동 발달 과정을 살펴보면 일반적으로 생후 1개월에 턱을 들 수 있게 되고, 2개월에는 가슴을 들어 올릴 수 있다. 3주~5개월이 되면 옆으로 누웠던 상태에서 바르게 뒤집기를 하고, 5~9개월이 되면 혼자서 앉고, 5~11개월이 되면 기어 다닐 수 있다. 5~12개월에는 도움을 받아 서거나 가구를 붙잡고 서며, 9~16개월에는 혼자서 서고, 9~17개월이 되면 혼자 걷는다. 18~24개월 사이에는 하지의 근력, 평형성과 협응력이 향상되어 어색한 자세이지만 성인과 유사하게 달리기를 할 수도 있다.

〈표 2-10〉 영아기와 걸음마기(출생~2년) 운동발달

운동 기술	평균 성취 연령	90%의 영아가 성취할 수 있는 연령 범위
손으로 받쳐 주면 머리를 똑바로 세운다.	6주	3주~4개월
엎드린 상태를 팔로 지탱하여 가슴을 일으킨다.	2개월	3주~4개월
옆으로 누웠던 상태에서 바르게 뒤집는다.	2개월	3주~5개월
주사위를 쥔다.	3개월 3주	2~7개월
바로 누웠던 상태에서 옆으로 뒤집는다.	4개월 반	2~7개월
스스로 앉는다.	7개월	5~9개월
긴다.	7개월	5~11개월
붙잡을 것에 기대어 선다.	8개월	5~12개월
다른 사람과 '까꿍'하는 놀이를 한다.	9개월 3주	7~15개월
혼자서 선다.	11개월	9~16개월
걷는다.	11개월 3주	9~17개월
주사위 두 개를 쌓는다.	11개월 3주	10~19개월
무엇인가를 힘 있게 쓴다.	14개월	10~21개월
도움을 주면 계단을 오른다.	16개월	12~23개월
그 자리에서 뛰어오른다.	23개월 2주	17~30개월
발가락을 이용해 걷는다.	25개월	16~30개월

출처: 한국심리학회(2014); Bayley(1969).

소근육 운동이란 손, 발 뻗기와 움켜잡기 같은 작은 움직임을 의미한다. 소근육 운동 기능은 중심에서부터 말초의 원리에 의해 팔과 손, 그리고 손가락의 순으로 발달한다. 영아는 물체를 움켜쥐고, 넘어뜨리고, 놓아 보며 탐색하는 기회를 갖는다. 생후 2~4개

월경에는 시야에 있는 물건에 손을 뻗어 잡으려고 시도하지만 잡을 수 없으며, 5개월이 되면 물체를 먼저 눈으로 확인하고 손을 뻗어 잡는 행동을 보이는데, 이때 눈과 손의 협응력이 발달하게 된다. 2~7개월이 되면 주사위를 쥘 수 있으며, 10~19개월이 되면 주사위 두 개를 쌓을 수 있다. 그리고 10~21개월이 되면 무언가를 힘 있게 쥐고 쓸 수 있다. 또한 10개월에서 1세 정도가 되면 엄지와 집게손가락으로 작은 물체도 잡을 수 있게 된다. 개인에 따라 다소 차이는 있지만 소근육이 발달함에 따라 영아는 자신의 생활을 스스로 이끌어 갈 수 있게 된다.

5. 영아기 이후의 신체 · 운동 발달

1) 유 · 아동기

유아기는 약 2~6세로, 신체 성장 속도는 영아기에 비하면 느린 편이지만 아동기에 비하면 빠른 시기라 할 수 있다. 2세 이후에 연골은 빠르게 경골화되어 단단해지고 대근육 및 소근육이 발달한다. 신체 균형을 유지하고 걷기, 뛰기, 뛰어오르기 등 이동 능력이 발달하고, 소근육 능력과 눈과 손의 협응 능력이 발달하여 블록쌓기, 종이접기, 자르기, 그림그리기, 쓰기 등을 차츰 능숙하게 한다.

아동기는 약 6~12세로, 지적발달이 현저하게 이루어지고 협동심과 경쟁심이 강해지며 놀이에서 일로 분화하는 시기라 할 수 있다. 이 시기의 신체발달은 대체로 원만하게 진행된다. 아동기 초기에 유치가 빠지기 시작하여 초등학교 5~6학년경이면 유치는 다 빠지고 영구치가 나오게 된다. 또한 아동기 후기에는 이차 성징이 나타나기 시작하며 운동 기술이나 근육의 협응이 점차 세련되어지고 힘과 기술이 증가한다.

2) 청소년기

청소년기는 일반적으로 12~22세까지를 말하며, 아동에서 성인으로 넘어가는 과도기이기 때문에 정서와 행동이 불안정하고 부자연스러울 수 있다. 성장 속도가 빠르며,

키와 체중이 급속히 증가하고, 내분비선의 발달로 이차 성징이 나타나며, 체형도 변화하게 되어 소년, 소녀의 모습에서 어른의 모습으로 바뀌게 된다. 보통 약 12세경이 되면 소녀들은 초경을 하게 되는데, 이는 임신이 가능하다는 것을 의미한다. 이러한 급격한 신체발달과 성적 성숙은 자아정체성을 찾는 사춘기를 맞이한 청소년들에게 각종 불안을 유발시킨다.

3) 성인기

보통 성인기는 23세 이후라 할 수 있는데, 성인 전기, 중기, 후기로 나눌 수 있다. 성인 전기에는 신체 상태가 절정에 달하여 신체 수행 능력, 체력, 근력, 지구력 등이 최고점에 이른다. 이러한 신체 기능의 최고 상태를 유지하기 위해서는 규칙적인 운동과 적당한 영양 섭취가 중요하다. 성인 중기는 중년기로, 노화가 서서히 진행되는 시기이다. 신체 기능과 건강은 성인 전기와 같지는 않지만 그래도 대체로 좋은 상태라 할 수 있다. 여성과 남성 모두 갱년기를 맞이하게 되는데, 특히 여성에게는 폐경이 일어나게 된다. 이 시기에 건강을 잘 유지하기 위해서는 규칙적인 운동과 적절한 영양 섭취가 중요하다. 성인 후기는 노년기로, 노화로 인한 신체 변화가 일어난다. 특히 폐경 이후의 여성들은 골다공증의 위험이 있으며, 남녀 모두 척추의 디스크 수축과 척추 사이에 있는 콜라겐의 감소로 키가 다소 줄어들기도 한다.

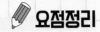 **요점정리**

■ 유전적 기초

• 인간의 염색체는 46개이다. 이 염색체는 두 개씩 짝을 이루고 있어 23쌍의 형태를 보이는
  데, 이 중 22쌍은 상염색체이고 1쌍은 성염색체로, 각 쌍의 염색체는 각각 부모로부터 받
  은 것이다. 이 염색체들은 이중 나선 구조로 된 DNA(Deoxyribonucleic Acid: 디옥시리보
  핵산)라는 화학 물질로 구성된다.

• 개인이 갖고 있는 유전자의 구성을 유전형(genotype)이라 하고, 이 유전자가 발현되어 갈
  색 눈동자, 곱슬머리 등과 같이 외부로 표현되는 것을 표현형(phenotype)이라고 한다.

• 46개의 염색체가 감수분열을 하는 과정에서 균등하게 분리가 일어나지 않거나 염색체 일
  부가 떨어져 나가면 염색체 이상이 생기게 된다. 이 경우 다운증후군, 클라인펠터증후군
  처럼 대부분 신체적 · 정신적 이상 증상을 보이게 된다.

• 인간의 발달에 미치는 유전과 환경의 영향력은 지속적으로 발달심리학자들의 논제가 되
  고 있다. 부샤드와 멕그(Bouchard & McGue)의 혈연 간 지능의 상관관계 연구에서 유전
  의 영향력이 환경의 영향력보다 높은 것으로 나타났다. 고테스만(Gottesman)은 같은 환
  경이 주어져도 그 영향을 받는 정도는 사람마다 다르다고 하는 반응범위의 개념을 제안하
  였다.

■ 태내발달과 출산

• 태내기란 수정부터 출산에 이르기까지 약 38주의 기간을 말하며, 약 266일 동안 지속된다.
  이 시기의 발달은 접합기(배종기/배란기/발아기), 배아기, 태아기의 3단계로 구분된다.

• 태내 환경은 비교적 안전한 곳이지만 적절하지 못한 환경을 제공할 경우 태아에게 심각한
  결함을 줄 수 있다. 테라토겐(teratogen)은 기형 발생 물질로, 임신 기간 중의 위험 환경 요
  소인 약물, 담배, 알코올 등 부정적인 요소들과 관련된다.

• 수정된 순간부터 38주가 지나면 출산이 시작된다. 최근 10여 년 동안 우리나라 출산율은
  가임여성 1명당 1.078~1.297명으로 나타났다. 연령집단별 출산율은 1997년에서 2005년
  까지는 25~29세 여성의 출산율이 다른 연령에 비해 높았으나 2007년 이후에는 30~34세
  여성의 출산율이 높게 나타났다.

■ 신생아

- 신생아는 출생 후 첫 4주 동안의 아기를 일컫는다. 태아일 때에는 모체 안에서 자동적으로 영양을 공급받던 것이 출산과 동시에 스스로 영양을 섭취하고 호흡을 해야 하는 급격한 환경 변화를 맞게 된다.

- 신생아의 맥박은 1분에 120~160회 정도로 빠르고 불규칙하지만 출생 후 4~5일 정도가 지나면 약간 느려진다. 호흡은 반사적인 행위로, 1분에 35~45회 정도로 어른의 두 배 정도 많이 하지만 시간이 지날수록 안정된다. 신생아의 체온은 37~37.5℃로 성인보다 다소 높다.

- 신생아의 수면 시간은 하루에 16~18시간 정도를 차지하며, 약 3시간 정도 자다 일어나 수유하고 다시 자는 식의 수면패턴을 가진다. 신생아, 아동, 성인 모두 REM(Rapid Eye Movement) 수면과 NREM(Non-Rapid Eye Movement) 수면을 번갈아 갖는데, 신생아의 REM 수면은 전체 수면의 50% 정도에 달한다.

- 출생 전에도 미숙한 상태이지만 오감이 기능한다고 하며, 출생 후에도 오감은 아직 성숙하지 않은 상태에서 서서히 발달한다. 신생아의 시각은 감각 기관 중 가장 마지막에 성숙하는데, 이는 대뇌피질에 있는 시각중추의 성숙에 따르기 때문이다. 출생 시 신생아의 촉각 역시 아주 민감하게 발달한 상태는 아니다. 소리를 탐지하는 능력은 출생 두 달 전부터 어느 정도 가능하며, 미각 역시 태내에서 발달하여 출생 직후에 몇 가지 맛을 구분할 수 있고, 후각은 선천적으로 좋아하는 냄새를 맡을 수 있을 정도로 발달되어 있다.

- 반사(reflex)는 외부의 자극에 대해 무의식적이고 자동적으로 반응하는 것을 말하며, 근원반사, 빨기반사, 호흡반사 등 신생아의 생존에 필요한 것과 명백한 이유와 기능은 알 수 없으나 걷기반사처럼 운동 기능과 관련되거나 잡기반사처럼 부모와의 상호작용과 관련된 반사가 있다.

- 신생아가 건강하고 정상인지를 판단하기 위하여 신생아의 반사, 상태, 자극에 대한 반응성 등을 평가하는 다양한 도구가 있는데, 그중 가장 대표적인 것이 아프가 척도와 브라젤턴 신생아 행동평가 척도이다.

■ 영아기의 신체 · 운동 발달

- 영아기의 신체발달에는 몇 가지 원리가 있다. 신체발달의 방향은 머리에서 시작하여 팔, 다리 등으로, 중심에서 말초로 발달한다. 신체의 부분들은 같은 속도로 발달하지 않는 독립성을 가진다. 신체의 많은 부분은 일반적으로 매우 조직화된 발달 곡선을 따라가도록 유전적으로 프로그램 되어 있다. 신체발달은 서로 유기적으로 연관되어 있으며 상호보완

적인 역할을 한다.

- 영아기의 키와 몸무게의 변화는 일생 중 가장 빠른 속도로 진행되어 1세경이 되면 몸무게는 출생 시의 3배가 되고, 키는 1.5배가 된다. 머리가 신체에서 차지하는 비율은 신생아의 경우 1/4이고, 생후 2세경에 1/5이 된다.

- 영아의 대근육 운동은 머리, 목, 어깨, 허리, 다리 등 신체발달의 원리에 부합하게 상부에서 하부로 발달이 진행되어 목도 가누지 못하던 신생아가 2세경에는 자유롭게 걸을 수 있게 된다. 소근육 운동이란 손, 발 뻗기와 움켜잡기 같은 작은 움직임을 의미하는 것으로, 소근육 운동 기능은 중심에서부터 말초의 원리에 의해 팔과 손, 손가락의 순으로 발달한다.

■ 영아기 이후의 신체 · 운동 발달

- 유아기는 약 2~6세로, 2세 이후 연골은 빠르게 경골화되어 단단해지고 대근육 및 소근육이 발달한다. 아동기는 약 6~12세로 지적 발달이 현저하게 이루어지고 협동심과 경쟁심이 강해지며 놀이에서 일로 분화하는 시기이다.

- 청소년기는 12~22세를 말하며, 정서와 행동이 불안정하고 부자연스러울 수 있으며, 성장 속도가 빠르고 키와 몸무게가 급증하며 이차 성징이 나타난다.

- 성인기는 23세 이후로, 성인 전기, 중기, 후기로 나눌 수 있다. 성인 전기에 신체 기능이 최고점에 이르고, 성인 중기에 서서히 노화가 진행되며, 성인 후기에는 노화로 인한 신체 변화가 일어난다.

🖊 주요 용어

X결함증후군	걷기반사	근원반사	다운증후군
모로반사	바빈스키반사	반사	반응범위
발달의 원리	브라젤턴 (신생아 행동평가 척도)	성염색체 변이	신생아의 감각
신생아의 특징	신체발달	아프가 척도	염색체 이상
운동발달	운하화	유전 부호	유전과 환경
유전형	조산아	출산	클라인펠터증후군
태내발달	터너증후군	파악반사	표현형

**Developmental
Psychology**

인지발달의
이론

제**3**장

오늘도 네 살 난 형주는 아홉 살 형진이와 간식을 놓고 투닥거린다. 여느 때처럼 형에게 더 많은 쿠키를 줬다고 접시를 바꿔 달라고 한다. 형주가 떼를 쓰자 형은 두 접시의 쿠키를 하나씩 세어서 쿠키의 수가 각각 5개씩 똑같다는 것을 보여 주었다. 쿠키의 수가 같은 것을 보았는데도 형주는 형의 쿠키가 분명히 더 많다고 우긴다. 수가 같으니 그냥 먹으라고 윽박지르는 형과 바꿔 달라는 형주의 다툼에 결국 엄마가 나서야 했다. 엄마는 형주와 형의 접시를 가지고 가서 형주의 쿠키를 반씩 잘라서 10개를 만들고 쿠키 조각을 접시에 넓게 퍼트려 놓고 다시 가져왔다. 푸짐해진 접시를 보고 이제야 형주는 만족해 하며 자신의 쿠키를 먹기 시작했다.

인지는 경험을 조직화하고 의미를 붙이고 지식을 사용하는 과정이다. 문장을 해석하고, 문제를 풀며, 정보를 통합하고, 복잡한 문제들을 분석하는 것이 모두 인지 활동이다. 앞의 예에서 형주가 쿠키를 세고, 형의 접시 위의 쿠키의 수와 비교하는 것, 엄마가 쿠키를 반씩 잘라서 문제를 해결하는 과정 등이 모두 인지 활동이며, 이외에도 상상하기, 창조, 공상, 상징 사용 등의 다양한 과정이 인지의 일부이다.

이러한 인지는 어떻게 발달하는가? 왜 형주는 쿠키의 수가 더 늘지 않았는데도 5개의 쿠키를 반씩 나눠서 10조각으로 만들었을 때 더 만족했을까? 형은 두 접시의 쿠키 수가 여전히 같다는 것을 어떻게 알았을까? 아이들은 어떻게 나이가 들면서 예전에는 하지 못했던 생각을 하게 되고, 기억력도 더 좋아지고, 더 많은 것을 배우고, 한마디로 더 '똑똑'해지는가? 아마도 '부모로부터 많은 것을 배워서' '친구나 성인이 하는 행동을 보고' 혹은 '지식이 많아지기 때문'이라고 대답할 것이다. 맞다. 부모로부터 배우고, 성인의 행동을 보고, 지식을 쌓아서 인지가 발달한다. 그런데 이것이 전부는 아니다. 아이들이 배워서 알게 된다면 어린 아이들에게 미적분을 가르쳐도 될까? 보여 주면 다 이해하게 될까? 앞의 예에서 형이 동생에게 쿠키의 수가 같다는 것을 직접 쿠키를 세어 가며 보여 주었는데도 동생을 설득할 수 없었다. 혹시 어릴 적에 배웠던 교과서를 들여다볼 일이 있었다면, 어릴 때는 이해하기 어렵던 내용이 나이가 들어서는 너무도 쉽게 이해되는 경험을 해 보았을 것이다(물론 여전히 이해되지 않는 부분들도 있겠지만!). 아마도 보거나 배우는 그 이상이 인지발달의 과정 중에 작용하는 것 같다.

인지발달은 어떻게 일어나는가? 이 장에서는 영아기로부터 시작하여 아동이 나이가 들면서 어떻게 그들의 인지가 발달하는가를 설명하고자 했던 인지발달의 대표적인 이론을 소개한다. 먼저, '인지발달의 아버지'라고 불리며 인지발달이라는 영역을 최초로 개척한 대표적인 이론가인 Piaget의 인지발달의 단계이론을 소개한다. 그 다음으로, 인지발달의 과정에서 어른과 사회문화의 영향을 강조하는 Vygotsky의 이론을 소개한다. 마지막으로, 인지발달의 과정을 정보처리의 관점에서 설명하는 정보처리이론과 진화론적인 입장에서 인지발달을 조망하는 이론-이론을 소개하며 이 장을 마무리한다.

1. Piaget의 인지발달 단계이론

1) Piaget 이론의 배경

사람들이 영문학하면 '셰익스피어', 심리학하면 '프로이트'를 떠올리는 것과 마찬가지로, 인지나 발달심리학을 좀 아는 사람이라면 '인지발달'하면 피아제(J. Piaget)를 떠올린다. Piaget는 스위스의 발달심리학자이자 철학자로 그의 인지발달이론과 인식론적 견해를 '발생학적 인식론'이라고 하는데, 이는 지식이 어떻게 생겨나는가에 대한 이론이다. Piaget는 원래 심리학을 공부하기 전에는 동물에 관심이 많은 생물학자였다. 이는 당시 생물학의 발전으로 인해 마음이 뇌와 관련이 있고, 인간의 지식 자체가 생물학적인 현상이라고 생각하게 되었던 시대적 분위기와도 관계가 있었다. Piaget는 '지식의 기원'이라는 인식론의 문제를 해결하기 위해 생물학과의 연결을 시도했고, 결국 아동발달의 연구를 통해 결실을 맺었다.

Piaget가 인지발달에 관심을 갖게 된 직접적인 계기는 프랑스 파리에 있는 비네(A. Binet, 1857~1911)의 실험실에서 일하게 된 이후이다. Piaget는 아동들의 지능검사 결과를 검토하다가 점차 아이들의 오답에 관심을 갖기 시작했다. 지금 생각하면 너무나도 당연한 현상이지만 Piaget는 비슷한 연령의 아이들이 비슷한 오답을 하고, 그들의 오답은 나이 든(혹은 어린) 아동들의 오답과는 다르다는 것을 발견했다. Piaget는 아이들의 답 속에서 그들의 생각을 알아내려고 했고, 오답이 단순히 지식이 부족해서 나온 '엉뚱한' 생각이 아니라는 점에 착안했다. 한편으로, Piaget는 재클린, 루시엔느, 로랑이라는 세 자녀의 성장 과정을 아주 자세하게 기록한 육아일기로도 유명하다. 대부분의 부모가 무심코 지나치는 아주 어린 영아들의 무심한 행동에서 Piaget는 의미 있는 패턴을 발견하였고, 결국 이러한 경험들을 통해 나이가 들면서 아이들의 생각이 질적으로 다른 단계를 거친다는 인지발달의 단계이론을 만들게 되었다.

2) Piaget 이론의 구성요소와 특징

Piaget에 의하면, 모든 지적 활동은 사고 과정과 주변 환경 사이의 균형, 즉 인지적 평형(cognitive equilibrium)을 이루려는 목표를 갖고 있다. 만약 주변에서 일어나는 사건이나 사물을 자신의 사고 과정으로 이해하지 못하는 경우에는 인지적 불균형이 생기고, 이 불균형을 균형 상태로 돌리기 위해 인지 활동이 촉발된다.

(1) 도식

도식(schema)은 특정한 유목에 속하는 대상이나 상황에 대한 반응으로, 유아가 반복적·습관적으로 수행하는 구체적이고 쉽게 알아볼 수 있는 감각운동적 행위의 계열이다(Flavell, Miller, & Miller, 1993). 정의가 매우 복잡한데, Piaget가 사용한 예를 들어보자. 초기의 도식들은 감각운동 도식이다. 예를 들어, 영아들은 무엇이든 입에 가져다 대면 빨기 시작하고 손에 닿는 것은 잡는데, 이것들이 각각 '빨기 도식'과 '잡기 도식'이다. 도식은 서로 결합하거나 협응하여 더 큰 단위의 감각운동 도식을 형성하기도 하는데, 손에 잡히는 것은 무엇이든 입으로 가져가는 아기의 행동은 잡기와 빨기 도식이 통합된 것이다. 감각운동기의 아기들은 이러한 감각운동 도식과 도식들의 결합을 통해 몸으로 터득한 세상에 대한 지식을 쌓아 나간다. 예를 들어, '공'은 감각운동 도식을 가진 아기들에게는 '굴리거나 차는 것'으로 이해된다.

영아가 발달하면서 감각운동 도식은 점차 구체적인 행동보다는 상징표상적 형태를 갖는다. 예를 들어, 하늘을 날아다니는 물체를 보고 엄마가 '저건 새란다.'하고 가르쳐 줬다면 이 아이는 '날아다니는 물체는 새'라는 '인지 도식'을 갖게 된다. Piaget에게 있어 도식은 지식의 최소 단위이며 지적인 행동의 기초가 되는 셈이다. 즉, 도식을 이용해서 아이들은 대상이나 상황, 추상적인 개념들을 조직화하고 도식들을 연결해서 복잡한 행동을 하거나 더욱 복잡한 개념을 이해하게 된다. 결국 도식은 모든 인지 활동을 위한 기본 정신 체계이며, 인지발달은 도식이 정교화되고 변화되는 과정이다.

(2) 조직화와 적응

Piaget에 의하면, 인지발달은 조직화와 적응이라는 두 가지 원리에 의해 진행된다.

조직화(organization)는 기존에 가지고 있던 도식들을 더 복잡한 형태로 통합시키는 과정이다. 앞의 예에서 '잡기'와 '빨기'라는 두 개의 도식이 '잡아서 빨기'라는 하나의 더 복잡한 도식으로 조직화된다. 또 '날아다니는 물체는 새'라는 도식을 가진 아동이 '비행기'를 알고 난 다음에는 '날아다니는 것'에는 새와 비행기가 있다는 하위 범주를 형성하는 것도 조직화의 예이다.

적응(adaptation)은 환경의 요구에 부합하려는 과정인데, 동화와 조절이라는 상보적인 두 과정을 통해 이루어진다. 동화(assimilation)는 이미 가지고 있는 도식(또는 개념)을 가지고 새로운 정보를 통합하는 과정이다. 예를 들어, 머리를 은색으로 멋스럽게 염색한 아가씨를 보고 어린 아이가 '할머니'라고 불렀다면 이 아이는 은색 머리를 한 아가씨의 모습을 보고 '할머니는 머리색이 하얗다.'라는 자신의 도식을 적용하여 해석한 것이다. 조절(accommodation)은 동화의 반대 과정으로, 새로운 경험의 결과로 자신이 이미 가지고 있는 도식을 변화시키는 과정이다. 앞의 예에서 당황한 엄마는 머리는 은빛이지만 할머니보다 나이가 훨씬 젊기 때문에 할머니가 아니고 '누나/언니'라고 가르쳐 준다. 이러한 새로운 정보를 얻은 뒤에 아이는 할머니의 도식 속에 '나이가 든 여자'라는 새로운 정보를 추가하고, 누나/언니의 도식에는 '젊은 여자'라는 정보를 추가하여 기본 도식을 변화시킨다.

인지적 평형(equilibration)은 동화와 조절이 균형을 맞춰서 새로운 이해가 만들어지는 과정이다. 인지적 평형은 세 단계로 이루어진다. 첫째, 아동은 자신이 가진 이해에 만족한다. Piaget는 이런 상태를 균형화(equilibrium)라고 불렀는데, 이 상태에서 아동은 자신이 관찰한 바와 알고 있는 것 사이에 차이를 느끼지 못한다(예: 은빛 머리의 아가씨를 '할머니'라고 부름). 두 번째, 새로운 정보가 들어와서 아동이 자신의 이해(도식, 개념)가 적절하지 않다는 것을 알게 된다(예: 엄마의 지적으로 '할머니'가 아님을 알게 됨). Piaget에 의하면 이 단계의 아동은 불균형(disequilibrium) 상태에 있게 되는 것이다. 마지막으로, 아동은 새로운 이해(도식, 개념)를 발달시켜서 다시 균형 상태가 이루어진다(예: 할머니인지 아닌지의 여부 판단에는 머리색보다 나이가 중요하다는 것을 새로이 알게 됨).

(3) 인지발달 단계의 특징

Piaget의 발달이론을 단계이론이라고 하는데, Piaget는 인지발달이 점진적이고 연속적으로 이루어지기보다는 계단과 같은 단계를 거친다고 생각했기 때문이다. 각 단계에서 아동은 전 단계와는 질적으로 다른 새로운 관점을 가지고 세상을 이해한다. 단계들은 다음과 같은 특징을 갖는다.

① 질적 변화

다른 단계의 아동은 '질적으로 다른 방법'으로 사고한다. 예를 들어, 한 연구에서 3~6세의 아동들에게 고양이를 소개하고 고양이와 놀게 했다. 그 뒤 고양이의 머리를 스크린으로 감춘 뒤에 고양이 머리에 개 모양의 마스크를 씌웠다. 그런 다음 아동들에게 "이 동물이 고양이일까, 개일까?"하고 질문을 하면 마스크를 씌우기 전에는 분명 '고양이'라고 했던 3세 아동들이 이제는 바로 '개'라고 대답한다. 그러나 6세 아동들은 머리 모양의 변화에도 불구하고 '고양이'라고 대답한다(De Vries, 1969). 다시 말하면, 3세 아동은 사물을 외양으로 판단하지만 6세경이 되면 외양보다 실제(reality)에 근거하여 사물의 정체를 판단한다. 이 과정에서 근본적으로 다른 판단의 기준(예: 외양 vs. 실제)이 사용되었으며, 이는 판단의 기준에서 질적 변화(qualitative change)가 생긴 것이다.

② 영역 일반적

각 단계의 사고 특징은 다양한 주제와 광범위한 맥락에서 아동의 사고에 영향을 준다. 이를 영역 일반적(domain general)이라고 한다. 뒤에서 더 자세히 설명하겠지만, 예를 들어 2~7세의 '전조작기'에 해당하는 아동은 특정 과제뿐 아니라 문제해결이나 사회적 기술, 도덕적인 판단에서조차도 영역과 관계없이 전조작기적 사고를 한다.

③ 짧은 전환기

단계와 단계 사이에 짧은 전환기가 존재한다. 이 과도기 동안에 아동은 때로는 이전 단계의 사고 특성을, 때로는 새로운 단계의 사고 특성을 보여 준다.

④ 순서의 불변성

Piaget는 각 단계에 도달하는 평균적인 나이를 제시했지만 이 나이가 절대적인 것은 아니다. 그러나 모든 단계는 동일한 순서로 진행되며 어떤 단계를 뛰어넘을 수는 없다.

3) Piaget의 인지발달의 단계

〈표 3-1〉 **Piaget의 인지발달의 단계**

단계	대강의 연령	특징
감각운동기	출생~2세	영아의 지적 능력이 감각과 운동 능력으로 나타난다. 영아들은 감각과 운동 능력을 통해 세상을 탐구하고 정보를 습득한다.
전조작기	2~7세	유아와 학령 전 아동은 언어와 정신적 표상, 상징을 사용하기 시작한다. 그러나 이 단계 아동의 사고는 직관적이고 자아중심적이다. 보존과제에서 실패한다.
구체적 조작기	7~12세	구체적인 사물과 사상에 대해 논리적으로 사고할 수 있게 된다. 보존과제에서 성공한다. 그러나 순전히 추상적인 사고는 아직 불가능하다.
형식적 조작기	12세 이상	추상적이고 가설적인 상황에 대해서도 사고할 수 있다. 체계적이고 과학적인 사고가 가능하다.

(1) 감각운동기(sensorimotor stage, 출생~2세)

감각운동기는 출생부터 만 2세에 해당하는 시기이며, 이 시기에는 급속한 뇌발달이 이루어질 뿐 아니라 아기들은 뒤집고 기고 걷고 말을 배운다. 결과적으로 일생 중 가장 빠르게 발달이 일어나는 시기이다. 이렇게 짧은 기간 동안에 어떻게 그렇게 큰 변화가 가능할까? 새로운 세계에 적응하기 위해서 아기들은 분명히 상당한 학습 능력을 가지고 있는 것이 분명하다. 그러나 이렇게 생각하게 된 것은 비교적 최근의 일이다. 불과 얼마 전까지만 해도 말을 못하는 아기들은 잠만 자고 먹기만 하며 아무것도 할 수 없는 무능한 존재로 생각했다. 일반인들만 그렇게 생각한 것이 아니었다. 미국의 심리학자 윌리엄 제임스(W. James)는 영아들이 잘 보이지도 않고 소리도 분명히 들리지 않는 '웅웅거리는 혼돈의 세계(blooming, buzzing confusion)' 속에서 살고 있다고 생각했다. 또 행동주의자들은 영아들이 환경으로부터 자극이 들어오기만을 기다리는 수동적인 존재라고 보고 '백지장(tabula rasa)'에 비유했다. 이런 영아들에게 지적 능력을 처음 부여한 사람이 바로 Piaget이다. Piaget는 영아들의 행동이 생각 없는 무작위적인 반응이 아니고 감각과 운동 활동으로 표현되는 지적 활동이라고 보았다. 그래서 이 단계의 이름이 '감각운동기'이며, 이 시기에 영아들은 '감각운동 지능'을 가진다. 감각운동기는 6개의 하부 단계로 나뉜다.

① 하위 1단계: 단순반사(출생~1개월)

이 시기에 나타나는 행동의 대부분은 타고난 반사행동들이다. 예를 들어, 아기의 입술에 젖꼭지를 가져다 대면 아기는 반사적으로 빨기 시작한다(빨기반사). 이러한 타고난 반사들은 영아가 생존하는 것을 돕고 아기가 발달하면서 사라지지만 일부(예: 빨기, 안구 운동, 손과 팔의 운동)는 최초의 도식을 형성하며 영아에게 사물에 대한 정보를 제공한다.

② 하위 2단계: 1차 순환반응(1~4개월)

순환반응이란 영아가 주먹을 빠는 것처럼, 흥미로운 행동을 반복해서 되풀이하는 것을 말한다. 1차 순환반응은 이러한 순환반응의 대상이 주먹처럼 영아 자신의 몸에 한정된다는 의미이다. 또한 이 기간 동안에는 개별적인 감각운동 도식들이 서로 결합되기도 한다. 예를 들어, 영아는 소리를 들으면 소리가 나는 방향으로 머리와 눈을 돌리게 되는데, 이는 듣기와 보기 도식이 통합된 것이다.

③ 하위 3단계: 2차 순환반응(4~8개월)

영아는 점차 외부를 인식하게 되고 외부 세계에 대해 반응적이 되어(즉, 2차) 흥미로운 결과를 발생시키는 행동을 반복한다. 그래서 우연히 발을 찼더니 발에 묶어 놓은 모빌이 움직이는 것을 발견하게 되면 영아는 이제 발차기를 수십 번씩 반복한다.

④ 하위 4단계: 2차 순환반응의 통합(8~12개월)

영아는 어떤 행동 뒤에 어떤 결과가 따른다는 원인-결과의 관계를 점차 인식하게 된다. 따라서 목표 지향적인 행동이 나타나게 되어 목표를 달성하기 위해 행동들을 결합하기 시작한다. 예를 들어, 줄이 달린 딸랑이를 가져오기 위해 전에는 딸랑이가 있는 데까지 기어갔다면 이제는 딸랑이에 묶인 줄을 당겨 딸랑이를 가져올 수 있다. 이 시기의 중요한 발달 현상 중 하나는 대상영속성(object permanence)의 습득이다. 대상영속성은 시야에서 보이지 않아도 사물이 지속적으로 존재하고 있다는 것을 아는 것이다. 대상영속성을 습득하기 이전의 영아는 가지고 놀던 장난감을 눈앞에서 숨기면 마치 더 이상 장난감이 존재하지 않는 것처럼 장난감을 찾지도 않는다. 그러나 대상영속성을 습득하고 나면 눈앞에 보이지 않아도 장난감이 어디엔가 존재한다는 사실을 알고, 장난감을 찾으려 한다.

💬 생각할 문제

이 시기의 아기는 까꿍놀이를 매우 좋아한다. 왜 그럴까? 아기가 까꿍놀이를 좋아하는 이유를 대상영속성의 개념과 연관지어 생각해 보자.

⑤ 하위 5단계: 3차 순환반응(12~18개월)

이 시기의 영아는 유연하고 창의적인 행동을 보이기 시작하며 사물을 가지고 다양한 실험을 하여 종종 새로운 결과를 도출한다. 2차 순환반응에서는 어쩌다 발견한 흥미로운 결과를 가져오는 행동을 되풀이했다면, 3차 순환반응에서는 영아가 원하는 결과를 갖기 위해 마치 실험을 하는 것 같다. 예를 들어, 이 시기의 아기는 식탁에서 숟가락을 떨어뜨려서 주워 주면 다시 떨어뜨리기를 반복하며 좋아한다. 또 숟가락뿐 아니라 포크, 컵 등 다양하게 사물의 종류를 바꾸거나 높이나 방향을 바꾸어 가며 떨어뜨리기를 수십 번씩 반복한다.

⑥ 하위 6단계: 정신적 표상(18~24개월)

이 시기의 영아는 사물과 사건에 대해 상징을 사용해서 사고하고 표상할 수 있는 상징적 사고가 가능해진다. 상징(symbol)은 한 사물로 다른 사물을 나타내는 것으로, 블록을 들고 바나나인 척 먹는 시늉을 한다면 블록이 바나나를 상징하는 것이다. 대표적인 상징이 바로 언어이다. 이 시기의 아기는 한 단어를 말하거나 두 단어를 이어서 문장을 말할 수 있는데, 지금까지는 '바나나'를 나타내기 위해 직접 바나나를 들고 와서 보여 줘야 했다면 상징적 사고가 가능한 6단계의 영아는 '바나나'라는 단어를 사용하거나 혹은 막대기를 들고 '바나나'를 먹는 척 할 수 있다. 상징적 사고가 가능하게 되면서 영아는 말을 사용하고 사물을 나타내는 그림을 이해하고 상징놀이(symbolic play), 또는 가장놀이(pretend play)를 할 수 있게 된다. 이러한 상징의 사용은 인지 발달에서 감각운동기가 끝나는 중요한 신호가 된다. 이 단계에서는 또한 지연모방(deferred imitation)도 가능해진다. 지연모방은 타인의 행동을 관찰한 뒤에 기억하여 몇 시간, 혹은 며칠 뒤에 그 행동을 모방하는 것이다. 예를 들어, 아이들은 평소에 보았던 부모의 행동을 시간이 흐른 뒤에 놀이를 하면서 그대로 모방하곤 한다.

(2) 전조작기(2~7세)

전조작기(preoperational stage)는 감각운동기 말에 발달한 상징적 사고가 인상적으로 발달하는 때이기도 하지만 이름에서도 알 수 있듯이, 조작(operation)을 사용하기 이전의 시기이다. 여기서 조작이란 서열화, 분류, 가역성, 보존과 같은 논리적 사고를 가능하게 하는 정신적 활동을 말한다. Piaget는 이 시기의 유아는 조작적 사고를 할 수 없기 때문에 자아중심성, 비가역성, 실제보다는 외양에 치중하는 것과 같은 인지적 제한점을 가진다고 보았다.

① 상징적 표상 기술의 발달

전조작기 아동은 상징 사용 능력이 지속적으로 발달하여서 그림, 단어, 몸짓 등의 상징을 사용할 수 있다. 따라서 물리적으로 존재하지 않는 사물을 머릿속으로 그려 내는 능력이 발달한다. 그 증거가 바로 앞서 설명한 상징놀이이다. 상징놀이를 하면서 아이들은 장난감이나 다른 사물로 실제의 사물인 척 하며 노는데, 상징놀이의 초기 단계에서는 상징물(예: 바나나)이 나타내고자 하는 대상(즉, 전화기)과 외양이 비슷해야 한다. 그러나 나이가 들면서 외양이 닮지 않은 상징물(예: 블록)도 사용할 수 있고, 나중에는 상징물이 없이도 그냥 상상만으로도 상징놀이를 할 수 있게 된다(예: 빈손으로 전화를 거는 시늉). 이외에도 상징을 사용할 수 있게 되면서 수를 사용해서 양을 나타낼 수 있게 되고 그림그리기와 같은 예술적 표상 기술을 습득하기도 한다.

💬 생각할 문제

전조작기 아동의 상징 능력의 발달을 고려할 때 진짜처럼 정교하게 생긴 비싼 장난감과 다 쓴 종이 상자나 스티로폼과 같은 재활용품으로 만든 장난감 중 어떤 장난감이 상징 능력의 발달에 도움이 될까? 그 이유는 무엇인가?

② 자아중심성

자아중심성(ego-centrism)은 오직 자신의 관점에
서 세상을 지각하고 타인의 관점을 이해하지 못하
는 것이다. Piaget는 이를 세 산 실험에서 보여 주
었다(Piaget & Inhelder, 1956; [그림 3-1] 참조).

세 산 실험에서는 4세 아동에게 서로 다른 크기
의 세 개의 산 모형을 보여 준다. 그러고는 반대편
에 앉은 인형에게 세 산들이 어떻게 보일지를 여러
사진 중에서 골라 보도록 한다. 반대편에 앉은 인형

[그림 3-1] Piaget의 세 산 과제

이 바라본 산의 모습을 알기 위해서 우선 아이는 인형이 자신과는 다른 각도에서 세 산
을 본다는 것을 알아야 하고, 그다음에는 마음속으로 반대편의 관점을 추측해야 한다.
Piaget의 실험 결과, 대부분의 4세 아동은 자기가 앉은 자리에서 보이는 산의 사진을 골
랐다. 이들은 반대편의 인형도 자신과 같은 관점에서 산을 바라본다고 생각했다.

타인의 관점이나 입장을 고려하지 못하는 전조작기 아동의 자아중심성은 일상의 다
양한 맥락 속에서 나타난다. 예를 들어, 아빠와 전화통화를 하는 학령 전 유아가 "밥 먹
었어?" 하는 아빠의 질문에 "네." 라고 대답하는 대신 고개만 끄덕거리는 것을 볼 수 있
다. 이 경우에 유아는 자신이 고개를 끄덕거리는 것을 아빠가 볼 수 없다는 사실을 이
해하지 못하는 것이다. 때로는 성인도 자아중심적이 되어 자신의 배가 고플 때에는 상
대방도 배가 고플 것이라고 생각하기도 하지만, Piaget에 의하면 전조작기 이후에는 점
차 자아중심성에서 벗어난다.

③ 비가역성

논리적이고 수학적인 조작은 특정 조작의 효과를 되돌리는 '역'이 성립한다. 예를 들
어, 2에 3을 더하면 5가 되고 5에서 3을 빼면 다시 2로 돌아온다. Piaget에 의하면, 이러
한 종류의 가역성이 심리적 조작에도 적용된다. 나이 든 아동은 필요할 때 가역적 사고
를 할 수 있다. 그러나 전조작기 아동의 특징은 바로 비가역성(irreversibility), 즉 가역적
사고를 할 수 없다는 것이다.

Piaget는 이를 보존과제(conservation task)라는 유명한 과제를 통해 보여 주었다([그림

3-2) 참조). 이 실험에서는 먼저 동일한 두 개의 유리잔에 같은 양의 물을 붓는다. 두 유리잔에 담긴 물의 양이 동일하다는 것을 아동에게 확인시킨 다음에 실험자는 한 유리잔의 물을 원래 유리잔보다 더 좁고 긴 제3의 유리잔에 붓는다. 세 번째 유리잔의 물은 원래보다 더 높이 올라가 있다. 그런 다음 아동에게 두 유리잔의 물의 양이 동일한지를 묻는다. 전조작기의 아동은 이 질문에 대부분 '그렇지 않다'고 대답한다. 그들은 대부분 길고 좁은 유리잔에 더 많은 물이 들어 있다고 말하는데, 이 부분이 바로 비가역적인 사고를 보여 준다. 즉, 좁고 긴 유리잔의 물을 원래 유리잔으로 부으면 물의 양이 다시 같아진다는 것을 생각하지 못한다. 구체적 조작기가 되면 아동은 가역적인 사고가 가능해지고, 그 결과로 보존과제에서 성공하게 된다.

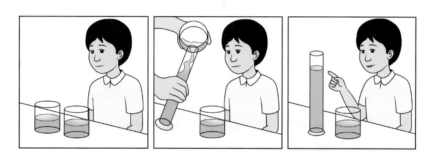

[그림 3-2] Piaget의 액체 보존 실험에서 나타난 전조작기 아동의 비가역성

④ 외양 대 실제

앞에서도 언급했듯이, 3세 유아는 고양이에게 개의 마스크를 씌우면 고양이가 개가 된다고 생각한다(De Vries, 1969). 어떻게 금방 고양이를 쓰다듬으며 놀던 아이가 갑자기 고양이가 개가 된다고 생각할까 하겠지만 실제(reality)와 외양(appearance)이 일치하지 않을 때 외양에 따르는 것이 전조작기 아동의 특성이다. 그래서 이 시기의 아동은 놀이공원에서 엄마, 아빠가 장난으로 괴물 마스크를 쓰거나 귀신 분장을 하면 깜짝 놀라서 울기도 한다.

일상생활에서는 외양과 실제가 일치하지 않는 경우들이 제법 많다. 음식점 진열대에 먹음직스런 스테이크, 돈가스, 오므라이스 등의 음식 모형이 전시되어 있다. 시금치를 싫어하는 형이 어른들 앞에서는 시금치를 맛있게 먹는 척한다. 나이 든 아동은 이런 경우에 진열대의 스테이크가 스테이크처럼 생겼지만 실제 스테이크는 아니라서 먹을 수 없다는 것을 안다. 또 시금치를 맛있게 먹는 척한 형이 실제로는 시금치를 좋아하지 않는다는 것을 안다. 그러나 전조작기의 아동은 스테이크 모형이 실제 스테이크라고 생각하고, 또한 형이 실제로 시금치를 좋아한다고 생각한다.

전조작기 아동의 이러한 특성은 플라벨, 밀러 및 밀러(Flavell, Miller, & Miller, 1983)의 연구에서 잘 드러난다. 연구자들은 3세 아동들에게 돌처럼 생긴 스펀지를 보여 주고 그것이 무엇처럼 보이는지(외양), 또 실제로 무엇인지(실제)를 물었다. 3세 아동들은 '돌처럼 보이며 실제로도 돌'이라고 대답하거나, 반대로 '스펀지처럼 생겼고 실제로도 스펀지'라고 대답한다. 전조작기 아동이 외양과 실제가 서로 일치하지 않을 때 외양에 집중하는 현상은 앞서 언급한 보존 실험에서도 그대로 드러난다. 즉, 유리잔이 길고 좁아서

보존과제의 종류	변형 전	변형	변형 후
액체량	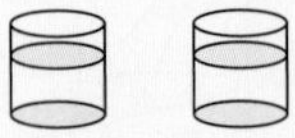 각각의 컵에 담긴 물의 양이 같은가요?	한 쪽 컵의 물을 더 짧고 넓은 컵으로 붓는다.	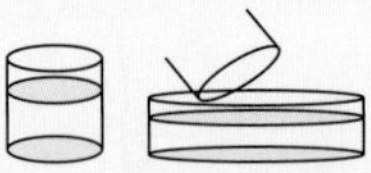 이제 각각의 컵에 담긴 물의 양이 같은가요, 아니면 한 쪽 컵의 물이 더 많은가요?
수	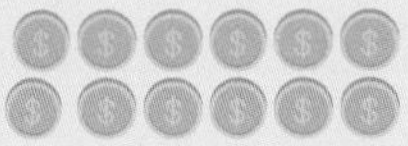 각 줄에 있는 동전의 수가 같은가요?	윗줄의 동전을 길게 펼쳐 놓고 아랫줄의 동전들을 짧게 모아 놓는다.	 이제 각 줄에 있는 동전의 수가 같은가요, 아니면 한 줄에 더 많은 동전이 있나요?
길이	 각 막대의 길이가 같은가요?	한 막대를 왼쪽으로 다른 막대를 오른쪽으로 이동한다.	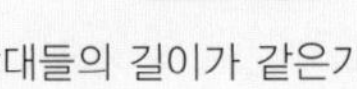 이제 이 막대들의 길이가 같은가요, 아니면 한 막대가 더 긴가요?
질량	 각 덩이에 같은 양의 진흙이 있나요?	한 덩이를 굴려서 소시지 모양으로 만든다.	 이제 각 덩이에 진흙의 양이 같나요, 아니면 한 쪽에 더 많은 진흙이 있나요?
면적	 각 소가 먹을 풀의 양이 같나요?	한 쪽의 사각형들을 펼쳐 놓는다.	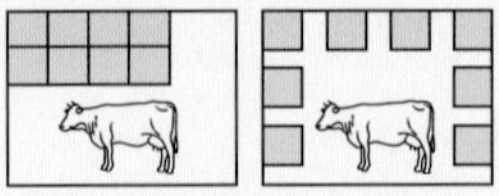 이제 각 소가 먹을 풀의 양이 같나요, 아니면 한 쪽에 풀이 더 많이 있나요?

[그림 3-3] 다양한 보존과제

물의 높이가 올라가면 물의 양이 늘어났다고 생각한다. 또한 이는 전조작기 아동이 높이와 폭을 동시에 고려하지 못하고 한 가지 특성(예: 높이 또는 폭)에만 집중하는 중심화의 특징을 보여 주기도 한다. 전체적으로 다양한 보존과제에서 전조작기 아동의 실패는 논리적이라기보다는 **직관적 사고**(intuitive thought)의 특징을 잘 드러낸다.

(3) 구체적 조작기(concrete operational stage, 7~12세)

대략 초등학교 시기에 해당하는 구체적 조작기가 되면 아동은 구체적 사물과 사상들에 대해 조작(서열화, 분류, 가역성, 보존 등)을 이용해 논리적으로 사고할 수 있게 된다. 따라서 전조작기 아동이 실패하던 보존과제에 모두 성공하게 된다. 액체 보존과제에서 물의 양이 같은지를 질문하면 구체적 조작기의 아동들은 어른들이 왜 이렇게 당연한 것을 질문하는지 어리둥절해 하며 "유리잔의 모양이 달라져도 물의 양은 같다."고 대답한다. 그 이유를 물으면 "물을 다시 원래의 유리잔에 부으면 두 잔에서 물의 높이가 같아질 것(가역성 중에서 역 행위)"이라고 말하거나 "이 쪽 잔은 길지만 폭이 좁고, 다른 잔은 높이가 낮지만 폭이 넓다(가역성 중에서 보상)."고 대답한다. 구체적 조작기의 아동은 이렇게 구체적인 과제에 대해서 논리적으로 생각할 수 있고, 가역적으로 사고하고, 동시에 두 가지 이상의 특징을 고려할 수 있어서 탈중심적(decentering)이다. 논리적 사고의 발달로 구체적 조작기의 아동은 서열화(seriation)와 전이적 추론(transitive inference), 분류(classification)가 가능해진다.

- 서열화: 키, 높이, 무게 등의 속성에 따라 항목들을 순서대로 배열하는 능력이다. 예를 들어, 엄마 곰, 아빠 곰, 아기 곰을 키의 순서, 무게의 순서대로 놓을 수 있다.
- 전이적 추론: A>B이고 B>C라면, 'A>C'를 추론할 수 있는 능력을 말한다. 예를 들어, 아빠 곰이 엄마 곰보다 크고, 엄마 곰이 아기 곰보다 크다면 아빠 곰은 아기 곰보다 크다는 것을 아빠 곰과 아기 곰의 크기를 직접 대보지 않고 추리할 수 있다. 그러나 구체적 조작기에서는 아직 아빠 곰, 엄마 곰, 아기 곰을 나타내는 구체적인 사물이 있어야 전이적 추론이 가능하다.
- 분류: 분류는 사물을 공통의 특징에 따라 집단으로 나누는 능력이다. 구체적 조작기의 아동은 하나의 집합이 다른 집합에 포함된다는 것을 이해한다. 이를 특별히

위계적 분류라고 한다. 예를 들어, 검은 구슬이 4개 있고 흰 구슬이 3개 있다. "검은 구슬이 더 많니? 구슬이 더 많니?" 하고 물으면 전조작기의 아동은 "검은 구슬이 더 많다."고 대답한다. 그러나 구체적 조작기에 이르면 아동은 "구슬이 더 많다."고 올바르게 대답할 수 있다.

(4) 형식적 조작기(formal operational stage, 12세 이상)

형식적 조작기가 되면 아동은 구체적으로 사물을 조작하지 않고도 창의적 사고, 추상적 사고, 가설−연역적 사고가 가능해지며 머릿속으로 특정 행위의 결과를 상상할 수 있게 된다. 예를 들어, "만약 하나는 두나보다 키가 크고, 두나는 세나보다 키가 크다면 누가 가장 키가 큰가?" 하는 질문에 대하여 아동의 반응을 생각해 보자. 이 질문은 이전의 구체적 조작기를 설명할 때 소개했던 전이적 추론의 간단한 형태인데, 앞서 설명한 바와 같이 구체적 조작기의 아동은 이 질문에 답하기 위해 그림을 그리거나 혹은 막대기를 사용하거나 구체적인 사물이 필요하다. 그러나 형식적 조작기가 되면 머릿속으로 생각하여 이 질문에 대답할 수 있다.

Piaget는 몇 개의 형식적 조작기의 사고 검사를 고안했다. 그중 가장 간단한 것이 '세 번째 눈' 문제이다. 아동들에게 만약 눈을 하나 더 가질 수 있다면 어디에 세 번째 눈이 있으면 좋겠는가와 그 이유를 물었다. 이 질문에 9세 아동 모두 세 번째 눈은 이마에 있어야 한다고 대답했지만 11세 아동은 더 창의적이어서, 예를 들어 손가락 끝에 눈이 있으면 모퉁이를 볼 수 있어서 좋을 것이라고 대답했다(Schaffer, 1986).

한 실험에서는 줄에 추를 매달고 이 추가 움직이는 속도에 영향을 주는 것이 무엇일지를 밝혀 내도록 했다. 줄의 길이, 추의 무게, 추를 떨어뜨리는 높이, 추를 미는 힘 등 다양한 요인을 생각해 볼 수 있을 것이다. 과제를 해결하기 위해 전형적인 구체적 조작기의 아동은, 예를 들어 즉흥적으로 추의 무게와 줄의 길이를 동시에 변화시킨 뒤에 추가 움직이는 속도를 측정한다. 혹은 추를 떨어뜨리는 시작점의 위치와 추의 무게를 동시에 변화시킨다. 이렇게 여러 요인을 동시에 변화시키거나 무작위로 변화시키면 어떤 요인 때문에 추의 속도가 달라졌는지를 알 수 없다. 한편, 형식적 조작기의 아동과 청소년은 추의 무게 등 다른 요인들을 일정하게 한 뒤에 줄의 길이만을 변화시키거나 시작점의 위치를 변화시키는 것처럼 한 번에 한 가지 요인만을 체계적으로 변화시킨다.

이렇게 체계적으로 실험을 하면 추의 속도에 영향을 주는 유일한 변인이 '줄의 길이'라는 것을 알 수 있다.

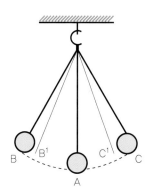

형식적 조작기의 아동은 체계적인 실험을 통해
진자의 속도에 영향을 주는 요인을 알아낼 수 있다.

[그림 3-4] 진자 실험 과제

형식적 조작기에 이르면 청소년은 정의, 진리, 도덕성과 같은 추상적 개념들을 이해하게 되고 자신이 속한 사회가 택한 체제나 법, 질서 유지의 방법들이 다양한 가능한 방법 중의 하나임을 알게 된다. 그래서 현실보다 더 이상적인 사회에 대해서도 생각할 수 있게 된다.

4) Piaget 이론의 공헌과 한계

Piaget의 이론은 인지발달의 영역을 개척하고 아동의 인지발달을 조망하는 새로운 관점을 제시했다. 그 결과, Piaget 이후에 수십 년에 걸쳐 그의 이론을 검증하는 경험적인 연구들이 뒤따랐다. 후속 연구의 결과들은 Piaget 이론의 일부 특징들을 지지하기도 하지만 동시에 많은 단점 또한 발견하였다. Piaget의 이론은 신피아제 이론, 정보처리 이론, 사회문화적 이론 등 대안적인 이론의 출현을 촉진하였고, 아직도 교육학과 같은 관련 응용분야에서는 영향력이 여전하다.

(1) Piaget 이론의 공헌

① 인지발달 분야의 많은 연구를 자극하였다

Piaget의 연구를 통해 성인과는 질적으로 다른 아동의 사고에 대해 '발달적' 연구가 시작되었고 다양한 이론이 제기되었다. 예를 들어, 케이스(R. Case)는 Piaget처럼 발달 단계가 존재한다고 생각하지만 이 장의 뒷부분에서 소개할 정보처리이론의 관점을 결합하여 처리 속도와 작업기억의 용량이 변화하기 때문에 단계 간에 변화가 생긴다는 신피아제 이론을 주장했다(Case, 1998).

② 능동적이고 적극적으로 지식을 구성하는 아동의 상을 소개했다

Piaget에 의하면, 아동은 성인이 만들어 놓은 지식이나 논리를 수동적으로 받아들이고 암기하는 존재가 아니다. Piaget가 기술한 아동의 모습에서 드러나듯이, 아동은 아주 어릴 때부터 주변 환경에 관심과 호기심을 갖고 있으며 지식과 논리를 자기 나름대로 '구성'하는 존재이다. 그래서 Piaget의 이론을 구성주의(constructivism)라고 한다.

③ 교육에 상당히 중요한 영향을 미쳤다

아동이 질적으로 서로 다른 단계들을 거쳐 지적인 발달을 한다는 Piaget의 이론은 아동의 교육에 시사하는 바가 크다(〈글상자 3-1〉 참조). Piaget가 자신의 이론을 교육에 직접 적용한 것은 아니었지만 수많은 교육프로그램의 근간이 된 '구성주의 교육' 뿐 아니라, 특히 유아교육의 지침이 되는 '발달적으로 적합한 실제'(developmentally appropriate practice, NAEYC, 1996) 또한 아동이 속한 발달 단계에 맞추어 교육을 실시해야 한다는 Piaget의 단계이론을 기반으로 만들어졌다.

(2) Piaget 이론의 한계

① 연구 방법론에 문제가 있다

Piaget의 연구 방법은 자신의 세 자녀의 행동 관찰이나 작은 집단의 아동들에게 질문을 하는 방법을 사용했다. Piaget가 인터뷰한 대상 아동의 수도 적었고, 질문도 아이들의 반응에 따라 달라지곤 했다. 게다가 대부분이 사회경제적 계층이 높은 집단의 자녀들이었다. 이러한 여러 가지의 연구 방법론적인 문제들로 인해 Piaget가 발견한 결과들을 대집단에 일반화하는 데 문제가 있다.

② 영아와 전조작기 아동의 능력을 과소평가했다

이 문제 역시 Piaget가 사용했던 과제와 관련이 있다. Piaget는 아동들에게 비교적 어려운 기준을 사용했다. 예를 들어, 대상영속성의 개념을 가진 것으로 인정받기 위해서 영아는 실험자가 사물을 숨긴 뒤에 그 사물을 찾으려는 시도를 해야 한다. 이렇게 측정하면 Piaget가 주장하는 바와 같이 8~9개월 이전의 영아들은 사라진 사물을 찾으려는 시도를 하지 않는다. 그러나 사물을 찾는 행동보다 영아들에게 적합한 반응(예: 빨기, 보기)을 지표로 연구를 하면 완전히 다른 결과가 나온다.

한 연구(Baillargeon, 1987)에서는 영아들이 자신의 기대와 일치하지 않는 사건이 일어났을 때 더 오래 쳐다보는 경향성을 이용해서 대상영속성 개념의 습득을 연구했다. 기대에 일치하는 사건이란, 예를 들어 나무 상자가 서 있어서 스크린이 돌아가다가 나무 상자에 걸려 멈추는 것이다. 반대로, 기대와 일치하지 않는 사건은 나무 상자가 있다가 갑자기 없어지기라도 한 것처럼 스크린이 180도를 회전하는 것이다([그림 3-5] 참조).

영아들이 대상영속성의 지식을 가지고 있다면 기대에 일치하지 않는 사건은 불가능한 사건일 것이다. 실험 결과, 생후 4.5개월 이후의 아기들은 기대와 일치하지 않는 사건을 훨씬 더 오래 쳐다보는 것을 발견하였다. 베이야종(R. Baillargeon)에 따르면, 4.5개월부터는 스크린으로 가려져서 보이지 않아도 상자가 지속적으로 존재한다는 대상영속성의 지식을 영아들이 가지고 있기 때문에 가능한 일이다. 대상영속성의 개념 외에도 24개월보다 훨씬 어린 유아들이 모방, 인과성의 이해, 문제해결 능력, 표상 능력을 가지고 있다는 증거들이 있다(Flavell, Miller, & Miller, 1993).

한편, 멜조프와 무어(Meltzoff & Moore, 1977)는 아기가 보는 앞에서 혀를 내밀면 이를 본 아기가 혀 내밀기를 따라하는 연구 결과를 바탕으로 Piaget가 생각한 것보다 훨씬 이전부터 아기들이 상징을 사용할 수 있다고 주장했다. 더 나아가 14개월 된 영아가 무조건 모방을 하는 것이 아니라 다른 사람의 의도를 고려해서 '합리적 모방'을 한다는 결과도 있다(Gergely, Bekkering, & Király, 2002). 이 연구에서 한 집단의 아기들은 손이

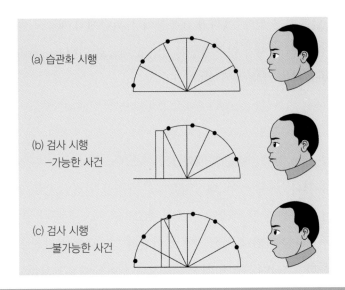

(a) 습관화 시행

(b) 검사 시행
   −가능한 사건

(c) 검사 시행
   −불가능한 사건

[그림 3-5] 대상영속성 실험

출처: Baillargeon(1987).

묶인 성인이 머리로 스위치를 누르는 것을 보았고, 다른 집단의 아기들은 손이 자유로운데도 불구하고 성인이 머리로 스위치를 누르는 것을 보았다. 일주일 후에 두 번째 집단의 아기들은 스위치를 눌러야 하는 상황에서 머리로 스위치를 누르는 모방행동을 더 많이 보였다. 연구자들에 따르면, 성인의 손이 자유로운데도 머리로 스위치를 누르는 것을 보았을 때 영아들은 뭔가 이유가 있을 것이라고 그 의도를 생각하고 모방을 더 하게 된다. 하지만 손이 묶여 있는 성인이 동일한 행동을 했을 때에는 손이 자유로운 아기들이 굳이 모방할 필요를 느끼지 못했다는 것이다.

윈(Wynn, 1992)은 아기들이 심지어 연산 능력을 가지고 있다는 놀라운 결과를 보여 주었다. Wynn 역시 Baillargeon이 했던 것처럼, 가능한 사건과 불가능한 사건을 보여 주고 아기들이 각 사건을 쳐다보는 시간을 측정했다. 여기서 가능한 사건은 인형 하나를 보여 주고 스크린으로 가린 뒤에 인형을 하나 더 추가하는 것을 보여 준다. 그다음 스크린을 내렸더니 인형이 2개가 있는 장면이다(즉, 1+1=2). 반대로, 불가능한 사건이란 인형 하나에 또 하나를 더했는데 스크린을 내려 보니 인형이 2개가 아닌 한 개만 놓여 있는 장면이다(즉, 1+1=1, 연구자들이 스크린 뒤에서 몰래 인형 하나를 치운다!). 연구자들은 만약 아기들이 초보적인 연산 능력을 가지고 있다면 불가능한 사건을 가능한 사건보다 더 오래 쳐다볼 것이라고 예상했으며, 실제로 결과도 그러했다.

물론 영아들이 말을 할 수 없기 때문에 단순히 더 오래 쳐다봤다는 사실로 아기들이 수나 연산에 대한 지식을 가졌다거나 모방 능력을 가졌다고 해석할 수 있는지에 대한 논란이 없는 것은 아니다(Sonne, Kingo, & Krøjgaard, 2016). 이러한 다른 해석의 가능성을 배제하기 위해서 많은 연구자가 여러 조건의 실험을 진행해 왔으며, 앞으로도 더 많은 연구가 필요하다. 그럼에도 불구하고, Piaget나 그 이전에 생각하던 것보다 영아들이 훨씬 더 많은 지식을 가지고 있다는 것은 분명한 것 같다.

Piaget는 전조작기 아동의 능력도 과소평가했다. 전조작기 아동이 보존 실험에서 실패하는 이유가 보존개념이 없어서라기보다는 다른 원인들(예: 언어 사용의 문제) 때문이라는 것을 많은 연구에서 볼 수 있다. 예를 들어, 액체 보존과제에서 아동들에게 "이 유리잔의 물이 더 많니, 저 유리잔의 물이 더 많니, 아니면 똑같니?" 하는 질문을 길이가 길고 폭이 좁은 유리잔으로 물을 붓기 전과 후에 2번 질문한다. 일상의 대화에서 똑같은 질문을 반복한다는 것은 첫 번째 답이 틀렸다는 의미일 가능성이 높다. 따라서 처음 질문에 "같다."고 대답했던 어린 아동들은 두 번째 똑같은 질문을 받았을 때에는 "같지 않다."고 잘못 대답하게 된다. 실제로 질문을 한 번만 하도록 절차를 바꾼 경우에 정답률이 더 올라갔다.

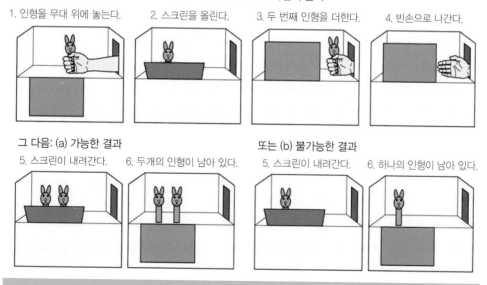

[그림 3-6] 연산 실험

출처: Wynn(1992).

유사하게 전조작기 아동의 자아중심성을 보여 주었던 세 산 실험의 절차에 대해서도 비판이 제기되었다. 모양이 비슷비슷한 세 개의 산 대신에 아이들에게 친숙하고 구별이 쉬운 사물들(예: 나무, 집)을 사용하거나 사진을 고르는 대신 회전판을 돌려서 타인의 관점을 고르도록 과제를 쉽게 만들어 주면 전조작기의 아동도 자아중심적이 아니라는 결과가 얻어진다. 이외에도 많은 연구에서 4~5세 아동이 자신의 마음뿐 아니라 타인의 마음까지도 이해하고 있으며, 때로 지각적 외관에 영향을 덜 받으며 추리를 할 수 있다는 증거들을 보여 주었다(Flavell, Miller, & Miller, 1993).

③ 형식적 조작이 모두에게 가능한 것은 아니다

Piaget는 대부분의 아동이 나이가 들면서 자동적으로 다음 단계로 진행한다고 생각했다. 그러나 실제로 청소년 3명 중 1명 정도만 형식적 조작기 사고를 할 수 있으며, 성인들 중에도 형식적 조작이 가능하지 않은 사람들이 있어서 개인차가 크다.

콜과 스크리브너(Cole & Scribner, 1974)는 문맹인 서아프리카의 크펠레족(Kpelle) 농부들에게 다음과 같은 질문을 했다. "모든 크펠레족 남자는 벼농사를 짓습니다. 스미스 씨는 벼농사를 짓지 않습니다. 그렇다면 스미스 씨는 크펠레족인가요?" 대부분의 서구인들은 "아니오."라고 대답했지만 크펠레 농부들은 스미스가 누구인지 모르기 때문에 답을 알 수 없다고 대답했다. 즉, 형식적 조작기의 논리적 사고를 요하는 질문에 구체적인 자신의 경험을 들어 대답을 한 것이다. 크펠레족 중에서도 정규교육을 받은 사람은 논리적으로 대답을 할 수 있었다. 이러한 연구 결과들은 Piaget가 생각한 것만큼 모든 청소년과 성인이 형식적 조작적 사고를 할 수 있는 것이 아니며, 정규교육을 받았는지의 여부, 더 나아가서는 문화가 형식적 조작기적인 사고에 영향을 미친다는 것을 보여 준다.

④ 단계 내 아동의 사고는 Piaget가 생각했던 것보다 덜 일관적이다

Piaget 단계 이론의 기본 전제는 단계 내에서는 다양한 영역에 걸쳐 일관적인, 즉 영역일반적인 특성을 가진다는 것이다. 예를 들어, 전조작기 아동은 보존과제, 조망수용과제, 도덕적 문제, 인과관계의 판단 등 영역에 관계없이 전조작기의 특성을 가진다. 그러나 Piaget 이후의 후속 연구들은 아동의 사고가 Piaget가 생각했던 것보다 훨씬 더 비일관적이라는 것을 보여 주었다. 예를 들어, 전조작기 아동이라도 어떤 개념을 정의할 때(예: 삼촌) 처음에는 보이는 **특징적 특성**(characteristic features; 예: 삼촌은 선물을 주는 사람)에 의존해서 개념을 정의하지만 지식과 경험이 쌓일수록 보이지 않는 **정의적 특성**(defining features; 예: 삼촌은 아버지의 형제이다)에 의해 정의하게 되는 전환이 일어난다(Keil & Batterman, 1984). 게다가 이러한 전환은 한꺼번에 일어나는 것이 아니라 개념에 따라 각기 다른 시기에 일어난다. 이러한 증거들은 단계의 비일관성뿐 아니라 발달의 변화가 일반적인 인지적 변화뿐 아니라 특정 영역의 지식의 증가를 통해서도 일어나고 있다는 것을 보여 준다.

⑤ 사회적 관계가 인지발달에 미치는 영향을 과소평가했다

Piaget는 또래나 성인들이 아동과 상호작용하는 것을 부인하지는 않았지만 아동 스스로 세계를 이해해 나가는 과정에 초점을 맞추었다. 그러나 실제로 아동은 부모, 교사, 나이 많은 형제나 자매, 또래와의 상호작용을 통해 많은 인지 능력을 발달시킨다. 예를 들어, 또래보다 나이 많은 형제가 가르칠 때 동생들이 더 쉽게 읽기를 학습하고, 동생을 가르쳐 본 경험이 있는 아동이 그런 경험이 없는 아동에 비해 학업적성검사의 점수가 더 높다. 더 나아가서, 아동의 인지발달은 사회와 문화의 영향을 받는다(Rogoff, 1998). 이처럼 인지발달에 사회적 관계, 문화가 영향을 미친다는 생각은 Piaget와 동시대에 살았던 러시아의 학자 Vygotsky의 **사회문화적 접근**에 반영되었다.

⑥ 인지발달의 과정과 기제에 대한 설명이 모호하다

Piaget의 이론은 아동의 사고에 대해 다양한 사례를 들어 잘 묘사할 수 있다. 그러나 발달이 일어나는 과정에 대해서는 설득력이 부족하다. 동화와 조절, 균형화 등의 개념은 그것들이 어떻게 작용하는지 경험적으로 검증을 할 수 있을 만큼 분명하지 않다. 예를 들어, 전조작기에서 구체적 조작기로 이동하기 위해서 어떠한 성숙적 변화와 경험이 필요한가? 이와 같은 질문에 Piaget의 이론은 명확한 설명을 제시하지 못하고 있다. 이러한 발달의 분명한 기제를 찾으려는 시도는 발달에 대한 정보처리적 접근에 반영되었다.

> **글상자 3-1** **Piaget 이론의 교육적 적용**
>
> 교육자들은 Piaget의 이론에 매우 많은 영향을 받았다. 실제로 Piaget의 이론은 수업과 평가에 대해 많은 아이디어를 제시한다.
>
> - 동화와 조절의 조화: 유능한 교사라면 학생들이 기존의 도식을 발전시키거나 새로운 도식을 발달시킬 수 있도록 동화와 조절을 균형 있게 사용해야 한다. 특히, 아동의 사고 수준보다 조금 높은 문제나 예를 제공하여 인지적 불균형을 초래하는 것이 효과적이다.
> - 인지 발달의 수준 고려: 아동의 인지발달 단계를 고려하여 교육해야 한다. 만약 아동이 구체적 조작기에 있다면 추상적인 개념은 쉽게 이해하지 못할 것이지만 형식적 조작기라면 가능하다. 따라서 아동에게 가르칠 내용과 방법을 고려할 때, 아동의 일반적인 인지발달의 수준을 고려한다.
> - 정답뿐 아니라 오답에 관심을 갖고 이를 수정하기 위해 노력한다: 아동의 오답은 틀린 답 그 이상의 의미를 갖는다. 오답 속에는 아동의 사고가 반영되어 있기 때문이다. 따라서 오답을 잘 분석하여 잘못된 아동의 사고를 찾아내고 이를 수정해 주는 것이 필요하다.
> - 새로운 인지구조는 이전 인지구조 위에 세워진다: Piaget의 이론은 인지발달의 연속성을 강조한다. 따라서 아동을 교육할 때 학생들의 기존 지식을 기반으로 교육이 이루어져야 한다. 예를 들어, 곱셈을 가르치기 전에 덧셈과 뺄셈의 개념을 먼저 가르쳐야 한다.

2. Vygotsky의 사회문화적 이론

1) Vygotsky 이론의 배경

Piaget가 '발달심리학의 아버지'라면 비고스키(L. Vygotsky, 1896~1934)는 '심리학의 모차르트'로 불린다. 천재 작곡가 모차르트처럼 Vygotsky 역시 어린 나이부터 여러 다른 분야에서 천재성을 발휘했고, 모차르트처럼 Vygotsky 역시 37세의 젊은 나이에 요절했기 때문이다.

Vygotsky는 1896년 백러시아 오르샤(Orsha)의 중산층 유대인 가정에서 둘째로 태어났다. 그는 심리학 외에도 문학, 시, 희곡, 철학과 같은 언어, 예술 분야에 관심이 많았

다. 18세가 되던 1914년에 Vygotsky는 모스크바 대학교에
입학하여 법학을 공부하면서도 자신의 관심사인 문학, 철
학, 예술, 심리학에 대해 지속적으로 관심을 가졌으며, 이
때 습득한 다양한 분야의 지식이 훗날 심리학을 공부하는
데 도움이 되었다.

비고스키
(L. S. Vygotsky)

　Vygotsky는 28세인 1924년에 전국 신경심리학 학술대
회에 참여하고는 곧 모스크바의 심리학연구소의 연구원
이 되었으며, 29세가 되던 1925년에는 「예술의 심리학(The
Psychology of Art)」이라는 논문을 쓰고 『교육심리학(Pedagogical Psychology)』이라는 책
을 완성했다. 이 시기에 Vygotsky는 심리학의 자연주의적 객관주의를 마르크스주의
철학과 접목하려는 시도를 했다.

　30세부터 34세까지 Vygotsky는 논리적 기억, 선택적 주의, 의사결정, 언어이해의 발
달을 연구했다. 이 기간 동안 그는 루리아(A. R. Luria), 레온티예프(A. L. Leontiev) 같은
제자들을 만나게 된다. 이 시기에 Vygotsky와 제자들의 연구는 세 가지 특징을 가진다.
첫째, 도구적 관점으로 인간이 기억과 사고에서의 중재를 위해 도구를 사용하는 방법을
연구했다. 둘째, 발달적 접근으로 발달 동안에 아동이 어떻게 고차적 인지 기능을 습득
하는가를 연구했다. 셋째, 역사-문화적 접근으로 서로 다른 사회와 문화적 상호작용 패
턴이 중재의 형태와 발달의 궤도에 어떠한 영향을 미치는가에 관심을 가졌다.

　그 이후 Vygotsky는 자신의 이론을 대대적으로 개정하고 의식에 대한 심리학적 이론
을 정립하려 했지만 채 완성하지 못하고 1934년에 결핵으로 37세의 짧은 생애를 마감
했다. 28세부터 37세까지 10년이 채 안 되는 기간 동안에 Vygotsky는 맹렬하게 연구하
고 논문을 썼으며 나중에 글을 쓸 기운이 없을 때에는 구술을 하기도 했다. 그가 죽은
뒤 1년 후에 스탈린은 특별히 발달심리학을 불법으로 금지하는 공식 법령을 공포하였
고, 이 법령은 1970년대에도 여전히 효력을 유지하고 있었다. Vygotsky의 제자들도 대
부분 '부르주아 연구'를 한 이유로 구금되었다. Vygotsky의 이론들은 1930년대에 서구
에 처음 소개되었지만 1970년대에 이르러 비로소 발달과 교육심리학에서 새로운 패러
다임으로 알려졌고, 21세기 초에는 Vygotsky의 주요 개념과 이론에 대한 재평가가 유
행하였다.

생애 대부분의 시기를 러시아의 공산주의 시대에 살았고, 그 자신이 열렬한 마르크스 주의자였던 Vygotsky는 사회가 인간의 마음을 어떻게 형성하는가를 알고 싶어 했다. 그 결과 Vygotsky 이론의 핵심 중 하나는 인간은 **사회적·문화적 산물**이라는 것이며, 인간을 이해하기 위해서는 그들이 성장해 가는 사회, 문화, 그리고 관습적 맥락을 함께 이해해야만 한다는 것이다. 인지발달에 있어서도 Vygotsky는 성인이 아동의 인지 발달에 결정적인 역할을 한다고 생각했다. 특히 부모는 아동의 지식 습득에 도구적인 역할을 하고, 때로 성인들은 무의식적으로 아동에게 필요한 정도의 정보를 제공한다. Piaget가 세상을 경험하며 스스로 지식을 구성하고 습득하는 외로운 과학자의 모습으로 아동을 그렸다면, Vygotsky는 사회 속에서 타인들과의 상호작용을 통해서 세상을 이해하고 필요한 기술을 습득하는 과정으로 아동의 인지발달을 묘사했다.

2) Vygotsky 이론의 구성요소

Vygotsky의 사회문화적 이론은 아동이 부모나 형제자매, 교사, 또래와 같은 타인들과 직접 상호작용하는 가운데 발달이 일어난다고 강조한다. 앞서 Piaget의 이론이 세상을 이해하려는 아동 자신의 노력을 강조하는 데 비해, 사회문화적 이론에서는 아동과 타인의 상호작용을 강조한다.

(1) 근접발달영역

근접발달영역(Zone of Proximal Development: ZPD)은 아동이 혼자서 성취할 수 있는 수준과 타인의 도움을 받아서 성취할 수 있는 수준 간의 차이를 말한다. 예를 들어, 아동이 '사과, 바나나, 당근, 브로콜리, 토마토, 양배추'라는 6개의 단어를 암기해야 한다고 할 때, 아동 혼자서는 3∼4개 밖에 기억해 내지 못한다. 그러나 '과일 2개와 야채 4개' 혹은 '빨간 야채' '초록색 야채' '좋아하는 과일'과 같은 힌트를 주면 어린 아동도 6개의 단어를 모두 기억할 수도 있다. 이때 혼자서 기억한 단어의 수와 힌트를 받아서 기억해 낸 단어의 수 간의 차이가 바로 근접발달영역이 된다.

이러한 근접발달영역의 개념을 활용한 인지 검사도 있다. 대부분의 인지 검사에서는 검사 중에 검사자가 힌트를 제공하지 않는다. 이러한 일반적인 인지 검사와 달리 포이어쉬타인(R. Feuerstein)의 학습잠재력 평가도구(Learning Potential Assessment Device: LPAD)는 인지 검사를 수행하는 중에 검사자가 다양한 힌트와 도움을 제공하여 힌트 제공 전−후의 아동의 수행 능력을 비교해서 아동의 잠재력을 평가한다(Feuerstein, Feuerstein, Falik, & Rand, 2002).

(2) 비계설정

비계는 원래 건물을 지을 때 지상 높은 곳에서 일을 하기 위해 사용하는 철제 가설물인데 건물이 어느 정도 진척되면 비계를 제거한다([그림 3−7] 참조). 이와 유사하게 비계설정(scaffolding)은 아동이 혼자서 할 수 있는 수준보다 더 높은 수준에서 사고할 때 성인들이 제공하는 임시적인 도움을 말한다. 비계설정에는 과제의 목표 설명, 과제를 어떻게 해결하는지에 대한 시범, 아동이 가장 어려운 부분을 실행

[그림 3−7] 건물을 지을 때 사용하는 비계

할 수 있도록 돕는 것들이 포함된다. 실제로 부모는 어린 자녀를 가르칠 때 다양한 비계설정의 방법을 사용한다(Saxe, Guberman, & Gearhart, 1987). 비계설정 또는 '발판화'라고 부르기도 하며, 문화마다 사용하는 비계설정의 방법이 다르다.

부모와 아동의 상호작용에서 비계설정에 대한 연구가 다수 있다. 차일즈와 그린필드(Childs & Greenfield, 1982)는 멕시코 남부 치아파스(Chiapas)에 사는 마야족 아이들이 천짜기를 배우는 과정을 관찰했다. 이 과정은 베틀을 설치하는 것부터 옷을 완성하는 데까지 6단계로 이루어진다. 그리고 각 단계마다 교사의 역할을 하는 사람(주로 엄마, 나이든 언니)이 처음에는 매우 빈번하고 자세히 개입을 한다. 그러다가 예를 들어 첫 번째 옷을 짤 때에는 93%, 두 번째는 50% 선으로 아동이 숙련될수록 개입이 줄어든다.

한 실험실 연구에서는 4세 아동이 어머니의 도움을 받아서 블록을 조립하는 과정을 연구했다(Wood & Middleton, 1975). 이 연구에서 어머니들은 다양한 수준의 비계설정(〈표 3−2〉 참조)을 보여 주었다. 어머니들은 회가 거듭할수록 시범이나 직접적인 도움을 주는 대신 아이 혼자 블록을 조립하도록 지켜보거나 언어적인 수준의 도움을 주었다. 이때 어머니가 비슷한 수준의 도움을 지속적으로 제공하면 아이는 블록 조립이 자

신에게 너무 어려운 활동이라고 생각하고 곧 흥미를 잃는다. 이러한 결과는 학습자나 아동의 수준에 적절한 비계설정이 매우 중요함을 보여 준다.

〈표 3-2〉 부모-자녀의 상호작용에서 비계설정의 수준

수준	예
1. 일반적인 언어적 촉발	'자, 이제 네가 만들어 봐.'
2. 구체적인 언어적 교수	'큰 블록 4개를 가져와.'
3. 재료 지적	필요한 블록을 가리킴.
4. 조립을 위한 준비	블록의 나온 부분과 들어간 부분을 서로 마주보도록 함.
5. 시범	두 쌍을 조립함.

출처: Wood & Middleton(1975).

3) 내적 언어

Vygotsky와 Piaget 이론의 차이가 가장 잘 드러나는 부분은 언어에 대한 입장이다. Vygotsky는 사고가 '내재화된 언어'라고 생각했고, 문제해결과 자신의 행동을 조절하는 데 있어 언어의 역할을 강조했다. 행동조절의 첫 번째 단계에서 아동의 행동은 타인의 말에 의해 통제된다. 예를 들어, 화가 난 아이에게 엄마가 "눈을 감고 심호흡을 세 번 해 봐라."라고 말한다. 두 번째 단계에서 아동은 자신의 사적 언어(private speech)로 행동을 통제한다. 이 경우에는 마치 엄마가 했던 것처럼 아동 자신이 스스로에게 "눈을 감고 심호흡을 세 번 해 보자."하고 소리 내어 말한다. 세 번째 단계에서는 아동의 사적 언어가 내재화되어 들리지 않는 '내적 언어(inner speech)'가 되고 이것이 아동의 행동을 통제하게 된다. 두 번째와 세 번째 단계 사이에 속삭임이나 소리는 들리지 않게 입술로만 중얼거리는 행동이 나타난다. Vygotsky의 표현을 빌면, 언어가 사고로 내재화된 것이다. 사적 언어는 4세와 6세 사이에 가장 많이 나타나는데, 과제가 도전적이거나 복잡한 지시를 포함할 때에는 더 나이 든 아동에게서도 나타난다(Winsler, De Léon, Wallace, Carlton, & Willson-Quayle, 2003). 최근 연구들은 내적 언어가 사회적 이해, 창의성의 영역과 관계되며 상위인지, 자기 인식, 자기이해에 중요한 역할을 한다는 결과들을 보고하고 있다(Alderson-Day & Fernyhough, 2015).

4) 문화적 도구

Vygotsky는 아동의 인지발달에 타인과의 상호작용뿐 아니라 인간과 사회적 환경 간의 상호작용 역시 중요하다고 생각했다. 이 환경과의 상호작용에서 중요한 역할을 하는 것이 문화적 도구(cultural tools)이다. 마치 인간이 도구(예를 들어, 칼, 도끼, 삽)를 사용하여 자신들의 신체적 능력을 확장했던 것처럼, 문화적 도구 역시 우리의 정신적 능력을 확장시켜 준다.

문화적 도구란 언어를 포함하여 문자, 숫자, 사인, 상징 등 인간이 발명한 다양한 상징 체계, 그리고 악보, 지도, 그림, 도표, 수판, 스마트 폰과 같은 인공물뿐 아니라, 구구단, ABC 노래 등 기억을 위한 다양한 기억전략도 포함된다. 인간은 이 도구들을 이용하여 효과적으로 의사소통을 하고 기억하고 분석한다.

아동은 부모나 교사, 또래와의 상호작용을 통해 문화적 도구를 사용하는 방법을 배우고 나중에는 스스로 사용할 줄 알게 된다. 문화적 도구는 문화에 따라 달라진다. 예를 들어, 계산기가 널리 보급되기 전에 한국, 중국, 일본의 초등학교에서는 수판을 사용하여 복잡한 계산을 할 뿐 아니라 암산까지 매우 빠른 속도로 할 수 있도록 아동들을 훈련시켰다. 한편, 역사적 시대에 따라서도 사용하는 문화적 도구가 다르다. 요즘은 중요한 장소나 경험을 기억하기 위해 휴대전화로 사진을 찍거나 글로 적어 두지만 글이 없던 시대에는 중요한 장소를 기억하기 위해 돌을 쌓아 두거나 나무에 끈을 묶어 두거나 하는 기억전략을 사용했다.

문화의 가치관과 태도 역시 문화적 도구의 일부로 아동의 발달에 영향을 미친다. 한 연구에서 4세와 8세의 중국과 미국 아동들에게 과거를 기억하도록 했을 때 아이들이 기억해 낸 내용들은 문화에 따라 달랐으며, 이는 문화의 가치와 태도를 그대로 반영하였다(Wang, 2007). 중국 문화에서는 사람들 간의 상호 의존을 존중하며 중요하게 여기는 반면, 유럽계 미국의 문화에서는 개인의 독립성을 중요하게 여긴다. 이러한 문화적 강조와 일관되게 자신의 과거를 기억해 낼 때 중국 아동은 타인과의 관계 속에서 자신에게 일어났던 일들을 더 자주 기억했고, 반면 미국 아동은 자신의 기분과 반응을 더 자주 언급했다.

5) Vygotsky 이론의 공헌과 한계

Vygotsky는 스키너(B. F. Skinner), 파블로프(I. P. Pavlov), 프로이트(S. Freud), Piaget 와 같은 심리학의 대가들과 동시대의 사람이지만 그의 연구와 이론은 다른 연구자들에 비해 상대적으로 덜 알려져 있다. 이는 Vygotsky가 너무 일찍 세상을 떠났기 때문이기도 하고, 또 다른 이유는 Vygotsky의 주장이 당시 러시아 공산당으로부터 비판을 받아서 그의 책들이 한동안 금서가 되었기 때문이다. 또한 그 당시에는 프로이트의 정신역동이론이나 스키너의 행동주의 이론이 미국 심리학계를 휩쓸고 있었다. 그러다가 1960년대에 인지과학의 새로운 이론들이 소개되고 1980년대에 Piaget의 영향력이 감소하기 시작하면서 Vygotsky의 이론이 재조명되었다.

(1) Vygotsky 이론의 공헌

① 면밀한 아동 관찰에 기반한 이론이다

Vygotsky 역시 Piaget처럼 자연 상황에서 아동을 면밀하게 관찰하여 자신의 이론을 수립했다. 따라서 두 사람의 이론 모두 우리가 일상에서 경험하는 아동의 모습을 잘 기술한다는 공통점이 있다.

② 구성주의적 관점을 소개한다

Vygotsky와 Piaget 모두 아동이 세상을 경험하면서 지식을 구성해 간다는 구성주의적 관점을 가지고 있다는 점이 당시의 행동주의와는 차별화되었다.

③ 사회문화적 맥락을 강조한다

Piaget가 아동이 속한 문화권과 관계없는 '보편적인' 단계 이론을 주장한 데 비해, Vygotsky는 발달과 학습이 일어나는 사회적 맥락, 문화를 훨씬 더 강조하였다. Piaget 는 아동을 타인의 도움 없이도 혼자서 지식을 구성하는 외로운 과학자에 비유하였다면, Vygotsky는 사회 속의 아동의 모습을 강조했다. 따라서 Vygotsky는 인지발달에서 사회문화적 요인의 중요성에 눈을 돌리게 하였다.

④ 언어의 역할을 강조한다

Piaget는 인지발달에서 언어의 역할을 독립적으로 강조하지 않았지만, Vygotsky의 이론에서 언어는 학습한 내용을 내면화시키는 데 매우 중요한 도구이다.

⑤ 교육에 대해 상당한 시사점을 갖는다

아동이 자신보다 더 유능한 타인과 상호작용을 하면서 지식을 전수받고 이를 점차 내면화한다는 Vygotsky의 입장은 교육장면에 상당한 시사점을 갖는다. 아동이 지식을 전수받고 이를 구성하기 위해 가장 효율적인 상호작용(혹은 비계설정)은 무엇인지, 가장 좋은 환경은 무엇인지에 대한 정보는 학교 교육에 그대로 적용될 수 있기 때문이다. 〈글상자 3-2〉는 Vygotsky의 이론을 교육적 장면에 적용한 한 예이다.

글상자 3-2　협동학습이 효과적인 이유

Piaget와 Vygotsky의 구성주의를 교육에 적용하면 학생 중심의 구성주의 수업이 된다. 즉, Piaget와 Vygotsky 모두 지식은 아동 혹은 학습자가 스스로 구성하는 것이지 교사가 만들어서 머릿속에 넣어 주는 것이 아니라고 생각했다. 그러나 Piaget가 아동 홀로 개별적인 학습을 하는 모습을 이상적이라고 생각했다면, Vygotsky는 학생들이 서로 상호작용하며 집단으로 토론을 하는 **협동학습**이 더 효과적이라고 생각했다.

이러한 Vygotsky의 생각을 교실수업에 적용한 시도가 있다. 브라운(Brown, 1997)의 '학습자의 공동체(community-of-learners)' 프로그램이다. 브라운과 동료들은 교사가 전달하는 내용을 일방적으로 듣고 이를 암송하는 수동적인 학습자의 모습에서 벗어나 호기심을 갖고 적극적으로 학습에 참여하고 효과적으로 문제를 해결하는 학습자의 공동체를 만들고자 했다. 이를 위해 미국 보스턴과 오클랜드의 대도시 초등학교에 다니고 있는 아프리카계 학생들을 연구의 대상으로 삼았다. 연구자들은 우선 학생들을 소집단으로 나누어서 각 집단이 큰 주제와 관계된 서로 다른 작은 주제들을 연구하도록 했다. 예를 들어, '동물과 서식지'라는 대주제가 있다면 이와 관련해서 한 집단은 '포식자와 먹이의 관계'에 대해 조사하고, 다른 집단은 '생식전략'을 조사한다. 이렇게 10주가 지난 뒤에 각 소집단에서 한 명씩 선발하여 새롭게 집단을 형성한다. 이렇게 새롭게 형성된 집단은 이전 집단에서의 주제들을 모두 포함한 문제, 예를 들어 서식지에 가장 잘 적응할 수 있는 '미래의 동물'을 만드는 것과 같은 문제를 해결한다.

새로 형성된 집단에서 문제해결을 위해서는 각 아동이 이전 집단에서 자신들이 조사했던 내용들에 대해 전문가가 되어 새 집단의 다른 아동을 가르치고 공헌하는 것이 매우 중요하다. 한두 명의 유능한 학생이나 아동이 대표로 나서서 혼자서 문제를 해결할 수는 없다. 마치 조각 맞추기(jigsaw puzzle)에서 각 조각이 전체를 완성하는 데 필수적이듯이, 이 경우에도 문제해결을 위해 각 아동의 전문성이 필수적이기 때문에 이러한 협동학습의 방법을 특히 '**조각 맞추기 접근(Jigsaw approach)**'이라고 한다.

학습자의 공동체 프로그램은 아동에게 인지적으로, 또한 동기적으로 도움이 되었다. 이러한 집단에 참여한 아동들은 주어진 문제에 대해 매우 높은 수준의 해결책을 생성해 내었다. 그뿐 아니라 참여 아동들은 주요 질문을 발견해 내거나 문제에 대한 대안을 비교하는 것 같은 일반적인 기술도 학습하였다. 그리고 집단의 성공을 위해서는 각 아동의 공헌이 필수적이었기 때문에 이 접근은 상호 신뢰와 개인의 책임감을 향상시켰다. 결과적으로 학습하는 문화가 생성되었다.

(2) Vygotsky의 이론의 한계

Vygotsky의 이론은 인지발달과 교육적 적용에 매우 중요한 공헌을 했지만 제한점이 없는 것은 아니다.

① 이론의 검증이 어렵다

Vygotsky가 사용한 많은 개념은 매우 흥미롭지만 뒤늦게 번역되어 Piaget의 이론만큼 충분히 검증되지 못했다. 또한 그가 사용한 많은 개념이 구체적이지 않아서 어떤 측정 도구로, 어떤 방법으로 연구하여 이론을 검증할 수 있을지 분명하지 않다.

② 발달적 차이에 대해 충분히 고려하지 못했다

Vygotsky의 이론은 서로 다른 연령이나 발달 단계에 있는 아동들의 특성을 충분히 반영하지 못하고 있다. 예를 들어, 동일한 언어적 지시를 준다고 하더라도 연령이 서로 다른 아동들은 그 지시를 이해하거나 수행하는 데 다른 인지적·신체적 수준에 있을 수 있다. Vygotsky의 이론은 상호작용이나 사회, 문화적 영향을 강조하면서 한편으로는 아동의 발달 수준이 상호작용에 미치는 영향을 과소평가하고 있다.

③ 효과적인 비계설정 방법은 문화와 과제에 따라 다를 수 있다

Vygotsky는 행동적이고 직접적인 비계설정보다는 언어적인 비계설정이 더 높은 수준이라고 생각했지만 과제에 따라서는 언어적 비계설정보다 관찰이나 연습이 더 효과적일 수 있다.

④ 학습 과정 전체를 설명하지 못한다

Vygotsky의 개념, 예를 들어 내재화의 개념은 아동뿐 아니라 성인의 학습을 설명해 주지만, 학습 과정 전체를 설명할 수 없다. 다음 절에서 소개하는 정보처리이론은 이러한 한계를 보완하여 인지발달과 학습에 대해 더 많은 부분을 설명하려고 시도한다.

3. 정보처리이론

1) 정보처리이론의 배경

1950년대까지 미국 심리학은 행동주의의 시대였다. 스위스의 Piaget와 러시아에서는 Vygotsky의 제자인 Luria가 이미 뇌와 마음을 연구하고 있었지만 Pavlov의 영향을 받은 미국의 실험 심리학자들은 행동주의에 빠져 있었다. Skinner, 왓슨(J. B. Watson) 등이 주도하던 행동주의는 심리학을 행동과학으로 정의했다. 그들은 심리학이 과학적 학문이 되기 위해서는 외부에서 관찰 가능한 객관적인 행동만을 연구의 대상으로 삼을 것을 주장하며 인간의 정신과정을 심리학의 연구에서 제외하였다. 그러나 1950년대 중반 인공지능, 컴퓨터 과학, 신경과학의 출현은 '인지혁명'의 도화선이 되었다. 인지혁명의 결과, 행동주의 심리학에서 '블랙박스'로 취급되며 연구에서 제외되었던 뇌와 인간의 '내적인' 인지 과정에 대한 연구가 시작되었고, 이러한 인지주의의 영향은 이후 심리학 전반에 상당한 영향을 미쳤다.

인지혁명의 영향으로 생겨난 정보처리이론은 인간의 마음을 컴퓨터에 비유했다. 컴퓨터가 하드웨어와 소프트웨어로 구성되어 있는 것처럼, 인간의 마음도 하드웨어와 소프트웨어를 가진다. 컴퓨터 하드웨어의 성능이 용량과 기본 조작을 실행하는 효율성에

달려 있는 것처럼, 인간의 사고 능력도 **기억 용량**과 **실행의 효율성**에 달려 있다. 컴퓨터 소프트웨어의 성능이 특정 과제를 위해 필요한 전략과 정보에 관계된다면, 마찬가지로 인간의 사고 능력도 **전략**과 **정보**에 의해 좌우된다.

따라서 정보처리이론의 관점에서 인지 발달은 동시에 처리할 수 있는 정보의 양을 증가시키고, 기본적인 조작을 실행하는 효율성을 증진시키며, 새로운 전략과 지식의 습득을 통해 처리 제한을 극복하는 점진적인 과정이다. 정보처리이론은 인지발달에서 '무엇이 발달하는가?' 하는 질문에 도식, 동화, 조절, 혹은 근접발달영역과 같은 추상적인 개념을 사용하는 대신 정보처리 체계의 구조와 처리 과정에 관계되는 보다 직접적인 용어로 답하고자 했다.

2) 정보처리이론의 구성요소

인지발달에서의 정보처리이론은 아동의 인지발달에서 구체적으로 **무엇이 변화하는**가를 설명하고자 한다. 예를 들어, 아동이 어떤 과제를 수행할 때 아동의 인지 체계가 실제로 무엇을 하고 있는지를 분명하고 상세하게 나타내고자 한다. 정보처리이론의 목표는 컴퓨터 프로그램을 실행할 수 있을 정도로 정확하고 상세하게, 실제 시간의 흐름에 맞는 인지처리의 모델을 만드는 것이다. 이 모델은 특정 과제 상황에서 아동이 어떻게 반응할지를 정확하게 예측하고자 한다. 일부 정보처리이론가들은 아동이 발달하면서 인지 체계의 작동이 변화하는 과정을 모사하기 위해 컴퓨터 시뮬레이션을 사용하기도 한다. 정보처리이론에 따르면, 인지가 발달하면서 단기기억의 용량, 부호화, 처리속도, 지식, 전략이 변화한다.

(1) 단기기억의 용량

앳킨슨과 시프린(Atkinson & Shiffrin, 1968)의 다중저장[1] 모델(multistore model)에 따르면, 정보는 감각기억(감각저장), 단기기억(단기저장 또는 작업기억), 장기기억(장기저장)의

---

1) '저장'과 '기억': 저장은 '저장고/저장실'의 의미로 정보가 머무르는 곳의 의미를 강조하고, 기억은 '저장된 내용'의 의미를 강조하나 일반적으로 서로 교환하여 사용하므로 여기서도 상호교환적으로 사용한다.

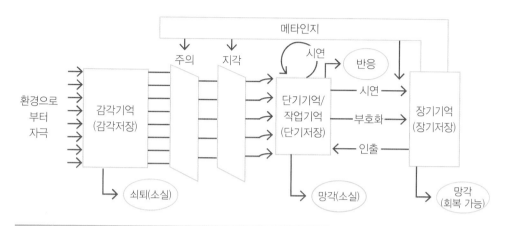

[그림 3-8] 인간의 정보처리 체계에 대한 다중저장 모델

출처: Atkinson & Shiffrin(1968).

세 단계를 따라 흐른다([그림 3-8] 참조).

[그림 3-9]에서 보는 바와 같이, 외부에서 들어오는 정보는 감각기억에 아주 짧은 시간 동안 원래의 상태대로 유지된다. 여기서 주의를 주어 자극의 정체를 확인하면 정보는 단기기억으로 이동하고 주의를 받지 못한 정보는 이 단계에서 소실된다. 예를 들어, 아동이 커다란 빨간 차가 삐뽀삐뽀 소리를 내면서 달려오고 있고 그 뒤에는 노란색 차가 있고 주변에 사람들이 모여들어 있는 것을 보았다고 하자. 아동에게는 빨간색, 큰 자동차의 모습, 삐뽀삐뽀 소리, 사람들의 모습 등 많은 감각정보가 아주 짧은 시간 동안 그대로 잔상으로 남는데 이것이 **감각기억**(sensory memory)이다. 이 중에서 아동이 주의를 기울인 감각정보들(예: 빨간 차, 삐뽀삐뽀 소리)은 **단기기억**(short-term memory)으로 넘어가게 된다. 그러나 그 뒤를 따라오던 노란색 차, 길가에 서 있던 사람들의 모습, 신호등의 색 등 아동이 주의를 기울이지 않았던 정보들은 단기기억으로 넘어가지 못하고 소실된다.

단기기억은 제한된 양의 정보(5~9조각)를 몇 초-처음 들은 전화번호를 외워서 전화를 걸 수 있을 정도의 시간-동안만 저장할 수 있다. 단기기억에서 유지되고 조작이 가해진 정보는 마지막으로 **장기기억**(long-term memory)으로 옮겨 가서 영원히 저장되고 필요시 인출되어 사용된다. 소방차의 예에서 보면, 단기기억에서는 감각기억에서 넘어온 시각·청각 정보를 유지하면서 한편으로는 장기기억에서 '소방차'에 대한 지식을 끌어낸다. 그 결과로 빨갛고 시끄러운 소리를 내며 달리는 자동차가 소방차이며, 소방차가 소리를 내며 달릴 때에는 대개 급한 사고가 났을 때라는 것을 알게 된다. 이렇게 단기기억이 유입된 정보를 단순히 저장만 하는 것이 아니고 다른 정보처리를 위한 작업도 진행한다는 의미에서 **작업기억**(working memory)이라고도 한다.

한편, 각 기억의 처리 용량을 비교하면 감각기억은 1초도 되지 않는 짧은 시간 동안에 정보를 저장할 수 있고 처리 용량은 발달하는 동안에 비교적 일정하다. 이에 비해, 단기기억의 용량은 나이가 들면서 점차 증가한다. 단기기억의 용량은 서로 관련 없는 항목들을 재빨리 제시한 뒤에 몇 개까지 '정확하게 기억할 수 있는가'로 측정한다. 숫자와 단어를 사용해서 아동의 단기기억을 측정한 결과를 보면 2세는 숫자 2개, 단어 3개를, 5세는 4개의 숫자, 4개의 단어를 단기기억으로 기억할 수 있고, 7세가 되면 5개의 숫자와 4개의 단어를 기억할 수 있다. 12세가 되면 숫자 6.5개, 단어 4.5개를 기억하며 거의 성인과 비슷한 수준이 된다(Dempster, 1981). 장기기억은 거의 용량의 제한이 없어서 방대한 정보가 저장될 수 있다.

(2) 처리 속도

나이가 들면서 더 많은 정보를 효과적으로 처리할 수 있는 이유 중 하나는 처리 속도가 빨라지기 때문이다. 연구자들에 의하면, 연령이 증가하면서 뇌의 연합 영역에 있는 신경원들의 수초화와 과도하게 생성된 불필요한 시냅스의 제거가 처리 속도를 빠르게 만든다(Kail & Salthouse, 1994).

(3) 부호화

부호화(encoding)는 주의를 끌거나 중요하다고 판단된 정보를 기억 속에 표상하는 과정이다. 즉, 우리가 보거나 듣는 많은 정보가 주의를 끌지 못하면 부호화가 되지 못하고 사라진다. 따라서 이러한 정보들은 기억할 수도 없다. 감각저장에 들어온 수많은 정보 중에서 주의를 집중하여 부호화한 정보만이 단기저장으로 들어가기 때문이다. 예를 들어, 방금 만났던 친구가 차고 있던 시계는 어떤 모양이었는지, 혹은 시계를 차고 있었는지조차 기억하지 못할 수 있다. 특별히 친구가 시계를 자랑하거나 하여 주의를 끌지 않았다면 대부분의 경우에 시계를 보았더라도 부호화를 하지 않을 가능성이 높기 때문이다.

부호화가 아동의 인지발달에서 얼마나 중요한 역할을 하는가를 보여 주는 중요한 연구가 있다. 한 연구에서 [그림 3-9]에서 보는 것과 같은 저울 문제를 5세와 6세 아동들에게 보여 주고 "어떤 쪽이 내려갈까?" 하고 물었다(Siegler, 1976). 이 질문에 5세 아동들은 대부분 받침점으로부터의 거리와 관계없이 더 많은 추를 가진 쪽이 내려간다고 대답했다. Piaget의 액체 보존실험에서 넓이와 높이를 함께 고려하지 못하고 물의 높이 또는 용기의 넓이만 고려하는 전조작기 아동이 보이는 중심화 현상도 부호화 실패로 설명된다. 즉, 전조작기 아동의 특징인 중심화는 물의 높이나 용기의 넓이 중 하나만 부호화해서 생기는 현상이다. 마찬가지로, 저울 문제에서 5세 아동들은 무게만 부호화하고 거리를 부호화하지 않았기 때문에 거리의 차이를 고려하지 못한다. 이들에게 거리를 부호화하는 훈련을 제공하면 훈련을 받지 않은 5세들에 비해 더 나은 수행을 보인다.

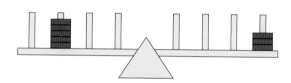

이 경우에 저울의 어떤 쪽이 아래로 내려갈까를 질문한다.

[그림 3-9] Siegler의 저울 문제

출처: Siegler(1976).

(4) 지식

일반적으로 아동의 나이가 들수록 기억도 더 잘하게 되는데, 그 이유 중 하나는 나이가 들수록 아는 것이 많아지기 때문이다. 즉, 어떤 주제에 대해 더 많은 지식을 가질 수록 더 잘 기억할 수 있다. 예를 들어, 아동과 성인에게 아동용 TV 프로그램과 아동용 도서에 대한 새로운 정보를 제공하고 기억하게 했을 때 성인보다 아동이 더 잘 기억한다. 유명한 한 연구(Chi, 1978)에서 대학생과 10대의 체스 전문가들에게 숫자, 체스판 위에 놓인 말들의 위치를 기억하도록 했다. 결과를 보면 숫자를 기억해야 할 때에는 예상대로 대학생이 10대의 체스 전문가들보다 더 잘 기억했다. 그러나 체스판을 기억해야 할 때에는 체스 전문가인 아동들의 기억이 대학생보다 월등히 좋았다. 이러한 결과는 나이가 든다고 모든 인지 영역의 수행이 다 나아지는 것은 아니며 특정 분야의 전문지식을 가졌을 경우에는 나이가 어리더라도 정보를 더 빨리 확인하고, 처리하고, 더 많이 기억할 수 있다는 것을 보여 준다.

(5) 전략

전략(strategies)은 과제의 수행을 위해 의도적으로 사용하는 정신적 조작을 말한다. 예를 들어, 전화번호를 잘 기억하기 위해 입으로 중얼중얼 암송하기, 마트에서 사야 할 물건들을 잊지 않기 위해 쇼핑 리스트를 적어 두기, 혹은 사야 할 물건들을 범주로 나누어 '목욕물품 2개, 부엌용품 3개'로 외우기 등이 전략을 사용하는 예이다.

정보처리이론에 의하면, 아동은 기억전략 외에도 다양한 과제에서 다양한 전략을 사용한다. 예를 들어, 학령 전의 어린 아동에게 '3 더하기 6'과 같은 간단한 더하기 문제를 주었다고 생각해 보자. 아마 아이는 손가락을 사용해서 더하기를 시작할 것이다. 그런데 손가락을 사용하는 방법에도 다양한 전략이 있다. '하나, 둘, 셋… 삼 더하기 하나, 둘, 셋… 여섯은 아홉' 하는 경우처럼 손가락으로 3을 세고 다시 6을 더하는 방법(합계전략)을 사용할 수 있다. 더 진보된 전략은 먼저 큰 수인 6을 센 다음에 3을 더하는 것이다(최소전략). 이보다 더 발달한 방법은 이미 머릿속에서 답을 외워 두고 있다가 단순히 인출하는 방법이다(사실인출). 또 다른 방법으로 아동은 그냥 추측하여 아무 숫자나 말하는 방법을 사용할 수도 있다.

아마도 어린 아동일수록 추측하기, 또는 손가락으로 세는 합계전략을 사용하다가 나이가 들면서 최소전략을 사용하고, 나중에는 사실인출의 전략을 사용할 것이라고 예상할 수 있다. 그러나 Siegler에 따르면, 실제로는 그렇지 않았다. Siegler는 아동들에게 동일 과제를 여러 번 실시하여 아동들이 어떠한 전략을 사용하는가를 조사하였다 (Siegler, 1996). 그 결과, 아동들은 예상과는 달리 동일 연령에서도 **다양한 전략을 사용**하여 문제를 해결했다. 즉, 간단한 덧셈 문제를 해결하기 위해 주로 최소전략을 사용하여 대답을 하다가도 어떤 때에는 합계전략을 사용하기도 하고, 때로 답을 외우고 있는 경우에는 굳이 손가락을 세지 않고 사실인출의 전략을 사용했다.

Piaget는 특정 단계(예: 구체적 조작기)에 속한 아동이 어떤 과제에서든지 그 단계의 특징적인 사고(예: 구체적 조작적 사고)를 적용한다고 생각했지만, Siegler가 발견한 것은 아동이 한 시점에서 동일한 과제를 해결하는 데에도 다양한 전략을 가지고 있다는 것이다. 이 전략들은 서로 간에 경쟁을 통해 선택이 되고 점점 더 발전된 전략이 선택된다. Siegler는 이를 중복파장이론(overlapping wave theory)이라고 불렀다. 각 파장은 시간에 걸쳐 사용되는 특정 전략의 빈도를 나타내는데, [그림 3-10]에서 보는 것처럼 동일 연령에서도 아동은 다양한 전략을 가지고 있기 때문에 많은 파장이 중복되어 나타난다. 셈하기에 적용해 보면, 그림에서 전략 1은 가장 간단한 전략(예: 합계전략)이고, 전략 5는 가장 발달한 전략(예: 사실인출)이다. 가장 어린 연령의 아동은 주로 전략 1을 사용하지만 전략 2와 3도 가끔 사용한다. 나이가 들면서 새로운 전략을 습득하고 더욱 성공적인 전략들을 더 자주 사용하게 되며, 어릴 때 주로 사용하던 전략 1의 사용 빈도는 점점 줄어든다. 그 결과, 시간이 가면서 점차 더 진보되고 적응적인 전략을 자주 사용하게 된다—그래서 '적응적 전략선택 모델'이라고도 부른다([그림 4-13] 참조). 따라서 발달에 따라 새로운 전략을 발견할 뿐 아니라 기존 전략의 사용도 변화하게 된다.

이후의 연구들에 의하면, 중복파장이론은 산수 문제뿐 아니라, 시간 말하기, 읽기, 철자, 과학적 실험, 생물학적 이해, 기억 등 다양한 주제에 적용된다.

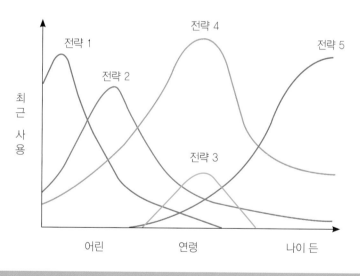

[그림 3-10] Siegler의 중복파장이론

3) 정보처리이론의 공헌과 한계

(1) 정보처리이론의 공헌

① 발달의 기제를 밝히려는 시도이다

정보처리이론은 발달에 가장 크게 기여하는 변화의 기제들을 규명하고, 이 기제들이 어떻게 작용하여 인지발달이 이루어지는가를 정확하게 밝히고자 했다. 기억 용량, 부호화, 처리 속도, 전략 사용, 지식 습득 등이 인지발달을 일으키거나 방해하는 요인들로 밝혀졌는데, 이렇게 발달의 기제를 구체적으로 규명하면 발달을 촉진하거나 발달 장애를 중재하는 데 도움이 된다.

② 인지적 행동에서 나타나는 변이에 주목했다

Siegler의 중복파장이론은 인지적 행동에서의 변이(variability)를 강조하며 단계이론이 실제 존재하는 변이를 과소평가했다고 주장하였다. Piaget의 단계이론에 따르면, 구체적 조작기의 아동은 전조작기나 형식적 조작기의 행동을 나타낼 수 없고 인지적 행동에는 변이가 나타나지 않는다. 인지적 변이는 한 단계에서 다음 단계로 변화하는 과도기에만 가능했다. 이렇게 연령과 관계하여 발달의 실체를 찾으려는 Piaget의 시도는 동일한 단계에 속한 아동의 사고에서 발생하는 변이를 간과할 수밖에 없게 만들었다. 그러나 앞에서 예를 든 것처럼, 한 아동이 더하기 문제를 해결하는 방법은 여러 가지가 있다. Siegler는 바로 그 변이성 자체를 인지발달의 실제라고 보고 주목했다. 중복파장이론에서 발달은 Piaget가 주장한 단계식 발달이나 연속적인 선형의 발달 모형 대신 일련의 중복파장으로 가장 잘 설명될 수 있다.

③ 인지발달의 비일관성을 설명할 수 있다

최근 연구 결과들은 어린 아동이 생각보다 유능하며, 반대로 나이 든 아동이나 청소년이 생각보다 무능할 수도 있다는 것을 보여 주었다. Piaget의 단계이론은 발달의 비일관성을 잘 설명하지 못하지만 Siegler의 중복파장이론은 이러한 비일관성이 발달 동안 나타나는 인지적 변이를 반영한다고 주장한다.

(2) 정보처리이론의 한계

① 이론이 적용되는 영역이 제한적이다

Piaget의 이론이 인지의 전반에 걸쳐 적용되는 영역 일반적인(domain-general) 이론이라면, 예를 들어 중복파장이론은 적용되는 영역이 제한적(domain-specific)이어서 아동이 분명하게 정의된 전략을 사용하는 영역에 가장 잘 적용된다. 아직 전략이 잘 정의되지 않은 영역에 대한 적용 가능성은 미지수이다. 또한 정보처리이론들은 작은 인지영역에서 구체적으로 어떤 발달이 일어나는지를 잘 설명하지만, 반대로 인지 전반에 걸쳐 발달을 설명하는 데에는 제한점이 있다. 따라서 인지를 잘게 조각내어 세밀하게 연구하는 데에는 성공했지만 이를 다시 전체로 합치지 못했다는 비판을 받고 있다.

② 마음-컴퓨터의 비유가 제한적이다

정보처리이론은 인간의 마음의 구조와 작동기제를 컴퓨터의 구조와 정보처리에 비유하는 데에서 시작한다. 이 비유는 획기적인 것으로, 그 이전의 이론들이 주목하지 않았던 기억, 주의집중 등의 정신 과정에 주목하게 하였다. 그러나 이 비유 역시 한계를 갖는다. 컴퓨터와 달리 인간의 인지수행은 정서적·동기적 요인의 영향을 받고 시간이 지나면 인간은 피로도 느낀다. 또 인간은 자유의지를 갖지만 컴퓨터는 정해진 프로그램에 따라 작동한다.

③ 인지발달에 미치는 문화, 사회적 관계의 영향을 간과했다

정보처리이론은 Piaget의 이론과 마찬가지로 문화와 사회적 관계가 인지발달에 미치는 영향에 대해서 간과한 경향이 있다. 특히 인간을 컴퓨터에 비유하는 것은 인간 인지의 창의성과 반성적 특성을 설명할 수 없는 한계가 있다. 결국 사람은 새로운 것을 창조해 내고, 자신의 생각에 대해 반성할 수 있지만 컴퓨터는 그렇게 할 수 없다(인공지능의 창의성에 대해서는 〈글상자 3-4〉 참조).

글상자 3-3 정보처리이론의 교육적 적용

정보처리이론은 Piaget나 Vygotsky의 이론에 비해 효과적인 교수와 학습에 대해 다양하고도 구체적인 교육적 시사점을 가진다. 정보처리이론의 중요한 교육적 시사점을 살펴보자.

• 학습에서 기본 기술의 자동화가 중요하다

작업기억의 용량은 제한되어 있다. 제한된 용량을 극복하기 위해 학습자들이 사용하는 효과적인 전략은 중요한 정보에 선택적으로 주의를 집중하고 연습을 통해 자동화하는 것이다. 실제 교육장면에 적용하면, 학생들이 읽기, 쓰기, 철자, 셈하기, 구구단과 같은 기본 기술을 자동화하는 것이 매우 중요하다. 학습의 기본 기술이 자동화되면 추론을 하거나 새로운 정보를 기억 속에 존재하는 다른 정보와 연결하는 활동에 남은 처리자원을 사용할 수 있다. **자동화**의 방법은 지속적이고 규칙적인 연습이 필수적이며, 학령 전 아동의 경우에는 놀이를 활용할 수 있다. 예를 들어, 학령 전 아동의 수 경험을 위해서 보드게임(예: 활강도와 사다리가 그려진 판 위에서 주사위를 던져서 나오는 수만큼 진행하는 슈츠앤 래더스 같은 보드게임)을 사용하는 것이 효과가 있다.

• 충분한 사전 지식의 습득을 돕는다

관련된 사전 지식이 있으면 부호화와 인출이 촉진된다. 효과적인 학습자는 읽기, 수학, 또는 과학과 같은 특정 영역에서 많은 지식을 조직화하여 갖고 있다. 이들은 또한 일반적인 문제해결과 비판적 사고 능력을 가지고 있어서 여러 다른 영역에서도 비교적 잘 수행할 수 있다. 이렇게 지식이 잘 조직화되어 있으면 장기기억에서 접근이 용이하기 때문에 작업기억의 처리도 빨라진다. 따라서 학생들이 새로운 학습을 할 때 필요한 사전 지식을 사용하도록 도우면 학습이 촉진된다.

• 학습전략을 효과적으로 사용한다

효율적인 학습자들은 학습전략을 유연하게 사용하여 더 효율적이고 심층적인 정보처리가 가능하게 된다. 많은 학습자가 일반적으로 사용하는 대표적인 전략은 조직화, 추론, 그리고 정교화이다. 조직화는 정보를 장기기억에서 분류하고 저장하는 방법을 말한다. 이미 알고 있는 정보와 관계된 정보는 고립된 정보보다 부호화와 인출이 더 쉽다. 만약 기존 정보가 잘 조직되어 있다면 새로운 정보의 습득도 쉬워진다. 교수 전에 기존 지식을 활성화하거나 정보들이 어떻게 조직화되는지를 시각적으로 제시하여 알려 주면(예: 마인드 맵) 새로운 정보의 학습을 촉진할 수 있다.

글상자 3-4   알파고와 이세돌의 대결

2016년 3월, 서울에서 인공지능과 인간의 역사적인 바둑 대결이 벌어졌다. 구글 딥 마인드가 개발한 인공지능 알파고(AlphGo)가 천재 바둑기사 이세돌 9단과 5판의 바둑대결을 벌였고, 그중 4판을 이겨서 바둑 팬들과 이를 지켜보던 사람들에게 큰 충격을 주었다. 사실 인공지능 프로그램이 인간에게 도전을 한 것이 처음은 아니다. 1997년 IBM이 만든 인공지능 딥 블루는 체스 챔피언을 이긴 바가 있다. 그러나 알파고와 이세돌의 바둑 대결은 체스전과는 또 다른 의미가 있다. 바둑은 체스보다 훨씬 어려운 전략게임으로, 경우의 수가 10의 170 제곱이다. 이는 우주에 있는 원자의 수보다 큰 숫자로 거의 무한대라고 보면 된다. 그래서 바둑에서 이기기 위해서는 단지 바둑 기사들의 기보를 외우는 것 이상의 직관, 창의력, 전략적 사고를 필요로 하기 때문이다.

알파고는 인간의 뇌를 본 뜬 인공 신경망(neural network)을 적용하여 스스로 학습할 수 있다. 알파고는 16만 개의 과거 바둑 기보를 학습하는 지도학습(supervised learning)과 컴퓨터끼리 대국하면서 스스로 배우는 강화학습(reinforced learning)의 방법을 모두 사용해서 어떤 수를 놓아야 할지 가능한 후보군을 줄인다(정책망). 여기에 그 수들의 승률을 예측하여(가치망) 가장 승률이 높은 곳에 바둑을 둔다.

이번 알파고의 승리는 단순히 바둑에서의 승리를 넘어서 인지와 인지발달에 대한 시사점을 갖는다. 지금까지 인간만이 가능하다고 생각해 왔던 직관, 추상화, 혹은 전문가의 지식이라는 것이 결국은 막대한 용량의 계산(computation)을 통해서도 도달할 수 있다는 가능성을 보여 주었다. 심지어 최근에는 인공지능이 그림, 작곡, 시나리오 쓰기, 시 쓰기, 요리 등 인간만이 가능하다고 여겼던 창작활동에 성공했다는 결과들이 보고되고 있다. 예를 들어, '넥스트 렘브란트'라는 인공지능 프로그램[2]은 렘브란트의 작품 300여 점을 분석한 뒤에 렘브란트 그림과 매우 흡사한 그림을 3D 프린터로 재현할 수 있었다.

최근 인공지능의 결과물들을 보면 어쩌면 Piaget가 조작이라고 불렀던 논리적인 사고는 인간이 제한된 인지 용량으로 막대한 계산을 대신하기 위해 택한 가장 효율적인 전략일 수도 있겠다. 한편, 인지발달의 측면에서는 정보처리이론에서 시작한 인공지능의 발전은 다양한 인지발달의 이론 중 정보처리이론의 우수성을 보여 준 한 증거라고 할 수 있을 것이다.

2) http://www.npr.org/sections/alltechconsidered/2016/04/06/473265273/a-new-rembrandt-from-the-frontiers-of-ai-and-not-the-artists-atelier

4. 이론-이론

1) 이론-이론의 배경

최근 20~30년간 어린 영아와 유아에 대한 발달심리학의 연구들에서는 생의 초기 영유아의 놀라운 능력들을 보고했다. 예를 들어, 출생 직후부터 시작하여 영유아는 사물보다 사람의 얼굴을 선호하고, 말소리를 다른 소리들에 비해 선호하며, 놀랄 만한 속도로 모국어를 습득하며, 수, 물리적 인과성 및 마음에 대한 개념을 갖고 있다. 뿐만 아니라 어린 아동은 세균과 같은 보이지 않는 존재를 이용하여 '오염'의 개념을 설명할 수 있고, 어떤 사물이 스스로 움직이고 멈출 수 있는지를 설명할 수 있고, 신체 내부 장기와 그 기능에 대해 생각할 수 있다. 즉, 이들은 전통적인 생각과 달리 눈에 보이는 지각적인 자극에만 좌우되는 제한된 존재가 아니었다.

이러한 영유아의 놀랄 만한 능력을 설명하기 위해 **이론-이론**(theory-theory)의 접근에서는 아동의 타고난 능력에 주목한다. 저명한 언어학자인 촘스키(Chomsky, 1988)는 아동이 언어 습득에 특화된 기제를 가지고 있어서 모든 인간의 언어에 존재하는 복잡한 문법 체계를 손쉽게 습득할 수 있다고 주장했다. 이와 유사하게 일단의 연구자들은 아동의 타고난 능력에 주목하였는데, 이들의 접근을 이론-이론(theory-theory), 또는 핵심 지식 이론(core knowledge theory), 이론에 근거한 지식 접근(Flavell, Miller, & Miller, 1993) 등으로 부른다.

겔만과 윌리엄스(Gelman & Williams, 1998)는 뇌나 심장, 간 등의 신체 기관이 자연선택의 산물인 것처럼, 아동의 인지 구조도 진화론적으로 적응에 중요한 정보들에 주목하고 재빨리 학습할 수 있도록 진화되었다고 주장한다. 예를 들어, 만약 영아가 얼굴을 선호하는 편향을 가지지 않는다면 자신의 생존에 중요한 양육자를 알아보는 데 오랜 시간이 걸리고 이는 생명에 위험한 일이 될 수 있다. 이론-이론 접근에 의하면, 아동은 일반적인 학습 능력뿐 아니라 '영역별로 특화된' 이론 혹은 인과적 설명의 틀을 가지고 태어나기 때문에 매우 어린 연령부터 진화적으로 중요한 정보들을 빠르고 쉽게 습득할 수 있다.

어린 아동의 초기 이론은 나이 든 아동이나 성인의 이론, 혹은 과학적 이론만큼 정확하고 일관성이 있는 것은 아니다. 따라서 발달하면서 초기 이론이 변화하고 수정되는 것이 바로 인지발달이다. 이론-이론 접근에 의하면, 인지발달에서 아동이 가진 이론의 변화는 연속적이기보다는 마치 쿤(T. Kuhn)의 '패러다임 전환(paradigm shift)'처럼 불연속적이다(Carey, 1991). 즉, 과학 이론이 발달하는 과정을 살펴보면 한 이론이 성공적으로 다양한 현상에 적용되다가 반대 증거가 일정 수준 이상을 넘어서면 새로운 설명적 개념과 모델이 필요한 패러다임 전환의 시기가 온다. 패러다임이 전환되면 과거의 이론과 모델 대신 새로운 개념과 모델이 중심이 되는데, 이러한 변화는 점진적이기보다는 상대적으로 불연속적이다.

2) 이론-이론의 특징

이론-이론 접근에서 '이론(theory)'은 어떤 영역에서의 실체 및 이 실체 간의 관계에 대한 신념의 집합을 말하며, 좁게는 이 세상을 의미 있게 만드는 개념이다. 이론-이론 접근의 연구자들에 의하면, 어린 아동은 특정 영역에서 자신의 이론을 생성하는 적극적인 학습자이다. 특히, 아동은 물리학(대상에 대한 지식), 심리학(사람에 대한 지식), 생물학(식물과 동물에 대한 지식)의 영역에서 직관적인 초기 이론을 갖는다(Wellman & Gelman, 1998). 초기 이론들의 특징은 다음과 같다.

(1) 초기 이론은 과학적 이론의 특징을 갖는다

초기 이론들은 직관적이고 엉성하지만 과학적 이론의 특징을 갖는다. 그래서 과학적 이론처럼 직관적 이론을 가진 아동도 보이지 않는 원인들로부터 사상을 설명할 수 있다. 예를 들어, 학령 전 아동도 동물들의 움직임은 동물의 내부로부터 나오고 사물의 경우에는 외부적인 힘이 움직임을 결정한다는 것을 안다. 또 과학적 이론과 마찬가지로 아동의 직관적 이론도 소수의 기본적인 원리로 많은 현상을 설명할 수 있다. 예를 들어, 초기의 생물학 이론을 가진 학령 전 아동은 음식과 물을 먹으려는 동기가 동물들의 많은 행동을 설명할 수 있다는 것을 안다.

(2) 영역특수적이다

영역특수적이라는 것은 생물학 이론, 물리학 이론, 심리학 이론과 같이 각 이론이 특정 영역에 국한된다는 의미이다. 초기의 물리학 이론을 가진 영아는 무생물인 사물이 공간을 차지하며 외부적인 힘에 의해서만 움직이고 동일한 장소를 다른 사물과 함께 차지할 수 없다는 것을 안다. 따라서 스크린이 뒤에 놓인 사물을 뚫고 지나가는 것처럼 보이는 불가능한 사건을 보았을 때 3개월 된 영아는 깜짝 놀라는 반응을 보인다. 심리학의 영역에서 초기 이론은 사람의 마음에 대한 이론이다. 2세 유아는 타인의 욕구를 이해하기 시작하여 친구가 과자를 갖고 싶어 하고, 과자를 얻으려 하고, 따라서 과자를 얻게 되면 기분이 좋아진다는 것을 이해한다. 초기의 생물학 이론은 3세경부터 나타나며 사람과 동물이 생물이라는 것을 알고 무생물과 구별할 수 있는 데에서부터 시작한다(Inagaki & Hatano, 2008).

(3) 초기 이론은 수정과 검증을 거친다

초기 이론들은 발달과 더불어 끊임없는 수정과 검증의 과정을 거친다. 예를 들어, 3개월 된 영아는 한 사물(예: 공)을 다른 사물(예: 책상, 손)로 지지하지 않으면 떨어진다는 것을 이해하고, 7개월경이 되면 사물의 일부분만 지지될 때에도 사물이 떨어질 수 있다는 것을 알게 된다(Baillargeon, 1994). 이렇게 영아들의 이론은 점점 상세해진다. 다른 경우에는 초기 이론들이 더욱 진보된 이론으로 개정될 수도 있다. 예를 들어, 아동이 가진 초기의 생물학 이론은 동물과 무생물, 식물을 구별하지만 7세가 되면 생물의 범주에 동물뿐 아니라 식물이 포함된다. 인지발달은 이렇게 이론이 변화하면서 이루어진다.

3) 이론-이론의 공헌과 한계

(1) 이론-이론의 공헌

① 영유아의 초기 능력을 잘 설명할 수 있다

Piaget의 이론은 영유아는 구체적 조작과 형식적 조작이 불가능하기 때문에 추상적인 사고를 할 수 없고 눈에 보이는 지각적인 자극에 제한되는 존재라고 보았다. 그러나 Piaget 이후의 연구들은 인지발달의 핵심 영역에서 영유아가 인과적 관계, 힘, 의지, 속임, 세균, 유전과 같은 보이지 않는 특성에 근거하여 생각할 수 있다는 것을 보여 주었다. 이론-이론에 따르면 진화적으로 발달 초기부터 영유아들이 특정 영역에서 쉽게 학습할 수 있도록 돕는 초기 이론들이 존재한다. 그 결과 영유아들은 단시간 안에 그 영역들의 기초 개념들을 손쉽게 습득하는 능력을 지니게 된다.

② 영유아가 가진 초기 이론의 특성과 내용을 잘 활용하여 쉽게 교육할 수 있다

예를 들어, 유아가 가진 초기의 생물학 이론은 인간에 대한 지식에 기반한다. 즉, 유아는 인간에 대해 알고 있는 지식에 근거하여 다른 동물에 대해서도 추론을 할 수 있다. 이러한 초기 이론의 특성을 고려하여 인간과 동물을 식물에 비해 먼저 가르치도록 교육과정에 반영할 수 있다.

(2) 이론-이론의 한계

① 이론의 정의가 명료하지 않다

'이론'은 여러 연구자에 의해 다양하게 정의되었다. Wellman과 Gelman은 초기 인지 발달에서 세 개의 큰 이론이 있다고 주장하며, 물리학, 생물학, 심리학의 이론을 들었다. 그러나 다른 연구자들은 이보다 더 협소하게 이론을 정의해서 각각의 개념을 이론으로 보기도 하였는데, 이 입장에 따르면 아동은 수많은 특정 이론을 발달시킨다.

② 초기 이론이 어떻게 생겨나는지를 분명하게 설명하지 못한다

Chomsky의 언어 습득 기제는 영유아의 초기 언어 습득을 잘 설명하는 듯하지만 사실 그 기제가 구체적으로 어디에 존재하는 어떤 기제인지 분명히 밝히지 못한다. 이와 마찬가지로, 영역특수적 이론을 생성하는 것으로 알려진 영역특수적 학습 기제 역시 어디에 존재하며 어떻게 작동하는 것인지가 모호하다.

③ 초기 이론이 학습을 방해하기도 한다

아동의 초기 이론들을 전개념(preconceptions), 순진한 이론(naïve theories), 대안적 틀

(alternative framework)이라고 부른다. 특히 교육장면에서는 아동의 초기 이론이 과학적 이론과 다를 때 이를 **오개념**(misconception)이라고도 부르며, 새로운 개념을 교육하기 전에 아동이 가진 오개념들을 알고 이를 정정하는 것이 매우 중요하다. 예를 들어, 어린 아동이 수학 영역에서 가진 초기 개념들은 수에 대한 사고의 초기 학습을 인도하지만(Gelman, & Gallistel, 1978) 유리수의 개념을 배우기 시작하면서 오히려 학습을 방해할 수도 있다. 한 예로, 4는 2보다 크지만 분수의 경우 1/4이 1/2보다 더 큰 수가 아니다. 또한 3×8=24에서처럼 곱셈의 결과로 수가 커진다는 생각은 1/2×8=4와 같은 분수의 곱셈을 배우는 데 장애가 된다. 즉, 분수 속의 수에 대한 원리는 초기 수세기의 원리들과 일치하지 않는다.

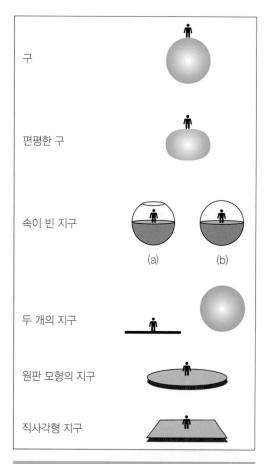

구

편평한 구

속이 빈 지구

(a)   (b)

두 개의 지구

원판 모형의 지구

직사각형 지구

[그림 3-11] 아동이 가진 지구의 모델

출처: Vosniadou & Brewer(1992).

과학 영역에서도 아동의 초기 이론이 학습을 방해하는 경우가 있다. 한 연구에서 '지구는 둥글다'라는 과학적 지식을 습득하는 데 아동이 이미 가진 초기 이론들이 영향을 준다는 것을 보여 주었다(Vosniadou & Brewer, 1992). 대부분의 아동은 지구가 둥글다는 사실을 배우지만 동시에 우리가 살고 있는 지구는 편평하다는 것을 경험한다. 아동은 자신의 경험과 새로운 지식을 통합하여 지구에 대한 몇 개의 다른 모델들을 가지고 있다. 예를 들어, 아이들은 지구가 팬케이크처럼 생겨서 전체 모양은 둥글지만 동시에 편평하며 가장자리로 가면 사람들이 떨어진다고 생각하거나(원판 모형 지구), 우리가 살고 있는 지구와 또 하나의 둥근 지구가 별개로 존재한다고 생각하거나(두개의 지구), 혹은 속이 빈 공 모양의 지구 내부 중 편평한 부분에서 사람들이 살고 있다(속이 빈 지구)고 믿고 있었다([그림 3-12] 참조). 이러한 모델들은 아동이 이미 가진 편평하고 안정적이고 지지되고 있는 지구의 개념에 지구가 구 모양이라는 과학적인 정보를 통합하려는 시도로부터 생겨난 것이다. 이는 또한 어린 아동이 지구를 천체의 대상으로 보기보다 물리적 대상으로 분류하여 물리적 대상의 속성에 대한 이론(예: 견고성, 중력)을 적용한 결과이며, 이는 지구에 대한 과학적 지식을 습득하는 데 오히려 장애가 된다.

글상자 3-5　무거운 물체가 가벼운 물체보다 더 빨리 떨어질까?

"무게가 무거운 볼링공과 가벼운 농구공을 같은 위치에서 떨어뜨린다면 어떤 공이 더 빨리 떨어질까? 아니면 두 공이 동시에 떨어질까?"

많은 아동과 성인조차도 이 질문에 잘못된 대답을 한다. 정답은 '두 공이 동시에 떨어진다'이다. 공기의 저항이 동일하다면 볼링공과 농구공은 무게와 상관없이 동일한 중력을 받기 때문이다. 아마도 대부분의 성인이 중·고등학교 시절에 물리 수업을 통해 이러한 사실을 여러 번 배운 기억이 있겠지만 그럼에도 불구하고 여전히 '무거운 볼링공이 더 빨리 떨어진다'고 대답한다. 이처럼 우리가 가진 오개념은 교육을 받아도 잘 변화되지 않는다. 과학교육에서는 특히 수십 개의 오개념이 존재하기 때문에 공식을 배우고 외워서 시험까지 치른 뒤에도 새롭게 습득한 지식을 재조직화하여 일상의 현상에 적용하기가 어렵다. 따라서 우선 각 영역에서 아동들이 가진 오개념을 파악하고 이를 정정하는 실험이나 증거들을 통해 오개념을 정정하는 노력이 필요하다.

🖉 요점 정리

■ Piaget의 인지발달 단계이론

- Piaget의 인지발달이론은 발생학적 인식론이라고 하는데, 이는 지식이 어떻게 생겨나는가에 대한 이론이다.
- Piaget에 의하면, 모든 지적 활동은 사고 과정과 주변 환경 사이의 균형 상태인 인지적 평형을 이루려는 목표를 갖고 있다.
- 도식은 모든 인지 활동을 위한 기본 정신 체계이며, 인지발달은 도식이 조직화와 적응의 과정에 의해 정교화되고 변화되는 과정이다.
- 조직화는 기존에 가지고 있던 도식들을 더 복잡한 형태로 통합시키는 과정이다. 적응은 환경의 요구에 부합하려는 과정으로 동화와 조절로 이루어진다.
- 동화는 이미 가지고 있는 도식(또는 개념)을 가지고 새로운 정보를 통합하는 과정이다. 조절은 동화의 반대 과정으로, 새로운 경험의 결과로 자신이 이미 가지고 있는 도식을 변화시키는 과정이다.
- 평형은 동화와 조절이 균형을 맞춰서 새로운 이해가 만들어지는 과정이다.
- Piaget의 발달이론은 단계이론이다. 단계들은 일정한 순서로 진행되고 한 단계에서 다음 단계로의 진행은 질적인 변화를 통해 이루어지며, 단계와 단계 사이에 짧은 전환기가 있다. 또한 각 단계의 사고 특징은 인지 영역에만 국한된 것이 아니고 전 영역에 적용되는 영역일반적인 특성을 가진다.
- Piaget 인지발달의 네 단계 중 감각운동기(출생~2세)의 영아들은 사물과 외부 세계에 직접 감각과 운동 활동으로 반응하며 지적 활동을 표현한다. 순환반응은 영아들이 되풀이하는 흥미로운 반응을 말하는데, 반응의 대상에 따라 1차, 2차, 3차 순환반응이 있다.
- 감각운동기 영아의 인지적 특징 중 하나인 대상영속성은 시야에서 보이지 않아도 사물이 지속적으로 존재하고 있다는 것을 아는 것이다. 대상영속성을 습득하기 이전의 영아는 가지고 놀던 장난감을 눈앞에서 숨기면 마치 더 이상 장난감이 존재하지 않는 것처럼 장난감을 찾지도 않는다.
- 감각운동기의 마지막 단계에서 영아는 정신적 표상을 생성할 수 있게 되어 상징을 사용할 수 있게 된다. 상징은 한 사물로 다른 사물을 나타내는 것으로, 상징을 사용할 수 있게 되면 상징놀이와 지연모방이 가능해진다.

- 전조작기(2~7세)는 감각운동기 말에 발달한 상징적 사고가 인상적으로 발달하는 때이기도 하지만 조작을 사용하기 이전의 시기이다. 조작은 서열화, 분류, 가역성, 보존과 같은 논리적 사고를 가능하게 하는 정신적 활동이다.
- 전조작기 아동은 자아중심성을 갖는데, 이는 자신의 관점에서 세상을 지각하고 타인의 관점을 이해하지 못하는 것이다.
- Piaget는 보존과제를 이용해서 전조작기 아동의 비가역성을 보여 주었다.
- 전조작기 아동은 실제와 외양이 일치하지 않을 때 외양을 따르는 경향이 있는데, 이는 직관적 사고의 한 특징이다.
- 구체적 조작기(7~12세)에는 논리적 사고가 가능하게 되어 서열화와 전이적 추론, 분류와 같은 조작이 가능해지고, 그 결과로 다양한 보존과제에 성공한다. 이들은 또한 가역적으로 사고하고, 동시에 두 가지 이상의 특징을 고려할 수 있어서 탈중심적이다. 그러나 아직 구체적인 사물에 대해서만 논리적으로 생각할 수 있고 추상적인 추론은 가능하지 않다.
- 형식적 조작기(12세 이상)에는 구체적으로 사물을 조작하지 않고도 창의적 사고, 추상적 사고, 가설-연역적 사고가 가능해지며 머릿속으로 특정 행위의 결과를 상상할 수 있게 된다.
- Piaget의 인지발달이론은 이후 인지발달 분야의 많은 연구를 자극하였다. 또한 능동적이고 적극적으로 지식을 구성하는 아동의 상을 소개하면서 아동들의 교육에 상당히 중요한 영향을 미쳤다. 그러나 한편으로는 소수의 아동을 대상으로 한 연구 방법론이 비판을 받고 있으며, 영아와 전조작기 아동의 능력과 사회적 관계가 인지발달에 미치는 영향을 과소평가했다는 한계가 있다. 또한 형식적 조작이 모두에게 가능하지 않으며, 단계 내 아동의 사고는 Piaget가 생각했던 것보다 덜 일관적이라는 비판을 받고 있다.

■ Vygotsky의 사회문화적 이론

- Vygotsky는 인간은 사회적·문화적 산물이며, 사회, 문화, 그리고 관습적 맥락의 영향을 받는 존재라고 생각해 왔기 때문에 인지발달에 있어서 성인의 역할이 결정적이라고 생각했다.
- Vygotsky 이론에서 근접발달영역은 아동이 혼자서 성취할 수 있는 수준과 타인의 도움을 받아서 성취할 수 있는 수준 간의 차이를 말한다. 비계설정에는 과제의 목표 설명, 과제를 어떻게 해결하는지에 대한 시범, 아동이 가장 어려운 부분을 실행할 수 있도록 돕는 것들이 포함되는데, 아동이 혼자서 할 수 있는 수준보다 더 높은 수준에서 사고할 수 있도록 성

인들이 제공하는 임시적인 도움을 말한다.

- Vygotsky는 사고가 '내재화된 언어'라고 생각했고, 문제해결과 자신의 행동을 조절하는 데 있어 언어의 역할을 강조했다.
- 문화적 도구는 인간이 환경과 상호작용할 때 우리의 정신적 능력을 확장시켜 주는 도구로, 언어를 포함하여 문자, 숫자, 사인, 상징 등 인간이 발명한 다양한 상징 체계가 있다.
- Vygotsky의 이론은 면밀한 아동 관찰에 기반한 이론이며, 아동이 세상을 경험하며 지식을 구성해 간다는 구성주의적 관점을 소개했다. 특히 인지발달에서 교사나 성인의 역할을 중요하게 여겼기 때문에 교육에 대해 상당한 시사점을 갖는다. 또한 Piaget의 이론보다 발달과 학습이 일어나는 사회적 맥락, 문화를 훨씬 더 강조했고, Piaget에 비해 인지발달에 미치는 언어의 역할을 강조했다.
- Vygotsky가 사용한 많은 개념이 연구로 검증할 수 있을 정도로 구체적이지 않다는 것이 Vygotsky 이론의 한계이다. 또한 Vygotsky의 이론이 서로 다른 연령이나 발달 단계에 있는 아동들의 특성을 충분히 반영하지 못하고, 학습과정 전체를 설명하지 못하며, 효과적인 비계설정 방법은 문화와 과제에 따라 다를 수 있다는 것 역시 단점으로 지적된다.

■ 정보처리이론

- 정보처리이론은 인간의 마음을 컴퓨터에 비유했다. 컴퓨터가 하드웨어와 소프트웨어로 구성되어 있는 것처럼, 인간의 마음도 하드웨어와 소프트웨어를 가진다. 정보처리이론에서는 정보처리 체계의 구조와 처리 과정에 관계되는 보다 직접적인 용어로 발달을 설명한다.
- 다중저장 모델에 의하면, 기억은 감각기억, 단기기억(또는 작업기억), 장기기억으로 구성된다. 감각정보들이 아주 짧은 시간 동안 그대로 잔상으로 남는 것이 감각기억이다. 이 중에서 아동이 주의를 기울인 감각정보들은 단기기억으로 넘어가게 되는데, 단기기억은 제한된 양의 정보(5~9조각)를 일시적으로 저장한다. 단기기억에서는 정보가 단순히 저장만되는 것이 아니고 다른 정보처리를 위한 작업도 진행하기 때문에 이를 작업기억이라고도 부른다. 단기기억에서 유지되고 조작이 가해진 정보는 마지막으로 장기기억에서 영원히 저장되고 필요시 인출되어 사용된다.
- 단기기억의 용량은 나이가 들면서 점차 증가한다. 단기기억의 용량은 서로 관련 없는 항목들을 재빨리 제시한 뒤에 몇 개까지 '정확하게 기억할 수 있는가'로 측정한다.
- 나이가 들면서 더 많은 정보를 효과적으로 처리할 수 있는 이유 중 하나는 처리 속도가 빨라지기 때문이다.

- 부호화는 주의를 끌거나 중요하다고 판단된 정보를 기억 속에 표상하는 과정인데, 나이가 들수록 더 많은 정보를 부호화할 가능성이 높다.
- 나이가 들수록 아는 것이 많아지고 더 많은 지식을 가질수록 더 잘 기억할 수 있다.
- 전략은 과제의 수행을 위해 의도적으로 사용하는 정신적 조작이다. Siegler의 중복파장이 론에 의하면, 아동들이 한 시점에서 동일한 과제를 해결하는 데에도 다양한 전략을 가지고 있으며 나이가 들수록 여러 전략 중에서 더 성공적인 전략이 선택된다.
- 정보처리이론은 발달의 기제를 밝히려는 시도로, 인지적 행동에서 나타나는 변이에 주목 했고, 인지발달의 비일관성을 설명할 수 있다.
- 정보처리이론은 적용되는 영역이 제한적이며, 마음-컴퓨터의 비유가 적절치 않고, 인지 발달에 미치는 문화, 사회적 관계의 영향을 간과했다는 제한점을 가진다.

■ 이론-이론

- 영유아들의 놀랄 만한 능력을 설명하기 위해 이론-이론의 접근에서는 아동의 타고난 능 력에 주목한다.
- 이론은 어떤 영역에서의 실체 및 이 실체 간의 관계에 대한 신념의 집합을 말하며, 좁게는 이 세상을 의미 있게 만드는 개념이다.
- 초기 이론은 과학적 이론의 특징을 가지며, 각 이론은 생물학 이론, 물리학 이론, 심리학 이론과 같이 특정 영역에 국한된다. 또한 초기의 이론은 수정과 검증을 거친다.
- 이론-이론은 영유아의 초기 능력을 잘 설명할 수 있으며, 초기 이론의 특성과 내용은 유 아 교육에 잘 활용할 수 있다.
- 이론-이론은 이론의 정의가 명료하지 않고, 초기 이론이 어떻게 생겨나는지를 분명하게 설명하지 못한다는 비판을 받고 있다. 또한 초기 이론이 후속 학습을 방해하기도 한다.

✏️ 주요 용어

감각기억	감각운동기	구성주의	구체적 조작기
근접발달영역	내적언어	단기기억	대상영속성
도식	동화	문화적 도구	보존과제
부호화	비가역성	비계설정	상징
상징놀이	순환반응	오개념	외양 대 실제
이론	이론-이론	인지적 평형	자아중심성
작업기억	장기기억	적응	전략
전조작기	조작	조절	조직화
중복파장이론	지연 모방	질적 변화	형식적 조작기

Developmental
Psychology

주의, 지각 및
기억 발달

제**4**장

아동이 주변세계를 이해하고 이에 적절한 반응을 하기 위해서는 먼저 그 세계를 지각해야 한다. 적절한 지각 기술을 가지고 있지 않은 아동은 아무것도 학습하거나 기억할 수 없을 것이다. 지각은 기억, 추론, 문제해결 등 더 높은 수준의 인지적 조작을 하기 위한 출발점 구실을 한다.

그러나 지각의 내용은 아동이 주변 세계의 어느 부분에 얼마만큼 주의를 기울이느냐에 따라 달라질 수 있다. 즉, 주의가 지각의 선결조건으로 작용한다. 따라서 이 장에서는 지각과 기억에 선행하는 주의과정의 발달에 대해 알아보고, 이어서 지각과 기억이 아동기 동안 어떻게 발달하는지 알아보기로 한다.

1. 주의발달

주의기제는 출생 직후에 바로 작동하는 것으로 보인다. 영아의 시각세계는 지각적 사건들이 역동적으로 펼쳐지는 능동적인 세계로서, 영아들이 그러한 세계에 적절히 대처하고 행동할 수 있기 위해서는 어떠한 사건이 발생할지를 제대로 예측하고 그에 따라 주의를 통제할 수 있어야 한다. 이 절에서는 연령에 따른 주의의 발달 양상을 **지속적 주의, 선택적 주의, 계획적 주의 및 상위 주의**를 중심으로 살펴본다.

1) 지속적 주의

어린아이는 **주의 폭**(attention span)이 길지 못하다. 다시 말해, 어떤 한 가지 일에 주의를 기울이는 시간이 짧다. 2~3세의 아동은 좋아하는 장난감을 갖고 노는 것과 같이 자신이 선호하는 일을 할 때조차도 다른 곳을 쳐다보거나 이리저리 돌아다니는 등 나이 든 아동에 비해 주의를 지속할 수 있는 시간이 훨씬 짧다. 한 연구에서는 2~3세의 아동이 자신이 좋아하는 TV 프로그램을 볼 때에도 3~4분 이상 지속적으로 주의를 기울이기가 어렵다는 것을 발견하였다(Anderson, Lorch, Field, Collins, & Nathan, 1986). 2~4세의 아동이 반복되는 과제에 주의를 기울이는 시간은 2~3분에 불과하다는 연구 결과도 있다. 성인의 눈으로 볼 때 어린아이들이 이렇듯 자꾸 딴전을 피우는 것은 어린아이일수록 방해 요인에 의해 주의가 쉽게 흐트러지고 현재 하고 있는 일과는 무관한 생각에 빠져들기 쉽기 때문이다. 어린아이들을 담당하는 교사들이라면 활동내용을 구상할 때 이 점을 염두에 두어야 할 것이다.

2) 선택적 주의

어린아이는 주의를 지속하기도 어렵지만, 목표 성취에 필요한 정보에 선택적으로 주의를 배분하는 능력도 부족하다. 과제를 제대로 수행하기 위해서는 과제와 관련된 자극에만 주의를 기울이고 그렇지 않은 자극은 무시해야 하는데 그렇게 하기가 쉽지 않다. 당연히 그 결과는 과제 해결의 실패로 나타난다.

어느 한 가지 일에 선택적으로 주의를 집중하는 능력은 학령 전기와 아동 중기 사이에 상당히 보편화된다. 밀러와 와이스(Miller & Weiss, 1981)는 10세 이전에는 아동이 과제 해결에 중요한 요소들에 선택적으로 주의를 기울이지 못한다는 것을 보여 주었다. 이 연구에서 7~13세의 아동들은 커튼이 하나씩 올라갈 때마다 그 뒤에 숨어 있는 동물들과 함께 가재도구들을 볼 수 있었다. 이 연구에서 아동들이 할 일은 동물(장난감)들이 어느 커튼 뒤에 숨어 있는지 기억해 두었다가 필요할 때 찾아내는 것이었다. 아동들이 이 과제를 잘 해내기 위해서는 동물(관련 정보)에 주의를 기울이고 가재도구(방해 정보, 무관 정보)는 무시해야 한다. 연구 결과를 보면, 동물의 위치에 대한 기억은 예상대로 13세 아동이 가장 높았고, 7세 아동이 가장 낮았다. 그러나 가재도구의 위치를 기억해 보게 했을 때에는(우연학습검사) 이와는 정반대로 13세 아동의 수행이 가장 낮은 것으로 나타났다. 사실 7세와 10세의 아동들은 과제에서 기억하도록 요구했던 동물의 위치만큼이나 과제와 무관한 가재도구의 위치를 잘 기억하고 있었다. 이러한 결과는 어린 아동들의 기억 수행 저조가 과제와 관련된 정보에 주의를 집중하고, 과제와 관련 없는 정보는 걸러내는 능력이 부족하기 때문임을 시사한다.

3) 계획적 주의

어린 아동은 나이 든 아동에 비해 체계적이고 계획성 있게 주의를 기울이기가 어렵다. 아동들에게 창문이 여섯 개씩 있는 두 채의 집 그림을 제시하고 두 집이 동일한 집인지 아닌지를 물어본다고 하자. 이 경우 정답을 찾는 가장 좋은 방법은 양쪽 집의 같은 위치에 있는 창문을 하나씩 차례대로 비교해 보는 것이다. 4~8세의 아동들에게 이와 같은 과제를 주고 과제를 하는 동안의 안구운동을 분석한 연구에서는 나이 든 아동일수록 그와 같이 체계적으로 주의를 기울인다는 것을 발견하였다(Vurpillot, 1968).

과제 해결에 필요한 정보에 상당 시간 동안 선택적·계획적으로 주의를 지속할 수 있는 능력은 청소년 초기까지 점차 향상되는데, 이는 중추신경계의 성숙에 부분적으로 기인한다. 예컨대, 주의를 조정하는 역할을 하는 **망상체**는 사춘기가 되어야 완전히 수초화된다. 아동이 나이가 들수록 주의력이 향상되는 또 다른 이유는 주의력 조절에 효과적인 전략을 사용할 수 있게 되기 때문이다.

4) 상위 주의

어린 아동은 주의에 관해 얼마나 많이 알고 있는가? 겉으로 드러나는 행동을 보고 짐작할 수 있는 것보다는 더 많이 알고 있다. 예를 들어, 선택적 주의 과제에서 방해자극을 무시하기 어려운 4세의 아동들도 어떤 두 사람이 교대로 말할 때보다는 동시에 말할 때 무슨 말을 하는지 알아듣기가 더 어렵다는 것을 이해한다.

사실 주의에 대한 기초적 이해는 상당히 어릴 때부터 시작된다. 성인 두 명과 아기가 장난감을 가지고 상호작용하고 있는 장면을 상상해 보자. 그중 한 성인이 잠깐 밖에 나갔다 돌아와서는 자신이 없는 동안에 새로 추가된 장난감에 크게 관심을 보이면서 (아기가 아직 알지 못하는) 그 장난감의 이름을 언급하며 자신에게 건네달라고 할 때 어린 아기들은 그 요구에 응할 수 있을까? 즉, 여러 장난감 중에서 그 성인이 마음에 두고 있는 장난감이 어떤 것인지 알 수 있을까? 한 연구에서는 생후 18개월 된 아기는 물론이고, 12개월밖에 안 된 아기도 그렇게 할 수 있다는 것을 발견하였다(Tomasello & Haberl, 2003). 즉, 생후 1년 정도 된 어린 아기도 사람이 어떤 사물에 주의를 기울이고 흥미를 느낀다는 것은 그 사물에 대한 선호를 나타낸다는 것을 알고 있었다.

주의 과정에 대한 지식은 아동의 연령에 따라 증가한다. Miller와 Weiss(1981)는 5, 7, 9세의 아동들에게 (앞서 언급했던 동물과 가재도구 과제와 같은) 우연학습 과제에서 어떤 요인이 수행에 영향을 미치는지에 관해 질문하였다. 5세의 아동들도 과제를 잘 해내려면 과제와 관련된 자극에 주의를 기울여야 한다는 것 정도는 알고 있었다. 그러나 더 나이 든 아동들은 과제와 관련된 자극에 선택적으로 주의를 기울이고 무관한 정보는 무시해야 한다는 것을 더욱 분명하게 이해하고 있었다.

글상자 4-1	주의력결핍 과잉행동 장애

대부분의 아동은 학령기에 주의력이 크게 향상되지만 그렇지 못한 아동들도 있다. 학령기에 어떤 것에도 오랫동안 주의를 지속하지 못하거나, 계획적으로 주의를 기울이고 정보를 수집하는 등의 체계적인 주의전략을 습득하고 구사하지 못하는 **주의력결핍 과잉행동 장애**(ADHD) 아동들은 장차 학업은 물론이고 사회적 · 정서적 발달에도 문제가 생길 수 있다.

이런 ADHD 아동들의 주요 문제는 행동억제를 하지 못한다는 것이다. 즉, 이 아동들은 익숙하고 우세한 행동일지라도 과제 해결에 불필요하거나 오히려 해가 된다면 그 행동을 억제한다거나, 현재 하고 있던 반응도 필요에 따라 중단한다거나 하기가 매우 어렵다. 행동억제는 자신의 행동을 점검하고 목표지향적인 행동을 구축 · 실행하는 데 있어 매우 중요하며, 학업과 사회생활 등의 일상적 기능에 필수적인 요소로 작용한다.

아동기에 ADHD 진단을 받으면 이후에 계속해서 적응에 문제를 보이기 쉽다.

2. 지각발달

우리는 시각, 청각, 미각, 후각 등 많은 감각 기관을 통해 세상을 지각하는데, 그중에서도 빛과 소리에 가장 많이 의존한다. 이 절에서는 시각과 청각의 발달을 주로 살펴보고, 시각과 청각으로 들어오는 정보가 다른 감각으로 들어오는 정보와 어떻게 통합되는지도 살펴보기로 한다.

1) 영아지각 연구의 방법

아기는 물체, 장소, 사건들을 성인과 유사한 방식으로 지각하는가? 자극을 탐지하고 변별할 뿐 아니라 그 자극을 성인이 그러하듯이 의미 있는 자극으로 지각할 수 있는가? 어린 아기는 자신의 지각 활동과 경험을 언어로 보고할 수 없다. 운동 행위에도 능숙하지 못하다. 따라서 앞의 질문에 대한 답을 얻기 위해서는 아기가 할 수 있는 반응, 즉 비언어적 반응을 활용해야 한다.

　1900년대 초만 해도 태어난 지 얼마 안 된 아기는 감각자극에 의미를 부여하여 지각하지 못한다고 생각하였다. 아기에게는 여러 감각자극이 아무 의미 없이 뒤엉킨 상태일 것이라 짐작한 것이다. 그러나 근래 들어 보기, 빨기, 심장박동 같은 비언어적 반응을 통해 어린 아기의 지각을 측정하는 방법이 다양하게 개발됨에 따라 그런 생각이 옳지 못한 것임이 입증되고 있다. 최근의 연구들은 아기의 지각 능력이 한때 가정했던 것보다 훨씬 더 발달해 있다는 것을 보여 준다. 영아의 지각을 연구하는 방법으로는 선호패러다임과 습관화 패러다임이 많이 사용된다.

(1) 선호 패러다임

　1960년대에 팬츠(R. L. Fantz)는 **선호법**(preference method)을 개발하여 영아지각 연구에 일대 혁명을 일으켰다. 선호법에 의한 지각연구는 아기가 흥미를 갖는 대상을 향해 머리를 돌리고 주의를 기울인다는 사실을 이용한다. 예를 들어, 시지각을 연구할 경우 아기에게 한 가지 속성에서만 다른 두 가지 자극을 동시에 제시하고 아기가 둘 중 어떤 자극을 더 오래 쳐다보는지를 측정한다.

　아기가 여러 차례의 시행에서 한 자극을 다른 자극보다 체계적으로 더 오래 쳐다본다면 이는 다음의 두 가지 사실을 알려 주는 것이라 할 수 있다. 첫 번째는, 아기가 두 자극의 차이를 지각(두 자극을 구별)할 수 있다는 것이다. 예를 들어, 색깔이 다른 두 개의 공을 반복해서 보여 주었을 때 아기가 어느 한 공을 일관성 있게 더 오래 쳐다본다면 두 공의 색깔 차이를 알아본 것이라 할 수 있다. 두 번째는, 아기가 어느 한(더 오래 쳐다보는) 자극을 선호한다는 것이다. 출생 시 이와 같이 선호가 존재한다는 것은 신생아조차도 완전히 무력하게 환경에 좌우되지 않고 최소한 무엇을 쳐다볼 것인지 정도는 스스로 선택할 수 있다는 것을 말해 준다.

(2) 습관화 패러다임

　습관화-탈습관화(habituation-dishabituation) 패러다임은 영아의 지각을 연구하는 데 가장 많이 쓰이는 방법으로, 새로운 자극을 선호하고 익숙한 자극에는 싫증을 느끼면서 주의를 기울이지 않는 아기의 특성을 활용한다. 이 기법을 사용하면 아기가 두 가지 자극을 구별할 수 있는지 여부를 검사할 수 있다. 아기는 처음에 어떤 자극이 제시되면 그 자극에 흥미를 느끼고 응시하다가 동일한 자극이 반복적으로 제시되면 마침내 그 자극에 대해 흥미를 잃어버리고 더 이상 응시하지 않게 된다(습관화). 새로운 자극을 제시했을 때 아기가 이 자극에 흥미를 느끼고 응시한다면(탈습관화), 이전 자극과 이 자극을 구별한다는 것을 알 수 있다.

습관화 패러다임을 빨기 행동에 적용해 보면 다음과 같다. 먼저 특별히 제작된 고무젖꼭지를 이용하여 아기의 평소 빠는 속도(기저선)를 측정한 다음, 기저선 이상으로 빨리 빨 때마다 예컨대 아기가 좋아하는 특정한 소리를 들려 준다. 아기는 이러한 청각적 보상을 받기 위해 열심히 젖꼭지를 빨지만, 동일한 소리가 반복되면 그 소리에 대한 흥미가 점차 감소하고(습관화), 이와 동시에 젖꼭지를 빠는 속도도 점차 감소한다. 빠는 속도가 미리 결정해 둔 역치 이하로 떨어졌을 때 새로운 소리를 제시하면 아기는 이 소리에 흥미를 느끼고 빠는 속도가 다시 증가하는데(탈습관화), 이는 아기가 두 소리의 차이를 들을 수 있다는 것을 의미한다.

습관화는 빨기 외에도 아기의 여러 행동과 신체 반응에 적용할 수 있다. 예를 들어, 심장박동을 이용한 습관화 절차는 다음과 같이 진행된다. 먼저 아기의 평소 심장박동수(기저선)를 측정해 둔다. 그런 다음 첫 번째 자극을 제시하는데, 아기가 어떤 사물에 주의를 기울이거나 흥미를 느낄 때에는 심장박동이 감소하므로 아기가 이 자극에 흥미를 느낀다면 심장박동률이 기저선 이하로 떨어지게 된다. 같은 자극이 반복되면 아기는 그 자극에 습관화되어 심장박동이 기저선으로 복귀하게 된다. 이때 두 번째 자극을 제시하는데, 아기가 이 자극을 원래의 자극과 구별한다면 심장박동률은 다시 감소할 것이다. 즉, 탈습관화가 일어날 것이다.

2) 시지각

시각은 가장 늦게 성숙한다. 그러나 성인만큼 효율적인 것은 아니지만 신생아의 시각체계도 태어나면서부터 상당히 잘 기능한다. 예를 들어, 아기는 출생 직후부터 밝은 빛이 비치면 그 쪽으로 주의를 기울이는 **정향반사**(orienting reflex)를 보이는데, 이러한 정향반사는 긴급한 사태가 발생했을 때 신속하게 반응하도록 해 준다는 점에서 적응적이다. 아기들은 또 움직임에 민감하여 갓 태어난 아기도 목표물이 천천히 움직이기만

한다면 눈으로 그 자극을 따라갈 수 있다. 아기는 특히 얼굴 또는 그와 비슷한 자극을 추적하는 경향이 있는데, 이런 반응은 아기와 돌보는 사람 간의 상호작용을 촉진함으로써 생존 가능성을 높일 수 있다는 점에서 적응적 가치가 있다.

(1) 아기는 얼마나 잘 볼 수 있는가?

아기는 생후 1개월 정도까지는 자극을 섬세하게 알아볼 수 있을 정도로 눈을 잘 조절하지 못한다. 즉, 시각상이 망막의 중심와에 놓이도록 물체의 거리에 따라 수정체의 두께를 적절히 조절하지 못하므로 물체를 선명하게 지각하지 못한다. 생후 6개월 정도는 되어야 성인 수준의 선명한 지각이 가능하다.

① 시력

아기의 시력은 성인에게 사용하는 시력표가 아니라 사물에 대한 선호를 통해 측정한다. [그림 4-1]과 같은 자극은 줄의 간격이 촘촘할 경우 시력이 좋지 않은 사람에게는 줄의 경계가 흐려져서 단일한 회색 면인 것처럼 보인다. 아기에게 [그림 4-1]과 같이 흑백의 명암 주기를 가진 자극을 제시했을 때 단색이 아니라 흑백의 줄무늬로 볼 수 있는 줄의 간격이 촘촘할수록, 즉 **공간빈도**(spatial frequency)가 높을수록 시력이 더 좋은 것이다. 아기는 대부분 단일한 회색 면보다는 흑백의 줄이 교대로 쳐진 면을 선호하고 더 오래 쳐다보므로 아기에게 회색 면과 줄무늬 면을 나란히 보여 주고 응시 시간을 측정해 보면 줄 간격이 어느 정도 될 때 아기가 줄무늬를 지각하는지 알 수 있다.

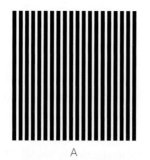 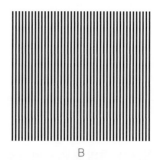

A   B

B면이 A면보다 공간빈도가 높다. 따라서 B를 볼 수 있는 사람이 A만 볼 수 있는 사람보다 시력이 더 좋다.

[그림 4-1] 흑백 줄의 굵기가 서로 다른 두 개의 면

출처: McShane(1991).

갓난아이의 시력 추정치는 20/200에서 20/600 사이의 범위에 있다. 정상 성인의 시력(20/20)과 비교할 때 결코 좋은 시력은 아니지만 자극의 형태를 알아볼 수 있는 정도이다. 평균 시력은 생후 2개월에 20/300, 4개월에 20/160, 8개월에 20/80으로 점차 향상된다. 생후 8개월의 시력은 성인이 안경을 쓰면 더 잘 볼 수 있는 수준이다. 아이의 시력은 5세 정도는 되어야 정상 성인의 수준으로 발달한다.

시력은 공간빈도뿐 아니라 **대비**(contrast)에도 영향을 받는다. 대비는 가장 밝은 부분과 가장 어두운 부분의 명암 차이를 가리키는데, 대비에 대한 민감성은 출생 시에는 성인 기능의 10분의 1 정도로 빈약하지만 영아기 동안에 급속히 향상된다. 갓난아이는 더 큰 아이에 비해 명암 대비가 훨씬 더 뚜렷해야 형태지각을 할 수 있다.

시력은 시각세계를 경험하면서 발달한다. 태어날 때부터 백내장인 아기가 생후 6개월에 수술을 받고 나면 처음에는 시력이 신생아와 다를 바 없지만, 수술 후 1시간만 지나도 시력이 회복되기 시작하며 그 후 수개월 동안 꾸준히 향상된다(Maurer, Lewis, Brent, & Levin, 1999).

② 색채지각

아기는 언제부터 흑백이 아닌 색깔을 지각할 수 있는가? 측정상의 어려움으로 인해

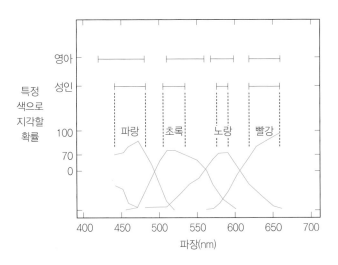

영아도 성인과 마찬가지로 범주적 색채지각을 한다.

[그림 4-2] 영아의 범주적 색채지각

출처: Lamb & Campos(1982).

생후 초기 몇 주 동안의 색채지각에 대해서는 많은 것이 알려져 있지 않다. 그러나 갓난아이는 적어도 빨간색과 흰색을 구분할 수 있고(Kellman & Banks, 1998), 생후 2개월이 되면 정상적인 색채지각을 가진 성인이 하는 대부분의 변별을 할 수 있으며, 4개월이 되면 성인과 거의 유사한 수준이 된다(Teller & Bornstein, 1987).

성인은 400nm에서 700nm 사이의 파장을 가진 빛을 볼 수 있고 특정 범위의 파장을 가진 빛을 모두 특정한 색으로 범주화하여 지각하는 **범주적 색채지각**을 하는데, 생후 4개월 된 아기도 이와 같은 범주적 색채지각을 한다(Lamb & Campos, 1982).

(2) 아기는 무엇을 보고 싶어 하는가?

아기는 태어나면서부터 눈에 보이는 물체들을 그냥 보는 것이 아니라 환경에서 흥미로운 부분들을 적극적으로 찾아서 본다. 그렇다면 아기들은 어떤 자극을 보고 싶어 하는가? 아기는 생후 초기부터 적당히 복잡한 자극을 보기를 선호한다. 그러나 '적당히 복잡'하다는 것의 의미는 아동이 발달함에 따라 바뀌어 나간다. 생후 2개월 된 아기에게 적당히 복잡한 자극이 6개월 된 아기에게는 지나치게 단순할 수도 있다. 결국 아기는 자신의 기존 능력이나 지식과 적당히 차이가 나는 자극에 가장 흥미를 느끼고 그러한 자극을 보고 싶어 한다. 이와 같은 **적정괴리 가설**(moderate discrepancy hypothesis)을 지지하는 결과를 내놓은 연구들이 여럿 있다. 한 연구에서는 아기들에게 복잡한 정도가 각기 다른 여러 체크무늬 판을 보여 주었는데, 생후 3주 된 아기들은 2 × 2판을 더 오래 쳐다보았으나 14주 된 아기들은 8 × 8판을 더 오래 쳐다보았다(Brennan, Ames, & Moore, 1966).

아기가 성장함에 따라 타고난 편향보다는 생후의 경험과 기억이 시각적 선호의 결정에 점차 더 중요하게 작용을 하게 된다. 가령, 생후 1개월 된 아기가 얼굴을 쳐다보는 것은 얼굴이라는 자극이 눈에 잘 띄는 특징들을 한꺼번에 모아서 보여 주기 때문이지만, 4개월 된 아기가 얼굴을 쳐다보는 것은 엄마 얼굴은 물론이고 어떤 얼굴이든지 간에 사람의 얼굴 자체에 흥미를 느끼기 때문이다.

(3) 형태지각

아기는 성인처럼 대상을 대상 전체로 지각할 수 있는가, 아니면 각각의 독립적인 부분(모서리, 각, 표면)들로 지각하는가? 사건이 일정한 시간에 걸쳐 일어나는 것으로 지각할 수 있는가, 아니면 각기 분리된 비연속적인 스냅사진처럼 지각하는가? 간단히 말해, 아기들의 지각경험은 성인의 지각경험과 얼마나 유사한가? 아기가 자극을 볼 수 있다는 사실이 그 자극을 성인과 똑같은 의미를 갖는 자극으로 지각한다는 것을 의미하지는 않는다.

시각자극의 형태를 지각하기 위해서는 자극의 부분들과 전체 윤곽을 주사(走査, scanning)하고 이들을 하나의 전체로 조직해야 한다. 그러나 아기의 안구운동을 측정한 연구들에 따르면, 생후 1~2개월 정도 된 아기는 사물의 전체 윤곽을 보지 않고 모서리 등 일부분만을 주사한다. 얼굴을 예로 들면 생후 1개월에는 얼굴의 바깥 테두리 부분을 주로 쳐다보고 2개월이 되어야 눈, 코, 입 등 얼굴 내부의 특징들을 주사한다(Salapatek, 1975). 따라서 형태지각 연구는 주로 3개월이 지난 영아를 대상으로 하는데, 더 어린 아동에게는 습관화 절차 등을 적용하기도 어렵다.

아기는 생후 3개월쯤 되면 **모양항상성**을 지각한다(Caron, Caron, & Carlson, 1979). 즉, 자극은 그 자극을 보는 위치와 방향에 따라 망막에 맺히는 상이 달라짐에도 불구하고 모양이 변하지 않는 것으로 지각할 수 있다. 모양항상성을 지각하려면 보는 방향이 달라져도 자극을 구성하는 부분들 간의 관계는 불변함을 지각해야 하므로 모양항상성을 지각한다는 것은 곧 전체 형태의 지각이 가능함을 의미한다. 생후 3~4개월 된 아기는 또 **주관적 윤곽**을 지각하는데, 이 결과도 영아가 자극의 부분들을 조직하여 전체 형태를 지각할 수 있음을 보여 준다(Ghim, 1990).

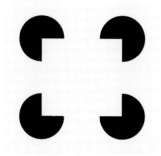

생후 3개월 된 아기에게 이런 그림을 보여 주면 주관적 윤곽에 의해 '사각형'을 지각한다.

[그림 4-3] 영아의 주관적 윤곽 지각

① 형태지각에서 운동단서의 중요성

형태지각에는 **운동단서**가 중요한 역할을 한다. 복잡한 3차원 자극은 생후 6개월이 지나야 전체 형태를 지각할 수 있지만, 운동단서가 주어질 때에는 4개월밖에 안 된 아기도 형태지각이 가능하다. 어쩌면 2차원 도형과 3차원 도형의 지각은 동일한 원리에 의해 이루어지는 것이 아닐 수도 있다. 3차원 사물은 공간상 어느 한 위치를 차지하고 있으므로 그 형태를 지각하기 위해서는 다른 사물들과의 공간관계를 지각하는 것이 필요하기 때문이다.

한 연구에서는 [그림 4-4]에서처럼 막대기의 가운데 부분이 앞쪽의 널빤지에 의해 가려진 자극을 생후 4개월 된 아기들에게 보여 주고, 이 아기들이 널빤지 뒤에 하나의 기다란 막대기가 있다고 지각하는지, 아니면 널빤지 아래위로 두 개의 짧은 막대기가 있다고 지각하는지 알아보았다(Kellman & Spelke, 1983). 움직이지 않는 막대기(A)에 습관화된 아기는 두 가지 검사자극 중 어느 것에도 선호를 보이지 않았다. 그러나 움직이는 막대기(B)에 습관화된 아기는 두 개의 짧은 막대기를 더 오래 쳐다보았다(선호하였다). 이는 아기들이 습관화 단계에서 하나의 막대기가 널빤지 뒤에 연속되어 있는 것으로 지각하였음을 보여 준다. 이 연구는 또 아기들이 형태지각에 운동단서를 사용한다

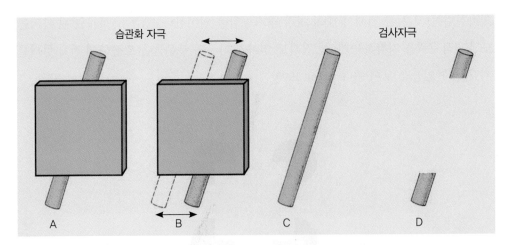

성인이라면 당연히 널빤지 뒤에 기다란 막대가 있다고 해석하고 C를 친숙한 자극으로 여길 것이다. 그러나 만약 널빤지로 가려진 막대자극에 습관화된 아기들이 검사 시점에서 C를 새로운 자극으로 여기고 그리하여 D보다 C에 더 관심을 보인다면, 이 아기들은 성인과는 달리 막대를 하나의 자극으로 지각하지 못한다고 해석할 수 있다.

[그림 4-4] 습관화 자극(A와 B)과 검사자극(C와 D)

출처: Kellman & Spelke(1983).

는 것을 보여 준다. 막대기의 양쪽 끝부분이 같은 방향으로 동시에 움직이느냐, 아니면 서로 다른 방향으로 움직이느냐가 막대기를 하나 또는 두 개의 분리된 것으로 지각하는 데 영향을 미쳤다.

신체의 연접 부위들에 전구를 단 사람이 암실에 가만히 서 있거나 움직이게 한 요한슨(Johansson, 1973)의 연구도 운동단서의 중요성을 보여 준다. 이런 경우 사람이 가만히 서 있으면 전구의 불빛은 의미 없는 점들에 불과하지만, 걷거나 뛰는 등 움직이면 즉각 사람이 움직이는 모습으로 지각된다. 이와 유사한 연구에서는 생후 3개월 된 아기가 무작위로 움직이는 점보다는 사람 형상의 자극에 주의를 더 많이 기울인다는 것을 발견하였다(Bertenthal, Profitt, & Cutting, 1984). 이 결과는 이렇듯 어린 아기도 불빛의 움직임으로부터 생물체의 형태를 알아볼 수 있다는 것을 보여 준다.

② 얼굴지각

아기는 태어난 지 얼마 되지 않은 때부터 사람의 얼굴에 흥미를 보인다. 생후 이틀째가 되면 시각적 형태를 변별할 수 있는데, 여러 형태 중에서도 사람의 얼굴을 가장 선호한다. 심지어 눈, 코, 입이 있어야 할 곳에 검은 점이 있기만 해도 그 자극에 눈길을 보낸다. 존슨과 모턴(Johnson & Morton, 1991)의 연구에서 갓난아기들은 [그림 4-5]의 C나 D 같은 자극보다는 A와 B를 더 오래 쳐다보았다. 태어난 지 평균 53분밖에 안 된 갓난아이들도 C보다는 B를 선호하였다(Mondloch et al., 1999). 아기가 사람 얼굴에 대해 보

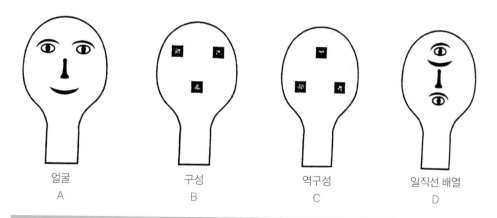

얼굴　　　　　　　구성　　　　　　　역구성　　　　　일직선 배열
A　　　　　　　　B　　　　　　　　C　　　　　　　　D

[그림 4-5] 신생아에게 보여 준 네 가지 얼굴

출처: Johnson & Morton(1991).

이는 이와 같은 관심은 애착의 형성에 영향을 미친다. 아기가 부모의 얼굴을 열심히 쳐다보고 미소를 짓곤 하면 부모도 아기에게 더 많이 반응하고 자극을 주게 되므로 **얼굴지각**은 아기들의 사회적 발달에 중요한 역할을 한다.

아기는 다른 어떤 자극보다도 사람의 얼굴을 좋아할 뿐만 아니라 사람 얼굴 중에서도 매력적인 얼굴을 좋아한다. 즉, 성인이 매력적이라고 평정한 얼굴을 그렇지 않은 얼굴보다 더 오래 쳐다보았다(Langlois, Ruggman, Casey, Ritter, Reiser-Danner, & Jenkins, 1987). 매력적인 얼굴에 대한 이러한 선호는 자극 얼굴의 인종, 성별, 연령에 관계없이 나타나며(Langlois, Ritter, Roggerman, & Vaughn, 1991), 심지어 생후 3일밖에 안 된 아기들에게도 나타났다(Slater et al., 1998).

아기는 또 사람의 얼굴뿐만 아니라 사람의 움직임에도 매료된다. 생후 4개월 된 아기들은 불빛을 무작위로 배열했을 때보다는 사람이 걷는 모습처럼 보이게 배열했을 때 더 오래 쳐다보았다(Bertenthal, 1993). 그러나 '걸어가는 사람'이 아닌 '걸어가는 거미'로 보이는 배열에는 이런 관심을 보이지 않았다(Bertenthal & Pinto, 1993). 아기는 사람의 움직임을 구별하는 능력도 뛰어나서 생후 3개월만 되면 사람이 걷는 것같이 보이는 배열과 뛰는 것같이 보이는 배열을 구별할 수 있다(Bertenthal, 1993).

아주 어린 아기가 사람의 얼굴을 선호하는 것은 얼굴이 사회적 의미가 있는 자극이기 때문이 아니라 아기의 시선을 잡아끄는 물리적 속성들을 많이 가지고 있는 자극이기 때문이다. 즉, 얼굴은 적당히 복잡하고, 명암 대비가 뚜렷하며, 대칭적이고, 거기다 소리를 내고 움직이기까지 한다. 그렇다면 얼굴은 언제부터 아기에게 의미 있는 자극(사람의 얼굴)으로 지각되는가? 한 연구에 의하면, 생후 3개월 된 아기는 음양이 정상인 얼굴을 음양이 뒤바뀐 얼굴보다 더 오래 응시(선호)하지만, 얼굴과 비슷하게 복잡하긴 해도 얼굴이 아닌 자극에 대해서는 음양에 따른 이러한 선호를 보이지 않는다(Dannenmiller & Stephens, 1988). 이 결과는 아기들이 생후 3개월 정도 되면 얼굴을 얼굴로 지각하며, 그것이 얼굴이기 때문에 선호한다는 것을 보여 준다.

아기의 안구운동을 분석한 연구들도 아기가 생후 약 3개월부터 얼굴자극을 성인과 비슷한 의미의 자극으로 지각할 수 있다는 것을 보여 주는 결과들을 보고하였다. 생후 2개월 이전의 아기는 얼굴의 경계선에 눈동자를 고정하고 눈, 코, 입 등은 거의 보지 않는다. 2~3개월경에는 얼굴 내부를 자세히 탐색하기 시작하며, 거꾸로 된 얼굴보다는 정상적인 얼굴을 더 선호한다. 3개월 정도 되면 낯선 얼굴보다는 친숙한(대개는 엄마의) 얼굴을 선호한다(Barrera & Maurer, 1981).

아기는 생후 6개월경이면 얼굴지각과 관련해서 무엇이든지 할 수 있게 된다. 표정이나 보는 각도가 달라도 같은 얼굴임을 알아보고(Cohen & Strauss, 1979), 자기 얼굴을 친숙한 얼굴로 알아보며(Legerstee, Anderson, & Schaffer, 1998), 성별(Fagan, 1976)과 인종(김윤, 송현주, 2011)에 따라 얼굴을 분류할 수 있게 되고, 여러 가지 얼굴 표정을 구별할 수 있다(de Haan & Nelson, 1998). 감각간 지각에 관한 절에서 다시 논의하겠지만, 이 시기의 아이는 하나의 얼굴이 제공하는 시각정보와 청각정보를 일치시키는 놀라운 능력도 나타낸다.

(4) 깊이지각

깊이지각은 아이가 만지고 싶거나 가지고 싶은 물체를 향해 손을 내밀어 잡는 능력에 의해 검사할 수 있다. 생후 몇 주 동안은 물체를 향해 대충 손을 휘두를 뿐 이 행동을 시각정보에 의해 조절하지는 못한다. 그러나 생후 3~4개월이 되면 손을 내밀어 자신이 원하는 물체를 제대로 잡는 반응을 할 수 있다. 생후 6개월경이면 청각단서를 이용해서 물체가 자신에게서 어느 정도 멀리 떨어져 있는지를 판단할 수 있는데, 가까이에서 소리가 나면 반응을 보이지만 멀리서 나는 소리에는 반응하지 않는다. 이 무렵에는 움직이는 물체를 손을 내밀어 잡을 수도 있다. 즉, 물체가 원래 있던 위치가 아니라 미래에 있을 것으로 예상되는 위치를 향해 손을 내밀어 그 물체를 잡을 수 있다(Wentworth, Benson, & Haith, 2000).

① 깊이지각의 단서

아기는 여러 단서를 이용하여 깊이지각을 한다. 운동단서는 형태지각뿐 아니라 깊이지각에서도 중요한 역할을 한다. 얼굴을 향해 공이 날아올 때처럼 움직이는 대상이 점점 가까이 다가오면 망막에 맺히는 상의 크기가 점점 더 커지게 되는데, 생후 1~3개월경의 어린 아기도 이러한 운동단서를 이용해서 3차원 공간을 지각할 수 있다. 생후 3~4주경의 갓난아이도 물체가 다가오면 눈을 깜박이는 반응을 보이며, 이후로 방어적 반응이 점차 강해져서 3~4개월경이 되면 팔을 들어 올리고 고개를 뒤로 젖히는 등 완벽한 방어반응을 보인다. 이런 반응은 공이 공간을 가로질러 움직이는 3차원 물체라는 인식, 즉 깊이지각 능력이 있어야 가능하다.

생후 3~5개월경부터는 양안시각이 발달하면서 크기항상성이 나타나기 시작한다. 즉, 거리가 변하여 망막상의 크기가 변한다 해도 대상의 크기를 동일하게 지각한다. 크기항상성을 지각하기 위해서는 거리를 고려해야 하므로 공간지각 능력이 반드시 필요하다. 크기항상성을 지각하는 능력은 생후 1년에 걸쳐 꾸준히 발달하며, 10~11세가 되어야 완전히 발달한다.

아기는 생후 6~7개월경이 되면 단안단서를 이용하여 공간정보를 추론할 수 있다. [그림 4-6]과 같이 45도 각도에서 찍은 경사진 창문 사진을 보여 주면 아기들은 어떤 반응을 보일 것인가? 아기가 깊이단서를 지각할 수 있다면 창문의 오른쪽이 더 가깝다고 지각(착각)하여 그쪽을 잡으려고 손을 내밀겠지만, 깊이단서를 지각하지 못하는 아기들은 창문 양쪽을 향해 동일한 비율로 손을 내밀 것이다. 다시 말해, 후자의 아기들은 창문의 왼쪽보다 오른쪽을 잡으려고 하는 경향을 보이지 않을 것이다. 연구 결과, 생후 7

아기는 창문을 45도 각도에서 찍은 대형사진의 양쪽 가장자리로부터 동일한 거리에 앉아 있다. 아기가 그림의 깊이단서에 영향을 받는다면, 창문의 오른쪽 가장자리가 더 가까이 있다고 지각하여 그쪽을 잡으려고 손을 내밀 것이다.

[그림 4-6] 깊이단서에 의한 공간정보 추론

출처: Yonas, Cleaves, & Petterson(1978).

개월 된 아기들은 창문의 오른쪽을 잡기 위해 그쪽으로 손을 내미는 경향을 보였지만 5개월 된 아이들은 그러한 선호를 보이지 않았다(Yonas et al., 1978).

요약하면, 아기는 연령마다 각기 다른 깊이단서에 민감해진다. 생후 1~3개월에는 운동단서, 3~5개월에는 양안단서, 그리고 6~7개월에는 단안단서에 의해 공간정보를 추론한다.

② 절벽의 지각

깁슨과 워크(Gibson & Walk, 1960)는 '시각절벽'이라는 장치를 개발하여 아기의 깊이지각을 연구하였다. 성인은 절벽에 마주치면 그것이 깊은 바닥으로 급격히 하강하는 낭떠러지임을 즉각 인식하고, 그리로 가까이 다가가는 것에 두려움을 느끼며, 다가가는 것을 회피하는 적응적인 행동을 한다. 아기도 이와 비슷한 반응을 보이는가?

시각절벽은 유리를 덮은 커다란 테이블을 중간에 있는 판자로 이분해 놓은 장치이다 ([그림 4-7] 참조). 장치의 한쪽에는 바둑판무늬가 있는 바닥면이 유리 바로 밑에 있고, 다른 쪽에는 바닥면이 유리에서 아래쪽으로 상당히 멀리 떨어져 있다('절벽'). 이 장치의 중앙에 (기어 다닐 수 있을 정도로 성장한) 생후 7개월경의 아기를 앉혀 두고 엄마가 한쪽에서 아기를 부른다. 엄마가 얕은 쪽에서 아기를 부를 경우에는 6.5개월 이상 된 아

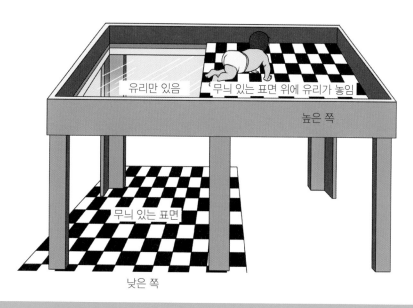

유리만 있음   무늬 있는 표면 위에 유리가 놓임

높은 쪽

무늬 있는 표면

낮은 쪽

[그림 4-7] 시각절벽 위에 있는 아기

출처: Gibson & Walk(1960).

이의 90%가 엄마에게로 기어간다. 그러나 엄마가 깊은 쪽에서 아기를 부르면 나이 든 아기일수록 '절벽'을 건너가기를 회피하는 경향을 강하게 보인다. 이와 같이 낭떠러지를 지각하고 이에 적절히 반응하는 능력은 생후 1년의 후반기에 이르러서야 나타나는 것으로 보인다.

절벽을 지각하는 능력은 이보다 더 일찍, 즉 아이가 기어 다니기 이전부터 나타날 가능성이 있다. 아직 기지 못하는 2개월 정도 된 아이는 얕은 쪽을 볼 때보다 깊은 쪽을 볼 때 심장박동이 감소하는데, 이런 결과는 아기가 깊은 쪽과 얕은 쪽을 구별한다는 것을 보여 준다. 또한 걸음마기 이전의 아기는 시각절벽 장치의 얕은 쪽에 내려놓을 때에는 바닥에 닿기 직전에 손을 내밀어 바닥을 짚으려 하지만, 깊은 쪽에 내려놓을 때에는 이러한 착지반응을 하지 않는데, 이는 아기가 바닥에 닿으려면 아직 더 내려가야 한다고 지각하고 있음을 강력히 시사한다.

그러나 이 연령의 아기는 절벽에 대해 공포반응을 보이지는 않는다. 흔히 공포를 느낄 때면 심장박동이 빨라지고 흥미를 느낄 때에는 심장박동이 느려진다. 걸음마기 이전의 아기는 깊은 쪽에 앉혀 두었을 때 얼굴 모습이 평온할 뿐 아니라 심장박동률이 평소보다 감소하는 데 반해, 기어 다니는 더 나이 든 아기는 동일한 상황에서 심장박동률이 증가한다. 결론적으로, 절벽을 지각하는 능력은 생후 초기 수개월 이내에 일찌감치 나타나지만, 절벽에 대한 공포반응은 생후 6개월 이후에야 나타난다.

생후 6~7개월경은 아이 스스로 움직여서 돌아다니는 시기임을 감안할 때 깊이에 대한 공포는 독자적인 움직임과 관련이 있다는 것을 짐작할 수 있다. 실제로, 기기 시작한 아이는 동일 연령의 아직 기지 않는 아이들보다 절벽의 깊은 쪽에 있을 때 심장박동률이 증가하는 경향이 있다. 많이 기어본 아이일수록 공포반응을 더 많이 보인다. 또한 아직 걷지 못하는 아이들이 보행기를 타고 돌아다니며 주변 환경을 경험하게 되면 그런 경험을 하지 않은 아이들에 비해 절벽의 깊은 쪽을 피하려는 경향을 더 강하게 보이며, 절벽의 깊은 쪽에 내려놓을 때 심장박동이 더 크게 증가하는 경향이 있다. 이런 결과들은 아이가 스스로 움직여서 돌아다니는 경험을 많이 할수록 공포반응이 더 일찍 나타날 수 있음을 보여 준다.

3) 청지각

청각적 지각은 시각적 지각보다 연구가 적게 이루어졌지만, 연구 결과에 의하면 갓난아이의 청지각 능력은 시지각 능력보다 더 잘 발달되어 있다. 아기는 출생 이전부터 소리를 들을 수 있는데, 엄마 가까이에 있는 사람들의 대화 등 외부 환경에서 소리가 나면 자궁 속의 태아가 움직임이 많아지고 심장박동도 빨라진다(Lecanuet, 1998). 물론 아기에게는 가장 자주 듣게 되는 소리인 엄마의 말소리가 가장 분명하게 전달된다.

출생 직후 몇 시간 동안은 코감기에 걸린 성인과 비슷한 수준으로 소리를 듣는다. 신생아의 청각역치는 성인보다 최저 10~20 dB에서 최고 40~50 dB까지 더 높은 것으로 추정된다. 그러나 역치는 소리의 주파수에 따라 달라지며, 아기는 저주파보다는 고주파의 소리에 대해 더 일찍 최적 수준의 청각에 도달한다(Trehub & Schneider, 1983).

아기는 소리를 들을 수 있을 뿐만 아니라 소리의 차이를 구분할 수도 있다. 소리의 차이를 성인만큼은 변별하지 못하지만 때로 성인과 비슷한 수준으로 변별하기도 한다. 한 연구에서 성인은 1퍼센트의 주파수 차이를 변별하였고, 5~8개월 된 아기는 2퍼센트 수준에서 주파수 차이를 변별하였다(Olhso, Schoon, Sakai, Turpin, & Sperduto, 1982). 아기는 또 소리에 따라 달리 반응하기도 한다. 가령, 저주파의 소리는 아이를 달래는 효과가 있다.

아기는 또 태어날 때부터 소리가 나는 위치를 파악하는 능력을 나타낸다. 분만실에서 수행된 한 연구에서는 아기가 생후 5분 만에 이런 능력을 보인다는 것을 보여 주었다(Wertheimer, 1961). 그러나 소리를 탐지하고 변별하는 능력은 나이가 들면서 점차 발달하는 데 반해, 소리의 위치를 파악하는 능력은 발달 초기에 초보적 형태가 나타나고, 이어서 이런 반응이 사라졌다가 이후 더 성숙한 형태로 나타나는 U형 발달곡선을 보인다(Bever, 1982). 흔히 이런 비선형적 발달곡선은 초기 반응과 후기 반응의 기저에 있는 기초가 다르기 때문으로 설명된다. 신생아의 위치 파악은 출생 시 반사행동처럼 하위 피질이 담당하는 것으로, 특정 자극에 의해 자동으로 유발되고 생물학적 성숙에 따라 사라진다. 그러나 나이 든 아동의 위치 파악은 피질에 의해 관장되며, 아동이 환경의 변화에 훨씬 더 능숙하고 기민하게 대응할 수 있게 해 준다.

(1) 아기는 어떤 소리를 듣고 싶어 하는가?

아기는 무엇보다도 사람의 말소리를 듣고 싶어 한다. 특히 '모성어(motherese)'라 불리는 형태의 말을 선호한다. 모성어는 속도가 느리고, 음조가 높고, 억양이 많이 과장되어 있다는 특징을 가지고 있다. 아기는 생후 초기부터 성인끼리의 대화보다는 모성어에 더 많은 관심과 주의를 기울인다(Cooper & Aslin, 1990). 아기는 엄마가 아니라 낯선 여자 또는 남자가 말을 할 때에도 모성어를 선호하며, 심지어 청각장애 엄마가 수화로 말을 할 때에도 모성어 형태를 선호한다.

아기는 또한 다른 사람의 목소리보다는 자신의 엄마의 목소리를 듣고 싶어 한다. 데캐스퍼와 피퍼(DeCasper & Fifer, 1980)는 임신한 엄마들이 동화책 읽는 소리를 녹음해 두었다가 나중에 이 엄마들에게서 태어난 3일 된 아이를 검사하는 자극으로 사용하였다. 이 연구에서 아기들은 다른 엄마의 목소리보다는 자신의 엄마의 목소리를 녹음해서 들려주었을 때 더 빨리 젖을 빠는 경향이 있었다. 이 결과는 출생한 지 3일밖에 안 된 아기가 사람의 목소리를 선호하고, 목소리를 구별하며, 엄마 목소리를 선호한다는 것을 보여 준다.

후속 연구에서는 아기가 엄마 뱃속에 있을 때 들었던 이야기를 기억할 수 있다는 것을 보여 주었다(DeCasper & Spence, 1986). 이 연구에서 엄마들은 출산 전 6주 동안 매일 두 차례씩 뱃속에 있는 아기에게 동화책(예: 백설공주)을 소리 내어 읽어 주었다. 출산 이틀 후 아기들은 엄마가 이 동화를 읽어 줄 때 다른 동화를 읽어 줄 때보다 젖을 더 열심히 빨았다. 이 결과는 아이들이 자궁벽을 통해 분명치는 않지만 엄마의 목소리를 들었고, 그에 관해 무엇인가를 기억한다는 것을 의미한다.

데캐스퍼와 동료들(DeCasper & Spence, 1986)의 연구는 아이가 선호하는 것이 그냥 친숙한 목소리가 아니라 친숙한 청각자극이라는 것을 보여 준다. 이 연구의 결과는 아기가 엄마 뱃속에서 들었던 엄마의 목소리가 생후 초기에 보이는 여러 선호(그냥 소리보다는 말, 낯선 사람의 목소리보다는 엄마의 목소리, 친숙하지 않은 말 자극보다는 친숙한 말 자극)에 공통의 기초로 작용할 가능성을 시사한다. 이런 선호들은 언어 학습뿐 아니라 엄마와의 애착 형성에도 중요한 역할을 할 수 있다.

(2) 아기는 소리를 얼마나 잘 들을 수 있는가?

아기는 사람의 목소리에 주의를 기울일 뿐 아니라, 음소(기본적인 말소리)를 구별할 수도 있다. 지난 수십 년간의 연구 결과를 보면 어린아이들은 놀랍게도 비슷한 자음(바와 파)과 모음(아, 이)을 구별할 수 있으며, 단어를 음절로 나눌 수도 있다.

인간의 말소리 지각은 비연속적 또는 범주적인 경향이 있다. 가령 '바'로 소리 나는 청각자극과 '파'로 소리 나는 청각자극이 있을 때, 이들 간의 물리적 차이는 완전히 양적이고 연속적이어서 길이나 무게와 마찬가지로 연속선으로 나타낼 수 있다. 이렇듯 청각자극 자체는 연속적이지만 우리는 이 연속적 차원의 어느 한 지점에서 갑자기 더 이상 '바'가 아닌 '파'를 듣는 식으로 범주적 지각을 한다. 자극은 연속적으로 변화할지라도 우리는 바, 바, 바, 파, 파, 파와 같이 비연속적으로 지각하는 것이다.

생후 1개월 된 어린아이도 성인과 마찬가지로 모음의 소리를 범주적으로 지각한다 (Eimas, Siqueland, Zusczyk, & Vigorito, 1971). 이런 능력이 학습의 결과일 가능성은 거의 없다. 오히려 성인이 쉽게 듣지 못하는 소리 대비를 어린 아기는 들을 수 있다는 연구 결과도 보고되고 있다. 모국어의 소리 대비를 변별하는 능력은 생후 6~12개월 사이(모음은 6개월경, 자음은 12개월경)에 감퇴하여 한때 쉽게 하던 변별을 나이가 들수록 점점 더 하기 어려워진다(Werker & Tees, 1999).

사실 음소 지각에 있어서는 3개월 된 아이가 성인보다 더 낫다. 생후 10개월 미만의 아이는 현존하는 모든 언어에서 사용되는 음소들을 변별할 수 있으나 생후 1년 정도가 되면서부터는 모국어에서 사용되는 음소들만을 변별할 수 있게 된다.

글상자 4-2　청력 손실이 발달에 미치는 영향

아이가 잘 듣지 못한다면 어떤 문제가 발생하는가? 듣기 능력에 문제가 있는 아이는 발달에 여러모로 불리하다. 중이염은 어린아이에게 흔하게 발병하는데, 이 질병을 충분히 치료하지 않으면 아이가 다른 사람의 말을 잘 듣지 못하게 되면서 언어 발달은 물론이고, 인지적·사회적 기술의 발달이 심각하게 저해될 수 있다. 따라서 중이염 같이 아동 초기에 청력 손실을 일으킬 수 있는 질병은 되도록이면 빨리 발견하여 철저히 치료해 줄 필요가 있다.

4) 감각 간 지각

우리가 주변에서 경험하는 대상과 사건은 대개의 경우 한꺼번에 여러 유형의 감각정보를 제공한다. 예를 들어, 사람은 목소리 없이 얼굴로만, 또는 얼굴 없이 목소리로만 등장하기보다는 볼 수 있는 얼굴과 들을 수 있는 목소리가 일체가 된 상태로 등장한다. 더욱이 얼굴과 목소리는 동일한 공간적 위치를 차지하며 입술의 움직임과 목소리는 시간적으로 일치한다. 또 특정한 얼굴은 언제나 특정한 목소리와 함께 제시된다. 여기에 손으로 어루만져 주는 것과 같은 감촉까지 더해진다. 우리는 이러한 모습, 소리 및 느낌이 모두 하나의 대상에서 비롯되는 것임을 알 수 있다. 즉, 감각간 지각(intermodal perception)을 할 수 있다.

그렇다면 어린 아기는 여러 다른 감각 기관을 통해 받아들인 정보를 어떻게 하나의 경험으로 통합하는가? Piaget를 포함한 많은 이론가는 각 감각 기관이 처음에는 독립적으로 발달하다가 어느 정도 발달한 후에 경험에 의해 서서히 통합된다고 생각했다. 수개월 간의 감각운동 경험을 통해 상이한 감각들로부터 온 정보를 관련시키는 것을 서서히 학습한다는 것이다. 반면에, Gibson 학파를 비롯한 여러 이론가는 아기가 태어나면서부터 감각간 지각 능력을 가지고 있거나, 아니면 아주 빠른 기간 내에 감각간 지각을 가능하게 해 주는 본유적 성향을 가지고 태어난다고 주장하였다.

생후 1개월도 안 된 영아들이 감각간 지각을 할 수 있다는 최근 연구들의 결과는 후자의 생득적 관점을 지지한다. 이들 연구가 제시하는 증거를 시각과 촉각, 시각과 청각, 시각과 신체감각을 연결시키는 아기의 능력으로 구분해서 살펴보기로 한다.

(1) 시각과 촉각의 연결

멜조프와 보르톤(Meltzoff & Borton, 1979)은 갓 태어난 아기가 시각과 촉각을 연결하는 능력을 가지고 있음을 입증하였다. 이 연구자들은 생후 1개월 된 영아에게 감촉이 다른 두 개의 장난감 젖꼭지 중 하나를 빨게 하였다. [그림 4-8]에서 볼 수 있듯이, 젖꼭지 중 하나는 표면이 매끈하였고 다른 하나는 작은 혹들이 있어 오톨도톨하였다. 이 단계에서 아기들은 젖꼭지를 눈으로 보지는 못하고 감촉으로만 경험하였다. 두 번째 단계에서는 두 젖꼭지의 그림을 아기들에게 보여 주고 어떤 자극을 쳐다보기를 선호하는

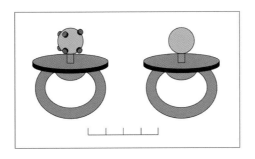

[그림 4-8] 시각과 촉각 간의 공감각적 연결을 연구하는 데 사용된 자극

출처: Meltzoff & Borton(1979).

지 측정하였다. 대부분의 아기는 자신이 방금 빨았던 젖꼭지를 더 오래 쳐다보았다. 이 결과는 태어난 지 얼마 안 된 아기들이 입으로만 경험한 젖꼭지가 어떻게 생겼는지를 이해한다는 것을 보여 준다.

　생후 1개월 정도밖에 안 된 어린 아기에게서 감각간 지각을 입증해 내기는 쉽지 않다. 실제로 Meltzoff와 Borton을 지지하는 결과를 보고한 연구도 있고, 그렇지 않은 연구도 있다. 그러나 아기는 생후 1년의 후반부에는 시각과 촉각을 확실히 통합할 수 있다. 예를 들어, 한 연구에서 8~11개월 된 아기들에게 모양과 질감이 각기 다른 여러 물체를 멀리서 보여 주고 손을 내밀어 만져 보게 했는데, 이때 시각정보와 촉각정보가 일치하지 않게 조작하였다. 즉, 아기들에게 눈으로는 뾰족한 못이 달린 플라스틱을 보면서 손으로는 보드라운 털의 감촉을 느끼게 하였다(Bushnell, 1982). 8개월 된 아기는 이러한 불일치를 인식하지 못했다. 그러나 9.5개월 된 아기는 공동출처에서 나온 시각정보와 촉각정보는 일치해야 한다는 것을 분명하게 알고 있었으며, 시각정보와 촉각정보가 불일치할 때 놀라는 얼굴 표정을 짓고 이중점검과 탐색행동을 더 많이 하였다.

(2) 시각과 청각의 연결

　아기는 생후 4개월경이면 시각과 청각의 관계를 상당히 정확하게 이해하는 것으로 보인다. 한 연구에서는 두 종류의 영상(까꿍놀이, 드럼치기)을 좌우 시야에 각각 제시하고 한 영상에 해당하는 배경음악을 들려주었을 때, 생후 4개월밖에 안 된 어린아이들이 이 배경음악과 일치하는 영상을 더 오래 응시한다는 결과를 보고하였다(Spelke, 1976).

　생후 4개월 정도 된 아기들이 사람이 말할 때의 입 모양과 말소리의 관계를 지각할 수 있다는 것을 보여 준 연구들도 여럿 있다. 예를 들어, 4개월 된 아기들에게 성인두 명이 각자 /i/소리와 /a/소리를 반복해서 발음하는 모습을 좌우에 각각 보여 주고, /i/ 또는 /a/를 배경음으로 들려주었을 때 아기들은 자신이 듣는 소리와 입의 움직임이일치하는 성인을 더 오래 쳐다보았다(Kuhl & Meltzoff, 1982). 입의 움직임을 보고 소리를 파악하는 것처럼 보이는 이러한 능력은 심지어 신생아에게서도 찾아볼 수 있었다(Aldridge, Braga, Walton, & Bower, 1999).

생후 4개월 된 아기는 또 성별을 기준으로 얼굴과 목소리의 **공감각적 동등성**을 알아볼수 있으며(Walker-Andrews, Bahrick, Raglioni, & Diaz, 1991), 연령을 기준으로 이러한 동등성을 알아볼 수도 있다(Bahrick, Netto, & Hernandez-Reif, 1998). 즉, 이 시기의 아이는남자 목소리가 들리면 남자 얼굴을, 여자 목소리가 들리면 여자 얼굴을 더 오래 쳐다보며, 아동의 목소리가 들리면 아동 얼굴을, 성인의 목소리가 들리면 성인 얼굴을 더 오래 쳐다본다.

아기는 생후 6개월 정도가 되면 동등성과 관계없이 시각과 청각을 연결할 수 있다.성인은 애매한 시각적 사건을 지각할 때 이 자극을 청각정보에 의해 재조직한다. 가령,똑같은 두 개의 원반이 컴퓨터 화면 양쪽에서 서로를 향해 움직이다가 통과하는 것을보면 원반들이 서로를 통과해 흘러가는 것으로 지각하지만, 두 원반이 접촉하는 순간에'탕' 하는 소리가 나면 원반이 서로에게서 튕겨 나오는 것으로 지각한다(Sekuler, Sekuler, & Lau, 1997). 6개월 된 어린아이도 성인과 마찬가지로 청각정보에 따라 시각적 사건을달리 지각한다는 것이 밝혀졌다(Scheier, Lewkowicz, & Shimojo, 2003).

(3) 시각과 신체감각의 연결

아기는 또 매우 일찍부터 시각과 신체감각의 관계를 지각할 수 있는 것으로 보인다.아기가 이 관계를 지각할 수 있게 되면 타인의 행동을 눈으로 보고(시각처리), 자신의운동근육을 사용해서 그대로 따라하는(신체감각 처리) **모방행동**이 가능해진다. 실제로갓 태어난 아기가 성인의 행동을 보고 그대로 따라할 수 있다는 것을 보여 준 연구들이여럿 있다. 예를 들어, 멜츠오프와 무어(Meltzoff & Moore, 1977)의 연구에서는 출생후1시간~3일 된 아기들이 성인의 혀 내밀기, 입 벌리기, 입술 내밀기 등의 행동을 모방하였다([그림 4-9] 참조).

[그림 4-9] 성인이 보여 주는 혀 내밀기, 입 벌리기, 입술 내밀기 행동을 따라하고 있는 아기들

출처: Meltzoff & Moore(1977).

다른 사람의 얼굴 움직임을 모방하려면 모방하는 자신을 볼 수 없는 상태에서 자신의 얼굴 모습을 시각정보와 비슷하게 만들어 줄 동작명령으로 정확하게 변환해야 한다. Meltzoff와 Moore의 결과는 감각간 지각 능력이 거의 생득적이고 매우 일찍부터 존재한다는 강력한 증거를 제공한다. 여러 나라의 아기들을 대상으로 다양한 종류의 얼굴 움직임을 검사한 후속연구들도 Meltzoff와 Moore의 발견을 확인해 주었다(예: McKenzie & Over, 1983).

3. 기억발달

기억이 없다면 우리는 지금 이곳의 세계에 영원히 갇혀 있을 수밖에 없게 될 것이다. 기억은 과거에 경험했던 사건을 지금 이 순간 머릿속에 떠올림으로써 과거와 현재를 이어 주고, 나아가 미래까지 내다볼 수 있게 해 주는 놀라운 능력이다. 과거 없이는 현재도 없고 미래도 없다. 내가 누구인지 또는 어떤 사람인지에 대한 인식도 기억에 의존한다.

그렇다면 아기는 언제부터 이와 같은 능력을 갖게 되는가? 이 절에서는 아동의 기억이 연령에 따라 어떻게 발달하는지, 또 기억이 발달한다는 것은 무엇의 발달을 의미하는 것인지 알아보기로 한다.

1) 생후 초기의 기억발달

아이는 생후 언제부터 기억을 하기 시작하며, 무엇을 기억할 수 있는가? 연령에 따른
기억 발달의 양상을 알아보기 위해서는 먼저 기억에는 여러 유형이 있고, 기억 유형에
따라 출현 시기와 발달 양상이 조금씩 다르다는 점을 염두에 둘 필요가 있다(〈글상자
4-3〉 참조).

글상자 4-3   다중기억체계의 발달

　기억은 크게 **서술기억**과 **절차기억**으로 나눌 수 있는데, 전자는 의식적·의도적으로 마음속에 떠
올릴 수 있는 명시적 기억이고, 후자는 의식이 개입되지 않는 암묵적 기억이다. 암묵적 기억은 생후
초기부터 일찌감치 나타나며 연령에 따른 변화도 거의 없다. 그러나 명시적 기억은 생후 초기부터
연령차가 비교적 뚜렷하게 나타난다.

　서술기억은 다시 **일화기억**과 **의미기억**으로 나뉘는데, 일화기억에는 과거에 개인적으로 겪었던
사건들에 대한 정보가 저장되어 있고, 의미기억에는 이 세상에 대한 일반적 지식이 축적되어 있다.
아동은 일상의 경험을 통해 일화기억체계를 형성하고, 이를 바탕으로 지식이 확장되면서 의미기억
체계를 형성해 나간다. 절차기억은 지각-운동기술과 인지기술, 조건형성(고전적 조건형성과 조작적
조건형성 효과) 등으로 구분된다([그림 4-10] 참조).

　이러한 다중기억체계들은 각기 다른 속도로 발달하는데, 한 종단연구에 따르면 학령기 동안 서술
기억이 절차기억보다 더 빠른 속도로 향상된다(Lum, Kidd, Davis, & Conti-Ramsden, 2010). 최근
인지신경과학에서는 이와 같은 여러 유형의 기억이 뇌의 각기 다른 구조에 의해 좌우된다고 보고
있다. 예를 들어, 일화기억은 해마 또는 내측 측두엽과 특히 관련이 있고 기술학습은 운동피질과 특
히 관련이 있다.

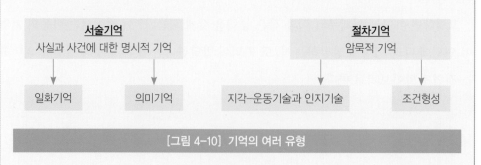

[그림 4-10] 기억의 여러 유형

　　어린 아기도 기억을 할 수 있는가? 영아의 기억을 연구할 때 가장 많이 쓰이는 습관화-탈습관화 패러다임을 사용한 연구들은 여러 번 경험한 사건이나 사물을 재인하는 능력이 매우 일찍부터 나타난다는 것을 보여 준다. 예를 들어, 아기는 생후 3~7주경이면 이전에 보았던 자극(빨간 삼각형, 파란 원 등)의 모양, 색깔, 크기 등을 알아보는 **재인기억**을 할 수 있다(Bushnell, McCutcheon, Sinclair, & Tweedie, 1984).

　　또한 아기는 한 번 경험한 사건을 상당한 시간이 지난 후에도 기억할 수 있다. 생후 5~6개월이 되면 기하도형이나 사람 얼굴과 같은 자극을 2일이 지난 후에도 알아볼 수 있다(Cornell, 1979). 생후 6개월 된 아기가 단 한 번 경험한 사건을 2년이 지나서도 기억할 수 있다는 것을 보여 준 연구도 있다(Perris, Myers, & Clifton, 1990). 이 연구에서는 아기들이 소리가 나는 위치를 파악하는 능력을 가지고 있는지 알아보았는데, 아기들이 수행할 과제는 어두운 조건과 밝은 조건에서 딸랑이 소리가 나는 쪽으로 손을 뻗어 그 소리를 내는 인형을 붙잡는 것이었다. 생후 6개월에 이 과제를 했던 아기들은 이 과제를 한 적이 없는 통제집단 아기들에 비해 동일한 과제를 2.5세에 하게 되었을 때, 처음 다섯 번 시행에서 소리가 나는 쪽으로 손을 뻗는 행동을 더 많이 그리고 더 정확하게 하였으며, 과제를 하는 동안 어둠을 겁내지 않는 경향이 있었다.

2~3개월 된 아기의 발목에 모빌과 연결된 리본으로 묶어 두면 아기는 발차기가 모빌을 움직일 수 있다는 것을 학습한다. 그러나 아기들은 이때 학습한 내용을 여러 날이 지난 후에도 기억할 수 있는가? Rovee-Collier와 동료들(1980)은 이 질문에 대한 답을 찾는 연구를 수행하였다.

[그림 4-11] 조건형성 패러다임을 이용한 아기의 사건기억 연구

출처: Rovee-Collier et al. (1980).

로브-콜리어, 설리반, 엔라이트, 루카스와 페이건(Rovee-Collier, Sullivan, Enright, Lucas, & Fagen, 1980)은 조건형성 패러다임을 이용하여 생후 3개월 된 아기의 사건기억을 연구하였다. 이 연구자들은 아기의 요람에 모빌을 설치하고는 모빌과 아기 발목을 리본으로 연결하여 아기가 발차기를 할 때마다 모빌이 움직이게 만들었다([그림 4-11] 참조). 즉, 발차기가 조건반응이고 모빌의 움직임이 보상이었다. 이 연구에서 생후 3개월 된 아기는 모빌과 발차기의 유관성을 길게는 8일까지도 기억할 수 있었다. 즉, 8일이 지난 후에도 모빌의 움직임을 보기 위해 의도적으로 발차기 행동을 하였다.

아기는 적절한 인출단서를 주면 '잊혀진' 기억을 되살릴 수도 있다. 로브-콜리어(1993)는 발차기를 측정하기 전에 움직이는 모빌을 보여 주는 등 모빌의 유관성을 상기시켜 주는 적절한 인출단서를 제공해 주었을 때 생후 2개월 된 아기는 14일까지, 3개월 된 아기는 28일이 지날 때까지도 모빌의 유관성을 완벽하게 기억해 낸다는 것을 발견하였다.

정보를 능동적으로 인출해 내야 하는 회상기억은 재인기억보다 더 늦게 발달하는데, 생후 8~12개월경이 되어야 나타난다. 이 무렵에는 (A-not-B 오류가 나타나기는 하지만) 대상영속성 개념이 출현하기 시작하면서 지연모방이 가능해지는 시기이다. 아동이 지금 눈앞에 없는 물체를 찾으려 한다거나 앞서 모델이 했던 행동을 그대로 모방한다는 것은 회상기억을 할 수 있다는 분명한 증거이다.

지연모방을 이용한 연구들은 어린 아동도 이전에 경험한 사건들을 시간 순서에 따라 재현할 수 있다는 것을 보여 주었다. 예를 들어, 한 연구에서는 13개월 된 아기들이 인형을 욕조에 넣고 스펀지에 비누칠을 해서 인형을 씻기고 수건으로 인형의 몸을 닦아 주는 등 앞서 관찰하였던 목욕시키기 행동들을 순서대로 빠짐없이 재현할 수 있다는 것을 발견하였다(Bauer & Mandler, 1990). 또 다른 연구에서는 17~23개월 된 아동들에게 '목욕하기'라는 친숙한 사건과 '딸랑이 만들기'라는 새로운 사건이 진행되는 장면을 순서대로 보여 주었는데, 아동들은 즉시회상 검사에서뿐만 아니라 6주 후의 지연회상 검사에서도 두 사건 모두를 순서대로 잘 기억하고 있는 것으로 나타났다(Bauer & Shore, 1987).

좀 더 단순한 형태의 회상기억은 영아기 초에도 가능하다. 예를 들어, 7개월 된 영아는 항상 같은 곳에 놓여 있던 장난감이 어느 날 그 장소에 없으면 놀라는 표정을 짓는데,

이런 반응은 그 자리에 있던 물건을 아기가 기억하고 있다는 것을 보여 주는 것이다.

어린 아동은 사건의 진행순서를 상당 기간이 지난 후에도 회상할 수 있는데, 이러한 회상능력은 연령에 따라 변화한다. 한 연구에서 9개월 된 아기들의 절반 가량이 시간 순서에 따라 진행되는 사건계열을 1개월 동안 기억하였으며, 10개월 된 아기들은 동일한 내용을 3개월이 지나서도 기억하였다(Carver & Bauer, 2001). 또 다른 연구에서 13개월 된 아동의 80% 가량이 1개월 동안, 20개월 아동의 80% 가량이 적어도 6개월 동안 사건의 시간 순서를 기억해 낼 수 있었다(Bauer, Wenner, Dropik, & Wewerka, 2000). 이 연구에서 20개월 된 아동의 70% 가량은 심지어 1년이 지난 후에도 시간 순서를 기억할 수 있었다.

어린 아동이 자신이 경험한 사건들을 이와 같이 시간순서에 따라 조직하고 기억하는 데에는 인과관계가 중요한 역할을 한다. 한 연구(Mandler & McDonough, 1995)에서는 생후 11개월 된 아기들에게 두 단계에 걸친 연속적 행위들을 보여 주고 24시간과 3개월이 지난 후에 각 행위를 모방할 수 있는지 알아보았다. 아기들은 인과적 사건인 경우에는 24시간 후에는 물론이고 3개월이 지난 후에도 잘 회상하였으나, 비인과적 사건들은 24시간이 지난 후에는 인과적 사건만큼 잘 기억하지 못했으며 3개월 후에는 전혀 기억하지 못했다.

글상자 4-4   영아기 기억상실증

우리는 몇 살 때부터의 일들을 기억할 수 있는가? 대부분의 사람은 3세 이전에 일어났던 일들은 거의 기억하지 못한다. 3세 이후의 몇 년 간에 대한 기억도 제한적이다. 한 연구에서는 대학생들에게 동생의 탄생, 병원 입원, 이사, 가족의 죽음 등 어린 시절에 경험했던 사건들에 대해 여러 가지 질문을 하였는데, 연구에 참여한 대학생들은 특정 사건을 경험했을 당시의 나이가 많을수록 그 사건에 대해 더 많은 것을 기억하는 것으로 나타났다(Usher & Neisser, 1993).

아기들이 일찍부터 재인기억과 회상기억이 가능하다면, 다시 말해 영아기와 걸음마기 아기들이 여러 달 전에 일어난 일을 기억할 수 있다면, 초등학생이나 성인이 3세 이전의 어린 시절에 일어난 일들을 기억해 내지 못하는 영아기 기억상실증(infantile amnesia)은 왜 나타나는 것일까?

① **영아기 기억상실증**이라는 용어를 최초로 사용한 Freud는 아동 초기에 있었던 외상적 사건들에 대한 기억이 의식으로 침입하여 정서적 갈등을 일으키지 못하도록 억압하려는 경향 때문에 이 현상이 나타난다고 주장했다. 그러나 억압은 즐거운 사건들에 대한 기억에도 접근할 수 없는 이유는 설명하지 못한다.

② 좀 더 인지적인 설명을 선호하는 최근 연구자들은 언어발달이 영아기 기억상실증에 중요한 역할을 한다고 주장하였다(Simcock & Hayne, 2002). 언어를 사용하지 못하는 생후 초기에 겪었던 일들은 언어로 전환될 수가 없기 때문에 자서전적 기억의 일부가 될 수 없다는 것이다. 설령, 말을 할 수 있는 아동이라 해도 더 나이 든 아동이나 성인과 동일한 방식으로 경험을 표상하지는 못할 가능성이 높다. 아동은 나이가 들면서 성인의 도움에 힘입어 다른 사람과 공유할 수 있는 이야기 형식으로 자신의 경험을 부호화하고 기억해 내는 것을 학습하게 된다.

③ 또 하나의 흥미로운 가능성은 영아기 기억상실증이 인지 능력이나 언어 능력이 부족해서가 아니라 어린 시절에는 개인적 경험을 조직할 '자기(self)'에 대한 인식이 없기 때문에 생겨난다는 것이다(Courage & Howe, 2004). 자기에 대한 인식은 생후 2세경이면 확고해지는데, 아이들은 이때부터 여러 사건을 '나에게' 일어난 특정한 사건들로 조직하고 기억할 수 있게 된다고 본다. 실제로 자기개념의 발달은 학령 전기 아동이 과거의 일을 기억하는 데 도움을 준다.

④ 끝으로, 영아기 기억상실증이 지식구조의 발달에 의해 설명될 수 있다고 보는 관점도 있다(Nelson & Fivush, 2004). 이 관점에 따르면, 생후 초기 기억의 결여는 사건들의 시간적 · 인과적 순서를 기술할 추상적 지식구조가 아직 생겨나지 못한 데 따른 결과이다. 어린 아동은 주변 세계를 이해해 나가는 과정에 있기 때문에 사건들의 공통 요소, 즉 일상적 일과에 초점을 두지만 새로 경험하는 사건들이 갖는 일상적 측면은 나중에 이 사건들을 기억하는 데 도움이 되지 않는다는 것이다.

2) 일화기억의 발달

이 절에서는 서술기억 중에서 개인적으로 경험한 사건들에 대한 기억인 **일화기억**(episodic memory)의 발달 양상을 알아보기로 한다. 일반적 지식과 사실에 해당하는 **의미기억**(semantic memory)은 정보의 부호화, 저장 및 인출 과정에서 다양한 역할을 하는데, 의미기억 또는 지식이 기억 발달에 어떤 역할을 하는지에 대해서는 이 장의 후반부에서 논의하기로 한다.

일화기억은 보통 한 개인의 삶에서 일어나는 일화 또는 사건들에 대한 기억을 가리킨다. 성인의 일화기억은 매일 일어나는 일과적 사건들(routine events)에 대한 도식이나 스크립트를 중심으로 조직되는 경향이 있다. **스크립트**(script)는 매우 특수한 맥락에서 발생하는 사건의 시간적·인과적 순서를 표상하는 일반적 또는 추상적 지식구조이다. 예를 들어, 성인은 세탁을 할 때 일어나는 사건들의 순서를 표상하는 '세탁' 도식을 가지고 있다. 아동의 일화기억은 언제부터 이러한 스크립트로 구성되는가?

(1) 스크립트 기억의 발달

넬슨(Nelson, 1993)은 특정 사건의 사례를 여러 번 반복적으로 경험하면 일반적인 사건표상이 생겨난다고 지적하고, 현실을 구성하고 표상하고 해석하는 방식은 아동 초기에서 성인기에 이르기까지 일관성이 있다고 주장하였다. 즉, 아동도 성인과 마찬가지로 경험이 쌓이게 되면 개별 경험마다 달라지는 세부사항보다는 언제나 변함없는 핵심적 측면을 점차 더 강하게 표상하게 된다는 것이다.

실제로 일화기억은 아주 어린 시절부터 일반적인 사건표상들을 중심으로 조직된다. 다시 말해, 어린 아동도 시장 보기, 생일파티 같이 친숙한 맥락에서 되풀이해서 일어나는 사건들은 스크립트로 조직하여 기억한다. 아동은 2세 정도만 되어도 매일의 일과를 사건의 발생 순서와 인과관계에 대한 정보를 담고 있는 스크립트의 형식으로 구성할 수 있다(Bauer, 1997). 스크립트의 구성은 연령에 따라 점점 더 정교해지고 또 다양해진다(Fivush, 1997).

스크립트는 어린 아동이 자신의 경험을 조직하고 해석할 수 있는 틀을 제공해 주며, 미래의 유사한 상황에서 어떤 일이 일어날지 예측할 수도 있게 해 준다. 따라서 어린 아동들은 이러한 일과를 기억하는 데 힘을 쏟는다. 그러나 스크립트 기억은 일과적 사건에 초점을 둠으로써 새롭고 예외적인 사건들은 기억하지 못하는 대가를 치르게 만들 수 있다. 즉, 스크립트에 바탕을 둔 기억은 스크립트에 들어맞지 않는 비전형적인 정보는 누락해 버리기 쉽다. 예를 들어, 한 연구에서 2.5세가 된 아동은 바닷가 여행, 캠핑, 비행기 타기 등 최근 들어 경험한 '주목할 만한' 사건들을 회상하게 했을 때 평소 경험하지 못했던 새로운 면보다는 밥 먹고 잠 자는 등의 일상적인 일들에 초점을 두어 그 사건을 회상하였다(Fivush & Hamond, 1990). 아동이 이와 같이 최근 경험의 새롭고 흥미로운 측면이 아니라 매일 일어나는 일과를 중심으로 회상하는 이유는 무엇일까? 어린 아동에게는 주변에서 일어나는 모든 일이 새로우므로 나이가 어릴수록 이 새로운 사건들을 일상적인 일과 속에 끼워 넣는 것이 급선무이기 때문일 가능성이 크다.

아동은 나이가 들어가면서 비전형적인 정보도 잘 기억할 수 있게 될 뿐만 아니라, 특별한 사건일 경우에는 꽤 오랜 시간이 지난 후에도 기억할 수 있다. 한 연구는 3~4세 아동들이 디즈니월드에 다녀온 지 18개월이 지난 후에도 그 여행에 대해 상당히 많은 것을 기억하고 있다는 것을 발견하였다(Hamond & Fivush, 1991). 특히, 4세는 3세에 비해 성인의 도움 없이도 상세한 부분들까지 기억해 내는 것으로 나타났다. 연구자들은 이 아동들이 단 한 번의 경험을 이렇듯 잘 기억하는 것은 이 경험이 자신들이 가지고 있던 일상적 스크립트를 너무 많이 벗어나서 쉽게 동화할 수가 없었기 때문이라고 보았다.

또 다른 연구는 4세와 7세 아동들을 대상으로 반복되는 (스크립트) 사건과 비전형적이고 새로운 사건들을 회상하는 능력을 비교한 결과, 나이 든 아동들은 새로운 사건을 비전형적인 것으로 꼬리표를 붙여서 따로 기억해 두는 반면에, 어린 아동들은 일과적 사건과 비전형적 사건의 경계를 구분하지 못하고 뒤섞는 경향이 있다는 것을 발견하였다(Farrar & Goodman, 1990). 따라서 비일상적인 일화에 대해 별도의 기억을 수립하는 능력은 4세에도 완전히 발달하지 않는다는 결론을 내렸다. 그러나 비일상적인 새로운 사건이 매우 현저하거나 아동 자신에게 정서적으로 중요한 것일 경우에는 3~4세 아동들도 이러한 사건들을 상당히 잘 회상할 수 있다.

(2) 자서전적 기억의 발달과 부모의 역할

일화기억 가운데서도 개인의 삶에서 특별히 중요한 사건에 대한 기억을 가리켜 **자서전적 기억**(autobiographical memory)이라 한다. 자서전적 기억의 발달은 아동이 부모와 같이 자신에게 중요한 인물들과 상호작용하고 의사소통하는 방식에 의해 크게 영향을 받는다.

과거에 일어났던 사건에 대한 아동의 기억은 그 사건에 대해 부모와 이야기하는 공동활동(joint activity)에서 시작된다. 부모는 아이와 대화를 하면서 아이의 회상에서 부족한 부분을 받쳐 주고 확장해 주는 역할을 한다. 가령, 부모는 아이와 과거에 대해 이야기할 때 흔히 다음과 같이 맥락에 관한 질문들을 함으로써 아이가 세부사항들을 기억해 내도록 촉발한다. "우리 오늘 아침에 어디 갔다 왔지? 누구랑 함께 갔어? 거기서

뭘 봤더라? 그것 말고 또 본 거 있잖아?"

아이는 부모와 이런 대화를 하면서 어떤 사건에 대해 누가, 언제, 어디서, 무엇을 했는지 등의 정보를 기억하는 것이 중요하다는 사실을 학습하게 되며, 사건의 발생순서와 인과관계를 재구성할 수도 있게 된다. 아이는 또 과거 사건에 대한 평가를 묻는 부모의 질문("넌 어떤 게 제일 좋았어?")에 답변하면서 그 사건을 개인적으로 중요한 사건, 즉 '나에게 일어났던 일'로 기억하게 된다. 과거 사건에 대한 부모와 아동의 이와 같은 재구성은 Vygotsky가 말한 지식의 '사회적 재구성' 또는 로고프(B. Rogoff)의 '안내된 참여'와 개념이 매우 흡사하다. 과거 사건에 대해 많이 이야기하고 아이가 회상해 낸 정보를 정교화하고 평가하는 부모의 자녀는 그렇지 않은 부모의 자녀에 비해 2~3.5세 때 과거에 대해 더 많은 것을 기억하였다(Reese & Newcombe, 2007). 부모와의 대화는 자서전적 기억에 이보다 더 장기적인 영향을 미칠 수도 있다. 2~4세 사이에 일어난 사건들에 대해 엄마와 대화를 많이 한 자녀는 그렇지 않은 자녀에 비해 12~13세가 되었을 때 그 사건들을 더 잘 기억하였다(Jack, MacDonald, Reese, & Hayne, 2009).

부모와 아동의 과거사 재구성은 아동의 언어가 발달함에 따라 더욱더 상세해진다. 사건을 경험하는 시점에서 그 경험을 말로 옮기는 능력이 있는지의 여부가 자서전적 기억에 중요한 작용을 한다. 언어는 아동이 자신이 경험한 사건들을 일관성 있고 시간적으로 조직된 세련된 형태의 이야기로 구성할 수 있도록 해 주기 때문이다. 일관성 있게 조직된 그러한 사건들은 아동이 평생 지니게 될 최초의 자서전적 기억이 될 수도 있다. 아동이 경험한 사건에 대한 최초의 표상이 충분히 강하기만 하다면 상당한 기간이 지난 후에도 기억될 수 있다(Van Abbema & Bauer, 2005).

3) 아동 목격자의 기억

아동의 자서전적 기억은 아동 증언의 정확성 또는 신뢰성과 관련하여 관심을 불러일으키는 주제이다. 아동이 목격자 또는 범죄 피해자로서 증언을 할 경우, 낯설고 정서적 부담이 막중한 법정에서 자신에게 스트레스를 주는 사건(예: 아동학대)을 기억해 내야 하거나 부모나 친척 등 가까운 사람에게 불리한 진술을 할 가능성이 높다. 이런 상황에서 아동의 증언은 과연 얼마나 신빙성이 있는가? 스트레스는 아동의 기억과 부적인 관계가 있다(이승진, 2012).

성인 목격자 기억에 관한 연구에서는 성인이 자신이 목격한 사건의 세부사항을 잘 기억하지 못한다는 것을 보여 주었다. 예를 들어, 성인은 비디오필름으로 자동차 사고를 목격한 후 실험자가 "깨진 헤드라이트를 보았습니까?"와 같은 유도질문을 하면 깨진 헤드라이트 등 세부사항들을 잘못 '기억'해 내는 오류를 범한다. 성인 목격자의 기억에 이런 문제가 있다면 아동 목격자의 기억은 아마도 더욱 문제가 클 것으로 볼 수 있다.

목격자 기억은 범죄나 정신적 충격을 받은 경험에 대한 기억이라는 것 말고는 일화기억 또는 **사건기억**과 차이가 없다. 아동의 사건기억을 살펴본 연구들에서는 나이 든 아동이 어린 아동보다 더 많은 것을 기억하는 연령 차이가 뚜렷하게 나타나는 것을 보여 주었다(Poole & Lindsay, 1995). 그러나 학령 전기와 학령기 초기의 어린 아동도 사건의 세부사항은 잘 기억하지 못할지라도 핵심 내용은 비교적 잘 기억하며, 그들이 기억하는 내용은 대체로 정확했다(Bjorklund, Brown, & Bjorklund, 2001). 구체적인 단서를 주어 기억을 촉발하면 더 많은 정보를 기억해 내기도 하였다(Cassel & Bjorklund, 1995). 그러나 어린 아동은 정확한 사실을 많이 기억해 내면서 그와 동시에 부정확한 '사실'도 많이 기억해 냄으로써 전체 기억의 정확성은 감소하기 쉽다(Goodman et al., 1994). 더욱이 이러한 거짓기억은 오래 지속될 뿐 아니라 진짜기억만큼이나 또는 진짜기억보다 더욱 더 잘 잊히지 않는 경향이 있다(Brainerd & Reyna, 2004).

(1) 아동 목격자의 피암시성

부정확한 사실을 암시하는 유도질문을 하면 어린 아동만이 아니라 성인에게도 허위기억을 주입할 수 있다. 그러나 9~10세 이하의 어린 아동은 유도질문을 받으면 나이 든 아동이나 성인에 비해 잘못된 기억을 할 가능성이 더욱 크다(박자경, 이승복, 1999; Ceci, Loftus, Leichtman, & Bruck, 1994). 써씨와 동료들(Ceci et al., 1994)이 수행한 연구에서는 어린 아동들에게 허위기억을 심기가 얼마나 쉬운지를 보여 주었다. 이 연구자들은 학령 전 아동과 6세 아동들에게 쥐덫에 손가락이 끼이는 것과 같은 허구적 사건에 대해 반복적으로 질문을 하였다. 아동들은 처음에는 아무도 그런 사건을 경험한 적이 없다고 말했지만 결국에는 학령 전 아동은 절반 이상이, 6세 아동은 40% 가량이 그 사건을 실제로 경험했다고 보고하기에 이르렀다. 심지어 어떤 아동들은 사건의 세부사항을 실감나게 묘사하기까지 하였다.

허위기억 주입에서 중요한 변수는 개연성(plausibility)이다. 즉, 그 사건이 아동의 일상생활에서 얼마나 일어날 법한 사건인가 하는 것이 허위기억의 주입 여부에 크게 영향을 미친다(권일안, 최경숙, 2000; Pezdek & Hodge, 1999). 예를 들어, 5~7세 아동이 대상인 한 연구(Pezdek & Hodge, 1999)에서는 (자신이 한 번도 가 보지 않은) 쇼핑센터에서 길을 잃은 적이 있다는 허위기억을 받아들이는 아동은 30% 가량이었으나 관장을 받은 '기억'이 있다고 보고하는 아동은 5% 정도에 불과하다는 것을 발견하였다. 즉, 대부분의 아동은 관장과 같이 특이한 경험을 자신이 실제로 했다면 그런 일이 기억나지 않을 리가 없다고 생각하였다. 아동들은 또 허위기억보다는 진짜기억에 대해 세부사항을 더 많이 기억하였다. 실제로 경험한 사건에 대한 기억은 인위적으로 심어진 허위기억보다 더 자세하고 분명하다는 것을 알 수 있다.

이상으로 볼 때, 어린 아동은 개연성이 있는 내용을 강력하게 또 지속적으로 암시할 경우에는 실제 일어나지 않았던 일도 일어났던 것으로 받아들이는 **피암시성**(suggestibility)이 높다는 것을 알 수 있다. 어린 아동이 이렇듯 암시에 취약한 이유는 무엇인가? 성인의 말을 받아들임으로써 성인을 기쁘게 하려는 사회적 요인이 분명히 작용할 것이다. 또 요점(gist)보다는 정확한 세부사항을 부호화하고자 하는 어린 아동의 선호도 피암시성에 중요한 역할을 할 수 있다(Brainerd & Reyna, 2004). 어린 아동은 세부사항을 기억하고자 하는 동기가 강하기 때문에 자신이 부호화하지 않았거나 기억할 수 없는 일에 대해 질문을 받으면(예: "네 언니에게 손을 댄 남자의 얼굴에 상처가 있지 않았어?") 일단 그 질문에 긍정적으로 대답하고 나서 그런 일이 정말로 있었다는 확신을 갖게 된다는 것이다.

(2) 아동의 증언과 관련한 시사점

아동이 법정에서 거짓기억으로 오염되지 않고 정확한 진술을 하도록 하려면 어떻게 해야 할까? 많은 연구가 심리학의 기억회상 이론을 토대로 개발된 인지면접이 아동의 피암시성을 줄이는 데 효과가 있다는 것을 밝히고 있다(예: 권영민, 2004; 권영민, 이춘재, 2003; Holliday, 2003). 또 면접 횟수를 제한하고, 유도질문을 피하고, 아이들이 모르는 것은 모른다고 말하도록 주의를 주는 등의 방법들도 제안되었다(Poole & Lamb, 1998).

아이들을 면접할 때 실제 사건과 유사한 모델을 제시하는 등 회상에 도움이 되는 단서를 제시하거나(강민희, 최경숙, 2002), 우호적인 태도로 인내심을 가지고 대하는 것도 아이들이 허위기억이나 부정확한 내용을 보고할 가능성을 줄일 수 있다. 실제로 이러한 지침에 따라 학대받은 아동을 면접할 때, 아동이 정확한 정보를 더 많이 말하고 부정확한 정보는 덜 말하는 것으로 나타났다(Pipe et al., 2004).

4) 기억 기초능력의 발달

기억발달은 '무엇'의 발달인가? 지금까지 살펴보았듯이, 나이가 많은 아동은 어린 아동에 비해 더 많은 내용을 보다 정확하게 기억할 수 있다. 연령에 따른 이러한 기억차이는 다음의 네 가지 측면에서 설명할 수 있다(Siegler & Alibali, 2005). 첫째, 나이가 많은 아동은 기억 용량과 처리 속도 등의 기초능력이 더 뛰어나다. 둘째, 연령에 따라 기억전략의 효율성이 증진된다. 즉, 아동은 나이가 들수록 더 많은 기억전략을 보다 자주, 체계적으로, 융통성 있게 사용할 수 있다. 셋째, 상위인지/상위기억의 발달이다. 나이가 많은 아동은 기억의 작용에 대해 더 많은 것을 알고 있으며, 이러한 지식을 이용하여 적절한 전략을 선택하고 기억에 필요한 자원을 효율적으로 배당할 수 있다. 끝으로, 나이가 많은 아동은 어린 아동보다 기억할 자료에 대해 더 많은 것을 알고 있기에 기억을 더 잘할 가능성이 높다. 이 네 가지 가능성은 상호배타적인 것이 아니며, 연령에 따른 기억차이는 이러한 가능성의 조합에 의해 설명할 수 있다.

이 장의 후반부에서는 기억이 발달할 때 무엇이 발달하는지를 알아보기 위해 기억발달에서 기초능력, 전략, 상위기억, 지식기반이 각각 어떤 역할을 하는지 차례로 논의하기로 한다.

기억력 향상의 토대가 되는 기초능력으로는 정보를 처리하는 속도, 정보를 저장할 수 있는 저장 공간(기억 용량), 과제 해결에 적절하거나 필요한 정보에 선택적으로 주의를 기울이고 부적절한 정보는 무시할 수 있는 억제력 등을 들 수 있다. 이러한 기초능력은 발달 초기에 특히 중요한 역할을 한다. 아기들이 출생 직후부터 학습하고 기억할 수 있게 해 주며, 기억전략이나 상위기억 등을 사용할 수 있기 이전부터 상당량의 정보를 기억할 수 있게 해 준다.

(1) 정보처리 속도

정보를 처리하는 속도는 문제의 종류에 관계없이 연령이 높아질수록 점차 빨라진다 (Kail, 1991). 경험도 처리 속도에 분명히 영향을 미치겠지만 생물학적 성숙이 무엇보다 큰 역할을 하는 것으로 알려져 있다. 나이가 들면서 뇌 연합영역의 수초화(myelination)가 진행되고 불필요한 시냅스의 가지치기가 이루어지면서 정보처리 속도가 점차 더 빨라진다. 운동영역과 감각영역은 생후 몇 년 이내에 수초화가 완성되지만, 연합영역은 청소년기나 성인 초기에 가서야 비로소 수초화가 완성된다. 수초화가 완성되는 시기의 차이가 정보처리 속도 및 정신 용량의 효율적 사용에서 연령차를 가져오는 직접적 원인인 것으로 간주되고 있다.

(2) 기억 용량

기억의 용량이 증가한다는 것은 정보를 저장할 수 있는 공간이 커진다는 것을 의미한다. 제3장에서 보았듯이, 기억에는 감각기억, 단기기억, 장기기억이 있는데, 감각기억과 장기기억은 연령에 따른 용량 변화가 거의 없으므로 기억 용량의 증가는 주로 단기기억 용량의 증가를 의미한다. 전통적으로 단기기억의 저장 용량은 기억폭(memory span) 검사로 측정한다. 기억폭이란 서로 관련 없는 항목(예: 숫자)을 빠른 속도로 제시했을 때 제시된 순서대로 정확하게 기억할 수 있는 항목의 수를 가리킨다. 기억폭은 2세에는 2개, 5세에는 4.5개, 성인기에는 7~8개 정도로 연령차가 뚜렷하게 나타난다(Dempster, 1981).

케이스(Case, 1985)는 연령에 따른 기억폭의 증가를 작동효율성 가설(operating efficiency hypothesis)에 의해 설명하였다. 나이가 들수록 정보처리 속도가 빨라지고 효율성이 높아지면서 동일한 문제를 해결하는 데 필요한 작동 공간이 줄어듦에 따라 저장 공간이 상대적으로 늘어난다고 보았다. 다시 말해, 어릴 때에는 많은 시간과 노력을 들여야 풀 수 있었던 문제들을 나이가 들면서 정보처리 속도와 효율성이 증가함에 따라 시간과 노력을 적게 들이고도 답을 얻을 수 있게 된다는 것이다. 곱셈 문제를 예로 들면, 아동이 구구단을 숙달하기 전에는 간단한 곱셈 문제를 푸는 데에도 시간과 노력을 많이 들여야 하지만, 일단 구구단을 외우고 나면 어려운 곱셈 문제도 쉽게 풀 수 있게 된다.

작동효율성의 증가는 학습이나 경험의 영향도 분명히 받지만 생물학적 성숙에 주로 의존한다(Case, 1992). 뇌와 신경계가 수초화되고 불필요한 뉴런이 제거되면 정보처리가 더욱 효율적으로 이루어지게 된다.

(3) 인지적 억제

자신이 선호하는 반응이나 쉽게 구사할 수 있는 익숙한 반응을 억제하는 능력, 즉 간섭에 대한 저항력은 넓게는 인지, 좁게는 기억이 발달하는 데 중요한 역할을 한다. Piaget의 A-not-B 과제를 실시해 보면, 아주 어린 아기는 이러한 억제력에 결함이 있다는 것을 알 수 있다. 이 과제에서 생후 6개월 이전의 아기는 자신이 찾고자 하는 대상을 A 위치에서 찾는 경험을 여러 번 하고 나면 그 대상이 이번에는 B 위치에 감춰지는 것을 눈으로 보고서도 여전히 A로 손을 내밀어 그 대상을 찾으려 한다. 이 아기는 대상이 실제로 어디에 있는지 잘 '알고' 있지만 지금껏 그 대상을 찾았던 위치(A)를 탐색하려는 경향을 억제할 수가 없는 것이다. A-not-B 과제 수행 능력은 생후 6개월에서 12개월 사이에 크게 향상된다. 생후 7개월에는 대상을 숨기고 그 대상을 찾는 행동을 개시하기까지의 지연 시간이 2초만 넘어도 A-not-B 오류를 보이지만 이 지연 시간은 9개월에는 6초, 11개월에는 10초 정도로 꾸준히 증가한다(Diamond, 1985).

인지적 억제는 부적절한 반응을 억제하고 방해되는 정보를 차단함으로써 작업기억이 기능할 수 있는 공간을 넓혀 주는 역할을 한다. 작업 공간이 넓어지면 과제와 관련된 정보가 실질적으로 더 많이 처리될 수 있으므로 기억에 도움을 줄 수 있다. 어린 아동은 과제와 관련이 없는 생각을 억누르지 못하는 **비능률적 억제**(inefficient inhibition)로 인해 기억수행이 낮아지게 된다.

억제력 향상은 대뇌피질 전두엽의 성숙과 관련이 있다. 전두엽은 발달 과정에서 가장 뒤늦게 성숙하는 부위로서 생후 1년 동안, 그리고 4세에서 7세 사이와 7세 이후에 각각 급격히 발달한다(Thatchter, Lyon, Rumsey, & Krasnegor, 1996). 6~12개월 사이의 아기들은 A-not-B 과제를 수행할 때 전두엽 부위의 반응이 증가한다(Bell & Fox, 1992). 이 부위가 아직 충분히 발달하지 못한 학령 전 아동은 전두엽이 손상된 성인과 마찬가지로 언어적 지시에 따라 우세한 반응을 억제해야 하는 과제를 수행하는 것을 어려워한다(Diamond & Taylor, 1996). 예를 들어, '공자 가라사대'와 같은 게임을 할 때 7세 아동은 '공자 가라사대'로 시작하는 지시만 따르고 그렇지 않은 지시는 따르지 않도록 자신의 행동을 쉽게 억제할 수 있지만, 4세 아동은 그렇게 하기가 어렵다. 길가영과 최경숙(2003)은 우리나라 아동을 대상으로 한 연구에서 9세 정도는 되어야 비관련 정보의 침입을 막고 관련 정보만을 회상하는 인지적 억제력을 발휘할 수 있다는 결과를 얻었다.

5) 기억전략의 발달

전략은 과제의 수행을 돕기 위해 목표지향적이고 의도적으로 사용하는 조작을 가리킨다. 전략은 우리가 하는 의식적 사고의 많은 부분에서 사용되는데, 아주 어린 아동도 일상생활에서 문제에 부닥쳤을 때 전략을 발견해 내거나 개발해 내곤 한다. 현대와 같이 정보화와 지식기반을 중요시하는 사회에서 성장하는 아동들은 살아가는 데 유용한 많은 전략(예: 수학 문제를 풀거나 책을 읽거나 기억할 때의 전략)을 학교에서 배우기도 한다.

전략 사용은 기억발달에 중요한 요인으로 작용한다. 아동은 나이가 들수록 더 많은 전략을 더 효율적으로 사용한다(박영아, 최경숙, 2007a, 2007b; DeMarie & Ferron, 2003). 그러나 연령에 따른 기억 발달은 전략 사용의 점진적 증가에서 비롯되기보다는 효과적인 전략을 어느 순간 갑작스럽게 발견하는 데 따른 것이기 쉽다. 슈나이더와 동료들(Schneider et al., 2004)은 유치원 아동을 대상으로 전략 사용과 기억 수행의 관계를 알아보는 종단연구를 실시한 결과, 아동의 기억은 비전략적 행동이 전략적 행동으로 급격히 전환되면서 발달한다는 것을 밝혀 내었다. 이 연구에서 일부 아동들(N=9)은 전략을 일관성 있게 사용하였고, 회상 수준도 일관성 있게 높았으나 상당수의 아동들(N=57)은 두 측정 시점에서 전략을 전혀 사용하지 않았고, 회상 수준도 매우 낮았다. 또 다른 아동들(N=28)은 두 번째 측정 시점에서 조직화 전략을 발견하여 사용하였는데, 이들 중 대다수(21명)는 회상 수행이 크게 증가하였다(나머지 7명은 올바른 전략을 사용해도 회상 수행이 증가하지 않는 활용 결함을 나타냈다.).

(1) 전략 사용의 출현

학령 전기의 어린 아동도 전략을 사용하는가? 어린 아동은 전략을 사용하지 않는다고 생각하던 때도 있었으나 최근 들어서는 이들도 간단한 전략은 사용한다는 것이 밝혀졌다. 특히, '생태학적으로 타당한' 기억과제일 경우에는 2세 이전의 어린 아동도 기억전략을 사용할 필요성을 어느 정도 인식할 뿐만 아니라 기억해야 할 대상의 위치를 스스로 계속 상기하는 것과 같이 전략적으로 보이는 행동을 한다. 예를 들어, 인형을 어디에 두는지 잘 보아 두었다가 나중에 그 인형을 낮잠에서 깨워 주라는 지시를 했을 때 18~24개월밖에 안 된 아동도 인형을 놓아둔 장소를 반복해서 쳐다보거나 손가락으로 가리키고 만지는 등의 행동을 통해 그 장소를 잊어버리지 않으려고 노력하였다 (DeLoache, Cassidy, & Brown, 1985). 그러나 암송이나 조직화와 같이 전략다운 전략은 학령기 동안에 발달한다.

(2) 암송

암송은 짧은 기간 동안 어떤 정보를 기억하고자 할 때 많이 사용하는 전략이다. 정보를 기억할 수 있을 때까지 반복해서 말하거나 머릿속으로 되뇌는 암송(rehearsal)은 가장 간단하면서도 효과적인 전략으로, 초등학교 입학 이후로 급속히 발달한다. 3~4세 아동은 장난감들을 보여 주고 기억하게 했을 때, 장난감들을 쳐다보고 이름을 말하기는 하지만 그 이름들을 기억하기 위해 암송하는 일은 거의 없다. 그러나 7~10세 정도가 되면 더 나이 어린 아동과는 달리 암송을 할 뿐만 아니라 암송을 많이 할수록 기억수행도 더 높아진다. 예를 들어, 플라벨과 동료들(Flavell et al., 1966)은 유치원에서 초등 5학년까지의 아동들을 대상으로 사물들의 그림을 기억하는 과제를 주고 아동이 이 과제를 하는 동안의 입술 움직임을 읽음으로써 자발적으로 암송전략을 사용하는지 알아보았다. 이 연구에서 5세 아동은 10%, 7세 아동은 60%, 10세 아동은 85%가 자발적으로 암송을 하였으며, 이렇게 암송을 한 아동이 그렇지 않은 아동보다 기억수행이 더 높은 것으로 나타났다. 박영아와 최경숙(2007b)은 이와 유사한 연구에서 5세 아동도 절반 가량(24명 중 11명)이 암송 전략을 자발적으로 사용했지만 회상 수준은 7세와 9세에 미치지 못했다는 결과를 보고하였다.

아동은 나이가 들수록 암송전략을 더 많이 사용할 뿐 아니라 더 효율적으로 사용할 수 있게 된다. 한 번에 단어 하나씩을 제시해 주고 회상하게 했을 때 5~8세 아동은 한 번에 한 단어씩 암송하지만, 12세 아동은 먼저 제시된 단어에 새로 제시된 단어를 추가하여 반복하는 누적암송(cumulative rehearsal)을 한다. 이렇게 여러 단어를 군집(cluster)

으로 묶어서 한꺼번에 암송하면 한 번에 한 단어씩 암송하는 것보다 기억을 더 잘할 수 있다.

어린 아동이 누적암송과 같이 효과적인 암송전략을 사용하지 못하는 이유는 무엇인가? 무엇보다 그와 같이 복잡한 전략을 사용할 경우 제한된 작업기억의 용량을 대부분 쓰게 되어 암송할 항목을 인출해 낼 공간이 충분치 않기 때문인 것으로 보인다. 한 연구(Ornstein et al., 1975)에서는 이러한 해석과 일치하는 결과를 얻었다. 즉, 기억해야 할 항목들을 제시한 후 없애지 않고 계속 볼 수 있게 함으로써 항목 인출에 따로 노력을 들이지 않도록 해 주면 7세 아동도 군집을 만들어 암송하는 전략을 사용할 수 있었다. 그러나 더 나이 든 12세 아동은 (아마도 군집에 의한 암송이 자동화되어 있기에) 앞서 제시된 항목들이 계속 눈앞에 제시되어 있는지 여부와 관계없이 군집전략을 사용할 수 있었다.

(3) 조직화

암송이 기억할 항목들을 단순 반복하는 것이라면, **조직화**(organization)는 기억해야 할 항목들을 관련이 있는 것끼리 범주나 집단으로 묶어 줌으로써 회상에 도움을 주는 기억전략이다. 우리가 한 번에 기억할 수 있는 정보의 양에는 제한이 있기 때문에 조직화에 의해 정보를 묶어 주면 더 많은 정보를 기억할 수 있다. 대개의 경우 조직화가 암송보다 더 효과적이다.

> 목록 1: 보트, 성냥, 손톱, 외투, 풀밭, 코, 연필, 강아지, 찻잔, 꽃
> 목록 2: 칼, 셔츠, 자동차, 포크, 보트, 바지, 양말, 트럭, 숟가락, 쟁반

사람들은 앞의 두 목록 중에서 목록 2를 훨씬 더 쉽게 기억한다. 목록 2의 항목들은 목록 1의 항목들과 달리 저장과 인출의 단서가 될 수 있는 3개의 의미집단(의복, 탈것, 주방도구)으로 묶일 수 있기 때문이다. 그러나 9~10세 이전의 어린 아동은 의미에 따른 조직화를 쉽게 할 수 있는 목록 2와 그렇지 않은 목록 1의 회상 수준에 차이를 보이지 않는다(Hasselhorn, 1992). 이러한 결과는 이 시기의 아동이 이후의 회상을 위해 정보를 조직화하는 일이 거의 없기 때문으로 해석할 수 있다. 두 목록은 항목 수가 동일하므로 조직화가 아닌 단순 암송을 하는 경우에는 난이도에 차이가 없으며, 따라서 기억수행

에도 차이가 없을 것이기 때문이다.

이렇듯 아동은 9~10세경이 되어야 조직화 전략을 사용하기 시작하며, 의미에 따라 조직할 수 있는 목록을 그렇지 않은 목록보다 더 잘 회상할 수 있게 된다(Liberty & Ornstein, 1973). 이혜련(1993)은 우리나라 7세와 9세 아동을 대상으로 한 연구에서 7세는 물론이고, 9세 아동조차도 범주 전형성(항목들이 어떤 범주가 가진 특성을 잘 대표할 수 있는 정도)이 높은 과제에서만 조직화 전략을 사용할 수 있다는 것을 발견하였다.

어린 아동도 항목을 범주별로 분류하여 기억하라는 지시를 분명하게 주면 조직화 전략을 사용할 수 있다. 그러나 나중에 논의하겠지만, 어린 아동은 조직화 전략을 자발적으로 사용하지는 않는 산출결함을 보인다. 조직화 전략을 사용하도록 훈련을 했다고 해서 연령차가 완전히 없어지는 것은 아니며, 훈련 때와는 다른 상황이나 재료에 조직화 전략을 일반화하여 적용하는 데에도 어려움을 겪는다(Cox & Waters, 1986).

(4) 정교화

정교화(elaboration)는 기억하고자 하는 정보에 무언가를 덧붙이거나 다른 정보와 관련을 지음으로써 기억에 도움을 주는 전략이다. 이는 외국어 단어와 그에 해당하는 모국어 단어를 짝 짓는 것과 같이 두 개 이상의 자극을 연결하는 짝짓기 학습에서 특히 유용한 방법이다.

기억하고자 하는 항목들을 심상의 형태로 전환하고 이들이 상호작용하는 관계를 설정하는 것과 같은 정교화는 기억에 큰 도움이 될 수 있다. 예를 들어, '피아노'와 '담배'

피아노   담배

[그림 4-12] 담배 피우는 피아노

라는 두 단어가 제시되었을 때 건반 사이에 담배를 물고 연기를 뿜어 올리는 피아노의 심상을 머릿속에 떠올릴 경우 이 두 단어의 관계에 대한 기억은 매우 견고하여 오랫동 안 지워지지 않을 것이다(그림 4-12] 참조).

정교화는 서로 관계가 없는 정보 간에 관계를 설정해 주는 것이기 때문에 다른 전략에 비해 늦게 발달한다. 정교화는 청소년기에 이르러서야 비로소 자발적으로 사용되기 시 작한다. 청소년은 어린 아동에 비해 지식기반을 더 풍부하게 갖추고 있고, 따라서 둘 또 는 그 이상의 항목들을 연결시킬 방법들을 더 잘 생각해 낼 수 있기 때문일 것이다.

(5) 인출전략

장기기억에 저장되어 있는 정보 중에서 필요한 정보를 원하는 때에 꺼내는 것이 인 출이다. 정보를 효율적으로 인출하기 위해서는 머릿속에 저장되어 있는 정보를 체계적 으로 탐색할 수 있어야 하며, 이들 정보를 연상할 수 있게 해 주는 **인출단서**를 활용할 수 있어야 한다.

정보가 장기기억에 저장되어 있다 해도 필요한 때에 신속하게 꺼내 쓸 수 없다면 아 무 소용이 없을 것이다. 어린 아동은 정보 인출에 취약하다. 그러나 어린 아동일지라 도 자유회상이 아닌 단서회상일 경우에는 정보를 훨씬 더 잘 인출해 낼 수 있다. 어린 아동이 자유회상에서 정보를 인출하기가 힘든 이유는 자유회상에서는 일반적 단서(예: "오늘 학교에서 무슨 일이 있었는지 말해 보겠니?")만이 제공되기 때문이다. 반면에, 단서 회상에서는 특정한 정보를 인출할 수 있도록 구체적인 단서("오늘 오후에 있었던 미술시 간에 무엇을 했니?")를 제공해 주기 때문에 어린 아동도 상당히 상세한 정보까지 인출할 수 있다.

어린 아동은 이처럼 특별한 단서가 주어지지 않으면 인출하는 데 어려움을 겪지만 그렇다고 해서 정보의 저장에 문제가 있는 것은 아니다. 예를 들어, 해리포터 시리즈 영화를 보고 온 5세 아동에게 엄마가 일반적인 질문을 하면("영화가 재미있었니?") 아동 은 단답형("네.")으로 짤막하게 대답하기 쉽지만, 그 영화를 이미 보았던 형이 구체적인 질문을 하면("해리랑 친구들이 퀴디치 대회에서 활약한 거 굉장하지 않았냐?") 영화 줄거리 에 대해 훨씬 더 상세한 내용까지 떠올려 가며 얘기할 수 있다. 일반적 질문과 구체적 질문에 대한 답변에 이런 차이가 있다는 것은 아동의 인출 실패가 저장의 문제가 아니라 인출단서 사용의 취약성에서 비롯된 것임을 보여 준다.

한 연구에서는 7세, 11세 아동과 대학생에게 여섯 가지 범주에 해당하는 물건의 그림을 기억하는 과제를 실시하였다(Kee & Bell, 1981). 대학생의 기억수행은 인출단서 제시 여부와 관계가 없었으나 7세 아동은 인출단서 제시 조건에서 기억수행이 월등히 높은 것으로 나타났다. 이 결과는 7세 아동이 인출단서를 스스로 생성하고 활용하지는 못하지만, 단서가 주어지면 이 단서를 이용해서 필요한 정보를 인출해 낼 수는 있다는 것을 보여 준다. 우리나라 아동을 대상으로 한 연구에서도 이와 유사한 결과를 보고하였다(박명자, 최경숙, 1990). 이 연구에서 초등학교 1학년 아동들은 인출단서를 제시해 주면 그림기억 과제에서 수행이 증가하였다. 오선영(1992)은 5세 아동도 초보적인 인출단서 활용능력은 가지고 있다는 것을 보여 주었다.

(6) 산출결함과 활용결함

어린 아동이 효율적 전략을 구사하지 못하는 것이 인지적 용량의 제한에서 비롯되는 것은 아닌 것으로 보인다. 전략을 자발적으로 사용하지 않는 아동일지라도 훈련을 통해 전략을 사용하도록 가르칠 수 있으며, 그렇게 할 경우 기억이 향상되기 때문이다. 한 연구(Kunzinger & Witryol, 1984)에서는 7세 아동이 금전적 보상을 주는 조건에서 그렇지 않은 조건에서보다 암송을 6배나 더 많이 하며, 이와 같이 암송을 할 때 기억수행이 높아진다는 것을 발견하였다. 이렇듯 아동이 전략 사용에 필요한 정신적 능력을 가지고는 있지만 외부의 촉구자극 없이 스스로 효과적인 전략을 산출하여 사용하지는 못하는 것을 산출결함(production deficiency)이라 한다.

그러나 훈련과 같이 외부자극에 의해 아동의 수행이 향상되는 경우, 그 효과가 단기적일 뿐 아니라 자발적으로 전략을 사용하는 나이 든 아동에 비해 수행 수준도 낮은 경향이 있다. 또 새로운 자료가 주어지면 새로 학습한 효과적인 전략을 사용하지 못하고 그다지 효과적이지 못한 옛 전략으로 되돌아가기 쉽다. 곧 보게 되겠지만, 아동이 이렇듯 전략의 일반화에 실패하는 것은 상위기억과 지식기반의 한계로 설명할 수 있다. 즉, 어떤 기억전략이 어떤 경우에 적절한지 잘 알지 못하거나, 지식의 제한으로 인해 기억해야 할 자료를 분류하고 정교화하기가 어려운 데에서 이유를 찾을 수 있다.

더욱이 자발적 전략 사용이 언제나 수행 향상으로 이어지는 것도 아니다. 새로운 고

급전략을 자발적으로 생성하여 사용하는 아동도 가끔씩 전략 사용이 즉각적인 수행 향상을 가져오지 못하는 **활용결함**(utilization deficiency)을 보인다. 학교나 실험실에서 아동에게 새로운 전략을 훈련시키는 경우에도 전략 사용이 효과를 내지 못하는 활용결함이 나타난다(Bjorklund et al., 1997). 활용결함은 전략 사용이 미숙하고 아직 손에 익지 않은 발달 초기 단계에 많이 나타난다.

문제해결에 더 적절한 새로운 전략의 사용이 수행 향상으로 이어지지 않는 활용결함은 왜 나타나는 것인가? 세 가지 가능성을 생각해 볼 수 있다. 첫째, 새로운 전략을 실행하는 데 정신적 노력을 너무 많이 소모하다 보니 문제해결에 필요한 정보를 모으고 저장하는 데 사용할 인지자원이 거의 바닥나 버렸을 수 있다(Bjorklund et al., 1997). 이럴 경우, 효율적인 전략을 사용한다 해도 실질적 도움이 되지 않으므로 아동은 이 전략을 사용하기를 꺼려하기 쉽다. 따라서 이 시기에는 교사가 이런 상황을 파악하고 아동이 그 전략을 계속 사용하고 연습하게 함으로써 전략 사용에 필요한 인지적 노력이 감소하도록 도와줄 필요가 있다. 둘째, 아동이 전략을 사용함으로써 얻게 되는 결과(예를 들어, 정답)에는 관심이 없고 새로운 전략을 사용하는 그 자체에 흥미와 즐거움을 느끼는 것일지도 모른다는 것이다(Siegler, 1996). 끝으로, 어린 아동은 자신의 인지 활동을 감찰하고 조정할 능력이 없거나 새 전략을 효과적으로 사용하고 있는지 여부를 판단할 능력(상위인지)이 없을 수 있다. 이 경우에는 상위인지/상위기억의 발달을 촉진하는 것이 기억전략 사용 및 기억수행 향상에 도움이 될 수 있다(Bjorklund et al., 1997).

이상과 같이 아동이 기억전략 사용에서 산출결함과 활용결함을 보인다는 연구 결과들을 보면, 전략의 발달이 연령에 따라 신속하게 또는 균일하게 일직선으로 진행되는 것은 아님을 알 수 있다.

(7) 다중전략의 발달

아동이 더 복잡하고 효율적인 전략을 사용할 수 있게 되었을 때 이전에 사용하던 비효율적인 전략들은 더 이상 사용하지 않고 폐기하는가? 그렇지 않다. 기억전략의 효율성은 연령에 따라 증가하지만 그것은 '평균적' 효율성이 증가하기 때문이지 나이 든 아동이 비효율적인 전략은 폐기하고 효율적인 새 전략만을 사용하기 때문은 아니다. 아동은 나이가 들면서 구사할 수 있는 전략의 레퍼토리가 점차 다양해지는데(박영아, 최

경숙, 2007a, 2007b), 그 가운데 효율적인 전략을 사용하는 빈도가 증가함에 따라 기억력
이 향상된다(Bjorklund & Rosenblum, 2001).

시글러(Siegler, 1996)는 어떤 연령의 아동이든지 각자가 해결해야 하는 문제와 관련
이 있는 다양한 전략을 가지고 있다고 보고, 아동의 전략 사용이 시간에 따라 변화하는
양상을 기술한 **적응적 전략선택 모델**(adaptive strategy choice model)을 내놓았다. 이 모델
에 따르면, 아동은 매순간 자신이 구사할 수 있는 여러 전략 중에서 어느 한 전략을 선
택한다. 발달 초기에는 단순하고 비효율적인 전략을 선택하는 경우가 많지만, 연령과
경험이 증가하고 정보처리 능력이 향상될수록 강력하고 효과적인 전략을 선택하는 경
우가 점점 더 많아진다. 그러나 새로운 문제나 익숙치 않은 문제에 부닥칠 때에는 이전
에 사용하던 비효율적인 전략으로 되돌아가기도 한다. Siegler는 이와 같이 전략의 발
달은 단계적으로 이루어지는 것이 아니라 [그림 4-13]에서처럼 새 파도가 끊임없이 밀
려오고 옛 파도가 밀려나듯이 연령의 증가에 따라 더 효율적인 전략이 점점 더 많이 선
택되고 사용되는 양상으로 진행된다고 제안하였다.

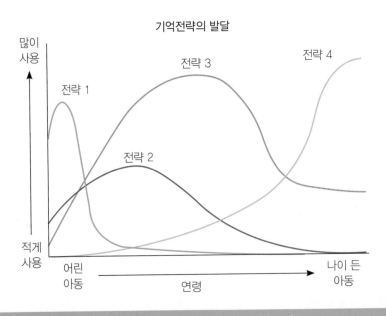

[그림 4-13] Siegler의 적응적 전략선택 모델

출처: Siegler(1996).

6) 상위기억의 발달

상위기억(metamemory)은 정보의 저장과 인출 등 기억의 모든 측면에 대한 포괄적 지식을 의미한다(Flavell, 1971). 정신작용에 대한 지식을 총괄적으로 일컫는 상위인지의 한 측면이다. 아동은 나이가 들면서 기억력의 한계, 과제의 난이도, 전략의 효율성 등 기억수행에 영향을 미치는 각종 변인에 대한 지식이 증가한다. 기억과 관련한 이러한 지식이 증가함에 따라 아동은 6~8세 무렵이면 기억수행을 향상시키기 위한 전략을 적극적으로 사용하기 시작하며, 그 결과 산출결함이 감소한다.

나이가 어린 아동도 초보적 수준의 상위기억은 가지고 있는 것으로 보인다. 3~4세 무렵이면 마음의 용량이 제한되어 있다는 것을 알고 있으며, 어떤 기억재료는 다른 재료들보다 학습하기가 더 쉽다는 것을 알고 있다(O'Sullivan, 1996). 또 항목의 수가 많을수록 기억하기 어려우며, 따라서 기억하는 데 노력이 더 많이 필요하다는 것을 알고 있고(Yussen & Bird, 1979), 공부를 오래 할수록 기억을 더 잘할 수 있다는 것을 알고 있다(Kreutzer, Leonard, & Flavell, 1975).

그러나 어린 아동은 자신의 기억능력을 과대평가하는 경향이 있다(박영아, 2007; Schneider & Pressley, 1997). 이들은 기억이란 현실의 '정신적 복사물'로서, 마음서랍 속에 차곡차곡 정리되어 있어서 필요할 때면 언제든지 끄집어내어 사용할 수 있다고 생각하는 것처럼 보인다. 한 연구에서는 4세 아동들에게 그림 10장을 보여 주고 나중에 몇 장이나 기억할 수 있겠는지 물어보았는데, 대부분의 아동이 10장 모두를 기억할 것이라고 대답하였다(Flavell, Friedrichs, & Hoyt, 1970). 그러나 실제 기억수행은 아동이 스스로 평가한 수준에 훨씬 못 미쳤다. 또 다른 연구에서는 5세 아동들 중 상당수(30%)가 자신은 절대 망각하지 않는다고 주장하였다(Kreutzer et al., 1975). 심지어 아동들은 기억수행과 관련해서 부정적 피드백을 받는 경우에도 비효율적인 전략을 계속 사용하면서 수행이 향상될 것을 기대하기도 하였다(Stipek, 1984). 하지만 이러한 과잉낙관성과 인지적 미성숙이 적응적 가치가 있다는 데 주목하는 학자들도 있다(Bjorklund & Green, 1992). 과잉낙관성은 능력 부족을 현실적으로 인식한다면 아예 사용할 엄두도 내지 않을 전략을 무모하게 시도하도록 함으로써 궁극적으로는 인지적 기술의 향상을 가져올 수 있다는 것이다.

아동의 상위기억은 4세에서 12세 사이에 크게 향상된다. 이 시기 동안에 아동은 마음이 구성적 행위 주체라는 것을 점차 알게 되고, 기억이란 현실을 그대로 복사하는 것이 아니라 그에 대한 해석을 저장해 두는 것임을 알게 된다. 5~6세 사이에는 이전에 본 자극과의 유사성이 기억오류를 일으키기 쉽다는 인식이 발달한다(Jaswal & Dodson, 2009). 그러나 전략의 유용성에 대한 지식은 발달 속도가 상당히 느리다. 아동은 7세가 넘어서야 암송과 조직화 등의 전략 사용이 기억에 도움이 된다는 것을 깨닫게 되며(Justice, Baker-Ward, Gupta, & Jannings, 1997), 서로 관련이 있는 항목들이 그렇지 않은 항목들보다 기억하기가 쉬운 이유가 무엇인지를 설명할 수도 있게 된다(O'Sullivan, 1996). 또 11세 이후에야 조직화가 암송보다 더 효과적인 전략이라는 것을 알게 된다(Justice et al., 1997).

또한 아동은 10세 이전에는 기억목표와 관련하여 자신의 기억행동을 감찰하고 조정하는 능력이 부족하다. 예를 들어, 아동들의 학습시간 배분 능력에 관한 연구(Dufresne & Kobasigawa, 1989)에서 10세와 12세의 아동은 어려운 책을 공부하는 데 시간을 더 많이 들였으나 6세와 8세는 쉬운 책과 어려운 책에 학습시간을 똑같이 배분하였다. 어린 아동도 쉬운 책과 어려운 책을 구분할 수는 있었으나, 이 지식을 학습시간을 조정하는 데 사용하지는 못했다. 상위기억의 자기조정 기능을 살펴본 연구들에서는 상위기억 발달은 주로 자기조정 능력의 발달에 의해 설명될 수 있다고 제안하였다. 효과적인 자기조정 전략은 청소년기까지 계속 발달한다.

상위기억의 증가는 기억수행 향상에 도움이 되는가? 4세와 6세 아동을 대상으로 한 연구에서 상위기억과 기억수행의 성공 간에 유의미한 관계가 있다는 결과가 보고되었고(Schneider & Sodian, 1988), 9세와 10세 아동 간의 상위기억의 개인차가 회상 변량의 많은 부분을 설명해 준다는 것이 밝혀졌다(Schneider, Schlagmuller, & Vise, 1998). 상위기억과 관련한 훈련이 기억 증진 효과가 있다는 것을 보여 준 연구도 여럿 있다. 따라서 기억수행은 상위기억이 발달함에 따라 확실히 증진되는 것으로 보인다(Goswami, 2008).

그러나 상위기억이 뛰어나다고 해서 기억수행이 반드시 더 높은 것은 아니다. 수십 편의 논문과 1만 명에 가까운 피험자들의 자료를 분석한 대규모 메타분석 연구에서 상위기억과 기억수행 간의 상관관계가 .41이라고 보고하였다(Schneider & Pressley, 1997). 또한 상위기억과 기억수행의 관계가 아동의 연령, 기억과제의 속성, 상위기억의 측정 방법 등에 따라 달라질 수 있다고 지적하였다. 이 두 변수 간의 상관이 .4 정도에 그치는 이유를 Siegler는 다음과 같이 설명하였다. 기억에 대한 지식이 기억수행에 도움이 되기 위해서는 기억과정에서 연결고리들이 하나도 빠지지 않고 빈틈없이 맞아떨어져야 하는데, 일상생활에서 흔히 그러하듯이 그중 한두 가지가 어긋나는 일이 생길 수 있고 그렇게 되면 둘의 상관관계가 사라져 버릴 수 있다는 것이다(박영신 외, 2007).

상위기억이 기억수행에 직접적으로 영향을 미치기보다는 기억전략을 매개변인으로 하여 간접적으로 영향을 미칠 가능성도 제기되고 있다. 만약 그렇다면, 산출결함을 보이는 아동의 기억력을 증진하기 위해서는 기억전략을 사용하도록 가르치되 특정 기억상황에서 그 전략이 다른 전략보다 효과적인 이유가 무엇이며, 각 전략을 어느 때 사용하면 가장 효과적인지 등을 가르칠 필요가 있다. 기억전략이 왜, 그리고 어떻게 기억에 도움이 되는지를 이해할 때 그러한 전략들을 실제로 사용하게 될 가능성이 더 크기 때문이다. 상위기억과 기억수행 간의 상관이 10세 이후에야 높게 나타난다는 결과 (Schneider & Pressley, 1997)는 나이 든 아동일수록 기억전략이 왜 효율적인지에 대해 더 잘 알고 있다는 것으로 설명할 수 있다.

7) 지식기반과 기억발달

아는 것이 많을수록 새로운 정보를 학습하고 기억하기가 그만큼 더 쉬워진다. 지식을 충분히 갖추고 있는 전문영역에서는 이미 가지고 있는 지식과 새로운 정보 간의 연합이 자동으로 활성화되므로 정보를 더 빨리 처리할 수 있을 뿐 아니라, 기존의 지식을 활용하여 정보를 묶고 정교화하는 등 효과적인 기억전략도 손쉽게 사용할 수 있기 때문이다. 사람은 나이가 들수록 경험이 많아지면서 더 많은 분야에서 더 많은 지식을 갖추게 된다. 어린 아동은 나이 든 아동에 비해 대개의 경우에 아는 것이 더 적다는 의미에서 '보편적 초보자'라 불린다(Brown & DeLoache, 1978). 어린 아동과 비교했을 때, 대부분의 주제에 대해 상대적으로 전문가라 할 수 있는 나이 든 아동이 기억을 더 잘하는 것은 기억하려는 내용에 대한 지식을 더 많이 가지고 있기 때문이라 할 수 있다.

어떤 영역에 대한 사전지식이 풍부한 전문가와 그렇지 않은 초보자의 기억을 비교한 연구들에서 전문영역에 대한 지식기반이 기억수행에 중요한 역할을 한다는 것을 보여 주었다. 지식의 영향력은 심지어 연령의 효과를 능가할 수도 있다. 한 연구에서는 6~10세의 아동과 성인에게 체스 시합 중반전의 상황에서 체스판에 놓인 말들의 위치를 기억해 두었다가 복기하는 과제를 하게 했다(Chi, 1978). 대부분의 발달연구와는 달리 이 연구에서는 아동이 전문가였고, 성인이 초보자였다. 표준 숫자폭 과제에서는 아동(보편적 초보자)이 성인보다 기억수행이 더 낮았지만, 체스판의 말들의 위치를 복기하는 과제에서는 아동(체스 전문가)이 성인(체스 초보자)보다 수행이 더 높았다. 연구자는 이 결과가 체스에 관한 지식이 풍부한 전문가 아동이 말들의 배열에서 초보자 성인이 보지 못하는 의미 있는 패턴들을 볼 수 있었기 때문이라고 제안하였다. 아동과 성인이 둘 다 체스전문가일 때에는 말들의 배열에 대한 두 집단의 기억에 거의 차이가 없었다(Schneider, Gruber, Gold, & Opwis, 1993).

지식의 차이는 또 전반적인 지능 수준보다도 기억에 더 큰 영향을 줄 수 있다. 한 연구에서는 지식이 기억에 미치는 영향을 알아보기 위해 네 집단의 아동들(축구에 대해 많이 알고 지능이 평균보다 높은 아동, 축구에 대해 많이 알고 지능이 평균보다 낮은 아동, 축구에 대해 잘 모르고 지능이 평균보다 높은 아동, 축구에 대해 잘 모르고 지능이 평균보다 낮은 아동)에게 축구 경기와 관련한 이야기를 들려주었다(Schneider, Korkel, & Weinert, 1989). 예상대로, '축구전문가' 아동이 그렇지 않은 아동보다 이야기의 내용을 더 잘 기억하였다. 그러나 놀랍게도 지능은 축구 경기에 관한 기억에 거의 영향을 미치지 않는 것으로 나타났다. 지능이 높은 아동은 지식을 빨리 습득할 수 있으므로 지능이 높으면 어떤 분야에서든지 전문성을 습득하기에 유리할 것으로 볼 수 있다. 그러나 이 연구는 아동집단 간에 지식에 차이가 없을 때에는 지능의 고저에 관계없이 새로운 정보에 대한 기억에도 차이가 없다는 것을 보여 주었다. 또 다른 연구에서도 IQ가 낮은 전문가가 IQ가 높은 비전문가보다 모든 과제에서 우월하지는 않았지만, 적어도 자신의 전문영역에서만큼은 새로운 정보를 더 많이 기억해 내는 것으로 나타났다(Schneider et al., 1996).

지식은 곧 힘이다. 나이 든 아동은 어린 아동에 비해 대부분의 주제에 대해 더 많은 것을 알고 있으므로 정신적 노력을 많이 들이지 않고도 자신이 알고 있는 것을 쉽게 활성화하여 사용할 수 있다. 따라서 이들이 기억을 더 잘하는 것은 새로운 정보를 부호화하고 분류하거나 다른 인지적 조작을 하는 등 기억에 실질적으로 보탬이 될 활동을 하는 데 투자할 정신적 용량이 그만큼 더 많이 남아 있기 때문이라고 할 수 있다.

✏️ 요점 정리

■ 주의발달

• 어린아이는 주의 폭이 길지 않고, 어떤 한 가지 일에 주의를 기울이는 시간도 짧다. 또한 목표 성취에 필요한 정보에 선택적으로 주의를 배분하는 능력도 부족하다.

• 과제 해결에 필요한 정보에 상당 시간 동안 선택적·계획적으로 주의를 지속할 수 있는 능력은 청소년 초기까지 점차 향상되는데, 이는 중추신경계의 성숙에 부분적으로 기인한다.

• 아동의 연령에 따라 주의 과정에 대한 지식, 즉 상위 주의가 발달한다.

■ 지각발달

• 영아의 지각을 연구하는 방법으로는 선호 패러다임과 습관화 패러다임이 많이 사용된다.

• 시력은 갓난아이 때에는 자극의 형태를 알아볼 수 있는 정도인데, 5세 정도가 되면 성인 수준이 된다. 생후 4개월이 되면 성인과 비슷한 수준으로 색채 변별을 할 수 있고, 성인과 마찬가지로 특정 범위의 파장을 가진 빛을 모두 특정한 색으로 범주화하여 지각한다.

• 생후 1~2개월 정도 된 아기는 사물의 전체 윤곽을 보지 않고 모서리 등 일부분만을 주사하지만, 생후 3~4개월에는 모양항상성과 주관적 윤곽을 지각하는 등 전체 형태의 지각이 가능해진다. 형태지각에는 운동단서가 중요한 역할을 한다.

• 아기는 태어난 지 얼마 되지 않은 때부터 사람의 얼굴에 흥미를 보이는데, 이러한 사람의 얼굴을 선호하는 것은 얼굴이 사회적 의미가 있는 자극이기 때문이 아니라 시선을 잡아끄는 물리적 속성들을 많이 가지고 있는 자극이기 때문이다.

• 생후 3~4개월 된 아기는 손을 내밀어 자신이 원하는 물체를 제대로 잡는 반응을 할 수 있다. 생후 6개월경이면 청각단서를 이용해서 물체가 자신에게서 어느 정도 멀리 떨어져 있는지를 판단할 수 있다. 생후 3~5개월경부터는 양안시각이 발달하면서 크기항상성이 나타나기 시작하고, 생후 6~7개월경이 되면 단안단서를 이용하여 공간정보를 추론할 수 있다.

• '시각절벽'을 사용한 연구에 따르면, 아기가 깊이를 지각하는 능력은 생후 초기 수개월 이내에 일찌감치 나타나지만, 깊이에 대한 공포반응은 생후 6개월 이후에야 나타난다. 이는 깊이에 대한 공포가 독자적인 움직임과 관련이 있다는 것을 보여 준다.

• 아기는 출생 이전부터 소리를 들을 수 있고, 출생 직후 몇 시간 동안은 코감기에 걸린 성인과 비슷한 수준으로 소리를 듣는다. 소리의 차이를 구분할 수도 있고, 소리에 따라 달리 반

응하기도 한다.

- 아기는 사람의 말소리, 특히 '모성어(motherese)'라 불리는 형태의 말을 선호한다. 또한 다른 사람의 목소리보다는 자기 엄마의 목소리를 선호한다. 이런 선호는 언어학습뿐 아니라 엄마와의 애착 형성에도 중요한 역할을 할 수 있다.
- 아기는 사람의 목소리에 주의를 기울일 뿐 아니라, 음소를 구별할 수도 있다. 사실 음소지각에서는 3개월 된 아이가 성인보다 더 낫다. 생후 10개월 미만의 아이는 현존하는 모든 언어에서 사용되는 음소들을 변별할 수 있으나 생후 1년 정도가 되면서부터는 모국어에서 사용되는 음소들만을 변별할 수 있게 된다.
- 생후 1개월 된 어린아이도 성인과 마찬가지로 모음의 소리를 범주적으로 지각한다.
- 최근 연구는 생후 1개월도 안 된 영아가 감각간 지각을 할 수 있다는 결과를 보고하고 있다. 갓 태어난 아기가 시각과 촉각을 연결하는 능력을 가지고 있고, 생후 4개월경이면 시각과 청각의 관계를 상당히 정확하게 이해하는 것으로 보인다. 아기는 또 매우 일찍부터 시각과 신체감각의 관계를 지각할 수 있게 되는데, 그에 따라 타인의 행동을 눈으로 보고 자신의 운동근육을 사용해서 그대로 따라하는 모방행동이 가능해진다.

■ 기억발달

- 아기는 한 번 경험한 사건이나 사물을 매우 일찍부터 그리고 상당한 시간이 지나서도 알아볼 수 있으며, 적절한 인출단서를 주면 '잊혀진' 기억을 되살릴 수도 있다. 단 한 번 경험한 사건을 생후 3개월 된 아기는 8일까지, 6개월 된 아기는 2년이 넘어서까지 기억할 수 있다는 것을 보여 준 연구도 있다.
- 회상기억은 재인기억보다 더 늦게 발달하는데, 생후 8~12개월경이 되어야 나타난다. 이러한 회상기억에는 인과관계가 중요한 역할을 한다.
- 개인의 삶에서 일어나는 사건들에 대한 기억을 가리키는 일화기억은 아주 어린 시절부터 일반적인 사건표상들을 중심으로 조직된다. 2세 정도 되면 매일의 일과를 사건의 발생 순서와 인과관계에 대한 정보를 담고 있는 스크립트의 형식으로 구성할 수 있고, 이러한 스크립트는 연령에 따라 그 구성이 점점 더 정교해지고 또 다양해진다.
- 일화기억 중에서도 개인의 삶에서 특별히 중요한 사건에 대한 기억을 가리켜 자서전적 기억이라 하는데, 자서전적 기억의 발달은 아동이 부모와 같이 자신에게 중요한 인물들과 상호작용하고 의사소통하는 방식에 의해 크게 영향을 받는다. 사건을 경험하는 시점에서 그 경험을 말로 옮기는 능력이 있는지의 여부가 자서전적 기억에 중요한 작용을 한다.

- 학령 전기와 학령기 초기의 어린 아동도 사건의 세부사항은 잘 기억하지 못할지라도 핵심 내용은 비교적 잘 기억하며, 구체적인 단서를 주면 더 많은 정보를 기억해 내기도 한다. 그러나 어린 아동은 정확한 사실을 많이 기억해 내면서 그와 동시에 부정확한 '사실'도 많이 기억해 내며, 개연성이 있는 내용을 강력하게 또 지속적으로 암시하면 실제 일어나지 않았던 일도 일어났던 것으로 받아들이게 될 수 있다.
- 기억력은 정보처리 속도, 정보 저장 공간(기억 용량), 과제 해결에 적절한 정보에 선택적으로 주의를 기울이고 부적절한 정보는 무시할 수 있는 억제력 등의 기초능력이 발달하면서 향상된다. 이러한 기초능력은 발달 초기에 특히 중요한 역할을 하는데, 아기들이 출생 직후부터 학습하고 기억할 수 있게 해 주며, 기억전략이나 상위기억 등을 사용할 수 있기 이전부터 상당량의 정보를 기억할 수 있게 해 준다.
- 아동은 나이가 들수록 정보를 기억하기 위해 암송, 조직화, 정교화 등 더 많은 전략을 더 효율적으로 사용한다. 전략 사용은 기억발달에 중요한 요인으로 작용한다.
- 어린 아동은 저장되어 있는 정보를 인출하는 데 어려움을 겪는다. 7세 정도에는 인출단서를 스스로 생성하고 활용하지는 못한다 해도, 단서가 주어지면 이 단서를 이용해서 필요한 정보를 인출해 낼 수 있게 된다.
- 적응적 전략선택 모델에 따르면, 전략의 발달은 단계적으로 이루어지는 것이 아니라 연령의 증가에 따라 더 효율적인 전략이 점점 더 많이 선택되고 사용되는 양상으로 진행된다.
- 기억력의 한계, 과제의 난이도, 전략의 효율성 등 기억수행에 영향을 미치는 각종 변인에 대한 지식을 상위기억이라 하는데, 아동의 상위기억은 4~12세 사이에 크게 향상된다.
- 아는 것이 많을수록 새로운 정보를 학습하고 기억하기가 그만큼 더 쉬워진다. 기존의 지식과 새로운 정보 간의 연합이 자동으로 활성화되므로 정보를 더 빨리 처리할 수 있을 뿐 아니라, 기존의 지식을 활용하여 효과적인 기억전략도 손쉽게 사용할 수 있기 때문이다. 나이 든 아동이 기억을 더 잘하는 것은 기억하려는 내용에 대한 지식을 더 많이 가지고 있기 때문이라 할 수 있다.

🖉 주요 용어

감각간 지각	계획적 주의	기억폭	누적 암송
단안단서	모성어	모양항상성	범주적 지각
비능률적 억제	산출결함	상위 주의	상위기억
선택적 주의	선호법	수초화	스크립트 기억
습관화 패러다임	시각절벽	아동 목격자 기억	암송
영아기 기억상실증	운동단서	의미기억	일화기억
자서전적 기억	작동효율성 가설	재인기억	적응적 전략선택 모델
적정괴리 가설	정교화	조직화	주관적 윤곽
주의 폭	지속적 주의	지식기반	지연모방
크기항상성	피암시성	활용결함	회상기억

Developmental Psychology

지능 및
창의성 발달

이 장에서는 심리학의 가장 오래된 주제 중 하나인 지능의 정의와 이론, 지능의 측정 그리고 지능과 관련된 문제, 즉 지능의 안정성, 지능에 영향을 미치는 요인들에 대해 살펴본다. Binet로부터 시작된 지능에 대한 심리측정적 접근들은 g요인을 중심으로 세부적인 지능의 요인과 구조를 밝혀 왔다. 반면, 지능에 대한 보다 현대적인 이론들에서는 지능의 정보처리적인 요소들뿐 아니라 이러한 정보처리에 영향을 미치는 맥락과 훈련의 효과 등을 고려하고 있으며 더 나아가 지능의 영역을 인간의 역량 전체로 넓히고 있다. 지능의 안정성과 지능에 미치는 영향에 관한 연구들은 지능의 유전적 영향을 밝히며, 안정성 또한 보고하고 있다. 끝으로, 21세기 전 세계가 하나의 지구촌으로 형성되면서 더욱 중요시 여겨지는 창의성의 개념과 측정 그리고 지능과 창의성 간의 관계를 알아본다.

1. 지능의 정의와 이론

"4살 때 지능검사를 통해 IQ 210을 기록해 1980년판 기네스북에 오른 ○○○은 5세에 5개 언어를 구사했고, 구구단을 배운지 7개월 만에 미적분을 풀었다. 그는 태어날 때부터 신체적으로나 정신적으로 조숙하였다."

"다운증후군인 ○○○은 모든 행동발달이 일반 아동에 비해 늦었다. 생활에 필요한 기본 기술인 먹기, 대소변 가리기 등의 신변 처리, 신체를 가누고 움직이는 운동 등의 행동이 다른 아동에 비해 현저하게 늦었고, 언어, 문제해결 등에서 지체를 보인다."

지능이란 인간의 지적 능력을 나타내는 대표적인 심리학적 개념으로, 가장 오래 연구된 개념 중 하나이다. 그러나 아직도 하나의 공통된 정의를 찾아보기가 힘들다. 앞의 예에서 두 아이의 중요한 차이는 지능으로 대변된다. 대표적인 지능검사의 개발자인 웩슬러(D. Wechsler)는 지능을 "합목적적으로 행동하고 합리적 사고를 하며 환경을 효과적으로 다루는 개인의 종합적 능력"이라고 정의하고 있다. 일반 사람들은 지능을 논리적 사고, 언어 유창성, 문제해결력, 학습 능력 등으로 정의한다(Siegler & Richards, 1982). 여기서는 지능에 관한 전통적인 심리측정적 관점(psychometric approach)과 보다 최신의 정보처리 관점(information processing approach) 등을 통해 그 정의와 관련 이론을 살펴보고자 한다.

1) 지능에 대한 전통적 관점: 심리측정적 관점

앞의 장에서 다룬 Piaget 이론이나 정보처리이론 등은 인간의 보편적인 인지발달을 중심으로 살펴보고 있으나 이 장에서 살펴보는 지능이론들은 인지발달의 개인차를 강조하고 있다. 측정의 아버지라 불리는 골턴(F. Galton)은 일찍이 19세기에 개인 간의 지적 차이를 선천적인 감각 능력을 중심으로 분석하였다. 그러나 지능에 대한 본격적인 연구는 비네(A. Binet)의 지능검사에서 찾아볼 수 있다.

20세기 초 프랑스 정부는 초등학교 정규교육 프로그램을 수학할 능력이 없는 지체 아동을 판별할 목적의 평가도구가 필요하였다. 이 프로젝트를 맡은 Binet는 지능검사를 만들었는데, 지능을 학습된 것으로 이해하고 '잘 판단하고 이해하며 추리하는 일반적인 능력'이라고 보았다. 그리고 지능의 구성요소로 판단력, 이해력, 논리력, 추론능력, 기억력 등을 제안하였다. 이때 탄생한 **비네-시몽**(Binet-Simon) **지능검사**(1905)는 실생활에서 유용한 구체적인 능력을 중심으로 구성되었고, 지능지수(IQ)를 산출하였다(Becker, 2003).

비네
(A. Binet)

〈표 5-1〉 Binet-Simon 검사문항의 예

2. 손에 느껴지는 작은 물체 잡기	16. 사물을 기억해서 비교하기
6. 간단한 명령을 수행하고 간단한 동작 모방하기	25. 문장 완성하기
9. 그림에 있는 사물의 이름 대기	29. 종이 자르기
10. 길이가 다른 두 개의 선을 비교하기	30. 추상적인 용어 정의하기
11. 3개의 숫자를 듣고 따라하기	

　그러나 이후의 이론가들은 지능이 단일 점수로 표현될 수 있는가에 대해 의문을 제기하였고, 요인분석 등의 방법을 통해 지능의 중다요소적 측면을 밝히기 시작하였다. 스페어먼(Spearman, 1904)은 일반적 지능의 존재를 지지하면서도 지능의 요소를 나누는 2요인 이론을 내놓았다. 그는 지능을 일반요인(general factor: g)과 특수요인(specific factor: s)의 두 차원으로 구분하였다(Spearman, 1927). g요인은 많은 과제에 공통적으로 사용되는 정신적 힘(mental energy)이며, s요인은 언어유창성, 공간 능력 등 특정 과제에서 사용되는 능력이다.

　이후 써스톤(Thurstone, 1938)은 Spearman의 g요인이 실제로는 7개의 구분되는 기본 정신 능력(primary mental abilities)으로 구성된다고 주장하였다. **기본 정신 능력**은 언어이해(어휘와 독해 능력), 언어유창성(단어 생성 능력: 예를 들어, '리'자로 끝나는 단어 생성), 수 능력(산수 능력), 시·공간 능력(도형이나 상징을 정신적으로 조작하기), 기억(단어, 문장, 그림 등을 회상하는 능력), 귀납적 추론(여러 사례로부터 원리를 구성하기), 지각 속도(상징 등을 빨리 재인하는 능력) 등이다. Thurstone(1947)은 비록 기본 정신 능력 간의 상관이 상당히 높아 기저의 일반 능력을 주장하는 학자들에 의해 비판을 받기도 하였으나 지능을 하나의 능력으로 이해하는 것보다 서로 다른 영역으로 구분하는 것이 더 유용하다고 주장하였다.

지능을 매우 다양한 요소로 구분한 학자는 바로 길퍼드(J. P. Guilford)이다. 그는 일반요인(g)의 존재가 여러 과제에서의 수행, 특히 실생활에서의 과제 수행 능력을 예언하는데 적절하지 않다고 보고 180개의 독립적인 요소의 조합으로 구성된 지능구조를 주장하였다(Guilford, 1988). Guilford는 **지능구조**(Structure of Intellect: SI)이론에서 내용(content), 산출(product), 그리고 조작(operation)의 3차원 상에서 여러 요소(5×6×6)를 분리해내고 한 개인의 지적 능력은 이들 요소의 독특한 결합에 의해 결정된다고 보았다. 그의 이론에서 많은 관심을 받고 있는 측면은 **확산적 산출**(divergent production)과 **수렴적 산출**(convergent production)에 대한 구분이며, 확산적 산출의 개념은 창의성과 관련하여 활발히 연구되고 있다. 그는 이 이론에 근거한 지능을 측정하기 위한 도구들을 개발하기도 하였지만, 180개의 능력이 거의 독립적이지 않다는 한계점을 가지고 있다.

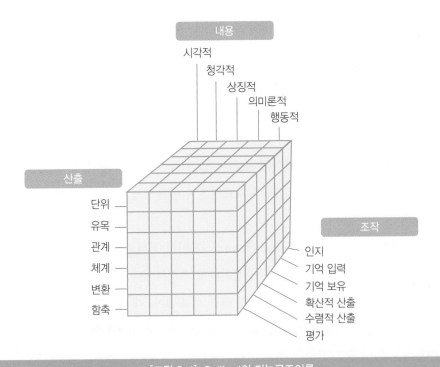

[그림 5-1] Guilford의 지능구조이론

　　지능을 다양한 요인이 구성된 것으로 보는 이론 중 커텔(R. B. Cattell)과 혼(J. L. Horn)의 이론은 최근의 지능검사 등과 밀접한 관련이 있어 자세히 살펴볼 필요가 있다. Cattell(1941)은 Spearman의 일반요인(g)과 Thurstone의 기본 정신 능력을 두 개의 주요 지능 차원으로 통합하였다. 그는 일반지능(g)이 유동성 지능(g-fluid)과 결정성 지능(g-crystallized)으로 구성된다고 주장하였다. 유동성 지능은 경험이나 교육 또는 문화의 영향을 덜 받는 능력으로 새롭고 추상적인 문제를 해결하는 능력과 밀접한 반면, 결정성 지능은 교육 및 경험을 통해 획득된 지식 등과 관련된 능력이다. 이러한 Cattell의 이론은 그의 동료인 Horn(1979)에 의해 더욱 발전되었다. Horn(1979)은 Cattell의 이론과 정보처리이론을 접목하여 g(v: visualization, 시각화), g(a: auditory organization, 청각 조직), SAR(Short-term Acquisition and Retrieval 단기저장 및 인출), TSR(Tertiary Storage and Retrieval, 3차 저장 및 인출) 등의 새로운 요인을 추가하였다.

　　Cattell과 Horn의 이론은 캐럴(Carroll, 1997)에 의해 C-H-C(Cattell-Horn-Carroll) 이

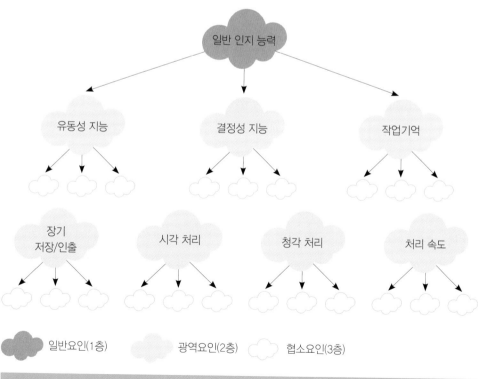

[그림 5-2] C-H-C 3계층 위계이론

출처: Schneider & McGraw(2012).

론으로 정립되었다. C-H-C 이론은 [그림 5-2]와 같이 가장 상위층에 일반요인(g)이 있고, 중간층에 여러 광역(broad)요인이 있으며, 맨 아래층에 다시 수십 개의 협소(narrow)요인이 있는 3계층 위계이론(Three stratum theory)이다. 중간층인 광역요인에는 유동성 지능(Fluid intelligence), 결정성 지능(Crystallized intelligence), 작업기억(Working memory), 장기/저장인출(Long term storage and retrieval), 시각 처리(Visual processing), 청각 처리(Auditory processing), 처리 속도(Processing speed)가 있다.

C-H-C 이론에 따르면, 평균 정도의 일반요인(g)을 가진 아동도 한 광역요인(예: 청각 처리)에서 높은 수준을 지닌다면 협소요인인 소리 변별 능력에서 매우 높은 수행을 보일 수 있다. 이 이론은 현재 다양한 지능검사의 이론적 틀이 되고 있다. 예를 들어, 전 세계적으로 가장 많이 사용되는 지능검사 중의 하나인 Wechsler 지능검사는 1930년대에 처음 개발될 때에는 전체 지능, 언어성 지능, 동작성 지능 등 비교적 단순한 구조를 상정하였으나 최근에는 C-H-C 이론 등에 바탕을 두고 상당히 많은 요인으로 구성된 지능검사를 내놓고 있다.

2) 지능에 대한 현대적 관점: 정보처리 관점 및 정서지능

여러 학자들이 지능에 관한 심리측정적 접근은 지능에 대한 연구의 기틀을 마련하였지만 지능을 이미 학습된 능력으로 제한한다고 주장하고 있다. 심리측정적 접근에 기초한 지능이론은 지적 내용이나 개인이 기존에 알고 있는 것에 주로 초점을 맞추는 대신 지식이 습득되고, 유지되고, 문제해결에 사용되는 과정 등을 다루지 않고 있다는 것이다. 또한 전통적인 지능검사들은 개인의 상식, 사회 및 대인관계 기술, 창의적 성취보다는 수학, 언어 및 공간 추리 영역에서의 능력만을 측정한다고 비판하였다. 정보처리 관점에 입각한 최신 지능이론들은 이러한 점을 보완하여 보다 과정중심적이고 맥락중심적인 능력을 반영하는 지능개념을 내놓고 있다. 정보처리 관점의 지능이론 중 대표적인 스턴버그(R. Sternberg)의 **지능의 삼원이론**과 가드너(H. Gardner)의 **다중지능이론**을 차례로 살펴보자.

[그림 5-3] Sternberg의 지능의 삼원이론

(1) Sternberg의 지능의 삼원이론(Triarchic theory of intelligence)

Sternberg(1985)는 대표적인 현대 정보처리이론가로, 전통적인 심리측정적 접근의 한계를 지적하고 인지적 접근을 내놓았다. 그는 지능을 "환경에 능동적으로 적응하는 정신활동이며, 자신의 생에 중요한 실생활의 환경을 선택하고 조성하는 것"이라고 주장하며, 인간의 지능은 생애에 걸쳐 환경의 변화에 대처하는 능력을 통해 평가해야 한다고 보았다. 이에 따라 지능은 요소(components), 경험(experience), 맥락(context) 등의 세 하위지능에 의해 결정된다는 삼원이론을 제안하였다.

요소는 상위인지(metacomponents), 수행(performance), 지식 습득(knowledge-aquisition)으로 다시 구분된다. 상위인지 요소는 문제해결과 결정에 사용되는 실행 통제 과정이다. 수행 요소는 상위인지 요소가 지시한 활동을 실제 과제에서 수행하는 요소로, 지각, 관계이해 등의 기본 정보처리과정이다. 끝으로 지식 습득 요소는 선택적으로 새로운 관련 지식을 습득하는 것이다.

경험은 새로운 상황과 자동화된 반응의 구분을 강조한다. 개인의 경험이나 훈련 정도 또한 그의 수행을 지적 행동으로 간주할지의 여부를 결정하며 새로운 상황에서도 과제를 수행할 때 지능이 높은 것이다. 지적 수행의 평가 시 문화나 교육의 영향을 고려할 필요가 있는데, 예를 들어 셈하기 능력은 19단을 외우는 대부분의 인도인이나 중국인이 다른 문화의 구성원보다 훨씬 우수할 수 있다. 경험은 새로운 문제에 당면했을 때 통찰력을 발휘하여 관련 없는 것을 연관시키는 능력의 중요성을 강조하는데, 이는 창의성과 밀접하다(Sternberg, 1997).

끝으로, 맥락은 환경에 적합한 정신활동을 강조한다. 효율적으로 환경에 적응하고 실생활에 만족한 정도가 지능을 반영한다. 인간은 환경에 맞게 자신을 변화시켜 적응(adaption)하거나 환경을 자신에게 더 적합하도록 조성(shaping)하며 대안적인 환경을 선택(selection)할 수 있다. 이 지능에서는 **실용적 영재성**(practical giftedness) 또는 일상의 영재성(street smarts)을 강조한다. 성공적인 지능이란 요소적 지능, 경험적 지능 그리고 맥락적 지능이 잘 연계되었을 때 구현된다.

(2) Gardner의 다중지능이론

Gardner는 지능이 전체적이고 단일한 개념이 아니라는 다중지능이론(multiple intelligence theory)을 제시했다. 그는 하나의 지능이 여러 요인으로 구성되어 있다고 보는 이론들과 달리 지능에는 매우 독립적인 여러 영역이 있음을 주장하였다.

가드너
(H. Gardner)

Gardner는 각 지능 영역을 결정하기 위해 정상인의 지적 발달 과정은 물론 문학가나 뇌손상자에게 나타나는 특수 재능, 다양한 인종에게서 나타나는 다양한 지능, 서로 다른 문화와 인종에서 가치 있게 여기는 재능, 그리고 지능의 요인분석 결과 등을 정리하였다. Gardner는 인간을 다음과 같은 서로 다른 유형의 지능을 나타낸다고 주장하였다.

Gardner에 따르면, 〈표 5-2〉에 제시된 9개(언어, 논리수학, 시공간, 신체운동, 음악, 대인간, 개인내, 자연, 영성)의 지능은 서로 독립적이며, 서로 다른 뇌의 영역과 관계가 있고, 독립적인 발달과정을 따른다고 본다. 이러한 그의 이론은 창의성 및 재능 연구에 큰 영향을 주었다. 또한 진로지도에도 영향을 주고 있는데, 예를 들어 언어지능이 높은 사람은 시인, 소설가, 저널리스트 등의 직업분야에서 성공적일 수 있다고 가정된다. 그러나 그의 이론은 전통적인 지능개념이 아닌 적성(aptitude)을 다루고 있다는 비판을 받고 있다.

〈표 5-2〉 Gardner의 다중지능이론

지능	특징	관련 직업
언어	단어의 의미와 소리에 대한 민감성, 문장 구성의 숙련, 언어 사용 방법에 대한 감수성	시인, 연설가, 교사
논리수학	추상적인 상징체계를 조작하고, 관계성을 지각하며, 논리적·체계적으로 사고하는 능력	수학자, 과학자
시공간	시각-공간적 관계를 정확하게 지각하고, 이러한 지각을 변형하며, 자신의 시각적 경험을 재창조하는 능력	예술가, 항해사, 기술자, 건축가, 외과의사
신체운동	신체로 표현하거나 목표 달성을 위해 신체, 물체를 능숙하게 다루는 능력	무용가, 운동선수, 배우
음악	음조, 선율에 대한 감수성, 음악의 다양한 측면에 대한 이해	음악가, 작곡가
대인간	타인의 감정을 잘 파악하고 타인을 주도하는 능력으로, 다른 사람의 기분, 기질, 동기 등을 잘 파악하고 적절하게 대처하는 능력	상담원, 교사, 정치인, 판매원
개인내	자신을 잘 알고, 자신을 잘 표현하는 능력을 갖고 있으며, 자신의 감정을 잘 다스리고, 자신의 장단점, 특기, 희망, 지능, 관심을 잘 파악하여 신체적 컨디션과 행동을 잘 조절하는 능력	철학자, 정신적 지도자
자연	동·식물이나 주변 사물(예: 복장, 자동차, 운동화)을 자세히 관찰하여 그 차이점이나 공통점을 찾아 분석하는 능력	다윈 등 동물행동학자, 원예가, 수의사 지리학자, 탐험가
영성	인간의 존재, 삶과 죽음, 희로애락, 인간의 본성 및 가치에 대해 철학적·종교적 사고를 할 수 있는 능력	종교인, 철학자

(3) 정서지능 및 기타 지능이론

기존의 지능이론은 인간의 적응과 능력을 충분히 설명하지 못한다는 입장에서 등장한 것이 **정서지능**(Emotional Quotient) 개념이다. 정서지능은 사람의 정서를 인식하는 능력, 여러 정서를 구분하고 정확히 명명할 수 있는 능력, 그리고 정서적 정보를 사고나 행동의 안내자로 사용하는 능력 등을 망라한다. 정서지능이라는 용어는 페인(Payne, 1985)이 박사학위논문에서 처음 사용한 것으로 알려져 있지만 사실은 1960년대부터 사용되어 왔다(Davitz, 1964; Leuner, 1965). 그 후 살로비와 메이어(Salovey & Mayer, 1990)가 뒤를 이어 연구하였는데, 이들은 정서지능을 정서적 정보를 처리하여 사회적 환경에서 대처하기 위해 사용하는 능력으로 보는 **능력모델**을 제시하였다. 한편, 정서지능을 능력보다는 자기보고를 통해 측정되는 행동적 특성과 능력이라고 보는 특질(trait)모델은 페트리즈(K. V. Petrides)에 의해 개발되었는데, 안녕감, 자기통제, 정서성, 사회성 등을 포함한다. **혼합모델**은 능력모델과 특질모델을 종합한 것으로, 지능을 지도자적 수행을 이끄는 기술과 특성으로 정의하고 있다(Petrides & Furnham, 2001; Tett, Fox, & Wang, 2005).

　여러 연구에서 정서지능이 높은 사람이 정신건강, 직업 수행, 지도성이 높다는 것을 보여 주었다. 정서지능의 측정도구나 정서지능의 향상 방법 등이 개발되고 있으며, 특히 정서지능의 신경학적 기제에 대한 연구도 시작되었다(Barbey, Colom, Grafman, 2012; Yates, 2013). 정서지능의 개념을 대중적으로 알린 사람은 골먼(Goleman, 1995)으로『정서지능: 왜 IQ보다 더 중요한가(Why it can matter more than IQ)』라는 대중적인 책을 통해 큰 관심을 받았다. 그러나 오늘날 정서지능을 측정하는 검사들은 기존의 지능검사들을 대체하지는 못하고 있다. 무엇보다도 정서지능이 진정한 지능인지, 더 나아가 기존의 지능개념이나 5대 성격 특성 개념을 넘어서 유용성이 있는지에 대한 비평을 받고 있다.

글상자 5-1　인공지능(Artificial Intelligence)의 이해

자율 주행

인공지능이란 인간과 동물이 지닌 지능이 아닌 인공물, 즉 기계의 지능이다. 컴퓨터 과학에서는 지적 작동자란 환경을 지각하고 목표달성을 위해 최적의 행동을 하는 모든 기기를 뜻한다. 즉, 인간과 같이 학습하고 문제를 해결하는 지적 기능을 하는 기계를 의미한다. AI 연구는 1956년 다트머스 대학에서 열린 워크샵에 참석한 카네기 멜론 대학의 뉴얼(A. Newell), 사이먼(H. Simon), MIT의 매카시(J. McCarthy), 민스키(M. Minsky), 그리고 IBM의 새뮤얼(A. Samuel) 등에 의해 시작되었다고 알려져 있다. 현재 글자 인식, 음성 인식, 바둑이나 체스와 같은 전략적 게임, 자율주행 자동차산업, 유통산업, 군사모의작전, 의학적 진단 및 수술, 소설 같은 창작활동 등 수많은 분야에서 적용되고 있으며, 최근 빅데이터와 함께 사용되면서 기술산업에 중요한 변화를 가져오고 있다. 학자들 중에는 AI로 인해 대량 실업과 같은 부정적 영향이 발생할 것을 우려하고 있다.

2. 지능의 측정

지능검사는 실시 방법에 따라 크게 **개인검사**와 **집단검사**로 구분할 수 있다. 집단검사는 실시 절차가 간단하고, 빠른 시간 내에 많은 사람을 대상으로 실시할 수 있다. 따라서 교실이나 기관 등에서 단체로 실시되는 지능검사는 대부분 집단검사이다.

개인 지능검사는 표준화된 검사 실시와 전문적 해석이 필수적이기 때문에 검사자에 대한 훈련과 경험이 많이 필요하다. 검사자는 지침서에 제공된 표준절차를 철저히 지키면서 동시에 아동의 대답에 주의를 기울여야 하며, 아동의 행동을 자세히 관찰하고 기록해야 한다. 무엇보다도 검사자 자신의 반응이나 실시 오류로 인해 피검자에게 영향을 끼치지 않도록 해야 한다. 표준절차에 따라 실시된 개인검사는 점수에 대한 신뢰도와 타당도가 높으며, 단순한 지적 능력에 대한 검사를 넘어서 검사태도 등을 통해 개인의 적응과 성격을 알려 주는 종합적인 도구로도 사용될 수 있다. 그러나 시간과 비용이 많이 들고, 검사시간이 오래 걸리며, 표준절차가 지켜지지 않을 경우에는 옳지 못한 해석 결과가 나올 수 있다. 이러한 개인 지능검사에는 다음과 같은 것이 있다.

1) Binet 지능검사

현대적인 개념의 지능검사는 Binet와 Simon(1905)이 개발한 비네-시몬(Binet-

Simon) 지능검사를 효시로 볼 수 있다. Binet-Simon 지능검사는 정상아동과 정신지체 아동을 판별하기 위해 개발되었으며, 연령에 따라 지능도 발달한다는 전제 하에 **정신연령**(Mental Age: MA) 개념을 도입하였다. 각 연령별로 6개의 문항으로 구성된 검사문항의 수행으로 지적 수행을 정신연령으로 산출하였다.

미국 스탠포드 대학교의 터먼(Terman, 1916)은 Binet-Simon 검사의 소검사를 확장하고 미국 문화에 맞게 문항을 수정하여 스탠포드-비네(Stanford-Binet) 검사를 출시하였다. 이 지능검사에서는 정신연령을 **생활연령**(Chronological Age: CA)으로 나누어 비율척도화한 지능지수를 산출하였다.

$$IQ=(MA/CA)\times100$$

따라서 지능지수가 100이라는 것은 정신연령이 생활연령과 같음을 의미하며, 평균 지능이라고 할 수 있다. Stanford-Binet 검사는 1916년에 최초로 개발된 이래 1937년, 1973년, 1986년, 그리고 2003년(5판)에 개정 절차를 거쳤다. 이 개정판들은 정신연령을 중심으로 하는 비율척도 대신 같은 연령의 규준집단과 비교하여 상대적 수준을 나타내는 편차 IQ(deviation IQ)를 사용하고 있다.

Stanford-Binet 검사는 전통적인 Binet 검사와 마찬가지로 학교장면에서의 수행을 평가하는 데 사용되며, 비교적 폭넓은 연령집단을 측정하고 지능의 다양한 차원을 측정할 수 있다(Ruf, 2003). 가장 최근에 표준화된 5판(SB5)은 4,800여 명의 다양한 연령, 성, 인종/민족, 지역, SES 집단을 포함하여 개발되었는데, 2세 이후의 연령집단에 사용 가능하며, 10개의 언어성과 비언어성 차원을 측정한다(Bain & Allin, 2005). Cattell-Horn-Carroll(C-H-C) 이론의 위계적 지능모델을 반영하는 5개 요인, 즉 유동추론(fluid reasoning), 지식(knowledge), 양적 추론(quantitative reasoning), 시공간처리(visual-spatial processing) 및 작업기억(working memory)을 측정한다(Bain & Allin, 2005). 5개 요인별로 각 언어 소검사와 이와 대비되는 비언어 소검사가 있으며, 비언어 소검사는 지적하거나 조작하는 방식으로 수행하게 된다(Bain & Allin, 2005). 이러한 비언어적 특성은 다문화 사회에서도 사용하기 용이하며, 전체 검사 시간은 연령과 능력에 따라 다르지만 15분에서 75분가량이 소요된다.

SB5에서는 네 가지 지능지수, 다섯 가지 요인점수, 열 가지 소검사에 대한 환산점수 외에도 백분위, 추정연령, 변화 민감성(change-sensitive) 점수 등을 제공한다(Janzen, Obrzut, & Marusiak, 2004). 또한 영재집단에 적합한 높은 지능점수 및 영재성 지수를 제공하고 있다(Ruf, 2003). 최신판에서는 진단의 정확성과 오류를 최소화하기 위해 컴퓨터 채점 체계를 도입하였다. 한국에서는 1970년에 고려대학교 전용신 교수가 1937년판 Stanford-Binet 검사 2판을 모체로 개발한 고대-비네(Kodae-Binet) 검사를 개발한 바 있으나 이후 현재 거의 사용되지 않고 있다.

2) Wechsler 지능검사

Wechsler(1896~1981)는 지능 수행은 인지적 요인뿐만 아니라 불안, 지구력 및 기타 정서적 특성 등 비인지적 요인의 영향을 받는다고 보았다(Wechsler, 1939). 그는 이러한 가정 하에 개인의 지적 능력을 평가할 수 있는 임상적 타당도가 높은 표준화된 지능검사를 개발하고자 하였다. 이를 위해 우선 여러 이론가에 의해 제안된 지능의 다양한 정의를 종합적으로 받아들이고 이러한 요소들을 평가할 수 있도록 소검사를 구성하였다.

웩슬러
(D. Wechsler)

Wechsler 지능검사도 개인이 속한 해당 연령집단 내에서 상대적 위치를 IQ로 환산하는 편차지능을 사용하고 있으며, 일반 지능 수준에 대한 평가뿐만 아니라 영역별 검사 해석 및 산포도나 프로파일 등의 해석을 통해 진단집단의 특징을 파악할 수 있게 해 주어 임상 평가에 매우 유용한 검사도구로 사용된다. 무엇보다도 Wechsler 지능검사는 한 개인의 적응적·정서적·행동적 측면을 종합적으로 이해할 수 있게 해 주어, 종합심리검사 배터리에서 기본 검사도구로 사용되고 있다.

Wechsler 지능검사는 Wechsler가 1939년에 제작한 개인용 지능검사[Wechsler-Belleuvue 지능검사(WB-1)]를 시작으로 유아용(WPPSI), 아동용(WISC), 그리고 성인용(WAIS)으로 개발되었는데, 지속적으로 개정되면서 사용되고 있다. 한국에서도 이 세 가지 검사 모두 최신 판들이 표준화되어 일관된 지능검사를 통하여 2세 6개월부터 성

〈표 5-3〉 한국 Wechsler 유아검사 4판(K-WPPSI-IV)에 사용된 문항 유형

소검사	문항
이해	이 중에서 도움이 필요한 아이들을 가리켜 보세요.
공통성	사탕과 아이스크림은 둘 다 무엇인가요?
어휘	양말은 무엇인가요?
모양 맞추기 	조각을 맞추어 보세요.

전체 척도				
언어이해	시공간	유동추론	작업기억	처리 속도
상식 공통성 (어휘) (이해)	토막 짜기 (모양 맞추기)	행렬추리 (공통 그림 찾기)	그림기억 (위치 찾기)	동형찾기 (선택하기) (동물 짝짓기)
기본지표척도				
언어이해	시공간	유동추론	작업기억	처리 속도
상식 공통성	토막짜기 모양 맞추기	행렬추리 공통 그림 찾기	그림기억 위치 찾기	동형 찾기 선택하기
추가지표척도				
어휘습득	비언어		일반 능력	인지효율성
수용어휘 그림명명	토막짜기 (모양 맞추기) 행렬추리 공통 그림 찾기 그림기억 (위치 찾기) 동형 찾기 (선택하기) (동물 짝짓기)		상식 공통성 (어휘) (이해) 토막 짜기 (모양 맞추기) 행렬추리 (공통 그림 찾기)	그림기억 위치 찾기 동형 찾기 선택하기 (동물 짝짓기)

[그림 5-4] K-WPPSI-IV 4.0~7.7세용 검사체계

인까지 지능을 측정할 수 있다. 유아용 검사인 WPPSI의 경우에는 2012년에 개정된 WPPSI-IV가 K-WPPSI-IV(박혜원, 이경옥, 안동현, 2016)로 표준화되어 사용 중이며, 아동용 검사인 WISC-IV는 K-WISC-IV(곽금주, 오상우, 김청택, 2011)로 개발되어 사용 중이다. 한국판 Wechsler 성인지능검사 4판(K-WAIS-IV)은 황순택, 김지혜, 박광배, 최진영, 홍상황(2012)에 의해 개발되었다. 가장 최근에 개발된 K-WPPSI-IV(박혜원, 이경옥, 안동현, 2016)를 살펴보면, C-H-C 이론에 따라 전체 지능 외에도 인지적인 특성에 따라 9개의 요인에 따른 능력을 산출하게 되어 있다([그림 5-4] 참조).

　Wechsler 지능검사에서는 지능을 평균 100, 표준편차 15인 점수체계로 산출하는데, 각 수행 수준별 분류체계를 [그림 5-5]와 같이 정하고 있다. 지능 측정과 관련하여 양극단의 수행을 보이는 두 집단이 특히 관심을 받고 있는데, 바로 정신지체집단과 영재집단이다. 하위 극단에 해당하는 정신지체는 IQ 70 이하인 사람을 말하고, 전체 인구의 약 3% 정도로 추정된다. 정신지체자 중에서 IQ가 50~70인 사람은 교육 가능급으로 분류되고, 30~50인 사람은 훈련 가능급으로 분류되며, 30 이하인 사람은 다른 사람의 보호에 의존해서 살아가야 하는 사람으로 분류된다. 이에 비해 영재는 분포에서 상위 극단에 속하는 사람들로, 보통은 IQ 130 이상인 사람을 말한다. 영재의 재능영역은 크게 학업적 영재와 특수 재능아로 구별된다. 학업적 영재는 지능, 창의성, 특수 학

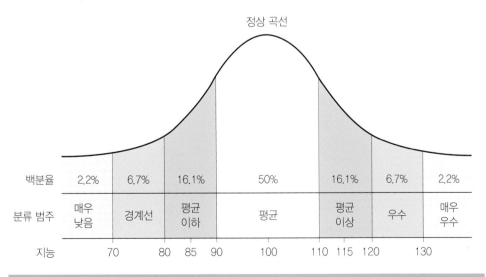

[그림 5-5] K-WPPSI-IV의 지능 분류 범주

문 재능이 우수한 아동을 말하고, 특수 재능아는 예술, 신체 기타 등이 우수한 아동을 말한다.

3) Kaufman 검사

Kaufman 검사(Kaufman Assessment Battery for Children: K-ABC)는 1983년에 1판이 출판되었고, 2004년에 2판(K-ABC-II)으로 개정되었다. 한국판 K-ABC-II(문수백, 2014)는 만 3~18세에 이르는 아동과 청소년의 정보처리와 인지 능력을 측정하기 위해 개발되었으며, 심리, 임상, 심리교육 그리고 신경 · 심리적 평가를 위한 목적으로 개발되었다.

K-ABC는 순차적–동시적 정보 처리 능력의 구별이라는 일원적 이론 기반 위에서 개발되었던 반면, K-ABC-II는 이원적인 이론구조에 따라 개발되었다. 하나는 인간의 인지기능을 뇌의 세 개의 영역(blocks) 혹은 기능단위(functional units)로 특징 짓는 루리아(Luria, 1966, 1970, 1973)의 신경심리학적 모델이고, 다른 하나는 광역요인(broad abilities)과 협소 또는 한정(narrow abilities)요인 간의 위계적인 구조로 특징 지워지는 C-H-C 이론이다(Carroll, 1997; Flanagan, McGrew, & Ortiz, 2000; Horn & Noll, 1997). K-ABC-II는 K-ABC와 마찬가지로 비언어성 척도를 포함하고 있다. 비언어성 척도의 하위 검사에서는 검사자가 몸짓으로 문항을 제시하고, 피검사자는 언어가 아닌 동작으로 반응할 수 있게 함으로써 청각 문제가 있거나 기타 제한된 언어 능력을 가진 아동들(예: 다문화가정 아동)을 보다 타당하게 평가할 수 있다.

4) Bayley 영유아발달검사

1933년부터 사용되던 캘리포니아 인지척도와 동작척도를 기초로 베일리(N. Bayley, 1899~1994)는 2개월에서 30개월에 이르는 영유아를 대상으로 한 Bayley 영유아발달검사(Bayley Scale of Infant Development: BSID) 초판(1969년)을 개발하였다. 현재 3판까지 개발되어 있는 이 검사([그림 5-6] 참조)는 유아의 발달적 위치를 평가하고 정상 발달로부터 이탈 여부 및 이탈의 정도를

베일리
(N. Bayley)

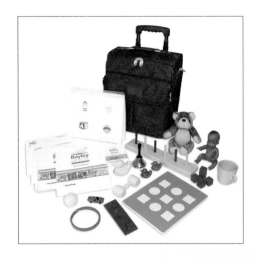

[그림 5-6] BSID-Ⅲ

출처: Bayley(2006).

파악하기 위해 개발되었다.

1993년에는 개정판(BSID-Ⅱ)이 출판되었고, 2006년에는 3판이 출판되었다. Bayley 영유아발달검사의 개발에서 가장 중요시 한 점은 영아기는 생애 초기로 성장이 빠르게 진행되고 언어를 사용하는 시기와는 다르므로 이 단계에 적합한 특수한 절차와 방법을 고안한 것이다. 어린 영아가 흥미를 갖고 참여할 수 있는 자극을 사용함으로써 지적 행동과 발달 특성을 측정하였다. BSID-Ⅲ는 인지, 언어, 동작, 사회정서 및 적응 척도로 구성되었다.

국내에 표준화되어 있는 한국 Bayley 영유아발달검사-Ⅱ(K-BSID-Ⅱ; 박혜원, 조복희, 2006)는 1993년도판 BSID-Ⅱ을 바탕으로 한 것이다. K-BSID-Ⅱ는 178문항으로 구성되어 인지, 언어, 개인/사회성 발달을 측정하는 **인지척도**, 112문항으로 구성되어 기본적인 동작 유형과 반응, 미세운동조절, 역동적 움직임, 순응적 움직임, 시각 · 운동 협응 발달을 측정하는 **동작척도** 그리고 30개 문항으로 구성되어 아동의 주의/각성, 과제 지향성, 정서 조절 요인과 운동의 질을 측정하는 **행동평정척도**로 이루어져 있다(〈표 5-4〉 참조). 행동평정척도는 수행의 질적 차이와 미래의 기능을 가장 잘 예측해 주는 척도로 알려져 있다. 검사에 소요되는 시간은 25분(1개월 미만), 60분(15개월 이상) 등 대략 45분인데, 사례의 10% 정도는 75분 이상이 소요된다.

〈표 5-4〉 K-BSID-II 검사문항 예

척도	문항 번호	해당 월령	문항제목	실시	채점
인지 척도	14	2개월	검사자가 말할 때 미소 짓기	검사 중 검사자가 말하거나 미소 지을 때, 미소 짓거나 웃거나 목소리를 내는지 관찰한다.	미소 짓거나 웃거나 목소리를 내면 점수를 준다.
	146	38~42 개월	수세기 (수의 명칭)	아이에게 "○○가 어디까지 셀 수 있는지 알고 싶어요. 셀 수 있는 만큼 많이 세어 보세요."라고 말한다.	정확한 순서로 3 이상 숫자를 세면 점수를 준다.
동작 척도	14	3개월	입에 손 가져가기	검사 중 아이가 손을 입으로 가져 가려고 하는지 관찰한다.	의도적으로 손을 입으로 가져 가려고 하면 점수를 준다. 이때 반드시 손을 입에 넣지 않아도 된다.
	75	23~25 개월	설탕 조각 10개 넣기 (60초 내)	아이의 손이 닿는 위치에 12개의 설탕 조각을 놓는다. 서로 닿지 않게 일정한 간격으로 조각들을 놓는다. 한 조각을 집어 병에 넣으면서 "선생님이 이 조각을 병에 넣을 거예요." 라고 말한다. 조각을 떨어뜨리면서 "이제 ○○가 해 보세요. 모두 넣어 보세요." 라고 말한다. 아이를 위해 병을 잡아 준다.	60초 안에 병에 설탕 조각 10개를 넣으면 점수를 준다.
행동 평정 척도	1	1~42 개월	아동의 행동에 대한 보호자의 평가	아이의 행동이 평소와 얼마나 다른지 보호자에게 평가하게 한다.	매우 비전형적(1), 대부분 비전형적(2), 다소 전형적(3), 전형적(4), 매우 전형적(5)으로 평가한다.
	17	6~42 개월	두려움	검사자가 아이에게 사회적으로 또는 신체적으로 접근할 때, 또는 도구를 제시할 때 아이가 검사자에 대해 두려움을 보이는 정도를 평가한다.	항상 두려워함(1), 대체로 두려워함(2), 반 정도 두려워함(3), 대체로 신뢰함(4), 항상 신뢰함(5)으로 평가한다.

5) 지능검사에 대한 비판과 대안적 지능검사

지능검사는 지적 수준을 판단하여 교육적 · 치료적 방법을 계획하기 위해서나 프로그램의 효과 검증 등에 사용하는 것으로 실용적인 면에서 매우 중요한 심리검사이다. 그러나 지능검사에 대한 비판은 첫째, 지능검사들이 매우 협소한 일련의 기술, 즉 수동적인 언어 이해, 지시를 따르는 능력, 상식, 학업 적성 등에만 관계된다는 것이다. 따라서 IQ라는 용어를 버리고, 그 대신 학업 능력 혹은 학업 성적, 학습 준비도와 같은 좀 더 구체적이고 정확한 용어로 대치하자는 대안이 제시되고 있다.

둘째, 지능검사의 내용과 실시에 있어서 소수 집단이 차별받고 있다는 비판이 있다. 미국의 경우에 검사의 주된 내용이 백인 중류 계층 중심으로 구성되었다. 따라서 소수집단의 아동들의 독특한 언어기술은 대부분의 지능검사로서 측정이 되지 않아 이들의 지능이 낮은 것으로 나타난다. 이에 대한 대안으로는 범문화적 검사가 제시된다.

셋째, 지능검사들이 학업 수행을 예측하고 과거의 학습을 반영하는 데 유용하다 할지라도 측정하지 못하는 것들이 많이 있다. 예를 들면, 창의력, 동기, 정서 및 태도와 같은 것이다. 지능을 환경에 대한 적응 능력으로 본다면 지능 지수 외에 창의성, 사회성, 정서, 동기, 태도와 같은 능력을 감안해야 할 것이다.

무엇보다도 정상 아동용 지능검사는 장애 아동들의 지적 능력을 적절히 평가할 수 없는 경우가 있다. 감각 기능이나 운동 문제, 말하기 및 읽기 장애를 가진 아동의 지능을 측정하기 위해서는 다양한 다른 지능검사를 사용할 수 있다. 지적 장애아를 평가할 때에는 Leiter 검사(Leiter International Performance Scale; Leiter, 1948), 감각, 지각 문제 또는 말하기 장애를 가진 3:6세~9:11세 아동의 추론 능력을 평가할 때에는 Columbia 정신성숙도 검사(Columbia Mental Maturity Scale; de la Paz, Munoz, Jackson, 1965), 언어 장애를 가진 만 3~17세 아동의 비언어성 지능을 측정하기 위해서는 Nebraska 학습준비도 검사(Nebraska Test of Learning Aptitude; Hiskey, 1966) 등을 사용할 수 있다.

한편, 국내에서는 이러한 특수아동을 위한 표준화된 지능검사의 종류가 많지 않다. 장애 아동용은 아니지만 언어적 이해와 표현을 강조하는 전통적인 지능검사와 달리 비언어성 지능을 측정하는 Raven 검사(Raven Matrix 검사; Raven, Raven, & Court, 1998)가 국내에서도 사용되고 있다(임호찬, 2010). 최근에 또다른 비언어성 지능검사인 CTONI-II(Comprehensive Test of Nonverbal Intelligence-II; Hammill, Pearson, Wiederholt, 2009)가 한국형으로 표준화되었다(박혜원, 2014). 한국 비언어 지능검사 2판(K-CTONI-II)은 6가지 소검사(그림 유추, 도형 유추, 그림 범주, 도형 범주, 그림 순서, 도형 순서)로 이루어져 있다. 이는 5~59세용으로 개발되어 있으며, 언어적 표현과 지시를 최소화한 검사로, 다문화가정 아동이나 기타 언어적인 장애가 있는 사람에게 사용하기에 편리하

다([그림 5-7] 참조). 그 외에도 기존의 지능검사가 이미 획득된 지식을 위주로 평가한다
는 비판 하에 환경과의 상호작용에서 변화가능한 학습잠재력(Learning potential)을 측정
하는 **역동적 평가**(Dynamic assessment)도 있다(Feuerstein, Rand, Hoffman, & Miller, 1979).

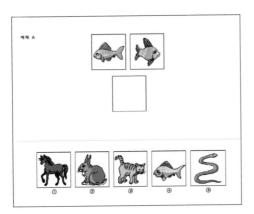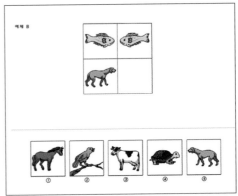

[그림 5-7] K-CTONI-II 범주 및 유추검사

3. 지능의 안정성과 지능이 예측하는 것

우리가 지능에 관심을 갖는 가장 큰 이유 중 하나는 지능이 안정적이고 지능의 측정
을 통해 다른 수행을 예측할 수 있다는 점이다. 예를 들어, 지능지수는 18개월 이후에
는 안정적으로 이후의 지능을 예측할 수 있으며 더 나아가 학업 성취를 예측할 수 있다
고 보고되고 있다(McCall, 1977). 지능의 안전성 및 학업 성취, 직업, 건강 및 적응에 미
치는 지능의 영향을 자세히 살펴보면 다음과 같다.

1) 지능의 안정성

일반적으로 **지능의 안정성**에 대한 관심은 유아기에 측정한 지능이 이후의 지능을 예
언할 수 있는가에 관한 것이다. 〈표 5-5〉에 제시된 바와 같이, 생후 18개월 이전에 검
사한 지능의 결과는 성장 후의 지능과 상관이 낮은 편이다(McCall, 1983). 이는 영아기

지능의 측정 대상이 되는 감각운동적 능력과 아동기 지능의 측정내용인 상징적이며 언어적 능력이 상이한 데에서 오는 측정내용의 차이에 기인하는 것으로 설명할 수 있다. 그러나 〈표 5-6〉에 제시된 바와 같이, 2세 이후부터 지능의 안정성은 크게 증가한다 (Humphreys, 1989).

〈표 5-5〉 지능의 안정성(McCall, Hogarty, & Hurlburt, 1972)

1차 검사 연령	2차 검사 시작		
	3~4세	5~7세	8~18세
1~6개월	.23	.01	.01
7~12개월	.33	.06	.20
13~18개월	.47	.30	.21
19~30개월	.54	.41	.49

〈표 5-6〉 2~15세 사이의 지능상관(Humphreys, 1989)

연령(세)	2	3	4	5	6	7	8	9	15
2		.74	.68	.63	.61	.54	.58	.56	.47
3			.76	.72	.73	.68	.67	.65	.58
4				.80	.79	.72	.72	.71	.60
5					.87	.81	.79	.79	.67
6						.86	.84	.84	.69
7							.87	.87	.69
8								.90	.78
9									.80

한편, 연령에 따른 지적 능력의 변화에 대해 살펴보면 인간의 지적 능력은 연령과 함께 증가하여 14세경에 정점에 이른다(Pintner, 1923)고 여겨져 왔으나 최근 성인기까지 발달한다고 보고되고 있다. 이는 가장 고차원적인 인지 능력을 담당하는 전두엽의 수초화가 청소년기 후반까지도 발달한다는 연구들에 기초하고 있다.

2) 학업 성취와 지능

젠슨(Jensen, 1998)은 지능 수행이 학교에서 가르치는 교과목들의 성적 중 언어와 수학 같은 일반적 추론 능력을 필요로 하는 교과목과 높은 상관을 보였다고 보고하였다. 지능은 빨리, 쉽게 학습할 수 있는 능력 등 학습의 가능성을 포함하고 있으므로 지능 수행이 학업 수행을 예측하는 것은 당연한 것일 수 있다. 무엇보다도 최초의 IQ 검사는 아동이 학교에서의 수행을 예언하고자 하는 목적으로 개발되었기에 학업 수행과 지능 간의 상관이 유의할 것으로 예상된다. 실제로 아동의 IQ와 학업 성적 사이의 상관은 평균적으로 .50이다(Neisser et al., 1996). IQ가 높은 학생들은 학교에서 좋은 성적을 낼 뿐 아니라 더 오랜 기간 수학하여 높은 학력을 갖게 된다(Brody, 1998). 부모의 학력이나 직업으로 측정한 사회경제적 지위보다도 지능이 학력을 가장 잘 예측한다(Neisser et al., 1996).

지능과 학업 성취와의 상관은 IQ 검사와 학업 수행이 모두 Spearman의 g요인, 즉 일반 지능과 각각 상관이 있기 때문일 수 있다. 그러나 이들 간의 상관은 IQ 검사와 학업 성취 둘 다 또다른 변인인 문화적으로 가치 있는 지식과 사고기술과 관련이 있기 때문에 나타날 수도 있다. 문화적인 가치를 반영하는 학교에서의 교과학습이 실제로 IQ 검사의 수행을 향상시킨다는 것은 이러한 해석을 지지한다. 예를 들어, 학교는 IQ 검사문항에서 측정되는 지식과 능력들(범주화, 기억책략 등)을 교육하며 제한된 시간 내에 성공적으로 시험을 치루는 태도와 기술을 길러 줄 수 있다. 결국 지능검사는 학업성취도 검사와 공통된 측면을 가지고 있다(White, 2000).

한편, IQ 점수와 학업 성취 간의 중간 정도의 유의한 상관은 집단의 경향을 의미하는 것이며 특정 개인의 IQ 점수가 항상 그의 학업 성취와 유의한 상관을 보이는 것은 아니라는 점을 이해하는 것이 중요하다(Ackerman et al., 2001). 개인의 학업 성취는 그의 공부 습관, 흥미, 성취 동기와 같은 많은 요인에 따라서도 달라진다. 따라서 IQ 검사가 다른 검사보다는 학업 성취를 잘 예언하지만 학생의 미래 성공은 검사점수만으로 결정되지 않는다(Neisser et al., 1996; Spinath, Spinath, Harlaar, & Plomin, 2006). 실제로 많은 연구에서 학생의 성적을 가장 잘 예언하는 단일 요인은 IQ 점수가 아니라 이전의 성적이라는 것을 보고하고 있다(Minton & Schneider, 1980).

3) 직업과 지능

지능이 인간의 적응을 측정하는 것이라면 이는 검사상황이나 학교상황에서 뿐만 아니라 궁극적으로는 일상생활에서, 특히 직업 상황에서 파악되어야 한다. 일반적으로 지능점수는 어떤 직업을 갖게 될지도 예측해 줄 수 있다. 높은 지능의 아이들은 높은 수준의 대학 교육을 받을 기회가 많아지고, 이로 인하여 전문직에 종사할 수 있는 가능성도 높아지기 때문이다(Ceci & Williams, 1997). 한편, 지능점수와 직업 수행 간의 상관은 직업의 종류에 따라서 다르며 .3~.5 정도의 상관이 있다고 보고된다(Neisser et al., 1996). 즉, 각 직업에서 필요로 하는 기능과 능력이 무엇이며, 어떻게 발달해 가는 지를 이해해야 지능과의 관계도 이해가 가능하다. 우선 직업에서의 업무내용이 학문적인 기술과 비슷하면 지능검사와의 상관이 높다. 따라서 지능점수는 전문직에서의 수행은 잘 예측해 주지만 다른 직종의 경우에는 그렇지 않다(White, 2000). 구체적으로 살펴보면, 지능과 직업 수행 간의 상관은 전문직이나 경영인의 경우가 가장 높고, 기계공의 경우가 가장 낮다.

직업에서의 수행과 지능 간에 상관이 있지만 지능 외에도 많은 요인이 직업 수행에 영향을 미친다. 지능 이외의 직업에서의 수행 능력에 영향을 주는 요인에는 실용지능 (practical intelligence), 동기, 협동능력, 책임감 등이 언급되고 있다. 또한 지능, 동기, 책임감 등과 같은 개인적 요인만으로는 직업에서의 성공을 충분히 설명할 수 없다. 현대 사회의 직업은 매우 복합적인 활동을 요구하므로 직업 관련 능력을 향상시킬 수 있는 교육과 훈련의 기회가 필요하다. 따라서 직업 수행에 미치는 이러한 제도적 · 사회적 요인 또한 중요하다. 예를 들어, 현대 사회의 직업에서 요구하는 전문성을 습득하기 위해서는 실습이 필요하다. 그런데 이 실습과정에는 자신의 행동에 대한 점검, 다른 사람으로부터의 피드백 등이 필수적이다.

『천재에 대한 유전연구(Genetic studies of genius)』

터먼(L. M. Terman)의 지능 및 영재에 대한 연구는 그의 박사학위논문 「영재와 저능아: 7명의 영재와 7명의 저능 남아들의 지적 과정 연구(Terman, 1906)」에서부터 시작되었다. 제1차 세계 대전 무렵, 미국에서는 군 입대에 적합한 대상자 선정과 신병들에 대한 부대 배치의 효율성을 높이고자 쉽고 신속하게 사용할 수 있는 집단용 지능검사가 필요하게 되었는데, 이 과정에서 지필형 검사인 Army Alpha와 문맹자를 위한 비언어성 검사인 Army Beta가 개발되었다. 이 개발 과정에 참여한 Terman은 이 검사들을 바탕으로 Stanford-Binet 검사를 개발하였으며, 1,500명의 영재아에 대한 종단연구 또한 수행하여 『천재에 대한 유전연구(Genetic studies of genius)』 5권을 집대성하며 영재 연구에 기여하였다. 그가 터만인(Termites)이라고 부른 영재 아동에 대한 연구는 참여 아동이 성장하여 성인이 되고 사망에 이르기까지 추적한 세계적인 종단연구로 유명하다. 1956년에 그가 사망했을 때, 추도문은 "영재아에 대한 지식 중 Terman에 의해 밝혀지지 않은 내용이 거의 없다."고 기술하고 있다(Sears, Farnsworth, McNemar, & Wallin, 1974).

4) 건강 및 적응과 지능

지능이 높은 사람들은 그렇지 않은 사람들에 비해 신체적·정신적 건강이나 적응이 어떠한가? 이에 대한 답은 평균적인 지능을 지닌 집단에서보다 영재와 같은 특수집단에서 시사되고 있다. Terman은 1920년대에 IQ가 140 이상인 영재 아동에 대해 심리학에서 가장 오래 지속된 종단연구를 시작하였다(Terman, 1922)(〈글상자 5-2〉 참조). 이 연구에서 영재아들의 능력과 개인적 특성을 수년에 한 번씩 조사하였다. 종단연구 결과, 영재아들은 지능 이외의 다른 면에서도 우수하였다. 예를 들어, 이들은 다른 영아들에 비해 더 빨리 걷고, 더 빨리 말을 시작했으며, 의사의 검진 기록에 의하여 판단할 때 전반적인 건강도 평균보다 더 좋았다. 교사들은 이들이 또래들에 비해 정서적으로 더 잘 적응하며 도덕적으로도 더 성숙하다고 보고하였다. 따라서 Terman은 영재아가 또래에 비해 사회정서적 발달이나 신체적 발달에서 열등하다는 많은 사람의 생각은 편견이라고 보고했다. 무엇보다도 영재아들이 중년기에 이르기까지 추적한 종단연구에서 이들이 교육 수준, 직업적 지위와 수입, 가정생활에서 높은 수준을 보여 전반적인 적응력이 높았다고 보고하고 있다(박경빈 등, 2016; Terman & Oden, 1947, 1959).

4. 지능에 영향을 미치는 요인

개인 간 IQ 점수의 차이는 무엇에 기인하는가? 여기서는 지능에 영향을 미치는 유전
과 환경의 기여에 대해 살펴보고, 지능 수행의 집단 간 차이 검토를 통해서 지능의 개인
차를 가져오는 요인에 대해 살펴본다.

1) 유전과 환경의 영향

지능을 결정하는 것이 유전인지 혹은 환경인지는 오랫동안 일반인과 연구자들의 관
심을 받아 왔다. 지능에 관한 유전적 요인을 규명하기 위하여 일반적으로 쌍생아, 입양
아, 형제자매 및 부모-자녀 간의 상관을 분석하는 연구가 수행되고 있다. 이 중 입양아
연구는 유전과 환경의 상대적인 영향에 대한 흥미있는 자료를 제공한다. 쌍생아 연구,
입양아 연구, 가정환경의 영향 및 플린효과를 차례로 살펴보자.

〈표 5-7〉 혈연관계와 성장환경에 따른 지능상관

관계	상관
같이 자란 일란성 쌍생아	.88
떨어져 자란 일란성 쌍생아	.74
동성의 이란성 쌍생아	.53
이성의 이란성 쌍생아	.53
같이 자란 형제	.49
떨어져 자란 형제	.46
부모-자녀	.52
양부모-자녀	.19
같이 자란 남남	.16

출처: Hughes & Noppe(1985).

(1) 쌍생아 연구

〈표 5-7〉에 제시된 바와 같이, 같은 환경에서 자라는 형제 간의 상관은 .49, 부모-자녀 간의 상관은 .52로 보고되고 있다. 그러나 일란성 쌍생아 간의 상관은 매우 높아 평균적으로 .80 이상의 상관이 보고되는데, 같은 환경에서 자란 일란성 쌍생아 간의 상관은 .88, 심지어 서로 다른 환경에서 자란 쌍생아 간의 상관도 .74로 같은 환경에서 자란 이란성 쌍생아 간의 상관인 .53보다 훨씬 높다. 따라서 사람들 간의 지적 수행의 유사함은 유전적 유사성, 즉 혈연관계와 비례한다(Bower, 2003).

그런데 스카와 매카트니(Scarr & McCartney, 1983)는 유전은 분명 지능에 가장 중요한 요인이지만 인간이 자신의 유전적 특성에 부합하는 환경을 추구하기 때문에 앞에서 보고된 지능에 미치는 유전의 영향에는 유전 자체의 영향뿐 아니라 유전이 이끌어 낸 환경의 영향도 포함되어 있다고 주장하였다. 예를 들어, 동일한 유전자를 공유하는 일란성 쌍생아는 이란성 쌍생아나 형제, 자매 간에서 보다 더 유사한 환경을 경험하게 되는데, 이는 동일한 유전적인 특성으로 인해 보다 유사한 환경을 선택하기 때문이다(McCartney et al., 1990). 따라서 일생을 통해 일란성 쌍생아들은 지적 유사성이 유지되는데 반해, 유전적인 차이가 있는 이란성 쌍생아나 형제, 자매들의 지적 유사성은 점차 줄어들게 된다(Wilson, 1983). 그러나 Scarr와 McCartney(1983)의 연구가 유전이 환경을 결정하고, 따라서 지적 발달에 모든 영향을 미친다는 것을 의미하지는 않는다. 지적으로 높은 유전적 특성(지적인 호기심과 탐구 욕구 등)을 가지고 태어났다 하더라도 이러한 소양을 만족시켜 줄 수 없는 열악한 환경에서 양육된다면 높은 지능을 지닌 성인으로 발달할 수 없다. 마찬가지로 어떤 아동이 지적인 활동을 선호하지 않는 유전적 특성을 가졌더라도 인지적 발달을 도모하는 자극적인 환경에서 꾸준히 양육된다면 평균 이상의 높은 IQ를 얻을 수 있다. 환경이 지적 수행에 어떠한 영향을 미치는지를 입양아 연구, 가정환경의 영향, 플린효과 등을 통해 자세히 살펴보자.

(2) 입양아 연구

입양된 아동의 지능은 혈연관계가 없는 양부모나 친부모의 지능과 어떠한 상관을 보이는가? 입양아에 대한 연구들은 이들이 입양한 양부모보다는 입양시키고 접촉이 없었던 친부모와 지능에 있어 더 높은 상관을 보인다고 보고하였다. 이는 다시 한 번 IQ

에 대해 환경보다 유전의 영향이 강력함을 보여 주는 결과이다.

그러나 입양아는 양부모와 약하지만 유의한 상관을 보인다. 더구나 입양 아동들의
IQ는 이들의 친부모의 IQ보다 10~20점 가량 높았다. 이는 대부분 입양하는 양부모
는 친부모에 비해 교육수준이 높으며, 입양된 아동들에게 지적으로 자극적인 가정환경
을 제공하여 아동의 인지 발달에 도움을 주었을 것으로 해석할 수 있다(Van IJzendoorn,
Juffer, Poelheuis & Klein, 2005). 또한 입양아들의 학업 성취도는 청소년기까지도 평균
적인 규준집단에 비해서도 다소 높았다(Waldman, Weinberg, & Scarr, 1994; Weinberg,
Scarr, & Waldman, 1992). 확실히 친부모의 학력에서 기대되는 수준보다 유의하게 높았
다. 따라서 입양아 연구는 지능과 같이 유전의 영향을 받는 특성도 실제 발달정도 또는
최종표현형(phenotype)은 상당히 가정환경(sicioeconomic status: SES)의 영향을 받는다
는 것을 시사해 주고 있다.

〈표 5-8〉 **가정환경(SES)에 따른 입양아의 지능**

친부모	양부모	
	높은 SES	낮은 SES
높은 SES	119.6	107.5
낮은 SES	103.6	92.4

출처: Capron & Duyme(1989).

입양아를 대상으로 보다 직접적으로 가정환경의 영향을 측정한 카프론과 듀임
(Capron & Duyme, 1989)은 〈표 5-8〉에 제시된 바와 같이, 가정환경의 영향은 표준화
된 지능검사에서 10점 이상의 차이를 보이는 것을 보고하였다. 유사한 연구들(Scarr &
Weinberg, 1983; Van IJzendoorn et al., 2005)에서도 열악한 가정환경에서 태어났지만 좋
은 가정으로 입양된 아동들이 유아기 이후의 지능검사에서 평균보다 높은 수행을 보였
음을 보고하였다. 또한 혈연관계가 없는 아동들이 한 가정에서 양육될 때 이들의 지능
간에는 약하지만 유의한 상관이 나타났다. 이들 간에는 유전적인 공통성이 없으므로
이러한 상관은 동일한 가정환경에서 기인하는 것으로 해석된다.

(3) 가정환경의 영향

입양아의 사례에서처럼 가정환경은 지적 성장을 촉진시킬 수도 있지만 발달을 방해할 수도 있는 강력한 요인이다. 클라인버그(Klineberg, 1963)는 열악한 가정환경에서 자란 아동의 지능은 평균 이하이며, 열악한 환경의 부정적인 영향은 노출된 기간에 비례한다고 보고하였다. 그러나 가정환경이라는 용어는 매우 포괄적이며 아동이 경험하는 다양한 가정 내 경험 중에서 실제 어떤 경험이 지능 발달에 어떠한 영향을 미치는지를 이해하는 것이 필요하다.

사메로프, 세이퍼, 볼드윈과 볼드윈(Sameroff, Seifer, Baldwin, & Baldwin, 1993)은 아동의 IQ에 영향을 주는 구체적인 가정환경 요인을 연구했는데, 〈표 5-9〉에 제시된 것과 같다. 이 위험요인은 4세 때뿐 아니라 대부분이 13세의 지능에도 영향을 미쳤다. 흥미로운 점은 위험요인의 영향은 위험요인의 종류보다는 수에 의해 결정되었다.

〈표 5-9〉 **4세 아동의 지능에 영향을 미치는 위험요인**

위험요인	위험요인에 노출된 아동	위험요인에 노출되지 않은 아동
어머니가 아동에게 긍정적인 정서를 거의 표현하지 않는다.	88	107
아동이 소수집단에 속한다.	90	110
가장이 실직 중이거나 미숙련 노동자이다.	90	108
어머니의 학력이 고등학교 중퇴 이하이다.	92	109
부모가 매우 엄격한 아동 양육관을 지녔다.	92	107
자녀 수가 4명 이상이다.	94	105
아버지와 동거하지 않는다.	95	106
어머니가 매우 불안하거나 우울하다.	97	107
가족이 스트레스를 많이 경험하였다.	97	105
어머니의 건강이 좋지 않거나 질병을 가지고 있다.	99	107

출처: Sameroff et al. (1993).

가정환경을 측정하는 HOME(Home Observation for Measurement of the Environment) 척도를 통해서도 가정환경의 중요한 측면들을 엿볼 수 있다. 이 검사는 영아용, 유아용, 아동용, 그리고 청소년용으로 나누어 개발되었으며, 각 발달 단계별로 아동의 발

달에 영향을 줄 수 있는 가정환경을 제시하고 있다. 〈표 5-10〉에 제시된 유아용(3~6
세) HOME 척도는 제시된 것과 같이 물리적 · 심리적 가정환경을 다룬다. HOME 척도
의 점수는 인지발달(Bradley, Corwyn, Burchinal, McAdoo, & Coll, 2001; Molfese, DiLalla,
& Bunce, 1997; Johnson, Swank, Howie, Baldwin, Owen, & Luttman, 1993), 어머니와의 애
착(NICHD Early Child Care Research Network, 2001), 발달장애(Keltner, 1994; Ramey, Mills,
Campbell, & O'Brien, 1975) 등과 상관을 보인다.

〈표 5-10〉 **유아용 HOME 척도**

하위척도	문항	설명
학습자료	1~11	유아의 지적 발달을 도울 수 있는 장난감과 활동
언어자극	12~18	언어발달에 도움을 줄 수 있는 양육자와 유아 간의 언어적 의사소통
물리적 환경	19~25	가정환경
반응성	26~32	양육자와 유아 간의 언어적 상호작용
학업적 자극	33~37	유아의 지적 발달에 대한 격려
모델링	38~42	양육자와 유아 간의 관계에 있어 경계의 사용
다양성	43~51	유아의 실내 · 실외 활동
수용	52~55	훈육방법

출처: Totsika & Sylva(2004).

(4) 플린효과

플린(Flynn, 2007)은 1940년대 이후에 인간의 지능은 10년에 3점 정도 높아졌다고 보
고하면서 교육 등에 의한 문명의 진보가 인류의 지능을 높인다고 하는 일명 플린효과
(Flynn effect)를 주장하였다. 우선 교육에서의 발전은 다음과 같은 방식으로 인간의 IQ
를 증가시키는 것으로 보인다. 교육은 첫째, 전반적으로 사람들에게 더 많은 지식을 전
수하고, 둘째, 사람들을 보다 더 검사에서 유능해지도록 만들며, 셋째, 더욱 발전된 문
제해결 책략(strategy)을 사용하도록 만든다(Flieller, 1999; Flynn, 1999).

그런데 플린효과는 교육에만 기인하는 것이 아니다. 그 이유는 플린효과가 교육적
발전에만 기인한다면 보다 선천적인 기저를 갖는 유동성 지능보다는 경험과 밀접한 결
정성 지능에서 그 효과가 커야 하는데 실제는 그와 반대이기 때문이다(송길연, 이지연,

장유경, 정윤경, 2014). 결론적으로 교육 및 과학의 발전으로 이뤄 낸 복지의 개선(건강, 뇌와 신경계의 발달에 도움이 되는 영양 공급)으로 인해 지적 수행이 향상되는 것으로 해석된다(Flynn, 1996; Neisser, 1998).

2) 지능 수행의 집단 간 차이

(1) 성에 따른 차이

파인골드(Feingold, 1988)는 여러 문헌을 종합하여 〈표 5-11〉과 같이 성차를 보고하였다. 기계적 추리, 시공간 관계 능력에서는 남성이 우세한 것으로 보고하였다. 따라서 남성이 여성보다 미로, 기하학적 구성문제, 입방체를 헤아리는 문제 등에서 높은 수행을 나타낸다. 반면, 여성은 철자, 언어 등에서 남성보다 우세하며, 추상적 사고에서는 거의 유사한 수행을 보인다. 그러나 이러한 지능의 성차는 생득적인 것이라기보다는 남녀에 따라 다른 학습 경험의 결과로 보거나 지능을 구체적으로 발현하는 환경이 남녀에 따라 다르기 때문이라고 해석할 수 있다.

〈표 5-11〉 **지적 영역에 따른 성차**

구분	철자	언어	추상적 사고	수리	시공간 관계	기계적 추리
성차	-.45*	-.40	-.04	-.10	+.15	+.76

*남자의 수행-여자의 수행(단위는 SD)
출처: Feingold(1988).

성에 따른 수행 차이는 연령에 따라서도 달라진다. 최근에 표준화된 Wechsler 유아 지능검사의 표준화 연구를 통해 Wechsler(2012)는 대부분의 지능검사의 소검사에서 여아의 수행이 남아의 수행보다 유의하게 높으며, 특히 언어적 능력에서는 여성이 우세한 것으로 보고하고 있다. 이는 청소년기 이전에는 여아의 발달이 남아보다 전반적으로 빠른 것에 기인한다. 이를 구체적으로 살펴보면 다음과 같다.

- 2세 6개월에서 7세 7개월용인 WPPSI-IV 지능검사의 전체 IQ에서 여아가 남아보다 평균 3.5점 더 높다. WPPSI-IV의 처리 속도 지표에서 성차가 가장 크고, 다음

으로 인지효율성 지표에서 성차가 크게 나타났다. 두 검사 지표에서 여아가 높은 점수를 보였다. 처리 속도에서의 성차는 학령기 아동, 청소년과 성인까지 모든 연령범위에서 일관성 있게 나타났다.

- 7~10세경의 전체 IQ 평균점수는 남아와 여아가 매우 유사했다.
- 청소년기 이후의 전체 IQ에서 남자가 여자보다 높은 점수를 보이는 경향이 나타나기 시작한다.

〈표 5-12〉 인종/민족에 따른 WPPSI-Ⅳ 지표IQ 평균과 표준편차

인종/민족		언어 이해 지표	시공간 지표	유동 추론 지표	작업 기억 지표	처리 속도 지표	전체 IQ	어휘 습득 지표	비언어 지표	일반 능력 지표	인지 효능성 지표
백인	보정된 평균	102.2	101.4	100.6	100.6	100.2	101.7	102.2	101.1	101.9	100.4
	표준편차	15.2	15.4	15.0	15.0	15.1	15.3	15.3	15.4	15.5	15.4
	N	906	906	599	906	599	906	906	906	906	599
아시아계 미국인	보정된 평균	102.0	101.4	101.6	103.0	103.5	102.5	99.1	102.1	102.2	103.9
	표준편차	14.5	16.0	16.3	15.2	16.6	14.8	16.2	14.7	15.3	16.5
	N	52	52	37	52	37	52	52	52	52	37
아프리카계 미국인	보정된 평균	96.6	95.8	96.3	97.5	96.7	95.7	97.0	96.1	95.8	96.4
	표준편차	13.7	13.5	14.8	14.9	13.7	13.9	13.2	14.3	13.0	14.3
	N	250	250	163	250	163	250	250	250	250	163
라틴계	보정된 평균	96.8	99.5	100.7	99.7	100.8	98.3	96.8	99.7	97.9	100.7
	표준편차	12.2	13.4	14.1	13.1	14.8	12.5	12.6	13.1	12.3	13.5
	N	413	413	254	413	254	413	413	413	413	254

*성별과 부모 학력 수준 통제 후(Wechsler, 2012)

(2) 사회계층 및 인종에 따른 차이

사회계층은 많은 연구에서 일관적으로 IQ에 영향을 미치는 것으로 보고되고 있다. 햄스(Helms, 1997)는 낮은 사회계층 가정의 아동은 중류층 아동보다 IQ 점수가 10점에서 15점 정도 낮다고 보고했다. 그런데 이러한 계층에 따른 차이는 어린 영아에서는 나타나지 않는다. 일반적으로 영아기에 측정한 습관화 속도나 신기성 선호도는 아동기 이후의 IQ 점수를 예언하는 것으로 보고되고 있으나 사회계층에 따른 차이는 유의하지 않으며(McCall & Carriger, 1993), 영아 지능검사로 측정된 IQ에서도 사회계층의 차이는 유의하지 않았다(Golden, Birns, 1971). 이러한 결과는 사회계층의 효과, 즉 환경의 영향은

누적적이며 영아기 이후부터 더 뚜렷해진다는 것을 시사한다. 실제 최근에 표준화된 2~7세용 Wechsler 유아 지능검사의 표준화 과정(Wechsler, 2012)에서 부모의 교육수준과 같은 계층에 따른 유의한 차이가 보고되고 있다.

지적 수행에서 인종 간 차이도 보고되고 있는데(Neisser et al., 1996; Suzuki & Valencia, 1997), 〈표 5-12〉에 제시된 바와 같이 최근 개발된 Wechsler 유아 지능검사에서 아시아계의 수행이 가장 높았으며, 다음으로 백인, 라틴계의 순으로 나타났고, 아프리카계 미국인의 수행이 가장 낮았다. 또한 각 인종집단은 여러 소검사나 지표 수행에서 서로 다른 프로파일을 나타내는 것으로 보고되었다(Wechsler, 2012). 예를 들어, 아시아계 미국 아동들은 인지효율성이나 작업기억 지표 등에서 더 높은 수행을 보이고, 백인 아동들은 언어 이해나 어휘 습득 등의 언어 관련 지표에서 우수한 수행을 보였다. 인종집단 간 차이를 올바르게 해석하기 위해서는 성차의 경우와 마찬가지로 비교되는 집단의 환경에서 지능에 영향을 줄 수 있는 많은 요인을 분석할 필요가 있다. 무엇보다 인종 간 차이가 있다 하더라도 그 차이는 크지 않으며 한 인종 내에서의 개인차와 비교 시 매우 적다. 또한 아프리카계 미국인의 약 15~25%가 대부분의 백인에 비해 더 높은 점수를 얻고 있으며, 많은 경우 상당히 높은 점수를 얻었다(Shaffer, 2009).

5. 조기중재와 부모중재의 중요성

지능에 미치는 환경의 중요성이 확인되었다면, 다음은 아동의 환경을 향상시킴으로써 아동의 IQ를 높이고 지적 발달을 촉진시킬 수 있는지, 어떠한 환경이 최적인지 알아볼 필요가 있다. 발달을 지원해 주는 **중재 프로그램**은 효과가 있는가? 이 주제와 관련하여 가장 많이 연구된 것이 미국의 Head Start 프로그램이다. Head Start 프로그램은 저소득층 아동들에게 중류층 아동들이 경험하는 통합적인 양질의 경험(조기 교육, 건강, 영양, 부모교육 등)을 제공하고자 1965년에 시작되어 현재까지도 실시되고 있는 가장 오래된 중재 프로그램으로, 2005년까지 2천만 명 이상이 혜택을 받았다(Smith, 2015).

그런데 이 프로그램의 효과에 대해서는 많은 논쟁이 있었다(Barnett & Hustedt, 2005; Deming, 2009; Garces, Thomas, & Currie, 2000; Gray & Klaus, 1970; Jensen, 1969; Klein,

2011; Lee & Loeb, 1995). 가시드와 동료들(Garces et al., 2000)은 Head Start 프로그램의 효과를 4천 명의 성인에 이른 참여자의 수행과 참여하지 않은 이들의 형제를 비교하여 살펴보았다. 백인의 경우에는 참여자가 고등학교를 졸업할 확률, 대학 입학율, 20대의 수입 등이 참여하지 않은 형제에 비해 높았다. 흑인의 경우도 고등학교를 마칠 확률은 높았고, 범죄율은 감소하였다.

반면, Head Start의 효과가 중재 직후에는 나타났지만 오래가지 못하고 3~4년 후 초등학교에 입학한 이후까지 추적했을 때에는 효과가 별로 없었다는 연구들이 있다 (Armor & Sousa, 2014; Gray & Klaus, 1970; Jensen, 1969; Lee & Loeb, 1995). 그 이유는 이 중재 프로그램이 뇌발달이 급속한 어린 영아기 이후에야 시작되었고, 또한 중재 기간도 비교적 짧았기 때문이라고 해석되었다. 또한 일부 학자들은 조기 프로그램의 효과를 학업 수행이나 IQ 점수가 아닌 주의, 지속력, 자신감 등 학업 성취에 영향을 줄 수 있는 다른 요소들의 영향을 통해 분석되어야 한다고 주장하였다(Deming, 2009; Klein, 2011).

한편, 고위험군 아동을 대상으로 어린 영아기(생후 6~12주)부터 시작하여 집중적으로(매일 하루 10시간씩) 장기간(5년 이상)에 걸쳐 중재한 캐롤라이나 프로젝트(Carolina Abecedarian Project; Campbell & Ramey, 1994, 1995; Campbell et al., 2001)에서는 상당한 효과가 장기적으로 보고되고 있다. 레이미와 레이미(Ramey & Ramey, 1998)는 중재가 더 일찍, 더 오래 지속되고, 특히 이러한 중재에 부모가 적극적으로 참여할 수 있게 한다면 그 효과가 장기적으로 유지될 수 있다고 주장하였다. 실제 지적 발달을 위해 가장 효과적인 중재 프로그램은 부모의 참여를 포함한 경우였다. 예를 들어, 아동 중심 Head Start 프로그램과 부모교육을 포함했던 '학습하기 학습(Learning to Learn: LTL)'이라는 조기중재 프로그램을 비교하여 이들이 청소년기에 이를 때까지의 장기 효과를 비교하였을 때(Sprigle & Schaefer, 1985) LTL이 더 좋은 효과를 보였음이 보고되었다. 따라서 많은 연구자는 열악한 환경에 있는 아동을 위한 조기중재 프로그램에 더해 그들의 부모가 가난에서 벗어날 수 있도록 직업훈련, 부모교육 및 다양한 복지적 지원을 제공하는 두 세대 중재(two-generation intervention)가 중요하다고 보고 있다.

6. 창의성

창의성 또한 지적 능력을 연구하는 많은 학자에게 관심을 받아 왔다. 하버드 대학교의 가드너(H. Gardner)도 미래의 인재가 갖추어야 할 덕목으로 창의성을 들고 있다. 그는 『미래 사회의 5가지 덕목(Five minds for the future)』이라는 저서에서 훈련의 마음(The Disciplinary Mind), 통합의 마음(Synthesizing Mind), 존중의 마음(The Respectful Mind), 윤리의 마음(The Ethical Mind), 창의의 마음(The Creating Mind)이 미래의 인재에게 필요한 덕목이라고 피력하였다. 여기서는 창의성의 정의, 창의성의 측정, 그리고 창의성과 지능 간의 관계 등을 차례로 살펴보겠다.

1) 창의성의 정의

창의성(creativity)이란 단어는 'creo'라는 라틴어에서 유래한 것으로, "이전에는 없었던 것을 만드는 것"이라는 의미를 담고 있다. 지능과 마찬가지로 창의성 또한 정의하기가 쉽지 않지만(Treffinger, Renzulli, & Feldhusen, 1971), 창의성 연구의 거두인 토런스(Torrance, 1998)는 "창의성은 새로운 질서(관계)를 지각하고 이와 관련된 아이디어나 가설을 형성하여 이를 검증하고, 그 결과를 통해 가설을 수정하고 재검증하는 과정이다."라고 주장하였다. 한편, 지능구조이론에서 수렴적 사고와 확산적 사고를 구분한 Guilford는 **확산적 사고**가 바로 기존의 정보로부터 새롭거나 변용된 정보로 확산해 가는 창의성의 중요한 능력이라고 주장했다. 멈퍼드(Mumford, 2003)는 최근 10여 년 사이에 창의성의 정의는 어느 정도 합의점에 이르렀으며, 새롭기만 한 것을 넘어 사회적 가치가 있는 유용한 **생산성**이라는 측면을 포함해야 한다고 주장했다. 스턴버그, 그리고렌코와 번디(Sternberg, Grigorenko, & Bundy, 2001)도 지능은 존재하는 사회적 문제를 개선시키고, 창의성은 새로운 것을 제안하고 그것에 의문을 제기하는 것이라 주장하였다. 따라서 창의성의 정의는 사회적 맥락 속에서 이해되어 할 것이다.

제목: 무례한 금붕어(Rude goldfish)
A. 금붕어가 고양이를 놀리듯 혀를 내민다. B. 고양이가 화가 나 '쉬익'하는 소리를 내서 뱀을 깨운다. C. 뱀이 일어나면서 선반 위에 머리를 부딪힌다. D. 달걀이 구른다. E. 프라이팬에 달걀이 떨어진다. F. 달걀이 타서 연기가난다. G. 연기 때문에 화재경보기가 울린다. H. 소음이 날아가는 박쥐의 레이더를 교란한다. I. 박쥐가 줄에 부딪힌다. J. 줄에 당겨져 성냥이 불을 켠다. K. 대포를 터뜨린다. L. 대포알이 홈통을 따라 구른다. M. 대포알이 풀무위에 떨어진다. N. 풀무가 생일 케이크 위의 촛불을 끈다. O. 케이크의 불이 꺼진다.

[그림 5-8] Goldberg의 창의적 만화

2) 창의성의 측정

창의성의 기저를 이루는 중요한 능력은 일반적으로 창의적 사고 기능과 창의적 사고 성향으로 구분된다(Guilford, 1986; Torrance, 1988). 창의적 사고 기능의 기본 구성요인으로는 민감성, 유창성, 융통성, 정교성, 종합력, 분석력, 재구성력, 복잡성, 명료성, 유머 등이 포함된다([그림 5-8] 참조). 한편, 창의적 사고 성향으로는 자발적 동기, 집요성, 정직성, 호기심 등이 포함된다. 따라서 창의성의 측정은 창의적 작품, 창의적 인지, 창의적 성향, 그리고 창의적 행동과 성취 등을 통해 이루어진다(Kaufman, Plucker, & Baer, 2008).

창의성의 인지적 특성은 Guilford(1956)의 지능구조이론에 근거한 확산적 사고 (divergent thinking)를 중심으로 측정되고 있다. 가장 많이 사용되는 확산적 사고검사에는 Guilford 검사, 이를 수정하고 확대한 Torrance의 창의적 사고검사(Torrance Tests of Creative Thinking: TTCT)(Torrance, 1974), 그리고 월릭-코간(Wallach-Kogan) 창의성 검사(Wallach & Kogan, 1965) 등이 있다.

Guilford 검사는 일정한 시간 안에 다양한 측면의 확산적 산출을 측정하는 10개의 검사로 구성되어 있다. 언어적 내용(의미)과 비언어적 내용(그림) 모두 사용하고 있는데, 유창성(반응의 수)과 독창성(통계적 빈도)에 대해 채점이 된다. Torrance 창의적 사고검사는 유창성(fluency), 유연성(flexibility), 독창성(originality), 정교성(elaboration) 등의 4가지 창의적 능력을 측정하기 위해 유아에서 대학생까지 적용할 수 있는 **그림검사**(Thinking Creatively with Pictures)와 **언어검사**(Thinking Creatively with Words)로 구성되어 있다. 그림검사는 그림 구성하기, 그림 완성하기, 선/원 그리기의 세 가지 하위검사로 이뤄져 있으며, 언어검사는 질문하기, 원인 추측하기, 결과 추측하기, 작품 개선하기, 독특한 사용법, 독특한 질문, 가상해 보기 등의 7가지 하위검사로 구성되어 있다. 그림검사와 언어검사에서 각 활동은 시간이 정해져 있고, 유창성과 유연성, 독창성에 대해 채점을 한다. 그림검사는 형태의 정교성에 대해서도 채점을 한다. 언어검사의 예를 〈표 5-13〉에 제시하였다.

〈표 5-13〉 **Torrance 창의적 사고검사 중 언어검사의 예**

문제: 벽돌을 특이하게 사용하는 방법을 말하시오.

- 유창성: 아이디어를 많이 낼수록 유창성이 높이 평가된다. 이 과제에서는 벽돌 사용법을 많이 고안할수록 유창성이 높다.
- 융통성: 사고의 변화 또는 융통성을 보여 줄 때 점수가 주어진다. 이 과제에서는 다양한 용도나 영역에서의 사용법(여러 종류의 집 vs. 집, 가구, 다리, 조각 작품 등 다양한 용도의 구조물)을 고안할수록 점수가 높다.
- 정교성: 세부사항을 하나의 기본적인 아이디어에 더하는 능력 및 추상적 개념 정도를 평가한다. 이 과제에서는 사용법의 설명, 묘사 등에서 복잡성과 추상성이 높을수록 점수가 높다.
- 독창성: 소수의 사람들로부터 나오는 특이한 아이디어에 높은 점수를 준다. 독창성은 유창성, 융통성, 정교성과 달리 직접적인 지도에 의해서 개발되지는 않는다.

그 외에 객관적 평정지인 창의성 성취질문지(Creative Achievement Questionnaire: CAQ; Carson, Peterson, & Higgins, 2005)는 미술(Visual Arts), 음악(Music), 무용(Dance), 건축(Architectural Design), 글쓰기(Creative Writing), 유머(Humor), 창작(Inventions), 과학적 발견(Scientific Discovery), 연극과 영화(Theater and Film) 및 요리(Culinary Arts) 영역을 측정한다.

3) 창의성과 지능 간의 관계

창의성과 지능 간의 관계는 어떠한가? 연구자들은 창의성을 지능의 일부로 보거나 서로 중복되는 부분을 가진 분리된 개념 또는 완전히 독립적인 개념으로 논의하고 있다. 한 대규모 연구에서 449명의 아동에게 5가지 창의성 검사와 지능 간의 상관을 분석한 결과, 이들 간의 상관이 .26이라고 보고하였다(Getzels & Jackson, 1962). 또한 창의성 상위 20% 이내의 집단이 지능 상위 20% 이내의 집단에 들지 않았으며, 그 외의 집단에서도 두 측정 간의 상관은 없었다고 주장했다. 그러나 이 결과는 Wallach와 Kogan(1965)에 의해 비판되었는데, 그 이유는 창의성 검사의 수행은 지능과 상관이 없을 뿐 아니라 창의성 검사들 간에도 상관이 낮기 때문이다. Wallach와 Kogan(1965)은 5학년 학생들에게 즐겁고 시간 제한이 없는 상황에서 독창성과 유창성의 측면을 측정하는 5가지 창의성 검사와 10가지 지능 측정을 하였다. 그 결과, 지능검사 수행 간에는 중간 이상의 상관이 있었는데 창의성 검사 간이나 창의성과 지능검사 간에는 약한 상관이 있었다.

렌줄리(Renzulli, 1986)는 영재성에 대한 세고리 이론을 통해 영재성은 지적 능력, 창의성, 그리고 과제 몰입도에 의해 결정된다고 주장하였다. 이러한 입장들을 종합해 볼 때, 창의성은 지능과는 분명 다른 개념이지만 상황에 따라 중복되는 영역이 있는 것으로 이해할 수 있다. 국내에서도 여러 연구에서 지능과 창의성 간의 약한 상관을 보고하고 있다(박지헌, 2013; 황희숙, 강승희, 윤소정, 2003).

한편, 칙센트미하이(Csikszentmihalyi, 1996)는 지역사회에 큰 영향을 미친 사람과 대중들에게 창의적으로 알려진 활동을 한 과학자, 예술가, 교육자, 작가, 정치가, 사회 운동가, 기술자, 종교 지도자 등 100명을 조사하였다. 이 창의적인 사람들의 가장 중요한 기본 특성은 지식이나 기능 영역의 전문가였다고 보고하고 있다. 즉, 한 영역에 대한 완전한 이해와 지식이 없으면 확산적 사고 또는 사고의 유창성(ideational fluency)은 창의적 결과를 산출할 가능성이 없다고 한다. 그는 창의적인 활동이 5개의 단계(준비기, 부화기, 통찰기, 평가기, 실행기)를 거친다고 보았다. 최근 한국 사회에서는 창의인성교육을 강조하고 있다. 창의적 사고는 유아기 동안의 유 · 보육 과정, 즉 건강 · 사회 · 언어 · 표현 · 탐구 생활 영역 모두에서 관심을 두고 있지만 특히 탐구생활 영역에서 강조되고 있으며, 특이한 상황에 관심가지기, 다양하게 사고하기, 독특하게 사고하기 등이 포함되어 있다(보건복지부, 2013).

글상자 5-3   창의적 과정의 단계

칙센트미하이(M. Csikszentmihalyi, 1934~)는 창의적 과정은 다음과 같은 5단계를 거쳐 진행된다고 보았다(Csikszentmihalyi, 1996).

1. 준비기(Preparation)

사람이 다양한 분야의 문제에 당면해서 의식적으로나 무의식적으로 호기심을 가지게 되는 단계이다. 조사, 연구, 목표 상정, 사고의 구조화나 브레인스토밍 등을 하는 단계이다.

칙센트미하이 (M. Csikszentmihalyi)

2. 부화기(Incubation)

생각을 종합하고 상상력을 사용하여 창의적 산출물을 만들기 시작한다. 그러나 적극적으로 완성하지는 않고 숙고한다. 이 시기 동안 사고들 간에 예기치 않았던 연결이 생겨난다. 이 단계가 가장 창의적인 단계이고, 그 기간은 몇 시간에서 몇 주까지 다양한다.

3. 통찰기(Insight) 또는 계몽기(Illumination)

생각이 무르익으면 타당한 방법으로 생각들이 엮어져 깨달음이 온다. 통찰의 순간은 예상치 않게 나타난다.

4. 평가기(Evaluation)

해결책을 깨닫게 되면 이러한 통찰을 실현할지 평가해야 한다. 가장 정서적으로 몰입되는 단계이다. 평가에 따라 해결책을 바꿀 것인지 결정할 수 있다. 이때 동료나 주변인들과 의논할 수 있다. 의뢰인이 있을 경우에는 협의하여 다음 단계를 결정할 수 있다.

5. 정교화기(Elaboration) 또는 실행기(Implementation)

정교화기 또는 실행기는 아이디어를 최종 산출물로 변환하는 단계이다. 예를 들어, 화가의 경우 연필로 밑그림을 그리기 시작한다. 그리고 마지막 산출물을 얻기 위해 노력하는 단계이다.

🖊 요점 정리

■ 지능의 정의와 이론

• 지능에 관한 심리측정적 관점은 Binet로부터 시작하여 Spearman, Thurstone, Cattell, Horn, Carroll 등에 의해 확장되었다. 이들 이론의 주요 논쟁점은 지능을 하나의 구성요인으로 묶을 수 있는가와 관련 되었는데, 최신 관점에서는 일반요인과 특수요인을 구분하고, 더 나아가 일반요인 또한 다양한 요인으로 나누고 있다.

• Guilford의 지능구조이론에서는 지능의 구조를 내용(content), 조작(operation), 산출(product)의 차원으로 구분하고, 각각 5가지 내용, 6가지 조작, 6가지 산출의 조합으로 지적 수행을 분석할 것을 제안하였다.

• Sternberg의 지능의 삼원이론은 한 사람의 인지적 수행을 평가하기 위해서는 전통적인 지능검사에서 측정한 정보처리기술 외에도 수행의 맥락과 그 사람의 수행과제와 관련된 경험정도를 이해해야 한다고 주장하였다.

• Gardner의 다중지능이론은 지능을 서로 다른 뇌의 영역에 의해 기능하는 서로 독립적인 9가지(언어, 논리수학, 시공간, 신체운동, 음악, 대인간, 개인내, 자연, 영성)로 구분하였다.

• 정서지능은 자신과 타인의 정서를 인식하는 능력, 다양한 감정을 구분하고 적절히 명명할 수 있는 능력, 그리고 정서적 정보를 사고나 행동의 안내자로 사용하는 능력 등을 의미하며, 인간의 적응에 전통적인 지능만큼 중요하다고 간주된다.

■ 지능의 측정

• Binet 지능검사는 1905년에 프랑스에서 개발된 최초의 지능검사이다. 각 연령별로 6개의 문항으로 구성된 검사문항의 수행으로 지적 수행을 정신연령으로 산출하였다. 미국의 Terman(1916)은 Binet-Simon 검사를 미국 문화에 맞게 수정하여 Stanford-Binet 검사를 출시하였다. Stanford-Binet 검사는 정신연령을 생활연령으로 나누어 비율척도화한 지능지수를 산출하였고, 5판(SB5)까지 개발되어 현재까지 사용되고 있다.

• Wechsler 지능검사는 한 개인의 전체적·인격적·행동적 측면을 종합적으로 이해할 수 있게 해 주며, 종합심리검사 배터리에서 기본 검사 도구로 사용되고 있다.

• Kaufman 검사는 1판에서는 순차적-동시적 정보 처리 능력에 중점을 둔 일원적 이론에 기반하고 있지만, 2판에서는 Luria이론과 C-H-C 이론에 기반을 두고 있는 지능검사이다.

언어성과 비언어성 척도를 모두 포함하고 있다.
- Bayley 영유아발달검사는 1969년에 첫 판이 소개된 이후 1993년에 2판, 그리고 2006년에 3판이 출판되었다. 3판은 1~42개월 사이의 영유아를 대상으로 하며, 인지, 언어, 동작, 사회정서 및 적응척도로 구성되어 있다.
- 비언어성 지능검사의 하나인 K-CTONI-II는 6가지 소검사(그림 유추, 도형 유추, 그림 범주, 도형 범주, 그림 순서, 도형 순서)로 이루어져 있다. 5~59세용으로 개발되어 있으며, 언어적 표현과 지시를 최소화한 검사로 다문화가정 아동이나 기타 언어적인 장애가 있는 사람에게 사용하기 편리하다.

■ 지능의 안정성과 지능이 예측하는 것

- 지능의 안정성은 18개월 이후이면 안정성을 보이며, 학업 성취, 직업, 건강 등 적응 능력을 예측하는 것으로 보고된다.
- 지능에 영향을 미치는 요인은 쌍생아 연구나 입양아 연구를 통해 유전과 환경 모두 중요함이 밝혀졌다. 부모의 심리적·물리적 환경 등 좋은 가정환경의 특성이 밝혀져 있으며, 시대적 변화에 따른 지능의 향상(플린효과)도 알려져 있다.

■ 지능에 영향을 미치는 요인 및 조기중재와 부모중재의 중요성

- 성에 따른 지능 수행은 일반적으로 언어적 능력은 여아가, 시공간 능력 등은 남아가 높은 경향을 보인다. 사회계층 및 인종에 따른 차이도 일관적으로 나타나고 있다.
- 발달지연이나 장애를 보이는 아동을 위한 중재는 발달 초기에 이뤄질수록 효과적이며, 아동뿐 아니라 부모도 참여할 때 효과적이다.

■ 창의성

- 창의성은 민감성, 유창성, 융통성, 정교성, 종합력, 분석력, 재구성력, 복잡성, 명료성, 유머 등을 포함한 창의적 사고 기능과 자발적 동기, 집요성, 정직성, 호기심 등의 사고 성향으로 구분될 수 있다.
- 창의성의 인지적 특성의 주요 측정 방법에는 Guilford 검사, Torrance의 창의적 사고검사, Wallach-Kogan의 창의성 검사 등이 있다.
- 창의성은 지능과는 분명 다른 개념이지만 상황에 따라 중복되는 영역이 있다

주요 용어

Bayley 영유아발달검사	CHC 이론	Gardner의 다중지능이론	HOME 척도
Kaufman 검사	Spearman 2요인 이론	Stanford-Binet 검사	Thurstone
Torrance의 창의적 사고검사	Wechsler 지능검사	결정성 지능	기본 정신 능력
두 세대 중재	비언어성 지능검사	세고리 이론	실용지능
역동적 평가	유동성 지능	일반요인	정서지능
조기중재	지능구조이론	지능의 삼원이론	지능의 안정성
창의성	통찰기	플린효과	확산적 사고

언어발달*

제**6**장

태어날 때 울음으로 자신을 표현하던 아기들이 4년 정도가 지나면 성인에 준하는 언어 능력을 갖추게 된다. 4세 된 아동들이 할 수 있는 일이 그다지 많지 않다는 점을 생각해 볼 때, 이들이 갖고 있는 언어 능력은 놀랍기만 하다. 이 4년이라는 짧은 기간 동안 아동들은 어떻게 언어를 배우게 된 것일까? 많은 연구자는 이 신비에 싸여 있는 언어발달 과정에 관심을 갖게 되었고, 이 놀라운 발달 과정을 밝히려는 시도를 하게 되었다. 이 장에서는 언어발달 과정에서 밝혀진 여러 언어적 및 발달적 특성을 기술하고, 이에 대한 이론적 접근들을 살펴볼 것이다. 또한 언어의 여러 수준에서 일어나는 언어발달 과정을 기술할 것이다.

인간을 다른 동물과 구별해 주는 중요한 특징이 무엇인지에 대해 물으면 여러 답이 있겠지만, 이 중에서 빠지지 않는 답은 인간이 언어를 사용한다는 것이다. 이처럼 인간 언어는 인간만이 가지고 있는 고유의 특성을 반영해 주는 것으로 알려져 있다. 그렇다면 언어의 어떤 특성이 인간의 고유성을 보여 주는 것인가? 첫째, 인간 언어는 인간만이 가지고 있는 창의적 능력 덕분에 갖게 된 산물이다. 우리는 특정 언어 공동체 안에서 태어나 성장한다. 의도하지 않아도 우리는 특정 언어를 들으면서 자연스럽게 그 언어를 배우게 된다. 그래서 우리는 한때 언어를 배우는 것이 학습의 덕분이라고 생각하기도 했다. 하지만 그러한 생각은 잘못이라는 것이 밝혀졌다. 오히려 언어를 배우는 것은 우리가 언어를 배울 수 있는 생득적 능력이 있기 때문으로 생각하게 되었다. 이러한 생득적 능력은 인간이 언어를 창조할 수 있게 해 준 근원적 능력이다. 인간 언어의 기원을 진화적으로 거슬러 올라감으로써 언어가 인간의 창의적 산물임을 알 수 있다. 둘째, 우리가 사는 세상에는 다양한 언어가 있다. 각 언어는 그 언어만의 특정한 특성을 가지고 있다. 하지만 이렇게 다르다고 생각되는 언어들의 기저를 파헤쳐 보면 그 언어들 사이에 보편성이 존재한다는 사실을 알 수 있다. 이러한 보편성이 인간 언어의 특성을 보여 주는 또 다른 특성이다. 셋째, 인간 언어는 다른 동물의 의사소통 체계와는 달리 복잡한 구조로 구성되어 있다. 즉, 인간 언어의 구조는 위계적으로 구성된 생산적 체계이고, 이러한 특성은 동물의 의사소통 구조에서는 찾아볼 수 없다. 이러한 인간 언어의 특성은 아동의 언어발달 과정을 살펴보는 데 기초가 될 것이다.

---

*이 장은 저자가 이전에 『언어심리학』 등에서 발표했던 내용을 수정·보완한 것임을 밝힌다.

1. 인간 언어의 특성

1) 언어적 창의성

인간이 있는 곳에는 어디에나 언어가 있다. 현대를 사는 우리에게 이 사실은 별로 특별할 것이 없다. 하지만 태초의 원시 사회에서도 언어가 있었는지 여부는 이 명제를 검증하는 중요한 단서가 된다. 직접적으로 이를 증명할 방법은 없지만 인간과 언어가 떨어질 수 없는 불가분의 관계임을 보여 주는 간접적인 증거를 찾을 수 있었다. 1930년 경에 뉴기니의 고원에서 문명과 고립되어 살고 있는 사람들이 발견되었다. 이들은 석기 시대의 삶에서 벗어나지 못하고 있었다. 이처럼 문명 세계와 격리되어 살고 있는 이들에게도 언어라는 의사소통 수단이 있었다. 이러한 사례는 어떤 문화에서든지, 심지어는 원시문화권에 사는 인간도 나름대로의 언어를 사용하였을 가능성을 보여 준다 (Pinker, 1994). 이처럼 인간과 언어가 불가분의 관계라면 인류의 시작부터 언어가 사용되었을 것이라고 가정할 수 있다.

그렇다면 인간 언어는 어떻게 시작되었을까? 최근에 핑커(S. Pinker)를 비롯한 언어 연구자들은 진화심리학이라는 새로운 틀 안에서 언어의 기원을 탐색하였다. 인류의 기원을 화석을 통해 아프리카를 진원지로 지적하는 것과는 달리, 시간의 흐름에 따라 소멸되어 버린 언어의 기원을 찾는 것은 불가능해 보이기도 한다. 하지만 진화심리학적 접근을 취하는 연구자들은 몇 가지 사례를 통해 언어의 기원에 대해 유추할 수 있다는 사실을 발견하였다. 그것은 서로 다른 언어를 사용하는 사람들이 모여 있는 특별한 상황이었다. 인간에게 의사소통하려는 본능이 있다면, 이러한 상황에서 이들은 손짓이나 몸짓, 또는 다양한 발성을 이용하여 어떤 식으로든 서로 의사소통을 하려 할 것이다. 역사 속에서 이런 상황에 처해 있는 사람들이 가끔 발견되었다. 그 한 예가 20세기 초의 미국 하와이의 사탕수수 농장이었다. 이 농장에는 일본, 한국, 필리핀 등 각지에서 유입된 노동자들이 고용되어 있었다. 이들은 모국어가 달랐기에 자신들이 사용하는 언어로는 서로 의사소통이 불가능했다. 또한 이들은 미국인 농장주가 지시하는 영어도 제대로 이해하지 못했다. 하지만 시간이 흐르면서 이들은 농장주가 사용하는 영어의 일부 단어를 차용하여 서로 의사소통하기 시작하였다. 하지만 이들이 사용하는 영어 단어들은 단순히 나열된 것이었기에 의미를 파악하기 위해서는 상황을 고려하는 것이 필요했다. 이들이 나열한 단어들은 언어가 갖추어야 할 기준을 충족시키지 못하는 아주 원시적인 형태를 띠고 있었던 것이다. 이것은 임시방편의 혼합어인 피진어(Pigin)라 불린다. 문장 [1]은 하와이의 사탕수수 농장에서 일했던 일본인 노동자가 사용했던 피진어의 예이다.

[1] "Me capé buy, me check make."

[1]과 같은 피진어는 상황에 따라 해석이 달라질 수 있다. 만약 주인이 커피를 사러 온 사람에게 하는 말이라면, "그가 내 커피를 샀고, 내게 수표를 끊어 주었다."라고 해석된다. 반면에, 커피를 사러 간 고객의 입장이라면, "내가 커피를 샀고, 내가 수표를 끊어 주었다."라고 해석된다. 이처럼 피진어는 일관된 어순이나 복잡한 구조를 가지지 못하고 단순히 단어를 나열한 것에 불과하기에 의미를 파악하기 위해서는 발화된 상황이 중요했고, 상황에 따라 의미가 달라질 수 있었다.

하지만 그 다음 세대의 자녀들의 의사소통에서 흥미로운 현상이 발견되었다. 언어라 할 수 없는 피진어를 듣고 자란 자녀들은 자기들의 부모처럼 단순히 단어를 나열하는 데 그치지 않고, 보다 언어다운 구조를 갖추어 의사소통을 하게 되었던 것이다. 즉, 이들은 단순한 형태이지만 문법을 갖춘 새로운 언어를 만들어 내어 사용하기 시작했다 (Bickerton, 1990). [2]는 하와이에서 태어난 일본인 2세가 발화한 언어의 예이다.

[2] Da firs japani came ran away from japan come.

(The first Japanese who arrived ran away from Japan to here.)

[2]는 [1]과는 달리 어순이 고정되어 있고, 일부 문법적 표지가 갖추어져 있음을 볼 수 있다. 이러한 언어는 맥락이 달라져도 전달하는 내용은 일관적으로 해석될 수 있다. 이처럼 피진어가 보다 문법적인 틀을 갖도록 변화되어 생겨난 언어가 크리올어(Creole)이다. 이처럼 2세대 아동들이 크리올어를 만들어 낼 수 있었던 것은 이 아동들이 윗세대

의 언어를 단순히 반복·학습하는 것이 아니라 뭔가 새로운 장치를 만들어 사용할 수 있었기 때문이다. 이처럼 피진어에서 크리올어로의 전환은 인류의 언어 발생에 대한 중요한 시사점을 준다. 언어다움을 갖춘 언어는 인간의 창의성 덕분으로 갖게 된 결과 물이었던 것이다.

보다 최근에 이와 비슷한 현상이 수화에서도 발견되었다. 수화는 청각장애인들이 사용하는 언어로서 음성언어에서 발견되는 문법적 장치를 갖춘 완전한 언어이다. 1979년에 산디니스타 정권이 니카라과를 집권하기 전에 니카라과에는 청각장애인들을 위한 교육시설이 없었다. 산디니스타 정권이 들어서면서 처음으로 청각장애인들을 위한 공립학교가 설립되었다. 이 학교가 설립되자 집에서 가정수화(home sign)를 사용하여 자기 부모와 의사소통을 하던 아동들이 이 학교에서 교육을 받게 되었다. 이 학생들은 학교에서 각자의 가정수화 대신 독순법(lip reading)을 배우기 시작하였다. 하지만 이러한 교육은 그다지 성공적이지 못했다. 이 아이들은 서로 의사소통을 할 때 학교에서 배운 독순법 대신 자기들이 만들어 낸 신호체계를 사용하였다. 이 신호체계는 각자 자기 집에서 가족과 사용했던 가정수화를 모아서 만든 임시방편의 몸짓이었다. 이 신호체계에는 문법이 결여되어 있었고, 수화가 갖추고 있는 언어적 특징도 결여되어 있었다. 이 신호체계도 피진어로 볼 수 있을 것이다. 그러나 이 신호체계가 사용된 후에 이 학교에 들어온 학생들은 첫 번째 세대의 학생들의 피진수화를 보다 문법적 장치를 갖춘 수화로 발전시켜 의사소통하였다. 앞의 예에서처럼 크리올화된 것이다. 이러한 사례들은 복잡한 문법체계를 갖춘 언어가 부모로부터 단순히 전달된 것이 아니라 아동에 의해 창의적으로 생산되었다는 것을 보여 준다.

진화심리학적으로 언어의 발생을 접근하는 연구자들은 인류의 시작점에서 사람들이 손짓이나 몸짓, 또는 발성으로 의사소통을 시도했을 것으로 가정한다. 단순한 발성의 나열이 세대를 지나면서 보다 복잡한 구조와 문법을 지닌 언어로 발전되었을 것이다. 이와 같은 언어의 발생은 대뇌에 자리 잡고 있는 생물학적 능력이 있기에 가능했던 것으로 보인다(Pinker, 1994). 비커튼(Bickerton, 1984)에 따르면, 인간은 언어를 습득할 수 있는 생물학적 프로그램을 가지고 태어나는데, 이 프로그램은 인간 언어에게 종 특정적인 특성을 부여한다. 이러한 생물학적 능력 덕분에 언어가 발생되었을 뿐 아니라 아동들은 단순히 부모의 말을 반복 답습하는 대신 창의적으로 언어를 생성해 갈 수 있다.

2) 언어적 보편성

인간 언어에서 발견되는 두 번째 특성은 언어적 보편성(linguistic universal)이다. 이 세상에는 무수히 많은 언어가 있다. 이 언어들은 각기 다른 문법 구조를 갖고 있지만 공통적인 특성도 가지고 있다. 이러한 공통적인 특성을 언어적 보편성이라 한다. 어순은 언어적 보편성을 보여 주는 좋은 예이다. 그린버그(Greenberg, 1963)는 이탈리아어, 터키어, 힌디어, 일본어, 말레이어 등 30종의 언어를 조사하면서 그 언어들 속에서 언어적 보편성을 찾아보고자 하였다. 그 결과, 단어와 형태소 순서에서 44개나 되는 보편성을 찾아냈다. 예를 들어, Greenberg(1963)는 전 세계 언어가 VSO, SVO, SOV의 세 종류의 어순으로 구별되는 것을 발견하였다. 이 중에서 VSO 순서인 언어는 드물고 대부분의 언어는 SVO나 SOV의 어순을 갖는다. 어순에 따라 또 다른 보편적인 성질이 수반되는데, 어순이 SOV(예: 한국어의 어순)이면 그 언어는 일반적으로 후치사(예: 한국어의 조사)가 있고 관계절이 왼쪽에 첨가된다. 반면에, 어순이 SVO인 언어(예: 영어)는 후치사 대신 전치사를 사용하고 관계절이 오른쪽에 놓인다. 이처럼 세상의 언어들은 단어를 무작위로 배열하는 대신 특정한 순서에 따라 배열한다. 이처럼 단어가 놓이는 순서가 언어마다 다를지라도 순서가 있다는 공통점이 있다.

3) 언어의 위계적 구조

인간 언어가 가지고 있는 또 다른 특성은 언어의 배열이 위계적으로 구성된다는 것이다. 일련의 단어들은 어순에 따라 순서대로 정렬되어 문장을 구성한다. 그러나 문장속의 단어들은 단순히 일직선상으로 나열된 것이 아니라, **위계적 구조**로 구성되어 있음을 볼 수 있다. '영희가 철수를 만났다.'와 같은 간단한 문장을 예로 들어 보자. 이 문장에서 [영희가] [철수를] [만났다]의 요소들은 단순히 순서대로 이어진 것이 아니라 위계적 구조로 구성되어 있다.

[그림 6-1]에서 보면, [철수를NP]과 [만났다V]가 [철수를 만났다VP]로 먼저 묶이고, 그다음 단계에서 이 덩이가 [영희가NP]와 묶인다. 인간 언어가 위계적 구조로 구성되어 있음을 보다 더 분명히 보여 주는 예는 '영희는 눈길을 걷고 있는 철수를 만났다.'와 같이

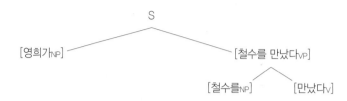

[그림 6-1] 나무 그림도

관계절을 포함한 문장이다. 이 문장의 의미는 개별 단어를 차례대로 연결해서는 파악되지 않는다. [눈길을 걷고 있는]은 관계절로서 [철수]를 수식해 주기에 [철수]에 속해 있는 구조로 파악되어야 한다. 이처럼 인간 언어의 구조는 위계적이고, 이러한 위계적 구조를 구성함으로써 새로운 구조와 의미를 창출할 수 있는 것이다. 또한 인간 언어가 위계적인 구조로 구성되어 있다는 것은 다른 종의 의사소통 체계에서는 찾아볼 수 없는 인간 언어만이 가지는 종 특정적인 특성이다. 예를 들어, 아프리카에 사는 버빗원숭이들은 세 종류의 경고음을 낼 수 있다. 맹수가 나타났을 때, 독수리가 나타났을 때, 뱀이 나타났을 때 각기 다른 경고음으로 다른 원숭이들과 의사소통한다. 하지만 이러한 경고음들이 위계적 구조로 연결되어 새로운 의미를 창출하지는 못한다. 이처럼 인간 언어가 위계적 구조를 가진다는 점은 인간 언어를 다른 동물의 의사소통 체계와 구별해 주는 주요한 특징이다.

2. 인간 언어의 생물학적 기초

아동은 매우 빨리 언어를 습득한다. 12개월경에 겨우 한 단어를 말하던 아동이 6살이 되면 13,000개의 단어를 알게 된다(Pinker, 1994). 이를 위해서는 하루에 깨어 있는 시간 중에서 두 시간에 한 단어씩 배워 나간다는 계산이 나온다. 이렇게 빠르게 언어를 습득할 수 있는 것은 언어 습득을 책임 짓는 생물학적 능력이 있기 때문이다(Bickerton, 1990; Chomsky, 1965, 1981; Pinker, 1994). 언어가 생물학적 능력에 의해 습득된다는 주장에 대한 증거로 언어의 진화, 언어 습득의 결정적 시기, 언어 습득에 대한 신경학적인 증거들을 살펴볼 것이다.

1) 언어의 진화

Pinker(1994)는 아동의 언어 습득을 거미가 생물학적 본능에 의해 집짓기를 하는 것에 비유하였다. 거미가 집을 지을 수 있는 것은 그와 관련된 교육을 받거나 경험을 해서가 아니라, 실을 짜서 완성하고자 하는 본능을 가졌기 때문이다. 이와 마찬가지로 인간이 언어를 습득하는 것은 의사소통하려는 생물학적 본능에서 비롯되었다는 것이다. 사실 언어가 본능이라는 주장은 1871년에 다윈(C. R. Darwin)에 의해 처음으로 제기되었다. Darwin은 언어 능력이 '기술을 습득하려는 본능적인 경향'이며, 이러한 본능은 새들이 본능으로 지저귀는 것을 배울 수 있는 것처럼 다른 종에서도 발견된다고 하였다. Darwin은 이러한 언어 본능이 어떻게 진화할 수 있었는지를 자연선택으로 설명하려 하였다.

Darwin의 주장에 따라 언어가 자연선택을 통해 진화되었다고 주장하는 연구자들은 언어의 진화를 눈 구조의 진화에 비유하며 설명하였다(Hauser, 1997; Pinker & Bloom, 1990: Pinker, 1994). 척추동물의 눈은 빛을 굴절시키는 투명한 막, 초점을 맞춰 주는 렌즈, 빛에 민감한 신경 조직 층, 조도에 따라 직경이 변화하는 횡경막, 다른 쪽 눈과 수렴시켜주는 근육, 그리고 모서리, 색깔, 움직임 등에 반응하는 신경회로 등 매우 복잡한 구조로 되어 있다. 하지만 눈이 처음부터 이렇게 복잡한 구조를 가지고 있었던 것은 아니다. 처음에 이 유기체는 단순히 피부 세포만을 가지고 있었을지 모른다. 빛에 민감한 이 작은 피부 세포는 빛을 잘 받아들이기 위해 점차 얇아졌고, 그러다 구멍이 나게 되었고, 그 후에 구멍을 덮는 덮개가 생겼고, 그러면서 이 조직은 물체를 조금씩 더 잘 보게 되었을 것이다. 이와 같이 아주 단순한 조직으로 시작된 눈은 '본다'라는 기능을 더 잘 충족하도록 지금과 같은 복잡한 구조를 가시도록 진화되었을 것이다. Pinker 등은 언어의 진화를 이러한 눈 구조의 진화에 비유하며 의사소통하려는 단순한 시도가 의사소통의 기능에 보다 더 적합하도록 진화되어 지금의 언어가 만들어졌을 것으로 가정했다. 몸짓과 단순한 발성으로 의사소통하던 인간들은 보다 나은 의사소통을 위해 복잡한 구조의 언어를 만들게 되었을 것이다. 이들은 음운론, 형태론, 통사론, 음성 인식, 분석 알고리즘, 학습 알고리즘 등의 복잡한 구조로 구성된 지금의 언어를 자연선택이 아니고는 설명할 방법이 없다고 주장하였다(Pinker & Bloom, 1990; Pinker, 1994).

2) 언어 습득의 결정적 시기

언어 습득에서 **결정적 시기**(critical period)가 있다는 사실 또한 언어가 생물학적 능력에 의해 습득된다는 것을 보여 준다. 결정적 시기 가설은 우리의 신체가 생물학적 성숙 스케줄을 따라 발달하듯이, 언어 습득도 생물학적 성숙 스케줄을 따라 진행된다고 가정한다. 언어 습득에 생물학적 결정적 시기가 있음을 보여 주는 몇 가지 사례가 있다.

1798년 겨울 유난히 추웠던 어느 날, 프랑스의 아베롱 숲 가까이에서 한 동물이 포획되었다. 포획된 후 자세히 보니 이 동물은 놀랍게도 인간이었다. 벌거벗고 있었고, 네 발로 달렸고, 나무뿌리나 도토리, 채소 등을 날것으로 먹었던 이 인간은 언뜻 보기에는 여지없는 동물이었지만, 어려서 무슨 이유에서인지 숲 속에 버려져서 동물과 함께 자란 인간이었던 것이다. 발견되었을 때 12세쯤 되어 보였는데, 프랑스 학계에서는 이 야생 소년에게 빅토르라는 이름을 붙여 주고 다양한 교육을 시작하였다. 이타르라는 젊은 박사는 이 소년에게 사회적으로 적절한 행동 및 언어를 교육하기 위한 프로그램을 개발하여 실시하였다. 실시 결과, 이타르 박사는 이 소년에게 사회적으로 필요한 일부 행동은 성공적으로 훈련시킬 수 있었지만 언어와 관련하여서는 몇 개의 단어만을 가르칠 수 있었다. 정상적인 언어발달이 불가능했던 것이다. 이와 비슷한 사례로 1970년에 미국에서 13세까지 타인의 접촉이 금지된 채로 양육된 지니라는 소녀가 발견되었다. 미국 학계에서 역시 지니에게 다양한 교육 프로그램을 만들어 실시하였다. 그 결과, 지니에 대한 언어교육은 빅토르보다는 성공적이었지만 지니의 언어 능력 역시 정상적이라고 할 수는 없었다. 언어의 중요한 특성인 통사나 형태소에 대한 습득이 충분치 않았던 것이다. 이러한 사례들이 보여 주는 것은 아동이 특정 기간 동안 언어에 노출되지 않으면 그 후에 아무리 훈련을 받아도 정상적인 언어발달이 어렵다는 것이다.

언어발달에서 특정한 시기가 중요하다는 것은 수화발달에서도 발견되었다. 정상적인 청력을 가진 부모에게서 태어난 청각장애 아동은 어릴 때 수화에 노출될 수 없다. 왜냐하면 이들의 부모는 수화를 할 수 없기 때문이다. 이러한 아동은 일정 기간이 지난 후 정규 교육기관에 가거나, 어려서부터 수화를 배워 온 다른 청각장애 아동과 만나면서 수화를 배우기 시작한다. 영아기부터 수화를 배우고 자란 청각장애 아동과 결정적 시기를 지나 수화에 노출된 아동의 수화 습득을 비교했을 때, 야생 아동의 언어 습득에서 나타난 결과와 비슷한 점을 찾아볼 수 있었다. 초기 아동기 후에 수화에 처음 노출된 청각장애인들은 30년 이상 수화를 사용했어도 영아기에 수화에 노출된 사람들만큼 수화를 구사하지 못했다(Newport, 1990). 이러한 사례들 역시 언어 습득에 결정적 시기가 있음을 보여 준다. 이처럼 음성언어나 수화 습득에서 결정적 시기가 있다는 사실은 언어 습득에서 생물학적 스케줄의 중요성을 반영해 준다.

3) 언어 편재화

대뇌는 해부학적으로 두 개의 반구로 구성되어 있는데, 이 두 반구의 기능은 동일하지 않다. 대뇌의 좌반구는 언어 기능을, 그리고 우반구는 공간 지각 등을 분담하여 담당한다는 것은 많이 알려져 있는 사실이다. 이와 같이 대뇌의 어느 한 쪽 반구에 기능적인 전문화가 이루어지는 현상을 편재화(lateralization)라 한다. 좌반구에서의 언어 편재화 현상은 언어 습득이 생물학적 기반으로 진행됨을 보여 준다. 언어 편재화 현상에 대한 증거를 보여 주는 사례를 살펴보고자 한다.

(1) 좌반구 손상 환자

1861년 프랑스 의사였던 브로카(P. P. Broca)는 대뇌의 특정 영역이 손상되었을 때 말을 하는 데 문제를 보인다는 것을 발견했다. 좌반구의 실비안 열구(측두엽을 뇌의 다른 부위와 분리시켜 주는 틈)의 윗부분이 손상되었을 때 실어증을 보였던 것이다. 이 영역을 브로카의 이름을 따서 브로카 영역이라 부르고, 이와 같은 언어장애를 브로카 실어증이라 한다. 브로카 실어증 환자들은 언어를 발화하는 데 문제를 보였는데, 몇 개의 단어나 구를 구사할 수 있는 경미한 손상부터 전혀 말을 하지 못하는 심각한 손상까지 그 증상은 아주 다양하였다. 브로카 영역이 운동을 통제하는 부분과 인접해 있어서 이 부위의 손상은 주로 언어의 발화와 관련된다고 간주하였다. 브로카 실어증과는 다른 형태의 실어증이 있다. 1874년에 베르니케(C. Wernicke)는 좌반구 측두엽의 뒷부분이 손상된 환자들이 브로카 실어증과는 다른 형태의 언어 문제를 일으키는 것을 발견하였다. 이들은 말을 산출할 때에는 별다른 결함을 보이지 않았지만 표현하는 내용이 적절하지 않았고, 특히 말을 이해하는 데 심각한 결함을 보였다. 이와 같이 언어의 이해에서 문제를 보이는 수용성 실어증을 베르니케 실어증이라 한다. 이 두 종류의 실어증은 모두 좌반구가 손상되었을 때 나타났고, 우반구의 상응하는 부위가 손상되었을 때에는 나타나지 않았다. 이러한 실어증은 언어가 좌반구에 편재화되어 있다는 것을 보여 준다.

(2) 분리 뇌 환자

좌반구에 언어가 편재화되어 있다는 증거는 다른 유형의 뇌 손상 환자에게서도 발견되었다. 대뇌의 좌우 반구는 뇌량(corpus callosum)이라는 신경다발로 연결되어 있는데, 각 반구에 들어온 정보는 이 뇌량을 통해 서로 다른 쪽 반구로 전달된다. 따라서 보통 각 반구에 들어온 정보는 뇌량을 통해 다른 쪽 반구로 전달됨으로써 대뇌반구는 통합된 기능을 경험하게 된다. 하지만 뇌량이 절제되었을 때 각 반구는 서로 정보를 주고받지 못하게 되어 각 반구에 편재화된 기능이 있음을 알게 되었다. 심한 간질 환자의 경우에는 뇌량 절제 수술을 함으로써 증상을 완화시킬 수 있었다. 이 환자의 경우에는 뇌량의 절제 덕분에 한쪽 반구에서 일어난 발작을 다른 쪽 반구로 전달되지 않게 되어 증상이 완화되었지만 실험실에서 정상인과는 다른 독특한 행동을 보였다(Gazzaniga, 1970; Sperry, 1968).

[그림 6-2] 분리 뇌 환자 실험

예를 들어, 스페리(R. W. Sperry)는 뇌량이 절제된 피험자를 스크린 앞에 앉히고는 스크린 중앙에 있는 점에 시선을 고정하게 하였다([그림 6-2] 참조). 그리고 이 점의 오른쪽 또는 왼쪽에 그림이나 글자를 제시하였다. 이때 왼쪽 스크린에 있는 정보는 피험자의 우반구에 전달되고, 오른쪽에 나타난 정보는 좌반구에 전달되도록 하였다. 정상인들의 경우에는 정보가 어느 한쪽 반구에 입력되어도 뇌량을 통해 다른 쪽 반구로 정보가 전달되어 대뇌반구가 통합적으로 정보를 처리하게 된다. 하지만 뇌량이 절제된 환자들은 정보가 입력된 반구에서만 그 정보를 처리하게 된다. 예를 들어, 스크린의 왼쪽에 '나사'라는 단어를 제시하고 분리 뇌 환자들에게서 무슨 단어를 보았는지를 물어봤을 때 이 환자들은 대답을 하지 못했다. '나사'라는 단어는 우반구로 들어가게 되는데, 우반구는 언어를 처리하는 능력이 없기에 분리 뇌 환자들이 답을 못했던 것이다. 반면에, 스크린에서 본 단어(예: '나사')에 해당되는 물건을 집으라고 하면 왼손으로 정확하게 그 물건(예: 나사)을 집었다. 이러한 결과는 각 대뇌 반구의 기능이 다름을 보여 주는데, 좌반구는 주로 언어 능력을 담당하고, 우반구는 주로 공간지각 능력을 담당하도록 편재화되어 있음을 보여 준다. 이러한 연구 결과 역시 대뇌에서 언어를 담당하는 생물학적 근거를 보여 준다 하겠다.

3. 언어발달에 대한 이론적 접근

아동은 돌 무렵에 하나의 단어를 말하고, 단어들을 연결하여 문장을 만들고, 적절한 대명사를 사용하고, 부정문을 구사하고, 관계절을 만드는 등 문법의 통사적 · 음운론적 · 형태론적 · 의미적 규칙을 사용할 수 있다. 아동은 어떻게 이러한 복잡한 구성을 가지는 언어를 발달시킬 수 있는 것인가? 아동 언어 연구자들이 이러한 질문에 답을 하고자 연구하여 왔지만 어느 누구도 언어발달 과정을 완벽하게 설명할 수는 없었다. 아동의 언어발달에 대한 접근 방법은 언어발달의 어떤 요소에 주의를 기울이는가에 따라 많은 논쟁을 불러일으키고 있는데, 이 절에서는 아동의 언어 습득을 설명하는 **행동주의 접근, 생득주의 접근, 구성주의 접근, 사회적 상호작용 접근**의 네 가지 접근 방법을 소개하고자 한다.

1) 행동주의 접근

행동주의 접근은 경험주의 철학에 바탕을 두고, 인간이 태어날 때에는 백지와 같은 존재로 후천적으로 어떤 경험을 하느냐에 따라 다양한 행동을 보이게 된다고 주장한다. 또한 인간의 행동을 지식이나 의도와 같은 정신적 과정에 근거하여 설명하려는 것을 반대하고, 관찰할 수 있고 측정할 수 있는 행동에만 관심을 갖는다. 행동주의가 주장하는 언어 학습기제로는 모방과 강화를 들 수 있다. 모방과 강화는 행동을 시작하고 유지시키는 데 중요한 역할을 한다. 어떤 행동을 모방했을 때 강화가 뒤따르면 그 행동은 지속되지만 그렇지 않으면 사라진다. 행동주의에 따르면, 인간의 언어 행동은 다른 사람의 언어 행동을 모방함으로써 형성된다. 아동은 모델이 되는 사람의 언어 행동을 관찰하여 그 언어 행동을 모방하는 언어 행동을 보인다. 예를 들어, 엄마가 출근하는 아빠를 배웅하며 "빠이빠이."라고 하는 말을 듣고 난 후, 아동은 "빠이빠이."라고 엄마 말을 모방한다. 이 '빠이빠이'라는 아동의 말을 듣고, 엄마가 "어, 그래! 빠이빠이 또 해 봐."라고 환희에 찬 반응을 보인다면, 이 반응은 강화자의 역할을 하여 아동의 '빠이빠이'라는 말을 지속시킨다. 요약하면, 아동은 성인의 말을 모방하여 발화하고, 그 발화가 강화를 받으면 그 표현을 지속하여 사용한다.

하지만 이러한 주장은 다음과 같은 경험적 증거에 의해 반박되고 있다. 첫 번째 증거는 아동이 어른이 하는 말을 그대로 모방하지 않는다는 것이다. 대부분의 경우, 아동은 어른이 하는 말을 자기 나름대로 단순화시켜서 발화하거나, 자신의 언어 능력이 허락하는 범위 내에서 자기 나름대로 언어적으로 표현한다. 예를 들어, 엄마가 "멍멍이가 낸내하고 있지."라고 말하자 아이는 "멍멍 낸내."라고 한다. 이 경우 아이는 앵무새처럼 엄마의 말을 그대로 반복하는 것이 아니라 자기 나름대로 축약하여 반복하고 있다. 이러한 축약의 경우, 아무 말이나 생략하는 것이 아니라 어떤 규칙이 있다. 아동의 언어는 주로 기능어(functional word)에 해당되는 어휘들(예: 조사 '이/가')이 생략되고 내용어(content word)는 거의 생략되지 않는다. 또한 아동은 자신이 들어 본 적이 없는 문장도 만들어 낸다. 가장 자주 눈에 띄는 예는 "선생님이가 오라고 했어."와 같이 주격 조사 '이'와 '가'를 같이 쓰는 것이다. 이러한 문장은 아동이 성인에게서 들었을 가능성은 거의 없다. 이처럼 들어 본 적이 없는 문장을 산출하는 사례는 모방이라는 기제로는 설명될 수 없는 경우이다.

　두 번째 증거는 강화라는 행동주의 학습기제와 관련된다. 강화이론에 따르면, 아동이 문법에 맞는 말을 했을 때에는 강화를 받고 문법에 어긋나는 문장을 산출했을 때에는 정정될 것이다. 하지만 강화가 언어 학습기제가 될 수 없다는 것을 보여 주는 증거들이 있다. 첫째, 성인들은 아동의 표현이 문법적으로 맞는지 여부보다는 의미적으로 적절한지에 기초하여 강화를 준다(Brown & Hanlon, 1970). 둘째, 어른들이 아동의 문법적 표현에 대해 간혹 정정해 주는 경우가 있다. 하지만 아이들은 그러한 피드백에 주의를 기울이지 않는다. [3]과 같은 사례는 언어학 개론에서 자주 인용된다.

[3] Child: Nobody don't like me.　　Mother: No, say "Nobody likes me".

　　 Child: Nobody don't like me. (이러한 대화를 8번 반복)

　　 Mother: Now, listen carefully, say "Nobody likes me".

　　 Child: Oh, nobody don't likes me.

(Fromkin & Rodman, 1993에서 인용)

　이와 같이 성인과 아동의 대화에서 강화의 증거는 거의 나타나지 않고, 강화가 있다 하더라도 그것은 아동의 발음이나 말의 내용에 대한 것이지 아동이 구사하는 문장의 문법적 구조와는 상관이 없다. 이와 같은 증거들은 행동주의로 아동의 언어발달을 설명하는 것이 불충분하다는 것을 보여 준다.

2) 생득주의 접근

　오직 경험이나 학습에 의해 언어가 발달된다고 주장하는 행동주의 접근에 극명하게 대비되는 접근은 생득주의에 근거한 언어 습득 이론일 것이다. 생득주의의 대표적인 학자인 촘스키(N. Chomsky)는 아동은 태어날 때부터 생물학적으로 결정된 생득적인 능력에 의해 언어를 습득하게 되며, 환경에서의 경험은 이미 내재되어 있는 생득적 언어 능력을 촉매해 주는(trigger) 역할을 한다고 주장하였다. Chomsky는 이 생득적 언어 능력을 언어습득장치(Language Acquisition Device: LAD)라는 신경학적 장치로 설명하였다. 언어습득장치는 인간 대뇌의 생득적인 구성요소로서, 특정 언어 경험을 특정 언어에 대한 지식체계로 전환시켜 주는 장치이다(Chomsky, 1986). 언어습득장치는 1980년대에 **보편문법**(Universal Grammar: UG)이란 추상적인 개념으로 확장되었다(Chomsky, 1981, 1986). 보편문법 역시 생물학적인 기제로서 대뇌 구조의 일부이다. 또한 보편문법은 생득적인 언어적 제약(linguistic constraint)으로 구성되어 있다. 이 언어적 제약은 원리(principle)와 매개변인(parameter)으로 구성되어 있다. 생득적인 원리는 어떤 언어에서든 작동되어 언어적 보편성을 확보해 주는 반면에, 내재화된 매개변인은 주어지는 언어 자극과 상호작용하면서 구체적인 언어의 특정성을 만들어 준다.

Chomsky의 생득이론의 문제점은 다음과 같다. 첫째, 아직까지 Chomsky의 언어이론에서 가장 중요한 개념인 보편문법에 대한 실증적인 증거가 확실치 않다는 점이다. Chomsky는 보편문법을 생물학적 기제로서 우리 대뇌의 어딘가에 존재하는 것으로 가정하고 있지만 신경과학에서의 증거들은 아직 확실한 부위를 밝혀 주지 못하고 있다. 이러한 문제점에 대해 Chomsky(2000)는 현재의 대뇌에 대한 지식으로는 보편문법에 대한 생물학적인 증거를 제공할 수 없고 가설적인 개념이라는 것을 인정하지만, 화학에서 분자나 원자가 처음에는 가설적인 개념이었다는 것을 지적하며 과학에서 이론의 발전이 가설적 개념으로 시작하는 것이 틀린 것은 아니라고 주장하였다. 둘째, 인간 언어는 음운, 어휘, 통사, 의미, 화용 등 여러 수준의 표상으로 구성되어 있는데, Chomsky의 이론은 통사에만 주로 초점이 맞추어져 있다. 아동의 언어 습득 과정을 살펴볼 때, 아동은 음운, 통사, 의미, 화용 등의 구성요소들을 따로 떼어서 습득하는 것이 아니라 이러한 여러 요소를 자연스럽게 통합하여 배우는 것을 관찰할 수 있다(김진우, 1999). 이런 관찰을 토대로 김진우(1999)는 Chomsky의 언어습득이론이 통사 습득에 대한 이론일 수는 있어도 언어 전체에 대한 습득 이론이 될 수는 없다고 비판하였다.

3) 구성주의 접근

구성주의 접근은 행동주의나 생득주의와는 달리, 아동이 언어를 습득하게 되는 것은 생득적인 능력에 의해서만도 아니고 학습에 의해서만도 아니라고 가정한다. 즉, 아동의 언어는 실제 외부 세계를 그대로 반영하는 것도 아니고, 아동의 생득적인 능력을 단순히 반영하지도 않는다. 또한 구성주의 접근에서는 언어를 독립된 능력으로 보지 않고 인지발달의 결과로 나타나는 일반적인 인지 능력 중 하나로 본다. 더 나아가, 언어가 발달하기 위해서는 인지발달이 선행되어야 한다는 인지선행설을 주장한다. 그리하여 아동이 갖게 되는 언어 구조는 아동의 현재의 인지적 수준과 환경 사이의 끊임없는 상호작용의 결과라는 것이다.

대표적인 구성주의자인 피아제(J. Piaget)에 따르면, 일반적인 인지가 발달하는 것과 같은 원리에 의해서 언어발달이 일어나기에 감각운동기, 전조작기, 구체적 조작기, 형식적 조작기의 인지발달 단계에 기초하여 언어에 대한 지식도 발달하게 된다. 예를 들어, Piaget의 인지발달 단계에서 감각운동기는 언어가 나타나기 전 단계로서, 이 시기의 영아는 상징을 사용하지 못하고, 세계를 감각과 운동을 통해서 이해한다. 감각운동기에서 나타나는 흥미로운 발달적 현상 중 하나는 대상영속성 개념의 발달이다. 대상영속성 개념은 물체가 자기 시야에서 사라져도 그 물체가 계속 존재하고 있을 것이라는 믿음에 관여한다. 아동은 감각운동기 초기에는 대상영속성의 개념을 갖지 못하여 어떤 물체가 자기 시야에서 사라지면 그 물체가 더 이상 존재하지 않는 것으로 생각하다가, 감각운동기 말기에 이르러 물체가 자신에게 보이는 것에 상관없이 존재할 수 있다는 것을 알게 된다. 감각운동기 말기에 완성되는 대상영속성 개념은 아동의 언어발달에 기초가 된다(Sinclair-deZwart, 1969). 대상영속성 개념을 갖고 있지 않은 아동은 대상물을 표상하는 상징에 대한 필요성을 느끼지 않는다. 대상영속성의 개념을 갖게 되면서 아동은 존재하지 않는 대상물을 인식하고 그것을 표상할 필요성을 갖게 된다. 시야에서 보이지 않는 물체를 표상하기 위해 상징을 사용하기 시작하게 되고, 이것이 아동이 사용하는 첫 단어가 된다는 것이다. 이와 같은 인지와 언어의 연계성은 아동의 산출 자료에서 그 증거를 찾을 수 있는데, 예를 들어 영어권 아동은 대상영속성 개념을 갖고 난 후에 'all gone'과 같이 무엇이 사라진 것을 지칭하는 단어를 사용하기 시작한다. 한국 아동의 경우에는 '있다/없다'와 같은 단어가 나타나는 시기와 대상영속성 개념의 성취와 관련이 있다(Gopnik & Choi, 1990).

아동의 두 단어 조합에서도 감각운동기에 성취한 인지적 내용이 반영된다. 아동은 생물이 무생물에 어떤 행위를 가할 수 있다는 것을 알게 되면, 이 개념들에 대한 상징을 결합할 수 있다. 그리하여 아동은 행위자(주어) 다음에 행위를 받는 무생물(대상물)

의 순서로 단어를 결합한다[예: 엄마 맘마(엄마가 맘마 줘.).]. 또는 행위자 다음에 그 행위자 가 행하는 행위(동사)의 순서를 구성하기도 한다[예: 아찌 타(아찌가 자전거를 탄다.).]. 이러한 조합은 아동의 인지가 정교화되면서 세 단어 혹은 그 이상으로 확장되고, 이러한 원시적인 의미 범주를 재조직화함으로써 명사구, 동사구 등의 추상적인 문법 범주들이 나타나게 된다. 여기서 언어적 재조직화는 인지적 도식의 재구조화를 반영해 주는 것일 것이다. 이러한 발화들은 인지선행설을 지지하는 증거로 간주될 수 있다.

하지만 인지발달을 기반으로 언어가 발달된다는 인지선행설을 반박하는 증거들도 있다. 윌리엄스 증후군 아동들은 정신지체이지만 다른 정신지체와는 달리 문법적으로 복잡한 문장을 말하고, 풍부한 어휘를 사용하고, 전체적으로 통합된 이야기를 구사한다(Hoff, 2014). 즉, 인지 기능이 손상되어도 언어 기능은 크게 손상되지 않음을 보여 주는 것이다. 이러한 사례는 언어와 인지 기능이 분리되어 있을 가능성을 보여 준다. 언어와 인지가 구별됨을 보여 주는 또 다른 사례는 정신지체를 보이는 로라라는 여성에게서 발견되었다(Yamada, 1990). 로라는 인지 과제에서는 심각한 결함을 보였으나 언어 능력은 인지 능력에 비해 상대적으로 적은 결함을 보였다. 이러한 결과들은 인지선행설을 기각함과 동시에, 언어가 일반적인 인지 능력과는 분리된 단원(module)이라고 주장하는 Chomsky나 포더(Fodor, 1983) 등의 입장을 지지해 주는 증거가 되기도 한다.

4) 사회적 상호작용 접근

사회적 상호작용 접근에서는 언어에서 의사소통적 기능을 특별히 강조한다. 그리하여 이 접근에서는 언어뿐만 아니라 의사소통에 사용될 수 있는 다른 수단들에도 관심을 갖는다. 이 접근에서는 언어적 역량(linguistic competence)에 차례 주고받기(turn-taking), 시선 맞추기(mutual gaze), 함께 주의하기(joint attention), 맥락, 문화적 관습 등과 같은 비언어적 상호작용이 포함된다고 가정한다. 이러한 비언어적 상호작용은 언어를 사용하기 전부터 나타나기 시작하는데, 후에 언어발달의 싹이 된다.

흥미롭게도 이 접근은 생물학적 성숙과 환경의 역할을 모두 강조한다. 생득주의와 마찬가지로 아동의 언어발달을 문법 규칙을 찾아내서 적용하는 과정으로 설명하지만, 생득주의와는 달리 언어의 의사소통 기능을 강조한다. 또한 생득주의와 마찬가지로 언어발달이 생물학적 체계의 성숙을 필요로 한다고 가정한다. 하지만 언어발달에서 나타나는 언어적 보편성은 보편문법(UG)이나 언어습득장치(LAD)로 귀인되는 것이 아니라, 서서히 성숙하는 대뇌발달 때문으로 생각한다. 다른 한편 이 접근에서는 전통적인 행동주의자의 입장을 받아들여서 아동의 언어발달에서 환경의 역할에 초점을 맞추며, 환경에서 모방의 역할을 강조한다. 하지만 행동주의에서처럼 아동들이 기계적으로 성인의 말을 모방한다고 생각하지는 않는다. 오히려 아동은 자기가 들은 문장을 모방함으로써 자기가 가지고 있는 언어 규칙에 대한 가설을 검증하는 것으로 생각한다. 언어발달 초기에 아동은 성인이 발화하는 문장 중 일부만을 모방하는 경우를 종종 볼 수 있다. 사회적 상호작용 접근에서는 이것을 자신이 가지고 있는 문법적 규칙을 검증하기 위해 자기가 이해한 부분만을 모방하는 것으로 해석한다. 이렇게 부분적으로 모방하는 아동의 말은 엄마와의 대화를 통해 확장된다. 예를 들어, 엄마가 아동에게 "문을 연 사람이 삼촌이야."라고 했을 때, 아동은 "문 연 사람?"이라고 부분적으로 모방한다. 이때 엄마가 "그래, 삼촌이 문을 열었어."라고 말해 준다면, 이것은 대화를 통해 아동에게 새롭게 확장된 문장 형태를 보여 줄 수 있다. 이와 같은 상호작용을 통해 아동들은 확장된 표현을 배우게 된다.

아동이 이와 같은 상호작용을 통해 문법 규칙을 습득하기에 이 입장에서는 규칙을 학습하기 위한 특정한 경험이나 훈련이 필요하다고 생각한다. 따라서 아동의 언어발달에서 적절한 언어 경험을 제공하는 엄마 또는 양육자의 역할이 중요하다. 영아기부터 엄마는 자녀에게 많은 말을 들려주면서 시간을 보낸다. 이때 엄마가 아동에게 하는 아동지향적 말(Child-Directed Speech: CDS)은 아동의 언어발달에 많은 영향을 미친다. 엄마들은 아동에게 말할 때, 성인에게 말할 때보다 훨씬 과장된 어조로 또한 단순화된 문장을 사용하는 경향이 있다. 이와 같이 엄마가 아기에게 하는 말을 처음에는 아기말투(motherese)라 불리었는데, 최근 들어 아동지향적 말(CDS)이라는 용어로 대치되었다. 엄마들이 발화하는 이러한 말은 정상적인 언어발달을 촉진시키는 것으로 알려져 있다. 뉴포트, 글라이트먼 및 글라이트먼(Newport, Gleitman, & Gleitman, 1977)은 엄마가 보다 짧고 간단한 말을 아동에게 하는 것이 길고 복잡한 말을 사용하는 것보다 아동의 언어발달을 촉진시킨다고 보고하였다. 이와 같이 엄마가 아동에게 하는 말이 중요하다면, 처음 말을 배우는 아동에게는 단순한 언어를 들려 주다가 아동이 성장하면서 복잡한 구조를 가진 언어를 들려 주는 것이 아동이 보다 쉽게 언어를 습득할 수 있게 도와줄 수 있을 것이다.

이 접근에 대한 비판은 주로 언어발달에서 아동지향적 말(CDS)의 역할에 대해 제기되었다. 일부 연구자들은 아동지향적 말이 정말 간단한 말인지에 대해 의문을 제기하였다(Newport, Gleitman, & Gleitman, 1977). 아동지향적 말의 높은 비율을 차지하는 명령문이나 의문문은 긍정문이나 서술문보다 통사적으로 더 복잡하기 때문이다. 다시 말해, 아동지향적 말이 성인에게 하는 말보다 일반적으로 짧을지는 모르지만 더 단순한 언어라고는 볼 수 없다는 것이다. 또한 엄마의 아동지향적 말의 복잡성이 아동의 언어발달과 별다른 관계가 있지 않다는 보고도 있다(Hoff-Ginsburg, 1986). 즉, 아동지향적 말(CDS)에서 나타나는 말의 단순화의 정도는 아동의 언어발달을 직선적으로 예언하지 못한다.

4. 언어발달 과정

아동은 태어나서 1년 정도 지나 첫 단어를 발화하기 시작하여 1년 6개월 정도가 되면 50개의 단어를 구사하게 된다. 이 시점을 지나면서 아동의 어휘 실력은 놀랄 만큼 빠른 속도로 발달하는 동시에 언어 구조에도 많은 변화가 나타나기 시작한다. 단순히 한 개의 단어를 발화하던 것에서 두 단어를 조합하고, 더 나아가 세 단어를 결합시키기 시작한다. 그 이후에 아동의 언어는 성인의 문법에 견줄 만한 복잡한 통사구조를 보이면서 급속도로 발달하게 된다. 이 절에서는 아동의 언어발달 과정을 음운발달, 어휘발달, 통사발달의 세 가지 하위 영역으로 나누어 기술하고자 한다.

1) 음운발달

(1) 언어 이전 단계의 말소리 발달

영아들은 태어나면서부터 울고, 재채기하고, 트림하는 것과 같은 여러 가지 소리를 낸다. 6주에서 8주경이 되면 영아들은 쿠잉(cooing)을 내기 시작하는데, 쿠잉은 아기들이 행복하거나 만족해 할 때 내는 소리로서 모음 같은 소리가 연결되어 나오는 소리이다. 3개월에서 4개월이 되면 더 다양한 모음과 자음을 소리내기 시작하는데, 이러한 소리의 흐름을 '주변적 옹알이(marginal babbling)'라 한다. 6개월에서 9개월이 되면 영아들의 발성에서 음절 비슷한 것이 나타나는데, 이 음절들은 '다다다다' 또는 '나나나나'와 같이 자음과 모음의 조합이 계속 반복되는 형태를 보인다. 이러한 중복 옹알이를 '표준적 옹알이(cannonical babbling)'라 부른다. 중복 옹알이는 정상적인 언어발달에 대한 중요한 지표가 된다. 청각장애 아동들도 초기에는 정상 영아들이 내는 소리를 거의 낼 수 있지만 표준적 옹알이는 내지 못한다. 아마도 이것이 청각장애 아동을 정상 아동과 구별해 주는 첫 번째 징표가 될 것이다(Hoff, 2014). 옹알이는 점점 증가하여 9개월에서 12개월이 되면 최고조에 달하게 되고, 의미를 알 수 있는 첫 단어가 산출되면서 사라지게 된다. 하지만 첫 단어를 산출하기 전에 얼마 동안 옹알이를 멈추는 아동도 있다.

(2) 말소리 지각

영아는 말소리를 산출하기 전부터 말소리를 구별해서 지각하고 반응한다. 태어나서 10일도 안 된 신생아가 성인 언어가 허용하는 범위의 소리 주파수에 특히 민감한 반응을 보이고, 말소리가 끊어질 때마다 입 주변의 근육을 움직이는 경향을 보였다. 말소리에 맞추어 근육을 움직이는 현상은 자기 모국어에만 제한적으로 나타나지 않았다. 예를 들어, 중국어를 전혀 들어보지 못했던 영어권의 신생아에게 중국어 소리를 들려 주었을 때에도 이와 같은 근육의 움직임을 보였고, 녹음기를 통해서 들리는 말소리에도 마찬가지 현상을 보였다. 그러나 말소리가 아닌 소리, 예를 들어 리듬에 맞추어 '똑똑' 두드리는 소리에는 이 같은 반응을 보이지 않았다. 이러한 증거들은 인간이 말소리와 다른 소리를 구별하여 지각하는 능력을 태어날 때부터 가지고 있다는 것을 보여 준다 하겠다.

태어난 지 얼마 안 된 영아도 정교하게 말소리의 차이를 구별한다. 아이마스와 동료들(Eimas et al., 1971)은 1개월에서 4개월 사이의 아기들이 유성음 /b/와 무성음 /p/를 구별하는지를 습관화 패러다임을 사용하여 검증하였다. /b/와 /p/를 구별해 줄 수 있는 기준은 음성개시시간(Voice Onset Time: VOT)인데, 음성개시시간은 음절을 만들 때 공기가 입술을 통과할 때부터 성대가 진동할 때까지의 시간이다. 음성개시시간이

0ms, 20ms, 40ms, 60ms 등으로 차이가 나는 소리를 인공적으로 합성하여 성인들에게 제시했을 때, 성인들은 음성개시시간이 25ms 이하의 소리는 /b/로 듣고 음성개시시간이 40ms 이상인 소리는 /p/로 범주적으로 지각하였다. 이들은 1개월에서 4개월 사이의 영아들에게 인공적으로 합성된 소리를 들려 주며 빨기 속도를 측정하였다. 한 조건에서는 음성개시시간 20ms에 습관화시킨 다음 음성개시시간 40ms인 소리를 들려 주었다. 이 조건에서 영아들은 검사 시행에서 더 많이 빨았다. 성인들이 /b/와 /p/를 구별하는 기준이 음성개시시간 25ms라면, 이 아기들은 성인과 마찬가지로 이 두 소리를 다른 소리로 들었다고 이해할 수 있을 것이다. 다른 조건에서 아기들을 음성개시시간이 20ms인 소리에 습관화시킨 다음 음성개시시간이 0ms인 소리를 들려 주었는데, 이 조건에서 아기들의 빨기에는 변화가 없었다. 성인들이 20ms나 0ms의 소리를 /b/로 지각하는 것처럼, 아기들이 범주화 지각을 한다면 탈습관화가 일어나지 않을 것을 쉽게 예상할 수 있다. 이러한 결과는 1개월 된 영아도 말소리를 범주적으로 지각하고, 이러한 지각은 학습에 의한 결과라기보다는 태어날 때부터 가지고 나오는 생득적인 능력일 가능성을 보여 준다.

(3) 말소리 산출

음성언어를 구성하는 최소의 단위는 말소리인데, 이 소리의 결합을 지배하는 규칙을 다루는 것이 음운론(phonology)이다. 사람들이 말하고 있지 않을 때에는 공기가 코와 입을 통해 자유롭게 움직이고 있지만 말소리를 생성하기 위해서는 공기의 흐름을 차단시켜야 한다. 폐로부터 밀어 올린 공기를 성대나 이 또는 입술에서 차단시켰다가 공기의 흐름을 토해 낼 때 발성이 가능해진다. 이때 밀려 나오는 공기의 흐름이 달라지면서 음성적으로 여러 다른 소리가 만들어지는 것이다. 이와 같이 구별되는 일련의 말소리를 표상하는 것이 음소(phoneme)이다. 음소는 더 잘게 분석할 수 없는 소리의 최소 단위로 /p/, /b/, /t/, /d/, /g/, /k/ 등이 그 예이다.

모든 인간 언어에서 허락하는 음소는 대략 200여 개가 되는데, 일부 음소는 언어 보편적으로 사용되는 반면에, 일부 음소는 특정 언어에서만 사용되기도 한다. 예를 들어, 'b' 'm' 'p' 'n' 'd' 't'와 같은 음소는 대부분의 언어에서 사용되지만, 어떤 언어에서 허용되는 음소가 다른 언어에서는 쓰이지 않는 경우도 있다. 예를 들어, 우리말에서는 'ㅂ' 'ㅃ'

'ㅍ'에 해당되는 음소를 구별하지만, 영어의 경우에는 된소리 'ㅃ'에 해당되는 음소가 없다. 또한 영어에는 'θ'나 'ð'와 같은 음소를 사용하지만, 우리말에는 이에 해당되는 음소가 없다. 이러한 음운 특성은 아동의 말소리 습득에도 반영되어 언어보편적으로 나타나는 소리(예: 'b' 'm' 'p' 'n' 'd' 't')들이 일찍 습득되는 반면에, 그렇지 않은 소리(예: 'θ' 'ð', 뽈)는 다소 늦게 습득된다. 음소가 결합되어 음절을 이루는데, 음절의 구조도 언어마다 다를 수 있다. 한국어에서는 자음(C1)과 모음(V)이 모여 하나의 음절체(body)를 구성하고, 말미에 자음(C2)이 추가되어 음절을 형성한다. 따라서 한국어의 음절은 음절체(C1V)와 말미자음(C2)이 분리되는 형태를 갖게 된다. 반면, 영어의 음절 구조는 초두자음(onset, C1)과 각운(rhyme, VC2)으로 구성되어 자음이 분리되는 형태를 갖는다. 또한 한국어에서는 자음이 연이어 나타날 수 없다. 자음 다음에는 반드시 모음이 따라와야만 소리를 낼 수 있다. 하지만 영어에서는 자음이 연이어 나타나는 구조를 허용한다(예: CCCVCCCC; strengths). 이러한 구조의 특성 덕분에 영어에서는 자음(C)인 음소가 쉽게 분리되는 반면에, 우리말에서는 이러한 음소 분리가 어렵다.

2) 어휘발달

아동은 대체로 12개월에서 18개월 사이에 한 단어를 말하기 시작한다. 이때 주로 나타나는 단어는 '엄마' '아빠'와 같은 가족의 호칭이나 '멍멍' '야옹'과 같이 친숙한 동물의 이름, '뜨거' '아야'와 같은 형용사들이다. 이 절에서는 초기 아동의 어휘가 가지고 있는 특징과 새로운 단어를 배울 때 관여하는 기제에 대하여 소개하고자 한다.

(1) 초기 어휘의 특성

아동이 사용하는 첫 단어는 맥락의존적인 경향이 있다. 블룸(Bloom, 1973)은 자기 딸이 9개월경에 'car'라는 단어를 말하기 시작했는데, 이때 'car'는 아파트 창문 밖으로 보이는 길가에 서 있는 자동차만을 지칭하는 것이었다. 가까이 있는 자동차나 그림책에 있는 자동차에 대해서는 'car'라는 말을 붙이지 않았다. 이처럼 아동은 처음 단어를 사용할 때 성인이 사용하는 것보다 좁은 의미로 사용하기도 하는데, 이것을 과잉축소라 한다. 과잉축소 현상은 단어를 특정 맥락에 제한적으로 사용할 때 나타난다. 반면에,

아동이 단어를 그 단어가 의미하는 것보다 더 넓은 의미로 사용하는 경우가 있는데, 이 것을 과잉확장이라고 한다. 과잉확장은 아동의 단어 사용에서 보다 흔히 나타나는 현상인데, 네 발 가진 동물을 모두 '멍멍이'라고 지시하거나, 모든 여자를 보고 '엄마'라고 부르는 것이 그 예이다. 이러한 과잉확장에 대해 적어도 두 가지 설명이 제안되어 왔다. 그 하나는 기능에 근거하여 단어 의미를 습득한다는 관점이다. 예를 들어, 이 시기의 아동은 대상물이 움직이는 기능을 가지는가에 착안하여 그 기능의 유사성에 따라 대상물을 분류하는 경향이 있다. 예를 들어, 공은 던지고 굴릴 수 있다. 아동이 '공'이라는 단어를 이러한 기능에 착안하여 습득하게 된다면 귤을 던지고 굴려 보면서 이 아동은 귤을 '공'이라 명명하는 과잉확장을 보일지도 모른다. 다른 제안은 아동이 지각적 세부특징(perceptual feature)에 따라 물체를 파악하고 유목화한다는 것이다. 예를 들어, '달'이라는 어휘를 갖고 있는 아동이 '공'도 '달'이라고 말하는 경우, 이 아동은 '둥글다'라는 지각적 세부특징에 근거하여 과잉확장한 것이다.

아동의 초기 어휘의 또 다른 특징은 명사류가 많이 나타난다는 점이다(Bates et al., 1994; Nelson, 1973). 넬슨(Nelson, 1973)은 50-단어 시점까지의 어휘발달 과정을 분석했을 때, Mommy, Daddy와 같은 특정 명사류와 dog, milk와 같은 일반 명사류가 가장 큰 비중을 차지한다는 것을 발견하였다. 하지만 이러한 견해가 항상 지지되는 것은 아니다. 초기 어휘에서의 명사가 많이 나타나는 현상이 언어보편적이지 않다는 주장도 있다. 고프닉과 동료들(Gopnik et al., 1995)은 한국 아동은 명사보다 동사를 더 많이 사용하는데, 이것은 한국어의 특성을 반영하는 것이라고 주장하였다. 한국어는 영어와는 달리 문장의 맨 끝에 동사를 놓는 SOV 구조를 가지는데, 이러한 언어적 특성 때문에 한국 아동은 마지막에 위치하는 동사에 주의를 기울이게 되고, 그 결과 동사의 비율이 높아진 것이다. 하지만 영어를 사용하는 아동에서와 마찬가지로 한국 아동의 어휘에서도 동사보다 명사의 비율이 더 높다고 보고하는 연구도 있다(Au, Dapretto, & Song, 1994).

(2) 어휘 폭발

아동은 생후 1년에서 1년 6개월 사이에 첫 단어를 발화하기 시작하는데, 첫 단어를 발화한 후 6개월 정도에 아동의 어휘는 폭발적으로 증가한다. 점진적인 증가가 아닌 급등하는 증가는 언어발달 연구자들의 관심을 끌기에 충분하였다. 이토록 가속화된 어휘발달은 단순한 학습으로 설명하기 어렵다. 또한 가설검증 과정으로도 설명하기 어렵다. 예를 들어, 어른들이 뛰어가는 개를 가리키며 '개'라고 말하는 것을 들었을 때 아동이 '개'라는 단어의 의미를 추론할 수 있는 가능성은 무한하다. 개의 모습 전체를 지칭한 것으로, 또는 개의 다리, 꼬리와 같은 일부분을 지칭한 것으로, 또는 개의 뛰어가는 모습을 지칭한 것으로, 또는 개의 색깔을 지칭한 것으로 이해할 수 있다. 이러한 모든 가능성을 일일이 검증하여 그 의미를 추론할 수 있다면 짧은 기간 동안에 일어나는 어휘 폭발 현상을 설명하기는 어려워진다. 최근의 연구들에서는 어휘 폭발 현상을 설명하기 위해 단어의미의 추론을 일정 방향으로 이끄는 제약을 가정한다. 아동은 새로운 단어를 들을 때 그 의미에 대해 논리적으로 가능한 모든 가능성을 전부 검증하기보다는 제약에 의해 적절한 의미를 빠르게 추론하게 된다는 것이다.

(3) 단어의미 제약

아동은 새로운 단어를 들을 때 그 단어와 그것이 의미하는 것을 빠르게 연결한다. 이러한 신속한 연결(fast mapping)은 단어의미 추론 제약을 가정하면서 설명할 수 있다. 이러한 단어의미 제약으로 가장 많이 언급되는 것이 온전한 대상 제약(whole object constraint), 분류학적 제약(taxonomic constraint), 상호배타성 제약(mutual exclusivity constraint)이다(Markman, 1991).

① 온전한 대상 제약

온전한 대상 제약은 아동이 새로운 단어를 들었을 때 그 단어를 부분, 물질, 색깔, 움직임 등보다는 온전한 대상을 지칭하는 것으로 이해하게 해 준다. 예를 들어, 아동이 '멍멍이'라는 새로운 단어를 들었을 때, 아동은 그것이 강아지의 꼬리나 다리나 그 밖에 다른 부분을 가리키는 것이 아니라 강아지라는 대상 전체를 가리키는 것으로 추론한다.

② 분류학적 제약

분류학적 제약은 하나의 단어가 같은 종류의 물체를 지칭하는 것으로 추론하게 해 준다. 사용된 단어가 물체에 대한 용어라면 같은 종류의 물체를, 색깔에 대한 용어라면 같은 종류의 색깔을, 행동에 대한 용어라면 같은 종류의 행동을 지칭하는 것으로 이해하게 해 준다. 성인의 경우에는 단어를 이러한 방식으로 분류하여 적용한다는 것이 분명하지만, 어린 아동의 경우에도 그러한지는 의문시되어 왔다. 왜냐하면 아동은 이 세상의 물체를 주제적으로(thematically) 연결하는 경향이 있기 때문이다. 예를 들어, 아동은 우유와 젖소, 숟가락과 젓가락, 실과 바늘 등 세상의 대상들을 주제적으로 연결하여 생각한다. 따라서 아동이 사물을 분류할 때 이와 같은 주제적인 방법을 사용한다는 것은 아주 자연스럽다. 하지만 아동에게 단어를 들려 주고 대상물을 분류하게 했을 때, 이러한 주제적 선호성이 사라지고 대신 분류학적으로 제약되는 것을 볼 수 있었다.

마크맨과 헛친슨(Mackman & Hutchinson, 1984)은 아동에게 '소' '우유' '돼지'가 그려진 그림을 보여 주고는 '소' 그림을 가리키며 이것과 같은 것을 다른 그림에서 찾아보라고 지시하였다. 이때 아동은 소와 우유를 주제적으로 연결하여 '우유'를 선택하였다. 그러나 '소' 그림을 가리키며 "이것은 'dax'라고 해. 여기에서 또 다른 'dax'를 찾아보겠니?"라고 했더니 아동은 '돼지' 그림을 선택하였다. 이러한 결과는 새로운 단어의 습득이 대상을 분류학적으로 구별하는 제약에 의해 이끌어진다는 것을 시사해 준다.

③ 상호배타성 제약

상호배타성 제약은 하나의 사물은 오직 하나의 이름만을 가진다는 가정이다. 아동은 처음 단어의 의미를 습득할 때 새로운 단어를 새로운 대상물에 적용하는 경향을 보인다는 것이다. 아동에게 이름을 알고 있는 친숙한 물체와 이름을 모르는 친숙하지 않은 물체를 제시하고 들어 본 적이 없는 또 다른 새로운 이름을 찾아보라고 지시했을 때, 아동은 새로운 이름에 대해 친숙하지 않은 물체의 이름으로 추론하였다(Markman & Wachtel, 1988). 이러한 결과는 한국어에서도 지지되었다. 우리나라 아동도 새로운 이름을 들었을 때 그 이름을 기존에 알고 있는 대상물보다는 새로운 대상물에 적용하였다(김혜리, 1994).

그러나 이 제약들은 경우에 따라서 한 제약이 다른 제약을 제압하기도 하고, 특별한 상황에서는 제약의 적용이 보류되기도 한다(이현진, 2005). 예를 들어, 상호배타성 제약은 아동이 처음 단어를 습득하는 데 작용하는 매우 강력한 가정이지만 이 조건이 유보되는 경우가 있다(Markman, 1991). 한 대상물에 대해 두 가지의 다른 언어로 이름을 붙여 주는 경우와 두 가지의 이름이 위계적 관계를 설정할 수 있는 경우가 그 대표적인 예이다. 어떤 하나의 동물을 '개'라고 부르기도 하고 '치와와'라고 부르기도 한다면, 이것은 하나의 대상에 두 개의 이름을 허용하는 경우가 된다. 그러나 이렇게 이름 붙이는 것이 잘못되었다고 생각하는 사람은 없을 것이다. 왜냐하면 '치와와'는 '개'의 여러 종류 중 하나이기 때문이다. 아동이 사물의 위계적 관계를 이해할 때, 이미 이름을 알고 있는 대상에 또 다른 새로운 이름을 붙여 준다면 그것은 다른 위계 수준에서 그 대상을 지칭하는 것으로 이해할 것이다. 한국어 자료에서도 자극을 위계적으로 해석할 수 있을 때에는 상호배타성 제약을 무시하고 두 개의 이름을 허용하는 것을 보여 주었다(김혜리, 1994; 조경자, 김혜리, 1994; Hong & Lee, 1995).

④ 그 밖에 단어의미 추론에 관여하는 요인

이러한 제약 외에 형태유사성, 기능유사성, 존재론적 범주 등도 단어의미 추론에서 역할을 한다. 형태유사성은 초기 단어의미 추론에서 중요한 단서가 된다. 비슷한 형태에 같은 이름을 적용한다는 것이다. 하지만 연령이 증가하면서 발달적 변화가 일어난다. 연령이 증가하면서 아동은 범주적 특성이나 기능적 특성의 유사성에 근거하여 단어의미를 추론한다(김유정, 이현진, 1996; 김현주, 이현진, 채민아, 1998; Imai, Gentner, & Uchida, 1994). 하지만 초기 단어의미 추론에서 형태유사성의 역할을 반박하는 증거도 있다. 형태유사성보다는 존재론적 범주(ontological category)에 근거하여 단어의미 추론이 일어난다고 주장되기도 하였다(Soja, Carey, & Spelke, 1991). 존재론적 범주란 우리가 알고 있는 여러 사물을 가장 기본적으로 묶을 수 있는 범위를 지칭한다. 예를 들어, 고체 대상물과 비고체 물질을 구별하는 것은 존재론적 범주에 대한 개념에 의해서 가능할 것이다. 소자와 동료들(Soja et al., 1991)은 아동이 대상물과 물질을 구별하는 존재론적 범주에 대한 개념을 선험적으로 가지고 있기에 어릴 때부터 이러한 개념에 근거하여 단어의미를 추론한다고 주장하였다. 이러한 주장은 영어뿐만이 아닌 한국어와 일본어에서 지지되며, 존재론적 범주가 단어의미 추론에 언어보편적 원리로 작용한다는 것을 보여 주었다(이현진, 1998, 2002; Lee, 1996, 1997; Imai & Gentner, 1997).

3) 통사발달

아동은 24개월 정도가 되면 두 개의 단어를 연이어 발화하기 시작한다. 이때 발화되는 두 개의 단어는 단어의 단순한 나열이 아니라 문법적 관계로 분석할 수 있는 문장이다. 그 후 6개월이 지나면 아동은 두 단어 이상을 조합하여 길이도 길고 구조도 복잡한 문장을 구사하게 된다. 여기에서는 이 시기의 아동 언어의 통사적 특징을 살펴보고자 한다.

(1) 두 단어 시기

두 단어 시기의 주요한 특징 중 하나는 이들이 발화하는 문장에 통사적 지표나 형태소적 지표가 빠져 있다는 것이다. 조사나 시제를 나타내는 활용어미 등을 생략하고 동사나 명사 등의 내용어만을 산출한다. 이러한 특성 때문에 이 시기의 아동 언어를 '전보문(telegraphic speech)'이라 한다. 여기서는 이 단계의 아동 언어를 분석하는 두 가지 접근을 소개한다.

① 분포분석

아동이 조합하는 두 단어를 **분포분석**(distributional analysis)함으로써 이 두 단어를 조합해 주는 규칙을 찾아낼 수 있다는 제안이 있다(Braine, 1963). 두 단어 시기에 발화되는 문장은 주축어(pivot)와 개방어(open word)로 구별할 수 있다. 주축어는 고정적인 위치에 빈번하게 출현하는 반면에 수가 많지 않고, 개방어는 자주 나타나지 않고 나타나는 위치도 가변적이지만 수가 많다. 예를 들어, 한국어의 경우에는 첫 번째 위치에 '엄마' '아빠' 또는 감탄사인 '아!' '아잇!' 등이 많이 나타났는데, 이러한 단어들은 출현하는 빈도도 많았고 나타나는 위치도 고정적으로 주축어의 특성을 보였다(조명한, 1978). 이에 반해, 이러한 주축어와 함께 출현하는 단어들은 개방어의 특성을 보였다. 하지만 아동의 두 단어 조합에 분포 분석을 적용할 때 다음과 같은 문제점을 보인다. 첫째, 아동이 갖고 있는 '주축어 + 개방어'의 구조가 성인 언어 구조로 어떻게 발달해 나가는지를 설명하기가 어렵다. 엄마와 아빠라는 두 개의 단어를 각각 첫 번째 위치에 '주축어'로 가지고 있기에 '엄마 쉬.' 또는 '아빠 가.'라는 문장을 구성할 수 있다고 가정해 보자.

그렇다면 '엄마, 아빠 좋아.'라는 문장으로의 확장은 어떻게 설명할 수 있는가? 또 다른 문제점은 하나의 문장이 다른 의미적 관계로 분석될 수 있다는 점이다. 캐더린이란 아이는 어느 날 'Mommy sock'란 말을 두 번 하였는데, 한 번은 '엄마의 양말'이라는 의미로, 또 다른 한 번은 '엄마, 양말 주세요.'라는 의미로 사용하였다. 형식적인 면에서 'Mommy sock'는 '주축어 + 개방어'의 구조를 가진다. 그러나 의미적으로 분석했을 때, 'Mommy'는 소유격으로 사용되기도 했고, 행위 자격으로 사용되기도 하였다. 이처럼 주축문법으로는 이 문장이 가지는 의미를 파악하기 어렵다는 한계점을 보인다.

② 의미적 관계 분석

주축문법 대신 두 단어 시기의 문장을 다른 방법으로 분석하려는 시도가 있었다. 이 방법은 의미적 관계를 찾아보는 것이었다. 의미적 관계 분석은 두 단어를 발화하는 대부분의 아동이 의미적 관계를 전달할 때 성인이 사용하는 어순을 따른다는 점에서 착안되었다. 브라운(Brown, 1973)은 두 단어 문장에서 발견되는 의미적 관계를 〈표 6-1〉과 같이 정리하였는데, 이러한 분석은 한국어 자료에서도 검증되었다(조명한, 1978, 1982).

〈표 6-1〉 두 단어 문장의 의미적 관계

의미적 관계	영어	한국어
행위자-행위	boy kick	엄마 줘/언니 울어
행위-목적(목적-행위)	pull train	빵 줘
행위자-목적	Daddy ball	엄마 밥
행위-장소(장소-행위)	sit chair	바까 쪼쪼/오토바이 타
실체-장소(장소-실체)	cup shelf	바까 달/ 저기 새
소유자-소유물	Mommy scarf	아빠 책/고모 거
실체-수식(수식-실체)	ball red	은냐 통/무서운 아찌
지시하기-실체	there car	요거 불

* 영어와 한국어는 목적어와 동사의 위치가 다르기 때문에 괄호 안의 어순은 한국어에 해당됨.

아동의 두 단어 조합을 분석하여 보면 〈표 6-1〉과 같은 여덟 가지의 의미적 관계로 정리할 수 있는데, 이 같은 현상은 언어보편적으로 나타난다. 또한 주축문법은 세 단어의 문장으로의 확장을 설명할 수 없는데 반해, 의미적 관계 분석은 세 단어의 조합까지도 설명할 수 있다. [행위자 + 행위]와 [행위 + 목적]이 연결되면 [행위자 + 행위 + 목적]의 세 단어 조합으로 확장될 수 있다. 예를 들어, '아찌 흙 파'는 [행위자 + 행위]와 [목적 + 행위]가 [행위자 + 목적 + 행위]로 확장된 경우이다(조명한, 1982).

(2) 두 단어 이후의 언어

생후 3세경이 되면 아동의 말 길이가 점점 증가한다. 그 동안 생략해 왔던 기능어를 산출하고, 의문문, 부정문, 관계절 등의 보다 발전된 형태의 통사적 구조를 사용하기 시작한다. 여기에서는 아동이 이러한 통사적 구조를 습득할 때 보이는 특성을 살펴보고자 한다.

① 문법적 복잡성

3세경의 아동은 보다 문법적으로 복잡하고 다양한 표현을 할 수 있게 된다. 이 시기의 아동의 언어적 특성은 다음과 같다(조명한, 1982). 첫째, 두 단어의 조합에서 생략되던 동사가 필수적으로 사용된다. 둘째, 중문이나 관계절을 포함하는 복문의 사용이 크게 늘기 시작한다. 셋째, 형태소나 기능어를 사용하는 용법의 정확성이 90% 정도까지 향상된다. 넷째, 언어 습득을 시작하는 초기에 보이던 아동들 간의 개인차가 상당히 감소된다.

② 어순

언어발달의 초기 단계에서 아동이 발화하는 어순은 비교적 고정되어 있다. 이러한 현상은 여러 언어에서 나타나는 언어보편적인 현상이다. 영어는 SVO의 어순을 갖는 언어이다. 영어권 아동의 산출 자료에서 보면, 대부분의 아동이 영어 어순에 맞는 순서를 발화하였다. 더 나아가, 영어권 아동은 관사, 형용사, 조동사 등의 순서에서도 일정한 어순을 지킨다는 것이 발견되었다. 어순이 비교적 자유로운 러시아어에서도 초기 언어 습득에서는 고정된 어순을 발화한다는 것이 보고되었다(Kim, 1997).

한국어는 기본 어순이 SOV이지만 격조사가 있기에 단어의 위치가 자유롭게 바뀔 수 있는 언어이다. 하지만 한국 아동도 초기의 습득 단계에서는 고정된 어순으로 발화한다는 것이 보고되었다(조명한, 1982; Cho, 1981). Cho(1981)는 세 명의 한국 아동의 산출

자료에서 한국어의 기본 어순인 SOV의 순서나 기본 어순의 일부인 SO 또는 OV의 어순이 발화된 비율이 80% 이상임을 보고하였다.

③ 부정문

부정문은 일정한 발달 단계를 거친다. 영어 부정문의 경우에는 4단계를 거쳐서 발달하는데, 첫 번째 단계에서 아동은 부정 표시어를 문장의 맨 앞에 놓는다(1단계: 'No + 명제'). 두 번째 단계에서 부정 표시어는 수식할 동사의 어간 옆에 놓이다가(2단계), 그 다음 단계에 no, not, can't, don't 등을 적절한 장소에 삽입한다(3단계). 하지만 3단계에서 나타나는 can't나 don't와 같은 형태는 진정한 조동사의 부정으로 보이지는 않는다. 왜냐하면 이것이 진정한 조동사의 부정이라면 이전에 do나 can과 같은 조동사가 나타났어야 하는데, 그와 같은 조동사는 3단계 이후에 나타나기 때문이다. 4단계에 가서야 여러 조동사가 긍정 또는 부정의 형태로 나타난다. 이때야 비로소 진정한 부정 규칙이 습득되었다고 볼 수 있다.

한국어의 부정문 발달에서는 두 가지 현상을 지적할 수 있다. 첫째, 한국어에는 두 가지 형태의 부정문이 있는데, 하나는 동사 앞에 '안'을 첨가하는 '단형 부정(short-form negation)'이고, 다른 하나는 '~지 아니 하다'의 형태를 구성하는 '장형 부정(long-form negation)'이다. 어린 아동은 '장형 부정'보다 '단형 부정'을 먼저 발화하였는데, '장형 부정'은 3세 이후에 나타난 반면에 '단형 부정'은 2세경에 나타났다(Kim, 1997). 또한 2세 아동에게 '장형 부정'을 들려 주고 반복하게 했을 때, 이 어린 아동은 '장형 부정'을 '단형 부정'으로 대치하는 것을 볼 수 있었다(Cho & Hong, 1988). 이와 같은 결과는 '단형 부정'이 '장형 부정'보다 먼저 발달한다는 것을 보여 준다.

둘째, '단형 부정'을 구성할 때 어린 아동은 부정 표시어 '안'을 잘못 놓는 오류를 범한다(Cho & Hong, 1988). '단형 부정'에서 부정 표시어 '안'은 동사 바로 앞에 위치해야 한다. 그런데 어린 아동의 경우, '안'을 동사 앞이 아니라 동사구 앞에 놓는 오류를 범하는 것을 볼 수 있었다(Cho & Hong, 1988). 그리하여 "안 꿈 꿨어. (꿈 안 꿨어.)" "안 밥 먹어.(밥 안 먹어.)"와 같은 발화를 한다.

④ 복문

한국 아동은 2세가 조금 넘으면 복문을 산출하기 시작한다. 아동이 산출하는 복문은 접속문과 내포문으로 구별할 수 있는데, 접속문은 두 개의 절을 나란히 병렬시키는 구조를 가지고 내포문은 관계절이나 보문절을 포함한다. 조명한(1982)은 한국 아동이 발화하는 접속문에서 두 가지 현상을 지적하였다. 첫째, 초기에 출현하는 접속문에는 접속사 또는 접속 어미가 자주 생략된다. "아야, 똥 누 올께. (애기야, 똥 누고 올게.)"와 같은 발화에서 보면 접속 어미 '고'가 생략되어 있음을 볼 수 있다. 접속사가 생략되는 현상은 영어, 독일어, 터키어, 이탈리아어 등에서도 찾아볼 수 있다(Clancy, Jacobsen, & Silva, 1976). 둘째, 접속문 유형의 출현 순서를 보면 대등 대립, 시간적 연속 및 원인의 접속이 먼저 출현하고 나서 한정 조건 및 동시성의 접속이 나타난다(Clany et al., 1976).

a. 놔 두고 산에 가자. [2;5, 대등]

b. 학교 가서 공부하세요. [2;5, 시간적 연속]

c. 지지돼서 버려요. [2;5, 원인]

d. 문 안 닫을게 아빠 방에 가. [2;5, 한정 조건]

e. 가면서 먹을래. [2;5, 동시성]

복문의 또 다른 유형은 내포문인데, 초기에 나타나는 내포문은 '거'를 포함하고 있는 경우를 쉽게 찾아볼 수 있다[예: 아빠 학교 가서 사 온 거야 (2;5)]. 심지어 '거'와 의미가 분명한 명사가 연이어 나열되기도 한다(예: 배 타는 거 사람이야?).

글상자 6-1 **다른 동물도 언어를 배울 수 있을까?**

1930년에서 1950년대에 일부 연구자가 어린 침팬지를 자기 자녀와 함께 양육하며 음성 언어를 가르치는 시도를 하였다. 하지만 이 시도는 실패했다. 하지만 이러한 실패가 반드시 침팬지가 인간 언어를 습득할 수 없다는 것을 의미하지 않을 수 있다. 왜냐하면 침팬지가 인간의 말소리를 산출할 수 있는 음성 장치를 가지고 있지 않아서 실패할 수도 있기 때문이다. 1960년대에 들어서면서 침팬지에게 음성 언어가 아닌 미국 수화(American Sign Language)를 가르치려는 시도를 하였다. 이 침팬지가 말하는 침팬지로 알려진 워쇼(Washoe)이다. 워쇼는 4년 동안 132개의 신호를 배웠고, 두 개의 신호를 조합하기도 하였다. 그 후 1979년에 님 침스키(Nim Chimsky)라는 침팬지에게 미국 수화를 가르쳤는데, 님 역시 워쇼처럼 100개 이상의 신호를 학습하였고 또한 2개에서 4개의 신호를 조합하기도 하였다. 이들의 성취는 침팬지도 인간 언어를 배울 수 있을지도 모른다는 희망을 암시하기도 하였다. 하지만 이러한 침팬지들의 수화 습득이 아동의 언어 습득과는 다르다는 점이 강조되며 여전히 침팬지들의 언어 습득은 부정적 견해가 주류를 이루었다. 침팬지의 수화 습득에서 아동의 언어 습득에서 나타나는 어휘폭발이 나타나지 않았다는 점, 침팬지의 신호 조합은 다양한 신호로 구성된 것이 아니라 같은 신호가 반복되는 경향이 높았다는 점 등이 이러한 부정적 견해를 지지해 주는 증거였다.

하지만 최근에 보노보에게 렉시그램이라는 인공 언어를 가르쳤던 시도에서는 다른 동물의 언어 습득에 대한 논쟁을 다시 불러일으켰다. 1981년에 마타타라는 보노보에게 렉시그램을 가르치기 시작하였다. 마타타는 이러한 상징을 사용하는 것을 학습하지 못했지만 마타타를 훈련시키는 동안에 흥미로운 일이 발생하였다. 마타타가 훈련을 받는 동안 옆에 있었던 그녀의 어린 아들 칸지는 자기 엄마가 배우지 못했던 렉시그램을 학습했을 뿐 아니라 음성 영어를 이해하는 능력도 약간 습득하였다. 이러한 결과는 다른 영장류도 인간 언어를 배울 수 있는 가능성을 재검토할 필요성을 불러일으켰다. 하지만 여전히 영장류가 인간 언어를 배울 수 있는지에 대해서는 회의적이라는 결론이 내려졌다. 왜냐하면 칸지가 배운 렉시그램은 상을 받기 위해 훈련자를 모방하는 행동이라는 의심이 많이 들었고, 칸지 역시 언어 능력을 보였다 할지라도 그가 언어를 배우는 속도는 아동이 언어를 배우는 속도에 비해 훨씬 느리고 단조로웠기 때문이다(Hoff, 2014).

✏️ 요점 정리

■ 인간 언어의 특성

• 인간 언어가 가지고 있는 언어적 창의성, 언어적 보편성, 언어의 위계적 구조와 같은 특성은 다른 동물의 의사소통 수단과 구별되는 주요한 특성이다.

■ 인간 언어의 생물학적 기초

• 인간의 언어는 생물학적 기초를 가지는데, 언어가 어떻게 진화되어 왔는지를 설명하는 과정에서 생물학적 능력은 중요한 전제가 된다. Pinker(1994)는 인간에게는 언어를 습득하게 해 주는 언어 본능이 있는데, 자연선택에 의해 이러한 본능이 현재와 같은 복잡한 언어구조를 가지도록 진화되었다고 주장하였다. 언어 본능이라는 것은 생물학적이라는 것을 확인하기 위해서 대뇌에서 언어를 담당하는 부위나 언어를 담당하는 문법유전자를 추정할 필요가 있는데, 현재 이에 대한 확실한 증거를 보여 주기는 어렵다. 하지만 ERP(Event Related Potential), fMRI(functional Magnetic Resonance Imaging) 등의 새로운 방법이 개발되면서 언어에 대한 많은 신경과학적 증거가 제시되고 있다. 또한 아동이 언어를 습득할 때 특정 기간이 결정적으로 중요하다는 언어습득의 결정적 시기는 생물학적 가정을 전제로 한다. 또한 대뇌에서 언어에 대한 좌반구 편재화는 언어의 생물학적 증거가 된다.

■ 언어발달에 대한 이론적 접근

• 행동주의 접근에서는 모방과 강화로 언어발달을 설명하였지만 이를 반증하는 증거들에 의해 반박되었다.

• Chomsky로 대표되는 생득주의 접근에서는 생물학적인 언어 능력을 가정하면서 아동의 언어발달을 설명하였다. 하지만 이러한 언어 능력에 대한 신경학적인 증거를 찾을 수 없다는 점이 비판의 대상이 되고 있다.

• Piaget의 구성주의 접근에서는 일반적인 인지발달에 근거하여 언어발달이 일어난다고 주장하였다. 특히, Piaget의 인지발달 단계에서 성취한 인지적 내용에 근거하여 언어발달이 일어난다는 인지선행설을 주장하였다. 하지만 이러한 접근은 언어 능력이 일반적인 인지 능력과는 분리되어 있을 가능성을 보여 주는 몇 가지 사례에 의해 비판을 받고

있다.

- 사회적 상호작용 접근에서는 언어의 의사소통적 기능을 강조하며, 언어적 뿐만 아니라 비언어적 상호작용이 언어발달에 중요하다고 강조한다. 이 접근에서는 엄마가 아동에게 하는 말이 아동의 언어발달을 촉진시킨다고 주장하는데, 이러한 주장에 대해 비판이 제기되고 있다.

■ 언어발달 과정

- 음운발달에서는 아동이 말소리를 이해하는 과정과 산출하는 과정이 어떻게 발달하는지를 보여 주었다.
- 단어의미 발달에서는 단어의미 추론을 이끄는 제약이나 편향성 등을 살펴보았다. 온전한 대상 제약, 분류학적 제약, 상호배타성 제약, 형태유사성, 기능유사성, 존재론적 범주 등이 단어의미 발달에 관여하는 주요한 제약으로 알려져 있다.
- 통사발달에서는 한 단어로 시작하여 두 단어, 세 단어로 확장되는 아동 언어에서 통사적 특징들을 보여 주었다.

🖉 주요 용어

결정적 시기	구성주의 접근	기능유사성	내용어
말소리 산출	말소리 지각	문법적 복잡성	베르니케 실어증
복문	부정문	분류학적 제약	분리 뇌
분포분석	브로카실어증	사회적 상호작용 접근	상호배타성 제약
생득주의 접근	어순	언어 본능	언어의 생물학적 기초
언어의 진화	언어적 보편성	언어적 창의성	온전한 대상 제약
위계적 구조	의미적 관계 분석	자연선택	전보문
존재론적 범주	좌반구 편재화	주축어	크리올어
표준적 옹알이	피진어	행동주의 접근	형태유사성

정서, 기질 및 애착 발달

제7장

사진 속의 아이는 접시에 놓인 마시멜로 하나를 보면서 갈등하고 있다. 지금 당장 마시멜로를 먹을 수 있지만 10분을 기다리면 10개를 얻을 수 있기 때문이다. 마시멜로 검사라고도 불리는 만족지연 과제에서 아동의 수행, 즉 미래를 위해 현재의 욕구를 지연시킬 수 있는 어린 아동의 능력이 이후 인지적·사회적 유능성을 예측한다는 것은 너무나 잘 알려져 있다(Mischel, Shoda, & Peake, 1988). 만족지연에서 성공한 아동은 미국 대학 입학 시험에서 더 높은 점수를 받았고, 높은 교육 수준에 이르렀으며, 높은 자기효능감과 스트레스에 대한 대처능력을 지닌 것으로 나타났다. 이러한 능력은 충동을 통제하고 만족을 지연시킬 뿐 아니라 좌절 상황에서 포기하지 않고 노력을 계속하도록 동기화한다. 또한 자신과 타인의 정서와 기분을 이해하고, 적절한 방식으로 표현하고 행동하여 자신의 목표를 달성하도록 하는 조절 능력과도 높은 관련을 맺는다(Goleman, 1995; Halberstadt, Denham, & Dunsmore, 2001; Matthews, Zeidner, & Roberts, 2002). 정서적 유능성, 또는 정서 지능이라 정의되는 이러한 능력은 개인적 성취나 사회적 기능, 그리고 건강하고 행복한 삶을 가능하게 하는 데 핵심적 요인이다. 무엇보다 정서적 유능성의 기본적 틀은 취학 전 아동 초기에 대부분 완성된다. 이는 기질적으로 갖춰진 개인적 특성과 인생 초기에 가장 중요한 타인인 주양육자와의 애착 및 부모의 양육행동을 기반으로 하여 이루어진다. 따라서 인생 초기의 정서와 기질, 그리고 애착은 서로 떼어 놓을 수 없는 긴밀한 관계를 맺는다고 볼 수 있다. 이 장에서 정서표현, 정서 이해, 정서 조절을 중심으로 정서의 발달 과정을 기술하고, 그 발달적 근원인 기질에 대해서 알아볼 것이며, 애착과 그 발달적 관련 요인 및 안정성에 대해서 알아볼 것이다.

1. 정서발달

1) 정서의 본질 및 출현에 관한 관점

사람들은 정서를 '느낌'이라는 주관적 경험과 동일시하지만 정서는 이보다 훨씬 더 복합적인 개념이다. 심리학자들은 정서가 생리적 요소(신경계의 활동 및 심장 박동, 호흡, 호르몬 수준), 주관적 느낌, 인지적 과정, 자신과 주변 자극을 변화시키도록 행동을 동기화하는 경향성의 네 가지 구성 요소를 포함한다는 데 동의한다. 예를 들어, 으르렁거리는 개를 보면서 공포의 정서를 경험할 때 각성 수준이 높아져 심장이 뛰고 호흡이 빨라지는 것을 느낄 것이다. 그 개가 나한테 달려들지도 모른다고 생각하면 공포의 경험은 더 커지고, 생리적 각성은 더 높아질 것이며, 여기에서 도망쳐야 한다는 행동이 강하게 동기화될 것이다. 그와는 반대로 자신을 헤치지 않을 것이라는 생각은 공포의 느낌과 생리적 각성을 낮추고, 조용히 그 자리에 머물러 있도록 할 수도 있다(Saarni et al., 1998; Sroufe, 1995). 이러한 정서에 대한 기본적 특성이 타고난 것인지, 아니면 학습된 것인지 인생 초기에 각각의 정서가 언제 어떠한 형태로 출현하는가에 대해서는 상당한 논쟁이 있어 왔다.

아동기 정서의 특성과 그 출현에 관한 논쟁은 뿌리가 깊다. 1872년에 발간된 『인간과 동물의 감정 표현에 대하여』에서 다윈(C. Darwin)은 기본적 정서 상태에 관한 얼굴 표정은 종 특유의 생래적인 것으로 모든 사람에게서 유사하게 나타나며, 심지어 아주 어린 아기에게서도 발견된다고 하였다. 실제로 톰킨스(S. Tomkins)와 이저드(C. Izard) 같이 개별정서이론(discrete emotion theory)을 주장하는 연구자들은 기본 정서들이 신체 및 얼굴 반응의 구체적 양식으로 나타나며, 생애 초기부터 분명하게 나타난다고 주장하였다.

이와 반대로, 스루프(A. Sroufe)를 비롯한 연구자들은 인생 초기부터 정서가 서로 구별되는 것은 아니며 환경적 요인과 사회적 상호작용에 따라 점차적으로 복잡한 정서들이 출현한다고 주장하였다. 이들에 따르면, 영아는 생후 1주 동안에는 오직 흥분과 고통만을 경험하며, 기쁨, 분노, 공포, 슬픔과 같은 기본 정서는 그 이후의 경험에 따라 출현한다. 새로운 대상이나 경계의 대상에 대해서 영아들은 처음에는 놀라거나 고통스러워하는 반응으로 표현하지만 몇 달 후 이들은 공포의 신호를 명백하게 보낸다. 이는 영아의 신경계 발달뿐 아니라 사회적 경험이 확장되고 이를 이해하는 인지적 능력이 증가하기 때문이라고 볼 수 있다.

정서에 대한 **기능주의적 접근**(functionalist approach)을 취하는 이론가는 정서의 기본적 기능은 주어진 맥락에서 목표를 달성하기 위하여 행동을 촉진하는 것이라고 제안한다. 즉, 정서를 인간과 환경의 요구를 연결시켜 각 개인이 이루고자 하는 목표를 성취할 수 있도록 조직화된 행동전략을 준비시키고 지지하는 과정으로 여기는 것으로 간주한다. 따라서 이들은 정서를 스트레스 대처, 효과적 대인관계, 성공적 업무 수행을 비롯한 개인적·사회적 목표 달성과 가장 밀접한 관련을 맺고 있는 것으로 여긴다(Sarrni et al., 1998). 〈표 7-1〉에 제시되었듯이, 각각의 정서는 다른 목표를 가지고 자신과 타인에 대하여 서로 다른 의미를 가지며 이에 따라 적절한 행동을 동기화하는 역할을 한다. 가령, 분노는 목표 성취의 과정에 방해물을 인식하고 이를 제거하고자 용기 있게 자기주장을 하도록 하는 기능이 있다. 이와 반대로, 슬픔은 목표의 성취가 어렵다는 것을 의미하며, 자신을 목표 대상에서 분리하거나 철수하게 하여 회복을 꾀하도록 동기화한다. 또한 기능주의자들은 이러한 정서적 반응의 발달이 주양육자를 포함한 타인의 태도에 따라 이루어진다고 주장한다. 가령, 수치심과 죄책감 같은 정서적 경험은 그들의 부모가 전수한 가치, 기준, 그리고 피드백의 경험이 내면화되면서 발달한다(Tangney & Dearing, 2002).

아동의 정서발달의 문제를 가장 명백하게 다루는 입장은 **역동적 체계이론**(dynamic systems theory)일 것이다. 역동적 체계이론에서는 발달이 아동의 내적·외적 요인의 역동적 상호작용을 통해 이루어진다고 주장한다. 정서발달 또한 앞에서 나열한 정서의 구성요소 간의 반복적 상호작용과 이를 통한 체계의 협응을 통한 것이다. 즉, 정서 자극에 대한 생리적 각성, 주관적 느낌, 인지적 해석, 그리고 이에 대한 행동 및 주변 환경의 지원이 함께 일어나는 경험이 반복되면서 안정된 정서 시스템으로 발달한다(Izard & Ackerman, 2000; Schoff & Fine 2000). 따라서 기질과 같은 아동의 개인적 특성과 아동을 둘러싼 환경에서 일관되게 축적된 경험은 정서의 개인차를 설명하는 핵심적 요인이 된다. 발달심리학자도 이러한 관점에 기본적으로 동의한다. 다음에서 우리는 이러한 관점에 근거하여 영아들의 다양한 정서의 출현과 그 발달 과정을 기술할 것이다.

〈표 7-1〉 정서의 의미와 기능

정서	목표	자기(self)와 관련된 의미	타인(other)과 관련된 의미	행동경향성
혐오	혐오스럽고 불쾌한 것으로부터 벗어나기	이것은 나를 더럽히거나 아프게 할 것이다.	–	거절
공포	자신의 육체적·심리적 보전 유지하기	이것은 나를 위험에 빠지게 할 것이다.	–	대항하거나 회피하기
분노	개인이 현재 추구하고 있는 것을 성취하기	나의 목표를 달성하는 데 방해물이 있다.	–	방해물에 대해 맞서려고 하고 목표물을 얻기 위한 주장
슬픔	개인이 현재 추구하고 있는 것을 성취하기	나의 목표를 달성할 수 없다.	–	분리와 철수
수치심	타인의 기대와 감정을 유지하기; 자기효능감 유지	나는 나쁘다(자기 개념에 손상을 입는다).	다른 사람들은 내가 얼마나 나쁜지 안다.	철회, 회피 및 도주
죄책감	자신의 내적 가치에 직면하기	나는 옳지 못한 행동을 했다.	누군가 나의 행동에 의해 해를 입었다.	보상의 시도, 자백

출처: Sarrni et al.(1998)에서 재인용

2) 정서표현의 발달

아기를 키우는 부모는 생후 1개월이 되기 전에도 영아가 기쁨, 호기심, 분노, 두려움, 슬픔, 공포 등의 다양한 정서를 경험하고 표현한다고 믿는다. 하지만 사실 생후 2개월 전에 나타나는 정서적 반응은 어른의 정서와 같은 것이 아니다. 흥분과 불쾌함의 반응일 뿐이다. 가령, 생후 1개월경의 영아의 얼굴에 미소를 짓는 표정이 나타나지만 이는 REM 수면 단계나 부드럽게 쓰다듬어 줄 때 나타나는 반사행동에 불과할 뿐 사회적 미소는 아니다(Sroufe & Waters, 1976; Wolff, 1987). 부정적 정서도 마찬가지이다. 처음에 나타나는 부정적 정서는 배고픔이나 고통, 그리고 과한 자극으로 인해 유발될 수 있는 포괄적 괴로움의 표현이다. 연구자들은 영아가 짓는 얼굴 표정의 정서적 의미를 확인하기 위한 매우 정교한 체계를 고안하였으나 이러한 반응들은 여전히 구분되지 않았다. 하지만 생후 2~3개월경부터 영아는 **기본 정서** 또는 1차적 정서라 불리는 정서들을 표현하기 시작하며, 이는 얼굴 표정을 통해서도 분명하게 구분된다. 또한 영아들은 보다 복잡한 정서를 경험하고 표현하기 시작하는데, 이는 자기인식과 같은 인지적 성숙과 사회적 경험을 통한 것으로 만 2세 전후부터 가능하다.

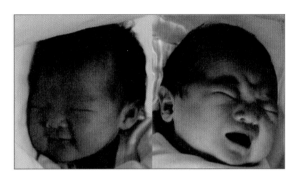

신생아는 아직 기본 정서들을 표현하지 못한다. 편안함과 불편함의 양가적 기분을 나타낸다.

(1) 기본 정서의 표현

① 기쁨

생후 2개월이 되면 영아들은 생물학적 반응이 아닌 내적 경험의 결과로 행복함을 표현할 수 있게 된다. 루이스, 알레산드리와 설리번(Lewis, Alessandri, & Sullivan, 1990)은 2개월 된 영아가 자신이 외부 자극을 통제할 수 있는 것에 대한 즐거움을 표현한다는 것을 발견하였다. 두 집단으로 나눠진 영아의 팔에 줄을 매달고는 한 집단의 영아들에게는 자신이 줄을 당길 때마다 음악이 나오도록 하였으며, 다른 집단의 영아들에게는 무작위로 음악이 나오도록 조작한 후 영아의 정서적 반응을 비교하였다. 줄을 당길 때마다 음악이 연주되는 것을 경험한 영아가 무작위로 음악이 나오는 집단의 영아보다 더 많이 흥미를 느끼고 미소로 표현하였다. 어린 영아도 외부 상황을 통제할 때 즐거움을 느끼고 표현할 수 있음을 드러내는 것이다.

영아기의 행복감 표현의 절정은 사회적 미소이다. 생후 2개월 된 영아는 부드러운 신체 접촉이나 어머니의 목소리 등의 외부 자극에 대한 반응으로 미소를 보이기 시작하고(Sroufe, 1995), 생후 3개월경의 영아는 다른 사람을 향해 미소를 짓기 시작한다

(White, 1985). 사회적 미소의 핵심은 사물과의 상호작용과 사람과의 상호작용을 구별하는 것이다. 3개월 된 영아를 대상으로 한 연구에서 영아들은 사람을 닮은 인형 같은 고무 뭉치들이 자신에게 활발하게 이야기를 할 때보다 낯선 사람일지라도 사람을 보았을 때 더 잘 웃고 소리를 냈다(Ellsworth, Muir, & Hains, 1993). 나아가, 7개월경의 영아는 다른 사람보다 친밀한 사람과의 관계에서 더 많이 웃기 시작하였다(Weinberg & Tronick, 1994). 이는 친밀한 대상과 다른 사람을 구별할 수 있는 지각적 능력에서 비롯된 것이다. 낯선 사람에 대한 불안과 스트레스도 이와 일맥상통하는 반응이다. 이러한 선택적 미소는 부모를 더욱 기쁘게 하며, 영아와 계속적으로 상호작용 하도록 그들을 동기화시킬 것이다. 무엇보다 이러한 반응은 영아의 인지적 · 정서적 성숙을 반영하는 것이다.

　② 공포

　생후 1개월까지 영아가 공포의 정서를 표현한다는 증거는 없다(Witherington, Campos, & Hertenstein, 2001). 4개월경부터 영아는 친숙하지 않은 대상과 사건에 대하여 경계하는 행동을 보이기는 하나 이것 또한 공포의 표현인지는 분명하지 않다. 아마도 가장 주목할 만한 공포의 표현은 생후 6~7개월경의 영아가 낯선 사람에게 나타내는 정서일 것이다. 부모와 함께 있을 때 편안하게 잘 놀고 있던 영아가 방문객이 들어와 접근하면 울면서 흥분을 가라앉히지 못한다. 이러한 변화는 부모에 대한 애착이 증가하고 친밀한 사람과 낯선 사람을 변별하는 지각적 · 인지적 능력이 성숙하기 때문이다. 더불어 낯선 사람은 부모가 주는 편안함을 주지 못한다는 인식을 획득했음을 의미하기도 한다(Camras et al., 1991). 일반적으로 낯선 사람에 대한 공포는 2세 정도까지 지속되지만 이는 다양한 요인에 의해 변화 가능하며 개인차가 크게 나타난다. 이는 영아의 기질, 부모가 함께 존재하는지의 여부, 그리고 낯선 사람의 접근 방식과 같은 다양한 요인에 의해 좌우된다. 가령, 낯선 사람이 갑작스럽고 강하게 아기에게 접근할 때보다 천천히, 그리고 차분하게 접근할 때 영아는 공포 반응을 덜 나타낸다(Sroufe, 1995).

　낯선 사람에 대한 공포와 더불어 7~8개월경에 두드러지게 나타나는 것이 격리불안(separation anxiety)이다. 격리불안은 주양육자로부터 분리될 때 느끼는 괴로움과 불편한 감정이다. 격리불안을 느낄 때 영아는 울고 보채며 공포의 감정을 표현한다. 이는 주양육자가 제공하는 물리적 지원과 심리적 위안이 사라질 것을 두려워하는 것이며, 이에 대항하여 불쾌한 감정을 드러내는 것이다. 격리불안은 8개월에서 15개월까지 증가하며 이후 감소하기 시작한다. 이러한 불안은 문화와 상관없이 공통적으로 나타난다. 이스라엘 키부츠 공동체, 사냥과 채집을 하는 아프리카 칼라하리 사막의 !쿵족(!Kung San) 사회와 같이 전혀 다른 환경에서 양육된 모든 영아에게서 나타난다(Kagan, 1976). 더욱 놀라운 것은 앞을 볼 수 없는 영아도 조금 늦긴 하지만 격리불안을 보인다는 것이다. 어머니의 목소리가 갑자기 사라지거나 어머니가 밖으로 나가는 소리가 들리면 이들도 분리에 따른 불안과 공포를 표현한다.

이외에도 7개월경부터 영아는 새로운 대상, 큰 소리, 사람과 사물의 갑작스러운 움직임에도 공포와 두려움을 표현한다. 또한 영아는 7개월부터 시각절벽(visual cliff)에 대한 공포를 나타내기 시작하여 이를 만 2세까지 이어간다. 같은 시기의 영아는 개가 짓는 소리에도 두려움을 표현하기 시작하며, 18개월경에 가장 높은 수준의 공포를 나타낸다(Scarr & Salapatek, 1970).

앞에서 언급된 기능주의자의 관점에서 본다면(Sarrni et al., 1998), 이러한 공포와 불안의 발생은 분명히 영아의 생존과 보호에 적응적 특성이다. 영아는 스스로 위험한 상황으로부터 벗어날 수 있는 능력을 가지고 있지 않다. 새롭고 강한 자극은 잠재적으로 영아에게 위험을 의미할 수 있다. 따라서 영아는 이런 자극에 대해 공포나 괴로움을 표현하여 성인의 도움 행동을 불러일으키며, 주양육자와 격리될 때 불안을 표현하여 보호 받을 가능성을 최대화하는 것이다.

생후 3개월부터 영아는 기본 정서(흥미, 기쁨, 분노, 슬픔, 두려움)의 경험을 얼굴 표정으로 나타낸다.

③ 분노와 슬픔

분노와 슬픔은 모두 자신이 추구하는 목표가 이루어지지 않거나 원치 않는 일이 생겼을 경우에 발생하는 정서이다(Stein & Trabasso, 1989). 두 정서의 차이는 발생한 일에 대한 기대에서 비롯된다(Hadwin & Perner, 1991). 먼저 분노의 정서는 방해물이 제거될 수 있거나 다시 원하는 방향으로 갈 수 있다는 기대로 인해 경험하고 표현한다. 앞서 언급한 Lewis, Alessandri와 Sullivan(1990)의 연구에서 2개월 된 영아들은 자신의 팔에 연결된 끈으로 음악소리를 통제할 수 없을 때 강한 불쾌감을 표현했다. 그렇지만 이 시기의 분노 표현은 여전히 애매하다. 같은 상황에서 영아는 공포와 같은 정서를 나타내기도 한다. 분노가 다른 부정적 정서와 분명하게 구별되어 나타나는 것은 생후 4개월경부터이다. 이 시기의 영아는 가지고 놀던 장난감을 어른에게 뺏긴 경우, 강하게 불쾌함을 표현하며 다시 장난감을 돌려 달라고 주장하는 모습을 보인다. 생후 1년부터는 다른 사람에게 자신의 분노를 명확하게 표현하며, 자신을 둘러싼 환경을 통제하는 능력이 점차 커지면서 통제가 상실되었을 때 더 강하고 폭발적인 분노도 표현하게 된다.

슬픔은 원치 않는 일에 대해 스스로 통제할 수 없다고 기대할 때 경험되는 정서이다. 영아도 고통스런 사건을 겪으면서 자신이 그것을 통제할 수 없을 때 분노보다는 슬픔을 표현한다. 생후 4개월경이면 영아의 슬픔과 분노의 차이가 얼굴 표정에서 분명히 드러난다. 영아기의 슬픔은 분노나 고통보다는 덜 빈번하게 나타나지만 연령 증가에 따라 스스로 통제할 수 없는 상황에 대한 경험이 늘어가면서 슬픔을 표현하는 빈도와 강도가 증가한다. 가령, 영아나 어린아이가 오랫동안 부모와 격리되어 따뜻하고 민감한 보살핌을 받지 못하면 처음에는 분노의 반응을 보이지만 결국에는 강한 슬픔을 경험하고 표현한다.

(2) 자의식적 · 사회적 정서의 표현

생후 2세 이후에 영아는 이전과 다른 좀 더 복잡하고 미묘한 감정들을 표현하기 시작한다. 창피함, 자부심, 죄책감, 수치심, 공감과 같이 이전과는 전혀 다른 새로운 범주의 정서들이 출현하기 시작한다. 이러한 정서들은 자기에 대한 인식 및 자신에 대한 타인의 반응에 관한 의식과 관련이 있기 때문에 **자의식적** 또는 **사회적 정서**라고 명명된다. 영아가 자신이 타인과는 독립적으로 존재하는 것을 이해하면서 이러한 정서가 출현하는 것이다. 자기인식이 발달하는 24개월을 전후로 영아는 자신에게 관심이 집중된 경우에 당황스러움을 느끼며 난처함과 창피함을 표현하기 시작한다. 새로 배운 노래나 예쁜 옷을 자랑해 보라고 했을 때, 이들은 얼굴이 붉어지면서 눈을 내려 뜨고 고개를 숙이거나 손으로 얼굴을 가린다. 실제로 루이스, 설리반, 스탠거와 웨이스(Lewis, Sullivan, Stanger, & Weiss, 1989)는 이러한 반응이 자기인식 검사를 통과한 영아에게서만 나타나는 것을 증명하였다.

아동은 스스로 무언가를 성취했을 때 자부심을 드러내기도 한다. 이러한 자부심의 표현은 자신의 과업에 대하여 스스로 평가할 수 있는 인지적 성숙과 평가의 기준이나 가치를 사회적 경험을 통해서 획득했음을 의미한다. 어린 아동은 처음 과업을 완수했을 때 다른 사람을 힐끗 쳐다보고 웃으면서 자신의 성공을 확인하고자 하는데, 이는 사회의 기대가 무엇인지를 인식하고 학습하는 과정이다. 3세경에 아동의 자부심은 자신의 수행 수준에 따라 분명하게 나타난다. 이들은 쉬운 과제보다 어려운 과제에서 성공했을 때 더 강하게 자부심을 표현한다(Lewis, Alessandri, & Sullivan, 1990).

이와 같은 아동의 자의식적 정서발달에는 부모나 다른 성인의 피드백 및 메시지가 중요한 역할을 한다. 아동의 성공과 실패, 그리고 잘못된 행동에 대한 언어적·비언어적 피드백은 부모마다 다르게 나타나며, 이러한 반응을 통해 아동에게 문화적 규범, 사회적 규칙, 가정의 기준을 전수하게 된다. 따라서 같은 결과에 대해서도 아동이 각자 경험하는 정서의 종류와 그 강도가 다를 수 있다. 죄책감과 수치심의 발달이 이에 대한 좋은 예이다.

죄책감과 수치심은 모두 실패나 도덕적 위반과 같이 부정적 행동에 대해 경험하는 정서로 같은 것으로 여겨지나, 이 두 정서는 현상학적으로나 행동적으로 뚜렷하게 구분된다(Tangney & Fischer, 1995). 죄책감은 '자기'보다는 '행동'에 대한 부정적 감정과 후회의 느낌을 갖는 것이며, 여기에 타인에 대한 공감과 미안한 마음이 연합된 것이다. 따라서 죄책감은 행동의 결과를 원래 상태로 돌리고 화해를 시도하고자 하는 동기를 부추긴다. 이와 반대로, 수치심은 행동보다는 자기 자신에게 초점이 맞춰져 있어 더욱 고통스러운 감정이 느껴진다. 스스로 감당할 수 없다는 생각이 들어 회피하거나 숨도록 동기화한다. 그런데 같은 상황에서 어떤 아동은 수치심을, 다른 아동은 죄책감을 더 강하게

혼자서 자전거를 타고 있는 아동의 얼굴에서 자부심이 나타난다.

경험하는데, 이는 부모의 양육방식에 부분적으로 의존한다. 만일 아동이 잘못을 저질렀을 때 부모가 "너는 나쁜 아이야."라고 말하기보다는 "네가 한 일은 잘못된 거야."라고 말하면서 아이 자신보다 행동을 강조하여 상황을 설명하는 경우에 자녀는 수치심보다는 죄책감을 더 강하게 느끼게 된다(Hoffman, 2000). 더불어 부모가 자녀를 공개적으로 면책하지 않고 자신의 행동이 타인에게 미치는 영향을 이해할 수 있게 설명해 주고 이를 회복하도록 보상하는 방법을 가르쳐 준다면, 자신에 대한 수치심으로 숨어 버리기보다는 자신의 잘못된 행동을 통해 피해를 입은 사람에게 사과하고 보상하려는 행동의 동기를 느끼게 될 것이다(Eisenberg, 2000; Tangney & Dearing, 2002).

3) 정서이해의 발달

아동의 정서반응과 정서조절에 관여하는 결정적 기제는 **정서이해**이다. 정서이해는 자신과 타인이 경험하는 정서가 무엇인지를 파악하는 것뿐 아니라 그것이 의미하는 것이 무엇인지, 정서에 영향을 미치는 요인이 무엇인지, 그리고 정서표현의 결과는 무엇인지에 대한 인식과 해석 모두를 포함한다. 따라서 정서이해는 정서적 유능성뿐 아니라 사회적 역량의 발달에도 중요한 역할을 한다. 정서를 이해한다는 것은 복잡하고 방대한 과정이나 여기에서는 보다 핵심적인 몇 가지 측면을 중심으로 정서이해의 발달을 살펴보고자 한다.

(1) 타인의 정서표현 인식 및 명명

정서이해 발달의 첫 번째 단계는 타인의 정서를 알아차리는 것이다. 4개월경의 영아는 행복이나 놀라움과 같은 정서를 구별할 수 있다(Walker-Andrews & Dickson, 1997). 습관화 연구법을 사용한 연구에서 영아들은 행복한 얼굴과 놀라움을 표현하는 얼굴 사진을 구별하였다. 7개월 된 영아를 대상으로 한 코비엘라, 그로스만, 리드, 그리고 스트리아노(Kobiella, Grossmann, Reid, & Striano, 2008)의 연구에서는 공포와 분노를 표현하는 얼굴에 대하여 서로 다른 뇌파가 나타남을 밝혔다. 또한 7개월경부터 영아는 타인의 정서표현을 의미 있는 실체로 지각한다. 가령, 7개월경의 영아에게 얼굴 표정과 목소리의 정서표현이 일치하는 동영상(예: 웃는 얼굴과 명랑한 목소리)과 모순되는 동영상

(예: 슬픈 얼굴과 명랑한 목소리)을 제시했을 때, 정서적으로 일치하는 동영상을 더 선호하였다. 흥미롭게도 이와 같이 정서표현의 시각 정보와 청각 정보를 대응하는 능력은 그 대상이 어머니일 경우에 가장 먼저 나타나며, 그 이후에는 다른 여자, 아버지, 다른 남자 순으로 나타났다(Montague & Walker-Andrew, 2001). 생후 1년 전후부터 영아는 타인의 정서표현을 통해 주어진 자극을 정보로 활용하기 시작한다. 이러한 능력은 **사회적 참조**(social referencing)에서 분명히 나타난다. 사회적 참조는 새로운 상황이나 애매모호한 자극 또는 위험한 상황을 어떻게 이해하고 행동해야 하는지에 대해서 다른 사람의 얼굴 표정 또는 목소리 단서를 사용하는 것을 의미한다. 예를 들어, 시각절벽(visual cliff)을 이용한 연구에서 깊이가 애매한 경우, 12개월의 영아 대부분이 어머니가 밝은 표정으로 긍정적인 정보를 제공하면 시각절벽을 건너 어머니에게 왔지만 어머니가 두려움의 정서를 제공하면 건너오지 않았다(Sorce, Emde, Campos, & Klinnert, 1985). 또한 12개월 된 영아를 대상으로 한 연구에서 어머니의 얼굴은 볼 수 없고 어머니의 목소리만 들려 주었을 때, 새로운 장난감에 대해서 어머니의 목소리가 중립적일 때보다 두려운 목소리일 때 더 신중하고 두려워하는 반응을 보였다

만 2세의 어린 아동은 즐거움과 행복함을 이야기하기 시작하며, 만 3세경의 아동은 사진이나 인형의 얼굴에 나타난 정서를 제한적인 범위에서 명명할 수 있게 된다(Bullock & Russell, 1985; Denham, 1986). 분노나 슬픔, 두려움과 같이 부정적 정서에 대한 명명은 그 다음 해부터 조금씩 출현하여 학령기 초반까지 점진적으로 나타난다(Eisenberg, Murphy, & Shepard, 1997; Widen & Russell, 2003). 서로 다른 정서들을 구별하고 명명하는 능력은 자신과 타인의 정서를 보다 분명하게 인식하고 적절하게 반응하도록 돕는다. 만일 아동이 친구가 화난 것을 알아차리고 명명할 수 있다면, 그 친구가 왜 화가 났는지를 생각하도록 만들고 피하거나 달래 주는 방법을 찾으려 할 것이다. 실제로 다른 사람의 정서를 명명하는 능력이 숙련된 아동은 정서이해가 높았으며(정비영, 정윤경, 2016), 사회적 역량이 높고(Feldman, Philippot, & Custrini, 1991), 행동문제나 사회적 위축이 낮다(Fine, Izard, Mostow, Trentacosta, & Ackerman, 2003).

(2) 정서의 원인 이해

정서가 발생한 원인을 이해하고 해석하는 능력은 정서이해의 핵심이며, 정서적 · 사

회적 문제해결 능력과 긴밀한 관련을 맺고 있다. 감정이 발생되는 데에는 다양한 내적·외적 원인이 존재한다. 어린 유아는 타인의 감정이 주로 외적 상황에 의해 일어난다고 생각한다. 가령, 유아는 생일 파티나 애완동물을 잃어버린 것과 같은 전형적인 상황에서 사람이 어떤 감정을 경험할지를 예측할 수 있다. 만 2세경의 아동은 생일 파티와 같은 즐거운 기분을 일으키는 상황에서는 행복한 얼굴 표정이 담긴 그림을 정확하게 지목하였다(Michalson & Lewis, 1985). 그러나 부정적 상황에서 발생하는 정서를 구분하는 능력은 제한적인데, 슬픔, 분노, 공포와 같은 정서의 원인에 대한 정확한 이해는 4세 이전까지는 나타나지 않았다(Borke, 1971; Denham & Couchoud, 1990). 이후 유치원 시기와 학령기를 지나면서 여러 가지 감정을 불러일으키는 다양한 상황에 대하여 다른 사람과 이야기하면서 정서이해는 빠르게 발달한다(Eisenberg et al, 1997). 학령기를 지나면서 아동은 기본 정서뿐 아니라 자부심, 죄책감, 수치심, 질투심과 같은 복합 정서를 불러일으키는 상황을 이해하는 능력 또한 드러내기 시작한다. 이처럼 정서의 원인을 이해하는 아동의 능력은 성인과의 대화에서 분명하게 드러난다. 아동은 행복, 슬픔, 화, 두려움, 놀라움과 같은 정서를 적절한 방식으로 언급하고(예: "엄마가 화가 났어요.") 그 원인을 정확하게 말한다(예: "내가 벽에 낙서를 해서 엄마가 화가 났어요." "친구가 장난감을 잃어버려서 슬퍼요."). 학령 전기와 학령기를 거치면서 정서의 원인에 대한 이해는 더욱 정교해지며 이를 설명하는 능력 또한 숙련된다(Fabes, Eisenberg, Nyman, & Michealieu, 1991).

한편, 아동은 외적 상황보다 개인의 내적 상태가 감정을 일으키는 데 더욱 중요한 역할을 한다는 것을 깨닫기 시작한다. 가령, 이들은 지난 일을 회상하는 것만으로도 정서를 경험할 수 있음을 이해하게 된다. 한 연구에서 3~5세의 아동에게 애완용 토끼를 키우는 메리에 대한 이야기를 들려 주었다. 메리가 키우던 토끼가 개에게 쫓겨 도망간 후 다시는 볼 수 없게 되었다는 이야기이다. 아동에게 메리가 이후에 잃어버린 토끼를 생각나게 하는 것들(토끼가 살던 우리, 토끼 사진, 토끼를 쫓던 개)을 봤을 때 어떤 감정을 느끼게 될지를 물어보았다. 이들은 메리가 슬퍼졌을 것이라고 반응하였으며, 슬픔을 느끼는 이유를 묻자 3세 아동의 39%, 4세 아동의 83%, 5세 아동의 100%가 기억의 단서가 이전의 불행했던 사건을 상기시키기 때문이라고 답하였다(Lagattuta, Wellman, & Flavell, 1997). 이러한 결과는 어린 아동이 다른 사람에게는 아무런 의미가 없는 단서도 어떤 사람에게는 과거의 사건과 연합되어 정서를 유발하는 원인으로 작용할 수 있음을 이해한다는 것을 제안한다.

나아가 아동은 소망과 바람, 믿음과 같은 내적 요인이 외적 요인보다 중요한 정서의 원인이라는 것을 이해한다. 같은 상황에서도 그것에 대한 바람이 있던 사람은 그것을 얻는 데 성공했으면 기쁨을, 실패했으면 분노나 슬픔을 경험하지만 그런 바람이 없었으면 이런 정서적 경험이 일어나지 않을 것이라는 것을 4세경의 아동은 이해하기 시작한다(Pons, Harris, & Rosnay, 2004). 또한 아동은 실제 상황보다 그 상황에 대한 타인의 믿음이 정서를 유발하는 데 더 중요하다는 것을 이해한다. 연구자들은 이러한 아동의 능력을 다음과 같은 잘못된 신념 과제(False Belief task)를 사용하여 확인하였다. 잘못된 믿음이 행동뿐 아니라 정서 반응을 일으키는 중요한 내적 원인이라는 것을 아동이 이해함을 증명한 것이다. 해리스, 존슨, 허턴, 앤드루와 쿡(Harris, Johnson, Hutton, Andrews, & Cooke, 1989)은 4~6세의 아동에게 주인공은 초콜릿은 좋아하지만 사탕은 싫어한다고 말하고는 주인공이 없는 사이에 다른 아이가 몰래 초콜릿 상자 안에 초콜릿 대신 사탕을 넣어 놓는 이야기를 들려 주고 아동에게 초콜릿 상자를 열기 전과 후의 기분을 물어보았다. 그 결과, 상자를 연 다음에는 모든 연령대의 아동이 성공적 반응을 보였지만 열기 전의 정서를 묻는 질문에서는 4세 아동의 25%, 5세 아동의 59%, 6세 아동의 100%가 정반응을 나타냈다. 적어도 5세는 되어야 객관적 상황보다 잘못된 것이라도 다른 사람이 가진 믿음이 정서를 결정하는 데 더 중요한 요인이라는 것을 이해하게 된다는 것이다.

우리나라 아동을 대상으로 수행한 연구에서도 5세 이전의 아동은 다른 사람의 잘못된 믿음을 스스로 고려하여 타인의 정서 반응을 예측하는 것에 어려움이 있었다. 이보람(2011)의 연구에서 3~6세의 아동에게 다른 사람의 잘못된 믿음에 대한 표상을 제공해 주었을 때에는 4세 아동도 성공적 정서 추론을 보였으나 표상을 확인해 주지 않은 경우에는 5세가 되어서야 정확한 추론이 가능하였다. 내용물이 겉포장과 다르다는 사실을 알게 되었을 때 다른 사람의 정서반응을 예측하게 한 연구에서 우리나라의 3세 아동은 실패했으나 4세와 5세 아동은 타인의 바람과 잘못된 믿음을 고려하여 정서반응을 예측하였다(전명숙, 김혜리, 1999).

(3) 정서의 외양과 실제를 구별하기

정서를 이해하는 능력의 결정적 요인은 얼굴에 드러나는 표정이 항상 실제 감정을 드러내는 것은 아니라는 것을 이해하는 것이다. 다른 사람이 경험하는 정서를 분명하게 구별하기 위해서는 얼굴에 드러난 표현뿐 아니라 상황적 요인이나 사회적 약속과 같은 다른 요인을 함께 고려하여 추론해야 하는 경우가 많다. 이러한 이해의 시작은 아동 자신도 실제 자신의 감정을 숨기거나 다른 식으로 표현하는 경험에서 비롯될 수 있다. 만 3세경의 아동도 실망스런 선물이나 상품을 받았을 때 부정적 정서를 감추려는 시도를 할 수 있다(Cole, 1986). 서양의 연구자들은 이러한 정서 간의 모순을 이해하는 능력은 만 3세에 시작하여 6세경까지 발달된다고 주장하였다(Pons, Harris, & Rosnay, 2004). 고슬린, 워런, 그리고 디오트(Gosselin, Warren, & Diotte, 2002)는 실제 정서와 표현된 정서 간의 차이를 인식하는 것은 3~4세경이지만 언어로 명료하게 표현할 수 있는 것은 5~6세경임을 밝혔다. 다른 사람이 경험하는 겉과는 다른 실제 정서를 묻는 질문에서 3~4세 아동은 절반 정도가, 5세 아동은 80% 정도가 정확한 선택을 하였다. 한국의 아동을 대상으로 한 연구(정윤경, 2010)에서는 다른 사람의 숨겨진 정서에 대한 추론 능력이 학령 전기와 학령 초기를 거쳐 꾸준히 발달함을 확인하였다. [그림 7-1]에 제시된 정서추론 과제에서 3세 아동의 25%, 5세 아동의 42%만이 성공하였으며, 7세가 되어서야 75%의 아동이 우연 수준 이상의 성공적 수행을 보였다.

자신의 정서를 숨기는 행동이나 다른 사람의 숨겨진 정서를 이해하는 능력의 발달에는 인지적 성숙도 중요하지만 **정서표현규칙**(display rule)과 같은 사회적 규율의 습득도 중요한 역할을 한다. 정서표현규칙이란 상황에 따라 어떤 정서를 얼마만큼 드러내고 가장해야 되는지에 대한 비형식적인 사회적 기준이다(Saarni, 1999). 자신을 위해 음식을 만들어 준 사람의 감정을 상하지 않게 하려는 친사회적 동기에서 맛있는 것처럼 즐거운 표정을 짓기도 하고, 경쟁에서 졌을 때 약해 보이기 싫은 자기보호적 동기에서 부끄러운 감정을 숨기기도 한다. 이러한 행동에 대한 신념과 규칙은 아동의 적절한 정서표현뿐 아니라 다른 사람의 실제 정서에 대한 추론에 영향을 미친다. 국내외의 연구들에서는 만 5~6세경부터 정서표현규칙에 대한 동기를 이해하고 사용하기 시작한다고 보고하고 있다(한유진, 유안진, 1998; Gnepp & Hess, 1986; Gosselin, Warren, & Diotte, 2002).

"할머니께서 성민이 생일이라고 선물을 주셨어. 성민이는 얼마 전에 장난감 가게에서 봤던 아주 멋진 로봇을 받고 싶었는데 할머니는 좋은 책이라며 동화책을 선물해 주셨지. 성민이는 할머니께서 선물해 주신 거라 웃으면서 동화책을 받았어. 성민이는 웃고 있지만 속으로는 어떻게 느끼고 있을까?"

[그림 7-1] 숨겨진 정서추론 능력 과제

출처: 정윤경(2010).

(4) 혼합정서 및 양가감정의 이해

정서이해의 발달에서 어려운 과제 중 하나는 한 사건에서 둘 이상의 정서가 혼합되어 경험되는 것을 이해하는 능력일 것이다(Harter, 1977; Harter & Buddin, 1987). 가령, 병상에서 오랫동안 고생하신 할머니가 돌아가신 슬픈 상황에서 할머니가 하늘나라로 가셔서 이젠 더 이상 아프지 않아도 된다는 안도의 느낌도 경험할 수 있다. 이와 같은 혼합된 정서에 대한 명시적 이해는 기본 정서 인식을 뛰어넘는 높은 정서적 유능성의 지표 중 하나이며, 일상에서 적응적인 정서적 반응을 이끄는 정서발달의 핵심적 역량이라 볼 수 있다(Harter & Buddin, 1987). 연구자들은 이를 혼합정서(mixed emotion)라 일컬으며, 이러한 능력이 유아기에서 아동기 후기까지 긴 시간을 걸쳐 발달함을 밝혔다(Harter, 1977; Harter & Buddin, 1987; Donaldson & Westerman, 1986). 하터(S. Harter)와 같은 초기 연구자들은 아동에게 혼합정서가 유발되는 상황을 제시하고 등장인물의 혼합정서를 직접 보고하도록 하였으며, 다음과 같이 혼합정서이해의 발달을 제안하였다(Harter & Buddin, 1987; Donaldson & Westerman, 1986). 4~5세의 아동은 두 가지 정서가 동시에 유발될 수 있다는 것을 강하게 부정한다. 이들은 각각의 정서 유발 대상이나 상황에 있어서 하나의 단일 정서만이 발생할 수 있다고 이해한다. 하지만 5~7세 사이의 아동은 서로 다르지만 비슷한 유형의 감정을 동시에 느낄 수 있다는 것을 이해한다. "생일 파티에서 선물을 받아서 행복하고 또 흥분돼요." 하지만 이들은 동시에 긍정과 부정의 양가적 정서가 동시에 일어나는 것은 이해하지 못했다. 10세경의 아동은 한 사건에서도 긍정적 정서와 부정적 정서 모두를 느낄 수 있다는 것을 깨닫게 된다(Harter & Buddin, 1987; Wintner & Vallance, 1994). 가령, 이들은 "나는 학교에서 공부를 할 때 나의 새 애완동물이 걱정되어 불안했지만 좋은 성적표를 받아 행복하기도 했다"라고 말하며 상반된 느낌을 명시적으로 표현한다. 하지만 이들은 아직 상반된 정서가 서로 다른 사건이나 대상에 대해서 순차적으로 느끼는 것만을 이해할 뿐 한 대상을 중심으로 통합하지는 못한다. 11세가 넘어서야 비로소 아동은 상반된 정서가 동시에 발생한다는 것을 이해하고 설명할 수 있게 된다. 가령, "나는 선물을 받아서 기뻤지만 그 선물은 내가 원한 것이 아니었기에 화가 났다"라고 말한다(Donaldson & Westerman, 1986; Reissland, 1985). 우리나라에서 실시한 연구(유경, 민경환, 2000)에서도 이들의 연구 결과와 유사한 발달적 양상을 밝혔다. 요컨대, 초기의 연구 결과들은 긍정과 부정의 양가적 정서를 포함한 혼합정서의 이해는 아동기 초기에서 아동기 후기에 이르기까지 오랜 발달을 통해 가능함을 제안하였다.

한편, 보다 최근의 연구자들은 과제의 난이도나 언어적 부하를 줄인 과제를 사용하여 어린 아동도 어느 정도 혼합정서를 이해함을 증명하였다(Peng, Johnson, Pollock, Glasspool, & Harris, 1992). 가령, 정서를 표상하는 아이콘을 사용하거나(Peng, Johnson, Pollock, Glasspool, & Harris, 1992), 두 개의 얼굴을 가진 외계인 그림과 같이 시각적으로 동시적 표상을 가능하도록 하거나(Kestenbaum & Gelman, 1995), 이야기와 함께 삽화가 제시되는 방식을 통해(Pons, Harris, & Doudin, 2002; Pons & Harris, 2005; Ilaria & Veronica, 2011) 보다 어린 아동의 연령에서도 혼합정서이해 능력이 있음을 밝혔다.

4) 정서조절의 발달

정서조절은 앞에서 설명한 정서표현 및 이해와 관련된 모든 과정을 감독하고 수정하고 조정하는 복잡하고 역동적인 내적ㆍ외적 과정으로 정의된다(Thompson, 1994). 따라서 정서조절의 발달은 매우 길고 복잡한 과정이다. 인생 초기 아동은 성인에게 도움을 받아 정서적 위기에서 벗어나고 필요한 도움을 받지만, 다양한 사회적 상호작용의 경험을 통해 스스로 자신의 정서를 조절하는 능력을 발달시킨다.

(1) 정서조절의 시작

신생아의 정서조절 능력은 거의 없다고 봐도 과언이 아니다. 영아는 큰 소음이나 갑작스런 움직임, 배고픔과 같은 고통에서 스스로 벗어나지 못하므로 양육자의 품에 안겨 위로를 찾아야 한다. 또한 낯선 상황이나 좌절되는 상황에서 경험하는 부정적 정서를 스스로 다루는 데 어려움을 겪는다. 따라서 아주 어린 영아나 유아는 자신보다 유능한 성인으로부터 직접적ㆍ간접적 도움을 받아 안정된 정서 상태를 유지한다. 가령, 신생아기의 부모는 자극적인 사건에 영아가 노출되는 것을 통제하여 아기의 각성 수준을 조절하도록 돕는다. 또한 부모는 어린 영아가 고통스러워 하거나 두려워하면 아기를 끌어안고 달래 주거나 이들의 주의를 다른 곳으로 환기시켜 주어 고통에서 벗어나도록 해 준다. 어머니는 영아가 4개월 정도 되면 부드러운 음성이나 이야기, 노래와 같은 언어적 수단으로 아동의 감정을 조절하도록 돕는다. 어린 자녀의 정서적 각성 상태가 스스로 조절이 어려울 정도로 높은 경우에는 이를 불러일으키는 자극을 제거하거나, 아동의 정서적 주의를 긍정적 측면으로 돌려 주거나, 아동의 시선을 분산시켜 안정된 상태로 수정하고 조절하도록 도와준다.

생후 6개월 정도 되어야 영아는 이와 관련된 자기조절의 첫 번째 사인을 나타낸다(Mayes & Carter, 1990). 가령, 영아는 흥분되거나 불확실한 상황에서 무작정 시선을 피함으로써 자신의 고통을 감소시킨다. 하지만 이는 아동기보다 덜 의식적이고 능동적인 반응이다. 또한 성인은 아동의 정서반응을 수용하고 공감해 주며 새로운 방식으로 해석하도록 이끌어 정서적 위기를 극복하도록 도와준다. 예컨대, 열심히 쌓아 올린 탑을 친구가 발을 헛디뎌 무너뜨렸을 때 화가 난 아동에게 성인은 친구가 일부러 그런 것이 아니라는 것을 상기시켜 분노를 다스릴 수 있도록 지원할 수 있다. 더불어 성인은 아동이 사회적 기대에 맞게 자신의 정서를 적절하게 표현할 수 있도록 지도하기도 한다. 이러한 지원을 통해 어린 아동은 스스로 해결하지 못한 정서적 긴장을 극복할 뿐 아니라 점차 스스로 정서를 조절하는 데 필요한 기술을 배우고 학습하여 유능한 정서조절자로 발달한다. 양육자의 이러한 지원을 받아 정서 조절을 경험하고 다양한 전략을 습득하게 되면서 아동은 점차 내적인 자기조절자로 발달한다(Trevarthen, 1984).

(2) 정서조절 전략의 발달

일반적으로 분노와 좌절 같은 부정적 정서를 조절하기 위해서는 표현을 수정하거나 억제하는 행동적 전략보다는 정서를 일으키는 자극이나 상황을 이해하고 적절히 해석하는 인지적 전략을 적용하는 것이 더욱 중요하다(Gross, 1998). 따라서 정서조절에서 주요한 발달적 양상 중 하나는 행동을 중심으로 한 전략에서 인지적 과정을 중심으로 한 전략으로 이행하는 것이다. 실제로 아동기 초기에는 주로 행동을 위주로 한 전략이 나타나지만 점차 인지적 전략을 사용하는 발달적 전환이 일어난다. 기분이 나쁘거나 위험한 상황에 처했을 때, 아동은 자신의 목표를 다시 정하거나 사건의 의미를 재해석하여 생각 없이 드러내는 표현의 역효과를 방지할 수 있다. 가령, 어린 아동은 친구나 다른 사람에게 어떤 해를 입었을 때 그것이 의도적이라고 생각하기 때문에 분노를 느끼고 공격적 행동을 나타내기 쉽다. 만일 아동이 그것이 친구를 도와주려는 행동이 사고나 실수로 잘못되어 나타난 것이라고 해석하는 인지적 전략을 사용한다면 분노의 감정은 줄어들고 공격적 행동을 조절하기가 더 쉬울 것이다(Coie & Dodge, 1998; Dodge, Murphy & Buchsbaum, 1984). 정서조절 발달의 중요한 경향성은 행동 중심의 전략에서 인지적 조절로의 전환이다.

정서조절의 또 다른 발달적 변화는 전략의 선택이 점차 유연해지는 것이다. 정서조절이 길고도 어려운 발달 과정을 포함하는 이유는 정서조절이 정해진 행동양식으로 규정되기보다는 정서가 발생하는 순간 사회적 맥락과 개인의 목적에 맞게 적절한 반응을 선택하는 유연성을 요구하기 때문이다. 정서조절은 반응의 억제뿐 아니라 각성 수준을 더 높이는 것도 포함할 수 있다. 예컨대, 자신을 괴롭히는 친구에게서 부당한 대접을 받아 유감스러운 기분이 들 때 이에 맞서기 위해서 각성 수준을 높여 용기 있게 자기

주장을 하도록 분노의 감정을 전략적으로 사용할 수 있다. 또한 원하는 것을 얻지 못해 느끼는 슬픔의 표현은 타인으로부터 위안과 지지를 얻을 수 있도록 한다.

상황의 통제 가능성을 구별하는 능력 또한 보다 적절한 조절 전략을 선택하는 데 도움이 된다. 가령, 실패의 상황에서 쉽게 포기하고 슬픔에 잠기기보다 목표를 달성하기 위한 대안적 방법을 찾을 수 있다는 해석은 아동이 다시 노력하도록 행동을 동기화 할 것이다. 반면, 예방주사를 맞아야 하는 것 같이 자신이 바꿀 수 없는 상황에서 이를 변화시키려 하기보다는 주사를 맞는 동안 다른 생각을 하여 주의를 분산시키거나 건강하게 살기 위해 반드시 필요한 것이라고 재해석하면서 상황에 적응하는 것이 더 나은 전략일 것이다. 이처럼 맥락과 상황적 요인에 따라 적절한 전략을 선택하는 능력은 상황의 특성과 자신의 목표에 대한 인식 및 행동의 적절성을 지각할 수 있도록 하는 인지적 성숙에 근거한다. 무엇보다 이러한 유능성은 성인의 가르침과 보살핌을 통해 가능하다. 특히, 주양육자의 정서와 관련된 양육태도와 반응양식은 정서발달의 핵심적 요인이 된다(Eisenberg, Cumberland, & Spinard, 1998).

5) 정서발달과 관련된 양육행동

정서발달에 관한 수많은 연구는 아동이 부모와 맺는 관계의 질이 아동의 정서적 유능성과 깊은 관련을 맺음을 증명해 왔다. 영아기에 양육자와 안정된 애착을 형성한 아동은 그렇지 못한 아동에 비해 정서적으로 더욱 안정되어 있음은 분명한 사실이다. 이들은 긍정적 정서표현이 높고, 정서적 위기 상황에서 쉽게 벗어날 뿐 아니라 자신과 타인에 대해 긍정적인 믿음을 갖는다. 양육자의 민감하고 따뜻한 보살핌이 영아를 정서적으로 안정되게 하며, 정서조절 전략을 습득하도록 이끌기 때문이다. 하지만 정서발달과 관련된 보다 직접적인 경험은 유아기에 부모와의 상호작용을 통한 것이다. 아동기 초기에 부모와 긍정적 관계를 갖는 아동은 자신과 타인의 정서를 명료하게 이해하고, 자신의 정서를 솔직하고 풍부하게 표현하면서도 적절하게 조절하는 경향성이 높다. 이는 부모가 자녀의 정서를 긍정적으로 수용하고 자녀가 처한 정서적 위기를 극복하도록 도와주면서 정서조절에 유용한 지식과 전략을 전수하기 때문일 것이다. 아동기 초기의 정서발달과 관련된 부모의 양육 특성은 다음과 같이 부모의 정서표현, 자녀의 정서표현에 대한 부모의 반응, 정서에 대해 이야기하기로 나누어진다(Eisenberg, Cumberland, & Spinard, 1998).

(1) 부모의 정서표현

부모가 자신의 정서를 표현하는 방식은 아동의 정서발달에 영향을 미친다(Boyum & Parke, 1995; Bronstein, Fitzgerald, Briones, Pieniadz, & D'ari, 1993; Cassidy et al., 1992; Denham, Renwick, & Holt, 1991; Denham, Zoller, & Couchoud, 1994). 부모가 가정에서 표현하는 정서는 가정 내 분위기와 전반적 애정 수준을 반영하는 특성일 뿐 아니라(Cook, Kenny, & Goldstein, 1991), 부모-자녀 간 상호작용의 핵심 변인으로 자녀의 정서발달에 직접적·간접적으로 영향을 미친다. 가령, 부모의 풍부한 정서표현은 자녀에게 정서에 대한 구체적 지식과 비언어적 단서를 제공하여 정서적 단서에 보다 민감하도록 하고, 자신과 타인의 정서이해를 촉진할 수 있다. 더불어 부모의 정서표현은 자녀에게 정서를 언제, 어떻게 표현할 것인가에 관한 모델을 제공하여 대인관계에서 어떤 유형의 정서표현이 적절하며, 효과적인가에 대한 아동의 신념에도 영향을 준다. 만일 부모가 자신이 경험하는 정서를 표현하지 않고 숨기려 한다면, 아이 또한 자신의 느낌에 대하여 직접적으로 표현하는 것은 적절하지 않고 회피하거나 억제해야 한다고 생각할 수 있다. 할버슈타트(Halberstadt, 1983, 1986)는 가정 내에서 긍정적 정서가 풍부할 때 자녀의 긍정적 정서표현도 높음을 발견했다. 이들은 사회적 유능성과 자기효능감 또한 높았으며, 다른 사람의 정서를 보다 잘 이해하며 공격성이 낮았다. 반면, 가정 내에서 부모의 강하고 적대적인 부정적 정서가 지배적일 때, 자녀는 부정적 정서를 경험하고 표현하는 경향이 높을 뿐 아니라 사회적 유능성이 낮았다. 성인 간 갈등에서 유발되는 강한 부정적 정서표현도 아동에게 해로운 것으로 나타났다. 이들은 문제행동 수준이 높고 사회적 유능성이 부족하였다. 우리나라에서도 송하나와 최경숙(2010)의 단기 종단연구에서 어머니의 정서표현이 양육행동에 반영되어 자녀의 정서표현에 영향을 미치는 것을 확인하였다. 즉, 아동이 5~6세일 때 어머니가 긍정적 정서를 많이 표현하는 경우에는 1년 뒤에 자녀의 긍정적 정서표현이 높았으며, 부정적 정서표현을 많이 하는 경우에는 통제적으로 양육 수준도 높게 나타났고, 이는 1년 뒤에 아동의 높은 부정적 정서표현으로 이어졌다.

(2) 아동의 정서표현에 대한 부모의 반응

아동의 정서표현에 대한 부모의 반응은 아이의 정서적 유능성 발달에 깊이 관련된다 (Eisenberg, Fabes, & Murphy, 1996). 부모가 아이의 정서적 경험과 반응에 관심을 가지고 이를 수용하면 아이는 자신의 정서에 가치를 두고 이를 더욱 자연스럽게 표현할 수 있게 되지만, 아이의 정서반응을 적절하지 않은 것으로 여겨 처벌한다면 아이는 자신의 정서적 경험을 분명하게 인식하고 적절한 방식으로 표현하는 방법을 학습할 기회를 놓치게 된다(Gottman, Katz, & Hooven, 1996). 특히, 자녀의 슬픔이나 불안, 분노와 같은 부정적 정서표현을 무시하거나 비판하는 부모는 아동에게 이러한 느낌이 올바르지 않다는 메시지를 전달하는 것이다. 반면, 자녀의 정서표현에 주의를 기울이고 아동의 각성을 조절하고 적절하게 표현하는 방법을 찾도록 도와주는 부모는 정서적 경험과 조절이 중요함을 가르치는 것이다. 실제로 이러한 부모의 자녀들은 다른 사람을 공감하는 능력이 높으며, 스트레스 상황에서 보다 능숙하게 대처하는 경향이 있다(Eisenberg, Fabes, Schaller, Carlo, & Miller, 1991). 반면, 자신의 정서표현에 대하여 비지지적 반응을 지속적으로 받아 온 자녀들은 정서반응을 숨기고 높은 정서적 각성 상태에 있으며 쉽게 안정되지 못하는 양상을 보였다(Eisenberg, Fabes, & Murphy, 1996). 우리나라 아동을 대상으로 한 연구에서도 자녀의 부정적 정서표현에 대한 부모의 반응은 자녀가 정서표현에 대해 갖는 신념과 갈등에 영향을 미침을 밝혔다(노지영, 정윤경, 2010). 즉, 부모가 자녀의 부정적 정서표현에 대해서 처벌하거나 중요하지 않은 것으로 반응했을 때, 자녀는 정서표현이 역기능적이라는 신념을 강하게 지니며 정서를 표현하는 데 높은 갈등을 경험하는 것으로 나타났다.

(3) 정서에 대해 이야기하기

정서적 경험과 이를 일으킨 사건에 대한 대화는 정서적 지지를 전달할 뿐 아니라 정서발달과 관련된 다양한 가르침을 전달할 수 있다(Eisenberg, Cumberland, & Spinard, 1998; Malatesta & Haviland, 1985). 부모는 자녀에게 다른 사람이 경험하는 정서에 대해 상세하게 설명해 주거나 자녀에게 이야기해 보도록 격려하여 더욱 정교한 정서개념을 발달시킬 수 있다. 또한 부모는 특정 감정을 강화하거나 억제하는 자녀의 인지적 양식을 가르치기도 한다. 가령, 정성스럽게 쌓아 올린 블록을 친구가 만져 무너졌을 때, 일부러 넘어뜨린 것이 아니라 실수로 그렇게 된 것이라고 이야기하여 분노의 감정을 조절하도록 이끌어 줄 수 있다. 정서표현에 대한 규칙과 문화적 가치 또한 이러한 대화를 통해서 전달된다. 무엇보다 아동은 자신의 정서 경험에 대하여 언어로 표현하고 소통하는 훈련을 통해 정서에 관한 명시적인 표상과 지식을 가지고 사고할 수 있게 된다. 실제로 던과 동료들(Dunn, Bretherton, & Munn, 1987)에 의한 종단연구에서 2~3세경의 아동이 있는 가족 내에서 정서 이야기를 하는 수준은 6세경에 타인에 대한 정서 이해를 예측하였다. 또한 많은 연구에서 어머니가 정서에 대한 이야기를 많이 할수록 자녀도 자신의 감정에 대하여 자주 이야기하며, 정서 언어를 적절히 사용할 뿐 아니라 정서적 이해 및 감정조망 능력이 높음을 드러냈다(Dunn, Brown, Slomkowski, Tesla, & Youngblade, 1991). 우리나라에서도 박수란(2003)이 어머니와 유아 간의 대화의 양이 증가할수록 아동의 정서이해 수준이 높음을 밝혔다. 또한 한국의 영아 852명을 대상으로 한 종단연구에서도 부모가 자신의 내적 정서 상태에 대해서 언어적 표현을 많이 할수록 자녀가 다양한 정서 어휘를 획득하고 구사하게 됨을 보고하였다(김민화, 곽금주, 성현란, 심희옥, 장유경, 2003). 혼합정서이해를 대상으로 보다 고차원적인 정서이해를 다룬 정윤경과 송현미(2013)의 연구에서도 아동과 성인이 정서를 중심으로 이야기를 나누었을 때 사건을 중심으로 이야기를 했을 때보다 정서이해가 높아짐을 발견하였다.

2. 기질발달

1) 기질의 개념

태어난 지 얼마 되지 않은 영아도 자극에 대한 반응이 천차만별이라는 사실은 '인간은 어떤 특성을 지니고 태어난다'는 생각을 하도록 한다. 어떤 영아는 새로운 자극이나 상황에서 강한 두려움을 오랫동안 표현하며 쉽게 적응하지 못하는 반면, 어떤 영아는 같은 자극에도 흥분하지 않고 차분하게 접근하면서 긍정적 정서를 표현한다. 이와 같은 정서적 반응에서의 개인차를 설명하는 핵심적 개념 중 하나가 기질이다. 기질을 정의하는 데에는 다양한 견해가 존재하지만 기질이 유전적 특성을 반영하고 생물학적인 기초가 있으며 인생 전반에 걸쳐 안정적인 특성이라는 데 대부분의 연구자가 동의한다 (Rothbart & Bates, 1998). 기질이 신경계의 발달, 호르몬 반응과 같은 생물학적 특성을 반영한다는 것은 부분적으로 유전적 기초가 존재한다는 것을 의미한다. 가령, 쌍생아 와 입양아를 대상으로 한 연구에서 일란성 쌍생아는 이란성 쌍생아에 비해 정서반응, 수줍음, 사회적 반응의 강도에서 더욱 유사하였다(Braungart, Plomin, DeFries, & Fulker, 1992). 또한 생물학적 형제는 이복형제에 비해 기질의 몇몇 측면에서 더 유사한 경향이 있었다(Saudino, McGuire, Reiss, Hetherington, & Plomin, 1995). 그럼에도 불구하고, 이러 한 생물학적 기초는 태아기의 영양 상태나 생후 부모와의 상호작용과 같은 환경적 요 인에도 영향을 받는다(Dennis, Bendersky, Ramsay, & Lewis, 2006). 요컨대, 기질이란 개 인차를 설명하는 핵심 요인이면서 유전과 양육의 역할을 모두 반영하는 복잡한 구성 개념이다.

기질에 대한 연구는 체스(Chess)와 토머스(Thomas)에 의한 뉴욕 종단연구에서 비롯 된다. 이들은 부모와 영아의 일상생활에서의 반응 및 정서적 특성에 대하여 깊이 있게 면담하고 영아를 반복적으로 관찰한 결과, 활동성(activity), 규칙성(rhythmicity), 접근과 회피(approach/withdrawal), 주의 폭(attention span), 지속성(persistence), 기분(mood), 적 응력(adaptability), 예민성(sensitivity), 반응 강도(intensity)의 기질을 반영하는 9개의 주

같은 환경에서 기질이 다른 아이들은 각기 다른 반응을 나타낸다.

요 특성을 제안하였으며, 이에 따라 기질을 다음의 세 유형으로 구분하였다.

- 순한 기질(Easy temperament)을 가진 영아는 먹고 자는 것과 같은 일상생활에서 규칙적이며 큰 스트레스가 없고, 새로운 상황에 곧잘 적응하며 긍정적 기분이 자주 나타나며 달래기 어렵지 않다.
- 까다로운 기질(Difficult temperament)을 가진 영아는 환경에 적응하는 것이 어려우며, 새로운 자극에 대하여 강하고 부정적 정서반응을 자주 나타낸다. 일상생활에서 행동이 규칙적이지 않고 예측이 쉽지 않다.
- 느린 기질(Slow-to-warm-up temperament)을 가진 영아는 새로운 상황에 적응하는 데 오랜 시간이 걸린다. 따라서 처음에는 까다로운 영아와 유사한 반응을 보이지만 새로운 사람, 장난감, 상황과 접촉이 반복되면 순한 기질의 아이와 유사해진다.

Chess와 Thomas의 연구에 참여한 영아 중 40%는 순한 기질에 포함되었으며, 10%는 까다로운 기질, 15%는 느린 기질에 해당되었다. 기질 중 몇몇 차원은 꽤 안정적이며 이후의 적응을 예측할 수 있었다. 가령, 까다로운 기질의 영아는 순한 기질의 영아보다 학령기에서 청년기까지 문제행동과 사회적 적응의 어려움을 겪었다.

한편, 보다 최근의 연구자들은 아동의 부정적 정서와 조절적 측면을 포함하여 Chess와 Thomas 제안한 기질의 차원을 보다 구체적으로 정의하였다. 로스바르트와 베이츠(Rothbart & Bates, 1998, 2006)는 영아기의 기질을 정의하기 위해 다음의 6개의 차원을 제안하였다.

- 두려움(Fearful distress)/억제(inhibition): 새로운 상황에서 영아가 경험하는 스트레스, 회피하려는 행동의 정도
- 과민성(irritable stress): 하고자 하는 것을 제한 당할 때 나타나는 짜증, 분노, 좌절의 정도
- 주의 폭(attention span)/지속성(persistence): 관심의 대상이 되는 물건이나 사건에 대해 주의를 기울이는 시간
- 활동 수준(activity level): 팔과 다리를 흔들기, 기어 다니기 등의 움직임 수준

- 긍정적 정서성(positive affectivity)/접근(approach): 다른 사람에 대한 개방성과 친해지기 쉬운 정도, 미소와 같은 긍정적 정서표현의 수준
- 규칙성(rhythmicity): 먹고 자는 것과 같은 신체적 기능의 규칙성과 예측가능성

앞과 같은 차원은 연구자에 따라 서로 다른 명칭이 사용되기도 하지만 기질을 반영하는 일반적 특징을 포함하고 있다는 점에서는 동일하다. 또한 연구자들은 아동의 기질을 정의하는 데에는 이와 같은 차원 외에도 적응성(adaptability: 상황과 다른 사람의 요구사항에 적응하는 능력)과 개방성(agreeableness: 다른 사람과 잘 지내는 정도) 등을 중요한 특징으로 추가하기도 한다(Rothbart & Bates, 2006).

2) 기질의 측정

기질에 대한 관심이 커지고 경험적 연구가 활발하게 이루어지면서 영유아기의 기질을 측정하는 방법 또한 발전하였다. 다양한 측정 기법이 있지만 실제 현장에서 가장 많이 사용되는 것은 기질을 정의하는 다양한 차원에 대한 문항에 부모가 답하도록 하는 질문지법이다(Rothbart & Bates, 1998, 2006). 〈표 7-2〉에 로스바트와 동료들(Rothbart et al., 2000)이 개발한 유아용 기질 측정 질문지(Child Behavior Questionnaire: CBQ)에는 다양한 차원과 문항의 예들이 제시되어 있다. 이러한 질문지에는 기질의 개념에 따라 정해진 차원들이 구조화되어 있고, 각 차원에 따라 아동 개인의 수준을 양적으로 측정할 수 있는 강점이 있어 연구 및 진단에서 많이 사용된다.

그 밖에도 발달심리학자들은 실험실 관찰, 생리적 측정의 기법을 사용하여 아동의 기질을 측정한다. 케이건(J. Kagan)은 실험실에서 어린 아이들에게 친숙하지 않은 장난감을 제시한 후 이들의 행동적 억제(behavior inhibition)를 살펴 기질을 측정하고, 이후 2세와 4세에 다시 이들의 행동을 관찰하는 종단연구를 실시하였다. 행동적 억제란 새로운 사물이나 사람에 대하여 높은 스트레스를 경험하고 두려워하면서 회피하는 행동 경향성을 말하며, 기질적 특성을 근거하는 반응성으로 여겨진다. Kagan은 실험실 연구를 통해 영아기와 유아기의 행동 반응에의 기질이 안정적임을 증명하였다. 영아기에 새로운 장난감에 대하여 울고 불안해하면서 스트레스 반응을 보인 아동은 유아기에도

〈표 7-2〉 Rothbart의 기질 척도 예시 문항

기질의 차원	문항의 예
두려움	개나 다른 동물을 두려워하지 않는다. 큰 소리를 무서워한다.
활동 수준	걷기보다는 뛰어다닌다. 밖에 나가도 조용히 앉아 있는다.
긍정적 정서성	부모와 놀면서 웃고 미소를 짓는다. 놀 때도 심각한 표정을 잘 짓는다.
과민성 (제한, 분노와 좌절에 대한 스트레스)	자기가 원하는 것을 갖지 못하면 투정을 부린다 조금만 야단을 맞아도 화를 낸다.
주의 폭	그림을 그리거나 색칠을 할 때 강한 집중을 보인다. 만들기나 맞추기를 할 때 강하게 오랫동안 몰입한다.

출처: Rothbart & Garstein(2000).

새로운 실험 상황에서 두려워하며 회피 반응을 보였다. 반면, 영아기에 친숙하지 못한 장난감에 대하여 스트레스를 받지 않고 긍정적 정서반응을 보인 영아는 이후 실험실에 다시 찾아왔을 때에도 새로운 실험 상황에서 자발적으로 탐색하고 미소를 짓는 등 긍정적 정서반응을 더 많이 보였다(Kagan, 1997; Kagan & Fox, 2006).

　질문지법과 관찰법은 다양한 양적 자료를 제공하고 아동의 행동을 직접 표집할 수 있다는 강점이 있지만, 이 두 기법 모두 단점을 지니고 있다. 우선 부모의 보고는 그 객관성을 보장할 수 없다. 실제로 질문지에 부모가 보고한 내용과 실험실 내에서의 아동의 행동이 다른 경우가 많이 있었다(Seifer, Sameroff, Barrett, & Krafchuk, 1994). 실험실 관찰은 이러한 문제를 극복하지만 아동의 행동이 제한된 시간에 특정한 장소에서 표집되었다는 점에서 아동의 기질이 신뢰롭게 측정되었다고 보기에 어려움이 있다. 이러한 단점을 극복하면서 아동의 기질적 특성을 비교적 객관적으로 측정하는 기법이 생리적 측정법이다. 심장 박동의 변화와 코르티솔의 수준은 아동이 스트레스를 극복하는 자율신경계의 기능에 대한 정보를 제공한다(Gunnar & Vazquez, 2006). 특정 자극을 제시하고 이에 대한 생리적 반응을 측정하여 영아의 기질을 추론하는 것이다. 이를 위해 사용되는 보다 새로운 방법은 EEG 기법을 통한 전두엽의 대략적 활동을 측정하는 것이다. 실제 EEG 기법을 이용한 연구 결과는 새로운 상황이나 대상에 대하여 보다 긍정적으로 탐색하면서 접근하는 아동의 반응은 좌반구의 활동과 관련이 있으며, 불안과 두려움을 보이면서 회피하는 아동의 반응 행동은 우반구의 활동과 관련이 있음을 밝혔다(Calkins, Fox, & Marshall, 1996). 이러한 생리적 기법은 특정 상황에 한정되거나 개인의 주관적 보고에 편파되지 않고 아동의 생물학적 기초에 근거한 안정적인 특질을 반영하는 장점을 가지고 있다. 하지만 이 또한 아동의 정서적 · 행동적 반응의 원인과 결과 중 어떤 것을 반영하는 것인지 분명하지 못하다는 문제점이 있다. 생리적 반응이 정서적 반응을 일으켰는지, 아니면 정서적 반응의 결과가 생리적 변화를 일으켰는지 구분할 수 없다는 것이다.

영아의 뇌파를 측정하기 위해 EEG 장치를 준비하고 있다. 영아에게 특정 자극을 제시하고 이에 대한 영아의 행동 반응을 관찰하여 뇌파 반응을 측정한다.

3) 기질의 역할 및 안정성

우리가 영아의 기질에 대해서 큰 관심을 갖는 이유 중 하나는 기질이 이후 아동이 사회적 환경과 교류하고 적응하는 데 인생 전반에서 중요한 역할을 하기 때문이다. 영아기에 사람을 좋아하여 미소를 지으며 다가가(긍정적 정서성이 높음) 예측 가능한 활동을 보였던(규칙성이 높음) 아동은 이후 다른 아이들에 비해 타인의 지지를 많이 받고 새로운 상황에 쉽게 적응할 가능성이 높다. 반면, 영아기에 새로운 상황을 심하게 두려워하고 회피하려 하며(행동적 억제가 높음), 작은 좌절에도 짜증과 분노를 강하게 표현하고(과민성이 높음), 신체적 활동이 예측 가능하지 않았다면(규칙성이 낮음) 이 아이는 이후에 정서를 조절하기 힘들어 하며 친구들에게 소리를 지르는 등의 공격적 행동을 보이고 성인의 지시를 따르지 않을 가능성이 높다. 영아기의 순한 기질과 까다로운 기질이 아동의 사회적 적응을 예측하는 것은 그리 놀라운 일이 아니다(Kochanska, Barry, Aksan, & Boldt, 2008).

기질의 역할이 일생 동안 나타남을 실제로 증명한 것은 뉴질랜드에서 캐스피, 헨리, 맥기, 머핏과 실바(Caspi, Henry, McGee, Moffitt, & Silva, 1995)에 의해 실시된 종단연구이다. 이들은 인생 초기에 정서조절이 어려운 아동은 이후 아동기와 청소년기에 다른 사람과 잘 지내기가 어렵고 적응에 문제가 있음을 밝혔다. 또한 이러한 아동은 성인기에도 다양한 문제를 나타냈는데, 법적 위반에 연루될 확률이 높고, 높은 실직률을 나타냈으며, 다른 사람으로부터 지원을 많이 받지 못했으며, 불안과 같은 부정적 정서를 자주 경험한다는 것을 발견하였다. 연구자들은 특히 행동적 억제 차원에서 안정성이 높음을 발견하였는데, 영유아기에 친숙하지 못한 상황에서 겁을 먹고 두려워하거나 편안하게 행동하지 못하는 기질적 경향성은 이후 아동기의 사회 불안의 위험 요인이 될 수 있음을 밝혔다(Biederman et al., 1990).

하지만 아동이 사회적으로 유능하고 건강하게 발달하는 데 기질이 유일한 요인은 아니다. 더욱 중요한 것은 아동의 기질이 자신의 사회적 환경과 이루는 조화의 적합성(goodness of fitness)이다. 기질적으로 취약하게 태어난 아동도 지지적이고 일관된 양육자를 만난 경우에는 큰 문제없이 사회적 적응을 할 수 있다는 것이다. 실제로 Chess와 Thomas는 자신의 종단연구 자료에서 까다로운 기질의 아동도 양질의 양육을 받을 경우에는 이후 발달이 긍정적임을 발견하였다. 하지만 분노와 같은 부정적 정서가 높은 아동이 적대적이고 통제적인 양육자를 만난 경우에는 공격성과 같은 문제행동의 수준이 보다 심각한 수준으로 높아지며 다른 사람을 공감하는 것도 어려워함을 증명하였다(Calkins, 2002; Rothbart & Bates, 2006). 순한 기질에 해당하는 아동도 부모가 방임적이거나 아이의 요구에 귀를 기울이지 않는 경우에는 회피적 성향을 보일 수 있으며, 자기주장을 잘하지 못해서 대인관계에서 어려움을 경험할 수 있다. 아이의 기질적 특성과 이에 따른 부모의 양육행동이 발달적 산물을 결정한다는 것이다.

더구나 기질의 모든 측면이 다 같이 안정적인 것은 아니다. 활동 수준, 긍정적 정서성, 두려움과 같은 차원은 다른 기질적 차원보다 변화 가능성이 높다(Lemery, Goldsmith, Klinnert, & Mrazek, 1999). 또한 영아기에는 정서조절 능력의 성숙과 조절 양식의 학습으로 인해 새로운 상황이나 사람에 대한 반응에 큰 변화가 나타나기도 한다. 무엇보다 중요한 것은 아동의 기질이 환경의 변화에도 영향을 줄 수 있다는 점이다 (Eisenberg et al., 1999). 예컨대, 아동의 기질은 가정 내의 정서적 환경에 영향을 미칠 수 있다. 까다로운 기질의 아동이나 조절이 어려운 아동은 자신의 부모에게 부정적 정서를 유발할 가능성이 높다. 부모도 아동의 짜증이나 불규칙적인 요구에 스트레스를 강하게 경험함으로써 참을성을 유지하기가 어려워질 수 있기 때문이다. 이런 경우에 부모는 아동의 부정적 정서표현을 처벌하거나 무시하는 등 비지지적 반응 경향이 높아질 수 있으며, 결과적으로 아이의 정서 및 사회성 발달에 부정적인 영향을 미칠 것이다. 아이의 기질과 환경은 오랜 기간 서로의 영향력을 교류하면서 변화하는 역동적 요인이다. 아동은 결코 타고난 기질과 주어진 환경에 의해 수동적으로 만들어지는 대상이 아니라는 것이다.

3. 애착발달

　신생아도 바늘에 찔리거나 칼에 베이면 성인처럼 고통을 느낀다는 것을 알게 된 것은 그렇게 오래된 일이 아니다. 마찬가지로, 아주 어린 영아도 심리적으로 방치되거나 따뜻한 보살핌을 받지 못하면 깊은 마음의 고통을 경험한다는 것 또한 비교적 최근에 알려진 사실이다(Emde, 1994). Freud와 함께 정신분석을 연구하던 슈피츠(R. Spitz) 박사가 고아원이나 아동 보호소에 맡겨진 영유아를 대상으로 실시한 수많은 연구는 위생적이고 안전한 환경이나 영양가 높은 음식과 같은 물리적 환경만으로 아동이 정상적으로 발달할 수 없음을 밝혔다. 물리적으로는 최고의 환경이 보장되었지만 성인과의 접촉이나 양육자와의 친밀한 상호작용이 제공되지 않을 경우, 보호소에 있는 영아들은 깊은 슬픔에 잠기거나, 정서적으로 불안하거나, 사람에게 흥미를 보이지 않고 회피하는 경향을 나타냈다. 이러한 영아는 이후에 정상 가정에 입양되더라도 다른 사람과 상호작용하는 데 어려움을 경험하고, 여전히 정서적 공허감을 느꼈으며, 청소년기에 비

새끼 원숭이는 먹이를 주는 철사 대리모보다 부드러운 감촉을 느낄 수 있는 천 대리모를 선택했다.

행이나 성적 문제가 나타나기도 했다(Bowlby, 1953). 이러한 경향성은 입양의 시기가 늦었을 때 더욱 강하게 나타났다.

앞과 같은 사실을 간접적으로 증명한 것은 태어나자마자 어미로부터 떼어놓은 새끼 원숭이를 관찰한 할로우와 동료들의 연구이다(Harlow & Harlow, 1965; Harlow & Zimmerman, 1959). 어미와 떨어져 자란 새끼 원숭이를 생후 6개월경에 정상적으로 자란 원숭이와 함께 있도록 했을 때, 어미와 떨어져 자란 원숭이는 물거나 때리는 등의 공격적 행동이나 회피하는 등의 심각한 사회적 부적응을 나타냈다. 또한 이 원숭이는 정상적 짝짓기가 불가능하였고, 인공적인 방법으로 임신이 되어 새끼를 얻었을 때

에도 새끼를 무시하고 거부하며 제대로 보살피지 못하였으며, 심지어 공격하기도 하였다. 이들을 대상으로 한 가장 흥미로운 연구는 격리된 새끼 원숭이에게 두 가지 대리모를 선택하도록 한 실험이다. 이 중 한 대리모는 차가운 철사를 이용해 어미 모양으로 만든 모형에 먹이(젖)를 제공한 것이며, 다른 하나는 먹이는 제공하지 않지만 부드러운 천으로 만들어진 모형이었다. 새끼 원숭이는 먹이를 주는 철사 대리모에서 잠시 배를 채우고 대부분의 시간을 부드러운 천으로 만들어진 대리모와 시간을 보냈다. 특히, 새롭고 무서운 대상이 나타나 놀랐을 때 이들이 달려가 끌어안은 대상은 언제나 천으로 만들어진 대리모였다. 새끼 원숭이에게도 먹이와 같은 생리적 만족보다는 부드럽고 따듯한 촉감이 접촉과 의지의 대상으로 선택하는 데 훨씬 더 중요한 요인임을 밝힌 것이다. 이와 같은 Harlow와 동료들의 발견은 아동 보육에 대하여 큰 변화를 일으켰을 뿐 아니라, 볼비(J. Bowlby)를 비롯한 많은 연구자가 애착이라는 인생 초기의 친밀한 관계에 대한 체계적 이론을 정립하고 연구하게 되는 계기가 되었다. 이 절에서는 Bowlby에 의한 애착 이론과 이를 뒷받침하는 Ainsworth의 경험적 연구를 중심으로 애착의 개인차와 이에 영향을 주는 요인, 그리고 애착의 안정성에 대하여 살펴보도록 하겠다.

1) 애착의 정의 및 이론

애착이란 특별한 두 사람 간에 형성되는 친밀한 정서적 유대감이다. 영아는 주양육자와의 애착을 통해 긍정적 정서를 경험하고, 자신과 타인에 대한 신뢰를 쌓으면서 환경에 적응한다. 영아기의 애착은 이후에 대인관계의 근원이 될 뿐 아니라 인지·언어·사회적 발달의 기초가 된다. 기본적으로 영아는 자신이 생존하기 위해 필요한 것뿐 아니라 정서적 안정을 찾기 위해 주양육자와 근접성을 추구한다. 영아는 주양육자가 옆에 없거나 반응이 신속하게 나타나지 않을 경우에 울음으로 신호를 보낸다. 또한 주양육자에게 옹알이나 미소와 같은 긍정적 반응을 통해 주양육자와의 접촉을 강화하고 연장시킨다. 따라서 애착과 관련된 영아의 행동에는 미소와 같은 긍정적 표현뿐 아니라 양육자가 옆에 없을 때 느끼는 불안이나 스트레스 관련 행동도 포함된다.

애착이 발달하면서 두드러지게 나타나는 감정이 **격리불안**(separation anxiety)이다. 격리불안은 주양육자로부터 분리될 때 느끼는 괴로움과 불편한 감정으로, 영아는 울고 보채며 때로 공포의 감정도 표현한다. 이는 주양육자가 제공하는 물리적 지원과 심리적 위안이 사라지는 것을 두려워하는 것이다. 격리불안은 8~15개월까지 증가하며 이후 감소하기 시작한다. 이러한 불안은 문화적 차이와 상관없이 공통적으로 나타난다. 이스라엘 키부츠 공동체, 사냥과 채집을 하는 아프리카 칼라하리 사막의 !쿵족사회와 같이 전혀 다른 환경에서 양육된 모든 영아에게서도 나타난다(Kagan, 1976). 더욱 놀라운 것은 앞을 볼 수 없는 영아도 조금 늦긴 하지만 격리불안을 나타낸다는 것이다. 어머니의 목소리가 갑자기 사라지거나 어머니가 밖으로 나가는 소리가 들리면 이들도 분리에 따른 불안을 표현한다.

Bowlby의 애착이론에 따르면, 이런 영아의 애착 행동은 영아가 주양육자를 **안전기지**(secure base)로 생각하고 있음을 의미한다. 안전기지란 영아가 언제든지 의존할 수 있는 대상으로 믿는 것으로, 영아는 이를 근거로 환경을 탐색한다. 실제로 영아는 위기에 처했거나 신체적·심리적 자원이 고갈되었을 때 안전기지로부터 도움과 위로를 받는다. 가령, 영아는 새로운 환경을 탐색하다가 불안이나 두려움을 느낄 때 주양육자를 바라보거나 다가와서 위로를 구한다. 처음에는 주양육자가 아주 가까이에 존재할 때에나 눈에 보일 때에만 기본적 안정을 경험하지만 점차 영아는 양육자가 눈에 보이지 않

!쿵족사회의 어머니와 아기: 어머니들은 채집은 나가야 하지만 서구의 아이들과 마찬가지로 이들도 어머니와 떨어지면 불안과 공포를 나타내므로 이 사회의 어머니들은 아이를 하루 종일 업고 일한다.

더라고 돌아올 것이라는 믿음으로 불안해하지 않는다. 영아는 안전기지에 대한 인지적 표상이 더욱 분명해지면서 보다 적극적으로 환경을 탐색할 수 있게 되며, 이를 통해 세상에 대한 지식을 쌓는다. 이러한 Bowlby의 이론은 영아가 무조건 무능력하고 의존적인 존재가 아니라 주양육자와의 교류를 통해 자신이 필요한 것을 얻고, 이를 기반으로 점차 유능한 사람으로 발달하는 존재로 간주한다. Bowlby(1969)는 또한 이와 같은 영아기의 애착발달을 다음의 4단계로 나누어 설명하였다.

애착 이전 단계(pre-attachment, 출생~3개월)   이 시기에는 아직 특정 대상에게 애착이 형성되지 않아 혼자 남아 있더라도 생리적으로 불편함이 없으면 별다른 반응을 보이지 않는다. 단지, 울기, 응시하기, 미소, 옹알이 등의 여러 신호 행동을 통해 성인의 반응을 이끌어 내기는 하나 애착 대상과 낯선 사람과의 구분이 명확하지 않은 시기이다. 아동은 아무에게나 미소를 지을 수 있으며 곁에 있던 사람이 떠나면 울음을 터뜨린다.

애착 형성 단계(Attachment in-the-making, 3~6개월)   이 시기의 영아는 친숙한 사람과 낯선 사람에게 다르게 반응하기 시작한다. 아직 낯가림은 심하지 않으나 친숙한 사람에게 더 많이 웃고 옹알이를 더 많이 하며 위로를 받는다. 하지만 아직 특정 애착 대상에게 지속적인 선호를 표현하지는 못한다. 이 시기의 영아는 애착의 대상인 주양육자에 대한 기대와 인식을 형성하면서 신뢰적 기반을 쌓기 시작한다.

애착 단계(attachment, 6개월~1년 6개월)   이 시기의 영아는 무조건 애착 대상과 함께 있기를 원한다. 낯선 사람에 대해 낯가림이 생기게 되고, 애착 대상이 아기의 곁을 떠나면 격리불안이 나타난다. 이 시기의 영아는 움직임이 점점 자유로워지면서 능동적으로 애착 대상에게 다가가기도 한다. 애착 대상을 안전기지로 여기면서 환경을 탐색하는 적극적인 행동이 가장 명확하게 나타나는 시기이다.

상호적 교류 단계(reciprocal relationship, 1년 6개월~3세)   이 시기의 영아는 인지적 성숙과 언어의 발달로 인해 애착 대상이 곁에 없더라도 그 이미지를 표상할 수 있고, 애착 대상이 다시 돌아올 것이라는 예측이 가능하여 격리불안이 감소한다. 또한 애착 대상의 감정이나 목표, 그리고 감정을 이해하고 이에 따라 자신의 행동을 계획하는 보다 상호 조절적인 태도를 보인다. 애착 대상과의 분리에 대하여 서로 타협할 수 있는 협동적인 관계에 들어서게 되면서 진정한 동반자로 발전하게 된다. 주양육자 외에 다른 사람과도 애착을 맺기 시작한다. 다중애착이 발달하는 것이다.

2) 애착의 측정 및 애착 유형

Bowlby의 애착이론을 뒷받침하는 경험적 자료를 제공함으로써 이를 보다 확고하게 정착시킨 연구자는 에인즈워스(M. Ainsworth)이다. Ainsworth는 미국과 우간다에서 모자 간의 상호작용 관찰을 통해 애착에서 가장 주요한 측면이 영아가 양육자를 안전기지로 활용하는 정도와 양육자와의 격리와 재회 상황에서 드러나는 영아의 정서적·행동적 태도임을 제안하였고, 이러한 모자 관계의 특징을 관찰하기 위하여 낯선 상황 실험(strange situation experiment)을 고안하여 애착의 개인차를 측정하였다. 이 실험에서 영아는 장난감이 있는 낯선 방에 양육자와 함께 들어와 8개의 에피소드로 이루어진 상황을 경험하게 된다. 8개의 에피소드에서 영아는 양육자와 두 번의 격리와 재회, 그리고 낯선 사람과의 상호작용을 한다. 각 에피소드는 영아가 심한 스트레스를 받지 않는 한 3분 정도 지속되었으며, 연구자는 양육자와 근접성 추구, 탐색, 격리에 대한 저항, 낯선 사람과의 상호작용 등 영아의 행동을 측정하였다. 〈표 7-3〉에 각 에피소드의 내용과 측정사항이 제시되었다.

〈표 7-3〉 낯선 상황 실험 절차

에피소드	상황	행동 측정
1	연구자는 아이와 양육자를 처음 보는 방으로 안내한 후 아이가 가지고 놀 수 있는 장난감을 보여 준다.	–
2	아이와 양육자만 방에 남는다. 양육자는 아이와의 상호작용을 주도할 수는 없지만 아이에게 반응할 수 있다.	아이의 탐색 행동, 양육자를 안전기지로 활용하는 정도
3	낯선 사람이 방으로 들어와 1분간 조용히 앉아 있는다. 그런 다음 1분 동안 양육자와 대화를 한다. 나머지 1분 동안은 아이와 상호작용을 시도한다.	낯선 사람에 대한 반응
4	양육자는 아이를 혼자 남겨 두고 방을 나간다. 낯선 사람은 방에 남아 있으면서 아이를 달래 주거나 놀아 주는 등의 상호작용을 한다. 아이가 너무 스트레스를 많이 받으면 이 에피소드는 중단된다.	격리불안, 낯선 사람의 위로에 대한 반응
5	양육자가 문 밖에서 아이를 부른 후 방으로 들어와 문 앞에 잠시 멈춰 서 있는다. 낯선 사람은 나가고 양육자는 아이를 달래 주거나 (필요하다면) 다시 놀게 한다.	재회 반응
6	양육자가 나가고 아이는 다시 혼자 남겨진다. 아이의 스트레스가 너무 크면 에피소드를 중단한다.	격리불안
7	낯선 사람이 방으로 들어와 아이에게 인사한 다음 잠시 멈춰 서 있는다. 아이 옆에 앉아서 위로하거나 놀게 한다.	낯선 사람에게 위로 받는 정도
8	양육자가 문 밖에서 아이를 부른 후 방으로 들어와 인사를 하고는 잠시 서 있는다. 아이 옆에 가서 달래 주거나 놀게 한다.	재회 반응

이와 같은 낯선 상황 실험은 인위적이고 짧은 사건이지만 영아의 정서적·물리적 스트레스를 단계적으로 증가시키면서 이에 적응하는 영아의 행동을 통해 그간 양육자와 쌓은 애착을 진단하는 가장 타당한 과정으로 간주되고 있다. 실제로 낯선 상황에서 드러난 영아의 특징은 실제 가정에서의 행동과 유사했으며(Pederson & Moran, 1996), 이후 아동기와 성인기의 사회적 행동과 높은 관련성이 있었다(Carlson, Sroufe, & Egeland, 2004).

낯선 상황 실험에서의 영아 반응의 개인차를 근거로 Ainsworth는 다음과 같이 세 가지 애착 유형을 제안하였다. 애착 유형은 먼저 안정애착(secure attachment)과 **불안정애**

착(insecure attachment)으로 나뉘지며, 불안정 애착은 다시 **저항/양가적 애착**(resistant/ambivalent attachment)과 **회피애착**(avoidant attachment)으로 나뉜다. 그리고 이후 연구자들은 이 세 가지 유형에 해당되지 않는 불안정 애착 유형으로 **혼란애착**(disorganized attachment)을 첨가하였다.

안정애착   안정애착(secure attachment) 유형에 해당되는 영아는 양육자를 안전기지로 삼기 때문에 자신감과 호기심을 가지고 환경을 적극적으로 탐색한다. 어머니와 분리되거나 헤어질 때 스트레스를 받고 불안해하지만 어머니가 돌아오면 안심하고 쉽게 진정된다. 이 영아는 불안을 느낄 때에는 그것을 표현하고, 도움이 필요할 때에는 이를 요구한다. 이는 영아가 원하는 것을 얻기 위해 신호(대부분 울음)를 보냈을 때 양육자가 이를 알아차리고 신속하게 반응해 주었기 때문이다. 이러한 경험의 축적은 영아 자신과 양육자에 대한 신뢰가 형성되도록 한다. 따라서 영아는 잠시 위협적인 상황에 처하더라도 고통에 압도되지 않고 어머니가 돌아와 자신을 돌봐 줄 거라고 믿으며 인내할 수 있다. 그리고 어머니가 돌아왔을 때 반갑게 맞이하고 기운을 회복하며 다시 환경의 탐색에 열중한다.

저항/양가적 애착   저항/양가적 애착(resistant/ambivalent attachment) 유형에 해당되는 영아는 낯선 상황이 시작되는 순간부터 불안한 행동을 보인다. 주양육자를 안전기지로 여기지 못하므로 떨어져 있기를 거부하고 장난감을 가지고 즐겁게 놀지 못한다. 어머니가 어디로 떠나지 않을지, 내 곁에 있는지에 관심이 집중되어 어머니에게 눈을 떼지 못하고 놀이에 집중하지 못하는 것이다. 어머니가 방에서 나가면 가장 높은 수준의 불안과 분노를 표현한다. 어머니가 돌아왔을 때 다시 어머니 품에 안겨 위로 받으려고 하지만 실제로 잘 달래지지 않고 더 심하게 울거나 몸부림치기도 한다. 다시 내려놓으면 불안해 하고 울면서 떨어지지 않으려고 한다. 이 영아들은 주양육자와 함께 있어도 위로가 되지 않으면서도 떨어지지 않으려고 저항하는 양가적 특성을 갖는다.

회피애착   회피애착(avoidant attachment) 유형에 해당되는 영아는 겉으로는 안정되고 순한 아이로 보일 수 있다. 양육자가 방에서 나가거나 돌아왔을 때 별로 큰 감정의 변화를 경험하지 않는 것 같아 보이며 장난감이나 환경에 집중한다. 이 영아들은 어머니가 곁에 있는지 확인하지 않고 무심하게 장난감을 가지고 놀다가 어머니와 헤어질 때에도 긴장하지 않는 것처럼 보인다. 어머니가 방으로 돌아왔을 때 반갑게 맞이하지 않고 계속 하던 것에 집중한다. 하지만 연구자들은 이들도 혼자 남겨졌을 때 다른 유형의 영아와 유사하거나 더 높은 수준의 불안을 경험하고 있음을 발견하였다. 실제로 코르티솔의 수준이나 심장 박동과 같은 생리적 지표를 사용한 연구에서 낯선 상황에서 어머니와 떨어지거나 혼자 남겨졌을 때 이 아이들도 높은 수준의 스트레스와 긴장을 경험하는 것으로 드러났다. 어린 아동이 자신이 경험한 감정을 그대로 표현하지 않고 억제함을 의미하는 것이다.

혼란애착　　혼란애착(disorganized attachment)은 Ainsworth 이후의 연구자들이 앞의 세 가지 유형에 해당되지 않는 영아를 분류하기 위하여 정의한 애착 유형이다. 가장 불안이 심한 심리 상태를 나타내는 애착 유형으로, 여기에 해당되는 영아는 낯선 곳에 가면 매우 불안해 하며 전혀 호기심을 보이지 않는다. 어머니와 떨어질 때에는 별 반응이 없다가 갑자기 심하게 우는 등 행동을 예측하기가 어렵다. 부모가 부르거나 다가가면 두려워하거나 위축된 행동을 보이기도 한다. 부모에게 다가서려 하다가도 물러나며 저항과 회피가 뒤섞여 나타나고 감정 기복이 심하다. 이러한 유형의 영아는 학대의 경험이 있거나 양육자가 심리적 문제를 가지고 있는 경우가 많다(van IJzendoorn et al., 1999).

3) 애착의 발달적 관련 요인

(1) 아동의 특성

앞서 기질에서 논의했듯이, 어떤 영아는 사람들에게 우호적이며 다루고 쉬운 특징을 지닌 반면 어떤 영아는 새로운 환경에 적응하기 어려워하며 짜증을 잘 내고 달래기 어려운 특성을 지닌다. 이러한 생애 초기의 생물학적 특성은 아동이 주양육자와 맺는 애착에도 영향을 미칠 수 있다. 가령, 영아의 까다로운 기질은 주양육의 어려움을 가중시켜 양육에 좌절을 느끼게 하고 영아의 신호에 민감하게 반응하지 못하여 불안정애착을 형성하는 원인으로 작용할 수 있다. 실제로 Kagan(1984)은 기질적으로 순한, 까다로운, 느린 영아의 분포(Thomas & Chess, 1955)와 안정애착, 저항애착, 회피애착으로 분류된 영아의 백분율(Ainsworth et al., 1978)을 비교하여 그 분포 비율이 유사함을 발견하고 (〈표 7-4〉 참조), 이를 토대로 기질이 애착에 영향을 미친다고 가정하였다.

〈표 7-4〉 기질(Thomas & Chess, 1955)과 애착(Ainsworth et al., 1978) 유형 분포의 비교

기질 유형	기질 분포	애착 유형	애착 분포
순한 기질	40%	안정애착	66%
까다로운 기질	10%	저항애착	12%
느린 기질	15%	회피애착	20%

하지만 연구자 대부분이 애착의 질은 주양육자의 상호작용에 의해 결정되는 것으로, 아동의 기질의 영향력은 아주 미미하다고 주장하였다. 베이츠, 매슬린 및 프렝켈 (Bates, Maslin, & Frankel, 1985)은 기질과 낯선 상황에서 측정된 영아 애착 유형과 관련성이 없음을 밝혔다. 또한 기질적으로 까다로운 영아도 부모가 양육 훈련을 받고 영아에게 민감하게 반응하면 안정애착 행동을 보였다(van den Boom, 1995). 그럼에도 불구하고, 기질의 중요성을 전혀 인정하지 않는 것이 아니다. 안정애착을 형성하기 위해서는 영아의 기질 자체보다 이에 맞춘 양육자의 반응과 양육 패턴이 더욱 중요함을 주장하는 것이다. 까다로운 영아라도 어머니가 이에 민감하게 반응하고 평온한 환경을 조성해 주거나 적응이 느리고 행동이 빠르지 않은 영아에게도 다그치지 않고 기다려 주며 필요한 도움을 주는 경우에 아이는 유능하게 환경에 적응할 뿐 아니라 양육자와 안정애착을 형성한다(van den Boom, 1995).

(2) 양육자의 특성

영아의 애착발달에서 영아와 양육자의 상호작용의 질은 가장 중요한 요인으로 볼 수 있다. 이와 관련하여 애착이론이 가장 중요하게 여겨지는 요인은 부모의 민감성 (sensitivity)이다(Ainsworth, Blehar, Waters, & Wall, 1978). 부모의 민감성은 여러 가지로 나타날 수 있지만 그 핵심은 일관되고 반응적인 보살핌(consistent responsive caring)이다. 이는 양육자의 기분에 따라 변하는 변덕스러운 반응이 아니라 자녀의 표현을 정확

하게 이해하고 이에 일관되게 반응하는 것을 의미한다. 안정애착을 형성한 영아의 어머니는 울음으로 표현하는 자녀의 신호를 알아차리고 반응하며 필요한 것을 지원한다. 실제로 벨과 에인즈워스(Bell & Ainsworth, 1972)는 영아기의 초기 울음에 대한 양육자의 반응성이 이후에 아동의 울음을 감소시키고 다양한 의사소통 유형(가령, 미소, 표정, 응시)을 발달시켜 둘 간의 안정애착 형성에 핵심적 역할을 함을 증명하였다. 안정애착과 관련된 양육자의 또 다른 특징은 아이에게 따뜻한 미소를 자주 짓고 아이와 눈맞춤을 하면서 함께 환경을 탐색하고 놀이를 즐기는 등 아이와 긍정적 상호작용을 즐기는 것이다(De Wolff & van IJzendoorn, 1997). 드 울프(M. S. De Wolff)와 반 이젠도른(M. H. van IJzendoorn)은 영아기의 애착 형성에 영향을 미치는 양육 특성으로 민감성(sensitivity), 긍정적 태도(positive attitude), 동시성(synchrony), 상호성(mutuality), 지원(support), 자극하기(stimulation)를 제안하였다. 각 차원의 설명과 예가 〈표 7-5〉에 기술되었다.

수많은 연구 결과, 불안정애착 유형에 해당되는 양육자의 핵심적 특징 중 하나는 일관성이 낮다는 것이다. 때로는 아이의 신호에 즉각 반응하여 과도하게 돌보지만, 때로는 그렇게 하지 못한다는 것이다. 이러한 양육자의 대부분은 자신이 불안이 높거나 양

〈표 7-5〉 **부모의 민감한 양육행동 차원**

양육행동	설명	예
민감성	영아의 신호에 즉각적이고 적절하게 반응한다.	울음의 의미를 알아차리고 필요한 도움 주기
긍정적 태도	영아에게 긍정적이고 친밀한 감정표현을 한다.	따뜻한 미소와 격려
동시성	영아의 반응이나 신호에 조화롭고 즉각적으로 반응한다.	아기의 옹알이를 듣고 거기에 맞춰 소리를 내 주기
상호성	영아와 양육자가 함께 같은 것에 주목하고 상호작용하는 것이다.	한 장난감에 주의를 기울이면서 서로에게 관심을 보이며 함께 놀기
지원	영아에게 필요한 물리적·정서적 도움을 적절하게 지원하는 것이다.	놀란 아기를 달래 주기
자극하기	영아의 발달에 필요한 환경을 조성하거나 직접 자극하기 위한 활동을 제공한다.	적당한 장난감을 제시하고 반응을 기다리기

안정애착을 형성한 영아의 부모는 자녀를 따듯하게 보살피고 아이의 요구
를 잘 알아차리고 필요한 지원을 아끼지 않는다.

육에 대하여 과도한 부담을 느끼고 있는 경우가 많다. 이들의 변덕스러운 양육으로 아
이는 양육자를 신뢰의 대상으로 믿지 못하여 불안해하고, 양육자에게서 떨어지지 않으
려 하며, 혼자 남겨진 경우에는 극도의 불안과 분노를 울음으로 표현하면서 저항적인
애착의 모습을 나타낸다(Ainsworth et al., 1978; Isabella, 1993). 양육자가 다시 돌아와도
언제 다시 떠날지 모른다는 불안이 해소되지 않아 더욱 긴장함으로써 양육자와의 긍정
적 상호작용이 힘들 수 있다.

양육자가 아이와 정서적으로 교류하고 정서적 요구에 반응하는 것을 어려워하는 경
우, 영아는 회피애착을 형성하는 경향이 있다. 이러한 양육자는 영아가 도움이 필요하
여 보내는 신호를 민감하게 알아차리지 못하고, 영아를 달래고 안정시키지 못한다. 심
지어 아이와의 신체적 접촉을 거부하기도 하며, 자녀와의 친밀한 신체 접촉을 편안하
게 받아들이지 못하고 이에 대한 반응이 느렸다(Isabella, 1993). 또한 이들은 영아에게
긍정적 정서보다는 분노나 좌절을 많이 표현하거나 자녀와 거리를 두는 태도를 보였
다. 그 외에도 양육자가 영아를 지나치게 보호하고 간섭을 할 때, 회피애착이 형성될
수 있다. 불필요한 간섭이나 지나친 보호는 영아 자신이 양육자에게 신호를 보내고 이
를 통해 자신이 원하는 것을 지원받을 수 있다는 신념체계의 발달을 저해하여 친밀한
애착관계 형성을 방해할 수 있다.

마지막으로, 혼란애착 유형의 경우에는 양육자가 자녀를 학대하는 등의 양육자 자

신이 외상이나 심리적 문제를 가지고 있어 혼란스러운 양육을 보이는 경우가 있다 (Forbes, Evans, Moran, & Pederson, 2007).

한편, 양육행동의 문제는 양육자 개인의 심리적 특성이나 외부 환경과도 관련이 높다. 양육자의 몇몇 특성은 안정애착에 위험 요소로 작용한다. 가령, 양육자의 우울은 안정애착에 대한 위험 요소로 작용하는데, 이들은 기본적으로 자녀에게 긍정적 정서보다는 부정적 정서의 표현 빈도가 더 높으며, 자신의 문제에 집착하기 때문에 아이의 사회적 신호나 요구를 무시하거나 예민한 반응을 보이지 못한다. 영아는 이러한 양육자에 대한 반응으로 분노하거나 부모의 무심한 태도와 부정적 정서를 모방하여 안정애착을 형성하기 어려운 태도가 형성된다(Campbell, Cohn, & Meyers, 1995).

글상자 7-1   아기의 울음

모든 아기는 운다. 아기의 울음소리는 사람의 청각에 큰 고통을 주기 때문에 이것이 사라지도록 주변의 성인들은 적극적으로 행동한다. 초기의 행동주의는 이런 영아의 반응을 없애기 위한 처방으로 울음에 반응하지 말라고 하였다. 아기의 우는 행동이 강화 받지 못하면 궁극적으로는 사라진다는 주장이었다. 물론 이전 처방은 아이의 울음을 멈추게 할 수 있었다. 하지만 이는 단순히 아이의 울음을 없애는 것이 아니라 아이가 자신이 필요한 것을 요구하는 신호체계를 소거시키는 것이었다. 아이는 원하는 것을 구하기 위해 운다. 적어도 아기의 울음은 분노의 울음, 고통의 울음을 포함하는 몇 가지 유형으로 나뉠 수 있으며, 이러한 것들은 아이가 무엇을 경험하는지 혹은 무엇을 요구하는지를 나타내는 것이다. 이런 아기의 표현에 부모가 민감하게 반응하여 필요한 것을 제공한다면 아기는 소통체계를 활성화하는 것이 의미 있는 행동이며, 울음 외에도 미소나 옹알이, 다양한 표정 등을 활용한 의사소통 행동을 시도할 것이다. 하지만 성인이 울음에 적절하게 반응하지 않을 때 영아는 소통체계의 의미를 상실하고 울음과 함께 다른 의사소통 양식이 사라질 것이다. 아이는 더 이상 다른 감정표현을 하지 않고 필요한 것이 있어도 요구하지 않는 무기력에 빠질 수 있다. 실제로 Ainsworth는 경험적 연구를 통해 이러한 변화를 증명하였다. 어머니가 울음에 반응하지 않는 경우, 아이는 오히려 더 많은 스트레스를 받고(Bell & Ainsworth, 1972) 우는 정도가 늘어난 반면, 어머니가 영아의 울음에 민감하게 반응한 경우에는 울음이 줄어들고 미소나 옹알이와 같은 다른 신호체계가 증가하였다.

4) 애착의 안정성

애착과 관련하여 발달심리학자들이 관심을 가진 주제는 영아기에 형성된 애착관계가 이후에 아이의 사회적 삶과 성인기의 인간관계에 영향을 미치는가이다. 이에 대하여 연구자들은 영아기의 애착은 아동기, 청소년기, 심지어 성인기의 친밀한 관계와 높은 관련이 있음을 밝혔다. 안정애착을 형성한 영아는 아동기의 친구와도 공감이 높고(Laible & Thompson, 1998), 협동을 잘하며, 친사회적 행동이 높은 등 사회적 유능성을 나타냈다(Lucas-Thompson & Clarke-Stewart, 2007). 애착 유형에 따라 아동의 지능 수준은 차이가 없었지만 실제 학업 성취나 학교 적응에서는 안정애착 유형에 해당하는 아동이 불안정애착 유형의 아동보다 더 우월하다. 안정애착을 형성한 아동은 주의 집중을 더 잘하고, 학교 활동에 보다 적극적으로 참여했으며, 동기 수준과 학업 성적도 더 높았다. 게다가 이들은 이후의 연인관계에서도 보다 큰 유능성을 드러냈고, 만족감도 높았다(Carlson, Sroufe, & Egeland, 2004). 나아가, 연구자들은 이들이 부모가 되어 자신의 자녀를 양육하게 되었을 때에도 애착 유형에 따라 서로 다른 양육행동을 나타내며, 자녀와 맺는 애착 유형에도 관련이 있음을 밝혔다(van IJzendoorn, 1995). 안정애착을 형성한 부모의 경우에는 자녀에게 보다 민감하고 반응적이며, 따뜻한 감정적 교류 수준이 높았고, 이들의 자녀 대부분이 안정애착을 형성하였다.

영아기의 애착은 인생 전반에서 친밀한 인간관계뿐 아니라 인지적·사회적 기능과 긴밀한 관련이 있는 것은 분명한 것으로 보인다. 이러한 관련성을 설명하기 위하여 발달심리학자들은 몇 가지 가능성을 제안하였다. 우선 애착이론가들은 영아기의 애착이

	자기	
	긍정	부정
타인 긍정	안정된 (안정애착)	집착하는 (저항애착)
타인 부정	포기한 (회피애착)	실패한 (혼란애착)

[그림 7-2] 자기와 타인의 표상에 근거한 내적작동모델

인생 전반에 걸쳐 영향을 미치는 것은 내적작동모델(Internal working model)이란 심리적 틀이 형성되었기 때문이라고 설명하였다(Bowlby, 1973). 내적작동모델이란 자기 자신과 타인, 그리고 일반적 관계에 대한 정신적 표상이다. 양육자(타인)가 아이(자신)의 요구를 얼마나 만족시켜 주어 안정감을 제공하였는가에 근거하여 아이는 자신과 타인, 그리고 관계에 대한 생각과 개념을 발달시킨다. 만일 양육자가 함께 있으면서 일관되게 아이의 요구에 반응하였다면 자기 자신은 사랑 받을 가치가 있음을 느끼며, 다른 사람은 믿을 수 있다는 긍정적 표상을 형성함으로써 인간관계에 대한 긍정적 내적작동모델을 갖게 된다. 반면, 양육자가 아이의 신호를 무시하고 필요한 것을 일관되게 제공해 주지 않았다면 아이는 부정적 내적작동모델을 형성하게 된다.

이처럼 형성된 내적작동모델은 아동의 삶의 전반에 걸쳐 사람과 인간관계에서 특정 방식으로 느끼고, 사고하고, 행동하도록 이끄는 역할을 한다. 안정애착을 통해 긍정적 내적작동모델을 형성한 아이들은 부모에 대한 신뢰감을 다른 사람과 세상으로 확대시킨다. 이후에도 다른 사람과의 교류를 중요시 여기고 조화로운 관계를 형성할 수 있는 태도의 기본을 갖게 된다. 이러한 견해는 영아기의 애착과 이후 삶의 관련성이 인생 전반에 걸쳐 계속 존재하는 내적작동모델로 인한 것으로 변화하기 쉽지 않음을 주장하였다(Sroufe, Egeland, & Kreutzer, 1990). 성인기의 애착을 연구한 하잔과 쉐이버(Hazan & Shaver, 1987)는 자신과 타인에 대한 믿음이 낭만적 애착관계에 어떻게 작동하는지를 내적작동모델에 근거하여 설명하였다.

한편, 다른 연구자들은 영아기의 애착을 그 정도로 경직된 것으로 보지는 않았다 (Lamb, Thompson, Gardner, & Charnov, 1985). 이들은 인생 초반의 애착관계가 이후의 삶과 관련이 있는 것은 인생 전반에 걸쳐 중요한 영향을 미치는 부모의 특징과 이에 따른 부모-자녀의 관계 자체가 변하지 않기 때문이라고 주장하였다. 영아기의 불안정애착을 형성한 부모의 둔감한 양육 패턴은 이후 아동기, 청소년기에도 이어져 비지지적인 양육행동으로 나타날 것이며, 다시 아동발달에 부정적인 영향을 미칠 것이다. 이러한 주장은 영아기에 맺은 애착관계가 변화할 수도 있음을 가정할 수 있게 한다. 가령, 영아기에 부모와 안정애착을 맺은 자녀가 부모의 이혼이나 갑작스러운 경제적 어려움으로 인해 스트레스의 수준이 높아져서 지지적 양육을 받지 못한다면 아동과 부모 관계가 불안정해질 수 있다는 것이다. 이와 반대의 경우도 가능할 것이다. 비록 영아기

에 안정애착관계를 형성하지 못한 경우에도 이후에 적절한 개입이나 부모교육을 통해
양육자가 보다 민감하고 긍정적인 양육행동을 학습한다면 아동과의 관계가 개선될 수
있을 것이다. 실제로 이후의 경험적 연구들에서는 이러한 견해를 증명하였다(Frosch,
Mangelsdorf, & McHale, 2000). 이러한 연구들은 아동이 영아기에 경험한 부모와의 상호
작용보다 당시 부모와의 애착이 사회적·정서적 유능성과 더 높은 관련성이 있는 것으
로 나타났다. 요컨대, 아동의 발달은 영아기 초기의 애착과 이후의 부모와의 상호작용
모두를 반영하는 것이다.

🖊️ 요점 정리

■ 정서발달

• 정서는 신경생리적 · 인지적 · 주관적 느낌과 행동을 포함하는 역동적인 과정이다.

• 모든 정서는 조직화된 행동 전략을 동기화하는 기능을 가지며, 이러한 정서적 반응성은 인생 초기에 타인에게 영향을 받으며 발달한다.

• 신생아기에는 편안함과 불편함의 반응만을 표현하지만 3개월경부터 기쁨, 흥미, 슬픔, 분노, 두려움 등의 기본 정서를 표현하기 시작한다.

• 생후 2세경에는 자기개념이 생기면서 창피함, 자신감, 죄책감, 수치심, 자신감과 같은 자기인식적 정서, 즉 2차 정서가 발달한다.

• 생후 4개월경부터 영아는 타인의 정서를 인식하기 시작하며, 생후 1년경에는 타인의 정서표현에 나타난 메시지를 사용하여 상황을 이해하는 사회적 참조 능력이 나타난다.

• 3세경의 유아는 정서를 명명하고 자신의 정서를 언어적으로 표현할 수 있게 된다.

• 유아들은 정서를 일으키는 원인을 이해할 수 있게 되며, 조금 더 나이가 들면 소망이나 바람, 믿음과 같은 내적 요인이 보다 중요한 정서의 원인이라는 것을 이해한다.

• 5~6세경의 유아들은 숨겨진 정서를 이해하며, 이는 정서표현규칙과 같은 사회적 규율을 획득하는 것과 관련이 있다.

• 정서조절은 개인의 목표를 달성하기 위해 정서 경험과 표현을 감독하고 수정하고 조정하는 내적 · 외적 과정이다.

• 인생 초기 영아의 정서조절은 대부분 외적 도움으로 가능하지만, 다양한 경험과 조절 양식의 획득을 통해 점차 내적 조절이 발달하게 된다.

• 정서조절은 행동 통제에서 인지적 조절로 점차 발달된다.

• 정서발달은 주요한 타인, 즉 부모를 통한 사회화 과정으로 이루어지는데, 정서발달에서 핵심적인 양육행동은 부모 자신의 정서표현, 자녀의 부정적 정서표현에 대한 부모의 반응, 그리고 정서에 대해서 이야기하는 것이다.

■ 기질발달

• 영아의 반응에서 개인차를 설명하는 핵심적 개념이 기질이다.

• 기질은 유전적 특성을 반영하며, 생물학적 기초가 있으며, 인생 전반에 걸쳐 안정적이라는

데 대부분의 연구자가 동의한다.

- 기질을 구성하는 차원으로 Chess와 Thomas는 활동성, 규칙성, 접근과 회피, 주의 폭, 지속성, 기분, 적응력, 예민성, 반응 강도를 제시했으며, 이를 근거로 영아들의 기질을 순한 기질, 까다로운 기질, 느린 기질로 구분하였다.
- 기질을 측정하기 위해서 연구자들은 질문지법, 생리적 측정, 그리고 실험과 관찰법을 사용한다.
- 기질은 상당히 안정적이지만 기질의 모든 차원이 안정적인 것은 아니다.
- 부모가 자녀의 기질을 잘 이해하고, 이에 적합한 양육을 제공하는 조화의 적합성이 이루어질 경우 취약한 기질의 아동도 긍정적 발달을 이룬다.

■ 애착발달

- 애착이란 특별한 두 사람 간에 형성되는 친밀한 정서적 유대감으로, 영아기의 애착은 주양육자와의 신뢰를 쌓으며 발달해 간다.
- 애착이 형성되면서 영아는 격리불안과 낯선이 불안을 경험하며 애착 대상을 안전기지로 여긴다.
- 애착은 애착 이전 단계(출생~3개월), 애착 형성 단계(3~6개월), 애착 단계(6개월~1년 6개월), 상호적 교류 단계(1년 6개월~3세)로 나뉜다.
- 낯선 상황 실험을 통해 영아의 애착은 안정애착, 저항/양가적 애착, 회피애착, 혼란애착으로 범주화된다.
- 애착은 기질과 같은 아동의 특성보다는 부모의 민감성과 같은 주양육자의 특성에 영향을 받아 발달한다.
- 영아기의 애착은 내적작동모델의 형성을 통해 이후 아동기, 청소년기, 성인기의 친밀한 관계에 영향을 미친다. 그럼에도 불구하고, 영아기의 애착은 이후 부모 양육행동의 변화를 통해 조절될 가능성이 있다.

📝 주요 용어

격리불안	기본 정서	기질	낯선 상황 실험
내적작동모델	만족지연	부모의 민감성	사회적 참조
안전기지	안정애착	애착	자의식적 정서
저항/양가적 애착	정서이해	정서조절	정서표현
조화의 적합성	혼란애착	혼합정서	회피애착

Developmental
Psychology

사회인지발달:
자기와 타인에 대한 이해

제**8**장

사회적 세계는 나(I)와 너(You)로 구성된다. 따라서 사회적 세계에서 살아가기 위해서는 나와 너를 구분하고, 나의 특징과 너의 특징을 이해하는 능력이 요구된다. 즉, 자신과 타인의 생각, 감정, 행동에 대해 추론하고 이해하는 능력이 필요한데, 이러한 능력을 사회인지(social cognition)라 한다.

이 장에서는 사회 인지 능력의 발달을 다루고자 한다. 아기들이 언제부터 자신을 타인과 구별되는 존재로 인식하게 되는지, 자신에 대한 개념은 청소년기까지 어떤 발달적 변화를 보이는지 볼 것이다. 다음으로, 자신이 인식한 자기에 대한 평가인 자아존중감이 어떻게 구성되고 발달하는지 볼 것이다. 자아존중감이 형성되는 과정에 밀접하게 관련되는 것이 성취행동인데, 성취동기가 성취행동에 어떻게 관여하는지에 대해서도 알아볼 것이다. 발달 과정에서 아동은 다양한 사회적 경험과 성취를 하면서 자신에 대한 개념을 형성하고 자신을 평가하게 되는데, 그와 함께 자신의 내면에 대해 점점 더 많은 관심을 가지게 된다. 그 결과, 청소년은 자신에 대해 새로운 관심을 가지게 되고 '나는 누구인가'라는 질문을 스스로 던지면서 이에 대한 답을 찾으려고 애쓰게 되는데, 그 과정인 정체성 형성에 대해서도 알아볼 것이다. 그 다음, 사회인지의 또 다른 측면인 타인에 대한 이해를 살펴볼 것이다. 먼저, 타인을 이해하는 과정의 발달적 변화를 살펴보고, 그 과정이 자신을 이해하는 과정과 유사한지 볼 것이다. 마지막으로, 자신의 관점과 다른 사람의 관점이 다를 수 있음을 이해하게 되는 조망수용의 발달에 대해 알아볼 것이다.

1. 자기개념

자기개념은 자신을 어떻게 정의하는가의 문제로 "나는 누구인가?"라는 질문에 대한 답이라고 할 수 있다. 우리가 자신을 정의할 때 흔히 '착하다' '키가 크다' '호기심이 많다' 등 다른 사람과는 다른 자신의 고유한 특성을 언급하는데, 이는 자신과 다른 사람을 구분하는 것이 자신의 특성을 스스로 인식하는 데 필요함을 보여 준다. 따라서 자기개념의 발달과 관련하여서는 아기가 언제부터 자신을 물리적 대상이나 다른 사람과는 구분되는 존재로서 인식하게 되는지가 중요한 물음이 된다. 자신을 이해하고 개념화하는 데에는 내적인 자신의 마음을 이해하는 것 또한 필요한데, 아동은 '언제부터 겉으로 드러나지 않는 내적인 자신의 마음을 이해하게 되는가?' '자신을 정의할 때 어떤 정보를 사용하는가?' 또 '사용하는 정보가 연령에 따라 어떤 차이가 있는가'와 같은 물음에 대해 탐색해 보자.

1) 자기인식의 출현

정신분석학자인 말러(M. S. Mahler)는 생후 6개월 이전의 어린 아기는 자신과 환경을 구분하지 못하는 대상부재 상태라고 주장하였으나(Mahler, Pines, & Bergman, 1975), 최근의 연구들은 태어난 지 채 한달이 되지 않은 신생아도 자신이 주변 환경과 물리적으로 구분된다는 것을 이해함을 시사하는 증거들을 제시하고 있다. 예를 들어, 신생아는 자신의 뺨에 닿은 자신의 손보다 다른 사람의 손에 대해 더 강하게 그 쪽으로 얼굴을 돌리는 찾기 반사를 보이며(Rochat & Hespos, 1997), 다른 아기의 울음을 녹음한 것을 들으면 혼란스러워하지만 자신의 울음을 녹음한 소리에는 그러한 반응을 보이지 않는다(Dondi, Simon, & Caltran, 1999). 이는 신생아가 자신의 피부에서 느껴지는 촉감을 알고, 자신의 울음소리를 알아챌 수 있음을 보여 준다.

생후 2개월이 되면 아기는 자신이 발을 차면 발에 연결된 끈으로 모빌을 흔들리게 할 수 있음을 아주 빨리 파악하고는 발을 차 모빌을 흔들면서 즐거워한다(Rovee-Collier, 1999). 이는 아기가 자신이 외부 환경의 특정 사건을 일으키는 데 역할을 할 수 있음을

A　　　　　　　　　　B

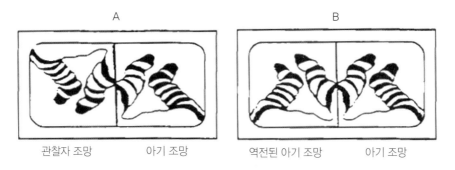

관찰자 조망　　　아기 조망　　　　역전된 아기 조망　　　아기 조망

그림 A의 왼쪽은 아기가 다리를 움직이는 모양을 아기 앞에서 보고 있는 관찰자의 조망에서 찍은 동영상의 정지된 한 장면이며, 오른쪽은 아기 자신의 조망에서 찍은 동영상의 정지된 한 장면이다. 그림 B의 오른쪽은 아기의 다리 움직임이 아기 자신의 조망에서 촬영되고 있는 동영상의 한 장면이며, 왼쪽은 거울상과 같이 좌우가 역전되어 촬영되고 있는 동영상의 정지된 한 장면이다.

[그림 8-1] 동영상 자극들

출처: Rochat(1998).

인식한다는 것을 보여 준다.

　3개월이 되면 아기는 자신의 신체 움직임에 대한 시각적 이미지를 인식하게 된다. 로샷(Rochat, 1998)은 유모차에 앉아서 다리를 움직이고 있는 아기의 다리 움직임을 아기의 조망에서 촬영하고 있는 동영상과 앞에서 아기를 보고 있는 관찰자의 조망에서 촬영하고 있는 동영상을 아기에게 실시간으로 함께 제시하였다([그림 8-1]의 A 참조). 3개월 된 아기는 자신의 조망에서 촬영되고 있는 동영상보다 관찰자의 조망에서 촬영되고 있는 동영상을 더 오래 보았을 뿐만 아니라 다리를 더 많이 움직이면서 보았다. 또 자신의 다리 움직임이 자신의 조망에서 촬영되고 있는 동영상과 거울상과 같이 좌우가 역전되어 촬영되고 있는 동영상을 함께 제시했을 때에도([그림 8-1]의 B 참조) 동일하게 자신의 조망에서 촬영되고 있는 동영상보다 좌우가 반대로 촬영되고 있는 동영상을 더 오래 보았으며 발차기 반응도 더 많이 하였다(Rochat, 1998). 자신의 조망에서 자신의 다리 움직임을 촬영하고 있는 동영상에 대해 아기들이 흥미를 보이지 않았다는 것은 그 장면이 자기 눈에 비친 자신의 다리 움직임과 동일하다는 것을 인식하고 있음을 보여 준다. 또 아기는 자신의 다리 움직임을 인식할 수 있기에 동영상을 보면서 자신의 다리 움직임이 동영상에 어떻게 반영되는지를 탐색해 보기 위해 다리를 움직여 보면서 즐긴다는 것을 보여 준다.

5개월이 되면 자신의 현재 신체 움직임을 지각할 수 있게 된다. 바릭과 왓슨(Bahrick & Watson, 1985)은 생후 3개월 된 영아와 5개월 된 영아가 의자에 앉아 발을 차는 장면을 비디오로 촬영한 후, 영아가 발을 차고 있을 때 2개의 모니터를 통해 두 가지 동영상을 보여 주었다. 한 모니터에서는 아기가 현재 발을 차고 있는 모습을 실시간으로 제시하였고, 다른 모니터에서는 이전에 그 아기가 발을 차고 있었던 모습을 찍어둔 동영상을 제시하였다. 5개월 된 영아는 과거의 발차기 모습을 찍은 동영상을 더 오래 보았는데, 이는 5개월 된 영아가 자신의 현재 신체 움직임을 인식할 수 있음을 보여 준다.

아기가 생후 3~5개월 정도에 자신의 신체 움직임을 인식할 수 있다면 거울 속에 비친 자신의 모습도 인식할 수 있을까? 암스테르담(Amsterdam, 1972)은 생후 3~24개월 된 아기들을 대상으로 거울상에 대한 자기인식 능력을 알아보기 위해 엄마들에게 아기가 모르는 사이에 아기의 코에 립스틱 자국을 묻힌 후 아기를 거울 앞에 데려가도록 하였다. 엄마는 아기의 거울상을 가리키며 "저게 누구지?"라고 말하면서 아기가 거울상에 주의를 하도록 자극하였다. 아기가 자신의 얼굴을 인식한다면, 거울에 비친 아기의 모습에서 전에 없었던 립스틱 자국이 코에 있음을 알아채고 자신의 코에 손을 대거나 닦을 것이다. 가장 나이 어린 생후 3~5개월 아기들도 절반 이상이 자신의 신체 여러 부분을 움직이면서 거울을 탐색하는 반응을 보였다. 그러나 생후 18개월이 넘는 나이든 아기들만 자신의 코에 묻은 립스틱 자국에 손을 대었다. 루이스와 브룩스건(Lewis & Brooks-Gunn, 1979)도 생후 9~24개월 아기들을 대상으로 연구하였는데, 15~17개월 아기들은 소수만이 자신의 코를 만졌지만 18~24개월 아기들은 대부분 자신의 코를 만졌다. 이는 18개월이 되어야 자신의 얼굴을 인식함을 보여 준다.

18~24개월 아기는 거울에 비친 자신의 얼굴을 인식할 수 있을 뿐만 아니라 사진 속의 자신의 모습을 인식할 수 있으며, 사진 속의 이미지를 지적하기 위해 인칭대명사(내가, 나를)나 자기 이름을 사용한다(Lewis & Brooks-Gunn, 1979). 그러나 이 시기의 자기에 대한 인식은 현재의 자기에만 제한되어 있다. 2~3세 아동에게 자신의 모습을 실시간으로 보여 주고 있는 비디오를 제시하면 비디오를 보면서 자신의 머리에 붙어 있는 스티커를 떼어 내지만, 그 비디오를 2~3분이 지난 후에 보여 주면 그러한 반응을 보이지 않는다. 4세가 되어야 머리에 붙은 스티커를 떼어 내며, TV 속에 누가 있는지 물어보면 "나."라고 답하게 된다(Povinelli, 2001). 그러나 이들도 일주일 후에 그 비디오를 보

여 주면, 머리에 붙은 스티커를 떼려는 반응을 보이지 않았다. 이는 4세 아동은 현재의 자기만을 인식하는 것이 아니라 과거의 자신도 이해할 수 있으나 수분 전에 일어난 사건만이 현재에 의미가 있는 것이지 오래 전에 일어난 사건은 현재에 의미가 없다는 것을 이해한다는 것을 보여 준다.

(1) 자기인식 발달에 기여하는 요인

생후 18~24개월 아기가 거울 속의 자신을 인식하게 되는 것은 자신의 얼굴 특징에 대한 감각운동 도식을 내면화하여 심적 이미지를 형성할 수 있게 되기 때문이다. 정신지체인 다운증후군 아동도 정신연령이 18~24개월이 되면 거울 속의 자신을 인식할 수 있는데(Hill & Tomlin, 1981), 이는 인지발달이 자기인식에 필수적임을 보여준다.

자기인식에는 인지발달뿐 아니라 사회적 경험도 중요하다. 갤럽(Gallup, 1979)의 연구에 의하면, 침팬지도 청소년기가 되면 거울에 비친 자신의 모습을 인식할 수 있지만 고립된 침팬지는 거울에 비친 자신의 모습을 보고 마치 다른 침팬지를 보는 것 같은 반응을 보였다. 인간 아기를 대상으로 한 연구에서는 민감한 양육이 자기인식의 발달에 기여하는 것으로 나타났다. 민감한 양육을 통해 안정된 애착을 형성한 아기는 자신과 부모의 신체 부분을 구분하거나 자신의 이름과 성을 인식하는 것과 같은 자기인식을 더 잘한다(Pipp, Easterbrooks, & Brown, 1993). 민감한 양육을 하는 부모는 아기에게 "이거 본 기억 나지?" "기분이 어때?" "지난번 동물원에 갔을 때 뭐가 좋았지?" 등 아기의 행동이나 기분, 과거 경험 등에 대해 이야기를 많이 하는데, 이러한 질문은 아기로 하여금 더욱 자신에 주의하게 만들 수 있다.

(2) 자기인식과 사회정서적 발달

자기인식은 다양한 사회적·정서적 발달의 기초가 된다. 자기인식은 당혹감, 수치심과 같은 자기의식적 정서를 경험하는 데 기초가 되며, 자신이 아닌 다른 사람의 정서를 이해하고 공감하는 데 기초가 된다. 또 자기인식을 할 수 있는 아기는 또래의 행동을 모방하는 데 즐거움을 느낀다(Asendorpf, Warkentin, & Baudonniere, 1996).

아기는 자기인식을 하게 되면서 자신과 타인, 다른 사람들 간의 차이에 민감해지고 이러한 차원으로 자신을 범주화하기 시작한다. 18~30개월 아기는 연령('아기' '소년' '어른'), 성('남자' '여자'), 신체적 특징('큰' '작은') 및 선과 악('착한' '나쁜') 같은 차원에 근거해서 자신을 타인과 구분하는 **범주적 자기**(categorical self)를 형성하게 된다. 또 "내가 했어." "난 못해."와 같이 자신의 능력에 대해서도 말하기 시작한다(Stipek, Gralinski, & Kopp, 1990).

2) 내적 자기의 출현: 아동의 마음이론

사람들이 자신에 대해 생각할 때 겉으로 드러나는 특성을 생각하기도 하지만 다른 사람에게는 보이지 않는 내적인 특성, 즉 자신의 생각이나 바람과 같은 마음을 생각한다. 아이들은 언제부터 다른 사람에게는 보이지 않는 내적 자기를 인식할 수 있을까? 내적 자기를 인식한다는 것은 사람들은 다른 사람이 알 수 없는 마음을 가지고 있으며, 마음이 사람의 행동을 결정한다는 것을 인식하는 것이다. 이러한 인식을 한다는 것은 **마음이론**(theory of mind)을 가지고 있음을 의미한다. 마음이론이란 사람들은 겉으로 드러나지 않는 마음을 가지고 있으며, 생각이나 바람과 같은 마음 상태가 어떻게 행동을 결정하게 되는지에 대한 지식이다.

(1) 마음에 대한 초기 이해

마음을 이해하는 첫 단계는 목표와 의도와 같은 마음을 가지고 있는 살아 있는 존재와 그렇지 않은 무생물을 구별하는 것인데, 생후 2개월경의 아기는 이를 구별한다. 생후 2개월이 지나지 않은 아기는 사람이 혀를 내미는 것을 볼 때에는 혀를 내미는 행동을 모방하였으나 사람의 혀 내미는 움직임과 비슷한 움직임인 파란 원판의 가운데 부분에서 혀 모양의 물건이 나오는 것을 보고는 혀 내미는 반응을 보이지 않는다(Legerstee, 1991). 6개월이 되면 아기는 사람들이 생물과 무생물에 대해 다르게 행동한다는 것을 안다. 예컨대, 스크린 뒤에 있는 보이지 않는 자극을 향해 말하는 사람을 본 후, 스크린이 제거되고 사람이 나타나면 놀라지 않았으나 무생물이 나타나면 놀라는 반응을 보였다(Legerstee, Barna, & DiAdamo, 2000). 이는 6개월 된 아기가 사람이 이야기하는 것을 보면 이는 사물이 아닌 다른 사람을 향한 이야기라고 생각함을 보여 준다. 9개월이 되면 아기는 사물이나 사건을 손가락으로 가리켜서 다른 사람의 주의를 끌려는 행동을 할 뿐만 아니라 다른 사람이 손가락으로 가리키는 행동을 보고 자신의 눈길을 그 방향으로 옮긴다(Tomasello & Rakoczy, 2003). 이는 아기가 사람은 관심과 주의를 공유하기 위해 서로 영향을 주고받을 수 있는 의도적인 존재임을 이해한다는 것을 보여 준다. 18개월이 되면 아기는 각자의 바람이 행동을 결정함을 이해하게 되어서 자신은 과자를 좋아하고 브로콜리를 싫어할지라도 브로콜리를 좋아하는 사람이 더 먹고 싶다고 하면 과자가 아닌 브로콜리를 줄 수 있게 된다(Repacholi & Gopnik, 1997).

말을 하기 시작하면서 2~3세 아동은 지각하거나 바라거나 느끼는 것 등 자신의 마음 상태에 대해 말하기 시작하며, 이러한 마음 상태 간의 관계를 이해하기 시작한다. 예를 들어, 과자를 원하는 아동은 그것을 받으면 기분이 좋지만 받지 못하면 기분이 나쁘다는 것을 안다(Wellman, Phillips, & Rodriguez, 2000). 또 3세 아동은 상자 안을 들여다 본 사람은 상자 안에 무엇이 들어 있는지 알지만 보지 않은 사람은 모른다는 것을 이해한다(Hogrefe, Wimmer, & Perner, 1986). 그러나 2, 3세 아동이 여러 마음 상태 간의 관계를 이해하여 통합하기 시작하더라도 이들이 마음에 대해 이해하는 정도는 사람의 행동이나 반응은 그 사람의 바람에 의해 결정된다고 생각하는 **바람이론**(desire theory) 수준이다. 사람의 행동은 그 사람이 원하는 것인 바람에 의해 영향을 받기는 하지만, 자신이 바라는 것을 어떻게 얻을 수 있는지에 대한 그 사람의 생각인 믿음에 의해 결정되는데, 2~3세 아동은 믿음이 행동을 결정한다는 것은 아직 이해하지 못한다(Bartsch & Wellman, 1995).

(2) 마음에 대한 믿음-바람 이론 발달

3세부터 아동은 자신과 타인의 생각과 믿음에 대해 말할 때 '생각한다' '안다'와 같은 단어를 사용하기 시작하고(Bartsch & Wellman, 1995), 믿음과 행동 간의 관계를 이해하여 사람의 행동은 바람뿐만 아니라 믿음에 의해 결정된다는 것을 이해하기 시작한다. 예를 들어, 3세 아동은 강아지가 현관이나 거실에 있을 수 있는 상황에서 강아지가 현관에 있다고 생각하는 사람은 강아지를 찾으러 현관으로 갈 것이라고 생각한다(Wellman & Bartsch, 1988). 그러나 3세 아동은 사실과 일치하지 않은 **틀린 믿음**(false belief)을 가지고 있는 사람의 행동은 추론하지 못한다. 이러한 3세 아동의 특징은 틀린 믿음을 가지게 되는 상황에서의 행동을 추론해야 하는 과제에 대한 답에서 볼 수 있다.

예를 들어, 아이가 거실 상 위에서 크레파스로 그림을 그리다 거실 상 위에 그대로 놓고 놀러 나간 사이 엄마가 크레파스를 아이 방의 책상 위로 옮겨 놓았다고 설명한 후([그림 8-2]의 A 참조), 아이가 돌아와서 그림을 그리기 위해 어디로 갈 것인지를 아동에게 질문하면 3세 아동은 크레파스가 자기 방에 있으므로 자기 방으로 갈 것이라고 답한다. 엄마가 크레파스를 아이 방으로 옮겼을 때 아이는 밖에 있었으므로 이 사실에 대해 알 수 없으므로 틀린 믿음을 가지게 되는 상황인데도 불구하고, 대부분의 3세 아동은 크레파스가 실제로 있는 장소인 자신의 방으로 간다고 대답한다. 이에 반해, 4세 아동은 "아이는 크레파스가 자기 방에 있는지 알 수 없으므로 거실에 있다고 생각할 것(즉, 틀린 믿음을 가질 것)이며, 이 틀린 믿음에 따라 거실로 갈 것"이라고 답한다(Wimmer & Perner, 1983).

틀린 믿음에 대한 이해를 알아볼 수 있는 또 다른 과제는 상자의 내용물이 바뀐 것을 모르는 사람들이 상자의 내용물에 대해 어떤 생각을 가지는지를 물어보는 것이다. 예를 들어, 초코파이 대신 크레파스가 들어 있는 초코파이 상자를 아이에게 보여 주고 이 상자에 무엇이 들어 있는지 추측하게 한 후 (대개 아동은 초코파이라고 답한다.) 상자를 열어서 크레파스가 들어 있다는 것을 알도록 한다. 그 후 상자를 닫고서 이 상자를 열어 보지 않은 다른 사람은 이 초코파이 상자에 무엇이 들어 있다고 생각할까 질문한다([그림 8-2]의 B 참조). 초코파이 상자를 열어 보지 않은 사람은 그 안에 크레파스가 들어 있다는 사실을 알 수 없기에 초코파이가 있다고 생각한다고 답을 해야 하나, 3세 아동은 상자를 열어 보지 않은 다른 사람이 크레파스가 들어 있다고 생각한다고 답한다. 특히 자신도 상자를 열어 보기 전에는 초코파이 상자에 초코파이가 들어 있다고 생각한다고 답했음에도 이러한 오답을 한다. 이에 반해, 4세 아동은 상자를 열어 보지 않은 다른 사람은 크레파스가 들어 있는 것을 알지 못하므로 초코파이가 있다고 생각한다고 답한다(김혜리, 1997; Perner, Leekam, & Wimmer, 1987).

[그림 8-2]의 두 과제에서 3세 아동과는 달리 4세 아동은 상황에 대한 정확한 정보를 접하지 않은 사람은 틀린 믿음을 가지게 됨을 이해하며, 바람뿐만 아니라 믿음이 행동을 결정한다는 것을 이해함을 보여 준다. 특히 4세 아동은 3세 아동과는 달리 사람이 가지고 있는 믿음이 틀린 것일지라도 사람은 그 믿음에 따라 행동함을 더 분명하게 이해한다. 이와 같이 4세 아동은 사람의 믿음이 틀린 것일지라도 믿음이 행동을 결정하

그림 A

그림 B

그림 A: 아이가 크레파스를 거실 상 위에 놓고 놀러 나간 후 엄마가 거실 상 위의 크레파스를 아이 방 책상 위로 옮겨 놓는다. 그 후 아이가 돌아와서 크레파스를 어디서 찾을 것인지를 묻는 과제이다.

그림 B: 초코파이 대신 크레파스가 들어 있는 초코파이 상자를 아이에게 보여 주고 이 상자에 무엇이 들어 있는지 추측하게 한 후 (대개 아동은 초코파이라고 답한다) 상자를 열어서 크레파스가 들어 있다는 것을 알도록 한다. 상자를 다시 닫은 후 이 상자를 열어 보지 않은 다른 사람은 이 초코파이 상자에 무엇이 들어 있다고 생각할 것인지 질문하는 과제이다.

[그림 8-2] 두 가지의 틀린 믿음 과제 예시

는 데 중요함을 이해하는데, 사람의 행동을 이해할 때 바람뿐만 아니라 믿음에 기초하여 이해하는 것을 **믿음-바람 이론**(belief-desire theory)이라 한다(Wellman, 1990).

설령, 자신의 믿음과 생각이 틀렸을지라도 사람은 자신의 믿음과 생각에 기초하여 행동한다는 것을 이해하기 시작하면서 4세 아동은 다른 사람이 틀린 믿음을 가지도록 거짓말을 할 수도 있게 되며, 이러한 경험을 통해 타인의 마음에 대한 이해는 더욱 공고해진다. 6~7세가 되면 사람이 다른 사람의 믿음에 대한 믿음, 즉 **이차 믿음**(second-order belief)을 가질 수 있으며 그 믿음이 사실과 다른 틀린 것일 수 있음을 이해하게 된다(이수미, 김혜리, 김아름, 2007; Perner & Wimmer, 1985; [그림 8-3] 참조).

동생 옆에서 누나가 그림을 그리고 있다. 잠시 후 누나는 크레파스를 서랍에 넣고 나간다. 얼마 후 누나가 방문 열쇠 구멍으로 방 안을 들여다보았더니 동생이 크레파스를 이불장에 넣고 있었다. 잠시 후 누나가 방으로 들어오면서 그림을 그려야겠다고 말한다. 이 상황에서 "동생은 누나가 크레파스를 가지러 어디로 갈 것으로 생각할까?"라고 질문하면, 누나가 없을 때 동생이 크레파스를 이불장으로 옮겼고, 동생은 누나가 자신의 행동을 보고 있었다는 사실을 알지 못하므로 누나가 서랍으로 갈 것이라고 대답해야 한다. 이에 대해 정답을 하기 위해서는 누나의 생각에 대한 동생의 생각을 이해할 수 있어야 하는데, 이러한 이해는 7세가 되어야 분명하게 나타난다.

[그림 8-3] 이차 틀린 믿음 과제 예시

자신과 타인의 내적 마음 상태에 대한 이해가 발달하게 되면서 이 능력은 아동이 다른 사람과 상호작용할 때 유용하게 활용이 된다. 자신의 마음과 타인의 마음을 잘 이해하면 상대방의 행동을 더 잘 이해하고 예측할 수 있으므로 이 능력은 타인과 효율적으로 상호작용하는 데 도움이 된다. 실제로 연구 결과에 의하면, 틀린 믿음 과제 수행을 잘 할수록 또래 사이에서 인기가 더 있고(Peterson & Siegal, 2002; Slaughter, Dennis, & Pritchard, 2002), 친사회적 행동을 더 많이 하는 등(Capage & Watson, 2001) 사회적 능력이 더 높았다. 이에 대해서는 〈글상자 8-1〉을 보라.

글상자 8-1   마음이해 능력이 높은 아동이 사회적 능력이 더 높은가?

다른 사람의 행위나 말의 의도와 생각을 이해하지 못하는 사람은 다른 사람과 서로 이해하고 상호작용하면서 살기 힘들 것이다. 예를 들어, 나는 그 친구가 싫지만 그 친구가 나를 좋아한다고 말한다면 그 친구가 상처 받지 않도록 "나도 너랑 있으면 좋더라."라고 사실과 다른 말을 하거나 싫은 내색을 하지 않고 즐거운 듯한 거짓 표정을 지을 필요도 있을 것이다. 반면, 사람들이 사실과는 다른 틀린 믿음을 가질 수 있음을 이해하지 못한다면 상대방이 틀린 믿음을 가지도록(이 경우, 나는 그 친구를 싫어하지만 그 친구는 내가 자신을 좋아하는 것으로 생각하도록) 거짓말을 하거나 거짓 표정을 짓지 않고 사실 그대로 "난 너 싫은데."라고 말하거나 싫은 표정을 지음으로써 사회적 관계가 원만해지기 힘들 수 있다.

사람들이 틀린 믿음을 가질 수 있음을 이해하지 못하는 아동은 다른 사람의 말이나 행동을 겉으로 드러나는 그대로 믿을 뿐만 아니라 스스로도 사실 대로만 말하거나 행동할 것인데, 이러한 특징을 보이는 아이가 자폐스펙트럼 장애가 있는 아동이다. 자폐스펙트럼 장애는 사회적 상호작용 능력의 손상과 의사소통 장애의 문제를 주요 증상으로 보이는데, 이 장애를 가진 아동을 대상으로 틀린 믿음 과제를 실시한 연구에 의하면 자폐아동은 장애가 없는 4, 5세의 일반 아동뿐만 아니라 지능이 더 낮은 정신지체 아동에 비해서도 틀린 믿음 과제를 통과하는 비율이 더 낮았다(Baron-Cohen, Leslie, & Frith, 1985). 이는 마음에 대한 이해가 정상적인 사회적 상호작용과 의사소통에 요구되는 능력임을 보여 준다.

특별한 장애가 없는 일반 아동의 경우에도 마음에 대한 이해 능력과 사회적 행동 간에 관계가 있다. 틀린 믿음을 이해하는 수준이 더 높은 3~5세의 아동은 친구에게 자신이 참여하고 있는 놀이 상황에 함께 참여하도록 권유하는 경향이 더 높았으며, 가장놀이를 할 때에도 역할 할당을 더 잘하는 경향이 있으며(Astington & Jenkins, 1995), 슬퍼하는 친구를 보고 위로해 주는 행동이나 친구와 갈등이 있을 때 서로 의견을 교환하여 문제를 해결해 나가는 행동과 같이 다른 아이의 생각과 의도를 고려하는 사회적 행동을 더 많이 하였다(Capage & Watson, 2001; Lalonde & Chandler, 1995). 또 틀린 믿음에 대한 이해 능력이 높은 아동들은 또래 사이에서 거부 당하는 아이이기보다는 인기 있는 아동이었다(Peterson & Siegal, 2002).

마음이해 능력과 사회적 능력 간의 관계는 초등학생을 대상으로 한 연구에서도 나타났다. 김아름과 김혜리(2009)는 초등학교 6학년 아동을 인기 있는(좋아하는 아이로 거명되는), 무시 당하는(좋아하는 아이로도 싫어하는 아이로도 거명되지 않는), 양면적인(좋아하는 아이와 싫어하는 아이로 모두 거명되는), 거부 당하는 아동(싫어하는 아동으로 거명되는)으로 구분하여 얼굴 표정에서 마음을 읽는 과제로 마음이해 능력을 측정하여 비교한 결과, 인기 있는 아동이 무시 당하는 아동, 양면적인 아동보다 마음이해 능력이 더 높지는 않았으나 거부 당하는 아동보다는 높았다. 즉, 마음이해 능력이 높은 아동이 더 사회적이기보다는 마음이해 능력이 낮은 아동이 사회적이지 못하였다. 이는 초등학교 정도에는 마음을 이해하는 능력이 상당 수준으로 발달한 상태이므로 마음이해 능력이 다소 더 높다고 해서 상호작용을 더 잘하는 것은 아니며, 마음이해 능력이 덜 발달될 때 문제가 발생함을 보여 준다.

(3) 마음이론의 발달에 영향을 미치는 요인

마음을 이해하는 능력이 발달하는 데에는 다양한 요인이 영향을 미친다. 첫째, 언어 능력이 영향을 미친다. 자신의 마음을 인식하기 시작하여 이를 말로 표현하게 되면서 마음에 대해 더욱 분명하게 인식하게 된다. 예를 들어, 2세부터 '바란다' '하고 싶다' '기

쁘다' 등 마음 상태를 표현하는 단어를 사용하기 시작하며, 3세에는 '생각한다' 는 단어
도 사용하게 되는데 이러한 단어를 더 많이 사용하는 아동이 틀린 믿음 과제를 더 잘한
다(권은영, 이현진, 2009; de Villiers & de Villiers, 2000). 언어 정신 연령이 틀린 믿음 과제
수행과 관련된다는 것도 여러 연구에서 나타났다(Happé, 1995).

둘째, 소꿉놀이와 같은 가장놀이도 마음이론 발달에 영향을 준다. 가장놀이는 아이
들이 많은 시간을 보내는 대표적인 놀이로, 자신이 아기이지만 엄마인 척, 베개를 아
기인 척 가장하며 노는 놀이이다. 그 과정에서 실제와 다른 상황을, 또 실제와 다른 역
할을 머릿속에서 다양하게 경험하게 되므로 마음에 대해 보다 잘 이해할 수 있게 된다
(Astington & Jenkins, 1995).

셋째, 마음을 이해하는 능력은 부적절한 반응을 억제하고 관련된 정보에만 집중하여
사고하는 능력인 실행기능과도 관련된다(Carlson & Moses, 2001). 틀린 믿음 과제를 잘하
기 위해서는 자신의 눈에 분명하게 보이는 정보인 현재 상태에 대한 인식을 억제하고
얼마 전의 상태를 머릿속에서 떠올려야 하는데, 이에 필요한 능력이 실행기능이다. 여
러 연구에서 실행기능이 높을수록 틀린 믿음 과제 수행이 높은 것으로 나타났다(이현
진, 2000; Carlson, Moses, & Claxton, 2004).

넷째, 마음에 대해 대화하는 경험도 마음을 이해하는 능력이 발달하는 데 영향을 미
친다. 양육자가 자녀와 대화하면서 생각이나 감정 등 마음에 대한 이야기를 많이 할수
록 자녀의 마음이해 능력이 더 높다(Meins et al., 2002). 또 다른 사람과 상호작용하는
경험도 중요하다. 일반적으로 형제가 있는 아동, 특히 손위 형제가 있는 아동은 형제와
상호작용하면서 성장하므로 외동인 아동에 비해 상호작용 경험이 많은데, 손위 형제가
있는 아동이 마음을 이해하는 능력이 더 높다(Lewis et al., 1996).

3) 자기개념의 발달

아동이 자신을 인식하고 내적 자기인 마음에 대해 생각하게 되면서 점차 더 자신에
대해 생각하게 된다. 그 결과, 자신을 타인과 구분해 주는 자신의 특성에 민감해진다.
그 과정에서 아동은 자신이 어떤 사람인지를 정의해 주는 특성에 기초하여 자기개념을
형성하게 된다. 아동이 자신에 대해 어떤 개념을 가지고 있는지 알아볼 수 있는 좋은

방법은 자신에 대해 이야기해 보라고 하는 것이다. 자신에 대해 이야기하는 내용은 다음과 같이 연령에 따라 다르다.

(1) 학령 전기

3~5세 유아에게 자신에 대해 이야기해 보라고 하면, 연령이나 성 및 다양한 평가적 차원을 언급한다(Stipek, Gralinski, & Kopp, 1990). 예를 들어, "나는 어린 애 아니야, 큰 애야." "지원이(자신의 이름)는 착한 애야." 라고 말한다. 또 자신의 신체적 특징("난 키 커.")이나 소유물("난 소방차 있어.") 또는 자신이 잘하는 행동("난 달리기 잘해.")에 대해 말한다. 이처럼 겉으로 드러나는 자신의 특성을 자주 언급하지만 내적인 심리적 특성에 대해서도 언급하기 시작한다(Eder & Mangelsdorf, 1997). 예를 들어, "난 그림 그리는 것을 좋아해." "난 춤출 때 신나." "난 혼자 노는 것보다 친구랑 노는 게 재밌어."와 같이 자신의 감정과 같은 심리적 속성에 대해 말하기도 한다. 이는 자신을 특정의 심리적 속성을 가진 존재로 이해하기 시작한다는 것을 보여 준다. 그러나 아직은 개인의 지속적이고 안정적인 내적 특성인 성격은 이해하지 못해서 "나는 수줍음이 많아."와 같은 말은 하지 못한다.

(2) 아동 중기

나이가 들면서 자신에 대한 서술은 신체 특성이나 소유물, 행동 특성과 같이 겉으로 드러나는 특징에서부터 점차 성격 특질, 가치, 신념과 같은 지속적이고 안정적인 내적 특성에 대한 이야기로 바뀌어 간다(Damon & Hart, 1988). 이러한 변화는 8~11세 사이에 일어난다. 예를 들어, 11세 아동은 자신에 대해 다음과 같은 이야기를 한다.

> 내 이름은 A이다. 나는 인간이며 소녀이고 정직하다. 난 예쁘지 않지만 첼로를 아주 잘 켠다. 수영도 잘한다. 성적은 보통이다. 난 남을 도우려고 애쓴다. 난 나이에 비해 약간 작은 편이다. 난 구식이다. 난 몇몇 남자애를 좋아한다. 나는 몇 명의 여자애를 좋아한다. 어떤 남자애들과 여자애들은 나를 좋아하지 않는다. 보통 때에는 괜찮지만 나는 가끔 냉정을 잃기도 한다. 남자애들이 나를 좋아하는지 난 잘 모르겠다(Montemayor & Eisen, 1977, pp. 317-318).

이러한 이야기에서 11세 아동은 '정직하다' '구식이다' '도우려고 애쓴다' '냉정을 잃는다' 등의 심리적 속성에 대해 자주 언급함을 볼 수 있다. 또 어린 시절에 했던 것처럼 자신이 자주 하는 행동에 대해 말하기보다는 능력에 대해 말한다. 예를 들어, '나는 첼로를 잘 켠다.' '수영을 잘 한다.' '성적은 보통이다.' 등의 이야기를 한다. 11세 아동의 자신에 대한 이야기에서 볼 수 있는 또 다른 현상은 아동이 자신에 대해 긍정적 특성과 부정적 특성을 모두 말한다는 것이다. 자신이 수영이나 첼로는 잘하지만 학교 공부는 보통이라고 긍정적 특성과 부정적 특성을 모두 말하는 것은 11세 아동이 자신에 대해 지나치게 긍정적으로 보지도, 부정적으로 보지도 않는다는 것을 보여 준다. 이와 같이 특성에 따라 자신을 긍정적 또는 부정적으로 인식하게 되는 것은 11세 아동이 다른 아동과의 비교를 통해 자신을 정의하고 평가하기 시작하고 있음을 보여 준다.

(3) 청소년기

청소년 초기가 되면 아동기에 비해 자신에 대해 기술하기 위해 '수줍은' '정직한' '지적인' 등과 같은 심리적 용어를 훨씬 더 많이 사용하게 된다. 뿐만 아니라 자신의 특징이 모든 상황에서 같지는 않다는 것을 인식한다. 예를 들어, 15세 소년은 자신이 "친구와 있을 때에는 적극적이지만 선생님과 있을 때에는 수줍어한다" "어떤 때에는 상당히 지적이고 어떤 때에는 바보스럽다."고 말한다. 이러한 자신의 모순된 모습을 인식하기 시작하면서 청소년들은 "나의 진정한 모습은 무엇인가?"라는 질문에 대해 고민하기 시작한다(Harter, 1999, 2003).

자신의 모순된 모습에 대해 고민하면서 청소년은 점차 모순된 자신의 모습을 연결시켜서 하나의 통합된 자기개념으로 조직화하게 된다. 청소년 중기에서 말기의 청소년은 자신이 정직하지만 때에 따라서는 정직하지 않다는 것을 '나는 완전하게 정직한 사람은 아니다'는 식으로 이해하게 된다. 또는 자신이 말한 것을 중요하게 받아 주는 친구들이 곁에 있을 때에는 아주 수다스럽지만, 자신의 이야기에 큰 흥미가 없는 가족과 함께 있을 때에는 조용히 있는 자신의 모습을 고민하기보다는 '나는 아주 융통성이 있다'는 식으로 통합하게 된다(Damon, 1990). 이는 청소년이 점차 자신의 상반되는 특성을 보다 추상적인 상위의 관점으로 통합하게 됨을 의미한다.

청소년의 자기개념이 점차 추상적인 관점으로 통합되는 것과 함께 청소년 후기가 되면 자신을 설명하기 위해 '보수적이다' '자유주의자이다' 등 자신의 가치관이나 인생관에 대해서 말하기 시작한다. 또 다른 사람과의 관계를 중시하는 설명을 하는데, 예를 들어 '친근하다' '친절하다' '협조적이다' '우호적이다'와 같은 용어를 사용하여 자신을 기술한다. 이러한 개인적인 가치관은 청소년 후기에 자기개념의 핵심적인 주제가 된다.

요약하면, 자기개념이 학령기부터 청소년기에 걸쳐 점차 심리적이고 추상적이고 통합적인 형태로 변화하게 되는데, 그 결과 청소년은 자신의 성격이나 특성에 대해 진지하게 생각하고 이해하게 된다. 이러한 변화에는 인지발달이 관여한다. 상황에 따라 말이 없기도 하고 수다스럽기도 한 모순된 모습을 '융통성이 있는 것'으로 이해한다거나 친구랑 함께하는 것이 즐거울 때도 있지만 짜증 날 때도 있는 것을 '기분(moodiness)'과 같은 보다 상위의 일반적인 개념으로 이해하기 위해서는 형식적 조작 능력이 필요하다 (Harter & Monsour, 1992).

4) 자기개념에 미치는 문화의 영향

'나는 누구인가'에 대한 정의가 문화에 따라 차이가 있는데, 이는 문화에 따라 바람직한 것으로 생각되는 특성이 다르기 때문이다. 한국, 중국, 일본 등 동양 문화권은 협동과 상호의존성을 중시하는 집합주의(공동체) 문화인데, 이러한 문화에서는 사람들이 경쟁적이거나 개인적인 관심사에 몰두하는 것을 부적응적인 것으로 본다. 이에 반해, 유럽과 미국과 같은 서양 문화권은 경쟁과 개인적 주도성, 개성을 중시하는 개인주의 문화이다. 이러한 문화에서는 개인적 관심사에 몰두하는 것을 바람직한 것으로 본다 (Markus & Kitayama, 1991).

문화에 따른 가치의 차이는 부모를 통해 아동과 청소년에게 영향을 주게 된다. 자녀가 사회에 적합한 사람으로 성장할 수 있도록 양육하는 부모는 자신이 속한 문화의 가치관을 강조할 것이다. 따라서 집합주의 문화권의 부모는 자녀가 다른 아이와 어울리지 않고 혼자만의 힘으로 뭔가를 하려고 하는 것보다는 다른 아이들과 어울려서 함께하는 것을 강조할 것이며, 개인주의 문화권에서는 자녀가 주도적으로 개인적 가치를 추구하는 것을 강조할 것이다. 그 결과, 아동도 점차 부모 및 사회가 중시하는 특성을 토대로 자신을 정의하게 된다.

'나는 누구인가'라는 설문지에 대한 미국 청소년과 일본 청소년의 반응을 비교해 보면 실제로 상당한 차이가 있었다(Cousins, 1989). '나는 정직하다' '나는 영리하다'와 같은 사적인 속성이 자신을 잘 표현한다고 판단한 정도는 미국 청소년에서 더 컸지만 "나는 착한 아들이다" "나는 학생이다"와 같은 사회적·관계적 속성이 자신을 잘 표현한다고 판단한 정도는 일본 청소년에서 더 컸다. 이러한 문화 차이는 서양 국가들 내의 하위문화에서도 나타났다. 예를 들어, 푸에르토리코의 어촌 마을 아동은 '공손한' '순종적인'과 같은 속성으로 자신을 표현하였으며, 미국의 작은 도시 아동은 선호, 흥미, 능력 등으로 자신을 표현하였다(Damon, 1988).

2. 자아존중감: 자기의 평가적 측면

발달해 가면서 아동은 자신이 어떤 특성을 가지고 있는지에 대해 이해하게 되는 것과 함께 자신에 대해 평가하기 시작한다. 자신이 얼마나 가치 있는 사람인지, 다양한 활동을 얼마나 잘할 수 있는지에 대해 평가한다. 이러한 평가적 측면의 자기를 자아존중감(self-esteem)이라 한다. 자아존중감이 높은 아동은 자신을 있는 그대로 수용하고, 자신의 약점에 대해서도 부정하기보다는 극복하려고 하며, 전반적으로 자기에 대해 긍정적으로 느낀다. 반면, 자아존중감이 낮은 아동은 자신의 장점보다 약점을 더 의식하며, 자신을 부정적으로 본다.

자신과 자신의 유능성에 대한 평가인 자아존중감은 매우 일찍 나타나기 시작한다. 2세 아기도 퍼즐 짜 맞추기나 블록쌓기 같은 일을 잘 해내었을 때 "엄마 이거 봐!"라고 말하면서 엄마에게 자신의 성취를 보여 주기도 하며, 주어진 과제를 해결했을 때에는 미소를 지으면서 자랑스러운 표정을 짓지만 실패했을 때에는 찡그린다(Stipek, Recchia, & McClintic, 1992). 이러한 행동들은 2세밖에 되지 않은 아기도 자신이 한 일에 대해 평가할 수 있음을 보여 준다. 2세 이후에는 자신에 대한 평가가 얼마나 정교화되고 분화될까? 예를 들어, 언제부터 아동이 자신을 다양한 측면에서 평가하게 되는지, 즉 자신이 블록쌓기는 잘하지만 달리기는 못한다고 생각하게 되는가? 또 이러한 평가가 얼마나 정확할까?

이 절에서는 자아존중감이 어떤 요소로 구성되며, 그 구성이 나이에 따라 차이를 보이는지, 자아존중감이 발달 과정에서 변화하는지, 그리고 아동의 자아존중감 형성에 어떤 요인들이 영향을 미치는지에 대해 알아보자.

1) 자아존중감의 요소

자신의 가치, 즉 자아존중감에 대해 생각할 때 흔히 여러 영역에서 자신의 강점과 약점을 고려하여 자신이 전반적으로 가치 있는 사람인지 아닌지를 평가하게 된다. 성인과 같이 어린 아동도 다양한 영역에서 자신을 평가하고 이를 통합하여 전반적인 평가를 하는가? 어린 아동도 몇몇 세부 영역에서 자신의 유능성을 평가할 수 있다. 그러나 학령기가 되어야 이들을 하나의 전반적인 자아존중감으로 통합할 수 있게 된다. 이제 그 과정에 대해 알아보자.

2세 이후에는 자아존중감이 점차 분화되고 정교해져서 만 4세 정도가 되면 자신이 유치원에서 과제를 잘하는 아이인지, 많은 아이가 좋아하는 아이인지, 자신이 잘 생겼는지에 대해 어느 정도 인식하게 된다(Marsh, Ellis, & Craven, 2002). 또 이 시기의 아동은 자신이 바라는 바를 사실로 생각하는 소망적 사고를 하는 경향이 있어서 자신에 대해 긍정적으로만 평가하는 경향이 있을 것으로 보이나, 자신에 대한 아동의 평가는 같은 영역에서 교사나 또래의 평가와 중간 정도의 상관을 보일 정도로 상당히 객관적이다(Measelle et al., 1998).

초등학교에 입학하면서 자신의 과제 수행 능력이나 외모, 사회성을 다른 아이들과 비교하게 되는 경우가 흔해지는데, 그 결과 7~8세 무렵에는 자신의 유능성에 대해 분명하게 평가하게 된다. "어떤 아이는 숙제를 잘한다" "어떤 아이는 같이 놀고 싶어 하는 애들이 많다" 와 같은 진술이 자신에게 얼마나 맞는지를 평가하게 한 결과, 8세 아동은 학업 능력, 사회 능력, 운동 능력, 외모의 네 가지 영역에서 자신을 평가할 수 있는 것으로 나타났다([그림 8-4] 참조). 예를 들어, 자신이 학업 능력에서는 유능하지만 사회 능력은 부족한 것으로 평가할 수 있게 된다.

나이가 들면서 유능성을 평가하는 영역이 점차 더 세분화되어서 자신의 학업 능력을 수학, 언어, 과학 등으로 구분하여 평가하게 되며, 사회 능력은 또래 관계, 부모와의 관계로 구분하여 평가하게 된다(Marsh & Ayotte, 2003). 뿐만 아니라 점차 여러 영역에서 자신의 유능성을 하나의 전반적인 자기평가로 통합할 수 있게 되면서 **전반적 자아존중감**이 형성된다. 그 결과, 자아존중감은 [그림 8-4]와 같이 위계적인 구조가 된다(Harter, 1999, 2005). 전반적 자아존중감이 여러 하위 영역의 유능성 평가로 구성되나, 각 하위 영역의 유능성 평가가 동일한 정도로 전반적 자아존중감에 영향을 미치지는 않는다. 아동에 따라서 중시하는 영역이 다를 수 있어서 외모를 가장 중시하는 아동도 있고, 사회 능력이나 학업 능력을 중시하는 아동도 있다. 중시하는 영역에 개인차가 있기는 하지만, 일반적으로 학령기 및 청소년기에 외모의 중요성이 강해서 자신의 외모 수준이 낮다고 생각하는 아동 및 청소년은 자아존중감이 낮다(Hymel et al., 1999). 이는 외모를 중시하는 현대 사회와 대중매체의 분위기와 관련된다.

청소년기가 되면 점차 대인관계를 중시하게 되는데, 그 결과 자아존중감에 친밀한 우정, 낭만적 매력, 직업 능력이 추가된다(Harter, 1999, 2003). 또한 청소년은 자신을 평가할 때 관계 상황(부모와의 상황, 교사와의 상황, 또래와의 상황 등)에 따라 다르게 지각하기 시작한다. 예를 들어, 또래들이 자신을 따분한 사람이라고 생각하더라도 교사가 자신을 똑똑한 아이로 인정해 줄 때 자아존중감을 유지할 수 있으며, 마찬가지로 부모나 교사로부터 덜 인정 받더라도 또래로부터 인정을 받을 때 자아존중감을 유지할 수 있

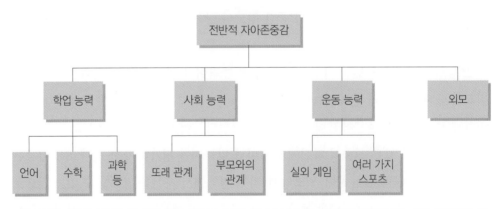

8세 이상된 아동은 학업 능력, 사회 능력, 운동 능력 및 외모의 네 가지 영역에서 자신의 유능성을 평가하며, 이 것들을 통합하여 전반적 자아존중감을 형성하게 된다. 각 영역은 자라면서 점차 더 세분화되어 학업 능력은 언어, 수학, 과학 등 세부 영역으로 나뉘게 된다.

[그림 8-4] 8세 이상 된 초등학생의 자아존중감의 위계적 구조

다. 이는 자존감은 각 영역의 객관적 유능성에 의해 결정되는 것이 아니라, 자신이 어떤 영역의 유능성을 더 중시하는지, 또 어떤 사회적 관계를 중시하는지에 따라 달라지는 것임을 보여 준다.

2) 자아존중감의 변화

어린 시절의 자아존중감은 안정적인가? 각각의 영역에서 자신의 유능성을 인식하고 이를 종합하여 전반적인 자아존중감을 형성하게 되는 시기는 8세 무렵인데, 그렇다면 전반적 자아존중감 수준이 높은 8세 아동은 청소년기에도 자아존중감이 높은가? 아니면 청소년기에 겪게 되는 다양한 스트레스로 인해 청소년이 자신의 유능성에 회의를 가지게 되면서 자아존중감이 낮아지는가? 에릭슨(Erikson, 1968)은 사춘기에 신체적 성장 및 인지적 변화를 경험한 청소년은 아동의 역할을 뒤로 하고 성인의 역할로 전환하기 시작하나 성인의 역할이 여전히 허용되지 않으므로 혼란스러워할 뿐만 아니라 자아존중감도 약간 낮아진다고 주장하였다.

실제로 자아존중감 수준이 발달 과정에서 변하는지 알아보기 위해 로빈스와 동료들(Robins et al., 2002)은 9~90세까지의 30만 명 이상의 사람들을 대상으로 전반적 자아존중감 수준을 조사하였는데, [그림 8-5]와 같이 남녀 모두 청소년기까지 하락하였다. 그러나 성인 초기부터 65세까지는 자아존중감이 다시 상승하였으며, 65세부터는 다시 하락하였다. 이러한 변화 패턴은 종단연구에서도 동일하게 나타났다(Trzesniewski & Robins, 2004).

나이가 들면서 자아존중감이 [그림 8-5]와 같은 변화 패턴을 보일 뿐만 아니라, 동년배의 다른 사람과 비교했을 때 한 개인의 자아존중감 수준이 안정적으로 유지되는 정도도 연령에 따라 차이가 있었다. 자아존중감을 2회 이상 반복적으로 측정하여 자아존중감의 서열 순위를 비교하면, 전반적으로 자아존중감 순위가 안정적으로 유지되었다. 그러나 그 정도는 성인기에 비해 아동기와 청소년기 동안에 더 작았다(Trzesniewski, Donnellan, & Robins, 2003). 이는 아동이 청소년기로 진입하는 방식에서 어떤 아동은 자아존중감이 상승되지만 어떤 아동은 저하되며, 또 일부 아동은 유지되는 등 개인차가 크다는 것을 의미한다. 청소년기로 진입하면서 자아존중감이 하락하는 청소년은 사

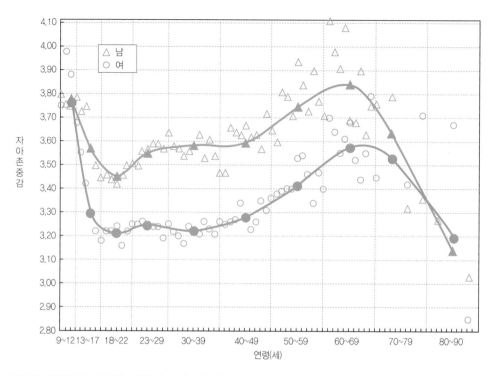

전반적 자아존중감 수준은 9세부터 22세까지 하락하다가 65세까지의 성인기 동안 점진적으로 다시 향상된다. 65세 이후는 다시 하락한다.

[그림 8-5] 아동기부터 노년기까지의 전반적 자아존중감의 변화

출처: Robins, Trzesniewski, Tracy, Gosling, & Potter(2002).

춘기 변화에 적절하게 적응하지 못하거나, 더 많은 인지 능력이 요구되는 학업 기대나 더 중요해지는 또래 관계 등에서 문제를 보이거나, 또는 자신의 신체와 외모에 대해 만족하지 못하는 등의 문제를 가질 가능성이 높다(Paxton, Eisenberg, & Neumark-Sztainer, 2006). 그러나 대부분의 청소년은 이 시기에 겪는 다양한 문제에 잘 적응하여서 자아존중감이 어느 정도 시간적 안정성을 보인다. 따라서 상당히 긍정적인 자아존중감을 갖고 10대에 들어서는 아동은 크게 자아존중감이 손상되지 않고 청소년기를 졸업할 것이며, 직업 선택, 친밀한 관계 형성과 같은 발달적 도전들을 수행하면서 자아존중감이 점진적으로 높아질 것이다.

3) 자아존중감에 영향을 미치는 요인

자아존중감은 아동의 학업 능력, 사회 능력, 운동 능력과 외모 등에 의해 정해지는 것이므로 인지 발달과 생물학적 발달에 영향을 받지만, 부모의 양육방식이나 또래와의 상호작용 또한 아동의 자아존중감에 영향을 미친다.

(1) 부모의 양육방식

부모가 따뜻하고 지지적이며, 분명한 행동 기준을 제시하며, 자녀의 일에 관한 결정을 해야 할 때 자녀의 의견을 존중하는 부모, 즉 온정적이고 민주적이며 권위 있는 양육을 하는 부모의 아동·청소년 자녀는 자아존중감이 높다(Coopersmith, 1967). 이러한 부모들은 자녀로 하여금 자신이 유능하고 가치 있는 사람임을 느끼도록 해 준다.

부모가 권위주의적이거나 통제적이어서 자녀를 위해 도움을 너무 많이 주거나 자녀를 대신하여 결정해 주는 경우, 아동·청소년은 자신의 능력에 대해 회의를 가지게 되기 쉽다(Kernis, 2002). 이러한 부모들은 종종 자녀의 의견을 무시하고 부정하는데, 이러한 부모의 행동은 자녀로 하여금 자신이 부적절한 사람이라는 느낌을 가지도록 한다. 반대로, 지나치게 허용적이고 관대한 양육도 자아존중감의 발달에 저해가 된다.

(2) 또래의 영향

4~5세부터 아동은 자신과 또래를 비교하기 시작하고, 학령기에는 학업, 운동, 외모 등 다양한 영역에서 자신을 또래와 비교하게 되면서 "네가 나보다 노래를 더 잘하지." "너는 친구가 많구나." 등 상대방을 평가하는 말을 더 많이 하게 된다(Frey & Ruble, 1985). 또래가 평가하는 이러한 말들은 아동의 자아존중감 형성에 중요한 역할을 한다(Altermatt et al., 2002). 이러한 사회적 비교는 경쟁과 개인적 성취가 중시되는 문화에서 더 크게 작용한다(Butler & Ruzany, 1993).

또래의 영향은 청소년기 동안에는 더욱 분명해진다. 청소년기는 아동기에 비해 또래 관계가 더 중요해지는 시기로 청소년은 친밀한 또래 관계를 형성하기 시작하며, 특별히 가까운 친밀한 친구의 평가가 청소년에게 중요한 역할을 한다. 가까운 친구로부터 긍정적으로 평가받는 청소년은 자아존중감이 높다. 그렇지만 부모의 평가가 여전히 중

요하여서 부모와 또래로부터 모두 긍정적인 평가를 받는 청소년이 그렇지 않은 청소년
에 비해 자아존중감이 더 높다(DuBois et al., 2002).

3. 성취동기와 성취귀인

어떤 아동은 주어진 과제를 자신이 할 수 있을 것으로 생각하고 또 실제로 열심히 하
지만, 어떤 아동은 자신이 과제를 잘할 수 없을 것으로 생각하여 쉽게 포기하고 아무런
노력도 하지 않는다. 이러한 차이는 성취동기와 관련된다. 성취동기는 도전적인 과제
를 열심히 하여 목표를 달성하려는 동기이다. 성취동기가 높은 아동은 다소 어려운 과
제도 피하지 않고 열심히 하므로 목표를 달성하게 되며, 그러한 경험이 쌓이면서 자신
의 유능성에 대해 더욱 자신을 가지게 된다. 그 결과, 또 다른 새로운 도전적인 과제에
직면하게 될 때 피하지 않고 노력하게 된다. 반면, 성취동기가 낮은 아동은 도전적인
과제를 피하고 잘 하려고 노력하지 않으므로 자신의 유능성에 대해 자신감을 가질 수
없게 되며, 그 결과 점차 성취적인 일에서 멀어지게 된다. 이러한 성취동기가 언제부터
나타나는지, 성취동기가 높은 아동과 낮은 아동이 자신의 성취 결과를 해석하는 데 어
떤 차이가 있는지 알아보자.

1) 성취동기의 기원

2세 이전의 아기는 다른 사람과 외부 세계의 여러 대상에 영향을 미치려는 숙달동기
(mastery motivation)를 보인다. 예를 들어, 아기는 젖병 뚜껑을 손으로 열려고 하거나,
서랍을 열려고 하거나, 장난감을 조작하려는 행동을 하며 이에 성공했을 때 기뻐한다
(Busch-Rossnagel, 1997). 그러나 이 시기의 아기는 아직은 자신이 성공적으로 해낸 일
로 타인의 주의를 끌거나 인정을 받으려고 하지 않으며, 하려던 일이 잘 안 되었을 때
에도 괴로워하기보다는 목표를 바꾸어서 다른 일을 하려고 한다. 즉, 아직은 자신이 한
일을 성공과 실패의 기준으로 평가하지 않는다.

2세 정도가 되면 자신의 수행에 대해 평가하기 시작할 뿐만 아니라 주변 성인의 평가

도 기대한다. 예를 들어, 자신이 하던 과제에 성공한 아기가 얼굴을 들어 미소를 지으면서 엄마를 쳐다보며 "내가 했어."와 같은 말을 함으로써 주의를 끌곤 한다. 반면, 성공하지 못하면 풀이 죽어서 엄마의 시선을 피한다. 이러한 행동은 2세 아기들이 자신의 수행을 성공과 실패로 평가하며, 성공은 성인의 인정을 받지만 실패는 인정받지 못함을 알게 되었음을 보여 준다(Bullock & Lutkenhaus, 1988).

과제에 대한 성공과 실패의 경험이 쌓이게 되면서 3세 정도가 되면 자신이 성공한 후에는 진정한 자부심을, 실패한 후에는 수치심을 경험하기 시작한다(Lewis, Alessandri, & Sullivan, 1992). 성공 후에 자부심을 느끼고 실패 후에 수치심을 느끼게 되면서 아동에게는 점차 더 도전적인 일을 성공적으로 하려는 성취동기가 생기게 된다. 그 결과, 아동은 점차 새로운 일에 도전하게 된다.

2) 성취동기의 개인차

새로운 과제에 도전하려는 성취동기는 아동에 따라 차이가 있다. 한 연구에서는 아동과 청소년의 성취동기를 측정하기 위해 [그림 8-6]과 같이 애매한 상황에 대한 사진을 주고 사진에 대해 이야기를 쓰도록 하였다(McClelland, Atkinson, Clarke, & Lowell, 1953). 사람들이 자신의 동기를 이야기에 투사한다고 가정하여 성취와 관련된 이야기 주제의 개수로 성취동기를 평가하였다. 성취동기가 높은 사람은, 예를 들어 사진 속의 소년이 훌륭한 연주자가 되기 위해 즐거운 일을 포기하고 매일 열심히 연습하면서 미래에 자신이 많은 사람에게 감동을 주는 모습을 상상하고 있다는 식으로 이야기를 만들 것이지만, 성취동기가 낮은 사람은 바이올린을 배우기는 해야 하는데 즐거움을 포기하고 연습하기 싫어서 적당히 하며 이런 일을 왜 해야 하나 생각하고 있다는 식으로 이야기를 만들 것으로 기대하였다. 실제로 이러한 방식으로 평가된 성취동기는 학교 성적과 관련된 것으로 나타났는데, 성취동기가 높은 아동이 낮은 아동에 비해 학교 성적이 더 높았다.

3) 성취동기에 영향을 미치는 요인

성취동기가 강하여 학업과 같이 노력이 요구되는 일을 열심히 하는 아동·청소년은
어떤 환경에서 자라는가? 성취동기에 영향을 주는 요인으로 가정의 영향, 또래의 영향,
그리고 문화의 영향에 대해 알아보자.

(1) 가정의 영향

가정맥락에서 성취동기에 영향을 주는 요인으로는 안정애착, 도전적인 자극이 풍부
한 가정환경, 권위 있는 양육방식을 들 수 있다.

12~18개월에 양육자에게 안정애착을 형성한 아기는 새로운 상황에서 양육자를 안전
기지로 여기고 새로운 상황을 회피하기보다 탐색하려 하므로 불안정애착을 형성한 아
기에 비해 2세에 새로운 상황에서 문제해결을 더 잘할 가능성이 높다. 또 초등학교에
들어가서도 문제해결을 하려는 동기와 호기심을 더 보일 것이다. 실제로 안정애착을
형성한 아동이 초등학교 시절과 청소년기에 불안정애착을 형성한 아동보다 학교생활
에서 자기 확신이 더 큰데, 이러한 차이는 IQ나 사회계층을 통제하였을 때에도 동일하
였다(Jacobsen & Hofmann, 1997).

도전적인 자극이 풍부한 가정환경에서 자라는 것도 초등학교 시절의 높은 학업성취

[그림 8-6] 성취동기를 측정하기 위해 사용되는 애매한 그림의 한 예

출처: Gregg & Zimbardo(2009).

와 관련된다. 한 연구에서 생후 12개월 된 아기의 가정환경의 지적 수준을 측정한 후에 이 아기를 5~9년 후 초등학교 시절까지 추적 연구하였는데, 지적으로 자극적인 가정환경에서 자란 아동은 학업성취가 낮은(하위 30% 이하) 아이보다 높은 아이(상위 70%)가 더 많았으나 비자극적인 환경에서 자란 아동은 학업성취가 낮은 아이가 더 많은 것으로 나타났다(van Doorninck, Caldwell, Wright, & Frankenberg, 1981). 새로운 장난감이나 도구 등을 조작해 보는 도전적인 경험은 초등학교 시절의 또 다른 도전적 과제인 학업에도 도전적으로 숙달하려는 의지를 가지게 하는 것으로 보인다.

새로운 과제가 주어졌을 때, 자녀가 이 새로운 도전적인 과제를 회피하지 않고 접근하도록 격려할 뿐만 아니라, 스스로 해결책을 다양하게 시도하면서 찾도록 격려하는 것은 자녀의 성취동기에 긍정적인 영향을 미친다(Grolnick & Ryan, 1989). 또 자녀가 성공적으로 성취했을 때 칭찬하고, 실패했을 때 지나치게 비판적으로 평가하지 않는 것도 자녀의 성취동기에 긍정적인 영향을 미친다(Burhans & Dweck, 1995). 즉, 성취동기가 높은 아동의 부모는 자녀에게 해야 일이나 기술에 대한 기준을 제시하고, 자녀가 스스로 그 일에 성공할 수 있도록 자녀가 문제에 접근하는 과정을 주의 깊게 살펴보면서 자녀의 수준에 맞게 적절하게 지원하는 비계역할(scaffolding)을 하며, 아동의 성취에 대해 따뜻하고 수용적으로 반응하는 경향이 있다. 이와 같이 부모가 따뜻하면서도 확고한 기준을 제시하면서 양육하는 것은 권위 있는 양육(authorititive parenting) 방식의 특징이다(Baumrind, 1971).

(2) 또래의 영향

발달함에 따라 아동이 부모로부터 분리되려 하고 또래와의 관계를 중시하게 되면서 학령기와 청소년기에는 또래가 아동 및 청소년의 성취행동에 긍정적 또는 부정적으로 영향을 미치게 된다. 부모가 교육에 가치를 두고 자녀의 성취행동을 격려하더라도, 학업성취에 가치를 두지 않고 관심이 없으며 규칙위반이나 다른 아이를 괴롭히는 등의 품행 문제를 보이는 주변의 또래는 아동 및 청소년의 학업성취를 방해하는 압력으로 작용한다(황매향, 2006). 학업에 가치를 두지 않는 또래는 일반적으로 부모의 관리가 부족한 저소득층에 더 많으므로 이러한 지역에서의 학업성취도가 더 낮은 것을 어느 정도 설명할 수 있다. 반면, 부모와 같이 학업성취에 가치를 두는 또래는 다른 아동의 성취에 긍정적으로 작용한다. 성취에 가치를 두는 또래는 열심히 과제를 수행하는 모델을 보여 줄 뿐만 아니라 친구에게 함께 공부하자고 제안하거나 친구의 성취를 격려하는 등의 행동을 함으로써 주변의 아이들에게 긍정적인 영향을 준다.

(3) 문화의 영향

성취동기와 학업성취에 대한 태도는 문화에 따라 차이가 있다. 한국, 중국, 일본은 미국 등 서양 국가에 비해 학교에서의 성취를 중시한다. 따라서 한국, 중국, 일본 아동은 학교와 부모의 기대에 맞게 학업에 더 많은 시간을 보내려 한다. 그러나 학업성취에 대한 압력으로 인해 해야 할 과제를 완수하지 못하고, 실패하는 것에 대해 부정적으로 반응하는 경향이 있다(Li, 2004; Li & Wang, 2004). 이에 반해, 학업을 해야만 하는 과제로 보는 나라인 미국에서는 학업성취를 위해 노력해 가는 과정에 의미를 두어서 실패에 대해 덜 부정적으로 반응한다. 이러한 차이로 인해 학교상황에서 학업성취에 성공적이지 못한 한국 아동은 자신이 학업성취에 실패한 것으로 생각하여 학업에 더 스트레스를 받으며 자아존중감이 낮다(봉미미, 김혜연, 신지연, 이수현, 이화숙, 2008).

4) 성취귀인

성취행동의 개인차를 설명하는 또 다른 중요한 개념은 **성취귀인**이다. 성취귀인이란 자신의 성공이나 실패가 어떤 요인에 의한 것인지 해석하는 것인데, 성취귀인을 어떻게 하느냐에 따라 이후의 과제에 대해 도전하는 성취행동을 할 수도 있고 그렇지 않을 수도 있다. 예를 들어, 자신이 성취한 성공을 자신이 열심히 했기 때문이라고 생각하는 사람은 이후의 도전적인 과제도 열심히 하겠다는 생각을 할 것이나 어쩌다 운이 좋았다고 생각하는 사람은 도전하려 하지 않을 수도 있다. 성취귀인의 유형에는 어떤 것이 있는지, 성취귀인이 연령에 따라 어떤 차이가 있는지, 숙달지향적 아동과 학습된 무기력에 빠진 아동의 차이에 대해 알아보자.

(1) 성취귀인의 유형

사람들은 자신의 성공과 실패를 원인의 소재(내적/외적)와 안정성(안정적/불안정적)의 두 차원에 따라 능력, 노력, 과제 난이도, 또는 운의 네 가지 가능한 원인의 하나에 귀인하는 경향이 있다(Weiner, 1974, 1986). 〈표 8-1〉에서 보듯이, 능력과 과제 난이도는 변화가 없는 안정적인 원인이어서 미래의 성취 결과에 대한 기대를 유발한다. 반면, 노력과 운은 때에 따라 변하는 불안정적인 원인이어서 미래의 성취 결과에 대한 기대를 유발하지 않는다. 예를 들어, 시험을 잘 본 후 내가 능력이 좋아서 시험을 잘 봤다고 능력에 귀인한다면 이번에 노력을 많이 해서 시험을 잘 봤다고 노력에 귀인하는 경우보다 미래에도 성공할 것이라는 기대를 더 가지게 될 것이다. 유사하게, 실험을 잘 못 본 후 능력 부족으로 귀인하면 미래에도 실패할 것이라고 생각하게 되기 쉽다. 그러나 노력 부족으로 귀인하면 다음에 노력할 수도 있는 것이므로 미래의 실패를 기대하게 만들지는 않는다.

성취귀인의 다른 차원인 원인의 소재는 성취 결과가 능력이나 노력과 같이 자신에게 있다고 생각하는지 아니면 과제 난이도나 운과 같이 외부에 있다고 생각하는지를 의미하는데, 이는 성취 결과에 얼마나 가치를 둘 것인지에 영향을 미친다. 성공적인 성취를 내적 원인에 귀인하면 운이 좋아서 좋은 결과를 얻었다고 생각할 경우보다 성공에 가치를 더 둘 가능성이 높을 것이다.

이상과 같은 네 가지의 성취귀인 유형을 와이너(B. Weiner)는 청소년과 성인에게서 발견하였는데, 특히 성공을 높은 능력에 귀인하는 것이 적응적이라고 보았다. 성공의 원인을 자신의 능력에 있다고 생각하는 것은 성공에 가치를 두도록 할 뿐만 아니라 이후에도 성공할 수 있다는 기대를 하도록 하므로 새로운 과제에 접하게 되었을 때 도전하려는 의지를 가질 수 있다고 보았다.

그러나 실증적인 연구에 의하면, 성공을 높은 능력에 귀인하는 것이 오히려 새로운 과제에 도전하려는 아동의 의지에 방해가 되는 것으로 나타났다. 뮐러와 드웩(Mueller & Dweck, 1998)은 5학년 아동을 대상으로 성공적인 과제 수행에 대해 "잘한 것을 보니 똑똑하구나."와 같이 능력을 칭찬하거나 "열심히 해서 다 풀었구나."와 같이 노력을 칭찬했을 때 성취동기와 성취행동이 어떤 차이가 나타나는지를 연구하였다. Weiner의 이론과는 달리 성공적인 수행에 대해 머리가 좋아서 성공했다는 식의 피드백을 받은 학생은 노력을 열심히 했다는 피드백을 받은 학생보다 새로운 과제를 배우는 학습 목표보다 결과를 더 중시하였다. 높은 능력 때문에 성공했다는 피드백은 아동으로 하여금 성취 결과가 자신의 능력을 반영하는 것으로 생각하도록 영향을 줌으로써 실패하

〈표 8-1〉 성취 결과에 대한 귀인 유형

안정성 차원	원인의 소재 차원	
	내적 원인	외적 원인
안정적 원인	능력	과제 난이도
	"역시 난 능력이 뛰어나." "난 능력이 부족해."	"문제가 쉬웠어." "문제가 너무 어려웠어."
불안정적 원인	노력	운
	"열심히 한 보람이 있어." "노느라 공부를 제대로 못했어."	"아는 것만 나왔네." "공부 안 한 부분에서만 나왔네."

더라도 새로운 것에 도전해 보려고 하기보다는 실패할 가능성이 적은 과제를 선택하였다. 또 과제에 실패했을 때 이를 자신의 부족한 능력에 귀인했으며, 과제에 성공하기 위해서 지속적으로 노력하려는 의지도 더 부족한 것으로 나타났다. 반대로, 노력했기에 성공했다는 피드백을 받은 학생들은 성취 결과보다는 학습 과정을 더 중시하여 설사 실패하더라도 도전적인 과제를 시도하려고 하였으며, 그 과정을 더 의미 있고 즐거운 것으로 받아들였다.

(2) 성취귀인의 발달적 변화

청소년과 성인이 성취 결과를 능력, 노력, 과제 난이도, 운 등으로 구분하여 귀인한다면, 아동은 언제부터 성취귀인을 하는가? 또 성취귀인을 하는 데 어떤 차이가 있는가? 7세 이전의 아동은 여러 번의 실패 경험이 있어도 자신이 새로운 과제에 성공할 수 있을 것으로 생각하는 경향이 있다(Stipek & MacIver, 1989). 유치원 교사나 초등학교 교사들은 아동이 과제를 숙달하도록 지도하기 위해서 아동이 과제에 성공했을 때 그들의 노력에 대해 많이 칭찬할 뿐만 아니라 열심히 하면 잘할 수 있다는 메시지를 자주 전달함으로써 아동으로 하여금 열심히 노력하면 더 똑똑해질 수 있으며 많은 것을 성취할 수 있다고 생각하게 하는 경향이 있다. 즉, 어린 아동은 능력이 변할 수 있는 것으로, 더 많은 노력과 연습을 통해서 더 많은 능력을 가질 수 있다고 믿는다(Droege & Stipek, 1993).

능력이 노력이나 연습에 의해서 쉽게 변하는 것이 아니라는 생각은 8세 이후가 되어서 가능해지는데, 이는 학교생활 경험 때문이다. 초등학교 시절에는 다양한 과제를 수행해야 할 뿐만 아니라 수행 결과를 평가 받게 된다. 교사들은 아이들이 과제를 수행하는 데 들인 노력보다는 수행한 결과를 중심으로 평가하며 잘한 아이들에게 똑똑하다는 피드백을 주면서 아이들은 점차 노력과는 다른 능력 차원이 있음을 깨닫기 시작한다. 더욱이 자신의 수행과 다른 아이의 수행, 또 자신이 열심히 한 정도와 다른 아이가 열심히 한 정도를 비교하기 시작하면서(Altermatt et al., 2002) 초등학교 고학년 정도가 되면 아이들은 노력과 능력을 구분하기 시작한다. 이 시기가 되면 자신의 성취에 대해 다양하게 귀인하게 된다.

(3) 숙달지향적 아동과 학습된 무기력에 빠진 아동

아동은 과제에 숙달하고 성공하려고 하지만 항상 과제에 숙달하거나 실패하기만 하는 것은 아니다. 아동은 과제에 숙달하기도 하고 실패하기도 하면서 성장하는데, 이 과정에서 일부 아동은 실패의 경험에도 불구하고 끝까지 노력하여 목표를 달성하는 반면, 다른 아동은 실패를 경험하면서 새로운 과제에 직면했을 때 빨리 포기하고 더 이상 숙달하기 위해 노력하지 않는다. Dweck과 동료들은 이러한 두 부류의 아동의 차이를 성공과 실패에 대한 귀인의 차이로 설명하였다(Dweck, 2002; Dweck & Leggett, 1988). 두 부류 아동의 차이를 [그림 8-7]에 도식화하였다.

Dweck에 의하면, 일부 아동은 숙달지향적(mastery oriented)이다. 이들은 자신의 성공을 높은 능력에 귀인하지만 실패는 과제의 난이도나 운과 같이 외적인 요인에 귀인하여 자신에 대한 비난을 피하거나, 불안정적인 노력 부족에 귀인하는 경향이 있다. 이런 아동은 실패의 경험에도 불구하고 자신의 능력 부족이라고 생각하지 않으며, 능력이 시시때때로 변하지 않는 안정적인 속성이기는 하지만 노력을 통해서 능력을 점진적으로 향상시킬 수 있다고 믿기에 실패할 가능성이 있는 상황에서도 끝까지 노력하면 성공할 것이라고 믿는다. 아동의 귀인은 목표에도 영향을 미쳐서 숙달지향적인 아동은 노력을 통해 자신의 능력을 향상시키고, 이를 위한 방법에 대한 정보를 찾는 등 과제 목표를 학습에 두는 경향이 있다. 따라서 이런 아동은 학습에 도움이 되는 상위인지 기술이나 자기조절 기술을 그 과정에서 습득하게 된다.

이에 반해, 일부 아동은 실패의 경험을 통해서 학습된 무기력에 빠지게 된다. 이들은

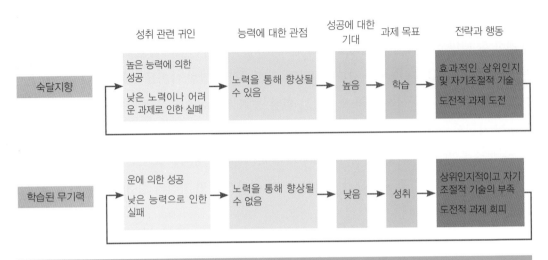

[그림 8-7] 숙달지향적인 아동과 학습된 무기력에 빠진 아동의 차이

성공의 원인을 자신의 능력에 두는 숙달지향적인 아동과는 달리 실패의 원인을 자신의 능력에 두며, 성공을 운과 같은 외적 요인에 귀인하는 경향이 있다. 또한 이러한 아동은 능력이 노력을 통해서 점진적으로 향상될 수 없는 고정된 것으로 생각한다. 따라서 도전적인 과제를 해야 할 때 자신의 능력으로는 되지 않을 것으로 생각한다. 더구나 이러한 아동은 도전적인 과제를 해야 하는 상황에서 과제 목표를 성공적인 성취에 두므로 자신의 능력으로는 할 수 없을 것으로 생각되는 과제에 대해 노력해 보지도 않고 쉽게 포기하게 된다. 그러므로 과제를 성공적으로 성취하는 데 필요한 다양한 상위인지 기술을 발달시키지 못하게 된다(Pomerantz & Saxon, 2001). 결과적으로, 이런 아동은 과제에 성공할 수 있다는 기대도 작을 뿐만 아니라 과제 성공에 필요한 다양한 기술도 부족하므로 설사 과제에 도전할 경우에도 좋은 결과를 얻기 힘들어진다.

청소년기가 되어야 사람의 능력과 노력이 완전히 구분된 것임을 이해하게 된다. 청소년은 사람의 능력이 다양하여 다른 수준의 노력으로 같은 결과를 성취할 수 있음을 알게 된다(Butler, 1999). 자신의 능력이 낮다고 볼 경우, 낮은 능력으로 도전적인 과제를 성공시키는 것은 매우 많은 노력이 들 것이므로 드는 노력에 비해 그 가치가 없다고 결론을 내리게 될 수 있다. 고통스러운 실패감으로부터 자신을 보호하기 위해 학습된 무기력에 빠진 청소년은 노력이 덜 드는 과제와 직업을 선택하게 된다. 결과적으로, 학습된 무기력에 빠진 청소년은 자신의 잠재력을 깨닫게 될 수 있는 가능성에서 차단되는 것이다.

(4) 성취귀인에 영향을 미치는 요인

어떤 아동이 숙달지향적인 아동이 되는가? 숙달지향적으로 발달하는 아동과 학습된 무기력에 빠지게 되는 아동의 차이는 무엇으로 설명될 수 있는가? 아동의 수행에 대한 부모나 교사 등 주변 성인의 피드백이 중요한 역할을 한다. 학습된 무기력에 빠진 아동의 부모는 아동에게 지나치게 높은 기준을 설정할 뿐만 아니라 자녀가 실패했을 때, "또 제대로 못했네. 이제 그만 해라."라고 말하며, 성공했을 때에는 "와, 놀랍네."라고 말하는데(Hokoda, & Fincham, 1995), 이러한 말에는 아이의 능력이 부족하다는 의미가 내포되어 있으므로 이러한 말을 듣고 자란 아동은 자신의 능력에 대해 확신을 가질 수 없게 된다. 이에 반해, 숙달지향적인 아동의 부모는 아동이 달성하지 못할 높은 수준의 기준을 설정하지 않으며, 아동의 성취에 대해서도 긍정적으로 피드백을 준다. 아동이 과제에 성공하면 "장하네. 열심히 했구나." 또는 "참 잘했구나."라고 말하며, 실패하면 "더 열심히 했어야지."라고 말함으로써 열심히 하면 할 수 있다는 의미를 전달한다.

교사도 학생의 성취귀인에 영향을 준다. 학생의 학습 과정에 관심을 가지고 학습을 잘하도록 도움을 주며, 성취보다 학습을 강조하는 교사는 학생이 숙달지향적이 되도록 영향을 준다. 초등학교 고학년부터 중학교 학생을 대상으로 한 연구에서 교사가 자신의 학습에 관심을 가지고 지지적인 학습 조건을 제시한다고 여기는 학생은 학업을 위해 노력을 더 많이 기울였는데, 이는 자신의 학업성취가 노력에 따라 달라진다고 생각함을 보여 준다. 반면, 교사가 자신의 학습에 지지적이지 않다고 여기는 학생은 자신의 학업성취가 운이나 교사와 같이 외적 요인에 의해 결정되는 것으로 생각하였으며, 학습에 덜 열심이었고 학업성취도 낮았다(Skinner, Zimmer-Gembeck, & Connell, 1998).

성취에 대한 성인의 피드백이 학생의 귀인에 영향을 미치므로 일부 학생은 상당한 수준의 성취를 했음에도 불구하고, 자신의 성취를 자신의 능력보다는 노력을 많이 했기 때문으로 생각하게 된다. 특히 일부 교사나 부모는 여학생이 높은 성취를 했을 때에는 열심히 했다는 피드백을 주며 성취를 잘 하지 못했을 때에는 노력 부족보다는 능력 부족을 암시하는 메시지를 전달하는 경향이 있는데, 그 결과 능력이 매우 뛰어난 여학생들은 비슷한 수준의 남학생들에 비해 자신의 능력에 대한 확신을 덜 가지게 된다(Cole et al., 1999). 따라서 성취 목표를 낮게 설정하여 어려운 과제에 덜 도전하게 될 가능성이 있다.

| 글상자 8-2 | 학습된 무기력에 빠진 아동을 성취지향적인 아동으로 가르치기 |

성인의 메시지가 아동의 성취귀인에 영향을 미치는 만큼, 학습된 무기력에 빠진 아동에게 더 노력함으로써 실패를 이겨 낼 수 있다고 생각하도록 귀인방식을 재교육시킬 수 있다. 귀인 재교육은 아동의 실패의 원인을 능력의 부족이 아니라 노력의 부족에 귀인하도록 훈련하는 것이다.

Dweck(1975)은 어려운 수학 문제를 풀지 못하여 무기력하게 된 아동들에게 두 가지 처치를 하였다. 한 집단의 아동들에게는 아동이 풀 수 있는 쉬운 문제만을 제시하여 풀게 하고, 성공에 대해 토큰을 주는 **성공경험 처치**를 하였다. 다른 집단의 아동들은 **귀인 재훈련 처치**를 하였다. 먼저 아동이 쉽게 성공할 수 없지만 노력하면 풀 수 있을 정도로 어려운 과제를 주어서 쉽게 풀지 못하면 "더 열심히 해 봐. 좀 더 노력하면 넌 할 수 있어."와 같은 피드백을 주어서 아동이 실제로 열심히 하도록 유도하였다. 아동이 과제에 성공한 후에는 "잘하는구나. 역시 넌 잘하는 애야." 또는 "정말 열심히 했구나."라고 말해 줌으로써 성공이 능력과 노력으로 얻어진 것이라는 의미를 전달하였다. 성공경험 처치와 귀인 재훈련 처치를 25회기에 걸쳐 실시한 결과, 귀인 재훈련 처치를 받은 무기력한 아동들은 처음에 해결하지 못했던 어려운 수학 문제를 더 잘 풀었다. 이에 반해, 성공만 경험하게 하는 처치를 받은 무기력한 아동들은 어려운 수학 문제를 쉽게 풀지 못하면 곧 포기했다. 이러한 결과는 실패 경험을 여러 번 한 아동에게 단순히 성공할 능력이 있다는 것을 보여 주는 것으로는 이들을 학습된 무기력에서 빠져나오게 할 수 없음을 보여 준다. 이들에게 필요한 것은 더 열심히 노력하면 어려운 문제도 풀 수 있다는 것을 경험하게 하여 자신의 성공과 실패를 노력했는지 여부에 귀인하도록 하는 것이다.

학습된 무기력에 빠진 아동을 귀인 재훈련하여 성취지향적인 아동이 되도록 할 수 있지만 이보다는 처음부터 성취지향적이 되도록 가르치는 것이 중요하다. 부모나 교사는 자신이 무심결에 하는 말이 아동의 성취귀인에 영향을 미친다는 것을 인식하여 아동의 성공을 칭찬하고 실패는 아동의 노력이 부족함을 보여 주는 것이라고 말해 주는 것이 중요하다. 특히 "너는 똑똑하구나."와 같은 평가를 많이 들은 아동은 자신의 똑똑함을 보여 주려고 수행에만 관심을 가지는 경향이 있으므로, 아동의 성공에 대해 칭찬해야 할 때에는 아동이 과제를 해결하기 위해 지속적으로 노력한 결과 과제에 숙달하게 되었음을 인식하도록 과제 수행 과정에 대해 칭찬하는 것이 효과적이다(Kamins & Dweck, 1999).

4. 정체성 형성

정체성(identity)이란 자신이 누구인지, 자신의 가치가 무엇인지, 자신이 추구하기 위해 선택한 방향이 무엇인지에 대한 인식이다. Erikson(1968)은 청소년이 직면하는 주요 갈등은 자신의 정체성을 형성하는 것이라 하였다. 청소년은 자신이 어떤 종류의 직업을 원하는지, 어떤 종교적·정치적 가치를 선택해야 하는지, 자신이 남자로서 또는 여자로서 어떤 사회적 역할과 성적 역할을 할 것인지 등에 대해 고민하고 결정하려고 한다. 그러나 이 결정이 쉽게 이루어지지 않는 만큼, 현재의 자신이 누구인지, 또 앞으로 어떤 존재가 되어야 하는지에 대해 결정하는 과정에서 혼란과 불안을 느끼게 되는데 이러한 불안한 상태를 정체성 위기(identity crisis)라고 한다.

Erikson은 다양한 역할과 가치가 공존하는 복잡한 사회에서는 자신이 추구해야 할 가치와 역할을 결정하기 힘들어서 십대들이 정체성 위기를 겪을 수밖에 없다고 보았다. 십대들은 다양한 역할을 탐색(exploration)해 보고 그 역할을 실천하는 등 전념(commitment)해 본 후 그 결과를 평가하는 실험 과정을 통해서 정체성을 서서히 형성해 나간다고 보았다. 그러나 일부 청소년은 정체성에 대한 고민을 하지 않거나 해결하려고 노력하지 않고 초기에 부정적으로 결정함으로써 미래의 삶의 방향과 역할에 대해 계획하지 못하게 되기도 한다. 이러한 부정적 결과를 정체성 혼란(identity confusion)이라고 하는데, 이러한 청소년은 부모로부터 경제적으로 또 심리적으로 독립하고 자신의 성인기의 삶을 함께할 배우자를 찾아야 하는 성인기의 삶에 대한 준비를 하지 못하게 된다.

Erikson의 이론은 정체성 위기를 경험한 청소년이 위기를 극복하고 정체성을 형성하게 되는 정체성 형성에 대해 이론적으로 설명하고 있으나 이후의 학자들은 정체성 형성 과정을 연구할 수 있는 방법을 개발하여 정체성 형성의 발달적 변화에 대해 연구하였으며, 그 과정에 다양한 변인이 영향을 미칠 수 있음을 보여 주었다. 이제 정체성 형성의 발달 과정과 이에 영향을 미치는 요인에 대해 살펴보자.

1) 정체성 형성의 발달 과정

마샤(Marcia, 1980)는 구조화된 면접법을 개발하여 청소년의 정체성 형성의 지위가 네 가지로 분류될 수 있음을 보여 주었다. 이 네 가지 지위는 정체성 혼란, 정체성 폐쇄, 정체성 유예와 정체성 성취인데, 이는 청소년이 정체성 형성을 위해 다양한 역할과 가치에 대해 탐색하는지, 또 선택한 역할과 가치에 전념하는지의 두 가지 기준에 따라 분류된다. 네 가지의 정체성 지위의 각 특징은 다음과 같다.

- 정체성 혼란(identity confusion): 혼란으로 분류된 사람은 삶의 목표나 가치 등 정체성 문제에 대해 생각해 보거나 해결하려고 하지 않으며 미래의 삶의 방향을 계획하지 못한 상태이다.
- 정체성 폐쇄(identity foreclosure): 삶의 목표, 방향, 가치 등에 대해 전념하고 있지만 자신에게 가장 맞는 것이 무엇인지를 탐색하지 않은 채 결정한 상태이다. 대개는 권위 있는 인물(부모, 교사, 종교적 지도자 등)이 자신을 위해 선택한 정체성을 그대로 받아들인 상태이다.
- 정체성 유예(identity moratorium): 정체성 위기를 경험하고 있는 상태로, 삶의 목표, 가치 등에 대해 의문을 제기하고 그 답을 찾고 있는 상태이다. 자신에게 맞는 것이 무엇인지 적극적으로 탐색하고 있는 상태로, 아직 결정하지는 않고 있다.
- 정체성 성취(identity achievement): 자신에게 맞는 정체성을 적극적으로 탐색하여 결정한 상태이다. 자신이 선택한 목표, 신념 및 가치에 전념함으로써 정체성 형성의 문제를 해결하였다.

Erikson은 정체성 위기는 청소년 초기에 일어나고, 15~18세가 되면 정체성을 성취하게 된다고 보았으나 최근 연구에서는 정체성 형성에 더 많은 시간이 걸리는 것으로 나타났다. 10~20대 초반의 청소년을 대상으로 정체성 지위를 측정해 보면, 12~18세 청소년의 대다수는 정체성 혼란이나 정체성 폐쇄 지위에 있었으며, 대학 시기인 청소년 후기가 되어야 정체성 유예에 도달하거나 정체성을 성취하게 되는 것으로 나타났다(Meillman, 1979; Kroger, 2005). 또 청소년 후기에 정체성을 성취한다고 해도 이것으로 끝나지 않는 것으로 나타났다. 많은 성인이 청소년기에 이미 정체성에 대한 답을 얻었다고 생각함에도 불구하고, 여전히 '나는 누구인가'라는 정체성 문제에 대해 고민하는 것으로 나타났다. 예를 들어, 이혼한 여성들은 이혼을 계기로 여성으로서의 삶이 어떠해야 하는지에 대해 다시 고민하게 되기도 한다.

정체성을 성취하는 과정은 일정하지 않다(Archer, 1992; Kroger, 2005). 직업 선택, 성역할 태도, 종교적 신념, 정치적 선호 등 다양한 영역에서의 정체감 지위를 평가해 보면, 청소년들 중 단지 5%만이 모든 영역에서 같은 수준의 정체성 지위를 보였으며, 95%는 두세 가지의 정체성 지위를 가졌다. 즉, 청소년이 한 영역에서는 정체감을 형성하였으나, 다른 영역에서는 다양한 역할을 탐색하는 수준일 수도 있다.

2) 정체성 지위에 따른 심리적 적응

정체성 발달이론에 의하면, 정체성 혼란과 폐쇄 지위에 있는 청소년이 자신의 정체성에 대해 고민하는 과정에서 다양한 역할과 가치관을 시험하고 전념하면서 유예와 성취에 이르게 된다. 따라서 정체성을 성취한 청소년은 자신이 사회에서 어떤 역할을 할 것인지에 대해 결정한 만큼 미래에 대한 불안으로 갈등하지 않고 자신에 대한 만족감을 가지게 된다고 본다. 실제로 정체성 지위에 따라 심리적 적응에 차이가 있음이 여러 연구에서 밝혀졌다.

정체성 성취와 유예는 적응적이며, 장기적인 폐쇄와 혼란은 부적응적이다. 정체성을 성취한 청소년은 높은 자아존중감을 가지며, 추상적이고 비판적인 사고를 하고, 이상적 자아와 실제적 자아 간의 유사성이 크다고 보고하며, 도덕적 사고의 수준도 더 높다(Marcia et al., 1993). 정체성 유예 중인 청소년은 자신의 역할과 가치관에 대해 걱정을 많이 하기는 하지만 결정하고 문제해결을 할 때 자발적이며 정보를 수집하는 방식에 있어서는 정체성을 성취한 사람과 유사하다(Berzonsky & Kuk, 2000).

정체성 폐쇄 지위에 있는 청소년은 자신의 정체성을 스스로 결정하는 것이 아니라 권위 있는 인물(부모, 교사, 종교적 지도자 등)이 자신을 위해 선택한 정체성을 그대로 받아들이는데, 이들이 그렇게 하는 것은 자신이 의지하는 사람과의 의견 차이를 위협으로 여기며(Kroger, 1995), 이들에게 거부 당하는 것을 두려워하기 때문이다. 자신의 가족이나 사회로부터 소외된 일부 정체성 폐쇄의 청소년은 사이비 종교나 극단적인 집단의 구성원이 됨으로써 사이비 집단의 정체성을 그대로 받아들이기도 한다. 심리적 적응 수준이 가장 낮은 것은 정체성 혼란의 청소년이다. 이들은 미래에 대해 생각해 보고 결정하는 것을 포기하며, 행운과 숙명에 맡기며, 남이 하는 것을 무조건 따르는 경향이 있다. 학업성취에 관심이 없고(Berzonsky & Kuk, 2000), 알코올, 담배, 약물 등의 물질을 남용하는 청소년이 대개 정체성 혼란에 해당된다.

3) 정체성 형성에 영향을 미치는 요인

(1) 인지적 능력

형식적 조작 사고 능력이 발달하여 다양한 가능성과 그 결과에 대해 논리적으로 추론할 수 있는 청소년은 자신의 앞에 펼쳐질 수 있는 방향의 미래를 더 다양하게 상상할 수 있으며, 다양한 방향으로 진출하는 데 필요한 것들에 대해 더 숙고할 수 있다. 그 결과, 이들은 지적으로 덜 성숙한 동년배에 비해 정체성 문제를 제기하고 해결할 가능성이 더 높다(Waterman, 1992).

(2) 양육 환경

청소년이 부모와 맺는 관계도 정체성 형성에 영향을 미친다. 애정적이고 민주적인 양육방식은 아동들이 학업 성취를 중시하고 자존감을 갖도록 할 뿐만 아니라, 청소년기의 건강하고 적응적인 정체성에도 영향을 준다. 십대들이 넓은 세계로 나아갈 수 있도록 부모가 안전기지의 역할을 할 때 정체성 발달이 향상된다. 정체성 유예나 정체성 성취의 지위에 있는 청소년은 가족과 논의할 때 자유롭게 자신의 의견을 말할 수 있고 부모에게 동의하지 않는 것이 허용되며 존중받는다(Berzonsky, 2004; Grotevant & Cooper, 1998). 정체성 폐쇄의 청소년은 부모와 밀접한 관계를 가지지만 거부되는 것을 두려워하며 건강한 독립의 기회가 부족하다(Berzonsky & Adams, 1999). 반면, 정체성 혼란의 청소년은 다른 지위의 청소년에 비해 부모에 의해 무시되거나 거부되었다고 느끼며, 부모의 지원과 온정적이고 솔직한 대화의 수준이 낮으며, 부모를 멀리할 가능성이 높다(Archer, 1992).

(3) 또래의 영향

청소년기는 아동기에 비해 또래와 보내는 시간이 더 길 뿐만 아니라, 더 긴밀하게 상호작용하므로 또래의 사고와 가치에 크게 영향을 받는다. 정체성 발달 과정에서 친한 친구는 정서적 지지, 도움, 역할모델을 제공해 줌으로써 청소년이 다양한 역할을 시도해 보도록 돕는다(Josselson, 1992). 온정적이고 신뢰감을 주는 또래관계를 가진 청소년은 친한 친구나 인생동반자와 같이 중요한 인간관계에서 무엇을 존중해야 하는지에 대한 의견을 더 많이 나누는 등 삶의 방향을 탐색하는 데 더 많이 관여한다(Meeus, Oosterwegel, & Vollebergh, 2002).

(4) 학교 교육의 영향

다양하고 풍부한 탐험의 기회를 제공하는 학교와 공동체는 정체성 발달에 긍정적인 영향을 준다. 높은 수준의 사고를 촉진하는 수업, 다양한 역할을 시도해 볼 수 있는 기회가 되는 방과후 활동, 사회적 배경이 다른 다양한 학생과의 만남을 통해 인생의 다양한 가능성을 경험하는 것은 정체성 발달을 촉진한다(Cooper, 1998).

대학 교육도 정체성 발달에 영향을 미친다. 대학 진학은 청년들이 직업 관련 목표를 세우고 이에 전념하도록 영향을 미침으로써 긍정적인 영향을 준다. 한편, 대학 교육은 대학생들에게 다양한 종교적·정치적 이념을 제공하므로 대학생들은 일하는 또래 청년에 비해 확고한 정치적·종교적 정체성을 형성하는 것에서 뒤처진다(Munro & Adams, 1977). 일부 대학생은 종교와 같은 영역에서는 정체성 성취로부터 유예나 혼란 지위까지 후퇴하기도 한다. 그러나 성인들도 자신의 관점이 새로운 관점에 도전을 받게 되면 '나는 누구인가'라는 질문을 다시 하게 되는데(Kroger, 2005), 이는 새로운 정체성을 형성하기 위한 일시적 후퇴라고 할 수 있다.

(5) 문화의 영향

청소년이 다양한 대안을 탐색한 후에 정체성을 형성하는 것은 현대의 산업화된 사회의 특징이라고 할 수 있다(Côté & Levine, 1988). 비산업화된 사회의 청소년은 선택할 수 있는 대안적 역할이 많지 않았기에 역할 실험 없이 사회가 기대하는 성인의 역할을 그대로 받아들였다. 이들은 부모가 했던 역할과 가치를 그대로 받아들였으며, 그렇게 하는 것이 더 적응적이었다.

이에 반해, 산업화된 사회에서는 직업의 종류가 세분화되었고 다양한 가치관이 공존하므로 청소년은 자신의 역할과 정체성에 대해 더 고민하게 된다. 사회 또한 청소년이 자신의 정체성에 대해 진지하게 고민하고 답을 찾는 것을 허용하고 권장한다.

5. 타인이해

사회적 세계에서 살아가기 위해서는 타인과 상호작용해야 한다. 타인과의 상호작용이 순조롭고 조화롭기 위해서는 자신이 상호작용하고 있는 대상인 타인이 특정 방식으로 행동하고 감정을 표현하고 생각한다는 것을 이해하는 능력이 필요하다. 또한 타인은 자신과는 관점이 달라서 다른 방식으로 행동하고 느끼고 생각한다는 것을 이해하는 능력도 필요하다. 이제 이 두 가지 능력의 발달에 대해 알아보자.

1) 대인지각의 발달적 경향

대인지각(person perception)은 친숙한 사람들의 특성을 이해하는 것을 말한다. 아동이 친숙한 사람의 특성을 어떤 방식으로 이해하는지 알아보기 위해 연구자들은 아동에게 자신이 잘 아는 사람에 대해 묘사하도록 하였다. 예를 들어, "네 친구는 어떤 사람인지 말해 볼래?"라고 물었다. 친숙한 사람을 묘사하는 방식은 자신에 대해 묘사하는 방식과 유사하였다.

8세 이전의 아동은 자신을 묘사하기 위해 사용했던 것과 같이 구체적이고 관찰 가능한 행동으로 묘사하였다(Ruble & Dweck, 1995). 예를 들어, 5세 아동은 "내 친구는 강아지를 좋아하고 노래를 잘해요." 혹은 "그 애는 항상 다른 애하고 싸워요. 거짓말을 해요."라고 겉으로 드러나는 행동이나 구체적 활동 등으로 묘사하였다. 심리적 용어로 묘사할 때에도 "내 친구는 착해요." "그 아이는 나빠요."와 같이 매우 정형화되고 일반적인 용어로 묘사하였다. 그러나 나이가 들면서 10세 정도가 되면 점차 '정직한' '믿을 수 있는' '예의 바른' '이기적인'과 같은 성격 특성을 나타나는 용어를 많이 사용하게 된다.

　　타인을 행동 차원에서 이해하다가 성격과 같은 심리적 속성 차원에서 이해하게 되는 대인지각의 발달적 경향은 6~11세의 아동에게 자신이 잘 알고 있는 세 친구에 대해 묘사해 보도록 한 바렌보임(Barenboim, 1981)의 연구에서도 분명하게 나타났다. 6~8세의 아동은 친구들의 행동 목록을 만들기보다는 친구들을 구별되는 특정 행동 차원에서 비교했다. 예를 들어, "민섭이는 우람이보다 달리기를 더 잘해요." 혹은 "보람이가 노래를 제일 잘 해요."라고 말했다. 이러한 행동 비교는 6~8세 사이에 점차 증가하였으나 9세 이후에는 감소하였다. 예를 들어, 6~8세의 아동은 흔히 "그 친구가 그림을 누구보다 더 잘 그린다."고 기술하였지만 9세 이상 된 아동은 "그 친구는 예술적이다."라고 말하였다. 9세 이상 된 아동이 그림을 잘 그리는 친구를 예술적이라고 묘사하는 것은 여러 사람을 행동 차원에서 비교하는 과정에서 점차 친구들의 행동 규칙성을 인식하게 되며, 그 결과 각 사람의 행동 규칙성은 그 사람이 가지고 있는 성격 특질과 같은 심리적 구성개념에 기인하는 것으로 생각하게 되기 때문이다. 성격 특질과 같은 심리적 구성개념을 사용하여 친구를 이해하는 경향은 8~11세 사이에 크게 증가한다. 심리적 구성개념을 사용하여 친구를 이해하게 되면서부터 아동은 친구를 심리적 차원에서 비교하기 시작하여 "보람이는 지원이보다 더 수줍어 해." "더 용감해."와 같은 말을 하기 시작한다. 그러나 아직은 심리적 차원에서 비교하는 것이 일반적으로 나타나지 않는다. 이에 반해, 더 나이 많은 12~16세의 청소년은 심리적 차원에서 주변 친구들을 비교한다. 이는 12세 정도가 되어야 성격과 같은 심리적 특질이 사람을 특징짓는 것임을 이해하게 됨을 보여 준다.

2) 조망수용의 발달

　　타인이 생각하고 느끼는 것을 그 사람의 관점에서 이해하는 능력을 조망수용(perspective taking)이라 한다. 조망수용이 되지 않아서 상대방이 자신의 관점과는 다른 관점에서 생각하고 느끼는 것을 이해하지 못하면, 서로 간의 소통이 불가능하기 때문에 조망수용은 사회적 상호작용에 필수적인 능력이다.

　　Piaget는 전조작기에 있는 학령 전 아동은 **자아중심적**(egocentric)이어서 자신과는 다른 위치에서 세 산 모형을 보고 있어 자신과는 다른 공간적 조망을 가진 사람에게는 세

산 모형이 다르게 보임을 알지 못한다고 보았다(제3장의 [그림 3-1] 참조). Piaget는 구체적 조작이 가능해지는 7세경부터 조망수용이 가능해진다고 보았다. 그러나 아동의 마음이론에 대한 연구 결과들은 학령 전 아동도 조망수용이 어느 정도 가능함을 보여 주었다. 예를 들어, 앞서 '내적 자기의 출현: 아동의 마음이론'에서 보았듯이, 내적 자기를 인식하게 되면서 생후 18개월 된 아기가 사람마다 바람(원하는 것)이 달라서 자신은 과자를 좋아하고 브로콜리를 싫어할지라도 브로콜리를 더 좋아하는 사람도 있다는 것을 알고는 브로콜리를 더 좋아하는 사람이 더 먹고 싶다고 하면 과자가 아닌 브로콜리를 주었다(Repacholi & Gopnik, 1997). 이는 아기들도 조망수용의 초보적인 능력이 있음을 보여 준다. 최근의 마음이론 발달에 관한 연구들에서는 Piaget가 학령 전 아동의 조망수용 능력을 과소평가하였음을 보여 주지만, 그럼에도 불구하고 Piaget의 연구는 다른 사람의 관점을 이해하는 능력이 학령 전 시기부터 청소년기까지 어떻게 발달하는지에 대한 관심을 불러일으켰다. 조망수용 능력의 발달적 변화에 대해서는 셀먼(Selman, 1980)이 체계적으로 연구하였다.

Selman은 등장인물들이 한 사건에 대해 서로 다른 정보를 가지고 있는 사회적 딜레마에 대한 이야기를 아동과 청소년에게 들려 준 후 각 인물의 행동, 생각 등에 질문하여 조망수용 능력을 평가하였다. 딜레마의 한 예와 질문은 다음과 같다(Selman, 1976).

〈딜레마의 내용〉

홀리는 나무에 오르는 것을 좋아하는 8세 여자아이이다. 홀리는 동네에서 나무를 제일 잘 탄다. 어느 날 큰 나무에 오르다가 떨어졌는데, 그때 홀리의 아빠가 그것을 보았다. 홀리의 아빠는 놀라서 홀리에게 다시는 나무에 올라가지 않겠다는 약속을 하게 했고, 홀리는 이를 약속했다. 그날 늦게 홀리와 친구들이 길을 가다 숀을 만났다. 숀의 새끼 고양이가 나무에 올라갔는데 내려오지 못하고 있었다. 빨리 데려오지 않으면 떨어질 것 같았다. 나무에 올라가서 새끼 고양이를 데리고 내려올 수 있는 사람은 홀리 뿐이었지만, 홀리는 아빠와 한 약속을 잊지 않고 있었다.

〈질문〉

• 홀리는 숀이 새끼 고양이에 대해 어떻게 느끼는지 알고 있을까?

• 홀리가 나무에 올라간다면, 아빠가 그 사실을 알고 어떻게 느낄까?

• 홀리는 자신이 나무에 올라간 것을 아빠가 알게 되면 어떻게 할 것이라고 생각할까?

• 네가 홀리라면 어떻게 하겠니?

앞과 같은 질문에 대한 아동의 답에 근거하여 Selman은 조망수용 능력이 〈표 8-2〉

〈표 8-2〉 Selman의 조망수용 발달 단계

단계	연령	특징	홀리 딜레마에 대한 전형적 반응
0단계: 미분화된 조망수용	3~6세	자신과 타인이 다른 생각과 감정을 가진다는 사실을 알지만 종종 그 둘을 혼동한다.	홀리는 나무에 오르는 것을 좋아하고, 아빠는 홀리가 나무에 오르는 것을 싫어한다는 것을 이해한다. 그러나 아빠의 조망과 홀리의 조망을 혼동하여 홀리가 나무에 오른 것을 아빠가 알게 되어도 기뻐할 것으로 생각한다.
1단계: 사회정보적 조망수용	4~9세	사람들이 다른 정보를 가지고 있으면 다른 조망을 가지게 된다고 생각한다.	홀리가 왜 나무에 올랐는지를 아빠가 모르면 화를 낼 것이지만 고양이를 구하려는 좋은 의도임을 안다면 야단치지 않을 것이라고 생각한다.
2단계: 자기반성적 조망수용	7~12세	같은 정보를 가지고 있어도 사람들이 다른 조망을 가질 수 있음을 이해한다. 다른 사람의 입장에서 자신의 생각, 감정, 행동을 볼 수 있다. 다른 사람도 동일하게 할 수 있음을 이해한다.	홀리는 고양이를 구하기 위해 나무에 오를 것이며, 홀리가 나무에 오른 이유를 아빠가 이해해 줄 것으로 생각할 것이지만, 아빠는 홀리가 나무에 오른 이유를 알더라도 홀리의 안전에 더 관심이 있을 것이므로 홀리를 야단칠 것이라고 생각한다.
3단계: 제삼자적 조망수용	10~15세	자신과 상대방의 입장에서 벗어나 이해 관계가 없는 제삼자의 입장에서 자신과 상대방이 어떻게 보일지 생각할 수 있다.	홀리는 자신이 나무에 오르면 아빠가 야단칠 것임을 알지만 고양이를 구하지 못하면 손의 마음이 아플 것이므로 고양이를 구하기 위해 나무에 오를 것이다. 아빠는 홀리가 왜 나무에 올랐는지는 잘 알지만 자신이 야단치지 않으면 나무에 또 오를 것으로 생각하여 홀리를 야단칠 것이다.
4단계: 사회관습적 조망수용	14세~ 성인	제삼자의 입장이 사회적 가치체계의 영향을 받을 수 있음을 이해한다.	위험에 처한 동물을 살리는 것은 훌륭한 행동이므로 홀리가 나무에 오른 것을 탓하면 안 되며, 홀리의 아빠도 마음속으로는 그렇게 생각할 것으로 답한다.

와 같이 5단계로 발달함을 보여 주었다. 3~6세 사이의 초기 단계(0단계)에서는 자신과 타인이 다른 생각과 감정을 가진다는 사실을 알지만 종종 혼동하여 타인의 관점을 자신의 관점에 따라 자아중심적으로 생각하지만, 점차 사람들이 같은 사건에 대해 알고 있는 정보가 다르므로 다르게 해석할 수 있다는 것을 알게 된다(1단계). 그 이후에도 조망수용은 계속 발달하여 같은 사건에 대해 알고 있는 정보가 같을지라도 상황에 대한 해석이 다를 수 있다는 것을 이해하게 되고, 자신의 생각과 감정을 상대방의 입장에서 생각할 수 있게 되며(2단계), 더 나아가 자신과 상대방의 생각을 공평한 제삼자의 입장에서 이해하게 된다(3단계). 마지막에는 자신과 상대방의 관점을 사회적 가치체계에 의해 판단할 수 있게 되는데(4단계), 이는 청소년이 되어야 가능해진다. 이 단계에서는 다양한 사람의 관점을 기억하고, 각 사람의 관점을 한 사회의 대부분의 사람이 가지고 있을 관점인 사회관습적 가치를 참조하여 평가할 수 있게 된다.

(1) 조망수용과 사회적 행동

조망수용 능력은 아동이 타인과 잘 상호작용하는 데 필수적이다. 다른 사람의 생각과 감정을 예측할 수 있을 때 우리는 그 사람의 요구에 더 적절하게 반응할 수 있다. 조망수용을 잘하는 사람들이 공감을 더 잘하며, 서로의 관점이 달라서 발생하는 사회적 갈등 문제에 대해 효과적인 해결책을 더 잘 생각해 낼 수 있다(Marsh, Serafica, & Barenboim, 1981). 따라서 조망수용을 잘하는 아동·청소년을 또래들이 더 좋아하는 경향이 있다(FitzGerald & White, 2003).

🖊 요점 정리

■ **자기개념**

• 신생아도 주변의 물리적 환경으로부터 자신을 분리할 수 있으며, 생후2~6개월에는 자신의 신체 움직임을 인식할 수 있다.

• 생후 18~24개월에는 자기인식을 하게 된다.

• 내적 자기인 마음에 대한 이해는 1세 이전에는 생물에는 무생물과 다르게 반응하거나 다른 사람의 주의를 끌기 위해 손가락으로 가리키는 행동을 하는 수준이지만, 18개월에는 사람들마다 바라는 것이 다름을 이해하게 되며, 2~3세에는 여러 마음 상태 간의 관계를 이해하여 통합하기 시작한다. 그러나 바람이 사람의 행동이나 반응을 결정한다고 생각하는 바람이론(desire theory) 수준이다. 4세부터는 믿음이 바람보다 결정적임을 이해하게 되는 믿음–바람 이론을 가지게 된다.

• 자신에 대한 기술은 3~5세는 연령이나 성, 신체적 특징, 수행할 수 있는 행동 등 구체적인 특성이 주가 되지만, 8세경에는 성격 특질, 가치, 신념과 같은 내적 특성에 대해서 언급하기 시작하며, 청소년들은 심리적 용어로 자신을 기술할 뿐만 아니라 자신의 행동이 상황에 따라 변할 수 있는 있음을 인식하게 된다.

■ **자아존중감: 자기의 평가적 측면**

• 자신과 자신의 유능성에 대한 평가인 자아존중감은 매우 일찍 나타나기 시작하여 2세 밖에 되지 않은 아기도 자신이 한 일에 대해 평가한다. 성공적으로 한 일에 대해 자랑스러운 표정을 짓고, 실패한 일에 대해서는 찡그리는 반응을 보인다.

• 2세 이후에는 자아존중감이 점차 분화되고 징교해지기 시작하여 8세 이상 된 아동은 학업 능력, 사회 능력, 운동 능력 및 외모의 네 가지 영역에서 자신의 유능성을 평가하며, 이를 통합하여 전반적 자아존중감을 형성하게 된다. 또 자신에 대한 유능성 평가는 자신의 능력을 타인이 어떻게 평가하는가를 반영한다.

• 청소년기에는 점차 대인관계를 중시하게 되어 자아존중감의 구성요소에 친밀한 우정, 낭만적 매력, 직업 능력이 추가된다.

• 자아존중감의 수준은 발달 과정에서 변한다. 청소년기로 진입하는 과정에서 사춘기 변화에 잘 적응하지 못하는 일부 청소년은 자아존중감의 수준이 하락하지만 대부분의 청소년은 잘

적응하여 자아존중감이 유지된다. 직업 선택, 친밀한 관계 형성과 같은 성인으로서의 발달
적 도전들을 수행하면서 자아존중감이 점진적으로 상승하며, 65세부터는 다시 하락한다.

- 온정적이고 민주적이며 권위 있는 양육은 자녀의 자아존중감을 향상시킨다. 반면, 권위주
의적이고 통제적인 양육은 자녀의 자아존중감 발달을 저해시킨다.

- 사회적 비교를 함으로써 학령기부터 또래들은 서로의 자아존중감에 영향을 미친다.

■ 성취동기와 성취귀인

- 2세 이전의 아기도 다른 사람과 외부 세계의 여러 대상에 영향을 미치려는 숙달동기를 보
인다.

- 새로운 과제에 도전하려는 성취동기는 아동에 따라 개인차가 있다.

- 어린 시절의 안정애착 형성, 도전적인 자극이 풍부한 가정환경, 자녀가 새로운 도전적인
과제를 회피하지 않고 접근하도록 격려하는 양육환경은 성취동기 발달에 긍정적 영향을
미친다.

- 학업성취에 가치를 두지 않고 규칙위반이나 다른 아이를 괴롭히는 등의 품행 문제를 보이
는 주변의 또래는 아동 및 청소년의 학업성취를 방해하는 압력으로 작용한다.

- 성취귀인은 자신의 성공이나 실패가 어떤 요인에 의한 것인지 해석하는 것이다. 사람들은
자신의 성공과 실패를 원인의 소재(내적/외적)와 안정성(안정적/불안정적)의 두 차원에 따
라 능력, 노력, 과제 난이도, 또는 운의 네 가지 가능한 원인의 하나에 귀인하는 경향이 있다.

- 숙달지향적인 아동은 자신의 성공을 높은 능력에 귀인하지만 실패는 과제의 난이도나 운
과 같이 외적인 요인에 귀인하여 자신에 대한 비난을 피하거나, 불안정적인 노력 부족에
귀인하는 경향이 있다. 또 이런 아동은 능력이 노력으로 향상될 수 있다고 생각한다.

- 학습된 무기력에 빠진 아동은 실패의 원인을 자신의 능력에 두며, 성공은 운과 같은 외적
요인에 귀인하는 경향이 있다. 또한 이러한 아동은 능력을 노력을 통해서 점진적으로 향
상될 수 없는 고정된 것으로 생각한다.

- 아동의 수행에 대한 부모, 교사의 피드백은 아동의 성취귀인에 영향을 미친다.

■ 정체성 형성

- 청소년기의 중요한 과제는 정체성을 형성하는 것이다.

- 많은 청소년은 다양한 역할을 탐색해 보고 또 그 역할을 실천하는 등 전념해 본 후 그 결과
를 평가하는 실험 과정을 통해서 정체성을 서서히 형성해 나가는데, 그 과정은 초기의 정

체성 혼란과 정체성 폐쇄 지위로부터 정체성 유예를 거쳐서 정체성 성취의 지위로 전진하는 것이다.

• 정체성 형성은 때로는 성인기까지 계속된다.

• 정체성 성취와 유예는 적응적이며, 장기적인 폐쇄와 혼란은 부적응적이다.

• 다양한 가능성과 그 결과에 대해 논리적으로 추론할 수 있는 인지적 능력, 자녀의 의사 표시를 격려하는 부모, 정서적으로 지지하는 온정적인 친구, 다양하고 풍부한 탐험의 기회를 제공하는 학교와 문화는 정체성 발달에 긍정적인 영향을 미친다.

■ 타인이해

• 8세 이전의 아동은 자신을 묘사하기 위해 사용했던 것과 같이 구체적이고 관찰 가능한 행동으로 묘사한다.

• 9세 무렵부터 사람들의 행동 규칙성을 인식하게 되며, 그 결과 각 사람의 행동 규칙성은 그 사람이 가지고 있는 성격 특질과 같은 심리적 구성개념에 기인하는 것으로 이해하기 시작한다.

• 12세 정도부터 성격과 같은 심리적 특질이 사람을 특징짓는 것임을 이해하게 되어 사람들을 심리적 차원에서 비교한다.

• 타인이 생각하고 느끼는 것을 그 사람의 관점에서 이해하는 조망수용은 사회적 상호작용에 필수적인 능력이다.

✏️ 주요 용어

거짓말	권위 있는 양육	내적 자기	대인지각
마음이론	믿음–바람 이론	바람이론	성취귀인
성취동기	숙달동기	이차 믿음	자기개념
자기인식	자아존중감	정체성	정체성 위기
정체성 지위	조망수용	틀린 믿음	학습된 무기력

도덕성, 공격성 및 성 정체성 발달

제**9**장

최근 한국 사회의 최대 화두는 도덕성 위기이다. 정계 및 재계 지도층 인사들의 불법 탈세 행위, 뇌물 수수 및 관련자에 대한 특혜 의혹, 검찰과 경찰 비리, 상류층 자녀들의 비리 및 폭행 등이 매일 신문의 지면을 장식하고 있다. 심각한 것은 한국 사회의 도덕성 위기가 특정 계층의 성인에게만 국한되어 있는 것이 아니라 아동과 청소년에게도 파급되고 있다는 것이다. 특히 초중고생의 학교폭력 문제의 심각성은 수년 동안 제기되어 왔음에도 불구하고 해결되지 못하고 계속해서 일어나고 있는 실정이다.

왜 우리 사회는 이러한 도덕성 문제를 겪고 있는 것일까? 부모들의 교육 수준은 예전보다 훨씬 높아지고 있고, 예전보다 훨씬 풍족한 경제적 환경에서 부족함 없이 자라는 아이들이 도덕성 위기를 겪고 있는 수수께끼 같은 상황은 어디에서 비롯되는 것일까? 도덕성 위기의 본질을 이해하고 해결점을 찾기 위해서는 도덕성 발달 과정에 대한 과학적인 이해가 필수적이다.

이 장에서는 아동 및 청소년기의 도덕성 발달 과정에 대한 심리학적 이론과 연구 결과들을 소개할 것이다. 우선 도덕적 사고의 발달에 대한 피아제(J. Piaget)와 콜버그(L. Kohlberg)의 이론 및 평가를 개관하고, 도덕적 행동의 발달 과정에 대한 다양한 이론적 관점을 설명할 것이다. 더불어 반사회적 행동으로서의 공격성 발달 과정 및 공격행동을 감소시키기 위한 발달적 보호요인들에 대해 논의할 것이다. 이 장의 후반부에서는 성 정체성의 발달 과정을 설명할 것이다. 영유아기, 아동기, 청소년기에 걸쳐 성 정체성이 어떤 양상으로 발달하는지 기술하고, 성 정체성 발달에 있어서 성차를 야기하는 사회적 요인에 대해 논의할 것이다.

1. 도덕적 사고 발달

1) Piaget의 도덕성 발달이론

피아제(J. Piaget)는 인지발달의 관점에서 아동의 도덕적 사고 및 판단에 관심을 가진 학자였다. Piaget는 임상 면접법(clinical interview)을 사용하여 아동의 도덕적 규칙이나 정의에 대한 판단 방식을 연구하였고, 다음은 한 면접의 예시이다.

〈구슬 놀이 규칙 이해 면접의 예〉

Piaget는 5~13세의 아동들이 하는 구슬 놀이를 관찰하고, 아동들에게 다음과 같은 질문을 하여 규칙 이해 발달을 조사하였다.

a. "규칙은 어디에서 온 것이지?"
b. "모든 사람이 규칙을 지켜야 하니?"
c. "규칙은 바뀔 수 있는 것일까?"

〈정의 이해 면접의 예〉

옳고 그름, 즉 정의에 대한 판단이 어떻게 발달하는지를 보기 위해 Piaget는 다음과 같은 딜레마를 들려 주었다.

이야기 A: 존이라는 아이가 방에 있다. 저녁을 먹으라는 소리를 듣고, 존이 부엌으로 간다. 그런데 문 뒤에 의자가 있었고, 의자 위에는 컵이 15개 놓여 있는 쟁반이 있었다. 존은 문 뒤에 이런 것들이 놓여 있는 것을 알지 못했다. 존이 문을 열고 들어가는데, 문이 쟁반에 부딪히면서 컵 15개가 모두 와장창 깨졌다.

이야기 B: 헨리라는 아이가 있다. 어머니가 외출하고 없었던 어느 날, 헨리는 찬장에서 잼을 꺼내려고 하였다. 헨리는 의자를 놓고 올라가 손을 뻗어 보았지만, 잼이 너무 높은 칸에 놓여 있어서 손이 닿지 않았다. 헨리는 잼을 꺼내려고 애를 쓰다가 컵 한 개를 넘어뜨렸다. 컵은 바닥에 떨어져서 깨지고 말았다.

(Piaget, 1999)

이러한 이야기를 듣고 아동들은 "어느 아이가 더 나쁘지? 왜 그렇지?"와 같은 질문을 받았다.

앞의 두 유형과 같은 임상 면접에서 각기 다른 연령의 아동들이 산출한 반응에 근거하여 Piaget는 다음과 같이 세 단계의 도덕성 발달 이론을 제안하였다.

(1) 전 도덕(premoral) 단계

5세 이전의 아동은 놀이를 하면서 규칙에는 관심이 없고, 단순히 재미있는 활동이나 흥미로운 대상으로 인해 놀이를 한다. 따라서 규칙에 따른 체계적인 놀이를 하기보다는 단순히 이기려는 경향성을 보인다. 옳고 그름을 판단하는 데 있어서도 일관된 반응을 보이지 않으며, 옳고 그름의 근거에 대해서도 설명을 제대로 하지 못한다. Piaget는 이러한 전 도덕기의 아동은 옳고 그름의 차이를 알지 못한다고 하였다.

(2) 타율적 도덕성(heteronomous morality) 단계

Piaget는 5~10세의 아동은 규칙에 대한 관심을 가지고 일관된 이해를 보이기 시작하면서 타율적 도덕성 단계로 접어든다고 보았다. 이 시기의 아동은 신, 경찰, 교사, 부모 등 절대적인 권위자가 규칙을 만든 것이므로 어떤 상황에서도 규칙을 수정하는 것은 절대 불가하다고 생각한다. 예를 들어, 응급상황으로 병원에 가는 상황에서도 적색 신호등에는 반드시 멈춰야 한다고 생각하고, 그런 규칙을 위반했을 때에는 벌을 받아야 하는 나쁜 행동이라고 여긴다.

이 시기의 아동은 결과에 근거하여 옳고 그름을 판단한다. 예를 들어, 앞의 존과 헨리의 딜레마에서 우연히 15개의 컵을 깬 것이 엄마가 안 계실 때 잼을 몰래 꺼내다가 1개의 컵을 깬 것보다 더 나쁘다고 생각한다. 이 시기의 아동은 속죄적 처벌(expiatory punishment)을 믿는데, 이것은 위반의 종류나 경중에 상관없이 처벌을 위한 처벌, 즉 속죄적 처벌이 필요하다고 생각하는 것이다. 즉, 창문을 깨었을 때 창문값을 변상하는 것보다는 매를 맞는 등의 처벌을 받아야 한다고 생각하는 것이다. 이러한 속죄적 처벌은 위반 내용과 아무 관계가 없는 자의적인 처벌일 수 있다. 아동은 잘못을 수정하거나 상황을 개선시키기 위한 처벌이 아니라 처벌받는 것 그 자체가 중요하다고 생각한다.

이 시기의 아동은 또한 내재적 정의(immanent justice)를 믿는데, 이는 규칙 위반은 필연적으로 처벌받게 되어 있다고 믿는 것이다. 즉, 동생의 장난감을 빼앗아 방을 나가다가 넘어지면 방금 전의 자신의 잘못으로 인해 자신이 벌을 받는다고 생각한다.

(3) 자율적 도덕성(autonomous morality) 단계

10세 이상의 아동은 인지적으로 점차 성숙하고, 다양한 또래와의 상호작용을 경험하게 되면서 자율적 도덕성 단계에 도달한다. 이 시기의 아동은 규칙과 법은 사람이 만든 것이며, 상황의 요구에 따라 임의로 변경될 수 있음을 이해하기 시작한다. 응급상황에서 교통규칙을 위반한 차량의 운전자가 반드시 비도덕적인 것이 아니라는 것을 이해한다. 이러한 발달을 통해 아동은 점차 성인의 통제로부터 자유로워지면서 융통성 있는 자율적 도덕성 단계로 발전하게 된다. 이 시기의 아동에게 부모가 "내가 이야기했으니까 따라 해!" 등의 말로 부모의 절대적인 권위와 규칙에 대한 복종을 요구하면 자녀의 도덕성 발달을 저해하게 될 수도 있다.

이 시기의 아동은 어떤 행위의 옳고 그름을 판단할 때, 행위자의 의도가 중요하다는 것을 알기 시작한다. 앞의 존과 헨리의 딜레마의 경우, 헨리가 엄마 몰래 잼을 꺼내다가 1개의 컵을 깬 것이 결과가 덜 치명적이기는 하지만 부정적 의도를 가진 행동에 기인한 것이므로, 문 뒤에 컵이 있다는 것을 전혀 모르고 문을 열다가 15개의 컵을 깬 존보다 나쁘다고 생각한다.

이 시기의 아동은 처벌이 단순히 나쁜 행동을 바로잡기 위해 임의적으로 결정되는 것이 아니라, 위반의 종류나 심각성에 따라 결정되고, 교훈을 가르치기 위해 사용될 수 있다는 것을 이해하기 시작한다. 예를 들어, 창문을 깨면 단순히 엉덩이를 맞기보다 자신의 용돈으로 변상해야 한다는 것을 이해한다. 이는 아동이 상호적 처벌(reciprocal punishment) 개념을 이해하는 것을 보여 준다. 또한 잘못된 행동이 발견되지 않을 수도 있고, 적발되더라도 항상 처벌받는 것은 아니라는 것을 경험하게 되면서 내재적 정의에 대한 믿음이 사라진다.

2) Piaget의 도덕성 발달이론에 대한 평가

Piaget가 사용한 것과 유사한 연구 방법을 사용한 후속연구들에서는 Piaget가 제안한 도덕성 발달의 일반적 방향이 어느 정도 정확하다는 것을 보여 준다. 예를 들어, 어린 아동은 눈에 보이는 결과에 초점을 두고 도덕적 판단을 하지만, 점차 눈에 보이지 않는 심리적 의도에 근거하여 도덕성을 판단하게 되고, 더 나이 든 아동에 비해 내재적 정의를 믿는 경향성이 존재한다. 또한 아동의 도덕적 사고 능력이 지능이나 조망 수용 능력과 같은 인지적 능력의 성숙과 연관되어 있다는 연구 결과들은 인지적 성숙이 도덕성 발달에 꼭 필요한 선행 요건이라는 Piaget의 입장과 일치한다(Lapsley, 1996). 하지만 Piaget가 아동의 도덕적 사고 능력을 과소평가했고, 최근에는 Piaget가 생각했던 것보다 도덕적 사고 능력의 발달이 더 이른 시기에 이루어진다는 제안들이 이어져 오고 있다.

(1) 도덕적 판단에 있어서 의도에 대한 이해

Piaget는 10세 이후가 되어서야 타인의 행동의 의도를 고려한 도덕적 판단이 가능하고, 9세 이하의 아동은 행동의 결과에 근거하여 도덕적 판단을 한다고 주장하였다. 하지만 이후 연구들에서는 다소 다른 과제들을 사용할 경우 Piaget가 생각했던 것보다 의도에 근거한 도덕적 판단이 더 일찍 가능한 것으로 나타났다. 예를 들어, [그림 9-1]과 같은 그림(행위자의 의도가 말풍선 안에 그림으로 표현되어 있어서 행위자의 의도를 명백하게

[그림 9-1] 아동의 의도 추론을 돕기 위해 사용된 그림

출처: Nelson(1980).

이해할 수 있도록 도와줌)을 보여 주면서 이야기를 들려 줄 경우, 3세 아동도 행동의 결과와 상관없이 좋은 의도를 가진 행위자를 더 착하다고 판단하였다(Nelson, 1980).

이러한 의도에 대한 학령 전기 아동의 민감성은 행동의 결과가 의도한 바와 일치하지 않더라도 나타나는 것으로 보인다(윤정은, 송현주, 2007). 예를 들어, 3.5세 아동은 [그림 9-2]의 장면에서 동그라미가 언덕을 올라가는 것을 세모가 도와주다가 실패했더라도(세모가 동그라미를 밀던 도중 언덕 밑으로 미끄러져 내려옴), 동그라미가 언덕을 오를 때 위에서 밀어내면서 의도적으로 방해한 네모보다 착하다고 생각한다. 이러한 결과와 함께 의도에 근거하여 도움 행동을 이해하는 능력은 훨씬 더 어린 영아에도 존재한다는 최근 연구 결과들이 존재한다(Lee, Yun, Kim, & Song, 2015).

거짓말 이해의 발달에 대한 연구 증거들도 학령 전기 아동이 행위의 의도에 따른 옳고 그름의 판단을 할 수 있음을 보여 준다. 학령 전기 아동도 나쁜 의도를 가진 사람이 더 나쁘며, 처벌받아야 한다는 이해를 가지고 있다(Helwig, Zelazo, & Wilson, 2001). 거짓말의 경우 발각 여부에 상관없이 나쁘다고 생각하지만 특정 상황에서는 의도에 따라 거짓말보다 진실을 말하는 것이 더 나쁠 수 있다는 것도 이해한다(Bussey, 1999). 예를 들어, 만 4세 아동도 친구의 운동화가 멋지지 않다고 생각하더라도 "네 운동화 안 멋있어."라고 진실을 이야기하는 것이 항상 좋은 것만은 아니라는 것을 이해한다(송미리, 송현주, 2014). 그리고 이런 의도에 따른 거짓말에 대한 평가는 문화차도 존재하는 것으로 보인다. 다른 사람에게 상해를 입히는 것과 같은 반사회적 행동에 대한 거짓말이 나쁘다고 평가하는 것에 있어서는 문화차가 없지만, 겸손을 위한 거짓말(예: 자신이 한 선

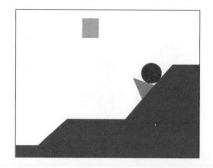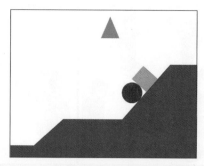

[그림 9-2] 동그라미가 언덕을 올라가는 것을 세모가 돕는 장면(좌)과 네모가 방해하는 장면(우)

출처: Lee et al. (2015)

행을 숨기는 것)은 중국 아동이 캐나다 아동보다 착하다고 판단하는 확률이 높다(Lee, Cameron, Xu, Fu, & Board, 1997).

(2) 규칙과 권위에 대한 이해

이후의 연구들에서는 10세 이전의 아동이 규칙을 요구하는 성인이 항상 절대적인 권위가 있다고 생각하는 것은 아니라는 것을 보여 주고 있다. 어린 아동도 때리기, 도둑질과 같은 행위는 권위 있는 성인의 의견과 상관없이 나쁜 행동이라고 판단하고, 어떤 행위는 상황에 따라서 다르게 평가될 수 있다고 생각한다. 예를 들어, 절대적인 도덕 규칙과 비교적 가변적인 관습적 규칙의 차이에 대해서도 학령 전기 아동은 이해를 하고 있는 듯하였다(Turiel, 1983).

투리엘(E. Turiel)은 다음 예와 같은 인터뷰를 통해 학령 전기 아동도 도덕적 규칙은 선생님이라는 권위자의 명령과 상관없이 불변하지만, 관습적 규칙은 선생님의 지시에 따라 변화할 수 있다는 이해를 보여 주었다.

〈도덕적 규칙에 대한 이해〉

면접자: 다른 사람을 때려도 되니?

아동: 안 돼요. 절대 안 돼요.

면접자: 만약 선생님이 다른 애를 때려도 된다고 하면 때려도 되니?

아동: 아니오. 때리는 것은 절대 안 돼요.

〈관습적 규칙에 대한 이해〉

면접자: 선생님이 말씀하실 때 떠들어도 되니?

아동: 아니오.

면접자: 만약 선생님이 말할 때 떠들어도 된다고 하면 그때는 말을 해도 될까?

아동: 네.

이러한 이해는 문화와 관계없이 나타나는 것으로 보인다. 우리나라의 학령 전기 아동도 도덕적 규칙과 사회적 규칙의 차이를 이해하였다(박영신, 2001). 권위자나 성인에 대한 존경이나 순종을 타 문화권보다 더 중요시하는 우리나라에서도 7~11세의 아동은 싸우기, 훔치기, 나눔 거부 등에 대한 선생님의 명령은 나쁜 것이라고 평가하였다(Kim, 1998; Kim & Turiel, 1996). 그리고 4세경부터는 성인이 규칙에 대해서 가지고 있는 권위의 한계에 대해서도 이해하게 된다. 예를 들어, 아동은 교장 선생님이 학교 밖의 상황에 대해 규칙을 만들고 실행을 요구할 수 없다는 것을 이해한다(Laupa & Turiel, 1993).

3) Kohlberg의 도덕성 발달이론

콜버그
(L. Kohlberg)

콜버그(L. Kohlberg, 1927~1987)는 10세에 도덕성 발달이 완성되는 것이 아니라 그 이후에도 계속해서 도덕적 사고가 발달한다고 생각하였다. 그는 Piaget와 유사하게 도덕적 딜레마에 대한 판단을 분석하여 도덕적 사고의 발달에 관한 이론을 제안하였다. 다음은 Kohlberg의 도덕적 딜레마 중 가장 유명한 하인즈 딜레마이다.

유럽에서 한 부인이 특수한 암에 걸려 거의 죽어 가고 있었다. 의사들은 그 부인을 살릴 수 있는 약이 딱 한 가지 있다고 생각했다. 그 약은 부인이 살고 있는 마을의 한 약제사가 최근에 발견한 일종의 라디움이었다. 그 약을 만드는 데에는 많이 비용이 들었고, 약제사는 약을 만드는 비용의 10배의 가격을 약값으로 책정하였다. 부인을 살릴 수 있는 데 필요한 라디움의 양을 만드는 데에는 200불이 소요되었지만, 약값은 2000불이었다. 병든 부인의 남편인 하인즈는 이곳저곳에서 돈을 빌려 돈을 모았지만 1000불 밖에 구할 수 없었다. 그는 약제사를 찾아가 아내가 죽어 가고 있으니 약을 싼 값에 팔거나 아니면 모자라는 돈은 나중에 지불할 수 있게 해 달라고 간절히 부탁하였다. 하지만 약제사는 "안 돼요. 내가 그 약을 발견했고, 돈을 벌어야 합니다."라고 거절하였다. 하인즈는 절망하였고, 결국 약방에 침입하여 아내에게 필요한 그 약을 훔쳤다.

Kohlberg는 사람들에게 이러한 딜레마를 제시하고 "하인즈는 약을 훔쳐야 했을까,

훔치지 말아야 했을까? 왜 그럴까?"와 같은 질문에 답하도록 하였다. Kohlberg가 관심을 가졌던 것은 하인즈가 약을 훔쳐야 했는지의 여부에 대해 사람들이 어떤 결정을 했는지보다 왜 그러한 결정을 했는지에 대한 설명이었고, 그러한 이유들을 분석하여 도덕성 발달 수준과 단계를 정하였다.

(1) 전관습적 수준(pre-conventional level)

이 수준의 아동은 내면화된 규칙이 아닌 외부 상황에 의해 강요된 규칙에 따라 행동이 결정되어야 한다고 본다. 규칙을 따르는 것은 처벌을 피하거나 보상을 받기 위해 권위에 대한 복종을 위한 것으로 이해하며, 결과로 행동의 옳고 그름을 평가한다.

[1단계] 처벌과 복종 지향(punishment and obedience orientation)

이 단계에서는 권위에 복종하고, 처벌을 피할 수 있는 행동이 도덕적인 행동이라고 판단한다. 이 단계에 속하는 아동이 내놓은 하인즈가 약을 훔치는 것에 대한 찬성과 반대 추론의 예시는 다음과 같다.

찬성 훔치지 않는다면 어려움에 처할 것이다. 아내를 살리기 위해 돈을 쓰지 않은 것에 대한 비난을 받게 될 것이고, 아내의 죽음과 관련하여 하인즈와 약사는 경찰 조사를 받게 될 것이다.

반대 훔치다가 잡히면 감옥에 가기 때문에 훔쳐서는 안 된다. 도망가더라도 양심의 가책을 느낄 것이며, 경찰에게 곧 잡힐 것이라는 생각으로 괴로울 것이다.

(Kohlberg, 1969, p. 381)

[2단계] 도구적 목표 지향(instrumental purpose orientation)

옳은 행동은 자신의 이익을 추구할 수 있거나 사람들 간의 동등한 교환이 가능한 행동이다. 타인을 돕는 행동도 상호호혜의 원리에 따라 정한다. 시장원리에서의 교환 이론과 같은 시각을 가지며, '당신이 나에게 해 준 만큼 나도 당신에서 해 주겠다'는 식의 사고를 가진다.

찬성 약을 훔치다가 잡힌다면 돌려주면 되고, 그다지 심각한 처벌을 선고 받지는 않을 것이다. 감옥에서 나왔을 때 아내가 살아 있기만 한다면 감옥에 잠깐 있는 것은 그리 힘든 일이 아닐 것이다.

　반대　죽음을 목전에 둔 아내를 구하기 위해 약을 훔치는 것은 상당한 위험을 무릅쓰면서 해야 할 만큼의 가치 있는 일이 아닌 것 같다.

(Kohlberg, 1969, p. 381)

(2) 관습적 수준(conventional level)

관습적 수준에 있는 사람은 타인의 인정을 받음으로써 좋은 인간관계를 유지하고, 사회질서를 유지하기 위해 규칙을 준수하는 행동이 도덕적인 행동이라고 생각한다.

[3단계] 착한 소년-소녀 지향(good boy-good girl orientation)

'착한 행동'이란 친구나 가족 등 자신에게 가까운 사람들의 기대에 부응하는 행동이나 자신에게 주어진 역할에 기대되는 행동을 하는 것이다. 도덕적 선택을 함에 있어서 주변 사람을 기쁘게 하고, 타인으로부터 인정을 받으면서 타인과 긍정적인 관계를 유지하는 데 초점을 둔다.

　찬성　약을 훔친다고 해서 하인즈가 나쁘다고 생각할 사람은 아무도 없지만, 약을 훔치지 않는다면 가족은 하인즈가 비인간적인 남편이라고 생각할 것이다.

　반대　약사뿐만 아니라 모든 사람이 하인즈가 범죄자라고 생각할 것이다. 집안의 명예가 손상될 뿐만 아니라 하인즈 자신도 다른 사람을 볼 낯이 없을 것이다.

(Kohlberg, 1969, p. 381).

[4단계] 사회 질서 지향(social order maintaining orientation)

이 단계에서 옳은 행동이란 법을 준수하면서 질서를 유지하기 위해 사회 구성원으로서 개인적 의무를 다하는 것이다.

　찬성　아내의 생명을 보호하는 것은 하인즈의 의무이고, 그것은 하인즈가 아내와 결혼할 때 약속한 것이다. 하지만 훔치는 것은 나쁜 것이고, 약사에게 돈을 지불할 것이라는 생각으로 일단 약을 훔치고 나중에 법을 어긴 데 대한 처벌을 달갑게 받아들여야 할 것이다.

　반대　아내의 생명을 구하고자 하는 것은 너무나 당연하다. 하지만 비록 아내가 죽어

가고 있다고 할지라도, 법을 지키는 것은 시민의 의무이다. 만약 모든 사람이 이런 식으로 법을 어기기 시작한다면 문명이라는 것은 존재하지 않을 것이고 오직 범죄와 폭력만 있을 것이다.

(Rest, 1979, p. 30)

(3) 후관습적 수준(post-conventional level)

도덕 추론의 가장 높은 수준으로, 개인이 신뢰하는 정의나 보편적인 윤리 등 추상적 원칙과 가치에 따라 도덕적 판단을 한다. 이 단계에서는 훔치는 것에 대해 반대를 하는 반응은 거의 나타나지 않는다.

[5단계] 사회 계약 지향(social contract orientation)

사회 구성원의 복지를 향상시키기 위한 다수의 의지가 표현된 사회적 계약으로서 법을 이해하며, 구성원들은 이러한 사회적 계약에 충실해야 한다고 생각한다. 그러나 법이 더 이상 개별 구성원을 이롭게 하지 않는다면 의미가 없다고 생각한다. 이 단계에서는 훔치지 말아야 한다는 반응은 거의 없다.

찬성 생명에 대한 권리는 소유권보다 우선시해야 하므로 하인즈는 약을 훔쳐야 한다.

(Colby & Kohlberg, 1987, p. 11)

[6단계] 보편적 윤리 원리 지향(universal ethical principle orientation)

정의, 사랑, 평등, 인간의 존엄성과 같이 자신이 선택한 추상적인 윤리적 원칙이 도덕적 판단의 기준이 된다. 이러한 도덕적 판단의 기준은 지극히 개인적인 것이고, 때로는 사회적 관습이나 법과 갈등을 일으킬 수 있다. 이러한 상황에서도 개인이 정한 윤리적 원칙에 일치하는 양심에 따라 행동하는 것이 옳다고 생각한다. 이 단계에서는 훔치지 말아야 한다는 반응은 거의 없다.

찬성 생명 존중보다 물질 소유를 더 중요시해서는 안 된다. 인간은 사유재산 없이 살 수 있지만, 인간의 생명과 인격에 대한 존중은 절대적인 것이다.

(Rest, 1979, p. 37)

하지만 Kohlberg가 제안한 방식에 따라 도덕적 판단에 대한 기술을 주관적으로 평정하는 일은 쉽지 않다. 이러한 주관적 평정의 문제를 해결하기 위해 **도덕 판단력 검사**(Defining Issues Test: DIT)라는 객관식 반응 척도가 개발되기도 하였다(Rest, 1979). 이 척도에서는 Kohlberg 이론의 각 단계에 해당하는 반응을 미리 제시하고, 그중 가장 자신의 생각에 일치하는 반응을 선택하게 되어 있다. 이 척도에는 각 단계에 해당하는 도덕적 판단 내용이 미리 제시되어 있어서 전통적인 방식보다 더 높은 수준의 도덕적 판단 수준으로 보이는 경향성이 존재한다.

4) Kohlberg 이론에 대한 평가와 대안적 접근

(1) 가장 최상위 단계의 도덕성이 현실적으로 적합한가?

Kohlberg가 제안한 것처럼, 도덕성 추론 발달은 6단계의 순서로 발달하는 것을 지지하는 증거들이 상당수 존재한다. 예를 들어, 한 종단연구에서는 연령대별로 각 발달 단계에 있는 사람들의 비율을 보여 주었다(Colby et al., 1983). [그림 9-3]에서 보듯이 아동과 어린 청소년의 경우에는 1, 2단계가 보편적으로 나타나지만, 나이가 든 청소년이

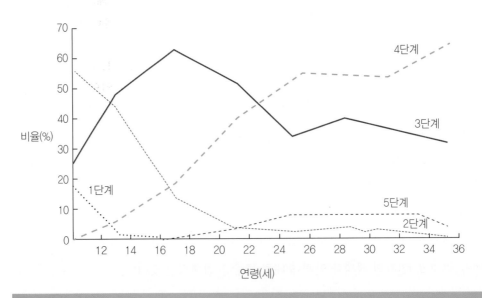

[그림 9-3] 남자 청소년을 대상으로 한 도덕판단력의 20년 종단연구

출처: Colby, Kohlberg, Gibbs, & Lieberman(1983).

나 성인의 경우에는 3, 4단계가 보편적이다. 하지만 이러한 연구에서도 6단계 사고를 보이는 사람은 거의 없었으며, 5단계도 10% 미만의 극히 적은 비율에 불과하였다. 이는 후관습적 수준의 도덕성이 이상적인 도덕발달의 가치를 보여 주기는 하지만 현실에서의 도덕성 발달을 반영하는지는 불분명함을 보여 준다.

(2) 도덕적 판단이 도덕적 행동과 일치하는가?

인지발달적 관점에서 도덕성 발달을 조망한 Kohlberg의 이론은 도덕적 행동보다는 가설적인 딜레마에 대한 도덕적 추론 및 판단에 초점을 둔 이론이다. 물론 도덕적 판단과 행동 간의 관련성은 존재할 수 있으나(Kohlberg & Candee, 1984), 도덕적 규범에 대한 이해가 항상 도덕적인 행동으로 이어지는 것은 아니다. 이후 이론가들은 Kohlberg가 생각한 이성적 추론과 도덕적 행동 간의 상관은 약하며, 감정 등에 의해 영향을 받는 직관이 도덕적 행동에 강하게 영향을 주는 것으로 주장하기도 하였다(Haidt, 2001).

(3) 범문화적으로 적용 가능한 이론인가?

Kohlberg의 이론은 정의, 개인적 책임, 개인의 권리 보호 등 서구의 문화적 가치를 반영하는데, 이러한 문화적 가치가 모든 문화권에서 가장 중요한 도덕적 가치는 아니다. 특정 문화권에서는 집단의 안녕, 사회적 조화 유지, 타인에 대한 돌봄, 자비 등이 가장 중요한 가치가 될 수 있다. 따라서 Kohlberg의 이론이 서구 외의 문화권의 도덕적 판단 발달에 적절한 모형이 되지 않을 수도 있다는 비판도 이어져 왔다(예: Shweder, 1982).

예를 들어, 힌두교 문화권과 미국 문화 간에 도덕적 추론에 있어서 중요시하는 가치의 차이가 존재한다(Miller & Bersoff, 1992). 연구자들은 참가자들에게 친구의 결혼식에 결혼 반지를 전달해야 하는데, 지갑을 잃어버려서 기차표를 살 수 없고, 아무도 돈을 빌려 주지 않는 상황에서 어떤 사람이 잃어버린 지갑 안에 자신의 행선지로 가는 기차표를 발견하였고, 그 사람에게는 다른 기차표를 살 수 있는 충분한 돈이 있는 것을 발견했을 때 어떻게 할 것인가를 물었다. 참가자들은 이 상황에 대한 두 가지 해결책 중한 가지를 고를 수 있었다. 한 가지는 '기차표를 훔쳐서는 안 된다'는 개인의 권리와 정의를 강조하는 해결책이고, 다른 해결책은 '기차표를 훔쳐서라도 결혼반지를 친구에게

제 시간에 전달해야 한다'는 타인에 대한 돌봄을 강조하는 해결책이었다. 연구 결과, 미국에 살고 있는 성인과 아동은 이와 같은 딜레마 상황에서 다수가 정의를 강조하는 선택을 하였고, 인도에 살고 있는 힌두교 성인과 아동은 다수가 돌봄을 강조하는 선택을 하였다. 미국 성인과 아동의 선택은 개인의 권리와 정의를 강조하는 미국의 문화를 반영하는 것이고, 힌두교 성인과 아동의 결과는 개인의 권리나 정의보다는 타인에 대한 의무와 책임을 강조하는 그들의 문화를 반영하는 것이라고 볼 수 있다.

(4) 정의와 개인의 권리가 가장 최상위의 도덕적 가치인가?

정의와 개인의 권리를 도덕적 가치의 기준으로 중요시하는 Kohlberg의 이론은 남성을 대상으로 한 인터뷰 자료에 근거하여 만들어졌기 때문에 배려와 돌봄을 중요시하는 여성의 도덕성을 평가하는 데 적합하지 않다는 주장도 제기되어 왔다(Gilligan, 1982). Kohlberg의 이론에서는 다른 사람에 대한 배려나 돌봄에 대한 고려가 3단계에 해당하고, 정의를 강조하는 경우에는 그보다 상위 단계인 4~6단계에 해당하게 되지만, 길리건(C. Gilligan)은 타인에 대한 배려가 정의보다 더 낮은 도덕적 가치로 평가될 수는 없다고 주장하였다.

하지만 길리건의 주장처럼, Kohlberg의 이론을 적용했을 때 여성의 도덕성이 저평가된다는 증거는 거의 없다(Walker, 2006). 딜레마에 대한 반응에서 여성은 남성과 같은 수준의 또는 오히려 더 높은 수준의 도덕적 추론을 보였다. 그리고 소녀의 2단계에서 3단계로의 발달은 소년에게서보다 오히려 더 빨리 나타났다.

(5) 비현실적인 딜레마의 사용이 적절한가?

Kohlberg의 이론이 비현실적인 상황에 대한 딜레마를 사용하였기 때문에 현실에서 발생하는 도덕적 갈등에 대해 실제로 개인이 어떻게 판단하는지 불분명한 정보를 준다는 단점이 있다는 지적도 있어 왔다. 청소년이 일상생활에서 겪는 딜레마는 Kohlberg 이야기에서 나오는 가족과 권위체계와 관련된 딜레마뿐만 아니라 친구나 기타 문제에 관련된 광범위한 딜레마인 경우가 많다(Yussen, 1977). 대안적인 방법으로 자기 자신이 경험한 실제 도덕적 딜레마를 회상하고 논의하게 하는 방법이 제시되기도 하였다(Walker, de Vries, & Trevethan, 1987).

이러한 주장들과 관련하여 아이젠버그(N. Eisenberg)는 실생활에서 아동이 경험하는 딜레마는 자신의 이익을 추구하는 것과 타인을 돕는 것 사이에 발생한다고 지적하였다. 예를 들어, Eisenberg는 아동들에게 다음과 같이 다른 사람을 돕는 것과 자신이 필요한 것을 성취하는 것 사이에서 선택을 해야 하는 딜레마를 제시하였고, 친사회적 도덕 추론(psychosocial moral reasoning)이 어떻게 발달하는가를 살펴보았다.

> 어느 날, 에릭이라는 소년이 친구의 생일 파티에 가고 있었다. 파티에 가는 길에 에릭은 넘어져서 다리를 다친 소년을 보았다. 소년은 에릭에게 자신의 집에 가서 부모님을 데리고 와 부모님이 자신을 의사에게 데려갈 수 있도록 해 달라고 부탁했다. 만약 에릭이 뛰어가서 소년의 부모님을 데리고 온다면 에릭은 생일 파티에 늦을 것이며, 그렇게 되면 아이스크림과 케이크도 먹지 못하고 친구들과 놀이도 하지 못할 것이다. 에릭은 어떻게 해야 할까? 왜 그렇게 생각하니?
>
> (Eisenberg & Hand, 1979, p. 358)

Eisenberg는 이러한 유형의 이야기들을 제시하고, 질문에 대한 응답에 근거하여 아동과 청소년의 친사회적 도덕적 추론 능력을 다음과 같이 5단계로 제안하였다.

[1단계] 쾌락주의적 지향(hedonistic orientation)

대부분의 학령 전기 또는 학령기 초기의 아동은 도덕적인 가치보다는 자신의 이득에 관심을 가진다. 다른 사람을 돕는 것은 직접적인 이득이 있거나, 나중에 상호 보상이 있거나, 필요성이나 선호에 의해 다른 사람을 배려해야 할 때 나타난다. 이 단계의 아동은 앞의 딜레마에서 에릭이 파티에 가길 원하므로 파티에 가야 한다고 대답한다.

[2단계] 요구-기반 지향(need-based orientation)

상당수의 학령 전기 및 학령기의 아동은 다른 사람에게 필요한 것이 무엇인지를 언급한다. 이 단계의 아동은 다른 사람의 물리적·물질적·심리적 요구가 자신의 요구와 상충된다고 할지라도, 타인의 요구에 대한 배려를 보인다. 하지만 이러한 지향은 타인을 도와야 한다는 단순한 규칙의 이해에 근거하며, 상대방을 공감하거나 동정하는 능력에 근거하지 않는다. 이 단계의 아동은 앞의 딜레마에서 소년이 다쳐서 피를 흘리고 있기 때문에 도와야 한다고 이야기한다.

[3단계] 승인과 고정관념적 지향(approval and/or stereotyped orientation)

학령기에 접어들면서 아동은 타인의 승인이나 옳고 그름에 대한 고정관념에 근거하여 친사회적 행동을 하거나 하지 않는 것을 정당화한다. 이 단계의 아동은 앞의 딜레마에서 에릭이 착한 아이가 되려면 소년을 도와야한다고 이야기한다.

[4단계] 자기반영적 공감적 지향(self-reflective empathic orientation)

아동기 후기와 청소년기가 되면서 아동의 판단은 조망수용 능력과 동정과 죄책감 같은 도덕성 관련 정서에 기반을 두기 시작하며, 친사회적 행동의 결과로 인해 생겨날 수 있는 긍정적 정서를 고려하기 시작한다. 이 단계의 아동과 청소년은 앞의 딜레마에서 에릭이 그 상황에서 고통을 느끼고 있으며, 에릭이 돕지 않으면 자신의 마음도 편하지 않을 것이라고 응답할 것이다.

[5단계] 강력한 내면화 단계(strongly internalized stage)

청소년 중 소수만이 가장 상위 단계의 도덕성 발달 단계를 보이는데, 이 단계에서는 타인에 대한 책임감과 관련된 내면화된 가치나 믿음(예: 모든 사람은 똑같이 존엄하다, 사회의 발전에 이바지할 의무가 있다.)에 근거한 판단을 한다. 예를 들어, "어려움에 처한 사람을 돕는 것은 바른 사회를 만들기 위한 시민의 의무이다."와 같이 응답할 것이다.

많은 연구에서 Eisenberg의 친사회적 도덕적 추론 단계의 발달이 여러 나라에서 검증되어 왔음을 밝혔다(Carlo, Koller, Eisenberg, Da Silva, & Frohlich, 1996; Fuchs, Eisenberg, Hertz-Lazarowitz, & Sharabany, 1986). 그리고 친사회적 도덕적 추론 발달에서 상위 단계에 있는 아동이 하위 단계에 있는 아동보다 타인을 돕는 행동을 더 많이 하는 경향이 존재하였다(Miller, Eisenberg, Fabes, & Shell, 1996).

2. 도덕적 행동 발달

어떤 사람이 도덕적인지 평가할 때 가장 중요한 기준이 되는 것은 그 사람이 도덕적 행동을 보이는가이다. 앞에서 Kohlberg의 이론에 대한 평가에서도 언급했듯이, 도덕적으로 옳고 그름에 대한 이해를 가지고 있다고 해서 그러한 이해가 항상 도덕적인 행동으로 귀결되는 것은 아니다. 이 절에서는 아동이 옳은 행동을 위한 사회적 기준의 내면화(internalization)를 통해 어떻게 도덕적 행동을 하면서 도덕적 존재가 되어 가는지에 대한 정신분석이론과 사회학습이론을 개관하도록 하겠다.

1) 정신분석이론

정신분석학에서는 도덕적 행동의 동기로서 도덕적 감정의 발달을 중요하게 본다. 프로이트(S. Freud)에 따르면, 아동은 부적절한 행동을 했을 때 초자아(superego)로부터 발생하는 죄책감을 회피하기 위해 도덕적 행동을 한다.

오이디푸스/엘렉트라 콤플렉스가 생기는 4~6세 사이에 부모를 동일시하는 과정에서 아동은 이성 부모에 대한 성적 욕구를 느끼게 되지만 현실적으로 이러한 욕구가 충족될 수 없음을 깨닫고 동성 부모에 대한 두려움을 느끼게 된다. 이러한 두려움을 극복하기 위해 아동은 욕구 충족을 추구하는 대신 동성 부모와 동일시를 하게 되고, 이 과정에서 초자아 또는 양심을 생성하며 동성 부모의 도덕적 기준을 내면화하고 행동하는 것이다.

이러한 도덕적 행동의 발달에 대한 정신분석이론의 견해는 많은 비판을 받아 왔다. 죄책감이 도덕적 행동의 발달을 도와주는 것은 사실이지만, 공감이나 동정심, 양육자에 대한 애착과 같은 긍정적 정서도 도덕발달에 긍정적 영향을 준다. 또한 정신분석이론은 체벌과 애정의 상실에 대한 두려움이 양심발달의 기본 기제라고 주장하였지만, 연구자들은 위협이나 명령, 체벌을 자주 사용하는 부모의 아동이 오히려 온정적이고 반응적인 부모의 아동보다 오히려 도덕적 위반을 자주 범하고 죄책감도 덜 느낀다는 것을 발견해 왔다(Kochanska, Aksan, Prisco, & Adams, 2008). 부모가 만약 자녀의 옳지 못한 행동에 대해 말을 하지 않고, 좋아하지 않는다는 식의 애정 철회를 보이면 아동은 '나는 아무 쓸모가 없어.' '아무도 나를 좋아하지 않아.'와 같은 자기비난을 보이면서, 죄책감으로부터 너무 압도되어 감정을 무시하고, 오히려 미약한 양심발달을 보일 수 있다.

2) 사회학습이론

사회학습이론은 아동이 도덕적 행동의 동기로서 외적 지향(external orientation) 또는 내적 지향(internal orientation)을 어떻게 발달시키는가에 주로 관심을 가지고 있다. 외적 지향은 그 사람의 도덕적 행동이 외부적인 압력에 의해 결정되는 것을 말한다. 예를 들어, 아이가 엄마가 보고 있기 때문에 동생에게 장난감을 양보하는 것이다. 내적 지향은 그 사람의 도덕적 행동이 내적인 기준에 의해 결정되는 것을 말한다. 예를 들어, 아이가 동생에게 장난감을 양보하는 것이 옳다고 생각하고, 그렇게 했을 때 기분이 좋기 때문에 동생에게 장난감을 양보하는 것을 말한다. 도덕적 행동을 지속시키기 위해서는 내적 지향의 발달이 필수적이라고 본다. 그렇다면 내적 지향을 형성하게 하는 방법은 무엇일까? 사회학습이론에서는 다음과 같은 내적 지향의 발달 방법을 제안하고 있다.

(1) 모델링(modeling)

타인의 도덕적 행동을 관찰하기만 해도 아동의 도덕적 행동에 대한 내적 지향 발달이 촉진될 수 있다. 부모가 도덕적 규칙을 위반하고 싶은 유혹에 저항하는 것을 관찰할 때, 아동은 왜 부모가 유혹에 저항하면서 규칙을 잘 따르고 있는지를 이해할 수 있다면 좋은 효과가 있을 수 있다.

아동의 도덕적 행동 모방을 촉진하는 모델들의 특성이 존재한다. 첫째, 아동은 따뜻하고 요구에 민감하게 반응을 해 주는 성인을 차갑고 거리감이 느껴지는 성인보다 더 잘 모방한다(Yarrow, Scott, & Waxler, 1973). 다정다감한 행동 자체가 친사회적 행동의 좋은 모델이 될 수 있으며, 아동은 다정한 모델에 좀 더 주의를 집중하고 반응을 잘한다. 둘째, 아동은 유능하거나 힘이 있다고 생각되는 사람들, 특히 더 나이가 든 아동이나 성인의 행동을 더 잘 모델링한다(Bandura, 1977). 셋째, 아동은 말과 행동 간의 일관성이 있는 사람을 모방한다. 예를 들어, 엄마가 "어렵고 힘없는 사람들을 도와야 해."라고 이야기하지만, 엄마가 정작 타인을 돕는 행동을 거의 하지 않는다면 아동의 이타적 행동 수준은 낮아진다(Mischel & Liebert, 1966).

(2) 강화(reinforcement)

아동이 내적 지향을 획득할 수 있는 다른 방법 중 하나는 강화이다. 유아가 도덕적인 행동을 보일 때 "정말 잘했어."와 같은 행동에 대한 칭찬이나 "넌 정말 친절한 아이구나."와 같이 유아의 내적 특질에 대한 칭찬을 해 주면 도덕적 행동의 빈도가 증가될 수 있다. 비도덕적 행동을 교체할 수 있는 대안적인 행동을 강화해 주는 것은 아동의 비도덕적 행동을 감소시킬 수 있다. 예를 들어, 동생이 장난감을 빼앗아 가서 화를 참지 못할 때 동생을 때리는 대신 동생에게 장난감을 가져가지 말라고 차분히 말을 하고 사과를 요구하는 행동을 강화시켜 준다면, 때리기와 같은 비도덕적 행동을 감소시킬 수 있는 것이다.

(3) 훈육(discipline)

부모나 교사의 훈육 방식에 따라 아동의 내적 또는 외적 지향을 발달시킬 수 있느냐가 영향을 받을 수 있다. 훈육 방식의 종류는 다음과 같다. 첫째, **힘의 행사**(power assertion) 방식으로 소리 지르기, 엉덩이 때리기, 특권 박탈이나 "엄마가 말했으니까 그렇게 해야 하는 거야!"와 같이 권위적으로 아이에게 행동을 강요하는 것을 말한다. 둘째, **애정 철회** (love withdrawal) 방식으로 "난 너랑 더 이상 이야기하고 싶지 않아." "난 이제 가 버릴 거야."와 같이 이야기하는 것을 말한다. 셋째, **유도기법**(induction)으로 아이에게 아이의 행동이 왜 옳고 그른지를 아이가 이해할 수 있는 방식으로 설명해 주는 것을 말한다. 예를 들어, 부모가 아이에게 "네가 장난감을 빼앗아서 친구가 매우 속상해서 울고 있네."라고 말을 하는 것은 유도기법의 한 예로 볼 수 있다. 이 중 유도기법이 내적 지향을 향상시키는 데 가장 효과적인 방법이다. 아이를 정말 통제하기 어려울 때에는 경고나 명령 등이 필요할 때가 존재하지만, 힘의 행사나 애정 철회 방식은 일반적으로 아동의 외적 지향의 발달을 촉진하는 부정적 영향이 될 수 있다. 애정 철회 방식은 부모로부터 사랑을 받지 못할 것이라는 불안이나 공포를 증가시키고, 힘의 행사 방식은 분노나 적개심을 증가시커 내적 지향을 발달시킬 수 있는 심리적 여유를 가지지 못하게 된다.

　유도기법이 내적 지향을 발달시키는 데 효과가 있는 이유는 무엇인가? 부모가 유도기법을 사용할 경우에 아동은 자신의 행동이 다른 사람에게 어떤 고통을 느끼게 했는지, 즉 자신으로 인해 생기는 다른 사람의 불편한 심리적 · 물리적 상황에 대해 주의를 기울이게 함으로써 죄책감을 느끼게 된다. 즉, 자신의 행동이 왜 잘못되었는지를 이해하게 됨으로써 **공감을 기반으로 한 죄책감**(empathy-based guilt)을 느끼게 되고, 이것이 내적 지향을 향상시키는 주요 매개체가 되는 것이다.

　하지만 유도기법이 모든 아동에게 효과적인 것은 아니다. 공감 수준이 높은 아동은 힘의 행사 방식을 사용할 필요가 별로 없고, 유도기법으로 인해 비교적 쉽게 내적 지향이 향상되며, 도덕적 행동 발달이 향상된다. 겁이 많은 아동과 겁이 없는 아동 간에도 유도기법의 효과에 있어서 차이가 나는 것으로 보인다. 겁이 많고 예민한 아동은 잘못된 행동을 했을 때 부모가 부드럽게 타이르고 설명을 하기만 해도 죄책감을 느낄 수 있으며, 유도기법이 내적 지향을 촉진시키는 데 있어서 매우 효과가 있는 반면, 겁이 없고 대담한 아동일 경우에는 유도기법이 상대적으로 효과가 없었다(Kochanska et al., 2002). 이와 같은 결과는 아동의 기질에 따라 가장 효과적인 훈육 방식이 달라질 수 있음을 보여 주는 것이고, **적합성 모델**(goodness-of-fit model)과 일관되는 결과라고 볼 수

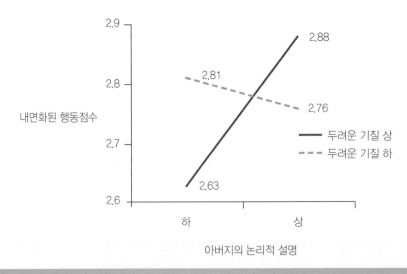

[그림 9-4] 아버지의 논리적 설명과 유아의 내면화된 행동 간의 관계에서 유아의 두려운 기질의 중재적 역할

출처: 조은영, 도현심, 김민정(2010), p. 9.

있다. 우리나라에서도 조은영, 도현심, 김민정(2010)이 두려운 기질이 높고 낮음에 따라 부모의 훈육 방식이 내면화된 행동(내적 지향에 의한 행동)을 유발시키는 정도가 달라짐을 보고하였다. 하지만 겁이 없는 아동에게 단순히 힘의 행사 방식과 같은 훈육도 부정적인 효과가 있을 수 있다. 힘의 행사 방식은 이미 형성되고 있는 충동 조절 능력을 저평가하면서 내적 지향의 발달을 저해한다. 이러한 아동은 양육자와의 안정애착을 확실하게 형성하고, 유도기법과 함께 잘못된 행동은 엄격하게 다루는 방식을 같이 결합할 때 내적 지향을 발달시킬 수 있다.

글상자 9-1 처벌은 아이의 도덕성을 향상시킬 수 있을까?

상당수의 부모는 자녀가 유혹에 저항해서 칭찬 받을 만한 일을 했을 때는 잘 인식하지 못하지만, 도덕적 위반이 탐지될 때에는 신속하게 처벌하곤 한다. 자녀가 잘못된 행동을 했을 때, 부모들이 종종 사용하는 방법 중 하나가 자녀를 큰 소리로 혼내거나 엉덩이 등의 신체 부위를 때리는 것이다. 이러한 방법은 자녀가 자동차가 많이 다니는 거리로 뛰어드는 것을 막아야 하는 것과 같은 위급한 상황에서 자녀의 즉각적인 복종이 필요할 때에는 정당화될 수도 있지만 일반적으로는 효과적이지 않은 훈육 방법이다.

빈번한 처벌은 임시방편으로 아이의 부적절한 행동을 멈추게 할 수 있지만, 지속적으로 행동을 바람직하게 변화시키기 어렵다. 성인의 처벌 자체가 아이에게 공격행동에 대한 잘못된 모델을 제공할 수 있다. 자주 혼나거나 처벌을 받는 아이는 계속해서 위협을 느끼기 때문에 자신의 고통에 대해서만 관심을 가지고, 다른 사람의 요구나 심리 상태에 둔감할 수 있다. 이러한 아이는 감시의 눈을 피해 바람직하지 않은 행동을 하기 쉽고, 심하게 혼나거나 처벌을 받을수록 아이는 심각한 정신적인 문제를 일으킬 가능성이 있다. 도덕적 규칙을 내면화시키는 데 어려움을 겪고, 우울, 공격성, 반사회적 행동을 일으킬 수도 있으며, 학업 성취에도 부정적인 영향을 미칠 수 있다.

아이가 자주 처벌을 받을 경우에 생기는 가장 심각한 문제는 부모와의 관계가 악화된다는 것이다. 그러면 아이는 부모와의 상호작용을 회피하게 되고, 부모가 아이에게 바람직한 행동을 가르칠 수 있는 기회가 감소하게 된다. 외상은 없이 고통만 가하는 신체적 체벌을 받은 자녀들은 부모의 그러한 훈육을 수용하는 경향성이 있는데(Deater-Deckard, Lansford, Dodge, Pettit, & Bates, 2003; Vitrup & Holden, 2010), 이런 방식으로 체벌을 사용하는 훈육 방식은 다음 세대에 전이될 수 있다.

3) 도덕적 행동의 다양한 차원

진화론자들은 이타적 행위는 생존 및 종의 보존에 중요한 적응적인 행동이므로 생득적인 속성이라고 본다. 다른 종에 비해 연약한 인간이 지구 상에서 번식하고 풍요롭게 살게 된 것은 일상에서 다양하게 자주 관찰되는 친사회적 행동으로 인해 가능해졌다고 주장한다. 이러한 주장은 생명 및 사회화합 보존에 핵심적인 특정한 도덕적 가치(상해/배려, 공정성/상호호혜성, 내집단/충성, 권위/존경, 순결/신성함)가 여러 문화에 걸쳐 공통적으로 유지되어 오는 것과 일맥상통한다(Haidt, 2001).

이러한 이타성의 생득론적 기반에 대한 주장은 생애 초기부터 나타나는 이타성의 특징을 통해서도 지지될 수 있다. 발달 초기부터 인간은 침팬지나 다른 영장류와는 다소 다른 이타적 행동을 보인다. 침팬지도 다른 행위자의 목표 성취를 돕기는 하지만, 음식을 나누는 것에는 인색하고, 유용한 정보를 제공하는 이타적 행동은 보이지 않는다(Tomasello, 2009). 인간 영아는 생후 1~2년부터 영장류보다 더 융통성 있고 광범위한 이타적 행동을 보이기 시작한다(Svetlova, Nichols, & Brownell, 2010; Warneken & Tomasello, 2006, 2007). 매우 초보적인 이타적 행동은 가리키기와 같이 영아가 쉽게 할 수 있는 의사소통 행위를 통해 이루어진다. 성인이 특정 물건을 찾기 위해 두리번거리면 12개월 된 영아는 그 물체의 위치를 향해 손가락을 가리킴으로써 정보를 제공하는 이타적 행위를 한다(Liszkowski, Carpenter, & Tomasello, 2008). 18개월 전후로 영아는 도구적 도움 행동을 보이기 시작한다. 예를 들어, 18개월 된 영아는 성인 실험자가 빨래를 줄에 널다가 집게를 실수로 떨어뜨린 후 집게를 주워 올리는 데 어려움을 겪는 것을 볼 때, 집게를 주워서 실험자에게 주는 경향성을 보이며(Warneken & Tomasello, 2006), 이러한 반응은 실험자가 특별히 명시적으로 도움 요청을 하지 않더라도 나타난다(Warneken, 2013). 만 2세부터는 자원을 나누기(sharing) 및 위로하기(comforting) 등과 같은 행동을 할 수 있다(차민정, 김은영, 채주경, 송현주, 2015; Dunfield, Kuhlmeier, O'Connell, & Kelley, 2011). 이러한 연구 결과들은 영아가 실험자와 같은 낯선 사람에게도 이타적 행동을 보일 수 있다는 것을 보여 준다.

한 유아가 자신의 동생에게 음식을 나누어 주고 있다. 이러한 이타적 행동은 영유아기에 발달한다.

(2) 정직성(honesty)의 발달

거짓말 이해는 학령 전기부터 초등학교 시기 동안에 발달하는 것으로 보인다. 거짓말에 대해서 처음에는 단순히 '사실이 아닌 말'이라는 기준을 가지고 판단하다가, 발화자의 의도와 거짓말의 효과, 사회적 용인 가능성 등을 포함하는 거짓말 개념의 복잡성을 발달시키게 된다(Talwar & Crossman, 2011).

학령 전기부터 거짓말이 시작되는 것으로 관찰되는데, 이른 경우 만 2세 후반기부터 거짓말을 시작하기도 한다. 아동이 제일 먼저 하기 시작하는 거짓말은 당장의 처벌을 피하기 위한 것이다(Depaulo & Jordan, 1982). 이렇게 자신의 잘못을 숨기고자 하는 거짓말은 아동이 가장 자주 하는 거짓말이기도 하다(Wilson, Smith, & Rose, 2003). 연구 결과에 따르면, 이러한 초기 거짓말은 상대적으로 덜 정교하고, 쉽게 발각되며, 일반적으로 자기보호적 특성을 지니고, 다른 사람에게 해를 끼치려는 의도는 없다.

거짓말 행동을 알아보는 실험 연구는 만 3세 이상의 학령 전기 아동에게 초점을 맞춰 왔다. 이러한 연구들은 전형적으로 '수정된 유혹 저항 패러다임(modified temptation resistance paradigm)'을 이용하였다. 이 패러다임의 예를 들면, 매력적인 장난감들이 놓인 방에서 실험자가 자리를 비운 동안에 아동은 장난감을 보지 말라는 지시를 받는다. 이후 실험자가 다시 돌아와서 아동에게 장난감을 봤는지 물어볼 때, 아동들은 자연스럽게 거짓말을 할 기회를 얻게 된다. 이러한 실험 연구의 결과들은 빠르면 만 3세, 그리고 대부분 만 4세 아동이 잘못을 숨기고 잠재적인 처벌을 피하기 위한 거짓말을 할 수 있다는 것을 보여 준다(Lewis, Stanger, & Sullivan, 1989; Talwar & Crossman, 2011).

개인적인 보상을 얻기 위한 반사회적 거짓말도 학령 전기에 나타나는 것으로 보인다. 만 4세 아동은 상품을 받기 위해 인형에게 상품의 위치를 잘못 알려 주는 거짓말을 할 수 있다(Sodian, Taylor, Harris, & Perner, 1991). 유사한 패러다임에서 만 5세 아동의 87%가 인형에게 상품의 위치에 대하여 거짓말을 하는 반면, 만 3세 아동의 29%만이 이 같은 거짓말을 하였다(Peskin, 1992).

오늘날의 연구 결과들은 만 2.5세에서 3세경에 거짓말이 시작되며, 학령 전기 아동이 점점 더 의도적으로 자신을 위한 이유로 거짓말을 하게 되는 발달 과정을 거친다는 것을 보여 준다. 그러나 발달 과정에 있어서 반사회적 거짓말의 빈도가 계속적으로 증가하기만 하는 것은 아니라는 점에 주목할 필요가 있다(Talwar & Crossman, 2011). 거짓말 행동은 청소년기에 정점에 이르고, 이후 성인기에 이르기까지 점차 감소하는 것으로 보인다(Jenson, Arnett, Feldman & Cauffman, 2004). 성인기에 거짓말의 빈도가 줄어드는 것은 속임수 전략에 의지하지 않고 사회적 환경을 적응적으로 다루는 인지적 능력이 증가함을 의미한다. 그러나 아동기에서 성인기에 이르기까지의 거짓말의 발달과 적응성을 검증한 장기 종단연구가 거의 없기 때문에 거짓말의 정확한 발달 과정과 거짓말에 영향을 미치는 요소가 무엇인지는 불확실하다(Talwar & Crossman, 2011).

(3) 분배공정성(distributive justice)의 발달

아동은 일상에서 분배공정성과 관련된 갈등이나 선택 등을 많이 경험하게 된다. 맛있는 간식을 동생과 어떻게 나누어서 먹어야 할지, 장난감을 친구와 사이좋게 어떻게 같이 가지고 놀지, 형제자매 중 누가 엄마 옆에서 잠을 잘 것인지에 대한 선택을 할 때 해결하기 쉽지 않은 갈등이 생기기 쉬우며, 아동은 불공평하다고 판단되는 결과에 대해서 분노나 좌절 등을 경험하게 된다.

5세 전의 아동은 자원을 다른 사람과 공유하는 것이 중요하다고 생각하면서도, 자기중심적인 이유에 근거하여 자원 분배를 결정한다고 생각하는 것으로 보이기도 한다(Damon, 1988). 예를 들어, 어린 아동은 "내가 동생에게 사탕을 나누어 주기는 하겠지만, 내가 나이가 많으니 더 많이 가져야 해." 또는 "내가 친구와 장난감을 같이 쓰지 않으면 친구가 놀아 주지 않을 테니, 친구와 같이 가지고 놀아야 해."라고 미성숙한 이유에 근거하여 타인과 자원을 나눈다는 것이다. 하지만 연령이 증가하면서 아동은 좀 더 성숙한 개념을 바탕으로 자원 분배를 결정하는데, 데이먼(W. Damon)은 공평성의 발달이 다음과 같은 세 단계로 구성될 수 있다고 제안하였다.

- **엄격한 평등성**(strict equality): 5~6세 아동의 분배 결정의 근거가 되는 개념으로서, 각자 동등한 양의 자원을 나누어 가져야 한다는 믿음이다.
- **장점**(merit): 6~7세 아동은 열심히 노력한 사람이나 매우 탁월한 결과를 산출한 사람에게 추가적으로 자원이 분배되어야 한다고 생각한다.
- **형평성**(equity) 및 **박애**(benevolence): 8세 이후의 아동에게서 나타나는 이해로서, 불우한 환경에 있는 사람에게는 특별한 배려를 해 줄 수 있다고 생각해서 자원을 많이 가질 수 없거나, 자기 몫을 전혀 가질 수 없는 아동에게는 자원을 추가적으로 분배해도 괜찮다고 생각한다.

분배 공정성 이해가 높을수록 타인에게 이타적이고 공정한 행동이 더 자주 나타나는 경향성이 있다(McNamee & Peterson, 1986). 이러한 분배 공정성 이해의 발달에 영향을 주는 요인은 무엇일까? 부모의 충고나 격려도 영향을 주지만, 또래관계에서 협력 경험이 중요한 역할을 하는 것으로 보인다(Kruger, 1993). 아동이 상대의 감정에 대해 주의를 기울일 경우에도 자원을 공평하게 나누려는 행동이 증가한다. [그림 9-5]와 같이 사진 속에 있는 원숭이와 10개의 스티커를 나누는 과제를 할 때, 원숭이가 스티커를 받은 후 기분이 어떠한지 감정 그림(사진 왼쪽에 있는 웃는 표정, 중립 표정, 찡그린 표정 중 하나의 표정)를 통해 알려 줄 것이라고 이야기하면, 아동은 통제 조건의 아동보다 공평하게 스티커를 분배하는 행동을 더 많이 보인다(유하나, 이지현, 송현주, 김영훈, 2014).

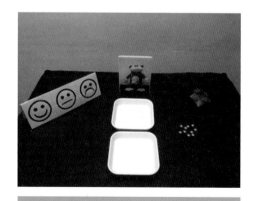

[그림 9-5] 유하나, 이지현, 송현주, 김영훈 (2014)의 실험 장면

3. 공격성 발달

1) 공격성의 유형

공격성이란 타인을 해치거나 상처를 주려는 의도를 가지고 행하거나 시도되는 언어적·신체적 행위를 말한다. 공격성은 크게 적대적 공격성(hostile aggression)과 도구적 공격성(instrumental aggression)의 두 가지 유형으로 나누어진다. 적대적 공격성은 어떤 사람을 해치는 것이 최종적 목표일 경우의 공격적 행위이다. 예를 들어, 어떤 아동이 친구가 미워서 욕설을 퍼붓고 때린다면 그것은 적대적 공격성일 것이다. 반면, 도구적 공격성은 다른 목적을 달성하기 위한 수단으로 다른 사람을 해치는 것을 말한다. 어떤 아동이 친구가 가진 장난감을 뺏기 위해 친구를 때린다면 그것은 도구적 공격성으로 볼 수 있다.

공격성은 또한 도발적 공격성(proactive aggression)과 반응적 공격성(reactive aggression)으로 나뉠 수 있다. 도발적 공격성은 공격적 행동을 통해 힘을 보여 줌으로써 이득을 취하고, 복종하는 아동을 지배하는 것이 자존감을 높일 수 있다는 믿음이 동기가 된다. 반응적 공격성은 다른 아동의 행동에 대한 반응으로서 유발되는 공격 행위를 의미하며, 보복을 위해 공격행동을 하는 것이 대표적인 예이다. 게임에서 진 후 승자를 때리거나, 자신의 장난감을 부순 아동의 장난감을 부수는 행동들이 반응적 공격성의 예라고 할 수 있다.

2) 공격성의 발달 경로

장난감 등 원하는 물체를 두고 생기는 영아들 간의 갈등은 돌 전후에 시작되는데, 자신의 목표가 좌절되었을 때에는 화를 표현하지만, 공격적인 행동이 수반되지는 않는다(Coie & Dodge, 1998). 생후 18개월을 전후해서 본격적으로 때리기, 밀기와 같은 신체적 공격행동이 나타나며, 2~3세까지 공격행동의 빈도와 강도가 점점 늘어난다. 만 2세 전후 영아들 간에 분쟁이 생기기는 하지만, 협상이나 공유를 할 가능성도 증가한다

(Alink et al, 2006). 이는 생애 초기의 또래 갈등은 단순히 공격성을 증가시킨다기보다는 오히려 갈등을 해결하기 위해 힘에 의존하기보다 협상을 할 수 있는 능력 등을 키울 수 있는 적응적인 기회일 수 있음을 보여 준다.

아동의 연령이 증가함에 따라 공격성의 양상도 점차 변화한다. 조기 육아 연구 네트워크(NICHD Early Child Care Research Network, 2004)는 1,195명의 2~9세 아동의 신체적 공격성을 측정한 결과, 대다수(75%)의 아동이 전체 연구 기간 동안에 낮은 수준의 공격성을 보였고, 27%의 아동은 공격성이 점차적으로 감소하는 추이를 보였다. 학령전기 동안에 신체적 공격행동의 빈도는 점점 줄어드는 것으로 보인다. 3%의 아동은 전체 연구 기간 동안에 계속해서 높은 수준의 공격성을 보였다. 아동 중기가 되면서 갈등을 해결하기 위해 언어를 사용하여 원만한 방식으로 분쟁을 해결하는 것을 배우면서 신체적 공격과 언어적 공격의 발생이 전반적으로 감소하는 것으로 보인다(Shaw et al., 2003).

3) 공격성의 안정성

공격성은 발달 과정에서 여아 및 남아 모두에게서 상당히 안정된 속성으로 나타나는 것으로 보인다. 종단연구들에서는 매우 공격적인 소수의 아동이 폭력적인 청소년과 성인으로 성장하는 경향성이 있음을 보여 주었다. 공격적이었던 영아는 3~5세에도 계속해서 공격적인 경향성이 존재하였다(Alink et al., 2006). 다양한 국가에서 수행된 종단연구에서는 3~10세에 아동이 보이는 성급하고 공격적인 행동은 이후 공격적이고 반사회적인 경향성을 예측함을 보여 주었다(Piquero, Carriaga, Diamond, Kazemian, & Farrington, 2012). 예를 들어, 친구들에게 매우 공격적이라고 평가 받는 8세 아동은 그렇지 않은 아동보다 상대적으로 적대적인 30대가 되며, 가족 구성원에게 폭행을 가하는 등의 범죄를 저지를 가능성이 높다([그림 9-7] 참조).

4) 공격성 발달에 영향을 미치는 요인

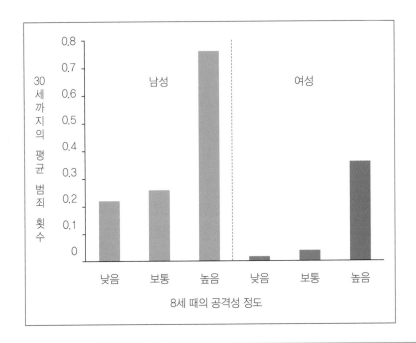

[그림 9-6] 아동기 공격성과 성인기 범죄율과의 관계

출처: Huesmann, Eron, Lefkowitz, & Walder(1984).

(1) 생물학적 요인

남성 호르몬인 테스토스테론과 안드로겐이 높을수록 공격적인 행동과 표현을 많이 하는 것으로 보인다(Archer, 1994). 이러한 호르몬의 차이로 인해 공격성 발달에 있어서 성차가 나타나는 것으로 보인다. 100개 이상의 국가에서 남성이 여성보다 신체적·언어적 공격성 수준이 높은 것으로 나타났는데(Harris, 1992; Maccoby & Jacklin, 1974), 남성 호르몬인 테스토스테론이 공격성 발달에 영향을 주는 것으로 이해할 수 있다.

유전적이고 생물학적 요인에 의해 주로 영향을 받는 영아기 초기의 기질 역시 발달 과정에 영향을 줄 수 있다. 예를 들어, 짜증을 잘 내며 충동적인 영아일수록 이후 유아기에 더 공격적이라고 보고되며(Matheny, 1989), 6개월경의 기질은 이후 세 살 때 부모가 보고하는 공격성의 정도를 예측할 수 있다(Bates, Maslin, & Frankel, 1985).

| 글상자 9-2 | 과연 남아는 여아보다 공격적으로 타고나는 것일까? |

남성 호르몬인 테스토스테론은 공격성 발달에 영향을 주며, 남성이 여성보다 일반적으로 더 공격적 행동을 보이는 것으로 알려져 있다. 그러나 흥미롭게도 영유아기 초기에는 이러한 성차가 존재하지 않는다. 만 1~2세의 영아들에게서는 여아가 놀이집단을 주도했을 때 공격적이고 강압적으로 장난감 분쟁을 해결하는 경우가 많고, 남아가 주도할 경우에는 장난감을 협상하거나 공유할 가능성이 높았다(Hay, Castle, & Davies, 2000).

그렇다면 왜 성장하면서 남아의 공격성이 여아의 공격성보다 증가하는 것일까? 이는 사회적 영향력에 기인한 것일 수 있다. 부모들은 남아와 거친 신체적 놀이를 하며, 여아의 공격행동에 대해서는 부정적인 반응을 보인다(Brennan et al., 2003). 남아는 장난감 총, 장난감 칼 등 파괴 도구들을 선물 받게 되는 경우가 많으며, 이러한 도구들은 공격행동을 증진시킬 수 있다. 아동은 이러한 과정에서 공격성을 남성의 특징으로 보게 되며, 공격행동이 부모나 또래로부터 비난을 덜 받는 행동일 뿐만 아니라 실질적으로 이득이 된다고 이해하게 된다(Herzberger & Hall, 1993; Perry, Perry, & Weiss, 1989).

최근 연구들에 따르면, 남아와 여아 모두 똑같이 공격적이지만 공격성을 보이는 방법에 차이가 있다. 남아는 겉으로 표현 가능한 물리적 · 언어적 공격성을 나타내며, 나에게 위협을 가한 상대를 보복하려는 경향이 높은 반면, 여아의 경우에는 보이지 않게 관계적으로 보복하는 경향이 있었다. 또한 냉대하기, 상대방이 없는 자리에서 헐뜯기 등의 행동을 통해 자신의 힘을 과시하며 타인에게 상처와 모욕을 주었다(Archer, 1994; Crick & Dodge, 1996).

이러한 연구 결과들은 남아가 전형적으로 보이는 외현적 공격성 발달에 남성 호르몬이 영향을 주는 것은 사실이지만, 공격적 발달 경로에 영향을 주는 유일한 요인은 아니며, 성장 과정에서 여아도 다른 방식으로 공격성을 보일 수 있음을 보여 준다.

(2) 인지적 요인

공격성이 높은 아동은 다른 아동과는 다른 사회적 정보처리 방식을 보이며, 이로 인해 사회적 관계에서 나타나는 갈등에 대한 왜곡된 사고를 가지고 있는 경향성이 있다. 공격적인 아동은 우연적인 상황 또는 상대방의 의도가 불분명한 상황에서 해를 입었을 경우에 자신의 기대에 부합되는 단서를 찾아내어 상대방의 적대적인 의도를 가졌다고 생각하는 일명 '적대적 귀인 편향(hostile attribution bias)'을 보이기 쉽다. 예를 들어, 친구가 우연히 책상 위의 책을 건드려 떨어뜨리는 것과 같은 우발적 사고도 적대적 행동으로 해석하는 것이다.

이러한 귀인 경향을 가진 아동은 상대방에게 매우 화를 내며 다른 비공격적인 해결책을 고려해 보지 않고 적대적인 방식으로 즉각적으로 반응하면서 공격할 가능성이 높다. 가상적인 상황에서 부정적인 일이 발생했을 때 가능한 해결책을 생각해 보라고 할 경우, 이러한 공격성을 지닌 아동은 덜 공격적인 아동보다 적은 수의 해결책을 이끌어 낸다(Slaby & Guerra, 1988). 공격적인 아동의 사회적 문제해결 방식은 적대적인 방식에 국한되는 경우가 많다. 이러한 적대적인 반응은 교사나 또래들과 부정적인 경험을 지속적으로 하게 되는 결과를 초래할 수 있고, 지속적인 부정적인 경험은 다른 사람들은 적대적이라는 기대를 강화하게 되는 악순환을 초래한다.

공격행동이 자신에게 여러 이득을 줄 것이라고 믿는 도발적 공격성(proactive aggression)을 보이는 아동은 다른 식으로 정보처리를 하기도 한다. 이러한 아동은 다른 아동이 특별히 자기를 싫어한다고 생각하지도 않으며, 친구들도 많아서 우발적으로 입는 해에 대해서도 적대적인 귀인을 쉽게 하지 않는다. 대신 공격행동이 자신이 원하는 것을 획득하게 해 주는 가장 효율적인 수단이라고 냉정하게 추론하면서 따돌림 같은 공격행동을 통해 다른 아동을 조종하고 싶어 한다. 이러한 아동은 또래를 공격할 때 행복감과 같은 긍정적인 정서를 표현하기도 한다(Arsenio, Cooperman, & Lover, 2000).

(3) 환경적 요인

공격행동을 보이는 아동을 보면 우리는 흔히 아이의 가정환경을 의심해 보곤 한다. 실제로 많은 연구 결과가 비효과적인 양육방식을 비롯한 가정환경 요인이 아동의 공격성을 증가시킬 수 있음을 보여 주었다. 아동에게 가혹하게 처벌하고, 평소에 냉담하게 대할 경우, 특히 까다로운 기질을 가진 아동은 행동문제를 일으킬 가능성이 높다. 부부 간의 갈등 등에서 유발하는 폭력에 자주 노출될수록 아동의 공격성은 증가한다(김혜원, 이해경, 2000). 아동을 훈육하기 위해 신체적 처벌이나 위협을 사용할 경우에 '공격적으로 행동하는 것이 남을 통제하는 효과적인 방법'이라는 메시지를 전달하게 되며(Patterson, 2002), 혹독한 체벌로 상해를 입은 경험이 있는 아동은 그렇지 않은 아동보다 공격성이 2배 정도 증가한다는 연구 보고도 있다(Dodge, Bates, & Pettit, 1990). 빈

곤한 가정에서 아동의 공격성이 더 많이 관찰되는데, 이는 부모가 스트레스를 받는 상황에 처해 있기 때문에 아이를 효과적으로 대하지 못하고 강압적으로 대할 가능성이 높다(Guerra, Huesmann, Tolan, Van Acker, & Eron, 1995). 학교 등의 공동체도 아동의 공격적인 성향에 영향을 주는데, 특히 아이가 폭력적인 범죄의 희생자(예: 왕따)가 된 경험이 있을 경우에 향후 폭력적인 행동의 가능성이 높아진다(Finkelhor & Dziuba-Leatherman, 1994).

환경이 공격성에 영향을 미치는 심리적 기제 중 하나는 모델링이다. 아이는 성인, 또래 친구, 미디어 매체를 통해 공격적인 행동에 노출이 될 경우, 그 행동에 대해 모방하는 경향을 갖게 된다. 반두라와 동료들의 유명한 모방 실험은 공격적인 행동에 영향을 미치는 모델링의 힘을 보여 주는 대표적인 실험이라고 할 수 있다(Bandura, Ross, & Ross, 1963). 부모가 신체적 처벌 등의 방법을 사용해서 아이를 훈육할 경우에 아이는 부모의 공격적 행동을 모델링하게 되고, 아이의 공격성은 증가하게 된다.

강화(reinforcement) 역시 공격성이 환경적 요인에 의해 형성되는 심리적 기제 중 하나이다. 자신이 원하는 것을 얻기 위해 공격적인 행동을 할 때, 주변의 성인이나 또래 친구들이 그 아이가 바라는 대로 양보하거나 의향을 들어 준다면, 아이의 공격적인 행동은 강화된다. 이때 아동은 자신이 타인을 통제할 수 있다는 '권력의 느낌'을 갖게 되는데, 이를 통해 점점 공격적인 행동은 강화가 되고 악순환이 일어나게 된다(Bandura, 1991).

문화적 요인도 공격성 발달에 영향을 미친다. 일본의 부모들은 타인과의 조화를 매우 중요시하므로 자녀가 타인을 해치는 것을 금기시하고 화를 억제하는 것을 독려한다. 이러한 양육방식의 문화차로 인해 일본의 학령 전기 아동은 화를 덜 내고, 타인에 대한 공격성을 덜 보인다(Zahn-Waxler et al., 1996). 신체적 처벌이 공격성 발달에 미치는 영향도 문화 집단에 따라 달라진다. 미국 내 흑인 사회와 같은 특정 인종 및 문화 집단에서는 엄격한 양육과 신체적 처벌이 부모가 아동을 적절히 보호하고 양육하는 방식이라고 구성원들에게 이해되고 있고, 이러한 문화 집단에서는 신체적 처벌이 반드시 공격성의 발달로 이어지지는 않는다.

(4) 공격성을 감소시키는 방법

① 사회인지적 중재

아동의 공격행동은 단순히 특정한 환경적 자극에 의해 유발되기보다는 똑같은 환경 자극이라도 아동이 어떻게 받아들이는지에 대한 인지적 평가 과정에 따라 달라질 수 있다. 공격성이 높은 아동은 타인의 고통과 괴로움에 대해 둔감하고, 적대적인 단서에 더 주의를 기울이는 경향이 있으며, 특정 정서의 원인을 인식하는 데 서투르다.

공격성을 감소시키기 위해서는 이러한 감정 인식 능력 등의 사회인지적 능력 향상이 요구된다. 정서를 인식할 때 주의를 기울여야 하는 비적대적인 관련 단서가 무엇인지, 정서에 대해 적절하게 반응하는 방식은 어떤 것인지에 대한 학교 장면에서의 훈련은 아동의 공격성을 감소시키는 데 효과적이다(Guerra & Slaby, 1990). 타인의 감정이나 의도 이해 능력 증진 역시 사회적 단서를 정확하게 파악하고, 공감 능력을 향상시켜 공격성을 감소시키는 데 도움이 된다(Lochman & Wells, 2004).

② 부모 훈련

부모의 부적절한 양육방식은 아동의 공격성의 주원인이 되곤 한다. 특히 저소득층 가정의 아이들의 경우에는 부모가 아동의 상황을 이해하고 대화하는 시간이 부족함으로 인해 가혹한 훈육 방법을 사용할 가능성이 높다. 부모-자녀 간의 긍정적 관계와 능력 증진에 초점을 둔 긍정적 양육방식에 대한 부모 훈련은 공격행동과 같은 아동의 문제행동 감소에 효과가 있다고 보고되고 있다(Webster-Stratton & Reid, 2010). 친사회적 행동과 같은 유아의 긍정적인 행동에 주의를 집중하고, 칭찬과 격려를 해 주는 것이 훈련의 핵심이다. 8세와 12세 아동 간의 발달을 추적한 연구에서 이러한 부모 훈련 프로그램에 참여한 부모의 문제행동 자녀의 75%가 십대 동안 적응이 순조롭게 진행됨을 밝혔다(Webster-Stratton & Reid, 2010; Webster-Stratton, Rinaldi, & Reid, 2011).

4. 성 정체성 발달

1) 성 정체성이란

개인의 생물학적 남성 또는 여성을 성별(sex)이라고 한다면, 개개인이 자신의 특징이 더 여성적 혹은 남성적이라고 개인적으로 지각하는 것을 성 정체성(gender identity)이라고 할 수 있다. 아동기 중반부터 자아개념이 발달하면서 구체적 행동보다 심리적 성향을 강조하게 되고, 아동에게 자신의 성격 특성을 전통적인 남성적 특징(예: 야망이 있는, 경쟁적인)과 전통적인 여성적 특징(예: 애정이 가득한, 부드럽게 말하는)에 대해 평가하도록 함으로써 성 정체성을 측정할 수 있다.

어떤 사람들은 스스로에 대해 이분법적인 성 구분을 하기보다 남성성과 여성성이 모두 높은 양성성(androgyny)으로 표현하기도 한다. 남성적이거나 양성적인 아동과 성인은 여성적인 개인보다 더 높은 자존감을 보이는 반면(Boldizar, 1991; DiDonato & Berenbaum, 2011), 여성적인 여성은 자신의 많은 특질이 사회에서 높게 평가되지 않아, 적응적 어려움을 겪는 경우가 많다(Bronstein, 2006). 이에 비해, 양성적인 사람은 상황에 따라 자신의 남성적 독립성이나 여성적 섬세함을 융통성 있게 발현함으로써 더 적응적으로 대응할 수 있다(Huyuk, 1996; Taylor & Hall, 1982). 이러한 양성성은 남성적 특질과 여성적 특질이 동등하게 인정 받는 미래 사회에서는 매우 이상적인 성격으로 기능할 가능성이 높다.

2) 성 정체성 발달

(1) 영유아기의 성 정체성

성 정체성이 발달하기 위해서는 우선 남성과 여성을 구분하고, 자신이 두 범주 중 어디에 속하는지 파악해야 한다. 신생아도 남성과 여성의 목소리에 대해 다르게 반응하며(Lecanuet, Granier-Deferre, Jacquet, Capponi, & Ledru, 1993), 6~9개월 된 영아는 헤어스타일을 주요한 물리적 단서로 사용하여 남성과 여성을 구분한다(Intons-Peterson,

1988). 또한 영아는 남성과 여성의 목소리를 구분할 수 있을 뿐만 아니라 남성 또는 여성의 목소리를 각 성별에 적합한 얼굴과 연결할 수 있다(Poulin-Dubois, Serbin, Kenyon, & Derbyshire, 1994). 이러한 결과들은 영아들이 남성이나 여성이 무엇인지에 대한 개념은 아직 없지만, 다양한 지각적 단서를 사용하여 남성과 여성의 신체적 특징을 구분할 수 있는 능력을 가지고 있음을 보여 준다.

이후 영아는 각 성별에 전형적으로 연관되는 사물이나 활동에 대한 기대를 형성하는 것으로 보인다. 예를 들어, 18개월 된 영아는 여성의 얼굴에 습관화된 후에는 자동차보다는 인형을 더 오래 쳐다보고, 반면 남성의 얼굴에 습관화된 후에는 인형보다는 자동차를 더 오래 쳐다본다(Serbin, Poulin-Dubois, Colburne, Sen, & Eichstedt, 2001). 24개월 된 영아들의 경우에는 성별에 전형적이지 않은 행동(예: 남성이 립스틱을 바르는 행동)에 대해서는 응시 시간이 증가하였다(Poulin-Dubois, Serbin, Eichstedt, Sen, & Beissel, 2002).

성에 대한 개념이 획득되고 있음을 보여 주는 좀 더 확연한 증거는 사람들의 성별을 명명할 수 있는 능력이다. 2세와 3세 사이의 아동은 "너는 남자니, 여자니?"와 같은 질문에 정확히 대답할 수 있다. 하지만 성이 지속적이고 항상적인 특질이라는 성 항상성(gender constancy)에 대한 이해는 유아기 후반이나 학령기 초반이 되어서야 나타난다. 어린 유아는 여아가 자라서 아빠가 될 수 있다거나, 남아가 자라서 엄마가 될 수 있다는 대답을 하기도 한다(Slaby & Frey, 1975). 남자 아기-소년-성인 남성, 여자 아기-소녀-성인 여성의 발달 과정을 이해한 후에도 헤어스타일이나 옷을 바꿔 입으면 반대의 성으로 바뀔 수 있다고 생각하기도 한다(Warin, 2000).

(2) 아동기 중반의 성 정체성

5~7세경의 대부분의 아동은 성별은 생물학적 요인이고, 의복이나 행동을 바꾸더라도 앞으로 변화하지 않는 특성이라는 미래지향적 성 정체성을 가지게 된다(Szkrybalo & Ruble, 1999). 성 정체성은 이렇게 단순히 자신이 남자 또는 여자라는 개념 이외에도 '나는 전형적인 여성 또는 남성이다' '나는 내 생물학적 성이 마음에 든다' '나는 내 성이 다른 성에 비해 우월하다/열등하다고 느낀다' 등의 성에 대한 판단 또는 태도가 포함될 수 있다(Egan & Perry, 2001). 이러한 성 정체성의 발달은 초등학교 시기에 나타나는데, 남아와 여아에서 다소 다르게 발달하는 양상이 있다. 남아는 남성적 특징들과 동일시

하는 정도가 더 강해지는 반면, 여아는 여성적 특징들과 동일시하는 정도가 줄어든다. 따라서 여아는 남아보다 더 다양한 놀이와 활동을 체험한다. 예를 들어, 여아는 요리 또는 뜨개질과 같은 여성적 활동 외에도 축구 같은 운동이나 과학 프로젝트에도 참여하려 하며, 미래 직업에 있어서 성 고정관념에 따라 남아가 여성적 직업을 추구하는 것보다 여아가 소방관이나 천문학자 같은 남성적 직업을 추구하는 경향이 더 많다(Liben & Bigler, 2002).

이러한 성 정체성의 변화는 아동이 성 고정관념에 대한 이해를 함으로써 나타난다. 예를 들어, 아동은 사회적으로 남성적 행동의 가치가 여성적 행동의 가치보다 더 높게 평가 받는다는 것을 인식한다. 또한 만 11세 아동은 새로운 직업을 가진 사람이 여성보다 남성으로 묘사되었을 때 해당 직업이 더 사회적 지위가 높고, 양성에게 적합한 직업으로 평가한다(Liben, Bigler, & Krogh, 2001; Weisgram, Bigler, & Liben, 2010). 그리고 사회적으로도 여아가 남아의 활동에 참여하는 것이 더 허용된다. '남자아이 같은 여자아이'인 것은 어느 정도 긍정적으로 받아들여지지만, '계집애 같은 남자아이'는 쉽게 비웃음거리가 되곤 한다. 이러한 사회적 분위기 속에서 여아가 남성적인 특징과 동일시하고, 남성적 활동에 관심을 갖게 되는 것은 자연스러운 과정일 수도 있다.

학령기 아동은 이러한 과정을 통해 자신의 성 정체성을 형성해 가는 과정에서 다음의 세 가지가 정체성의 중요한 요소가 된다(Egan & Perry, 2001).

- 성 전형성: 성 전형성(gender typicality)이란 자신이 전형적인 남성 또는 여성이라고 느끼는 정도, 자신의 능력이나 관심사가 동성 집단의 아이들과 얼마나 유사한지 느끼는 정도이다. 자신이 동성 또래들과 얼마나 잘 맞는다고 느끼는지는 아동의 주관적 안녕감에 중요하다.
- 성 만족감: 다른 성이 되는 것을 원하지 않고, 자신의 성별에 만족하는 정도를 말한다.
- 성역할 동조에 대한 압박감: 또래, 부모, 또는 자기 자신으로부터 성에 부합되는 행동을 하는 것에 대한 압력을 받는 정도를 말한다.

한 종단연구에서는 3~7학년 사이의 아동을 앞에서 언급한 성 정체성의 요인이 적응에 어떤 영향을 미치는지 살펴보았다(Yunger, Carver, & Perry, 2004). 자기가 자신의 성에 전형적이지 않다고 생각하고, 성 만족감이 낮고, 성역할 동조에 대한 압박감이 심할 때 낮은 자존감 등의 적응 문제가 유발될 가능성이 높았다. 특히, 성 전형성을 낮게 지각하면서 동조에 대한 압박감이 심할 경우에는 내면화 문제가 생길 가능성이 높았다.

(3) 청소년기의 성 정체성

청소년기는 일부 소년, 소녀에게 있어서 **성역할-유연성**(gender-role flexibility)이 향상되는 시기일 수도 있고, 반대로 **성 강화 현상**(gender intensification)이 현저해지는 시기일 수도 있다(Hill & Lynch, 1983). 성역할-유연성 향상 현상은 전통적인 고정관념을 배제하고 좀 더 다양한 관심사를 추구해보는 현상이고, 성 강화 현상은 개인의 태도와 행동이 더 고정관념화 되고 전통적인 성 정체성에 가까워지는 현상을 말한다. 성역할-유연성 향상은 아동기에서와 마찬가지로 소녀들에게서 좀 더 두드러지게 나타난다. 성 강화 현상은 다양한 생물학적, 사회적, 그리고 인지적 변화와 맞물려 나타난다. 사춘기에는 남녀의 이차 성징이 발달하면서 남성과 여성의 신체적 차이가 두드러지며, 그 과정에서 전통적 성 역할 관념을 가진 부모들은 자녀에게 더욱 성에 맞는 행동을 하도록 양육한다(Crouter, Whiteman, McHale, & Osgood, 2007; Shanahan, McHale, Crouter, & Osgood, 2007). 또한 청소년기에는 다른 사람들이 자신을 어떻게 바라볼지에 대해 신경을 쓰게 되며, 특히 연애를 시작한 경우에는 상대방의 호감을 얻기 위해 여성 혹은 남성에 더 적합하다고 생각되는 대로 행동하게 된다.

성 강화 현상은 청소년기 여아에게 특히 심리적 어려움을 야기시키는 것으로 보인다. 일부 소녀들은 자신의 신념과 다르게 사회적 성역할에 부합해야 한다는 압박을 받게 되며, 종종 자신의 솔직한 생각과 감정을 억제한다(Tolman, 2002). 종종 청소년기에는 자존감 향상 현상이 나타나지만, 부모 및 또래의 거절을 피하기 위해 자신의 주장을 억누르는 중학교 2학년 여학생들은 자신의 주장을 솔직히 표현하는 또래들에 비해 자존감 향상이 적게 나타났다(Impett, Sorsoli, Schooler, Henson, & Tolman, 2008).

✏️ 요점 정리

■ 도덕적 사고 발달

- Piaget는 전 도덕 단계, 타율적 도덕성 단계, 자율적 도덕성 단계의 도덕성 발달 이론을 제안하였다. Piaget 이론에 따르면, 자율적 도덕성 단계에 도달하는 10세경이 되어야 아동은 규칙과 법은 공동체의 합의에 따라 만들어졌으며, 상황의 요구에 따라 임의로 변경될 수 있음을 이해하고, 의도에 근거하여 행동의 도덕성을 판단할 수 있다. 하지만 최근 연구들은 Piaget가 생각했던 것보다 아동이 더 이른 나이에 의도에 근거한 도덕적 판단을 할 수 있음을 보여 주고 있다.

- Kohlberg는 도덕적 판단 능력이 전관습적·관습적·후관습적 수준을 거치면서 발달한다고 보았고, 각 수준에 2개의 하위 단계가 포함되어 있는 6단계의 도덕성 발달이론을 주창하였다. Kohlberg는 이러한 도덕성 발달이 인지발달에 의해 이루어지며, 6단계의 도덕성 발달 과정은 보편적이라고 보았다. 하지만 향후 연구에서는 중시되는 도덕적 가치가 무엇인가에 있어서 문화적 차이가 존재하며, 이로 인해 도덕발달 양상이 문화권마다 달라질 수 있음이 나타나고 있다.

■ 도덕적 행동 발달

- 정신분석학에서는 도덕적 행동의 동기로서 도덕적 감정의 발달을 중요하게 본다. 프로이트(S. Freud)에 따르면, 아동은 부적절한 행동을 했을 때 초자아(superego)로부터 발생되는 죄책감을 회피하기 위해 도덕적 행동을 한다.

- 사회학습이론은 도덕적 행동을 지속시키기 위해서는 내적 지향의 발달이 필수적이라고 본다. 내적 지향의 발달을 위해서는 모델링, 강화, 유도 기법과 같은 훈육 방식의 사용이 필요하다.

- 생애 초기부터 나타나는 이타성의 특징은 이타성의 생득론적 기반을 지지한다.

- 만 2.5세에서 3세경부터 거짓말이 출현하며, 학령 전기 아동들이 점점 더 의도적으로 자신을 위한 이유로 거짓말을 하게 되는 발달 과정을 거친다.

■ 공격성 발달

- 공격적 행동은 영아기부터 출현하며, 2~3세까지 공격행동의 빈도와 강도가 점점 증가하

다가 취학 전 아동기 동안에 점차적으로 감소한다.
- 공격성 발달에 영향을 주는 요인으로는 생물학적 요인, 인지적 요인, 환경적 요인 등이 존재한다.
- 공격성을 감소시키는 방법으로는 사회인지적 중재, 부모 훈련 기법 등이 있다.

■ 성 정체성 발달

- 개인의 생물학적 남성 또는 여성을 성별(sex)이라고 한다면, 개개인이 자신의 특징이 더 여성적 혹은 남성적이라고 개인적으로 지각하는 것을 성 정체성(gender identity)이라고 할 수 있다.
- 성이 지속적이고 항상적인 특질이라는 성 항상성(gender constancy)에 대한 이해는 유아기 후반이나 학령기 초반이 되어서 나타난다.
- 학령기 아동이 성 정체성을 형성해 가는 과정에서 성 전형성, 성 만족도, 성역할 동조에 대한 압박감은 중요한 요소가 된다.
- 청소년기에는 성역할-유연성(gender-role flexibility)이 향상될 수도 있고, 반대로 성 강화 현상(gender intensification)이 현저해질 수도 있다.

주요 용어

관습적 수준	내적 지향	도구적 공격성	도발적 공격성
모델링	반응적 공격성	분배공정성	성 정체성
성 항상성	외적 지향	유도기법	이타성
자율적 도덕성	적대적 공격성	적대적 귀인 편향	전관습적 수준
정직성	친사회적 도덕 추론	타율적 도덕성	후관습적 수준

Developmental
Psychology

성인 및
노인 발달

제10장

성인기는 아동기나 청소년기에 비해 특정 시기에 이루어야 하는 이정표적 사건이 개인에 따라 상당한 차이가 있으므로 연령에 따라 몇 개의 시기로 나누어 구분하기는 어렵다. 대부분의 사람에게 있어서 초기 성인기의 공통적인 발달과업(developmental task)은 부모로부터의 독립, 자신이 목표한 교육을 끝내는 것, 직업을 갖는 것, 그리고 자신에게 의미 있는 한 사람과 장기간의 친밀한 관계를 맺고 가정을 이루는 것이 된다. 물론 사회문화적 특성에 따라 다양한 상황에 있는 사람들이 모두 이 과업을 이루는 것은 아니며, 모든 것을 이루었다고 성공적으로 성인기를 마감한다고 확신할 수 있는 것도 아니다. 이전 세대에 비해 요즘의 성인기 초기의 성인들은 결혼이나 취업, 경제적 독립과 같은 성인기 과업을 성취하는 시기가 점점 늦춰지고 있다. 성인기에 인생 실험을 하면서 다양한 대인관계에 직면하거나 사회적 역할을 수행하게 되고, 때로는 자신의 인생 항로를 바꿀 중요한 경험을 하기도 한다. 이와 같이 개인에 따라 겪는 성인기의 과업과 삶의 형태는 점점 더 다양해지고 있다.

이 장에서는 초기 성인기 발달 과업을 마친 후, 노화가 가속화되는 초기 성인기 이후의 발달적 특성에 대해 살펴보고자 한다. 수명이 늘어날수록 사람들은 과학과 의학의 발전으로 인해 인간이 더 오래 살게 되었다는 데 주목하지만 실제로 '얼마나 오래 사는가?'의 문제 보다는 '어떻게 오래 살 것인가?'의 문제에 대해 고민과 대비가 더 필요하다. 따라서 이 장에서는 나이가 들어감에 따라 나타나는 신체적 특성과 인지적 변화 그리고 사회적 관계와 정서적 특성에서의 변화에 대해 알아봄으로써 인생 후반기의 발달과 적응에 대한 이해를 돕고자 한다.

1. 노화와 신체 및 인지 발달

1) 수명과 노화

한국인의 평균수명은 2015년 현재 81.8세로 남성 평균수명은 77.90세, 여성 평균수명은 84.60세이다. 우리나라 전체 인구 중 노인 인구의 비율은 2011년에 11%를 넘어섰고, 2017년에는 14%를 넘어서 '고령사회'에 진입했으며, 2026년에는 '초고령사회'에 도달할 것으로 전망하고 있다. 또한 2050년에는 전 세계 인구 중 노인 인구가 차지하는 비율을 평균 16.2%으로 예상하고 있는 반면, 한국은 38.2%로 전망되어 세계 어느 나라보다도 노인 인구에 대한 정책과 연구가 시급한 시점에 와 있다고 볼 수 있다(통계청, 2017). 세계 어느 나라보다도 고령화가 가속화되는 데에는 의료 기술과 경제 발전으로 인한 삶의 질 향상을 그 원인으로 볼 수도 있으나, 우리나라의 경우에는 출산율의 저하로 인해 노인 인구 비율이 급속히 증가하면서 고령화가 더욱 가속화되고 있다.

노인 인구의 증가는 인간의 수명이 연장되었다는 측면에서는 고무적으로 받아들이기도 하지만 실질적으로는 예전에는 경험하지 못한 여러 가지 문제점을 유발시키기도 한다. 생산 인구의 감소 및 생산성 약화로 인한 경제성장의 둔화, 사회보장제도의 문제 등 노인 인구의 증가는 우리 사회 전반에 부정적인 영향을 줄 수도 있다. 예컨대, 통계청의 발표에 따르면 2012년에 생산가능인구 7.2명이 노인 1명을 부양하고 있지만, 2030년이 되면 생산가능인구 3명이 노인 1명을 부양하게 되는 문제가 생기게 된다(통계청, 2012).

노년기가 길어지면서 결국 오래 사는 것보다는 건강하게 잘 사는 것이 더 중요한 문제가 됨으로써 노화 과정에 대한 이해와 노년기를 어떻게 보낼 것인가에 대한 준비가 노년기의 중요한 과제로 대두되고 있다.

2) 노화와 생물학적 이론

초기 성인기부터 생물학적 노화가 진행되기 시작하여 중년에 이르면서 가속화된다. 생물학적 노화를 설명하는 이론으로 가장 많이 알려진 것은 마모이론(wear-and-tear theory)이다. 이 이론에 의하면, 신체기관도 기계와 같이 오랫동안 많이 사용하게 되면 마모되고 노화된다는 설명이다. 인체는 기계의 일부분과는 달리, 마모된 신체 부위를 스스로 대체하거나 수정할 수도 있으나 노화가 심하게 진행되면 마모를 막을 수는 없다고 보는 입장이다. 그러나 이 이론은 다양하고 복잡한 노화를 설명하는 데 지나치게 단순하다는 비판을 받았다.

　DNA와 체세포 수준에서 노화를 설명하는 이론들이 있는데, 유전적으로 프로그램화된 결과로 노화가 진행된다는 설명과 우연에 의해 일어난 사건의 누적된 영향으로 노화가 진행된다는 두 가지 설명이 있다. 첫째, 유전적으로 프로그램화된 노화가설(programmed-cell-death theory)에서는 대대로 장수하는 집안의 유전적 영향을 설명하면서 장수를 가장 잘 설명할 수 있는 것은 유전이라고 주장한다. 하지만 실제로 연구 결과들을 종합해 보면, 유전이 장수와 직접적인 연관이 있기보다는 조기 사망이나 장수 가능 확률에 영향을 미치는 몇 가지 위험 요인을 전달하는 것으로 보인다. 둘째, '우연에 의한 사건'이 축적되어 노화가 일어나는 것으로 설명하는 입장(rate-of-living theory)에서는 체세포에 있는 DNA가 자생적 요인 또는 외적 요인에 의해 일어난 돌연변이로 인해 점진적인 손상이 일어나고 이러한 손상이 증가함에 따라 세포 수정과 교체가 비효율적이 되어 비정상적인 세포가 생성되고, 그 결과 노화와 퇴화가 일어난다고 본다(Barzilai, Huffman, Muzumdar, & Bartke, 2012). 그 예로 활성산소(oxygen free radical)의 생성을 들 수 있는데, 노화가 진행될수록 활성산소가 증가하게 된다. 활성산소는 심혈관계 질환, 신경장애, 암, 백내장, 관절염과 같은 60가지 이상의 노화 관련 질병에 관여하는 것으로 알려져 있다. 신체가 스스로 활성산소를 무효화하는 물질을 생성하기도 하지만 활성산소는 우리의 신체에 피해를 주며, 시간이 지나고 연령이 증가하면서 그 피해 정도가 누적된다(Dutta, Calvari, Bernabei, Leeuwenburgh, & Marzetti, 2012).

　DNA와 세포 손상이 신체기관과 조직의 기능 및 구조에 미치는 영향을 설명하는 노화의 교차결합이론(cross-linkage theory of aging)에 의하면, 신체의 연결 조직을 구성하는 단백질 섬유들이 정상적으로 분리되어 있지만 나이가 들면서 분리되어 있던 섬유들이 교차 결합하게 되고, 이를 통해 조직의 유연성이 저하되게 된다(Cavanaugh, 1999). 이로 인해 나타나는 부정적인 결과로는 피부나 신체기관의 유연성이 저하되고, 수정체가 흐려져 시력이 저하되고, 동맥이 막히는 현상 등이 포함될 수 있다.

3) 신체적 특성

(1) 외적인 변화

노화가 진행되면서 피하지방조직, 피부 탄력의 감소로 인해 주름이 급격하게 늘어난다. 피하지방조직의 감소는 체열의 손실로 이어져 체온 조절 능력이 저하된다. 또한 피부의 많은 신경세포가 쇠퇴하면서 촉각의 둔감화가 일어난다. 나이가 들면서 피부의 수분 유지 능력도 저하되어 건조하고, 탄력이 없는 피부가 되며, 갈색 반점이 생기기도 한다. 얇아진 세포와 혈관이 회복을 더디게 하여 상처가 나면 치료되기까지 많은 시간이 걸린다(Aldwin & Gilmer, 2013). 노화가 진행되면서 모발은 백발이 되고 윤기를 잃게 되고 두께도 얇아지며 탈모도 진행된다.

치아 및 잇몸 문제는 노년기에 흔히 나타나는데, 치아의 색이 탁해지고 상아질의 생성이 감소하게 되며, 잇몸이 수축되고, 골밀도가 감소하게 된다. 치아 상실은 영양과 밀접한 관계가 있는데, 치아가 손상되거나 빠지게 되면 식사를 편히 하기 어렵고 식욕도 저하되게 된다. 치아 건강은 타고난 치아 구조와 후천적인 식습관, 치아 건강 습관과 관련된다. 치아의 상실은 노화 때문이라기보다는 부적절한 치아 관리 때문인 경우가 더 많기 때문에 젊은 시절부터 치아 관리에 신경을 써야 한다(Cavanaugh & Blanchard-Fields, 2015).

노화가 진행되면서 신장이 감소되는데, 남성보다 여성에게 더 큰 변화가 나타난다. 척추 길이의 감소와 디스크의 위축으로 20년마다 1.2cm씩 줄어들게 된다. 골다공증으로 인해 뼈가 부러지기 쉽고, 낙상이나 가벼운 부상으로 골절이 있는 경우에는 회복이 더디게 되는 문제가 있다. 근육의 힘과 무게도 감소하게 된다. 하지만 근육의 감소는 근육의 퇴화보다는 사용을 하지 않아 줄어들게 되는 경우가 더 많기 때문에 나이가 들수록 자신의 신체 상태에 맞는 적절하고 꾸준한 운동이 필요하다.

(2) 심혈관과 호흡기

심장병은 사망 원인 중 가장 큰 비중을 차지하지만, 연령 증가에 따른 심장 기능의 변화는 크지 않은 편이다. 건강한 사람의 경우, 정상적인 보통 조건에서 신체가 필요로 하는 양의 산소를 공급하는 심장의 능력은 성인기 동안 크게 변화하지 않는다. 연령 증가로 인한 최대 심박률과 심장 근육의 유연성 저하가 나타나기는 하지만, 심한 운동을 할 때에만 그 변화를 경험하게 된다. 대동맥의 벽에 콜레스테롤과 지방을 포함하고 있는 플라크가 많이 쌓여서 나타나는 동맥경화증은 젊은 시절부터 플라크가 축적되고 중년기에 크게 증가하여 심각한 질환을 초래할 수 있다. 하지만 동맥경화증은 개인의 유전적·환경적 영향 등 복합 요인에 의해 결정되므로 생물학적 노화로 인해서만 나타나는 것으로 보기는 어렵다. 심장질환은 20세기 중반부터 크게 감소하고 있는 추세인데, 위험집단에서의 흡연 감소, 식이요법과 운동, 그리고 고혈압과 콜레스테롤의 조기 발견과 치료로 인한 결과로 보고 있다(Cavanaugh & Blanchard-Fields, 2015).

심장과 마찬가지로 폐의 기능은 휴식을 취하거나 평상시에는 연령차가 거의 나타나지 않지만, 격렬한 운동을 할 경우에는 연령이 증가하면서 호흡량이 감소하기 때문에 한계를 경험할 수 있다. 최대 폐활량은 25세 이후부터 10년에 10%씩 감소하게 된다. 폐, 가슴 근육, 갈비뼈의 연결 조직은 나이가 들면서 유연성이 저하되고 경직되기 때문에 폐가 최대 수준으로 팽창하기 어렵다(Pride, 2005). 다행히 우리는 일상생활에서 우리가 최대로 사용할 수 있는 폐활량의 반도 사용하지 않으므로 노화로 인한 폐활량의 감소는 특별히 걱정하지 않아도 된다.

(3) 운동 수행과 면역 기능

운동 시 심장과 폐 기능의 감소는 점진적인 근육의 감소와 함께 운동 수행에서의 변화를 가져오게 된다. 나이가 들면서 운동 기술이 저하되는 것은 노화 때문만은 아니다. 운동을 지속적으로 실시하여 건강을 유지하고자 하는 동기가 저하되면 연습과 훈련의 감소로 이어질 수 있고, 이러한 결과로 실제 능력이 감소될 수 있다. 지속적인 훈련은 운동 능력의 급격한 저하를 막을 수 있으므로 지속적이고 규칙적인 운동 습관은 노화의 부정적 영향을 최소화시킬 수 있다.

연령 증가로 인해 면역 반응도 저하될 수 있으나 생리적인 변화에 의해서만 나타나는 것이 아니라 면역체계는 신경계 및 내분비와 상호작용하기 때문에 다양한 원인에 의해 면역 기능이 저하될 수 있다. 심리적 스트레스는 대표적으로 면역 기능을 약화시킨다. 이혼, 부모 간병, 수면 부족, 그리고 만성적 우울도 면역 기능을 약화시키지만 부실한 영양 섭취, 황폐한 주거 환경 등과 같은 물리적 스트레스도 성인기 동안의 면역 기능을 손상시킬 수 있다. 물리적 스트레스와 심리적 스트레스가 합쳐지면 질병 위험은 증가하게 된다.

나이가 들면서 운동의 필요성은 더욱 증가하게 된다. 운동은 체지방을 줄이고 근육을 키우는 것 외에 질병에 대한 저항력을 증진시킨다. 운동은 심장병, 당뇨병, 다양한 암의 위험 요인인 비만 발생률을 감소시키고, 심장 근육을 강화하고 혈압을 낮추며, '유익한 콜레스테롤'을 생성함으로써 심혈관 기능을 향상시킨다. 또한 운동을 통해 정신건강도 증진시킬 수 있다. 신체적 활동은 우울과 불안을 감소시키고 기분을 고양시키며 에너지를 증가시키고 스트레스 감소의 효과가 있고, 이는 면역력 강화로 이어질 수 있다. 지속적인 운동은 뇌의 유연성을 증가시키고 노화를 지연시킨다(Intlekofer & Cotman, 2013; Thomas, Dennis, Bandettini, & Johansen-Berg, 2012). 단, 자신의 신체 역량을 넘어서는 과도한 운동은 여러 가지 부작용을 초래할 수 있으므로 주의해야 한다.

(4) 뇌와 신경계의 변화

나이가 들면 뇌의 무게가 감소하며 회백질의 감소, 수상돌기의 밀도 감소, 신경세포의 자극전달 속도의 감소가 나타난다. 수상돌기의 밀도 감소는 뇌의 전반에서 일어나는 것이 아니며, 부위에 따라 상이하게 감소하게 된다. 뇌 신경세포의 밀도의 감소는 신경전달 속도를 늦추게 되어 효율성이 떨어진다. 뇌의 효율성을 위해서는 신경전달물질의 적정 수준의 유지가 필요한데, 노화로 인해 신경전달물질이 감소하고, 그 결과 신경전달 속도가 감소한다(Ando, 2012).

노년기에는 뉴런 수가 감소하는데, 한꺼번에 급격하게 감소하는 것이 아니라 적은 양이 점진적으로 손실된다. 하지만 개인의 노력에 따라 유지 및 증가가 가능하다. 자연스런 노화로 인해 일부 뉴런이 감소할 수 있지만 그렇다고 해도 다른 뉴런이 작용하여 대신 기능할 수 있어 뉴런의 감소가 뇌의 기능 이상으로 직접적으로 이어지지는 않는다(Cavanaugh & Blanchard-Fields, 2015).

노화로 인한 시력의 약화는 노인의 삶에 여러 가지 영향을 미친다. 색 구분이 쉽지 않고 빛이 갑작스럽게 비치거나 어두운 곳에서 잘 보지 못하는 문제가 생긴다. 황화 현상과 더불어 백내장과 녹내장의 발병률이 증가한다. 백내장은 수정체가 혼탁해져서 생기는 것인데, 70대 이상의 노인인 경우 70% 이상이 백내장 발병 가능성이 있다. 통증은 없지만 시야가 흐릿하게 보이다 악화되면 안개가 낀 것처럼 앞이 잘 보이지 않게 된다. 높은 혈당치와도 관련이 되지만 자외선 과다 노출, 신진대사 질환, 눈 염증, 염색체 이상 등이 백내장 위험을 높인다. 노화 현상으로 인한 백내장은 비교적 간단한 수술로 치료가 가능하다. 녹내장은 안압의 상승으로 인해 시신경이 눌려 그 결과 시력에 이상이 생기는 것이다. 60~85세 노인들에게 녹내장 발병이 급격하게 증가한다. 연령과 관련된 녹내장의 발병률 증가는 수정체 두께의 변화, 홍채 및 그 주변 조직의 경직과 관련된다. 녹내장은 대부분 망막이 회복 불가능할 정도로 손상될 때까지 아무 증상이 없어 심각한 상태에 이른 후에 진단을 받는 경우가 많아 주의해야 한다. 녹내장은 한 번 발병하면 이미 손상된 시신경을 회복시킬 수 없으므로 조기 발견이 중요하다(Mojon-Azzi, Sousa-Poza, & Mojon, 2008).

중년에 이미 시작된 청각의 노화 증상은 60세 이후에 증상이 더 악화된다. 특히 고주파수에 대한 민감성이 저하되는데 이를 노인성 난청이라고 한다. 노인성 난청은 달팽이관의 청각 세포와 세포막의 손상으로 인해 발생하게 된다. 청력 감소는 노인에게 보편적인 현상이지만 사회적 고립, 우울증, 정서 장애를 유발할 수 있으므로 적절한 시기에 보청기를 사용하여 보완을 하는 것이 적응에 도움이 된다.

미각과 후각의 쇠퇴는 먹는 것에 대한 즐거움을 앗아가므로 노인의 삶에 부정적인 영향을 미칠 수 있다. 촉각의 둔화는 고통에 대한 민감성을 저하시켜 다양한 노인성 질병의 고통을 덜어 주기도 하지만, 이로 인해 질병을 초기에 발견하여 치료할 수 있는 기회를 놓치게 되어 만성질환을 더 악화시키는 이유가 되기도 한다.

4) 인지적 특성

(1) 정신 능력의 변화

나이가 들면 지적 능력이 저하되는지 여부에 대한 의견이 다양하게 있어 왔으나, 최근 연구 결과들을 정리해 보면 인지적 특성 중 나이가 들면 저하되는 영역이 있지만 또한 나이가 들어도 유지되거나 심지어 향상되는 영역도 존재한다.

연령에 따른 지적 능력의 변화를 연구한 횡단연구 결과를 보면, 지능은 30대 중반 이후에 저하를 보이지만, 종단연구 결과를 보면 중년까지 지능이 약간 증가하고 60대 초반까지 유지되다가 그 이후에 수행이 점진적으로 저하되는 것으로 나타났다. 횡단연구와 종단연구 결과가 달리 나타나는데, 동시대 출생집단 효과(cohort effect) 때문에 횡단연구보다는 종단연구 결과를 참고하는 것이 연령 증가로 인한 인지 능력의 변화를 확인하는 데 더 적절하다. 대규모의 연구 참여자를 대상으로 장기간에 걸쳐 연구를 실시한 샤이(Schaie, 2005, 2008)의 시애틀 종단연구 결과를 보면, 언어 능력, 귀납적 추론, 언어기억, 공간 지남력, 수 능력 등은 중년기가 절정의 시기라는 점을 확인할 수 있었다. 단, 정보처리 속도는 연령 증가에 따라 감소하는 것으로 나타났다.

나이와 함께 인지 수행이 감퇴하는 것은 기본적으로 중추신경계 기능이 전반적으로 느려지기 때문이다. 중년에 유동지능 또는 정보처리 기술이 감퇴하더라도 결정지능이 안정적으로 유지됨으로써 적응을 도울 수 있다. 45세 이후에는 기본적인 정보처리 기술의 속도에서 상당한 감퇴가 일어나지만 고령이 되기 전까지는 이미 반복적인 수행으로 인해 잘 익혀 놓은 기술들이 문제가 될 정도로 기능이 저하되지는 않는다. 그리고 중년의 성인은 자신의 연령에 따른 인지적 한계를 다양하고 풍부한 경험과 효과적인 문제해결 방식 등의 인지적 강점으로 보완할 수 있는 능력이 있다. 자신이 특정 과제를 과거만큼 빠르고 잘 해낼 자신이 없다는 것을 인식하게 되면 축적된 지식과 보다 효과적인 해결방식을 통해 문제를 해결하려 한다. 따라서 단순히 나이가 들었다고 해서 젊은이들에 비해 지적 수행이 절대적으로 저하하는 것은 아니다(Horn, 1982; Schaie, 2008).

지적 능력의 차이는 개인에 따라 다르게 나타날 수 있다. 평균 이상의 지능에 복합적인 능력이 요구되는 직업을 갖고 있고, 독서, 여행, 문화행사 참가 등 지적 자극이 많은 여가를 추구하는 사람들이 지적 능력의 감퇴가 늦게 나타나는 것으로 밝혀졌다. 또한 심혈관계 질환이나 만성질환이 없는 사람들이 비교적 성인 후기까지 정신 능력을 잘 유지하는 것으로 나타났다(Baltes, Lindenberger, & Staudinger, 2006; Zimprich & Martin, 2009). 지적 능력에서 유의한 성차는 확인되지 않고 있으며, 베이비붐 세대들은 과거의 동년배에 비해 언어 기억, 귀납적 추론, 공간 지남력에서 더 높은 점수를 받는 것으로 나타났는데, 이는 베이비붐 세대가 이전 세대에 비해 교육 수준과 환경적 자극이 높고 건강 관리 능력이 향상되었기 때문으로 본다.

(2) 정보처리에서의 변화

나이가 들면 정보처리 속도가 저하된다는 것은 앞에서도 언급했는데, 그 이유는 두 가지로 설명될 수 있다. 첫째, 신경망 관점에서는 뇌의 뉴런이 사멸할 때 신경망의 변화가 발생하게 되고 뇌는 우회로를 형성함으로써 보완을 하고자 한다. 따라서 빠르고 짧은 회로 대신 우회로를 통해 정보를 전달하다 보니 시간이 보다 많이 걸리게 되는 것이다. 둘째, 정보 상실 관점에서는 나이가 들면 정보가 인지체계를 통과할 때 정보 상실이 많이 일어나게 되고, 그 결과 정보를 점검하고 해석하는 전체체계가 느려지게 되는 것으로 설명한다. 나이가 들면 정보처리 속도가 느려진다는 결과는 많은 연구에서 확인된 사실이지만, 친숙한 과제는 매우 능숙하게 처리할 수 있으며, 지식과 경험은 처리 속도에서의 퇴화를 보상해 준다(Brancucci, 2012; Horn, 1982).

나이가 들면 주의 능력에서의 감퇴가 일어나는데, 나이가 들수록 억제, 즉 관련 없는 정보의 방해에 저항하는 것이 어려워진다. 하지만 연습을 통해 두 개의 과제가 있을 경우에 적절하게 주의를 분할하고, 관련 정보에 선택적으로 초점을 두면서 정신적 조작을 하는 능력을 향상시킬 수 있다.

중년에서 노년으로 접어들면서 기억 능력이 저하되는데, 그 이유는 효과적인 기억 전략을 덜 사용하기 때문이다. 나이 든 사람들은 반복하여 암기하는 방법인 시연(rehearsal)을 적게 하는데, 사고 속도가 느려지기 때문이다. 나이가 들면서 조직화와 정교화 기억 책략을 덜 사용하고 효과적으로 사용하게 되면 새로운 정보를 기억하는 것이 어려워진다. 즉, 새로운 정보를 이미 갖고 있는 지식과 정보와 연결해야 하는데 고령자는 젊은이에 비해 이런 기억 책략을 자발적으로 시도하지 않는다. 하지만 조직화

와 정교화 같은 기억 책략을 사용하도록 연습하면 기억 수행에서의 향상을 가져올 수
도 있다.

장기 기억 중 연령 증가에 따라 저하되는 것이 일화 기억(episodic memory)이다. 일화
기억이 문제가 되는 이유는 기억의 부호화, 저장, 인출 과정에 모두 문제가 생기기 때
문이다. 노인은 새로운 정보를 부호화할 때 의미적 부호화나 정교화를 적게 사용하여
인출에 문제가 생길 수 있다. 이렇게 여러 정보를 인지하고 통합하는 데 어려움을 경험
하게 되면 저장에도 문제가 생기게 된다. 세상에 대한 일반적인 지식을 의미하는 의미
기억(semantic memory)은 노년기에도 손상을 보이지 않으며, 젊은이보다 더 우수한 수
준의 의미 기억을 지니는 경우도 많다. 하지만 정보에 접근하는 시간이 젊은이에 비해
다소 느릴 수 있고, 특정 맥락에서 특정 이름이나 단어를 인출할 때 어려움을 겪을 수
있다(Grady, 2012; Nyberg, Lovden, Riklund, Lindenberger, & Backman, 2012).

과거에 대한 기억 외에도 과거에 계획했던 행동이나 의도를 미래의 적절한 시간에
기억해서 수행하는 미래계획 기억(prospective memory)이 있다. 미래계획 기억력이 저하
되면 시간에 맞춰 약을 복용하거나 가스를 제때 끄지 않아 문제가 생길 수 있다. 미래
계획 기억은 외부의 단서나 자극 없이 스스로 주도적으로 수행해야 하므로 노인에게서
많이 손상되며, 노인은 회상 기억보다 미래계획 기억이 더 많이 손상된다(유경, 유경호,
강연욱, 이주일, 김지현, 2014; Scullin, Bugg, McDaniel, & Einstein, 2011).

규칙적으로 운동을 하고, 여러 가지 외국어를 사용하며, 의미 기억을 활용하려는 지
속적인 노력은 노인의 기억에서의 인지적 저하 속도를 늦출 수 있다. 나이가 들어감에
따라 기억력이 당연히 저하되는 것이 아니라 노력 여하에 따라 기억력을 유지할 수 있
다는 기억에 대한 자기효능감(memory self-efficacy)을 갖는 것은 노인의 기억력 유지에
많은 도움이 된다. 일부 연구에서는 노인이 자신의 기억력이 좋지 못하다는 스스로의
평가로 인해 기억을 잘하기 위한 보완 전략을 능동적으로 사용함으로써 수행의 증진을
보인 경우도 있다(Cavanaugh & Blanchard-Fields, 2015).

(3) 정서와 기억

노인은 일상에서의 정서적 의미(emotional meaning)를 추구하도록 동기화하고 긍
정적인 정서를 유지하려는 경향이 있는데, 이를 긍정성 효과(positivity effect)라고 한다

(Isaacowitz & Blanchard-Fields, 2012; Scheibe & Carstensen, 2010). 노인은 젊은이에 비해 정서적 의미가 있는 정보에 주의를 더 기울이며, 특히 긍정적인 정서 정보에 더 주의를 둔다는 것이다.

　뇌 연구에서 긍정적인 정서 정보를 처리하는 영역과 부정적인 정서 정보를 처리하는 영역이 다르다는 것과 뇌 경로에서도 연령에 따라 정서 관련 행동을 하는 데 차이가 나타난다는 것이 확인되었다(Fossati, 2012).

(4) 일상에서의 의사결정과 문제해결

　일상생활에서의 문제해결 능력은 중년기에도 유지되며, 실용적인 문제해결 방식과 전문적 지식의 습득은 문제해결에 많은 도움을 준다. 전문적 지식은 높은 수준의 수행을 돕는 데 사용될 수 있는 광범위하고 계획적이고 통합적인 지식 기반이 된다. 이러한 전문적 지식은 초기 성인기에 발달하기 시작하여 중년기에 최고조를 이루게 된다. 추상적 원리와 귀납적 판단으로 문제를 해결하기 위한 효과적인 접근이 가능해진다. 중년의 성인은 오랜 시간의 학습과 경험으로 자신의 지식을 당면한 문제에 적용할 수 있게 된다. 일상적인 문제해결에서도 중년과 노년의 성인은 젊은 성인보다 더 나은 책략을 선택하기도 한다(Kross & Grossmann, 2012; Kallio, 2011).

　의사결정과 관련하여 높은 수준의 작업기억 능력이 요구되는 실험에서는 노인이 젊은이에 비해 효율적이지 못한 결정을 내리는 것으로 나타났지만, 일상생활에서의 의사결정에 있어서는 큰 차이가 나타나지 않는 것으로 밝혀졌다. 자동차 구입, 유방암 치료 문제 결정, 은퇴와 재정적인 계획 등과 같은 일상적인 문제에서 여러 가지 해결 방법 중 가장 적절한 것을 하나 고르도록 하면 노인도 중요한 의사결정을 잘 내리는 것으로 나타났다(Malouff, Thorsteinsson, & Schutte, 2007; Wang & Shi, 2014). 특히 노인은 결정을 하는 데 다양한 정보를 사용하기보다는 적은 정보로 결정을 하는 경향이 강했고, 위험을 피하고 쉽게 접근할 수 있는 정보를 활용하는 특성이 강한 것으로 나타났다. 의사결정을 하는 과정에서 노인은 자신의 경험을 활용하고, 경험과 지식을 결합하는 능력이 젊은이보다 나은 것으로 나타났다. 이러한 특성은 자신의 결정에 대해 비이성적으로 편파적인 태도를 취하거나 회의적인 태도를 나타내는 경우가 적다는 것을 보여 준다. 노인은 특히 자신과 관련이 깊은 문제에 대해서 더 효율적인 의사결정을 하는 것으로 나타났다(Shivapour, Nguyen, Cole, & Denburg, 2012).

물론 의사결정이나 문제해결 과정 능력은 노인들도 다양한 개인차가 존재한다. 따라서 노년기에도 이 능력을 유지하기 위해서는 지속적인 배움이나 지적 자극이 필요하다. 평생교육(lifelong learning)을 연구하는 연구자들은 나이가 들어서도 적극적이고 활동적으로 지적 능력을 유지하기 위해 지속적으로 무엇인가를 학습하고 익히는 과정이 필요하다고 주장한다(Knowles, Holton, & Swanson, 2005). 나이가 들어서 학습을 하게 되면 학습자가 학습에 대한 요구가 높고 실용적으로 도움이 되는 것을 배우려 하는 경향이 강하므로 동기 수준이 높아 효과적인 학습이 가능하다. 따라서 노인들의 요구에 맞는 다양한 학습 과정들이 개발된다면 보다 활기찬 노년의 삶을 사는 데 많은 도움이 될 것이다.

(5) 실용적 사고와 인지정서적 복잡성

라보비-비에프(Labouvie-Vief, 2003, 2005)는 성인기의 사고는 가설적 사고에서 **실용적 사고**(pragmatic thought)로 변화한다고 설명하였다. 실용적 사고는 실제 생활의 문제를 해결하기 위해 논리적인 해결 방법을 생각하는 사고구조이다. 중년 성인은 자신이 속한 특정 분야에서 전문가와 같은 역할을 하고자 하는데, 이러한 욕구가 사고구조의 변화를 가져오는 것으로 설명한다. 성인은 여러 대안 중 하나를 선택할 때 실제 경험하게 될 제약이나 불이익을 생각하면서 결정을 하게 되며, 완벽한 선택이 있을 수 없다는 것을 이해하게 된다. 불일치, 불완전이 우리가 인생을 살아가는 데 경험하게 되는 자연스러운 한 부분으로 수용하면서 일상에 도움이 되는 방식으로 해결 방법을 찾고자 실용적인 사고를 하게 된다. Labouvie-Vief(2003)는 자신의 생각을 되돌아보면서 숙고하는 능력은 중년 성인이 정서적 삶의 역동을 경험한 후에 향상된다고 설명하였다. 나이가 들면서 정서와 인지를 통합하는 데 익숙해지고, 그 과정에서 인지와 정서의 모순을 잘 이해하게 된다. 즉, 이성적인 판단을 필요로 할 때 정서적인 측면이 도움이 될 수도 있고 도움이 되지 않을 수도 있다거나, 자신이 특정 정서를 경험할 때 어떠한 방식으로 사고하고 판단하는지에 대한 이해를 할 수 있게 된다는 것이다.

청소년기에서 중년에 이르면서 사람들은 **인지정서적 복잡성**(cognitive-affective complexity)을 발달시키게 되는데, 이는 정적 정서와 부적 정서의 특성을 이해하게 되고 이들을 복합적이고 체계화된 구조로 통합하는 능력을 갖게 되는 것을 의미한다. 인지정서적 복잡성의 발달로 인해 자신과 타인의 입장과 동기를 이해할 수 있게 되고, 이러한 특성은 실용적인 문제해결에 중요한 도움을 준다. 인지정서적 복잡성이 높은 사람은 사건과 사람을 관대하고 열린 마음으로 대하고, 정적 정서와 부적 정서를 모두 수용하고 이해할 수 있어 효과적인 정서조절이 가능하다. 또한 부적 정보가 포함된 실생활의 딜레마를 합리적으로 이해하고 해결할 수 있다. Labouvie-Vief(2005)의 연구에 의하면, 이러한 인지정서적 복잡성은 중년에 최고조를 이룬다.

2. 노화와 정서 및 사회성 발달

1) 노화와 심리사회적 발달이론

(1) 에릭슨(E. H Erikson)의 심리사회적 발달이론

Erikson(1963, 1982)의 심리사회적 발달이론의 8단계 중 7단계에 해당하는 중년기 과업은 생성감(generativity) 대 침체감이다. 생성감은 다음 세대에게 자신이 갖고 있는 유산(물리적 또는 정신적)을 다음 세대에게 전하고 안내하면서 경험하게 되는 것이다. 성인기에 자녀를 출산하고 양육하면서 생성감을 경험할 수 있으며, 직업 세계에서 자신의 분야를 개척해 나가고 전문가가 되면서 이후 세대를 위해 자신의 능력을 공유함으로써 생성감을 경험할 수 있다. 즉, 자신의 사후에도 여전히 존재하면서 지속적으로 사회적인 향상과 발전에 공헌할 수 있는 생산적인 모든 것—자녀, 생각, 작품, 예술품—을 포함하는 의미로 생성감이라는 용어를 사용한다. 다양한 형태의 생산성과 창조성의 발현을 통해 생성감을 경험할 수 있다. 이러한 생성감은 중년기에 상승하는 것으로 알려져 있다. 생성감을 경험하지 못할 경우에는 침체감을 경험하게 되는데, 침체감을 경험하는 사람들은 자신의 편안함과 안전을 도전과 희생보다 더 우위에 두기 때문에 사회에 공헌하기 어렵다. 이들의 자기 몰두는 타인에게 자신의 것을 나누는 것보다는 타인으로부터 얻는 것에 초점을 두고 있기 때문에 자신의 직업 장면에서 생성감을 갖거나, 자신의 재능을 발전시키거나, 세상을 더 나은 곳으로 만드는 것에는 거의 관심이 없다. 다양한 방법을 통해 연구를 실시한 결과는 매우 일관적인데, 중년기에는 생성 감이 상승하는 것으로 나타났다. 한 연구에서 대학 교육을 받은 여성들을 대상으로 종 단연구와 횡단연구를 실시하였는데, 그 결과 다양한 사회경제적 지위에서 중년 성인 은 연령이 증가할수록 자신의 정체감에 대한 안정성이 증가하고 유능감이 상승하는 것 으로 나타났다. 생성감이 높은 경우에는 불안과 우울 수준이 낮고, 자기수용과 자기만 족도가 높으며, 성공적인 결혼생활을 하면서 많은 친구와 교류를 할 가능성이 높은 것 으로 나타났다. 다양한 주제에 대해 개방적인 관점을 갖고 있고, 지도자의 자질을 갖고 있는 것으로 나타났다. 또한 경제적 보상보다는 일 자체를 즐기고 자녀, 배우자를 비롯 한 가족은 물론이고, 자신의 가족을 넘어서 사회 전반의 복지에 대한 관심이 많아 사회 적 변화를 위한 투표, 캠페인, 정치적 활동에도 적극적으로 참여하는 것으로 나타났다 (McAdams, 2001; McAdams, 2010; McAdams & Olson, 2010).

　　Erikson(1963, 1982) 이론의 마지막 단계인 8단계의 발달과업은 **통합감 대 절망감**이 다. 나이가 들어 노년기에 이르면 대부분의 사람은 죽음이 가까이 왔다는 것을 인지하 고, 자신의 삶을 되돌아보게 된다. 노인들은 무력한 좌절감에 빠지기보다는 자신의 삶 을 통합하고 일관성, 전체성을 느끼려고 노력한다. 나의 삶이 의미 있고 만족스러웠다 는 생각으로 자신과 자신의 삶을 통합하는 경우에는 생을 잘 마무리할 수 있지만, 자신 의 삶에 대해 원망, 불만족, 회한을 느끼며 자신이 패배자이고 인생을 헛살았다는 느낌 에 절망감을 느끼며 고통스럽게 생을 마감할 수도 있다. 지혜는 인생의 불완전함을 이 해하고 인정하는 것이다. 자신이 살아온 궤적들이 완벽하게 만족스러울 수는 없겠지만 어려움을 겪으며 인생을 살아온 자신에게 화해의 손을 내밀고 마무리를 잘하는 것이 바람직하다.

(2) Levinson의 인생의 사계절

　　레빈슨(D. Levinson)은 인생을 사계절에 비유하며 삶의 궤적을 탐색하기 위해 연구를 실시하였다. 1차 연구는 1968년에 35~45세인 남성들을 4개 직업군(기업체 간부, 소설 가, 생물학자, 노동자)에서 10명씩 표집하여 10년간 추적연구를 실시하였다. 2차 연구는 여성들의 삶에 대해 연구하였는데, 가정주부 15명과 여성 실업가 15명, 대학교수 15명 등 총 45명을 대상으로 1차와 동일한 방식으로 연구하였다. 그 결과, 시대와 문화를 초월하여 인생 주기의 진행에는 보편성이 있다는 것을 확인하였고, 개인적 독특성은 보편성을 바탕으로 이루어진다고 설명하였다. 비록 삶의 내용은 다르지만 남자와 여자의 인생이 진화되는 양상은 매우 유사한 것으로 밝혔다.

Levinson은 발달을 서로 질적으로 다른 시기(단계 또는 계절)의 연속으로 보았다. 이 이론에 의하면, 각 시기마다 생물학적 힘과 사회적 힘이 새로운 심리적 과제를 가져오게 된다. 각 시기는 **전환기**로 시작되는데, 이는 5년 동안 지속되며 이전 시기를 종료하고 다음 단계를 준비하는 시기이다. 전환기의 중간 단계에서 안정기로 진입하게 되고, 안정기는 5~7년 동안 지속되며, 이때 삶의 질을 높이기 위해 내적인 개인의 요구와 외적인 사회적 요구를 조화시키기 위한 인생 구조를 세우게 된다. 궁극적으로 현재 자신의 인생 구조에 의문을 갖게 되고 전환기로 다시 진입하게 된다. 한 사람의 삶은 이 전환기와 안정기가 끊임없이 순환하는 과정이며, 삶의 구조는 여러 요소—직업, 결혼, 가족, 우정 등—로 이루어진다. 인생의 한 시점에서 개인의 삶의 구조는 자아(ego)와 세계(world)의 상호작용으로 형성되며, 개인의 발달에는 자아와 세계의 관계의 질(quality of relationship)이 중요한 영향을 미친다(Levinson, Darrow, Kline, Levinson, & McKee, 1978: Levinson & Levinson, 1996).

앞의 연구 결과에 의하면, 중년의 전환기에 초기 성인기의 목표를 달성했는지의 여부를 스스로 평가하게 된다. 살아온 날보다 앞으로 살아갈 시간이 적다는 것을 인식하고 남은 시간을 소중히 여기며 인생 구조의 직업 요소를 과감하게 수정하기도 한다. 중년기에 들어서면서 잠정적으로 개인적으로 의미 있는 생활에 초점을 두며 내향적으로 변화하기도 한다. 중년기에는 경력 개발과 개인적 성장의 가능성이 매우 제한적이므로 젊은 시절에 가졌던 꿈을 충분히 이루지 못한 것에 대해 실망하고 더 늦기 전에 자신의 꿈을 이루기 위해 노력을 하게 된다. 자신의 목표를 달성한 사람조차도 자신의 성공의 의미에 의문을 갖고 그 의미를 파악하려고 노력한다. 중년의 전환기에 자신의 삶에 대해 충분히 고민하고 나머지 삶에 대한 목표를 갖고 준비하는 사람들은 노년기로 성공적으로 진입하여 안정되고 행복한 인생의 후반기를 즐길 수 있게 된다.

노년기에 이르게 되면 자신이 무대의 중심인물이 아니라는 것을 인식하게 되는데, 이러한 경험이 일부 노인에게는 심리적인 타격이 될 수도 있으나 자신의 역할을 찾으며 노년기의 삶에 적응하는 노인들도 있다. 사회적으로는 역할이 많이 줄어들지만 가정에서는 조부모세대로서 성장한 자녀들에게 여전히 인생을 살아가는 데 중요한 지혜의 원천으로서 역할을 하고 지지적인 역할을 할 수 있다. '은퇴'라는 과업을 성공적으로 수행한 사람은 은퇴 후에도 가치 있는 일에 종사할 수 있다. 반드시 보수를 받는 일만 의미 있는 것이 아니라는 것을 깨닫고, 자신이 좋아하고 즐길 수 있는 일을 할 수 있는 권리를 갖게 된다. 또한 노년기에 피할 수 없는 죽음, 죽어 가는 과정에 대한 이해를 하고 자신의 죽음을 준비하기도 한다. 노년기에 자아에 대한 궁극적인 관심과 인생이 과연 무엇인가에 대한 최종적인 마음을 정리하게 되는데, 자신과 자신의 삶을 객관적으로 보고 받아들이는 과정을 Levinson은 "one's view from the bridge"라고 칭했다. 마치 다리 위에서 수면에 비친 자신의 모습을 내려다보듯, 자신이 살아온 과정을 담담하게 인정하고 받아들이는 것이다. 자기 자신과의 화해를 통해 자신을 알고, 자신을 사랑하며, 자신의 인생을 마무리할 준비를 하는 것이 노년기에 중요한 과업이다(Levinson, Darrow, Kline, Levinson, & McKee, 1978: Levinson & Levinson, 1996).

(3) 발테스의 SOC 이론

발테스와 발테스(Baltes & Baltes, 1990)는 사람들이 개인의 발달적 향상과 주관적 안녕감 증진을 위해 자신의 삶을 조정(manage)하는 방법에 대해 연구하여 SOC(Selective Optimization with Compensation) 이론 혹은 보완을 수반한 선택적 최적화 이론을 제안하였다. 성공적 발달 혹은 적응적 발달을 설명하는 일반적 이론으로서 획득의 최대화와 상실의 최소화를 적응적 발달로 가정하고 이를 위해 선택, 최적화, 그리고 보완의 발달적 조절이 이루어져야 한다고 설명하였다.

선택(selection)이란 목표를 설정하고, 목표의 위계를 구성하며, 설정한 목표에 어느 정도로 전념할 것인지를 결정하는 과정이 된다. 이 이론에서는 인생을 살아가는 데에는 내적 또는 외적 자원들의 제한이 있다고 가정하였다. 예를 들어, 개인이 갖고 있는 능력, 에너지, 시간, 돈, 사회적 지지 등에서 제한을 받을 수 있고, 이러한 제한을 극복하는 데에는 연령에 따른 변화가 있으므로 그 상황에 맞는 목표를 선택해야 한다. 즉, 나이가 들어 신체적 및 심리적 에너지의 제한이 따르고 돈이나 사회적 지지가 줄어들게 되면 원래 자신이 하고 싶었던 목표를 현 상황에서 가능한 대안적 목표로 선택해야 한다는 것이다. 선택은 특정한 기능 영역에 자원을 집중함으로써 자원의 낭비를 막고 발달적 방향을 이끌어 주는 역할을 하게 된다. 선택은 **의도적 선택**(Elective Selection: ES)과 **상실-기반 선택**(Loss-Based Selection: LBS)으로 구분되며, 의도적 선택에 비해 상실-기반 선택은 자신이 원하는 목표를 이루는 수단을 상실했을 때 대안적으로 선택되는 것이다. 이 과정에서는 현재 상황에서 가능하고 꼭 필요한 목표부터 선택하여 목표의 우선순위를 변경해야 한다.

　최적화(optimization)는 선택된 영역에서 보다 높은 수준의 기능에 도달하기 위해 목표를 획득하는 데 필요한 수단이나 자원을 획득하고 통합하는 과정이다. 구체적인 목표-관련 기술을 획득하고 훈련하며 계속해서 목표를 추구할 수 있도록 노력하는 것이 바람직하며, 개인이 목표를 달성하는지의 여부는 목표 영역의 종류, 개인적 특성, 그리고 사회문화적 맥락에 따라 달라질 수 있다.

　보완(compensation)은 목표 성취를 위해 필요한 수단이 상실되거나 신체적·심리적 감퇴에 의해 개인의 기능 유지가 어려울 때 이를 돕기 위해 부가적 자원이나 수단을 활용하고 대체물을 투여하는 것이다. 보완이 활성화되는 상황은 환경의 특성 때문에 자원이 고갈되거나 동일한 목표에 도달하는 데 새로운 수단이 필요할 때, 그리고 생물학적 노화와 관련된 가소성의 감소 및 인생 후기의 다양한 수단의 상실이 일어날 때 적용할 수 있는 상황이다. 보완은 특정 수단을 사용할 수 없을 때 가능한 수단으로 대치하거나 외부에 도움을 요청하는 것도 포함된다. 예를 들어, 보청기나 휠체어를 사용하는 것, 외출 시 보조 도우미를 지원받는 것 등이 해당될 수 있다. 물론 보완을 했음에도 불구하고, 효과적이지 못하거나 비용이 이익을 초과할 때에는 목표의 위계를 재조정하여 개인의 기준을 낮추거나 성취 가능한 새로운 목표를 찾는 것이 더 바람직할 수도 있다.

　실제로 선택, 최적화, 보완은 각각 목표 선택, 목표 추구, 그리고 목표 유지/변경의 과정이 포함되므로 개별적으로 작용하기보다는 전체적으로 통합되어 적용된다(Freund & Baltes, 2002). 선행 연구들에 의하면, SOC 방략을 사용하는 개인은 성공적 노화의 주관적 지표에서 더 높은 점수를 얻었고 긍정적 정서를 더 많이 경험하는 것으로 나타났다. 또한 만족 지연 능력, 계획 능력, 통제 신념, 자기효능감 등은 SOC 발달을 위한 기본적인 태도와 기술의 발달에 영향을 주는 주요 요인으로 확인되었다(Freund & Baltes, 1998, 2002).

(4) 카스텐센(L. L. Carstensen)의 사회정서적 선택이론

사회정서적 선택이론(Socioemotional Selectivity Theory: SST)은 노년기에는 자신에게 중요한 사람들과의 선택적 상호작용을 통해 정서를 조절한다는 것을 밝힌 이론이다. 즉, 사람들은 정서적 삶의 질에 최우선순위를 두고 정서적으로 즐겁고 행복한 경험을 줄 수 있는 긍정적인 관계를 추구하며, 자신에게 가장 편안함을 주는 최적의 정서 상태를 유지하려고 한다. 따라서 사회적 상호작용도 정적 정서를 고양시키고 부적 정서를 감소하는 방향으로 선택하게 된다(Carstensen, 1992, 1999).

사회정서적 선택이론(SST)에서는 성공적으로 발달하고 적응하는 데 핵심이 되는 중요한 전략을 제시한다. 나이가 들면 심리적 · 신체적 자원의 고갈로 인해 나타나는 특성을 노인의 적응 방식으로 보는 기존의 이론들과 달리, SST는 사람들은 자신이 처한 상황에서 가장 중요하고 필요한 목표를 선택적으로 설정하고 그 목표를 추구하면서 적응한다고 설명한다. 예를 들어, 젊은이는 미래가 창창하게 남아 있으므로 자신의 미래의 가능성을 넓히는 데 집중하게 된다. 불확실한 미래를 위해 지적인 정보를 지속적으로 축적하고 사회적 관계망을 구축하기 위해 무던히 노력해야 하는 것이 적응적이다. 하지만 노인은 남아 있는 미래가 그리 많지 않으므로 정서적으로 의미 있는 목표가 우선시 된다. 노인은 자신의 미래를 위한 목표를 폭넓게 가지려 하기보다는 우선시되는 목표를 성취하고 만족하는 데 더 집중하게 된다. 이와 같은 특성은 정서 경험에서도 적용되어 젊은이는 새로운 경험을 위해서는 불안하거나 긴장되더라도 도전하려 하지만 노인은 행복하고 편안한 상태를 유지하기 위한 활동들에 집중하게 된다. 발달심리학자들은 이를 선택이라는 과정으로 설명하고, 정서연구자들은 이러한 과정을 정서조절 능력이라고 설명한다.

SST에 의하면, 사람은 자신이 처한 사회적 맥락이 연령 증가에 따라 지속적으로 변화하기 때문에 자신의 삶을 사회정서적 목표에 따라 구조화하려고 한다. 노인은 나이가 들면서 사회적 관계망의 폭이 줄어드는데, 이는 어쩔 수 없이 나타나는 현상이 아니라 노인이 스스로 의미 있는 인간 관계에 집중하고 피상적인 관계를 줄이고자 하는 노력으로부터 나오는 결과이다. 긍정적인 결과를 얻을 수 있는 사회적 파트너나 활동을 선택함으로써 앞으로 일어날 일들을 예상하고 준비할 수 있게 된다. 젊은이와 비교한 한 연구에서 노인은 자신이 처한 상황이 앞으로 어떻게 될 것이며 자신이 어떤 기분을 느끼게 될 것인지에 대한 예상을 더 잘하는 것으로 나타났다(English & Carstensen, 2014; Fredrikson & Carstensen, 1990; Wrzus, Hanel, Wagner, & Neyer, 2013).

목표는 사회적 환경의 구조를 만들 뿐만 아니라 사람들의 관계에 얼마나 몰입할 것인가에 대해서도 영향을 준다. 예를 들어, 노인은 사회적 갈등이 유발되는 상황을 피하려고 하며, 젊은이에 비해 갈등을 회피하여 부적 정서 경험의 수준을 낮추려고 한다. 실험실 상황에서 갈등을 유발하는 실험에 참가하는 경우, 노인은 젊은이에 비해 부정적인 반응을 덜 했으며, 일상생활에서 노인이 스트레스를 느낄 것 같은 상황은 덜 개입하려고 하고 스트레스를 덜 받을 것 같은 활동이나 상황을 선호하는 경향이 강하다는 것을 확인했다(Stawski, Almeida, Sliwinski, & Smyth, 2008).

인지적 처리 과정에 있어서도 사회정서적 목표를 추구한다는 결과들이 축적되었다. 많은 연구에서 정서적 정보에 대한 회상 실험에서 노인은 젊은이와 상이한 결과를 나타냈다. 나이가 들수록 중립적인 정보보다는 정서적인 정보를 더 잘 기억하며, 부적 정보보다는 정적 정보를 더 선호한다는 사실은 수많은 연구를 통해 확인되었고, 이와 같이 정보처리 과정에서 나타난 노인의 특성을 긍정성 효과(positivity activity)로 명명하게 되었다. 중요한 점은 이러한 긍정성 효과가 노인에게 중요한 판단을 하도록 강조를 하면 나타나지 않는다는 것이다. 예를 들어, 주의 분할 과제를 실시한다거나 중요한 의사결정 과제를 실시하면 노인은 젊은이 못지않게 긍정적 자료와 부정적 자료에 모두 관심을 두고 중립적인 판단을 내린다(Reed, Chan, & Mikels, 2014; Sims, Hogan, & Carstensen, 2015). 즉, 중요도가 높은 과제에 대해서는 긍정성 효과가 나타나지 않았다. 이러한 결과는 노인이 나이가 들면서 인지적으로 또는 신경적으로 감퇴가 일어나는 것에 대한 것을 보완하기 위해 일반적으로 긍정적 단서에 주의를 더 기울이는 듯 보이지만 필요할 때에는 모든 단서에 주의를 기울일 수 있는 능력을 갖고 있다는 것을 보여 주는 결과이다.

SST는 일상에서 노인들을 대상으로 실시한 연구에서 노인들의 정서조절의 한 형태로 선택성(selectivity)을 강조한다. 노인은 자신의 삶에 가장 적합하고 이익이 되는 최적화를 위해 긍정성을 선택한다. 하지만 이 선택의 특성도 노인의 모든 특성을 설명해 주지는 못한다. 선택이 불가능한 상황, 예를 들어 만성 질병으로 인한 건강 상태의 불가피한 악화와 같은 상황에서는 긍정적 정서조절의 장점은 사라지게 된다. 이와 같은 관

노년기에는 긍정적인 정서를 더 선호하고, 긍정적인 정보에 더 민감한 긍정성 효과가 나타난다.

점에서 선택성은 연령 관련 신체적 변화를 완벽하게 보완해 주지 못하지만 스트레스로부터 회복하는 데에는 도움을 줄 수 있다. 사회적 선택과 관련하여 노인이 사회적 관계를 스스로 선택해서 좁혀 나가면서 자신의 정서조절을 한다고 설명했지만 극단적인 사회적 고립과 외로움으로 고통 받는 사람들에게는 해당되지 않을 수 있다(Sims, Hogan, & Carstensen, 2015).

2) 성격 특성

(1) 성격의 안정성

연령이 증가하면서 성격이 일관적으로 유지되는지, 또는 변화하는지에 대한 의문에 대한 답을 찾기 위해 많은 연구가 실시되었다. 그 중에서도 외향성, 우호성, 성실성, 신경증 성향, 경험에 대한 개방성으로 구성되는 성격의 5요인(Costa & McCrae, 1990)이 연령 증가에 따라 어떻게 달라지는지를 밝히기 위해 종단연구들이 실시되었다.

대표적인 종단연구 결과를 살펴보면, 연령이 증가하면서 우호성과 성실성은 증가하지만, 신경증 성향은 감소하고 외향성과 경험에 대한 개방성은 차이가 없거나 조금 감소하는 것으로 나타났다(Costa & McCrae, 1990). 즉, 나이가 들수록 개인의 성격이 안정과 성숙의 방향으로 변화하는 것으로 볼 수 있다. 성인의 성격은 전반적인 조직과 통합적인 측면에서 다소 변화하는 것으로 보이지만 이러한 변화는 사람들이 변화하는 인생 환경에 적응하면서 일관적인 자기개념(self-concept)을 가질 수 있도록 도와주는 기본적이고 지속적인 성향이다(Kegan, 2009; Labouvie-Vief, 2005). 따라서 이러한 결과로 볼 때, 중년기를 혼돈과 변화의 시기라기보다는 인생의 과정에서 경험하는 여러 가지 어려움과 사건에 반응하면서 자신의 일관된 성격을 유지할 수 있도록 노력하는 시기로 볼 수 있다. 중년기에는 성격 특질의 일관성이 증가하며 자기이해가 향상되고 자기를 수용하게 되고, 도전적인 상황을 다루는 기술을 습득하면서 기본 성격이 변화하기보다는 자신이 갖고 있는 특성을 더 잘 유지할 수 있게 된다.

(2) 성격의 성숙과 퇴행

노년 연구가 시작된 초기 연구에서는 인생 후반의 성격이 경직되고 조심성이 증가하면서 새로운 시도를 하는 것을 꺼리게 되고 자신이 평생 동안 가져온 생활 습관이나 경험을 고집하게 되는 특성을 강조하며 노인이 되면 성격이 수동적으로 변화하는 것으로 설명했다. 하지만 최근 연구에서는 성격 특성은 상당히 안정적이어서 노년기에 나타나는 경직성이나 조심성은 단순히 나이 때문이 아니라 개인이 갖고 있는 특성으로 보는 것이 더 타당하다는 주장이 제기되고 있다(김애순, 2012).

중년에 접어들어 연령이 증가할수록 성인은 양성적 특성이 증가하게 된다. 즉, 남성은 여성적 특성이 증가하여 보다 정서적으로 민감해지고 양육에 관심을 갖게 되며, 사려 깊어지고, 의존적으로 변화하게 된다. 반면, 여성은 이전에 비해 남성적 특성이 두드러지면서 보다 자기주장적이고 자신만만해지며 독립적으로 변화하게 된다. 중년에 양육 책임의 감소와 중년기에 경험하는 다양한 요구와 경험들이 양성적 지향을 촉진시키게 된다. 중년기의 양성성은 사회적 역할과 삶의 조건의 복잡한 조합의 결과이다. 성인기의 양성적인 특성을 통합하게 되면 노년기의 삶에 보다 적응적으로 대처할 수 있으나, 나이가 들어도 양성적인 면을 통합하지 못하게 되면 노년기 적응에 어려움을 겪을 수 있다(Cavanaugh & Blanchard-Fields, 2015). 실제로 양성화는 노년의 성공적인 적응 및 삶의 질과 밀접한 관련이 있다는 것이 밝혀지고 있다. 예를 들어, 양성화된 사람은 은퇴 이후와 자녀 독립 이후 변화된 역할에 잘 적응하게 되며, 양성적인 노인은 정서 조절 능력이 높고 이해심이 많고 관대하며 성 역할에 대한 구분 없이 서로 양보하고 돕는 경향이 있는 것으로 나타났다(김애순, 2012).

(3) 스트레스 대처

중년기에는 다양한 스트레스를 경험하게 되는데, 여성은 가정에서 자녀 역할과 부모 역할을 동시에 하면서 어려움을 겪으며, 직장생활을 할 경우에는 과중한 역할로 인한 스트레스를 많이 보고하며, 남성은 직업 관련 스트레스를 보고한다. 중년의 성인은 어려운 상황에서 가장 효율적인 해결 방법을 찾기 위해 인지적 대처를 사용하는 경향이 강하며, 자신의 스트레스를 효과적으로 해결할 수 있는 다양한 방법을 찾기 위한 노력을 하게 된다. 중년의 성인은 어려운 상황에서 긍정적인 측면을 찾고 건설적으로 대처하기 위한 노력을 하며, 타인의 감정을 고려하면서 자신의 생각과 느낌을 표현하기 위해 유머를 사용하는 경향이 있다(유경, 민경환, 2005).

스트레스 속에 여러 가지 역할을 수행해야 하는 중년기에는 자기를 돌아보고, 자신에 대한 복합적이고 통합적인 자기상(self-image)을 갖는 것이 중요하다. 완벽할 수 없으며 장점과 단점이 공존하며, 인정하고 싶지 않은 부정적인 측면도 자기라는 것을 받아들일 수 있는 성숙함이 중년의 자기만족도를 높여 준다. 따라서 깊이 있는 자기이해와 상황에 대한 통찰력의 성장은 중년기의 정신적 삶을 풍요롭게 해주며 이러한 중년기의 긍정적 변화는 노년기의 삶의 질에도 영향을 주게 된다.

나이가 들수록 노인이 경험하는 스트레스 상황은 질병, 기능 감퇴, 가까운 사람의 죽음 등 개인이 통제하기 어려운 경우가 많다. 이러한 변화를 상실이나 위협으로 지각하고 자신이 통제할 수 없는 것이라 여기게 되면 스트레스로 인한 부정적 영향을 많이 받게 된다. 나이가 들면서 겪게 되는 여러 가지 변화를 받아들이면서 자신의 삶을 돌아보고 보다 건강한 삶을 살기 위해 노력하는 것이 노년기 행복을 유지하는 데 핵심적인 역할을 한다. 자신이 통제할 수 없는 여러 가지 일로 스트레스를 경험할 때 효과적으로 대처할 수 있는 다양한 방법을 찾아 상황에 맞춰 적절하게 적용하는 것이 노년기 정신 건강을 유지하는 데 매우 중요하다.

(4) 대인관계

중년기의 정서 및 사회적 특성을 논의하는 데 있어 가장 중요한 것은 개인이 갖고 있는 가족관계와 친구관계의 질이다. 꽤 오랜 시간 동안 허무와 우울의 중년의 특성을 기술하는 데 익숙하게 사용되었던 '빈 둥지 증후군(〈글상자 10-1〉 참조)'은 대다수의 모든 사람이 겪는다고 보기에는 무리가 있다는 의견이 제안되고 있다. 자녀에게 완전히 헌신하고 자신의 삶은 없었던 경우라면 자녀가 독립하고 나면 덧없음과 회한을 경험할 수 있다. 하지만 많은 경우, 자녀가 독립하게 되면 자유롭고 홀가분한 느낌을 경험하게 되고 자녀와의 관계 외에 자신과 맺고 있는 여러 관계에서의 유대를 돈독히 하고 때로는 새로운 유대관계를 형성할 수 있는 기회로 받아들일 수도 있으며 중년에도 자신의 삶을 계획하고 즐기기 위한 준비와 노력을 하는 중년 성인이 늘어나면서 중년의 위기나 우울에 대한 접근이 달라지고 있다(Cavanaugh & Blanchard-Fields, 2015).

중년에 이르러 어느 정도 생활이 안정되고 자녀들의 독립이 이루어지면 부부 중심의 생활을 해야 하는 기간이 길어지게 되므로 중년의 결혼 생활에 대한 관심과 노력이 필요하다. 결혼 생활이 길어지면서 부부 사이의 애정 표현이나 젊은 시절과 같은 열정은 줄어들지만 그럼에도 불구하고 결혼 생활의 유지를 위해서는 공통의 관심사나 서로의 관심사에 대한 인정과 지지 등의 노력이 필요하다. 물론 모든 결혼 생활이 행복하고 만족스러울 수는 없고 적지 않은 수의 사람들이 불행한 결혼을 해결하는 방법으로 이혼을 선택하기도 한다. 젊은 시절의 이혼은 이혼 후 심리적 안녕감이 저하되고 우울감을 보고하지만, 중년 성인들은 이혼 후 심리적 안녕감의 저하가 젊은 사람들에 비해 덜 나타나는 것으로 확인되었다. 연구자들은 중년기의 실용적인 문제해결과 효과적인 대처 방법이 이혼으로 인한 스트레스를 경감시키는 것으로 해석한다(Guttman & Levenson, 2004; Sakraida, 2005).

미국의 경우, 높은 교육 수준의 중년기 성인의 이혼 비율이 더 높은데, 경제적 능력이 이혼을 결정할 수 있도록 돕는 것으로 본다. 현실적으로는 많은 여성이 이혼으로 경제적 어려움을 경험하고 삶의 질이 저하되는 경우도 많다. 이혼의 경험은 누구에게나 힘든 것이라 외상(trauma)이 될 수도 있지만 성장의 시기가 될 수도 있다. 이혼의 어려움을 잘 견뎌 낸 중년 성인은 삶의 불확실성이나 어려운 일들을 잘 견뎌 내며, 타인에게 의존하기보다는 독립적이고 스스로의 목표를 추구하려는 경향이 강하다는 것이 밝혀졌다(Cavanaugh & Blanchard-Fields, 2015).

성인기 후기에는 친구관계도 매우 중요하다. 친구관계는 현재의 즐거움과 만족의 원천으로 작용할 수 있는데, 남성보다는 여성이 친구관계에서 더 많은 심리적 이득을 얻을 수 있다. 친구들과의 허물없는 만남과 대화 속에 사회적 지지를 얻을 수 있다면 만족스러운 중년기를 보낼 수 있을 것이다. 중년기 부부의 경우, 서로에게 **친밀감**을 느끼며 가장 좋은 가족이면서 동시에 친구로서의 역할을 해 줄 경우에 원만한 부부 생활을 유지할 수 있다. 실제로 연구에서 배우자를 가장 친한 친구로 여기는 것이 결혼 만족도와 행복에 있어 아주 중요한 요인이라는 것이 밝혀졌다(Reed & Carstensen, 2012; Magai, 2008).

여성의 삶에서 중년기 위기는 존재하는가?

인생을 살아가면서 우리는 몇 번의 전환기를 맞게 된다. 그 중 중년에 맞게 되는 전환기는 우리 인생을 돌아보게 하고 앞으로 남은 생애를 어떻게 살아갈 것인가에 대한 고민을 하는 시기이다. 중년의 위기 동안 사람들은 자신을 돌아보고 자신의 삶의 의미를 찾기 위해 고군분투하며 자신과 자신의 삶에 대한 이해가 더 나아지기를 바란다. 하지만 불가피한 노화와 죽음을 앞에 두고 많은 사람은 동요하게 된다.

여성들의 중년기 위기를 설명하는 데 전통적으로 '빈 둥지 증후군(empty nest syndrome)'이라는 개념이 많이 사용되어 왔다. 중년에 성장한 자녀들이 떠나가고 빈 둥지에 남아 홀로 외로움을 겪으며 우울해하는 어미 새의 모습이 마치 중년의 여성을 상징하는 것처럼 알려져 왔고, 중년의 여성이 겪는 우울증은 당연한 것처럼 여겨져 왔다. 하지만 이 '빈 둥지 증후군'이라는 것은 개념 자체가 외국에서 미국으로 이민을 와 언어도 통하지 않은 채 남편과 자녀들에게 의지해서 살다 자녀들이 독립하자 우울함을 느낀 소수의 이민자들을 대상으로 한 연구 결과라는 것을 아는 사람들은 많지 않다(Myers & Raup, 1989). 빈 둥지 증후군으로 분류된 이 대상자들은 중년이어서 우울한 것이 아니라 젊은 시절부터 우울 성향이 있었고, 현실적으로도 상당히 열악한 상황이기 때문에 중년기에 자녀가 독립하고 자신을 이해해 주지 않는 배우자로 인해 우울감을 더 강하게 호소했다. 따라서 중년의 위기의 상징처럼 여겨지던 '빈 둥지 증후군'을 대부분의 중년의 여성이 경험하는 것으로 보기는 어렵다.

최근 연구들을 살펴보면, 중년에 우울하고 힘든 시기를 보내는 경우도 있지만 중년의 폐경 및 신체적 노화에도 불구하고 잘 적응하는 경우도 있다는 결과가 축적되고 있다(Newton, Torges, Stewart, 2012). 전통적인 여성상을 받아들이기보다는 중년 이후에 자신의 삶과 경력을 위해 진취적으로 일하고, 자신의 새로운 역할을 찾아나가는 긍정적인 여성들도 존재한다. 연구자들은 중년의 위기라는 용어 대신 자신의 꿈과 미래에 대한 생각을 다시 재정립하고, 그것을 추구하기 위해 더 적극적으로 인생 후반기를 살아가는 이 시기를 **중년기 재조정**(midlife correction) 기간으로 보아야 할 것이라 제안하기도 한다.

(5) 부모와 자녀 관계의 변화

중년이 되면 사춘기 또는 성인기 초기 자녀들에게 다양한 지원을 해야 한다. 자녀들이 독립하여 자신의 인생의 중요한 일들을 시작할 때 정서적 지지와 재정적 지원을 하는 것은 중년기의 심리적 안녕감과 관련이 있다. 자녀의 학업 성공이나 직업적 성공도 중요하지만 자녀의 심리적 적응이 중년기 부모에게 더 중요한 것으로 나타났다. 자녀가 정서적·사회적 문제없이 부모와 원만한 관계를 이루다가 독립하는 경우에는 부모와 자녀 간의 친밀감이 잘 유지되고 자녀가 독립한 후에도 부모로서 자긍심을 갖고 높은 삶의 만족을 경험하게 된다(Angeles, 2010).

중년기 성인은 부모 역할뿐만 아니라 부모에게는 자녀로서의 역할도 해야 한다. 나이 든 부모와 중년의 자녀 사이의 관계는 접촉 빈도가 높을수록 더 좋은 관계를 유지하는 것으로 나타나며, 부모와 자녀 사이의 유대의 역사가 긍정적일수록 서로 도움을 주고받을 수 있다. 만성 질병을 앓고 있거나 거동이 불편한 부모를 보살피는 일은 스트레스가 많을 수밖에 없고, 이로 인해 신체적·정서적 영향을 받게 된다. 이럴 때 사회적 지지는 간병 스트레스를 감소시키는 데 효과적이며, 형제자매가 이러한 일들을 함께 나누어 할 때 가족 유대가 더 돈독해지게 된다. 가족 유대는 심각한 위협과 상실로부터 보호하여 안전감을 느낄 수 있게 해주므로 매우 중요하다(Feldman, 2010).

중년에는 자녀의 존재가 갈등의 원천이 될 수 있지만, 노년기에는 성인 자녀의 존재 자체가 정서적 안녕감의 강력한 예언 요인이 될 수 있다. 즉, 노부모에게는 자녀가 있다는 사실이 기쁨의 원천이고 자녀나 손자녀들에 대한 이야기를 나누는 것만으로도 즐거움을 누린다고 한다. 노년기에 부모-자녀 관계가 향상되려면, 중년 자녀는 부모가 완벽한 존재이기를 바라기보다는 부모의 나약함과 결함을 수용하고 이해하는 성숙한 태도를 가져야 하며, 노부모 역시 중년 자녀를 성인으로서 인정하고 자녀들의 의사결정이나 행동을 존중하려는 노력이 필요하다. 또한 조부모로서 손자녀들에 대한 관심과 사랑을 표현하는 노력도 중요한 역할을 한다.

3) 정서적 특성

전반적으로 노인의 정서적 삶을 설명하자면, 노인의 정서적 삶은 '긍정적' 색채로 묘사될 수 있다. 많은 연구에서 노인은 긍정성 편향(positivity bias)을 보여 주며, 이러한 특성은 노년기 적응에 매우 유리하게 작용하는 것으로 알려져 있다(Charles & Carstensen, 2010).

(1) 정서경험

카스텐센과 프리드(Carstensen & Fried, 2012)는 사회정서적 선택이론(SST)에서 제안한 바와 같이, 나이가 들수록 정서적 목표가 더욱더 중요해진다고 설명하였다. 노인은 시간이 제한적이기 때문에 새로운 것을 배우는 목표보다는 행복하고 편안한 정서 상태를 유지하고자 하는 목표가 매우 중요해질 수밖에 없다. 자신에게 즐거움과 편안함을 주는 목표를 추구하는 데 더 초점을 둔다.

수많은 연구를 통해 노인은 부적 자극을 회피하고 정적 자극에 더 초점을 둔다는 것이 밝혀졌다. 노인이 정보처리하고, 의사결정이나 판단을 할 때 긍정적인 단서에 더 많은 주의를 두는 특성을 긍정성 효과(positivity effect; Carstensen & Fried, 2012; Carstensen, Mikels, & Mather, 2006)라고 한다. 정적 자극과 부적 자극을 제시하고 얼마나 잘 기억하는지 비교하는 실험에서 젊은이는 부적 자극과 정적 자극의 기억 정도가 차이가 없었으나 노인은 부적 자극에 비해 정적 자극을 훨씬 더 잘 기억하는 것으로 나타났으며, 노인은 자신의 자서전적 기억을 회상할 때에도 부정적인 것보다는 긍정적인 것을 더 많이 회상하는 것으로 나타났다(Isaacowitz & Blanchard-Fields, 2012; Reed & Carstensen, 2012).

경험적인 연구에서도 노인은 부적 정서에 비해 정적 정서를 더 자주 경험하며, 연령이 증가하여도 부적 정서경험은 감소하고 정적 정서경험은 유지된다고 밝혀졌다. 노인이 되었다고 해서 늘 우울하고 슬픈 것이 아니라 노년기에도 주관적 안녕감은 어느 정도 유지되며 다른 연령대에 비해 급격히 저하되는 것이 아니다. 성인기 후기 동안 정적 정서와 부적 정서의 경험이 어떻게 변화하는지에 대해 실시한 연구들에서는 성인기 동안 정적 정서경험은 증가하되 부적 정서경험은 감소하거나 유지되는 것으로 나타났다 (Magai, 2008).

우리나라 노인들을 대상으로 진행한 한림노년연구(Hallym Aging Study) 자료 중 2003년부터 6년간 정서경험의 변화를 분석한 연구 결과를 살펴보면, 정적 정서경험이 유의미하게 감소하지만 부적 정서경험도 감소하는 것으로 나타났고 전체적으로 부적 정서에 비해 정적 정서를 더 자주 경험하는 것으로 나타났다(유경, 이주일, 강연욱, 박군석, 2009).

(2) 정서대처

노인은 갈등을 피하거나 직접적인 표현을 하지 않는 것을 선호하고, 대처와 방어 전략을 적절히 사용하여 갈등 상황을 긍정적으로 평가하려는 경향이 두드러지며 충동통제를 비교적 잘한다. 노년기에 정서적 통제 능력은 젊은 시절에 비해 오히려 나아지고, 기분의 안정성이 커지며, 감정 조절을 더 잘하게 되고, 감각 추구를 덜 하게 된다.

동화(assimilative)와 조절(accommodative) 대처의 이중처리과정 모델(dual-process model; Brandtstädter, 2006; Brandtstädter & Rothermund, 2002)은 노년기에 경험하게 되는 한계와 제약에도 불구하고, 노인이 어떻게 적응적으로 생활할 수 있는지 통합적으로 설명해 준다. 이 모델에 의하면, 문제를 해결하기 위한 방법을 적극적으로 모색하거나, 실제로 문제해결을 위한 시도를 하는 것을 동화적 대처(assimilative mode of coping)라 한다. 반면, 주어진 상황의 제약에 자신의 목표와 기준을 낮추어 적응하는 방식을 조절적 대처(accommodative mode of coping)라고 한다. 조절적 대처는 이루지 못한 목표를 평가절하하거나 자신과 관련 없는 것으로 간주하는 방식으로 개인의 수행 기준이나 기대를 낮추는 것이다. 이 두 가지 대처를 상황별로 적절하게 적용하면서 우리는 삶에 적응하게 된다. 동화적 대처는 개인이 상황을 능동적으로 변화시킬 수 있을 경우 또는 효과적인 보상이 있거나 문제해결을 위한 적극적인 개입이 가능한 경우에 많이 사용된다. 조절적 대처는 문제해결이 어렵거나 반복적인 실패로 인해 좌절을 경험한 경우에 많이 사용된다. 노년기에는 연령 증가로 인해 수행 수준의 급격한 감소로 이전의 수행 수준을 유지하려면 더 많은 자원을 투자하고 노력을 해야 하므로 개인은 목표를 보다 낮은 수준으로 조절하는 것이 적응에 유리하다. 대처의 **이중처리 모델**에서는 이와 같이 상황에 맞춰 차별적으로 대처하는 방식이 노년기의 효율성과 통제감 유지에 핵심적인 역할을 하는 것으로 보며, 노화로 인한 회복 불가능한 퇴행이나 손실로 유발되는 정서적 동요를 완충시키는 역할을 하는 것으로 설명한다(유경, 유경호, 강연욱, 이주일, 김지현, 2014; Blanchard-Fields, 2007; Labouvie-Vief, 2003; Lang & Carstensen, 1994).

노인들에게 나이가 들면서 자신이 경험하는 정서를 표현하거나 통제하는 게 더 나아진 것 같은지 직접 질문하면, 대부분이 더 나아졌다고 반응하며 실제로 실험실 관찰 연구에서도 노인들은 젊은이들에 비해 자신이 원하는 정서 상태를 더 잘 유지하는 것으로 나타났다(Kessler & Staudinger, 2009; Scheibe, English, Tsai, & Carstensen, 2013). 이러한 결과에 대해 한 가지 가능한 가설은 노인들은 경험하는 정서의 강도가 약하도록 사전에 조절함으로써 자신의 정서 상태를 편안하게 유지할 수 있게 된다는 것이다. 즉, 나이가 들면서 신체적으로 또는 심리적으로 정서를 덜 강렬하게 경험하게 되는 변화가 자연스럽게 정서조절로 이어져 긍정적인 정서 상태를 유지하는 것이 가능해진다.

(3) 정서표현

노년기 **정서표현**에 대한 연구는 주로 얼굴 표정에 대한 연구가 이루어졌는데, 노인은 다른 연령 집단에 비해 정서 상태를 잘 드러낼 수 있는 표현을 하지 않으며, 정서표현의 강도가 낮은 것으로 밝혀졌다(Calder, Keane, Manly, Sprengelmeyer, Scott, Nimmo-Smith, & Young, 2003).

노인이 정서표현을 잘 하지 않는 이유가 정서를 조절하는 하나의 방식이라고 설명하는 입장에서는 노인이 대인관계 유지를 위해서 직접적인 표현보다는 간접적인 표현을 통해 대처하려는 특성이 더 강해서 정서표현을 덜 하게 된다고 한다(Watson & Blanchard-Fields, 1998; Carstensen, 1999). 즉, 노년기에는 친밀한 대인관계의 중요성이 증가하기 때문에 대인관계에 위험을 줄 수 있는 정서표현은 삼가고 대인관계를 촉진시킬 수 있는 정서표현을 하게 된다는 것이다. 분노와 같은 강렬한 부적 정서는 대인관계에 부정적인 영향을 주는 위험 정서이므로 노인은 가까운 대인관계를 유지하기 위해 부적 정서의 표현을 꺼린다. 노인은 대인관계의 유지를 위한 목적으로 분노를 간접적으로 다루려는(예: 회피) 특성을 나타낸다. 반면, 슬픔을 표현함으로써 사회적 지지를 얻고 친밀감을 촉진시킬 수 있으므로 슬픔은 가까운 관계에서 표현을 더 많이 한다 (Tiedens, 2001; Zeman & Garber, 1996). 즉, 노인이 노화에 따라 단순히 정서표현을 덜 하게 되는 것이 아니라 노년기에는 대인관계의 중요성이 증가하기 때문에 친밀한 대인 관계를 유지하기 위한 수단으로서 친밀함을 촉진시키는 정서는 표현을 하지만 대인관 계에 위협이 되는 정서는 표현하지 않거나 표현을 덜 함으로써 정서 문제를 해결하려 한다는 것이다. 이러한 특성은 노년기의 가까운 대인관계에서의 친밀함을 증진시키고 주관적 안녕감을 유지하는 데 도움이 된다(유경, 2010).

3. 노화와 정신병리

1) 노년기 우울증

노년기 우울증은 다른 연령대의 우울증과 구분되는 특징을 갖고 있으며, 노년기에 나타날 수 있는 가장 흔한 정신질환 중 하나이다. 우울 증상은 '기분 증상' '인지 증상' '신체 생리 증상'의 세 가지 요소로 구성된다. 기분 증상으로는 우울함, 불안감, 의욕 상실 등이 있고, 인지 증상으로는 비관적 사고, 자살 사고, 죄책감, 부정적 사고나 망상, 인지 장애 등이 특징적으로 나타난다. 신체 생리 증상으로는 수면 장애, 식욕 감퇴 또는 항진, 무기력, 피로, 성욕 감퇴와 더불어 다양한 소화기, 호흡기, 심혈관계의 신체 증상 등이 나타날 수 있다. 노년기 우울증의 증상 양상은 젊은 사람들의 양상과 본질적으로 큰 차이를 보이지는 않으나 다소 다른 특징을 나타낸다. 즉, 노년기 우울증은 젊은 사람들의 우울증보다 수면 장애와 신체 증상에 대한 호소가 더 많고, 건강염려증적인 경향을 보이며, 슬픈 감정이나 우울함이 덜 뚜렷한 반면에 짜증이나 불편함, 초조/불안감을 두드러지게 나타낸다. 또한 죄책감이나 적대감, 자살 사고는 흔하지 않지만 정신운동 지체와 체중 감소가 더 많고, 주의집중력과 기억력 등 인지 기능의 저하를 호소하는 경우가 많으며, 일상생활에서 기능 저하를 드러내는 경우가 많다. 노인에게 자주 관찰되는 우울증의 한 종류로는 **가면 우울증**(masked depression)이 있는데, 앞에서 기술한 우울증의 세 가지 범주 증상 중에서 우울 등의 '기분 증상'은 호소하지 않고 다양한 '신체 생리 증상'만을 호소하는데, 의학적 검사에서는 뚜렷한 이상이 발견되지 않는 경우이다. 또한 우울함의 호소가 별로 없고 무의욕증(avolution), 무감동증(apathy) 및 전두엽 기능의 손상 증상을 주로 보인다(유경, 유경호, 강연욱, 이주일, 김지현, 2014).

노년기에 우울증을 발병하게 하는 위험 요인으로는 사회적 지지와 접촉의 부족, 부정적인 생활 사건, 낮은 사회경제적 지위, 인지 장애, 의학적 질환과 복용 약물, 우울 병력과 가족력 등을 들 수 있으며, 심리적 · 사회적 · 신체적 요인이 복합적으로 작용한다. 따라서 우울증의 원인을 평가할 때에는 포괄적인 접근이 요구된다.

치매 초기에 스스로 인지 기능의 저하를 자각하고 우울해지는 노인도 있지만 우울한 노인도 마치 치매 노인처럼 기억력이나 주의집중 능력의 장애를 호소하는 경우가 많다. 또한 만성적으로 건강이 나쁠수록 우울증에 더 취약하며, 우울한 노인의 상당수는 노년기 이전에 우울증을 경험하였던 사람들이다. 우울증은 흔히 재발하며, 과거에 우울했던 사람은 노인이 되었을 때 우울할 가능성이 높다. 노화 자체가 우울증의 원인이 되는 것은 아니라는 점을 기억해야 한다.

노년기 우울증은 치료가 가능한 경우가 많고, 우울증의 치료는 우울 증상을 완화시킬 뿐만 아니라 노인들의 신체적 · 사회적 기능을 증진시켜 삶의 질도 향상시키므로 적극적이고 지속적인 치료가 필요하다. 노년기 우울증은 심리적 · 사회적 · 신체적 요인이 복합적으로 작용하므로 우울증의 치료 또한 다양한 측면에서 이루어질 필요가 있다.

2) 치매

현대 의학의 발달과 함께 인간의 수명이 점차 증가하고, 그에 따른 노인 인구의 증가로 인한 노인성 질환 환자의 증가는 이미 사회적 문제로 대두되고 있다. 노인병 중에서 가장 심각한 질병 중 하나가 치매(dementia)이다.

치매란 혼동이나 섬망 등 의식의 장애가 없는 환자가 비교적 지속적으로 지적 능력이 저하된 상태를 유지하고 있고, 이런 장애로 인하여 사회생활이나 일상생활에 지장이 초래된 경우라고 정의할 수 있으며, '후천적'이고 '지속적'으로 증상이 나타나야 한다(유경, 유경호, 강연욱, 이주일, 김지현, 2014).

(1) 알츠하이머병

알츠하이머병은 뇌의 구조적·화학적 퇴화로 인해 점진적으로 사고와 행동 능력이 쇠퇴하게 되는 병이다. 대뇌피질 세포가 점진적으로 퇴화되어 전반적인 인지 기능의 장애가 발생하고 심각하게 발전하면 독립적인 생활조차 어렵게 되고, 결국은 죽음에 이르게 되는 질환이다.

대뇌피질, 특히 기억과 추리 영역에서 두 가지 주요한 구조적 변화가 알츠하이머병과 관련이 있다. 뉴런의 안쪽에는 와해된 신경구조의 산물인 '신경섬유 엉킴'이 나타난다. 뉴런의 바깥에는 아밀로이드라고 불리는 퇴화된 단백질이 압축되어 죽은 뇌세포와 교세포의 덩어리로 둘러싸인 '아밀로이드 플라크'가 형성된다. 정상적인 중년과 노년의 사람들에게서도 신경섬유의 엉킴과 아밀로이드 플라크가 존재하고 나이가 들수록 그 수가 증가하지만, 알츠하이머병 환자에게서는 다수가 발견된다. 아밀로이드 플라크와 단백질 찌꺼기가 축적되면 대량의 뉴런이 사멸하고, 그 결과 의사소통체계에 필수적인 신경전달물질 수준이 감소한다. 뇌에서 정보 전달 역할을 하는 아세틸콜린이라는 신경전달물질을 분비하는 뉴런의 파괴는 지각, 기억, 추리, 판단을 더욱 손상시킨다. 각성과 기분을 조절하는 신경전달물질인 세로토닌의 감소는 수면 장애, 공격적인 분노 폭발, 그리고 우울증을 일으킬 수 있다(Cavanaugh & Blanchard-Fields, 2015).

미국과 유럽 지역에서는 알츠하이머병이 전체 치매의 2/3 이상을 차지하지만 우리나라의 경우에는 전체 환자의 약 50% 정도를 차지하는 것으로 알려져 있다(정해관, 2007). 나이가 많아질수록 발병률이 높아지는 경향을 보이기 때문에 현재와 같이 노령인구가 급속히 증가하는 상황에서는 앞으로 우리나라에서도 심각한 사회문제로 발전할 것으로 예상된다.

알츠하이머병이 발병하여 죽음에 이르는 데까지 걸리는 기간은 약 8~12년이다. 발병 초기에는 가벼운 기억장애, 길찾기 장애(시공간능력장애), 물건 이름이나 자신이 말하고자 하는 낱말을 찾지 못하는 언어장애 등을 주로 나타내다가, 중기에 이르면 기억장애가 심해지고 문제해결 능력이나 판단력이 저하되는 등 전두엽의 기능장애가 나타난다. 또한 중기가 되면 인지장애와 함께 망상(의심), 초조, 우울증 등과 같은 행동심리증상도 나타난다. 말기에 이르면 모든 인지 기능이 전반적으로 매우 감소하고 활동 범위가 제한되며 대소변도 가리지 못하게 되어 독립적인 생활이 불가능해진다.

알츠하이머병의 위험 요인으로는 먼저 나이를 들 수 있다. 나이가 많을수록 유병율이 증가하여 65세 후면 매 5년마다 유병율이 2배로 늘어난다고 한다. 여성이 남성에 비해 2~3배 더 많이 걸리고, 교육 수준이 낮을수록 발생 위험도가 높으며, 직계 가족 중에 알츠하이머병이 있는 경우가 없는 경우보다 4배의 위험성이 있다고 한다. 두뇌 외상의 병력이 있는 사람들이 알츠하이머병에 더 취약하다고 보고되고 있으나 이에 대해서는 더 연구가 필요하다. 또한 아포지단백(apolipoprotein) E ε4 유전형질을 지닌 사람들이 알츠하이머병에 걸릴 확률이 더 높다고 알려져 있다(유경, 유경호, 강연욱, 이주일, 김지현, 2014).

알츠하이머병이 전체 치매 환자의 가장 큰 부분을 차지하고 있으므로 알츠하이머병의 인지 기능을 효과적으로 향상시키거나 치매의 진행을 억제하는 약물을 개발하려는 적극적인 시도가 계속되어 왔다. 그 결과, 지난 10여 년간 다양한 약물이 새로 개발되었고, 아세틸콜린이라는 신경전달물질의 농도를 높여 인지 기능의 향상을 가져올 수 있는 약물인 콜린 분해효소 억제제가 널리 사용되고 있다. 약물뿐만 아니라 인지 재활 훈련과 같은 비약물적인 치료법도 환자의 인지장애를 경감시키기 위해서 사용된다.

(2) 혈관성 치매

혈관성 치매란 뇌혈관 질환이 누적되어 나타나는 치매를 일컫는다. 혈관성 치매의 위험 요인으로는 고혈압, 당뇨병, 고지질혈증, 심장병, 흡연, 비만, 음주 등이 알려져 있다. 혈관벽은 정상적으로는 매우 탄력성이 있고 거의 투명하지만 고혈압이나 당뇨병 등이 오래 지속되면 혈관벽의 근육층이 두꺼워지거나 혈관이 좁혀지면서 막히게 된다. 큰 혈관이 막히면 반신불수, 언어장애 등 바로 눈에 보이는 장애가 나타나지만 매우 작은 혈관이 막히면 소량의 뇌세포가 손상되기 때문에 눈에 띄는 증상이 관찰되지 않는다. 그러나 이런 변화가 누적되면 이 또한 결국 치매에 이르게 된다.

혈관성 치매는 초기에 진단하여 치료하면 더 이상의 진행을 막을 수 있고 호전될 수도 있기 때문에 조기발견이 매우 중요하다. 뇌졸중 환자가 혈관치매에 걸리지 않도록 예방하기 위해서는 뇌혈관 질환의 위험 인자들을 조절하거나 제거하여 혈관성 신경세포의 손상이 더 이상 진행되지 않도록 하고, 뇌졸중의 재발을 방지하기 위해서 항혈소판제(아스피린)나 항응고제를 투약하여야 한다.

4. 노화와 적응

1) 행복한 노년을 위하여

(1) 성공적 노년, 생산적 노년, 활동적 노년

노년기에 어떻게 사는 것이 가장 이상적이고 좋은 것인가에 대한 연구는 오랜 세월에 걸쳐 다양한 연구자를 통해 다양한 관점에서 이루어졌다. 수명이 길어지고 세대가 변화하면서 노년을 바라보는 시각도 점차 달라지고 있고, 노년기에 진입하는 노인 자신의 노화에 대한 이해와 관심 또한 증가하고 있다.

노년기의 삶에 대해 최초로 제안한 이론은 **사회유리설**(disengagement theory; Cummings & Henry, 1961)이다. 이 이론은 노인이 사회에서 분리되는 것이 개인적으로나 사회적으로 바람직하다는 이론이다. 노인은 젊은이보다 신체적 또는 정신적으로 건강하지 못하므로 사회적 의무나 일을 하지 말고 자신의 노화 과정을 자연스럽게 받아들이고 노인의 삶을 살도록 하는 것이 이상적이라고 설명했다. 초기 사회유리설이 많은 관심을 받았으나, 이후 해비거스트(Havighurst, 1969)는 캔사스 시티 노인 종단연구를 통해 도출한 결과를 기반으로 노년기에도 여전히 활동적인 노인이 높은 수준의 만족감과 행복을 느낀다는 **활동이론**(activity theory)을 제안하였다. 활동이론에서는 노인은 불가피한 건강상의 변화를 제외하면 중년기와 다름없는 사회적 욕구를 갖고 있으며, 사회에서 분리되어야 한다는 주장은 적절하지 않다고 제기한다. 노인의 지속적인 사회적 활동은 참여 수준이 높을수록 생활 만족도도 높아지고, 자아개념도 긍정적으로 유지될 수 있다. 하지만 활동이론도 비판점은 있다. 노인이 지속적인 활동을 하려면 사회에서 실제로 노인에게 적절한 활동을 지원해 주어야 하는데, 현실적으로 가능하지 않은 경우가 많기 때문이다. 마지막으로, **연속이론**(continuity theory; Atchley, 1999)이 제안되었는데, 활동이론이나 사회유리설과는 달리 개인이 나이가 들어 변화하기 보다는 젊은 시절부터 갖고 있는 특성을 일관성 있게 유지하면서 환경에 적응해 나간다는 것이다. 활동적인 사람이 은퇴했다고 갑자기 변화하는 것이 아니라 은퇴 이전부터 갖고 있던 특성을 유지하게 된다. 즉, 사회유리설이나 활동이론을 모든 노인에게 적용할 수는 없으며 젊은 시절에 활동적이었던 사람은 나이가 들어서도 적절한 활동 수준을 유지해야 하고, 젊은 시절에 비활동적이었던 사람은 은퇴 후에 적절히 고립되어 자신만의 은퇴생활을 즐기는 것이 개인의 적응과 행복에 긍정적인 결과를 가져올 것이라는 설명이다.

노년기에 어떻게 살아가는 것이 이상적이고 성공적인가에 대한 의문은 노인 연구 초창기부터 많은 사람이 관심을 가졌던 부분이다. 성공적 노화(successful aging) 개념을 가장 대중적으로 알린 로와 칸(Rowe & Kahn, 1998)의 연구에 의하면, 성공적 노화는 질병과 장애가 없어야 하고, 적극적인 사회 활동 참여가 필요하며 신체적·인지적 활동 수준을 건강하게 유지해야 가능하다고 한다. 또한 최근에 추가한 요소에서는 긍정적 영성 활동의 중요성도 강조한다.

성공적 노년 개념은 노인의 삶을 이해하는 데 한계를 보인다는 비판이 제기되어 왔는데, 우선 성공적 노년의 개념이 노년기의 다양성을 무시하고 있다는 것이다. 즉, 성공적 노년 개념은 하나의 표준적인 기준을 설정하고 이 기준에 부합하는 삶만을 성공적으로 평가한다는 것이다. 성공적 노년의 세 가지 요소를 모두 충족시키는 노인은 소수일 뿐만 아니라 세 가지 요소 중 한두 가지가 결핍한 경우라도 행복한 삶이 가능하다는 비판이 제기되고 있다(유경, 이주일, 장재윤, 한태영, 2014; Atchley, 1999; Freund & Baltes, 1998).

이와 달리, 고령 사회에 따른 거시적 문제에 보다 중점을 둔 대안으로 생산적 노년(productive aging) 개념이 제시되기도 하는데, 이는 노인의 생산성을 어떻게 증진시킬 것인가에 초점을 두고 있다. 여기서 생산적 노년이란 '유급 또는 무급으로 재화와 서비스를 생산하거나 또는 그것들을 생산하는 데 필요한 기술을 습득하는 노인들의 활동'으로 정의할 수 있다. 생산적 노년에 대한 관심은 고령 사회의 진입에 따라 나타나는 사회경제적 문제를 어떻게 해결할 것인가라는 거시적 문제에 대한 해결책으로 제시되어 왔다(Walker, 2006). 생산적 노년은 노인의 경제활동을 강조함으로써 노후의 삶에 대한 적극적 의미를 부여했다는 점과 더불어 고령 사회에 따른 사회적 문제를 해결하는 수단으로 의미를 갖는데, 노인의 경제활동 증가는 연금 지출의 축소, 과세 기반의 확대 등 고령 사회의 문제를 완화할 수 있는 수단이 되기 때문이다. 생산적 노년의 개념은 노년기의 삶에 대한 적극적 인식을 가능하게 한다는 장점에도 불구하고 몇 가지

점에서 비판의 대상이 되어 온 것 역시 사실이다. 우선 생산적 노년은 그 개념 자체가 경제 활동을 다른 활동에 비해 우선시하는 경향을 갖는다. 즉, 다양한 활동 중 특히 유급노동에 과도한 가치를 부여한다는 점에서 특히 나이가 많은 노인에게 적용하기 어렵다는 한계를 갖고 있으며, 노인이 처한 다양성을 포괄하지 못한다는 문제점 역시 지적되어 왔다. 즉, 생산적 노년은 단지 신체 건강하고 다양한 활동에 참여할 수 있는 시간적 · 신체적 기능이 활발한 노인의 상황을 노인 전체의 상황으로 일반화하는 오류를 범하고 있다는 것이다. 다른 한편으로, 생산적 노년은 노인을 지원하는 데 있어서 사회나 국가의 책임을 방기하는 대신 이를 개인의 책임으로 전가한다는 비판 역시 제기되고 있다(이주일, 강연욱, 김지현, 유경, 2011; Moody, 2001).

최근 성공적 노년이나 생산적 노년이 갖는 한계에 주목하여 '활동적 노년(active aging)' 개념을 활용한 접근이 제시되고 있다. 세계보건기구(WHO)에서는 활동적 노년을 "나이가 들어서도 삶의 질을 높이기 위해 참여, 건강, 안전의 기회를 극대화하는 과정(WHO, 2002)"으로 정의하였다. 여기서 '활동적'의 의미는 신체적으로 건강하거나 또는 노동시장에 참여한다는 의미를 넘어서서 사회적, 경제적, 문화적, 영적, 그리고 공적 문제에 지속적으로 참여한다는 점을 의미한다. 활동적 노년의 이론적 개념을 제시한 워커(Walker, 2006)에 의하면, 활동적 노년은 이전의 협소한 시각으로 젊은이들과 유사한 건강과 능력을 지닌 노인의 삶이 이상적인 것으로 정의하던 개념에서 벗어나 보다 포괄적이고 실천 가능한 개념으로서 활동적 노년이라는 개념을 제안하였다. 노인에게 자신의 건강 또는 재정 상태에 따라 다양한 활동에 참여하도록 하는 것이 장기적으로 볼 때 건강을 유지하여 치료비용을 줄일 수 있게 된다는 점을 강조함으로써 사회적으로 활동적 노년을 위한 기반을 조성해 줄 것을 강조하였다. 그리고 노년기의 삶의 질에 대해 논의할 때 경제적인 측면만을 강조하던 것에서 시야를 확장시켜 다양한 측면에 초점을 두게 되었는데, 특히 심리적인 특성, 건강 상태, 사회적 관계, 사회적 지지, 여가 활동, 이동수단(교통 서비스) 등 실질적으로 노인의 삶에 필요한 부분에 대한 관심을 증가시켰다(Mollenkopf & Walker, 2007).

행복하고 성공적인 노년기를 보내기 위해서는 노인에게 노후의 여가와 문화 활동, 자원 봉사 등의 다양한 사회 활동에 참여할 수 있도록 권장하고, 실질적으로 다양한 프로그램을 제공하고 개발하는 것이 중요하다. 여러 연구를 통해서도 확인되었지만 노년기에는 자신의 신체적 · 심리적 상태에 맞는 인생 참여를 통해 삶의 에너지를 재충전하고 대인관계를 돈독하게 유지하는 것이 중요하다. 여력이 있다면, 생산적 활동에 참여하는 것도 좋겠지만 각자의 건강 상태와 처한 상황에 맞춰 활동성을 유지해 나가는 것이 더 중요하겠다. 이러한 관점에서 볼 때, 노인 교육은 매우 중요한 역할을 할 것이다. 노인 교육 프로그램에 참가함으로써 노인의 개인적 차원에서는 자신의 지적 욕구와 사회적 욕구를 충족시킬 수 있고 자신을 발전시킬 수 있는 경험을 할 수 있는 이점이 있다. 또한 가정과 사회의 변화에 대한 적응에 필요한 여러 가지 지식과 기술도 얻을 수 있다. 이러한 경험들은 노인이 자신의 삶에 대한 **통제감**을 느끼게 함으로써 노인의 삶의 만족도를 높일 수 있다.

글상자 10-2 편안하게 나이 들기(aging well): 하버드 성인 연구

하버드대 재학생들을 대상으로 연구를 시작하여 그들이 노인이 될 때까지 종단연구를 실시한 것으로 유명한 이 연구의 원래 제목은 '사회 적응에 대한 **하버드 그랜트 연구**(Harvard Grant Study of Social Adjustment)'였다. 1938년에 하버드대 2학년에 재학 중인 건강한 백인 남학생 268명을 대상으로 연구를 시작하였다. 초기에는 2년마다, 이후에는 연구가 길어지면서 10년마다 정기적으로 삶에 대한 전반적인 평가를 하는 설문연구를 실시하였다. 신체적 건강 상태는 물론이고, 결혼 생활의 질, 직업 만족도, 사회적 활동 등을 포함하였다. 1947년에 공식 명칭을 **하버드 성인 발달 연구**(Harvard Study of Adult Development)로 변경하였다.

이 연구는 성인 발달 연구에서 기념비적인 연구로 알려져 있는데, 안정적으로 종단연구가 지속되었다는 점이다. 연구 참여자들이 어떻게 성장하고 사회생활을 시작하고 나이 들어가는지에 대한 모든 기록이 담겨져 있다는 것이다.

이 연구에서 밝혀진 결과에 의하면, 노년기에 가족이나 친구들과 친밀한 인간 관계를 유지하는 사람은 그렇지 않은 사람에 비해 더 행복하고 오래 산다. 또한 피상적이고 폭넓은 관계를 유지하는 것보다는 깊이 있는 관계, 즉 사회적 관계를 맺은 사람들의 양보다는 관계의 질이 더 중요하다는 것이다. 그리고 안정적이고 서로 지지해 주는 결혼 생활을 유지하는 것은 노년기 행복을 위해 매우 중요하다는 것을 밝혔

다. 인생을 행복하게 살아가는 데 가장 중요한 것은 지능이나 재력보다는 주변 사람들과 **안정적이고 따뜻한 관계를 유지**하는 것이라는 점을 밝혀 주었다.

　　그리고 가장 최근에 발간된 『Triumphs of experience: The men of Harvard Grant Study』에서 베일런트(Vaillant, 2012)는 사람들은 일생 동안 변화하기도 하지만 안정적으로 유지되는 특성도 많다는 것을 밝혔다. 결국 살아가면서 겪는 여러 가지의 경험을 어떻게 의미 있게 받아들이고 해석하는가에 따라 사람의 삶의 질과 행복이 달라질 수 있다는 것이다. 편안하게 나이 드는 특별한 방법이 따로 있는 것이 아니라 매일의 반복되는 일상에서 긍정적인 의미를 찾고 자신의 삶에 만족하려는 태도를 갖는 것이 아닐까?

2) 인생의 마무리

　중년이 되면 사람은 대개 주변 사람과 사별을 경험하면서 죽음은 삶에서 필연적이라는 사실에 직면하게 된다. 이로 인해 살아갈 시간, 앞으로 남은 자신의 생에 대한 지각이 달라진다. 나이가 들수록 죽음을 받아들이고 그에 대한 준비를 하게 된다. 하지만 여전히 죽음에 대한 불안과 공포는 지속된다. 따라서 **죽음에 대한 공포**는 노년기에 경험하는 가장 중요한 문제 중 하나라고 할 수 있을 것이다. 연령과 죽음의 공포의 관계에 대한 연구에서는 죽음에 대한 공포가 중년 이후에 연령이 증가함에 따라 줄어드는 경향성을 보인다고 주장하는 연구자들도 있고, 청년기에서 중년기까지는 줄어들다가 노년기로 가면서 다시 죽음의 공포가 증가한다는 비선형적 관계성을 나타내기도 한다(유경, 유경호, 강연욱, 이주일, 김지현, 2014)

　최근에는 **죽음에 대한 태도**가 공포뿐 아니라 죽음에 대한 수용까지를 포함하는 다차원적인 구성개념라는 점이 지적되어 죽음에 대한 태도를 구성하는 다양한 요인에 대한 연구가 실시되어 왔다(Wong, Recker, & Gesser, 1994). 연구자들은 죽음에 대한 태도를 삶의 의미와 관련지어 탐색하는 일련의 연구들을 개관하여 다양한 심리적 변인과 죽음에 대한 태도 간의 관계성을 밝혔는데, 죽음에 대한 수용의 세 유형은 중립적 수용, 접근적 수용 및 도피적 수용이다.

　중립적 수용 태도는 죽음이 삶에서 불가피한 요소라는 사실을 인정하고 죽음을 비교적 담담하게 수용하는 입장을 의미한다. 죽음에 대하여 이러한 관점을 가지는 사람들은 죽음을 삶의 한 영역으로 간주하고 큰 두려움 없이 수용한다. 접근적 수용 태도는 종교적 수용과 유사한 개념으로서, 행복한 사후 세계와 관련된 신념과 관련된 것이다 (Dixon & Kinlaw, 1983). 죽음 이후의 다른 삶은 현세의 삶보다 더 나을 것이라고 믿거나 영원한 삶에 대한 종교적 신념을 가지는 사람들은 자신이나 가족의 죽음에 대해 덜 불안해하고 죽음을 보다 긍정적으로 기술하는 것으로 보고되었다. 도피적 수용 태도는 삶이 고통과 비탄만을 주는 경우라면 어떤 이들에게는 죽음이 오히려 안식처와 편안함을 주는 것이 될 수도 있다는 관점을 의미한다. 어떤 사람들에게는 사는 것이 너무나 고통스러울 수 있으며, 오직 죽음만이 유일한 탈출구로 간주될 수도 있기 때문이다.

자아존중감이 높은 노인이 죽음에 대한 공포가 적고 자신의 죽음을 받아들이는 죽음 수용 태도가 높다. 자신의 노화에 대한 태도가 부정적인 사람들은 죽음에 대한 불안이 높다(Vickio & Cavanaugh, 1985). 죽음에 대한 수용적 태도는 높은 심리적 · 신체적 안녕감과 관련되는데, 특히 노인은 죽음에 대한 공포가 높을수록 심리적 · 신체적 안녕감이 낮은 것으로 나타났고, 심리적 안녕감이 높은 노인이 죽음에 대한 접근적 수용 태도를 나타내는 것으로 밝혀졌다(유경, 유경호, 강연욱, 이주일, 김지현, 2014). 현재의 삶을 만족하고 즐기는 사람이 죽음에 대한 공포가 적으며, 자신의 죽음에 대해 편안하게 받아들이고 준비할 수 있다. 이를 위해 필요하다면 죽음 교육을 통해 자신의 죽음을 받아들이고 인생의 한 과정, 마무리로 받아들이며 준비하는 데 도움을 받을 수 있다.

소중한 사람의 죽음으로 인한 상실에 대처하는 능동 과정을 '애도'라고 한다. 소중한 사람의 죽음이 예상될 때 생존자들은 예상되는 애도를 미리 겪기도 하며, 예상하지 못한 소중한 사람의 죽음을 맞게 되면 죽음은 더 다루기 어렵게 된다. 애도 반응은 대개 1~2년 정도 지속되고, 개인에 따라서는 더 길어질 수도 있다. 죽음을 예상했든, 예상하지 못했든 간에 소중한 사람에 대한 상실은 큰 고통이 될 수 있다. 정상적인 애도 반응은 슬픔, 비탄, 부정, 가장, 죄책감, 기념일 반응(anniversary action)—슬픈 기념일 당일이 되면 기분과 행동 변화가 두드러짐—등으로 심리적 반응이 나타나고, 신체적 반응으로는 질병, 건강 저하, 수면 불편, 신경계 변화, 일상생활 방해 등을 경험하게 된다 (Naef, Ward, Mahrer-Imhof, & Grande, 2013). 하지만 과도하게 애도 기간이 길어질 경우, 심리적인 외상후 스트레스 장애가 나타나거나 자기비난, 상실과 관련된 맥락에서 벗어나지 못하는 문제 등이 지속되면서 일상생활이 불가능해질 수 있으므로 전문가의 개입이 필요하다.

이 장에서 우리는 초기 성인기 이후에 나타날 수 있는 심리적·신체적 변화와 적응에 대해 살펴보았다. 초기 성인기 이후에 '나이가 든다'는 것은 여러 가지 의미를 갖는다. 나이가 들면서 일어나는 신체적 노화를 피할 수는 없지만 이 또한 개인의 노력 여하에 따라 상당히 달라질 수 있으며 사회적 역할과 관계에 따라 개인의 삶의 질도 여러 가지로 달라질 수 있다. 인간의 수명이 늘어나면서 성인기 이후 중년과 노년기의 삶의 기간도 매우 길어졌다. 이 긴 시간들은 스스로 준비하고 노력하지 않으면 편안한 마음으로 즐길 수 있는 기간이 아니다. 자신의 노화를 이해하고 이를 받아들이며 대처할 수 있도록 정상 노화에 대한 지식과 이해가 필요하고, 심리적·신체적 건강을 유지하기 위한 구체적인 노력이 지속되어야 할 것이다.

🖊 요점 정리

■ 노화와 신체 및 인지 발달

• 연령이 증가하면서 노화로 인한 신체 변화를 경험하게 되는데, 규칙적인 생활 습관과 긍정적인 마음가짐, 노화에 대한 정확한 이해가 노년기 적응에 도움이 된다.

• 노화로 인해 전반적인 능력이 동시에 저하되는 것은 아니며, 영역에 따라 그리고 개인의 노력 여하에 따라 능력이 유지될 수 있다.

■ 노화와 정서 및 사회성 발달

• 노인들은 일상에서 정서적 의미가 있는 것을 중시하고 긍정적인 정서를 유지하려는 경향이 있는데 이를 긍정성 효과라 하며, 이러한 특성은 노인들의 기억, 정서적 삶, 문제해결 등 삶의 전반에 걸쳐 영향을 미치게 된다.

• 노화를 설명하는 심리사회적 발달이론은 Erikson의 심리사회적 발달이론, Levinson의 인생의 사계절, Baltes의 SOC 이론, 그리고 Carstensen의 사회정서적 선택이론이 있다.

• 노년기에는 젊은 시절과는 차별적인 정서 경험 및 표현을 하게 되며, 자신의 정서적 안정성을 해치지 않는 방향으로 정서대처를 하게 된다.

■ 노화와 정신병리

• 노년기 정신병리 중 노년기 우울증은 젊은 성인들의 우울증과는 다른 특성이 있으므로 차별적으로 다루어져야 하며, 노인병 중에서 가장 심각한 질병으로 대두되는 치매의 경우에는 그 종류에 따라 진단 및 치료가 이루어져야 한다.

■ 노화와 적응

• 행복하고 성공적인 노년기 삶의 원인을 밝히기 위한 여러 연구가 실시되었고, 그 결과 사람들은 일생 동안 변화하기도 하지만 안정적으로 유지되는 특성도 많다는 것을 밝혔다. 결국 살아가면서 겪는 여러 가지의 경험을 어떻게 의미 있게 해석하고 받아들이는가에 따라 삶의 질과 행복이 달라질 수 있다.

🖋 주요 용어

SOC 이론	SST	긍정성 효과	노년기 우울증
노화	생산적 노년	생성감	성공적 노년
실용적 사고	양성성	인생의 사계절	인지정서적 복잡성
정보처리 속도 변화	정서대처	정서표현	죽음 수용
중년기 재조정	치매	통합감	활동적 노년

생태적 맥락과
발달

한 개인의 성장과 발달은 개인이 처한 다양한 생태적 맥락에 직·간접적으로 영향을 받는다. 발달심리학에서 브론펜브레너의 생태학적 접근 이래로 가족, 또래, 학교, 사회 등의 생태적 맥락이 전 생애 발달에 미치는 영향에 대해 많은 연구들이 이루어져 왔다. 발달 시기에 따라 강조되는 생태적 맥락은 차이가 있으며, 급격한 사회의 변화는 생태적 맥락의 새로운 영향을 반영한다. 즉, 한 개인은 가족의 구성원으로 사회적 경험을 시작하여, 또래와의 교류를 통해 사회성, 성격, 정서, 인지 능력을 확립하는 데 초석을 마련한다. 아동기와 청소년기는 학교를 통해 기초 소양과 사회적응 기술을 학습하며, 대중매체의 영향을 받는다.

이 장에서는 생태적 맥락으로서 가족, 또래 관계, 학교, 대중매체가 아동기와 청소년기의 성장과 발달에 미치는 영향을 살펴보고자 한다. 가족의 특성, 상호작용, 다양성과 또래관계 및 우정의 발달적 특성을 검토하고, 더불어 생태적 맥락의 일부로서 학교와 다양한 대중매체가 이들의 발달에 미치는 영향을 알아보고자 한다.

1. 가족과 발달

사람은 가족의 품 속에서 삶을 시작하여 그 영향 속에서 성장하고 발달한다. 가족이란 구성원이 의식주 생활을 함께하면서, 공동체 생활목표를 실현해 가는 집단을 의미한다. 아동은 가족 구성원과의 상호작용을 통해 사회적 경험을 시작한다. 즉, 가족은 하나의 사회적 체계로서 직접 또는 간접적으로 서로 영향을 주고받게 된다. 따라서 가족과 발달에서는 생태학적 관점에서의 가족을 이해하고, 가족의 상호작용과 다양성을 살펴보고자 한다.

1) 가족 이해하기

(1) Bronfenbrenner의 생태학적 접근

생태학적 접근에서는 가족, 지역사회, 문화 등 인간이 몸담고 있는 생태환경을 보다 체계적으로 구조화하고, 이러한 환경체계와 개인 간의 상호작용 과정을 통해 발달에 영향을 미치는 현상을 이해하고자 한다. 브론펜브레너(U. Bronfenbrenner, 2005)는 인간 발달에 영향을 줄 수 있는 생태환경을 다섯 가지 수준으로 구분하고, 체계라고 명명하였다. 이를 간단히 살펴보면 다음과 같다.

미시체계   가장 안쪽인 **미시체계**(microsystem)는 개인과 아주 가까운 가족, 또래집단에서 일어나는 활동과 상호작용을 나타낸다. 대부분의 영아의 미시체계는 가족으로 한정되지만, 연령이 증가할수록 어린이집, 유치원, 놀이 친구로 확대되며, 이들에 의해 영향을 받는다.

중간체계   **중간체계**(mesosystem)는 미시체계 간의 연결이나 상호관계를 나타낸다. Bronfenbrenner는 미시체계 간의 강한 지지적 연결에 의해 발달이 최적화될 가능성이 높으며, 비지지적인 연결은 문제를 초래할 수 있다고 하였다. 예를 들어, 아동의 학습 능력은 부모와 교사의 학업 활동에 대한 가치의 유사성에 따라 영향을 받는다.

외체계   **외체계**(exosystem)는 아동이나 청소년의 발달에 영향을 주지만 직접적인 영향을 주지 않는 맥락으로 구성된다. 부모의 직장, 이웃, 지역사회, 대중매체 등이 이에 해당된다. 예를 들어, 가정에서의 아동의 정서적 관계는 부모의 직장에서의 스트레스에 따라 크게 영향을 받을 수 있다.

거시체계　거시체계(macrosystem)는 미시체계나 중간체계, 외체계를 포함하는 체계로서, 문화적 가치, 법률, 관습 등이 이에 포함된다. 이러한 요소들은 아동들이 그들에게 영향을 주는 가정이나 이웃, 학교 등 모든 맥락 내에서 겪게 되는 경험의 종류에 직접적 또는 간접적으로 영향을 줄 수 있다.

시간체계　시간체계(chronosystem)는 시간이 지남에 따라 발생하는 개인이나 환경의 변화로 발달이 일어나는 방향에 영향을 준다. 예를 들어, 사춘기에 일어나는 인지적·생물학적 변화는 청소년과 부모 사이의 갈등을 증가시킨다.

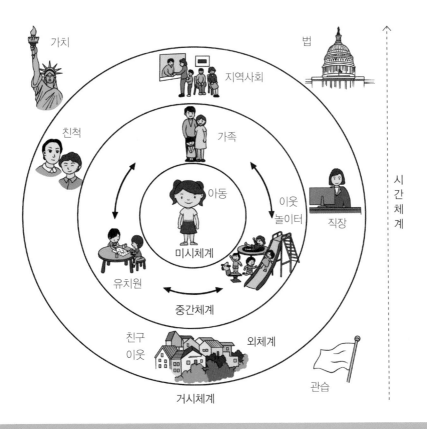

[그림 11-1] 생태학적 접근

출처: Bronfenbrenner(1979).

(2) 가족의 특성

가족은 다양한 체계로 구성되며, 자녀의 사회화 등 다양한 기능을 담당한다. 이를 구체적으로 살펴보면 다음과 같다.

① 체계

가족은 배우자, 형제, 부모-자녀 관계 등과 같은 하위 체계로 구성된다. 이러한 체계는 다음과 같은 특징이 있다. 첫째, 가족은 전체성과 질서를 바탕으로 구성원 간의 역할 행위와 상호작용의 결과로 나타난다. 이는 가족 전체뿐만 아니라 부분관계에 따라 그 성격이 달라진다. 둘째, 가족 구성원 간의 상호작용은 순환적이다. 부모의 관계가 부정적일수록, 자녀는 반항적이거나 위축되는 등의 반응을 나타낼 수 있다. 그리고 자녀의 행동이 부정적일수록, 부모는 자녀에게 더 엄격해지고 요구가 많아진다. 셋째, 체계로서의 가족은 적응적이다. 가족은 안정성과 변화의 기간을 경험하고, 가족 구성원 간의 일관성과 균형성을 유지하기 위하여 가족의 규칙을 형성한다. 가족의 규칙은 가족 구성원 간의 행동을 유형화시키고, 각 구성원의 행동은 상호 영향을 준다. 따라서 가족 구성원은 규칙을 준수하려고 함으로써 가족 내에서 적응하고자 한다.

② 기능

현대 사회에서 가족이 담당하는 기능은 다음과 같다. 첫째, 재화와 서비스의 생산과 소비 기능을 담당함으로써 경제적 역할을 수행한다. 둘째, 자녀를 출산함으로써 새로운 가족 구성원을 재생산하는 기능을 한다. 셋째, 가족으로서의 소속감과 사회적·정서적 지지를 제공함으로써 위기를 극복할 수 있는 힘을 제공하는 기능을 한다. 넷째, 사회 구성원으로 참여할 수 있도록 자녀를 양육하고 교육하는 보편적인 기능을 한다.

2) 가족의 상호작용

(1) 부모 양육 태도

부모는 자녀가 소속된 사회와 문화의 보편적인 습관, 사회적 기술, 행동, 가치관을 습득하고 발달하도록 일차적으로 도움을 주고, 심신이 건강한 인간으로 성장하는 데 결정적인 역할을 담당한다. 특히 아동의 연령이 낮을수록 부모의 영향은 더 크며, 그 중에서도 부모의 양육 태도는 아동의 신체·인지·언어·사회·정서 발달에 영향을 미치는 중요한 요인 중 하나이다. 양육 태도의 대표적 학자인 비움린드(Baumrind, 1991)와 연구자들(Barber & Olsen, 1997; Gray & Steinberg, 1999)은 허용과 참여, 통제, 자율성의 인정 차원에서 부모의 양육 태도를 네 가지로 구분하였으며, 각 유형별 특성은 다음과 같다.

권위 있는 양육　권위 있는 양육(authoritative parenting)은 자녀에게 온정적일 뿐만 아니라 자녀의 요구에 대한 수용도가 높고 민감하게 반응하며, 적정한 수준에서 통제를 하는 가장 바람직한 양육 방법이다. 또한 합리적인 기대 수준을 갖고 일관된 규칙을 명확하게 설명하고 의사표현을 격려하는 등 자율성을 형성할 수 있도록 도와준다. 아울러 부모와 자녀 간에 의견이 불일치할 경우에는 토론 등의 방법을 통해 함께 의사결정이 이루어지도록 노력한다. 권위 있는 양육 유형은 일정한 한계 내에서 자유가 주어지는 양육 방법이다. 자녀가 점점 더 많은 책임감을 수행할수록 부모는 자녀에게 부과된 한계를 늦추어 준다. 즉, 애정적으로 자녀를 대하며, 합리적으로 자녀의 자율성의 한계를 설정한다. 또한, 부모는 자녀에게 자율적이고, 수용적이고, 협동적인 태도를 보인다. 이러한 태도를 지닌 부모는 자녀에게 관심을 갖고 대화를 나누며 자녀의 의사를 존중함으로써 부모의 독단적인 의사결정을 피한다.

권위주의 양육　권위주의 양육(authoritarian parenting)은 자녀의 요구에 대해 비교적 덜 수용적이며 참여 정도가 낮고, 자녀의 자율성을 거의 인정하지 않는다. 또한 명령적이고, 호통을 치며, 위협적으로 지시하는 경향이 있고, 자녀가 부모의 지시에 복종하지 않을 경우에는 체벌이나 강압적인 태도를 보이기 쉽다. 특히 부모가 모든 결정을 시도하며, 자녀에게 부모의 지시에 대해 무조건적인 복종을 강요한다. 권위주의 양육 유형은 자유가 없고, 한계만 주어지는 양육 방법이다. 권위주의 양육을 하는 부모는 애정적으로 자녀를 수용하지 않고 독재자처럼 자녀를 통제하려고 한다. 부모는 자녀가 무엇을, 어떻게, 언제해야 할지를 명령한다. 자녀에게 의문을 제기하거나 도전하거나 의견에 반대할 여지를 주지 않는다. 자녀가 일을 잘하면 보상을 주고, 일을 못하면 처벌을 한다.

허용적인 양육　허용적인 양육(permissive parenting)은 대체로 온정적이고 수용적이지만 부모가 자녀의 요구에 대해 지나치게 관대하거나 자녀의 발달 수준과 상관없이 모든 결정을 자녀가 하도록 허락하는 등 적절한 통제와 제지가 거의 이루어지지 않는다. 따라서 자녀는 규칙을 준수하거나 책임과 역할을 수행하는 것에 어려움을 겪게 된다. 허용적인 부모는 자녀에게 과잉 간섭, 밀어붙이기, 어리광 받아 주기 등과 같이 자녀의 연령이나 발달 정도에 맞지 않게 보호하거나 도와주는 태도를 보인다. 또한 애정을 주는 동시에 자녀의 행동에 제한을 많이 하며, 지나치게 허용적이거나 의존성을 조장하여 자녀를 소유하려 한다. 이러한 유형의 부모는 자녀를 소유물로 생각하고, 자녀가 독립적인 행동을 하면 좌절감을 느낀다.

무관심한 양육   **무관심한 양육**(uninvolved parenting)은 자녀 양육에 대한 참여 의지도 거의 없으며, 자녀에 대한 애정과 요구에 대한 수용 정도가 낮다. 부모는 정서적으로 자녀와 분리되어 있거나 우울증에 빠져 있는 경우가 많다. 또한 자녀의 기본적인 신체적 욕구와 정서적 욕구에 드물게 반응하는 등 가장 바람직하지 않은 양육 방법이다. 따라서 개입과 조정, 지도와 보호가 필요한 경우에는 그 상황을 회피하고 모면하려고 하며, 최악의 경우에는 아동학대인 방임의 단계에 이르기도 한다. 즉, 무관심한 양육은 자녀가 마음대로 행동하도록 방임하는 태도로서, 부모의 역할을 수행하지 않는다. 이러한 유형의 부모는 자녀에게 제한은 하지 않고 자유만을 준다.

〈표 11-1〉 **부모 양육 유형**

유형	허용과 참여	통제	자율성의 인정
권위 있는 양육	온정적이고 자녀의 요구에 민감하게 반응을 보임	적응적 행동통제: 성숙한 행동을 하도록 요구하고, 일관성을 유지함	자녀의 생각, 감정, 욕구를 존중하고 의견이 불일치할 경우에는 공동조절을 통해 결정함
권위주의 양육	냉담하고 거부적으로 반응을 보임	강압적 행동통제: 처벌로 성숙한 행동을 과도하게 통제하고 간섭함	자녀에게 결정을 전달하고 자녀의 견해를 전혀 들으려 하지 않음
허용적인 양육	온정적이지만, 지나치게 관대하거나 관심이 적음	느슨한 행동통제: 성숙한 행동에 대한 요구가 거의 없음	자녀가 준비되기 전에 많은 결정을 하도록 허용적임
무관심한 양육	정서적으로 분리되고, 고립된 반응을 보임	느슨한 행동통제: 성숙한 행동에 대한 요구가 거의 없음	자녀의 결정이나 입장에 대해 무관심하게 반응을 보임

(2) 부모의 양육 유형에 따른 자녀의 적응 행동

권위 있는 양육 유형을 지닌 부모의 자녀는 책임감과 자신감이 있으며, 높은 자존 감을 형성하여 사회적·도덕적으로 성숙된 모습을 보이고 학업성취에서도 우수하다 (Gonzalez & Wolters, 2006). 이들은 대체로 독립적이고 사회적으로 유능하며 자기통제 적인 동시에 긍정적인 자아개념을 갖고 있다. 권위주의 양육 유형을 지닌 부모의 자녀 는 자율성이 낮아 다른 사람에게 의존적이지만 반항적·공격적 성향을 보이기도 하고, 행복감을 갖지 못하고 항상 불안감을 느끼게 된다. 또한 낮은 수준의 자존감과 부정적 인 자아개념으로 인해 학업성취에서도 대체로 저조하다(Kakihara et al., 2010). 허용적 인 양육 유형을 지닌 부모의 자녀는 충동적이거나 반항적이고 과도한 요구를 하는 경 우가 많으며, 참을성이 없고, 학교생활에도 적응을 잘하지 못한다. 또한 규율을 무시하 고 제멋대로 행동하며, 자기중심적이고 공격적이며, 독립심이 낮은 편이다(Steinberg, Blatt-Eisengart, & Cauffman, 2006). 무관심한 양육 유형을 지닌 부모는 자녀와의 애착관 계, 인지발달, 놀이, 사회성 발달 등 거의 모든 영역에 걸쳐 부정적 영향을 주게 되어 이 들의 자녀는 학업 수행 능력이 떨어지고, 공격적이고, 적대적이며, 자기중심적인 경향 을 보인다. 특히 청소년기에 이르러서는 일탈행동을 보이는 경향이 있다(Schroeder et al., 2010).

(3) 부모와 자녀의 상호작용

대부분의 아동과 청소년은 권위 있는 양육 유형을 지닌 부모로부터 경험한 부모의 애정, 적절한 수준의 조절, 자기결정에 대한 존중을 통해 긍정적인 발달을 한다. 따라 서 자녀는 성장하면서 부모의 권위 있는 양육에 점진적으로 적응하고 협조하게 되며, 부모는 자녀 양육의 기쁨과 만족감을 경험할 수 있다. 이러한 부모와 자녀의 긍정적인 상호작용을 초래하기도 하지만 부모의 양육 유형에 따라 자녀의 반응은 다른 결과를 초래하기도 한다.

부모–자녀 상호작용은 세 가지 차원에서 설명할 수 있다. 첫째, **정서적인 분위기**이다. 가정의 정서적 분위기는 가족 구성원의 발달에 핵심적이다. 이때 가장 중요한 역할을 하는 사람은 부모이다. 따뜻한 부모는 자녀를 돌보고, 애정을 표현하고, 자녀의 요구를 우선시하며, 자녀의 활동에 열정을 보여 주고, 자녀의 감정에 공감적으로 반응한다. 반면에, 적대적인 부모는 자녀를 노골적으로 거부하여 자녀에게 사랑하지 않는다는 것을 표현한다. 이러한 부모의 정서적 반응 차이는 자녀의 발달에 커다란 차이를 가져온다. 둘째, 부모의 반응성이다. 반응적인 부모는 자녀가 보내는 신호를 잘 찾아내어 적절하게 반응하고, 자녀의 욕구에 민감하게 반응한다. 이러한 부모의 자녀는 언어와 인지 발달이 다소 빠르고, 안정애착을 보이며, 다른 사람의 요구에 순응적이고, 사회적으로 유능하다(Bornstein, 1989). 셋째, 통제 방법이다. 부모는 일상생활 속에서 자녀의 행동을 통제하는데, 이를 훈육(discipline)이라고 한다. 효율적인 훈육은 자녀에게 행동하는 방법을 알려 주어 미래 상황에 적용할 수 있게 도움을 준다. 이는 자녀에게 지켜야 할 규칙의 내용, 규칙을 지키지 않았을 때의 결과를 명확히 제시하고 그 규칙을 일관되게 부과하는 것이다. 비효율적인 훈육은 과잉 반응이나 방임 등으로 나타난다. 과잉 반응은 분노, 인색함, 성급함 등을 그대로 드러내는 것을 의미하고, 방임은 부모가 자녀에게 굴복하고, 규칙을 강제적으로 부여하지 않거나 잘못된 행동에 대해 강화를 제공하는 것이다. 이러한 과잉 반응과 방임은 지나치게 높은 제한과 지나치게 낮은 제한 모두 발달적인 측면에서 바람직한 통제 방법이 아니다(Arnold, O'Leary, Wolff, & Acker, 1993).

(4) 형제관계의 영향

인간은 형제관계를 통해서 인간관계의 기본 틀을 연습하고 시험해 보는 맥락을 제공받게 된다. 하지만 최근의 낮은 출산율, 형제 수의 감소와 외동이의 증가로 인해 이러한 연습의 기회가 점차적으로 감소하고 있는 실정이다. 이에 형제관계의 의미와 아동기와 청소년기 발달적 기여에 대한 관심이 더욱 요구된다.

영유아기의 형제자매는 부모의 한정된 자원을 나누어야 하는 경쟁자 역할을 한다. 형제간의 경쟁 행동은 동생이 태어난 직후부터 나타나기 시작하며, 동생이 태어나기 이전에 부모의 애정을 많이 받은 아이일수록, 형제간의 연령차가 작을수록, 동성의 형제보다 이성의 형제에게서 더욱 높게 나타난다(Kendrick & Dunn, 2014). 첫째 자녀에게 형제자매의 출생은 상당한 심리적·정서적 부담을 주기 때문에 동생이 태어난 것이 반가운 긍정적인 반응과 동시에 혼자 받아 왔던 부모의 사랑과 관심을 나눠야 하는 심리적인 스트레스를 받기도 한다(Kolak & Volling, 2011). 형제관계에서의 경쟁적인 행동은 흔히 공격적인 행동을 보이거나 퇴행 행동으로 나타난다. 형제간의 이러한 갈등은 형제 모두에게 신체적·심리적인 상처를 줄 수 있다. 하지만 항상 경쟁만 하는 것은 아니다. 형제간의 갈등은 유아의 자아발달, 가족 규칙의 이해, 대인관계 적응, 사회에 대한 이해 등에 긍정적으로 기여하기도 한다(Ashby & Neilsen-Hewett, 2012; Kramer, 2010).

　성공적인 형제관계에 대한 책임은 부모에게 있다(Dunn & Munn, 1985). 긍정적인 부모-자녀 관계는 형제간의 온정적이고 친밀한 친사회적 행동과 관련이 있으며, 부정적인 부모-자녀 관계는 형제간의 갈등, 경쟁, 공격성 및 자기보호적인 행동과 관련이 있다(Volling, McElwain, & Miller, 2002). 그리고 어머니의 차별적인 행동은 일련의 형제간의 부정적인 상호작용을 초래한다(하지연, 김연화, 한세영, 2008). 따라서 어머니는 자녀들과 많은 시간을 보내고 상호작용을 함으로써 형제간의 긍정적인 상호작용의 중요성을 인식하고 양육하는 것이 바람직하다.

3) 가족의 다양성

(1) 가족관계의 변화

　사회, 경제, 문화의 변화와 세계화, 정보화의 영향으로 인해 가족관계의 양상이 변화하고 있다. 예전에는 부모를 중심으로 위계질서가 확립된 수직적인 가족관계로 인식하였으나, 요즘은 가족 개개인의 개성이 존중되는 민주적이고 수평적인 가족관계를 유지해야 한다고 인식하는 경향이 높다. 즉, 자녀는 부모를 존중하고, 부모는 자녀의 존재 자체에 대한 존중을 바탕으로 하고 있다. 그리고 가정에서 아버지의 양육 참여 요구와 조부모의 양육 참여 역할에 대한 관심이 높아지고 있다.

① 아버지의 양육 참여

　아버지는 자녀의 전인적인 성장과 발달을 위하여 양육에 참여하고 자녀들과 관련된 활동에 함께 시간을 보내야 한다. 이러한 차원에서 램과 동료들(Lamb et al., 1985)은 아버지의 양육 참여의 세 가지 구성요소인 참여(engagement), 가능성(availability), 책임감(responsibility)을 제안하였다. 참여는 돌봄이나 양육 활동뿐만 아니라 자녀와 보내는 모든 시간을 포함한다. 가능성은 아버지와 자녀가 직접적인 상호작용과 관계없이 자녀에 대한 접근 가능성을 의미한다. 그리고 책임감은 아버지가 자녀로 하여금 다양한 활동과 경험에 참여하도록 기회를 제공하는 등 관리 기능을 의미한다.

　아버지의 양육 참여의 중요성에 대한 미국의 종단연구(NICHD Early Child Care Research Network, 2000)에 의하면, 아버지의 근무 시간이 짧고 어머니의 근무 시간이 길 때, 젊은 부부일 때, 부부간의 친밀도가 높을 때, 그리고 남아일 때 아버지가 자녀와의 놀이에 더 많은 시간을 함께한다고 한다. 또한 아버지와 자녀의 빈번한 긍정적인 상호작용은 자녀의 신체적·인지적·사회정서적 발달과 심리적 안정감에 직접적인 관련이 있다고 한다. 즉, 이들의 자녀는 자기통제력, 자아존중감과 대인 관계 능력이 높으며, 충동성, 우울, 슬픔, 거짓말 하기 등의 문제행동이 낮았다. 그리고 부모에게 순종적이고 학교에서도 교사나 친구와의 관계가 원만한 편이었다.

② 조부모의 양육 참여

　경제활동에 참여하는 기혼여성의 증가로 인해 조부모로부터 양육의 상당 부분을 도움 받기도 한다. 조부모는 부모의 역할을 대신하여 아이를 양육해 주는 일시적인 대리모로서의 중요한 역할을 하고 있다(김은주, 서영희, 2007). 2015년 전국 보육실태 조사결과에 따르면, 설문 대상 가구의 절반 이상이 영아기 자녀에게 부모 외에 가장 바람직한 양육자가 '조부모'라고 답하였다. 2015년 가구 조사 보고에 따르면, 보육기관 이용(49.0%) 외의 시간에 자녀의 주 돌봄자는 어머니가 41.3%, 조부모가 6.0%로 나타났다(김은설 외, 2016). 김은주와 서영희(2007)는 조부모의 손자녀 양육에서 조부모는 대리모, 훈육자, 놀이 친구로서의 역할을 수행하고 있다고 하였다. 양육과 관련된 조부모의 유형은 다음과 같다. 첫째, **적극 참여형**이다. 조부모는 대부분 같이 살거나 가까운 곳에서 거주하며 조부모가 손자녀를 양육하고 지도하는 데 적극적으로 참여한다. 둘째, **동료적 유형**이다. 손자녀와 따로 거주하면서 독립성과 자율성을 유지하고 손자녀와 함께 여가 활동을 즐기면서 즐거움을 얻는 데 치중한다. 셋째, **조언자 유형**이다. 경험과 연륜을 토대로 가정에서 권위를 유지하고 손자녀에게 다양한 조언을 한다. 넷째, **대리 부모형**이다. 딸이나 며느리가 취업하거나, 이혼 또는 경제적 문제 등으로 부모를 대신하여 손자녀를 대리양육한다.

(2) 가족 유형의 변화

사회의 변화와 함께 등장한 다양한 가족 유형에 따라 부모의 역할도 변화하였다. 최근 증가하고 있는 가족 유형 중 맞벌이가정, 이혼 및 재혼 가정, 한부모가정, 조손가정, 그리고 다문화가정에서의 부모의 역할을 살펴보면 다음과 같다.

① 맞벌이가정의 부모 역할

맞벌이가정은 결혼한 부부가 모두 직업을 가진 경우이다. 부부가 함께 경제활동을 하기 때문에 가정에서 자녀와 함께 보내는 시간이 부족하고 자녀의 양육을 담당해 줄 사람이나 기관의 도움이 절실히 필요하다. 따라서 맞벌이가정의 부모의 역할은 다음과 같다. 첫째, 부모는 질적으로 좋은 대리양육자를 확보해야 하고, 심사숙고하여 결정한 대리양육자나 시설에 대해 신뢰감을 갖고 자녀의 발달에 대한 정보를 주고받아야 한다. 둘째, 부모 자신의 직업에 대해 자긍심을 갖고 자녀와 함께하지 못하는 시간에 대해 지나친 죄책감을 갖지 않도록 한다. 대신 자녀와 함께 있는 시간에는 자녀와 충분히 대화하고, 애정을 표현하며, 자녀와의 질적인 시간을 보내기 위한 노력을 해야 한다. 셋째, 가사일과 자녀 양육을 부부가 적절히 분담하고 자녀의 올바른 양육을 위해 일정한 규칙을 정하여 가족 모두가 함께 합심하여 생활하는 체계를 갖추도록 해야 한다.

② 이혼 및 재혼 가정의 부모 역할

이혼가정의 2/3는 부모의 재혼에 따른 새로운 가족 생활을 경험하게 된다(Hetherington & Kelly, 2002). 재구성된 가정의 일부 자녀들은 의붓 부모의 새로운 규율과 기대에 적응해야 한다는 심리적 문제를 보인다(Jeynes, 2007). 그들의 적응은 전반적인 가족의 기능과 관련된다. 이혼 및 재혼 가정의 부모의 역할은 다음과 같다. 첫째, 부모는 자녀가 가족 해체에 대한 죄책감으로 인한 정서적 스트레스를 해소할 수 있도록 배려하여야 한다. 둘째, 부모가 그들의 새로운 자녀와 생물학적 자녀에게 동등한 관심을 가지도록 노력해야 한다. 셋째, 재혼가정의 새로운 규율과 기대는 점진적으로 받아들일 수 있도록 격려해야 한다.

③ 한부모가정의 부모 역할

한부모가정은 한쪽 부모와 자녀로 구성된 가정으로 사별, 이혼, 미혼모나 미혼부, 별거 등으로 발생한다. 대부분의 한부모가정은 경제적 · 심리적 어려움을 겪고 있는 경우가 많다. 또한 사회적 편견은 한부모가정을 어렵게 하는 또 다른 원인이 되기도 한다. 한부모가정의 부모 역할은 다음과 같다. 첫째, 일반 가정과 달리 부모 한쪽이 자녀 양육의 책임을 지고 있으므로, 이로 인해 발생하는 경제적 · 심리적 어려움, 사회적 편견, 부모-자녀 간의 갈등을 대처하여야 한다. 둘째, 자녀가 한 부모의 부재로 인해 성역할 발달의 어려움을 겪지 않도록 자녀가 함께 살지 않는 아버지나 어머니, 주변의 친척, 이웃과 유대 관계를 유지하도록 배려한다. 셋째, 가족 구성원으로서 자녀의 의사를 존중하고 가정과 지역사회의 연계 서비스를 잘 활용하여 자녀의 적응을 돕는 교육 프로그램에 적극적으로 참여함으로써 건강한 심신을 유지하여 자녀에게 올바른 영향을 준다.

④ 조손가정의 부모 역할

조손가정이란 조부모가 손자녀를 양육하는 일차적인 책임을 지고 있는 가정이다. 최근에는 맞벌이부부의 증가나 잦은 근무지 이동으로 생기는 경우가 많다. 조손가정에서의 부모 역할은 다음과 같다. 첫째, 자녀를 돌보는 조부모는 이미 자녀를 양육한 경험과 지혜로 자녀 양육관이나 교육철학에서의 차이로 인해 발생하는 갈등을 슬기롭게 해결하는 것이다. 둘째, 조부모는 부모와 일관된 양육을 함으로써 손자녀에게 혼란을 주지 않는다. 조부모의 긍정적이고 성공적인 손자녀의 양육을 지원하기 위하여 조부모가 지나친 양육 부담으로 인해 육체적 · 심리적 스트레스를 경험하지 않도록 하며, 개인적으로 여가를 즐길 수 있는 시간적 여유를 제공해야 한다. 그리고 직접적으로 활용할 수 있는 놀이 방법, 생활지도법, 양육 정보 등을 제공하는 사회적 지지가 요구된다.

⑤ 다문화가정의 부모 역할

다문화가정이란 나라와 민족, 문화적 전통이 다른 사람들이 가정을 이룬 것이다. 최근 국제결혼이 증가함에 따라 국내에서 다문화가정이 안정적으로 정착할 수 있는 방안에 대한 논의가 활발히 진행되고 있다. 다문화가정의 부모의 역할은 다음과 같다. 첫째, 부모는 문화적 차이를 극복하고 한국 문화에 적응하기 위해 노력해야 한다. 한국의 언어, 전통, 음식, 예절, 문화 등을 몸에 익히고 자녀에게 교육한다. 둘째, 자녀의 피부색이나 언어가 달라 어려움을 겪지 않는지 세심하게 살피고, 자녀가 긍정적인 자아상과 올바른 정체성을 형성하도록 돕는다. 셋째, 자녀의 양육과 교육에 관해 교사와 자주 상담하고, 부모교육 프로그램에 적극적으로 참여하여 정보를 수집하면서 사회적 지지망을 확충해 나간다. 다양한 다문화가족 프로그램에는 가족 간 화합교육, 다문화 자녀의 적응, 아버지의 역할훈련 등 전반적인 가족생활에 관한 내용들이 포괄적으로 다루어지고 있다.

글상자 11-1　아동학대와 위기의 가족

아동학대란 아동의 복지에 책임이 있는 부모나 양육자가 아동의 신체적·정신적 건강이나 복지를 해치는 행위이다. 이는 아동 자신과 가족, 사회 전체에 부정적인 결과를 초래한다. 불행하게도 우리나라에서도 아동학대는 사회적인 문제가 될 정도로 상당히 빈번하게 발생하고, 증가하고 있는 추세이다. 아동학대의 가해자의 80%가 부모이고, 약 7% 정도가 기타 친인척으로 보고되고(이봉주, 이호균, 2004) 있는 실정에서 아동학대의 상당한 부분이 가정에서 발생함을 알 수 있다. 아동학대가 발생하게 되는 가족 환경, 가족 구성원의 특성을 인식하고, 예방할 수 있는 계기가 되었으면 한다.

아동학대를 유발하는 변인 중 가정과 관련하여 가족, 부모, 아동의 특성을 살펴보면 다음과 같다(Berk, 2013). 첫째, 가족의 특성으로는 저소득, 빈곤, 노숙, 사회적 고립, 가정폭력, 빈번한 이주, 협소한 주거 환경, 무질서한 가정 환경, 불안정한 취업 상태, 높은 가족 스트레스 등이 고려된다. 둘째, 부모의 특성으로는 심리적 불안, 알코올 및 약물 중독, 피학대 경험, 엄격한 체벌에 대한 신념, 자녀를 통한 본인의 미충족 욕구의 만족에 대한 기대, 자녀 행동에 관한 불합리한 기대, 낮은 교육 수준 등이 고려된다. 셋째, 아동의 특성으로는 미숙아 또는 환아, 다루기 어려운 기질, 과잉 행동 및 부주의, 기타 발달상의 문제 등이 고려된다.

아동학대 사례로 판정되어 정부와 아동보호전문기관에서 보호를 받는 학대아동 보호건수도 증가하고 있는 추세이다. 방임, 정서 학대, 신체 학대, 성적 학대, 중복 학대의 형태로 나타나며, 어머니의 경우에는 방임을, 아버지의 경우에는 성적 학대를 더 많이 하는 것으로 알려졌다(보건복지부, 중앙아동보호전문기관, 2009). 아동학대의 유형은 일반적으로 다음과 같다.

〈표 11-2〉 아동학대 유형

유형	내용
신체 학대	발로 차기, 물기, 흔들기, 주먹으로 치기, 찌르기 등 신체적 상처를 유발하는 학대 행위
성적 학대	성적 접촉 또는 삽입행위, 노출, 음란물의 생산 및 방영, 성적 착취 행위
방임	의식주 및 교육 보건의료 등 아동의 기본 욕구 충족을 위한 최소한의 의무 미이행
정서 학대	사회적 고립, 불합리한 요구의 반복, 모멸, 비난, 협박 등 아동의 정신 장애 및 행동 장애를 유발할 수 있는 행위

출처: Berk(2013).

　학대는 아동의 전반적인 발달에 있어 부정적인 영향을 미친다. 영구적인 신체적 손상이 발생하며, 아동의 사회ㆍ정서 발달에 문제가 발생한다. 또한 때로 너무 공격적이기 때문에 또래와 원만한 관계를 형성하지 못하는 경향이 있으며, 인지적 발달과 학업 성취에 부정적이다. 물론 모든 학대가 장기적 영향을 미치는 것은 아니며, 개별 사례마다 결과는 다를 수 있으나 아동의 연령이 어릴수록, 학대가 오래 지속되었을수록, 그리고 가해자가 아동과 더 가까운 관계에 있는 사람일수록 그 피해가 더 심각해진다. 아동학대를 예방하기 위해서는 가족과 지역사회, 전체 사회의 적극적인 참여가 필요하며, 학대 예방을 위해 효과적인 자녀 양육 방법에 대한 다양한 프로그램이 개발ㆍ보급되어야 한다.

2. 또래관계

　또래와의 관계는 가족이 아닌 다른 사람들을 인식하고 상호 교류하는 계기가 된다. 또래와의 상호작용은 아동의 사회성, 성격, 정서, 인지 능력을 확립하는 데 초석이 된다. 발달 시기별로 또래관계가 다르며, 다양한 형태의 또래 집단의 구성원은 상호 간에 긍정적ㆍ부정적 영향을 준다. 따라서 또래 관계에서는 또래관계의 발달, 또래의 기능, 우정 관계, 또래의 수용으로 구분하여 살펴보고자 한다.

1) 또래관계의 발달

영유아기 1~2세경의 영아는 다른 아기가 하는 행동을 모방하거나 서로 물건을 주고받는 등의 상호보완적인 상호작용을 한다. 다른 아기와 함께 있으면 웃고 즐거워하는 등의 긍정적인 정서반응과 장난감을 서로 빼앗으려다 울고 소리를 지르는 등의 부정적인 정서반응이 함께 나타난다. 다른 아기와 함께 있는 경험이 많은 영아일수록 낯선 또래를 만나면 적극적인 접촉반응을 보인다(Becker, 1977). 2세 이후에는 또래와의 상호작용이 급격히 증가한다. 2~3세의 유아들은 혼자놀이가 대부분이나 3~4세는 병행놀이, 5~6세는 연합놀이, 협동놀이의 형태를 가장 많이 보인다. 7세경에는 이성의 또래와 자연스럽게 놀이가 이루어진다. 이러한 놀이 형태에서 유아들은 점차적으로 또래 집단에서 역할 수행에 요구되는 사회적 지식과 태도를 습득하게 된다.

아동기 이 시기의 아동은 여전히 놀이에서 **또래관계**를 유지한다. 협동놀이에서 집단 구성원으로서 규칙을 따르고 공동의 목표를 수행하는 역할을 학습한다. 복잡한 게임 활동에서는 각자의 세분화된 역할을 담당한다. 또래관계는 점차적으로 복잡한 사회적 구조를 지니며, 놀이의 다양하고 복잡한 기능을 감당할 수 있는 인지적 능력이 증가한다. 특히, 아동 중기는 집단 소속에 대한 강한 욕구를 보여 준다. 그들은 자신의 행동을 위한 독특한 가치와 기준을 형성하고 지도자와 추종자의 사회적 구조를 갖춘 또래 집단을 형성한다. 이 시기의 또래 집단은 유아기에 비해 급격히 확장되며, 가족과의 접촉은 줄어들고 동성의 또래와 함께하는 시간은 증가한다.

청소년기 청소년기의 또래 집단은 작은 규모로 구성된 단짝 집단(clique)과 여러 개의 단짝 집단이 크고 느슨하게 조직된 교류 집단(crowd)으로 구분된다(Connolly, Furman, & Konarski, 2000). 단짝 집단은 일반적으로 흥미와 선호하는 활동이 유사한 4~8명의 동성으로 구성된다. 일단 단짝 집단이 형성되면, 다른 단짝 집단과 구분하여 구성원들이 강한 소속감이나 집단 정체감을 형성하기 위해 독특한 색깔의 복장, 말씨, 행동 등을 구상하고 밖으로 나타낸다(Cairns et al., 1995). 청소년 중기에는 여아와 남아 집단의 상호작용이 빈번히 이루어지면서 이성 교류 집단을 형성한다. 사회적 관계가 확대되는 이 시기에는 또래의 영향력이 크다. 왜냐하면 또래는 동료의식과 레크리에이션의 중요한 원천이며, 충고를 주고받으며 가치 있는 소유물을 공유하고, 믿을 수 있는 단짝이자 비평가이며 충성심 있는 동지로서, 스트레스나 과도적 시기에 안정감을 제공하는 존재이기 때문이다(Asher & Rose, 1997).

[그림 11-2] 시기별 또래관계

2) 또래 기능

또래관계는 성인의 지시나 주도에 일방적으로 따르는 수직적인 관계가 아닌 서로의 의견을 자유롭게 교환하는 수평적인 관계이다. 또래와 긍정적인 관계를 형성하고 유지하는 능력을 습득하는 것은 매우 중요하다. 성인과의 일방적인 관계에서 기존 사회의 질서를 내면화한다면, 또래관계의 동등한 입장에서는 자신의 욕구를 조절하고, 또래들과 협력하면서 새로운 규칙과 질서를 제안하며 학습하게 된다. 즉, 또래와의 긍정적인 상호작용의 경험은 사회인지발달을 촉진시키고, 주위로부터 사회정서적인 인정을 받고 있다는 느낌을 통해 안정된 정서를 갖게 도와주며, 자아개념과 도덕성 발달에도 기여하며(Bukowski, 2001), 그 영향은 성인기 이후의 사회적 적응에도 영향을 미친다(Bagwell & Coie, 2004).

또래 기능은 다음과 같다. 첫째, 또래는 서로에게 중요한 역할 모델이 된다. 상대의 행동을 관찰하고 모방하며 내면화하고, 또래와 함께하는 상황에서 적합한 행동과 부적합한 행동을 구분할 수 있다(Eckerman & Peterman, 2001). 둘째, 또래는 서로에게 중요한 강화자(reinforcer)가 된다. 아동은 부모나 교사뿐만 아니라 또래들이 보여 주는 칭찬과 비난에 민감하며, 이미 어린 연령에서 또래의 칭찬에 칭찬으로 응답하는 강화의 상호성을 보이기도 한다(Hartup & Abecassis, 2004). 셋째, 또래는 스스로를 평가할 수 있는 기준을 제공하는 사회적 비교(social comparison)의 기능을 한다. 아동은 또래와 자신을 비교 평가하며, 이러한 평가 결과는 자아상과 자아존중감 형성에 기초가 된다. 넷째, 또래는 사회적 지지(social support)의 기능을 한다. 사회적 지지에는 어렵고 힘든 상황에서 타인이 주는 실제적인 도움을 받는 도구적 지지, 감정적 위안을 받는 정서적 지지, 충고나 도움을 받는 정보적 지지, 함께 있어 주거나 공유해 주는 동반적 지지가 포함된다.

3) 우정관계

(1) 우정관계의 발달

우정(friendship)은 두 사람 간의 관계가 다른 친구들보다 더 깊고 친밀한 관계를 유지할 때 형성된다. 우정에는 특별한 관계, 애정과 같은 정서적 매개, 상호적 과정이 포함된다. 이러한 우정 개념은 연령에 따라 변화한다. 연령이 어릴수록 함께 놀고 물건을 나누어 갖는 등 보다 구체적이고 일시적이고 표면적이다. 학령기 이후에는 상대방의 감정을 이해하고 배려하는 등 보다 추상적이며 지속적이다(Berndt, 2004). 청소년기와 그 이후에는 동료애, 나눔, 서로가 필요에 의한 합의적인 관계로 나타난다. 우정에 대한 인식은 다음 세 단계의 발달 과정을 거치게 된다(Berk, 2013).

첫째, 아동 초기에는 우정관계를 놀이 친구로 인식한다. 자신에게 장난감을 주는 등 자주 만나 재미있게 노는 관계이다. 이러한 관계는 쉽게 시작되고 쉽게 끝나는 일시적인 특성을 보인다. 특히 상대가 공유하는 것을 거절하거나 때리거나 혹은 놀이 상황에 갈등이 생겼을 때 우정이 없어진다. 이 시기는 '나를 좋아하는 누군가'로 인식하는 단계이다.

둘째, 아동 중기에는 상호 신뢰 및 지원 관계로 인식한다. 이 시기에는 성역할에 대한 기대감 때문에 여아들의 우정은 전형적으로 집단적인 관계로 나타나고, 남아들의 우정은 성취감과 사회적 지위를 강조한다. 여아들은 종종 이야기를 하기 위해 친구를 만나고 자신을 드러내는 이야기를 나누며, 상호 간에 지지적인 발언을 한다. 반면에, 남아들은 스포츠나 게임과 같은 신체적인 활동과 구체적인 활동을 하기 위해 만난다. 간혹 남아들이 이야기를 하게 되더라도 운동, 학업성취 등의 경쟁적인 주제를 선택한다(Rubin, Bukowski, & Parker, 2006).

셋째, 청소년기와 그 이후에는 친밀, 상호 이해 및 충성 관계로 인식한다. 우정은 서로 유사한 흥미나 성격이 바탕이 되는 장기적이며 지속적인 관계로 유지된다. 그리고 청소년들은 친구가 외로움, 슬픔, 두려움과 같은 심리적인 고충을 해소하는 데 중요한 역할을 한다고 인식한다. 진실과 상호 간의 이해는 용서를 의미하기 때문에 심한 갈등만이 우정을 끝나게 할 수 있다.

〈표 11-3〉 연령에 따른 우정의 인식 발달

연령	우정 개념	특성
4~7세	놀이 친구	친구와 함께 놀고, 장난감을 함께 이용하여 시간을 보내며, 나를 좋아하는 누군가로 인식함
8~10세	상호 신뢰 및 지원 관계	상호 간에 도움을 주고받고, 기댈 수 있는 존재로 정의되는 친절한 행동에 근거를 두어 인식함
11~15세	친밀 · 상호 이해 · 충성 관계	서로의 믿음, 느낌, 가치 체계에 대한 이해를 바탕으로 하는 친밀감 또는 심리정서적 속성을 중요하게 생각하며, 아동기에 비해 친구 관계의 신의에 중심을 두어 인식함

(2) 우정관계의 결정 요인

우정관계는 아동기를 거치면서 점점 더 중요해진다. 이 시기의 아동은 같이 시간을 보내는 친한 친구가 3~5명이 있지만 대개는 한 번에 1~2명씩 함께 놀며, 우정관계를 통해 행복감이나 학교에 대한 긍정적인 태도를 갖게 된다. 실제로 아동들이 친구가 되는 과정을 관찰해 보면, 대체로 다음과 같은 네 가지 요인을 찾을 수 있다. 첫째, 아동이 친구를 선택하는 데 있어서 일차적인 요인은 유사성이다. 아동은 연령이 비슷한 또래끼리 모여 친구가 되는 경향이 크다. 아동기 동안에는 동성 친구를 선호하는 경향이 높다. 전반적으로 아동기에는 성별이 연령보다 더욱 강한 선택요인이다(Epstein, 1989). 둘째, 친사회적 특성이다. 아동은 친구를 돕고, 서로 나누며, 배려하는 친사회적 관계로 생각한다. 따라서 친사회적 성향이 높은 아동은 친구를 쉽게 사귀게 된다. 이러한 경향은 실제로 친구 간에 높은 빈도의 친사회적 행동으로 나타나는 것을 관찰할 수 있다(Berndt, 2004). 셋째, 친밀성이다. 친구에 대한 지식 정도와 자신의 노출 정도로 친밀한 정도를 판단한다. 친구에 대한 지식을 바탕으로 자신과 친구 간의 유사성과 차이점을 판단한다. 친구 간의 노출은 아동의 연령에 따라 증가한다. 하지만 서로의 비밀을 인식하고 지켜 주는 행동은 아동기 중반부터 나타나며, 청소년기에 이르면 우정 관계를 유지하는 가장 중요한 행동지표가 된다(Buhrmester & Furman, 1990). 마지막으로, 갈등의 극복이다. 갈등은 친구관계에서 흔히 나타나는 상호작용의 형태이다. 실제로 친구 간의 갈등은 친구가 아닌 아동 간의 갈등보다 그 빈도가 훨씬 높다. 하지만 아동은 서로 공평하면서도 만족하게 갈등을 해결하는 방법을 찾아내며, 때로 작은 갈등은 무시해 버리는 지혜를 활용하여 슬기롭게 극복한다(Hartup, 2006).

4) 또래 수용

또래 수용은 상호 관계를 바탕으로 한 우정과는 구별되며, 한 개인에 대한 집단적 인식과 평가라는 일방적 특성을 지닌다. 우정은 신뢰, 민감성, 친밀감의 발달에 기여하는 반면에, 또래 수용은 협동, 리더십, 팔로우십, 집단 목표에 대한 충성심을 경험하는 기회를 제공한다(Berk, 2013).

또래 수용은 집단 구성원들이 선호하는 정도에 따라 또래로부터 수용되거나 거부된다. 사회적 수용도가 높은 아동은 보다 직접적이고 우호적인 표현을 쓰며, 낯선 상황에서도 자신에 관한 정보를 상대방에게 적극적으로 전달하고, 자신을 나타내 보이려는 노력을 한다. 사회적 수용도가 낮은 아동은 상황을 피하려 하며, 어떻게 상호작용해야 할지 모르는 것과 같은 당혹감을 보인다. 이러한 아동은 또래 갈등을 자주 경험하고 비언어적인 저항과 통제적인 전략을 활용하여 갈등을 해결하고자 하며, 갈등이 종결된 후에 부정적인 정서를 더 많이 보이는 경향이 있다(Coie, 1990). 대체로 네 가지 형태의 사회적 수용 형태로 나타난다.

〈표 11-4〉 또래 수용 유형

유형	내용
인기아	많은 아이로부터 선호의 대상이 되는 아동
배척/거부아	많은 아이로부터 싫어하는 아이로 지목되는 아동
고립/무시아	선호의 대상도, 배척의 대상도 아닌 아동
논란대상아	많은 아이로부터 선호와 배척을 고루 받은 아동

첫 번째 유형은 **인기아**이다. 또래로부터 수용도가 높고 인기가 있는 아동은 친사회적 인 행동을 하고 지도력이 있으며, 긍정적인 자아개념을 갖는 특성을 보인다. 이들은 또 래 간의 갈등을 최소화하고 관계를 지속하기 위하여 직접적이고 긍정적인 정서를 표현 하고 행동한다.

두 번째 유형은 **배척 또는 거부아**이다. 이들은 대체로 또래에게 공격적이고 학업 성취 가 낮은 경향이 있다. 이들은 비협조적이고, 심하게 떼를 쓰는 등의 공격적 행동을 보 이기도 하고, 반사회적 주장과 사회적 상호작용의 수준이 낮고, 사람들과의 대인 접촉 을 기피하는 행동을 보이기도 한다.

세 번째 유형은 **고립 또는 무시아**이다. 이들은 일반적으로 또래 집단으로부터 수줍은 아이로 지각된다. 이는 고립아들이 대체로 말이 없고 비활동적이기 때문이다. 고립아 들은 낯선 집단에 어울리거나 새로운 친구를 사귀는 것을 힘들어 하며, 망설이고 두려 워하는 행동을 보인다. 특히 우리나라의 고립아는 사회적 불만족도가 높다. 이는 사회 적 불만에 대해 서구 아동은 공격적으로 표출하는 데 반해, 우리나라 아동은 비주장적 이며, 갈등 상황을 회피하려는 경향이 강하여 위축과 고립 행동으로 표출하는 문화적 차이에 기인한다(양하련, 이은주, 2014).

네 번째 유형은 **논란대상아**이다. 이들은 많은 또래가 좋아하는 반면에 싫어하기도 한 다. 적대적이고 파괴적이나 긍정적이고 친사회적인 행동을 하기도 한다. 그리고 어떤 아동들은 이 논란의 대상이 되는 아동을 싫어하지만, 그들은 배척으로부터 자신을 보 호하는 특성을 지닌다. 이러한 아동은 대개 자기주장이 강하고 지배적이며, 인기가 있 는 아동만큼 많은 친구가 있고 자신의 또래 관계에 만족해 한다. 그러나 인기가 있는 반사회적 아동과 공격적 배척을 보이는 아동과 같이 종종 자신이 원하는 대로 하기 위 해 또래를 괴롭히고 자신의 권력을 유지하기 위하여 계산된 관계적 공격성을 보인다. 논란의 대상이 되는 아동의 사회적 지위는 이들의 복합적인 행동에 대한 또래의 반응 에 따라 종종 변한다.

이상에서 설명한 사회적 수용 유형에 따른 성격 또는 행동적 특성은 대체로 그러한 경향이 있을 따름이지, 각 유형의 아동이 반드시 그러한 특성을 갖는 것은 아니라는 사 실에 유의해야 한다. 예를 들어, 배척아나 고립아 중에는 일반적인 아동과 특별히 다른 행동 특성을 보이지 않는 경우도 많이 있다(Rubin et al., 2006). 대다수의 비인기아의 특성은 그들 자신의 문제라기보다는 또래 집단의 부정적인 지각이 바람직하지 않은 방향으로 지속되거나 고착되어 나타난 것일 수도 있음에 유의해야 한다.

3. 학교

아동이 가정 밖에서 접하게 되는 모든 공식적인 기관 가운데 학교만큼 아동의 발달에 많은 영향을 미칠 수 있는 경우는 거의 없다. 아동기에는 학교에서 사회 구성원으로서 기초 소양과 다양한 유형의 지식을 습득한다. 청소년기에는 학교생활의 적응을 기반으로 성숙한 인간관계를 확립하고 사회적응 기술을 학습한다. 따라서 이 절에서는 아동기의 효과적인 학교교육을 살펴보고, 청소년기의 교우관계의 적응에 대해 살펴보고자 한다.

1) 효과적인 학교환경

(1) 학습도구로서의 컴퓨터 보조학습

아동들은 학교에서 많은 양의 지식과 학업 능력을 획득하게 된다. 또한 학교교육은 아동들에게 다양한 유형의 정보를 응용할 수 있는 방법, 즉 다양한 규칙, 방략, 문제해결 기술을 학습하도록 기회를 제공하고 이들의 지적 성장을 가능하게 한다. 오늘날 대부분의 교육자와 학부모는 컴퓨터가 아동의 학습을 도와주고 더 재미있게 해 주는 효과적인 학교교육의 보조기구라고 믿고 있다. 학교에서의 **컴퓨터 보조학습**(Computer Assisted Instruction: CAI)의 발달적 효과는 다음과 같다.

첫째, 아동의 인지발달을 돕는다. 교실에서의 컴퓨터 이용은 아주 많은 이점을 가져오는 것으로 나타나고 있다. 예를 들어, 초등학교 학생들이 컴퓨터 보조학습을 통해 더 많은 내용을 배우고, 학교생활을 보다 더 즐겁게 보내는 것으로 나타났다(Collis, 1996). 그리고 기초적인 읽기와 수학 능력의 증가, 긍정적 학습 태도 함양에 효과적이다(Clements, 1999). 컴퓨터를 보조학습 도구로 사용하는 것 이외에도 학생들에게 컴퓨터 프로그램을 만들어 보도록 가르치는 것은 새로운 사고방식을 향상시키고, 숙달동기

(mastery motivation) 및 자기효능감을 촉진하게 한다. 즉, 컴퓨터 보조학습은 아동의 인지발달뿐만 아니라 자신의 능력을 바탕으로 새로운 방법으로 사고할 수 있는 상위 인지발달을 촉진한다(Clements, 1999).

둘째, 아동의 사회성 발달을 돕는다. 컴퓨터는 일부의 사람들이 우려하는 것처럼 또래들과의 사회적 상호작용을 억제하기보다는 오히려 향상시키는 도구로 사용되는 경우가 많다. 아동은 종종 놀이 친구들의 마음을 끌기 위해 장난감처럼 가정에서 컴퓨터를 이용하고(Crook, 1992), 또한 교실에서 컴퓨터를 활용하는 동안 직면한 문제에 대하여 함께 해결책을 찾는 경향이 많으며, 의견 차로 인한 갈등 상황을 만들기보다는 서로 격려하면서 협력하는 모습을 보인다(Nastasi & Clements, 1994).

[그림 11-3] 컴퓨터를 활용하고 있는 교실 모습

(2) 교사의 역할

대부분의 학교에서는 아동에게 학업적 성공을 기대하며, 학습에 대한 동기를 불러일으킬 수 있는 편안하면서 능률적인 환경을 제공한다. 특히 학급을 운영하는 교사들은 민주적이고, 참여적이며, 과업에 초점을 맞추어 학생들의 개인적 · 문화적인 특징에 부합하는 수업 유형을 제공한다. 아동에 대한 교사의 생각이나 판단, 태도, 기대 혹은 행동 등이 학업 성취와 직접적인 관련이 있다. 로젠탈과 제이콥슨(Rosenthal & Jacobson, 1968)은 교사의 아동에 대한 긍정적인 기대가 교사 자신의 예언을 현실화시키기 위해 노력하는 과정에서 실제로 아동의 성취 수준을 높인다고 제안하였는데, 이를 '피그말리온 효과(pygmalion effect)'라고 명명하였다.

피그말리온 효과란 학생에 대한 교사의 긍정적인 기대가 아동의 적응과 발달에 큰 영향을 미친다는 개념으로, 학생들이 저조할 것이라고 기대할 때보다 잘 해낼 것이라고 기대할 때 실제로 학생들이 더 나은 수행을 보이게 된다는 것이다. 하지만 일부 교사들은 실제로 아동을 만나기도 전에 성적, 지능, 사회경제적 계층, 동료 교사들의 의견, 평판, 형제들의 성취도 등으로 아동을 규정한다. 따라서 교사가 학생에 대해서 부정적인 선입관이나 편견으로 인해 지속적으로 형성된 기대가 부적 피그말리온 효과로 나타날 수 있음에 유의해야 한다. 이처럼 피그말리온 효과에서 보여 주듯이, 아동기의 발달을 촉진하는 데 있어 교사의 역할은 매우 큰 비중을 차지한다. 따라서 교사와 아동 간의 바람직한 상호작용을 통해 아동기의 발달을 보다 촉진할 수 있는 교육환경의 조성이 중요한 과제로 제기된다.

2) 학교 적응

(1) 유아기의 교육기관에의 적응

유아는 유아교육기관을 통해 사회생활에 필요한 규범을 내면화하고 가치관을 형성한다. 이들은 유아교육기관에서 이루어지는 다양하고 복잡한 일과활동 및 집단생활을 원활히 수행하고, 교사의 요구에 순응하며 규칙을 준수한다. 또한 자신의 욕구를 조절하고, 또래와 물건을 공유하며 원만한 관계를 형성하고 유지하는 등의 적응 행동을 보인다(Pianta, Steinberg, & Rollins, 1995). 이처럼 유아교육기관에 적응한다는 것은 자신에게 주어진 역할과 기대에 부응하며 사회의 한 구성원으로서 살아가는 데 필요한 기술을 습득하는 과정이라 할 수 있다. 유아는 교육활동에 능동적으로 참여하고 수행하면서 교육기관에서 맺게 되는 교사나 또래와의 관계를 건강하게 유지해 나가는 행동을 한다. 유아교육기관 적응에 대한 연구에 의하면, 또래들과의 관계에 협조적으로 참여하고, 또래 집단에 우호적 태도를 보인 유아가 유치원 생활에 보다 잘 적응하였다(Ladd, Buhs, & Seid, 2000). 즉, 친절하고 친사회적인 유아는 새로운 친구관계를 형성하는 것을 어려워하지 않는다. 또한 또래 집단으로부터 쉽게 수용되며, 교사와도 온정적이고 긴밀한 관계를 형성한다. 반면에, 공격적·논쟁적·반사회적 성향의 유아는 또래 집단과는 물론 교사들과의 갈등적이고 분란을 내재한 관계를 형성하는 것으로 나타났다(Birch & Ladd, 1998).

(2) 청소년기의 학교에의 적응

청소년기의 중요한 과업 중 하나는 학교생활에 적응하는 것이다. 청소년들에게 있어 교육환경은 인성을 함양하고 사회적인 역할과 적응 기술을 배울 수 있는 기회를 제공해 주는 장소이다(Levenson, Morrow, Morgan, & Pfefferbaum, 1986). 이러한 교육환경을 통해 만족스러운 교우 관계와 학습 성과를 나타낸다. 하지만 그렇지 못한 경우에는 정서적인 우울감에 빠질 수 있다. 따라서 청소년기에 주로 교우관계에서 나타나는 또래의 괴롭힘과 따돌림의 속성, 예방 및 지도방안에 대해 살펴보고자 한다.

① 또래 괴롭힘

또래 괴롭힘은 직접적 괴롭힘과 간접적 괴롭힘으로 구분된다. 신체적 괴롭힘은 주로 가해자의 의도가 드러나는 직접적 괴롭힘이며, 언어적 괴롭힘이나 사회적 괴롭힘은 가해자의 의도를 드러내지는 않으나 피해자에게 상처를 주고자 하는 간접적 괴롭힘이다. 연령이 낮을수록 사회적 능력이 아직 잘 발달하지 않아서 직접적 괴롭힘을 하는 경우가 더 많고, 연령이 증가할수록 보다 간접적이고 교묘한 또래 괴롭힘 방법을 사용한다. 또래 괴롭힘의 유형과 특성(Salmivalli, Huttunen, & Lagerspetz, 1997)은 〈표 11-5〉와 같다.

〈표 11-5〉 또래 괴롭힘의 유형 및 특성

유형		내용
직접적	신체적 괴롭힘	때리거나 차기, 물건을 빼앗기 등을 일컬으며, 가장 쉽게 눈에 띄며, 주로 남아들 사이에서 많이 관찰됨
간접적	언어적 괴롭힘	조롱하기, 협박하기, 놀리기 등을 일컬으며, 남아와 여아를 막론하고 가장 많이 일어나는 또래 괴롭힘임
	관계적/ 사회적 괴롭힘	다른 사람을 괴롭히거나 상처를 주기 위하여 인간 관계를 이용하는 것으로, 특정한 사람을 따돌리기, 그 사람에 대한 소문을 퍼트리거나 거짓말 하기 등을 포함하며, 주로 여아들이 가해자나 피해자가 되는 경우가 많음

② 또래 따돌림

또래관계에서의 따돌림은 가혹 행위라는 점에서 괴롭힘(bullying)이나 청소년 폭력과 유사한 점이 있다. 하지만 괴롭힘과 청소년 폭력의 대상은 주로 신체적·심리적으로 약하여 자기주장을 못해 반박하는 경우가 드문 사람들인 반면, 따돌림의 대상에는 잘난 척하고 다른 친구들을 무시하는 사람이 대부분 포함된다. 또한 괴롭힘은 폭력이 일방적이고 무차별적이며 충동적인 행위인 데 반해, 따돌림은 다소 비폭력적이고 심리적이며 특정인을 제외한 집단 구성원 간의 암묵적인 약속에 의해 이루어지는 경우가 많다는 점에서 괴롭힘이나 청소년 폭력과는 다른 특징이 있다(박성수 외, 1997).

따돌림은 집단적으로 발생하는 경우가 가장 흔하다. 이러한 집단 따돌림에는 일반적으로 다음과 같은 특성이 있다. 첫째, 간접적 가해(소외, 모함)에서 직접적 가해(모욕, 폭행, 갈취)로 발전하는 경향이 있다. 둘째, 가해자가 피해자에게 원인을 전가하고 자신의 행위를 정당화한다. 셋째, 대부분 주동자가 따돌림을 주도하고 일부 학생은 동조 또는 방조하는 경향이 있다. 넷째, 교사의 눈을 피해 은밀하게 이루어질 뿐 아니라 학생들 사이의 집단규범으로 인해 교사에게 이야기하지 않는 경우가 대부분이기 때문에 발견하기 어렵다.

③ 또래 괴롭힘과 따돌림의 원인

또래 집단 내에서의 괴롭힘과 따돌림은 주로 좌절과 공격성의 표출, 소속감의 욕구와 힘에 대한 욕구, 괴롭힘이나 따돌림을 당한 경험에 대한 보복이나 공감 능력의 부족 등의 이유로 나타난다. 청소년기의 정체감 형성 과정에서 경험하는 좌절은 공격행동이나 적대적인 행동을 유발한다. 이러한 경우에는 좌절을 유발하는 상대에게 직접적으로 공격하는 위험을 감수하기보다는 희생양이 될 수 있는 약자를 찾아 분노를 표출하기 쉽다. 상대에 따라 괴롭힘과 따돌림의 양식이 달라지는데, 열등감을 자극하는 대상에 대한 질투로 인한 따돌림은 상대방을 음해하는 형식으로, '공인된 약자'가 있을 경우에는 보다 직접적으로 괴롭히는 방식으로 나타난다.

또한 또래를 괴롭히거나 따돌리는 학생들 중에는 주도 역할을 하기보다는 동조 내지 방조하는 경우가 훨씬 많다. 이는 또래의 압력이 큰 힘을 발휘하는 청소년기에 섣불리 피해학생을 도와 자신도 괴롭힘의 대상이 되거나 따돌림을 당할까 봐 두려워하고 있음을 보여 준다. 특히 피해자의 고통에 대한 공감 능력이 부족하고, 죄책감이 무딘 청소년의 경우에는 또래의 동조 압력에 저항하기보다는 일부 주도 세력이 가진 힘에 일방적으로 순응하면서 피해자가 먼저 괴롭힘이나 따돌림을 당할 원인 제공을 했기 때문이라고 생각해 버리고 마는 경향이 있기 때문에 집단 내에서 반복되기 쉽다.

④ 예방과 지도

또래의 괴롭힘과 따돌림은 피해자와 가해자 모두에게 자아존중감, 학교생활, 대인관계 등 전 영역에 부정적인 영향을 준다. 가해 요인에는 가정환경과 비행행동이 주로 작용하고 있어 개입에 어려움이 있는 반면에, 피해의 경우에는 학교환경과 또래 친구 관계가 주로 작용하고 있어 학교를 중심으로 하는 지원이 가능하다. 따라서 집단 따돌림의 예방 및 사후지도를 위해서는 가정, 학교, 사회가 유기적으로 대처하는 일반적인 접근과 함께 특히 학교 및 또래 관계를 중심으로 하는 구체적인 대책을 모색하는 것이 바람직하다. 학교상담실을 활성화하고 학급 내 소집단 활동의 활성화와 따돌림을 당하는 학생이 없는 수업 운영, 학급 내 토론문화 활성화, 또래 관계를 통한 문제해결 방안과 또래상담 등의 활동이 대안이 될 수 있다.

4. 대중매체

21세기로 접어들면서 '정보화' '사이버' '인터넷' '스마트폰' '컴퓨터' 등은 다가오는 미래의 시·공간의 간격을 단축시킴으로써 환경의 지대한 변화를 가져왔다. 이러한 대중매체는 우리의 삶의 질을 향상하는 데 긍정적·부정적 영향을 미친다. 대중매체에서는 TV, 멀티미디어의 영향과 사이버 공간에 대해 살펴보고자 한다.

1) TV의 영향

아동의 연령이 증가하면서 비디오나 게임, 컴퓨터를 하며 보내는 시간이 늘어나고 있지만 TV는 꾸준히 시청하는 것으로 보고되었다(Huston et al., 1999). TV가 아동에게 미치는 긍정적 · 부정적 영향은 여전히 논란의 대상이 되고 있다.

(1) 긍정적 영향

TV가 아동에게 미치는 긍정적 측면으로는 아동의 인지 · 정서 · 사회성 발달을 강화하는 효과적인 수단이 될 수 있다는 것이다. TV 시청은 인지발달 측면에서 문자, 숫자, 신체 구조, 분류 방법 등의 내용을 설명하고 학습하도록 안내한다. 국내의 'TV유치원'이나 '딩동댕 유치원'과 같은 유아용 프로그램은 유아의 발달 및 교육에 긍정적인 영향을 주는 것으로 보고되었다(박혜원, 부경희, 1998). 그리고 정서 · 사회성 발달 측면에서의 TV 시청은 친사회적 행동을 습득하도록 하는 역할을 한다. 협력하기, 나누기, 위로하기 등과 같은 친사회적 행동을 담고 있는 프로그램의 시청은 아동으로 하여금 친사회적 행동을 하게 한다. 하지만 단순히 아동에게 친사회적 프로그램을 시청하게만 하는 것이 아닌 성인이 주위에서 친사회적 프로그램을 모니터하고 가치와 중요성을 반복하여 언어적으로 촉진할 때 그 효과가 증진된다(Friedrich & Stein, 1975).

(2) 부정적 영향

일반적으로 TV가 아동에게 미치는 부정적인 영향은 다음과 같다. 첫째, 유아의 수동적인 TV 시청 태도는 적극적인 자발성의 상실을 초래할 수 있다. 둘째, 공상에 치우친 만화내용은 환상의 세계와 실제 환경을 구분하는 데 혼란을 줌으로써 사회 부적응을 유발할 수 있다. 셋째, 초인적 능력을 가진 주인공과 동일시하여 마치 유아 자신이 주인공인 것처럼 착각에 빠지게 하며, 주인공의 말투, 행동 등을 무분별하게 모방하고 수용할 수 있다. 넷째, 고정화된 성역할 개념의 반복적인 관찰은 적절한 사회적 편견과 선입관을 형성하는 데 결정적인 역할을 한다(Huston et al., 1999). 다섯째, TV는 가족 간의 대화 단절, 독서 및 놀이 시간 단축, 읽기 능력이나 언어 이해력, 언어적 유창성 저해, 창의성 저하 등을 초래한다(Anderson, Huston, Schmitt, Linebarger, & Wright, 2001). 여섯째, 무엇보다도 TV의 폭력적인 장면에 노출될수록 공격적 행동이 나타낼 가능성이 매우 높다는 것이다(한균태, 하승태, 서영남, 조의현, 2007). 즉, TV에서 폭력적인 행동으로 인해 보상받는 것을 관찰한 아동은 그와 비슷한 실제 상황에 부딪히면 이를 모방하여 공격적인 행동으로 옮기는 경향이 강하며, 이후에도 지속적으로 영향을 준다(Huesmann, 1986).

이상에서 살펴본 바와 같이 TV 시청은 긍정적·부정적 측면을 모두 갖고 있다. 언제 어떠한 프로그램을 얼마나 시청하느냐에 따라 TV는 아동에게 긍정적일 수도, 부정적일 수도 있다. 따라서 TV 시청이 무조건 아동에게 부정적인 영향을 미친다고 단정 지을 수는 없다. 이는 아동과 부모가 함께 책임져야 하는 부분이다.

2) 멀티미디어의 영향

멀티미디어는 같은 형태의 대량의 정보를 신속하게 다수의 사람에게 전달할 수 있다는 장점을 가지고 있다. 이러한 장점으로 멀티미디어 프로그램은 급속도로 교육현장에서 활용되고 있으며, 영아부터 성인까지 광범위한 연령대를 포괄하고 있다. 영유아는 비디오나 멀티미디어 프로그램을 통해 다양한 애니메이션 동영상 또는 조기 외국어 학습 영상을 접하게 되는 것이 일반적이다. 시각적인 자극이 주가 되는 그림책보다는 소리와 움직임이 있는 멀티미디어 동화는 영아의 시선을 사로잡고 흥미와 호기심을 자아내기 때문이다. 그러나 영아기의 특성상 부모의 신체적 접촉과 눈 맞춤 등의 정서적 교감과 신체적 접촉이 중요한 시기에 비디오에 빠진 영아는 심각한 뇌 손상과 정서발달의 장애를 가져올 수 있다(Comstock & Scharrer, 2006; Ostrov, Gentile, & Crick, 2006).

스마트폰은 휴대가 가능하며, 부모는 언제 어디서나 간편하게 여러 가지 프로그램을 영아에게 제공할 수 있다. 아이가 떼를 쓰거나, 울고 보챌 때 현란한 동영상은 영아의 울음을 뚝 그치게 한다. 부모는 영아에게 좋지 않을 것이라 생각하면서도 '아이가 좋아하니까' '잠깐만 해야지' 등의 생각으로 영아의 손에 스마트폰을 쥐어 준다. 영아기부터 강한 자극에 노출되면 그 이하의 자극은 영아를 그다지 즐겁게 하지 못한다. 따라서 영아는 계속 자신을 충족시켜 줄 수 있는 강한 자극을 찾게 되고, 그것이 충족되지 않을 때 짜증을 내거나 심지어 머리를 쥐어뜯는 등의 자해를 하기도 한다. 빨리 작동이 안 되어도 발을 구르거나 소리를 지르는 등 공격적 성향을 보이기도 한다.

최근에는 어린 시기부터 스마트폰에 노출된 영아가 청소년이 되어 '팝콘 브레인 증후군'을 나타내기도 한다는 보고가 있다. 팝콘 브레인이란 스마트폰이나 게임에 중독된 아이의 경우, 팝콘처럼 즉각적으로 튀어 오르는 것과 같은 빠른 자극에만 익숙해져서 일상적인 현실의 자극에는 무감각해진다는 것이다.

3) 사이버 공간

오늘날 우리는 정보통신기술의 혁명으로 멀티미디어와 인터넷 시대에 살고 있다. 정보화, 인터넷, 컴퓨터 등의 용어는 너무나 익숙하며, 특히 미디어 세대, 영상 세대라 불리는 아이와 청소년은 수용자로서, 소비자로서, 또는 생산자로서 TV, 영화, 게임, 인터넷, 컴퓨터, 휴대폰 등의 각종 미디어와 불가분의 관계를 맺고 있다.

최근 급속한 인터넷의 보급은 인터넷 사용의 저연령화 현상으로 나타나고 있으며, 취학 전 유아의 인터넷 사용도 급격히 증가하였다. 주평균 인터넷 이용 시간은 만 3~9세는 5.8시간, 청소년은 14.4시간인 것으로 조사되었다. 아동의 인터넷 이용 목적은 게임이나 오락 등 여가 활동이 가장 높게 나타났으며, 청소년은 소셜미디어(트위터, 페이스북, 카카오톡 등)에서의 커뮤니케이션, 여가 활동 순으로 높게 나타났다(미래창조과학부, 한국인터넷진흥원, 2015). 한국 유아의 인터넷 이용 시간이 세계 1위이며, 이는 인터넷 게임 몰입 현상이 유아기까지 퍼져 있음을 알 수 있다(정아란, 엄기영, 2006). 또한 가정에서 뿐만 아니라 컴퓨터를 보유한 유치원의 93.7%가 교실에서 인터넷을 활용하고 있고, 65.4%가 자유선택활동 시간에 컴퓨터 활동을 하고 있는 것으로 나타났다(김승옥, 이경옥, 2007). 이러한 환경은 유아가 올바르게 인터넷을 사용하는 경우에는 다양한 정보와 문화를 학습할 수 있는 좋은 학습환경이 되겠지만, 무방비하게 노출되면 인터넷의 역기능적 측면이 부각된다. 컴퓨터의 활용은 우수한 학습 보조자, 교수매체로 적극 권장되는 반면에, 게임 중독, 통신 중독, 음란물 중독 등 역기능에 이르기까지 실로 우리 생활에 광범위한 변화를 주도해 온 것이 사실이다.

인터넷의 발전을 통하여 사이버 공간은 다양한 정보의 교환은 물론이고, 상호 간의 커뮤니케이션, 커뮤니티 구축 등에 있어서 핵심적인 미디어이다. 최근 업무나 일상생활과 관련된 다양한 관련 소프트웨어와 애플리케이션의 활용으로 생활에 많은 변화가 나타났다. 특히 사이버 공간을 통해 청소년은 새로운 친구를 사귈 수 있는 기회와 자신과 유사한 관심과 취미를 가진 사람과 어울릴 수 있는 기회, 성적 호기심을 충족시킬 수 있는 기회, 자신이 한 집단의 중심적 인물이 되어 볼 수 있는 기회 등으로 활용한다(윤영민, 2001). 사이버 공간에 대한 문화현상은 개인과 사회 차원에서 긍정적 측면이 많지만, 부정적 측면도 적지 않다. 부정적 측면은 다음과 같다. 첫째, 사회적 기술을 익힐 수 있는 타인과의 상호작용의 기회를 박탈함으로써 사회적 고립이 야기될 수 있다. 둘째, 지나친 비현실상과 가상공간의 몰입은 현실 세계와의 괴리를 발생시키며, 공격성, 파괴력, 충동성과 같은 정서발달의 부정적인 요인을 자극한다. 셋째, 아동기의 신체활동을 제한하여 발달을 저해하거나 컴퓨터에 몰입하는 동안에 고정된 자세와 전자파로 인한 시력의 이상을 가져올 수도 있다. 넷째, 컴퓨터는 아동의 주변 사람과 언어를 사용할 기회를 제한하여 언어발달을 더디게 만들며, 이는 지능발달에도 부정적인 영향을 미친다. 다섯째, 여러 사람과 어울리는 경험을 제한시켜 외톨이가 되기 쉬우며, 게임이나 통신 기능의 성격상 몰입하게 하여 일상생활의 균형을 잃을 수 있다.

글상자 11-2 사이버 공간에 대한 걱정거리

• 사이버 중독

사이버 중독(cyber addiction)이란 정보이용자가 자기통제력을 상실할 정도로 지나치게 컴퓨터에 접속하여 일상생활에 심각한 사회적·정신적·육체적·금전적 지장을 받고 있는 상태를 의미한다. 사이버 중독 증상으로는 기본적으로 컴퓨터 접속을 통해 마음의 위안을 얻는 의존성, 빨리 끝내고 나오기가 점점 어려워지며 작업 효율은 떨어지는 내성 현상, 인터넷을 하지 않으면 불안해지고 그동안 무슨 일이 있었는지 몹시 궁금해 하는 금단현상 등이 있으며, 이는 약물이나 알코올 중독과 매우 유사한 양상을 보인다.

한국청소년정책연구원(2011)의 조사에 의하면, 한국 청소년의 컴퓨터 이용 시간은 하루 평균 46분으로, 영국의 8배, 핀란드의 5배를 초과하며 세계 최장 수준이라고 한다. 중독의 원인을 초기에는 개인의 커뮤니케이션 장애로 파악하였다(Walther, 1994). 즉, 현실에서 커뮤니케이션이 원활하지 않거나 단절된 사람들에게 있어서 인터넷은 하나의 대안적인 출구로 작용할 수 있다. 인터넷 특유의 비익명성으로 사이버 공간에서는 적극적이고 대담한 커뮤니케이션을 할 수 있으며, 이런 경험이 축적되면 중독에 이르게 된다고 한다. 라지에와 동료들(Razieh et al., 2012)은 중독의 원인을 현실 도피, 사랑 받고 싶은 욕구, 혹은 오락에의 탐닉이라 간주하고, 이런 요인들이 사용자에게 지속적으로 인터넷을 사용하게 하는 강화 효과를 제공한다고 하였다. 그리고 개인이 지각하는 불안을 중독의 원인으로 제시하기도 하였다(Shepherd & Edelmann, 2005).

• 사이버 괴롭힘

사이버 괴롭힘(cyber bullying)이란 문자메시지, 온라인 채팅, 소셜미디어와 같은 전자매체를 통해 발생하는 대인간의 공격성이다(Smith et al., 2008). 사이버 괴롭힘의 특징으로는 아이디 도용, 플레이밍(flamming: 익명성과 개방성이 있는 공간에서 명확한 이유 없이 괴롭히거나 비방하는 행위), 음란물 전송 등이 있으며, 오프라인 괴롭힘과 달리 사이버 상에서는 가해자와 피해자가 대면하지 않기 때문에 신체적 괴롭힘은 나타나지 않는다(정여주, 김한별, 전아영, 2016). 사이버 괴롭힘의 유형으로는 사이버 비방, 사이버 유포, 사이버 왕따, 사이버 갈취, 사이버 성추행 등이 포함된다. 사이버 괴롭힘은 자신을 방어하는 데 어려움이 있는 피해자에게 행해지는 의도적이고 반복적인 공격행동이다.

최근 청소년의 사이버 괴롭힘을 예방하고 중재하고자 하는 일환으로 사이버 괴롭힘의 주변인의 역할에 대한 관심이 증가하고 있다. 존스(Jones, 2014)는 대학생을 대상으로 주변인의 행동의 목적과 반응을 기초하여 주변인을 다섯 가지 유형, 즉 의식하지 못하는 주변인(the obivious/distant bystander), 즐기는 주변인(the entertained bystander), 음모를 꾸미는 주변인(the conspiring bystande), 비의도적인 선동을 하는 주변인(the unintentional instigating bystander), 적극적 주변인(active/empowered bystander)으로 구분하였다. 또한 사이버 공간의 특성에 따라 주변인의 행동이 다름을 보고하였다. 모호한 상황에서는 개입을 꺼리는 경향이 있으며, 사이버 괴롭힘의 피해자와 친구 관계일 때에는 방어행동의 의도가 높으나, 피해자와 모르는 관계에서는 방관행동의 의도가 높았다(DeSmet et al., 2014). 앞으로 학교, 가정, 사회로부터 사이버 괴롭힘의 주변인의 역할 인식에 주목함으로써 사이버 괴롭힘 예방에 기여할 수 있을 것이라고 기대한다.

🖊 요점 정리

■ 가족과 발달

- 생태학적 접근에서는 발달을 시간이 지남에 따라 발생하는 사람과 환경 사이의 교류의 산물로 정의하며, 상호작용의 맥락을 미시체계, 중간체계, 외체계, 거시체계, 시간체계로 구분한다.
- 가족은 자녀의 사회화의 일차적인 맥락이다. 가족과의 상호작용을 통해 그들의 사회에 적절한 신념, 태도, 가치, 행동을 습득한다.
- 부모의 양육 태도는 허용과 참여, 통제, 자율성의 통제라는 양육 차원을 중심으로 민주적, 권위적, 허용적, 무관심의 유형으로 구분된다.
- 대부분의 아동과 청소년은 민주적 양육 태도를 지닌 부모로부터 경험한 부모의 애정, 적절한 수준의 조절, 자기결정에 대한 존중을 통해 긍정적인 발달을 하지만 비효율적인 양육 태도를 가진 부모는 과잉 반응과 방임이라는 지나친 제한과 통제로 자녀의 발달에 부정적 영향을 준다.
- 형제관계는 동생이 태어나면서 경쟁적이기도 하나, 자아발달, 사회에 대한 이해, 대인관계 적응 등에 긍정적인 영향을 준다.
- 사회, 경제, 문화의 변화가 가족관계에 영향을 줌에 따라 아버지의 양육 참여에 대한 관심과 요구가 증가하고 있다.
- 부모의 역할은 맞벌이가정, 이혼 및 재혼 가정, 한부모가정, 조손가정, 다문화가정 등 가족의 유형에 따라 달라져야 한다.

■ 또래관계

- 또래 집단은 비슷한 수준의 사회적 · 인지적 복잡성을 갖고 있는 사회적으로 동등한 또래들의 집단을 의미하며, 단짝 집단과 교류 집단으로 나뉜다.
- 또래의 기능에는 역할 모델, 강화자, 사회적 비교, 사회적 지지가 있다.
- 우정은 두 사람 간의 관계가 다른 친구들보다 더 깊고 친밀한 관계를 유지할 때 형성된다.
- 우정에 대한 아동의 인식은 놀이 친구, 상호 신뢰 및 지원 관계, 친밀 · 상호이해 · 충성 관계의 단계로 발달한다.
- 우정 관계를 결정하는 요인은 유사성, 친사회성, 친밀성, 갈등 극복이다.
- 또래 수용의 유형은 인기아, 배척/거부아, 고립/무시아, 논란대상아로 구분된다.

■ 학교

- 학교에서의 컴퓨터 보조학습(CAI)은 학생들의 기초적인 학업 기술을 향상시킨다.
- 피그말리온 효과는 학생에 대한 교사의 긍정적인 기대가 아동으로 하여금 예언을 현실화시키는 과정을 촉진하여 실제의 성취 수준을 높인다는 연구 결과에서 유래된 개념이다.
- 또래의 괴롭힘과 따돌림은 또래 수용을 거부하는 대표적인 사회적 행동으로 신체적 괴롭힘, 언어적 괴롭힘, 관계적/사회적 괴롭힘으로 구분된다.
- 또래 괴롭힘과 따돌림의 원인은 주로 좌절과 공격성의 표출, 소속감의 욕구와 힘에 대한 욕구, 괴롭힘이나 따돌림을 당한 경험에 의한 보복이나 공감 능력의 부족 등의 이유로 나타난다.

■ 대중매체

- 아동의 TV 시청은 긍정적 측면에서는 아동의 인지·정서·사회성 발달에 영향을 주지만 부정적 측면에서는 공격적 행동에 대한 둔감함 또는 부추김 현상을 줄 수 있다.
- 휴대성이 용이한 멀티미디어는 영아부터 성인까지 광범위한 연령대를 포괄하여 활용되고 있다. 하지만 영유아기에 무분별한 노출은 심각한 뇌 손상과 정서발달의 장애를 초래할 수 있다.
- 인터넷 보급으로 인한 사이버 공간은 긍정적·부정적 효과를 모두 가지고 있다. 긍정적 효과는 다양한 정보의 교환, 상호 간의 커뮤니티 구축 등 생활에 편리성을 제공하고, 부정적 효과는 비현실상의 몰입으로 인한 게임 중독, 인터넷 중독, 사회적 고립 등을 야기한다.

🖊 주요 용어

TV 시청	가족 유형	거시체계	권위 있는 양육
권위주의 양육	또래관계	또래 괴롭힘	또래 기능
또래 수용	멀티미디어	무관심한 양육	미시체계
사이버 공간	생태학적 접근	시간체계	외체계
우정	중간체계	집단 따돌림	컴퓨터 보조학습
피그말리온 효과	학교	허용적인 양육	형제관계

참고문헌

강민희, 최경숙(2002). 맥락단서 제시가 아동 허위기억에 미치는 영향. 한국심리학회 연차학술발표논문집, 196-202.

건강보험심사평가원(2012). 제왕절개분만평가보고서.

곽금주, 김수정, 김연수(2011). 영유아기 엄마와의 상호작용. 서울: 학지사.

곽금주, 김연수(2014). 영아발달. 서울: 학지사.

곽금주, 성현란, 장유경, 심희옥(2002). 한국영아 단기종단연구. 2002년 한국학술진흥재단 기초학문육성과제.

곽금주, 성현란, 장유경, 심희옥, 이지연, 김수정, 배기조(2005). 한국영아발달연구. 서울: 학지사.

곽금주, 오상우, 김청택(2011). 한국판 웩슬러 아동지능검사 (K-WISC-Ⅳ). 서울: 학지사 심리검사연구소.

권민균, 문혁준, 권희경, 성미영, 신유림, 안선희, 안효진, 이경옥, 천희영, 한유미, 한유진, 황혜신(2012). 아동발달. 서울: 창지사.

권영민(2004). 모델링 인지면접의 효율성: 즉시면접과 1주 지연면접의 비교. 한국심리학회지: 발달, 17(4), 1-19.

권영민, 이춘재(2003). 아동의 사건기억 회상에 대한 인지면접의 유용성. 한국심리학회지: 발달, 16(3), 1-20.

권은영, 이현진(2009). 한국 아동의 일상생활 대화에서 나타난 바람과 믿음: 산출자료를 중심으로. 아동학회지, 30(6), 567-581.

권일안, 최경숙(2000). 허위사건 특성과 지연시간이 아동의 기억 주입에 미치는 영향. 한국심리학회지: 발달, 13(2), 1-13.

길가영, 최경숙(2003). 아동의 인지적 억제가 기억과제 수행에 미치는 영향. 한국심리학회지: 발달, 16(2), 21-37.

김민화, 곽금주, 성현란, 심희옥, 장유경(2003). 영아기 정서단어의 습득에서 기질과 양육태도의 영향. 한국심리학회지: 발달, 16(4), 39-55.

김승옥, 이경옥(2007). 아동의 인터넷 게임 중독 및 과몰입의 개념적 이해. 어린이미디어연구, 6(2), 63-83.

김아름, 김혜리(2009). 또래 지위에 따른 마음 읽기 능력의 차. 한국심리학회지: 학교, 6(2), 149-169.

김애순(2012). 장노년심리학. 서울: 시그마프레스.

김유정, 이현진(1996). 아동의 단어의미 추론에서 형태유사성의 역할. 한국심리학회지: 발달, 9(1), 15-29.

김윤, 송현주(2011). 인종 정보에 따른 한국 영아의 얼굴인식 발달. 한국심리학회지: 발달, 24(3), 55-65.

김은설, 유해미, 최은영, 최효미, 배윤진, 양미선, 김정민(2016). 2015년 전국보육실태조사: 가구조사 보고. 서울: 보건복지부, 육아정책연구소.

김은주, 서영희(2007). 조부모의 손자녀 양육실제에 관한 질적 연구. 아동학회지, 28(2), 175-192.

김진우(1999). 언어습득의 이론과 실상. 서울: 한국문화사.

김현주, 이현진, 채민아(1998). 정상 아동과 정신지체 아동의 단어의미 추론에서의 형태와 기능의 역할. 인간발달연구, 5(1), 39-52.

김혜리(1994). 단어의미 추론 과정에 나타나는 상호배타성 가정: 긍정적 증거와 부정적 증거. 한국심리학회지: 발달, 7(2), 1-23.

김혜리(1997). 아동의 마음에 대한 이해 발달: 틀린 믿음에 대한 이해로 살펴본 마음-이론의 발달. 한국심리학회지: 발달, 10(1), 74-91.

김혜원, 이해경(2000). 집단괴롭힘의 가해와 피해 행동에 영향을 미치는 사회적·심리적 변인들. 한국심리학회지: 사회 및 성격, 14(1), 45-64.

노지영, 정윤경(2010) 자녀의 부정적 정서표현에 대한 어머니 반응에 따른 아동의 정서표현 양가성과 정서표현 신념. 한국심리학회지: 발달, 23(2), 57-71.

문수백(2014). K-ABC Ⅱ 한국 카우프만 지능검사 2 전문가지침서. 서울: 학지사.

미래창조과학부, 한국인터넷진흥원(2015). 2014년 인터넷이용실태조사. 서울: 미래창조과학부, 한국인터넷진흥원.

박경빈, 길경숙, 김명숙, 김판수, 류지영, 박명순, 박혜원, 변순화, 안도희, 윤여홍, 이미순, 임호찬, 전미란, 태진미(2016). 영재교육을 이끈 세기의 학자들. 서울: 학지사.

박명자, 최경숙(1990). 제시양식 및 부호화조건과 단서양식이 아동의 회상에 미치는 영향. 아동학회지, 11(1), 45-57.

박성수, 오익수, 김용태, 박한샘, 조은경(1997). 따돌리는 아이들 따돌림 당하는 아이들. 청소년상담문제연구보고서, 29, 1-184.

박수란(2003). 어머니-유아의 대화와 유아의 정서인식에 관한 연구. 전남대학교 대학원 석사학위청구논문.

박영신(2001). 한국 아동들의 도덕적 규칙과 사회관습적 규칙에 대한 이해의 발달과 그 특징. 한국심리학회지: 발달, 14(2), 83-104.

박영아(2007). 아동의 메타기억의 발달적 변화에 관한 분석. 한국생활과학회지, 16(6), 1141-1152.

박영아, 최경숙(2007a). 아동의 연령에 따른 기억책략 사용의 효율성 분석. 한국심리학회지: 발달, 20(2), 59-75.

박영아, 최경숙(2007b). 아동의 기억책략 사용의 효율성과 메타기억의 관계. 인간발달연구, 14(2), 1-27.

박자경, 이승복(1999). 유도질문이 아동 진술에 미치는 영향. 한국심리학회지: 발달, 12, 54-71.

박지헌(2013). Renzulli 프로그램이 유아의 창의성과 지능에 미치는 영향. 울산대학교 교육대학원 석사학위논문.

박혜원(2014). 한국 비언어 지능검사 2판 (K-CTONI-2). 서울: 마인드프레스.

박혜원, 부경희(1998). 미디어가 아동의 정보처리에 미치는 영향: 아동 프로그램과 광고에 대한 주의 및 이해도의 발달을 중심으로. 인간발달연구, 5(2), 33-47.

박혜원, 이경옥, 안동현(2016). 한국 웩슬러 유아 지능검사 (K-WPPSI-IV) 실시지침서. 서울: 학지사 심리검사연구소.

박혜원, 조복희(2006). 한국 Bayley 영유아발달검사 II 해석지침서. 서울: 도서출판 키즈팝.

보건복지부(2013). 제3차 어린이집 표준보육과정.

보건복지부, 중앙아동보호전문기관(2009). 2008년 전국아동학대현황보고서.

봉미미, 김혜연, 신지연, 이수현, 이화숙(2008). 한국 청소년의 학습동기에 영향을 미치는 사회문화적 요인 탐색. 한국심리학회지: 사회문제, 14(1a), 319-348.

성현란(2008). 영아기에서 유아기 동안의 지능 안정성: 4년 종단 연구. 한국심리학회지: 발달, 21(4), 75-87.

성현란, 배기조, 곽금주, 장유경, 심희옥(2005). 친숙화-새로운 자극 선호 절차를 통한 6개월 영아의 재인 능력과 특수 인지능력의 17개월 영아 IQ에 대한 예측. 한국심리학회지: 발달, 18(4), 1-15.

성현란, 이현진, 김혜리, 박영신, 박선미, 유연옥, 손영숙(2001). 인지발달. 서울: 학지사.

송길연, 이지연, 장유경, 정윤경(2014). 발달심리학. 서울: 시그마프레스.

송명자(1995). 발달심리학. 서울: 학지사.

송명자(1997). 발달심리학. 서울: 학지사.

송명자(2006). 발달심리학. 서울: 학지사.

송미리, 송현주(2014). 거짓말과 참말 이해에 대한 상황적 요인의 영향: 4세 아동의 자료. 한국심리학회지: 발달, 27(2), 97-112.

송하나, 최경숙(2010). 기질적 정서표현성의 안정성과 어머니의 정서표현성이 아동의 정서표현성에 미치는 영향에 대한 단기 종단 연구. 한국심리학회지: 발달, 23(2), 93-107.

양하련, 이은주(2014). 청소년의 사회적 성취목표와 또래관계 질의 관계: 친사회성과 공격성의 매개효과. 중등교육연구, 62(1), 235-260.

오선영(1992). 5~6세 유아 및 7세 아동의 인지적 단서작용에 대한 이해. 중앙대학교 대학원 석사학위논문.

유경(2010). 노년기 정서 표현과 정서 표현에 대한 양가성이 주관적 안녕감에 미치는 영향. 한국심리학회지: 사회 및 성격, 24(1), 95-109.

유경, 민경환(2000). 아동의 혼합 정서 이해의 발달적 특성. 한국발달심리학회지, 13(3), 91-104.

유경, 민경환(2005). 정서대처양식과 정서 인식이 장노년기 주관적 안녕감에 미치는 영향. 한국심리학회지: 사회 및 성격, 19(4), 1-18.

유경, 유경호, 강연욱, 이주일, 김지현(2014). 노화와 심리. 서울: 학지사.

유경, 이주일, 강연욱, 박군석(2009). 노년기 정서 경험의 변화와 주관적 안녕감: 종단 연구 분석. 한국노년학, 29(2), 729-742.

유경, 이주일, 장재윤, 한태영(2014). 활동적 노년 척도의 타당화 연구. 한국노년학, 34(3), 613-630.

유하나, 이지현, 송현주, 김영훈(2014). 감정 고려가 만 4세 아동의 분배 행동에 미치는 효과. 한국심리학회지: 발달, 27(2), 113-132.

윤영민(2001). 사이버 공간의 청소년 행동: 정책개발을 위한 이론적 탐색. 청소년학연구, 8(2), 199-

228.

윤정은, 송현주(2007). 아동의 행위자 성향 추론 능력의 발달. 한국심리학회지: 일반, 26(2), 83-100.

이보람(2011). 틀린 믿음에 근거한 행동추론과 정서추론의 발달적 양상. 가톨릭대학교 대학원 석사학위청구논문.

이봉주, 이호균(2004). 우리나라 아동학대 실태 및 보호체계. 2004 한국아동학회 추계학술대회 자료집, 1-34.

이수미, 김혜리, 김아름(2007). 이차순위 마음상태 이해의 발달적 변화. 한국심리학회지: 발달, 20(4), 1-16.

이승진(2012). 아동의 스트레스 대처전략과 사전 경험의 질적 특성 및 부모의 준비성 정도가 아동 기억의 신뢰성에 미치는 영향. 한국심리학회지: 사회문제, 18(2), 215-234.

이영, 이정희, 김온기, 이미란, 조성연, 이정림, 유영미, 이재선, 신혜원, 나종혜, 김수연, 정지나(2010). 영유아발달. 서울: 학지사.

이주일, 강연욱, 김지현, 유경(2011). 생산적 노화에 대한 세대 간 인식차 및 생산적 노화척도의 타당성 분석. 한국심리학회지: 산업 및 조직, 249(1), 1-27.

이현진(1998). 한국어에서의 단어의미 습득: 지각적 속성, 존재론적 범주, 통사적 단서. 한국심리학회지: 발달, 11(2).

이현진(2000). 마음이론과 언어에 대한 아동의 이해의 고찰: 단원성을 중심으로. 한국심리학회지: 발달, 14(1), 47-68.

이현진(2002). 한국어에서의 단어의미 추론: 존재론적 개념, 온전한 대상제약, 형태의 역할. 한국심리학회지: 발달, 15(4), 37-41.

이현진(2005). 단어의미 추론에서 상호배타성 제약

과 의도의 역할: 한국어 자료를 중심으로. 한국심리학회지: 발달, 18(1).

이혜련(1993). 연령, 범주전형성 및 회상조건에 따른 아동의 상위기억과 범주적 조직화 책략 사용. 동아대학교 대학원 석사학위논문.

임지영, 류혜원, 문영경, 배기조, 송혜영(2014). 영아발달. 경기: 공동체.

임호찬(2010). 한국판 레이븐 지능검사 일반지침서. 서울: 한국가이던스.

장유경, 이근영, 곽금주, 성현란(2003). 어머니의 언어적 입력이 영아의 초기 어휘발달에 미치는 영향. 한국심리학회지: 발달, 16(4). 227-241.

전남련, 김기선, 이은임, 남궁기순, 한혜선, 심현임, 이미향, 김인자, 이선영, 김정화, 이재영, 이은기(2014). 영아발달. 경기: 양서원.

전명숙, 김혜리(1999). 정서추론으로 살펴본 믿음과 바람에 대한 아동의 이해. 인간발달연구 6(1), 102-122.

정비영, 정윤경(2016). 유아의 정서단어 획득과 정서 이해 발달간의 관계. 인지발달중재학회지, 7(3), 49-67.

정아란, 엄기영(2006). 유아의 컴퓨터게임 과몰입 예방교육 프로그램 모형개발 연구. 한국보육학회지, 6(2), 211-237.

정여주, 김한별, 전아영(2016). 청소년 사이버 폭력 피해 척도개발 및 타당화. 열린교육연구, 24(3). 95-116.

정옥분(2006). 아동발달의 이해. 서울: 학지사.

정옥분(2012). 영아발달. 서울: 학지사.

정윤경(2010). 아동의 정서 이해의 발달: TEC를 중심으로. 가톨릭대학교 대학원 심리학 석사학위청구논문.

정윤경, 송현미(2013). 아동의 혼합정서 이해에 대한 정서 이야기의 개입 효과. 한국심리학회지: 발달, 26(2), 37-50.

정해관(2007). 노인 정신건강 증진을 위한 한국형 치매 선별 및 정밀검사도구 평가. 서울: 한국보건사회 연구원.

정희영(2014). 유아발달. 경기: 파워북.

조경자, 김혜리(1994). 아이들이 사물의 이름을 추론 하는 과정에서 보이는 상호배타성 가정. 한국 심리학회지: 발달, 7(1), 220-244.

조명한(1978). 언어심리학. 서울: 정음사.

조명한(1982). 한국 아동의 언어 획득 연구: 책략 모형. 서울대학교 출판부.

조복희(2006). 아동발달. 경기: 교육과학사.

조복희(2008). 아동발달. 경기: 교육과학사.

조은영, 도현심, 김민정(2010). 부모의 훈육방식과 유아의 양심 간의 관계. 한국가정관리학회지, 28(5), 235-249.

질병관리본부(2017). 한국소아청소년성장도표.

차민정, 김은영, 채주경, 송현주(2015). 만 24개월 영아의 도움, 나눔 행동의 발달. 유아교육연구, 35(6), 75-94.

최경숙, 송하나(2010). 발달심리학-전생애 : 아동 · 청 소년 · 성인. 경기: 교문사.

통계청(2012). 장래인구추계.

통계청(2017). 장래인구추계.

하지연, 김연화, 한세영(2008). 어머니의 양육행동 과 형제 갈등 상황에서의 개입행동이 유아의 형제관계에 미치는 영향. 생활과학연구논총, 12(1), 23-40.

한국 인터넷 진흥원(2011). 2011년 상반기 스마트폰 이 용실태조사. 과천: 방송통신위원회.

한국사전연구사편집부(1996). 간호학 대사전.

한국심리학회(2014). 심리학용어사전. http://terms. naver.com/entry.nhn?docId=2094144&cid=4 1991&categoryId=41991에서 인출.

한국청소년정책연구원(2011). 아동 · 청소년 정신건강 증진을 위한 지원 방안 연구 I. 세종: 한국청소년 정책연구원.

한균태, 하승태, 서영남, 조의현(2007). 지상파 텔레 비전의 어린이 프로그램에 나타난 폭력성 연 구. 한국방송학보, 21, 311-351.

한유진, 유안진(1998). 부모의 정서 규제와 아동의 정서 표출 규칙 이해. 대한가정학회지, 36(7), 61-72.

황매향(2006). 학업성취도에 영향을 미치는 사회적 관계 변인들의 상대적 영향력 차이. 아시아 교 육연구, 7(3), 187-203.

황순택, 김지혜, 박광배, 최진영, 홍상황(2012). K-WAIS-IV 한국판 웩슬러 성인용 지능검사(4판). 대구: 한국심리주식회사.

황희숙, 강승희, 윤소정(2003). 유아 영재의 연령 및 성별에 따른 K-WPPSI 수행과 창의성과의 관 계에 대한 탐색 연구. 한국유아교육학회, 23(4), 81-104.

국가건강정보포털의학정보.

네이버지식백과.

e 나라지표 2015. 08. 25 보도자료.

Ackerman, P. L., Bowen, K. R., Beier, M. E., & Kanfer, R. (2001). Determinants of individual differences and gender differences in knowledge. *Journal of Educational Psychology, 93*(4), 797.

Ainsworth, M. D. S., Blehar, M. C., Waters, E., & Wall, S. (1978). *Patterns of attachment: A psychological study of the strange situation.* Hillsdale, NJ: Erlbaum.

Alderson-Day, B., & Fernyhough, C. (2015). Inner

speech: Development, cognitive functions, phenomenology, and neurobiology. *Psychological Bulletin, 141*, 931-965.

Aldridge, M. A., Braga, E. S., Walton, G. E., & Bower, T. G. R. (1999). The intermodal representation of speech in newborns. *Developmental Science, 2*, 42-46.

Aldwin, C. M., & Gilmer, D. F. (2013). *Health, illness, and optimal aging: Biological and psychosocial perspectives* (2nd ed.). New York: Springer.

Alink, L. R. A., Mesman, J., Van Zeijl, J., Stolk, M. N., Juffer, F., Koot, H. M., Bakermans-Kranenburg, M. J., & Van IJzendoorn, M. H. (2006). The early childhood aggression curve: Development of physical aggression in 10- to 50-month-old children. *Child Development, 77*, 954-966.

Altermatt, E. R., Pomerantz, E. M., Ruble, D. N., Frey, K. S., & Greulich, F. K. (2002). Predicting changes in children's self-perceptions of academic competence: A naturalistic examination of evaluative discourse among classmates. *Developmental Psychology, 38*, 903-917.

Amsterdam, B. (1972). Mirror self-image reactions before age two. *Developmental Psychology, 5*, 297-305.

Anderson, D. R., Huston, A. C., Schmitt, K. L., Linebarger, D. L., & Wright, J. C. (2001). Early childhood television viewing and adolescent behavior: The recontact study. *Monographs of The Society for Research in Child Development, 66*(1), 1-147.

Anderson, D. R., Lorch, E. P, Field, D. E., Collins, P. A., & Nathan, J. G. (1986). Television viewing at home: Age trend in visual attention and time with TV. *Child Development, 57*, 1024-1033.

Ando, S. (2012). Neuronal dysfunction with aging and its amelioration. *Proceedings of Japan Academy, Series B: Physical and Biological Science, 88*, 266-282.

Angeles, L. (2010). Children and life satisfaction. *Journal of Happiness Studies, 11*, 523-538.

Archer, J. (1994). Testosterone and aggression. *Journal of Offender Rehabilitation, 21*(3-4), 3-25.

Archer, S. L. (1992). A feminist's approach to identity research. In G. R. Adams, T. P. Gullota, & R. Montemayor (Eds.), *Adolescent identity formation: Intervention for adolescent identity development.* Newbury Park, CA: Sage.

Armor, D. J., & Sousa, S. (2014). The dubious promise of universal preschool. *National Affairs, 18*, 36-49.

Arnold, D. S., O'Leary, S. G., Wolff, L. S., & Acker, M. M. (1993). The Parenting Scale: A measure of dysfunctional parenting in discipline situations. *Psychological Assessment, 5*, 137-144.

Arsenio, W. F., Cooperman, S., & Lover, A. (2000). Affective predictors of preschoolers' aggression and peer acceptance: Direct and indirect effects. *Developmental psychology, 36*(4), 438.

Asendorpf, J. B., Warkentin, V., & Baudonniere, P.

(1996). Self-awareness and other-awareness II: Mirror self-recognition, social contingency awareness, and synchronic imitation. *Developmental Psychology, 32*, 313-321.

Ashby, N., & Neilsen-Hewett, C. (2012). Approaches to conflict and conflict resolution in toddler relationships. *Journal of Early Childhood Research, 10*(2), 145-161.

Asher, S. R., & Rose, A. J. (1997). Promoting children's social-emotional adjustment with peers. In P. Salovey & D. J. Sluyter (Eds.), *Emotional development and emotional intelligence* (pp. 193-195). New York: Basic Books.

Astington, J. W., & Jenkins, J. M. (1995). Theory of mind development and social understanding. *Cognition and Emotion, 9*, 151-165.

Atchley, R. C. (1999). *Continuity and adaptation in aging: Creating positive experiences*. Baltimore: Johns Hopkins University Press.

Atkinson, R. C., & Shiffrin, R. M. (1968). Human memory: A proposed system and its control processes. In K. W. Spence (Ed.), *The psychology of learning and motivation: Vol. 2. Advances in research and theory* (pp. 89-195). New York: Academic Press.

Au, K. T., Dapretto, M., & Song, Y. (1994). Input vs. constraints: Early word acguisition in Korean and English. *Journal of Memory & Language, 33*, 567-582.

Bagwell, C. L., & Coie, J. D. (2004). The best friendships of aggressive boys: Relationship quality, conflict management, and rule-breaking behavior. *Journal of Experimental Child Psychology, 88*, 5-24.

Bahrick, L. E., & Watson, J. S. (1985). Detection of intermodal proprioceptive-visual contingency as a potential basis of self-perception in infancy. *Developmental Psychology, 21*, 963-973.

Bahrick, L. E., Netto, D., & Hernandez-Reif, M. (1998). Intermodal perception of adult and child faces and voices by infants. *Child Development, 69*, 1263-1275.

Baillargeon, R. (1987). Object permanence in $3\frac{1}{2}$- and $4\frac{1}{2}$-month-old infants. *Developmental Psychology, 23*, 655-664.

Baillargeon, R. (1994). How do infants learn about the world? *Current Directions in Psychological Science, 3*, 133-140.

Bain, S. K., & Allin, J. D. (2005). Book review: Stanford-Binet Intelligence Scales. *Journal of Psychoeducational Assessment, 23*(1), 87-95.

Baltes, P. B. (1979). Life-span developmental psychology: Some converging observations on history and theory. In P. B. Baltes & O. G. Brim, Jr. (Eds.), *Life-span development, and behavior* (Vol. 2). New York: Academic Press.

Baltes, P. B. (1987). Theoretical propositions of life-span developmental psychology: On the dynamics between growth and decline. *Developmental Psychology, 23*, 611-626.

Baltes, P. B. (1997). On the imcomplete architecture of human ontogeny: Selection, optimization, and compensation as foundations of developmental theory.

American Psychologist, 52, 366-380.

Baltes, P. B., & Baltes, M. M. (1990). Psychological perspectives on successful aging: The model of selective optimization with compensation. In P. B. Baltes & M. M. Baltes (Eds.), *Successful aging: Perspectives from the behavioral sciences* (pp. 1-34). New York: Cambridge University.

Baltes, P. B., Linderberger, U., & Staunger, U. M. (1998). Life-span theory in developmental psychology. In W. Damon (Series Ed.) & R. M. Lerner (Vol. Ed.), *Handbook of child psychology: Vol. 1. Theoretical models of human development* (5th ed., pp. 1029-1144). New York: Wiley.

Baltes, P. B., Lindenberger, U., & Staudinger, U. M. (2006). Lifespan theory in developmental psychology. In R. M. Lerner (Ed.), *Handbook of child psychology Vol. 1* (6th ed., pp. 569-664). New York, NY: Wiley.

Bandura, A. (1965). Influence of model's reinforcement contingencies on the acquisition of imitative responses. *Journal of Personality and Social Psychology, 1*, 589-595.

Bandura, A. (1973). *Aggression: A social learning analysts.* Englewood Cliffs, NJ: Prentice Hall.

Bandura, A. (1977). *Social learning theory.* Englewood Cliffs.

Bandura, A. (1991). Social cognitive theory of self-regulation. *Organizational behavior and human decision processes, 50*(2), 248-287.

Bandura, A., Ross, D., & Ross, S. A. (1963). Imitation of film-mediated aggressive models. *The Journal of Abnormal and Social Psychology, 66*(1), 3.

Barber, B. K., & Olsen, J. A. (1997). Socialization in context: Connection, regulation, and autonomy in the family, school, and neighborhood, and with peers. *Journal of Adolescent Research, 12*, 287-315.

Barbey, A. K., Colom, R., & Grafman, J. (2012). Distributed neural system for emotional intelligence revealed by lesion mapping. *Social Cognitive and Affective Neuroscience, 9*(3), 265-272.

Barenboim, C. (1981). The development of person perception in childhood and adolescence: From behavioral comparisons to Psychological constructs to psychological comparisons. *Child Development, 52*, 129-144.

Barnett, W. S., & Hustedt, J. T. (2005). Head Start's lasting benefits. *Infants & Young Children. 18*(1), 16-24. (http://doi:10.1097/00001163-200501000-00003.)

Baron-Cohen, S., Leslie, A. M., & Frith, U. (1985). Does the autistic child have theory of mind? *Cognition, 21*, 37-46.

Barrera, M. E., & Maurer, D. (1981). Recognition of mothers' photographed face by the three-month-old infant. *Child Development, 52*, 714-716.

Bartholomew, K., & Horowitz, L. M. (1991). Attachment styles among young adults: A test of a four-category model. *Journal of Personality and Social Psychology, 61*(2), 226-244.

Bartsch, K., & Wellman, H. (1995). *Children talk about the mind*. New York: Oxford University Press.

Barzilai, N., Huffman, D. M., Muzumdar, R. H., & Bartke, A. (2012). The critical role of metabolic pathways in aging. *Diabetes, 61*(6), 1315-1322.

Bates, E., Marchman, V., Thal, D., Fenson, L., Dale, P., Reznick, J. S., Reilly, J., & Hartung, J. (1994). Developmental and stylistic variation in the composition of early vocabulary. *Journal of Child Language, 21*, 85-124.

Bates, J. E., Maslin, C. A., & Frankel, K. A. (1985). Attachment security, mother-child interaction, and temperament as predictors of behavior-problem ratings at age three years. *Monographs of the society for Research in Child Development, 50*(1-2), 167-193.

Bauer, P. J. (1997). Development of memory in early childhood. In N. Cowan (Ed.), *The development of memory in childhood*. Hove, UK: Psychology Press.

Bauer, P. J., & Mandler, J. M. (1990). Remembering what happened next: Very young children's recall of event sequences. In R. Fivush & J. A. Hudson (Eds.), *Knowing and remembering in young children*. Cambridge: Cambridge University Press.

Bauer, P. J., & Shore, C. M. (1987). Making a memorable event: Effects of familiarity and organization on young children's recall of action sequences. *Cognitive Development, 2*, 327-338.

Bauer, P. J., Wenner, J. A., Dropik, P. L., & Wewerka, S. S. (2000). Parameters of remembering and forgetting in the transition from infancy to early childhood. *Monographs of the Society for Research in Child Development, 65* (Serial No. 263).

Baumrind, D. (1971). Current patterns of parental authority. *Developmental Psychology Monograph, 4*(No.1, Pt. 2).

Baumrind, D. (1991). Effective parenting during the early adolescent transition. In P. A. Cawan & M. Hetherington (Eds.), *Family transitions* (pp. 111-163). Hillsdale, NJ: Lawrence Erlbaum Associates.

Bayley, N. (1969). *Manual for the bayley scales of infant development*. New York: Psychological Corporation.

Bayley, N. (2006). *Bayley scales of infant and toddler development* (3rd ed). San Antonio, TX: Harcourt Assessment.

Becker, J. M. (1977). A learning analysis of the development of peer-oriented behaviors in nine-month-old infants. *Developmental Psychology, 13*, 481-491.

Becker, K. A. (2003). *History of the Stanford-Binet intelligence scales: Content and psychometrics*. Itasca, IL: Riverside Publishing.

Bell, A. P., & Fox, N. A. (1992). The relations between frontal brain electrical activity and cognitive development during infancy. *Child Development, 63*, 1142-1163.

Bell, S. M., & Ainsworth, M. D. S. (1972). Infant Crying and Maternal Responsiveness. *Child*

Development, 43(4), 1171–1190.

Berger, K. S. (1991). *The developing person through childhood and adolescence* (3rd ed.). New York: Worth publishers.

Berk, L. E. (2000). *Child development* (5th ed.). Boston, MA: Allyn and Bacon.

Berk, L. E. (2002). *Child development.* Boston, MA: Allyn and Bacon.

Berk, L. E. (2003). *Child development* (6th ed.). Boston, MA: Allyn and Bacon.

Berk, L. E. (2006). *Child development* (7th ed.). Boston, MA: Allyn and Bacon.

Berk, L. E. (2007). *Development through the lifespan* (4th ed.). 이옥경, 박영신, 이현진, 김혜리, 정윤경, 김민희 역(2009). 생애발달 I. 경기: 시그마프레스.

Berk, L. E. (2013). *Child Development* (9th ed). New York: Pearson Education.

Berndt, T. J. (2004). Children's friendships: Shifts over a half-century in perspectives on their development and effects. *Merrill-Palmer Quarterly, 50,* 206–223.

Bertenthal, B. I. (1993). Infants' perception of biomechanical motions: Intrinsic image and knowledge-based constraints. In C. Granrud (Ed.), *Visual perception and cognition in infancy* (pp. 175–214). Hillsdale, NJ: Erlbaum.

Bertenthal, B. I., & Pinto, J. (1993). Complementary processes in the perception and production of human movements. In E. Thelen & L. Smith (Eds.), *Dynamic approaches to development: Applications* (Vol. 2.). Cambridge, MA: Bradford Books.

Bertenthal, B. I., Profitt, D. R., & Cutting, J. E. (1984). Infant sensitivity to figural coherence in biomechanical motion. *Journal of Experimental Child Psychology, 37,* 213–220.

Berzonsky, M. D. (2004). Identity style, parental authority, and identity commitment. *Journal of Youth and Adolescence, 33,* 213–220.

Berzonsky, M. D., & Adams, G. R. (1999). Reevaluating the identity status paradigm: Still useful after 35 years. *Developmental Review, 19,* 557–590.

Berzonsky, M. D., & Kuk, L. S. (2000). Identity status, identity processing style, and the transition to university. *Journal of Adolescent Research, 15,* 81–98.

Bever, T. G. (Ed.) (1982). *Regressions in mental development: Basic phenomena and theories.* Hillsdale, NJ: Erlbaum.

Bickerton, D. (1984). The language bioprogram hypothesis. *Behavioral and Brain Sciences, 7,* 173–221.

Bickerton, D. (1990). *Language and species.* Chicago: University of Chicago Press.

Biederman, J., Rosenbaum, J. F., Hirshfeld, D. R., Faraone, S. V., Bolduc, E. A., Gersten, M., ⋯Reznick, J. S. (1990). Psychiatric correlates of behavioral inhibition in young children of parents with and without psychiatric disorders. *Archives of General Psychiatry, 47,* 21–26.

Binet, A., & Simon, T. (1905). New methods for the diagnosis of the intellectual level of subnormals. *L'annee Psychologique, 12,* 191–244.

Binet, A., & Simon, T. (1909). L'intelligence des imbeciles. *L'annee psychologique, 15*, 1-147.

Birch, S. H., & Ladd, G. W. (1998). Children's interpersonal behaviors and the teacher-child relationship. *Developmental Psychology, 34*, 934-946.

Bjorklund, D. F., & Green, B. L. (1992). The adaptive nature of cognitive immaturity. *American Psychologist, 47*, 46-54.

Bjorklund, D. F., & Rosenblum, K. E. (2001). Children's use of multiple and variable addition strategies in a game context. *Developmental Science, 3*, 225-242.

Bjorklund, D. F., Brown, R. D., & Bjorklund, B. R. (2001). Children's eyewitness memory: Changing reports and changing representations. In P. Graf & N. Ohta (Eds.), *Lifespan memory development.* Cambridge, MA: MIT Press.

Bjorklund, D. F., Miller, P. H., Coyle, T. R., & Slawinski, J. L. (1997). Instructing children to use memory strategies: Evidence of utilization deficiencies in memory training studies. *Developmental Review, 17*, 411-442.

Blanchard-Fields. F. (2007). Everyday problem solving and emotion: An adult developmental perspective. *Currents Directions in Psychological Science, 16*(1), 26-31.

Bloom, L. (1973). *One word at a time.* The Hague, The Netherlands: Mouton.

Boldizar, J. P. (1991). Assessing sex typing and androgyny in children: The Children's Sex Role Inventory. *Developmental Psychology,*
27(3), 505.

Borke, H. (1971). Interpersonal perception of young children: Egocentrism or empathy?. *Developmental Psychology, 5*, 263-269.

Bornstein, M. H. (1989). Sensitive periods in development: Structural characteristics and causal interpretations. *Psychological Bulletin, 105*, 179-197.

Bouchard, T. J., Jr., & McGue, M. (1981). *Familial studies of intelligence: A review. Science, 211*, 1055-1058.

Bower, B. (2003). Essence of G: Scientists search for the biology of smarts. *Science News, 163*(6), 92-93.

Bowlby, J. (1953). *Child care and the growth of love.* London: Penguin Books.

Bowlby, J. (1969). *Attachment and loss: Vol. 1. Attachment.* New York: Basic Books.

Bowlby, J. (1973). *Attachment and loss: Vol. 2. Separation.* New York: Basic Books.

Boyum, L. A., & Parke, R. D. (1995). The role of family emotional expressiveness in the development of children's social competence. *Journal of Marriage and the Family, 57*, 593-608.

Bradley, R. H., Convyn, R. F., Burchinal, M., McAdoo, H. P., & Coll, C. (2001). The home environments of children in the United States Part II: Relations with behavioural development through age thirteen. *Child Development, 72*(6), 1844-1867.

Braine, M. (1963). The ontogeny of English phrase structure: The first phase. *Language, 39*, 1-14.

Brainerd, C. J., & Reyna, V. F. (2004). Fuzzy-trace theory and memory development. *Developmental Review, 24*, 396-439.

Brancucci, A. (2012). Neural correlates of cognitive ability. *Journal of Neuroscience Research, 90*, 1299-1309.

Brandtstädter, J. (2006). Adaptive resources in later life: Tenacious goal pursuit and flexible goal adjustment. In M. Csikszentmihalyi & I. S. Csikszentmihalyi (Eds.), *A life worth living: Contributions to positive psychology* (pp. 143-164). New York: Oxford University Press.

Brandtstädter, J., & Rothermund, K. (2002). The life-course dynamics of goal pursuit and goal adjustment: A two-process framework. *Developmental Review, 22*, 117-150.

Braungart, J. M., Plomin, R., DeFries, J. C., & Fulker, D. W. (1992). Genetic influence on tester-rated infant temperament as assessed by Bayley's Infant Behavior Record: Nonadoptive and adoptive siblings and twins. *Developmental Psychology, 28*(1), 40-47.

Brennan, P. A., Hall, J., Bor, W., Najaman, J. M., & Williams, G. (2003). Integrating biological and social processes in relation to early-onset persistent aggression in boys and girls. *Developmental Psychology, 39*, 309-323.

Brennan, W. M., Ames, E. W., & Moore, R. W. (1966). Age differences in infants' attention to patterns of different complexity. *Science, 151*, 354-356.

Brody, G. H. (1998). Sibling relationship quality: Its causes and consequences. *Annual Review of Psychology, 49*(1), 1-14.

Bronfenbrenner, U. (1979). Contexts of child rearing: Problems and prospects. *American Psychologist, 34*, 844-850.

Bronfenbrenner, U. (2005). *Making human beings human: Bioecological perspectives on human development.* Thousand Oaks, CA: Sage.

Bronstein, P. (2006). The family environment: Where gender role socialization begins. In J. Worell & C. D. Goodheart (Eds.), *Handbook of girls' and women's psychological health: Gender and well-being across the lifespan* (pp. 262-271), New York: Oxford University Press.

Bronstein, P., Fitzgerald, M., Briones, M., Pieniadz, J., & D'Ari, A. (1993). Family emotional expressiveness as a predictor of early adolescent social and psychological adjustment. *Journal of Early Adolescence, 13*, 448-471.

Brown, A. L. & DeLoache, J. S. (1978). Skills, plans, and self-regulation. In R. S. Siegler (Ed.), *Children's thinking: What develops?* Hillsdale, NJ: Erlbaum.

Brown, A. L. (1997). Transforming schools into communities of thinking and learning about serious matters. *American Psychologist, 52*, 399-413.

Brown, R. (1973). *A first language: The early stages.* Cambridge, MA: Harvard University Press.

Brown, R., & Hanlon, C. (1970). Derivational

complexity and order of acquisition in child speech. In J. R. Hayes (Ed.), *Cognition and the development of language*. New York: Wiley.

Buhrmester, D., & Furman, W. (1990). Perceptions of sibling relationships during middle childhood and adolescence. *Child Development, 61*, 1387-1398.

Bukowski, W. M. (2001). Friendship and the worlds of childhood. In D. W. Nangle & C. A. Erdley (Eds.), *The role of friendship in psychological adjustment* (pp. 93-105). San Francisco: Jossey-Bass.

Bullock, M., & Lutkenhaus, P. (1988). The development of volitional behaviors in the toddler years. *Child Development, 59*, 664-674.

Bullock, M., & Russell, J. A. (1985). Further evidence on preschoolers' interpretation of facial expressions. *International Journal of Behavioral Development, 8*, 15-38.

Burhans, K. K., & Dweck, C. S. (1995). Helplessness in early childhood: The role of contingent worth. *Child Development, 66*, 1719-1738.

Busch-Rossnagel, N. A. (1997). Mastery motivation in toddlers. *Infants and Young Children, 9*, 1-11.

Bushnell, E. W. (1982). Visual-tactual knowledge in 8-, 9-, and 11-month-old infants. *Infant Behavior and Development, 5*, 63-75.

Bushnell, I. W. R., McCutcheon, E., Sinclair, J., & Tweedie, M. E. (1984). Infants' delayed recognition memory for colour and form.

British Journal of Developmental Psychology, 2, 11-17.

Bussey, K. (1999). Children's categorization and evaluation of different types of lies and truths. *Child Development, 70*(6), 1338-1347.

Butler, R. (1999). Information seeking and achievement motivation in middle childhood and adolescence: The role of conceptions of ability. *Developmental Psychology, 35*, 146-163.

Butler, R., & Ruzany, N. (1993). Age and socialization effects on the development of social comparison motives and normative ability assessment in kibbutz and urban children. *Child Development, 64*, 532-543.

Cairns, R. B. (1992). The foundation of developmental science. *Developmental Psychology, 28*, 17-24.

Cairns, R. B., Leung, M., Buchanan, L., & Cairns, B. D. (1995). Friendships and social networks in childhood and adolescence: Fluidity, reliability, and interrelations. *Child Development, 66*, 1330-1345.

Calder, A. J., Keane, J., Manly, T., Sprengelmeyer, R., Scott, S., Nimmo-Smith, I., & Young, A. W. (2003). Facial expression recognition across the adult life span. *Neuropsychologia, 41*(2), 195-202.

Calkins, S. D. (2002). Does aversive behavior during toddlerhood matter?. The effects of difficult temperament on maternal perceptions and behavior. *Infant Mental Health Journal, 23*, 381-402.

Calkins, S. D., Fox, N. A., & Marshall, T. R. (1996). Behavioral and physiological antecedents of inhibited and uninhibited behavior. *Child Development, 67*, 523-540.

Campbell, F. A., & Ramey, C. T. (1994). Effects of early intervention on intellectual and academic achievement: A follow-up study of children from low-income families. *Child Development, 65*(2), 684-698.

Campbell, F. A., & Ramey, C. T. (1995). Cognitive and school outcomes for high-risk African-American students at middle adolescence: Positive effects of early intervention. *American Educational Research Journal, 32*(4), 743-772.

Campbell, F. A., Pungello, E. P., Miller-Johnson, S., Burchinal, M., & Ramey, C. T. (2001). The development of cognitive and academic abilities: Growth curves from an early childhood educational experiment. *Developmental Psychology, 37*(2), 231.

Campbell, S. B., Cohn, J. F., & Meyers, T. (1995). Depression in first-time mothers: Mother-infant interaction and depression chronicity. *Developmental Psychology, 31*, 349-357.

Campos, J. J., Langer, A., & Krawitz, A. (1970). Cardiac responses on the visual cliff in prelocomotor human infants. *Science, 170*, 196-197.

Camras, L. A., Malatesta, C., & Izard, C. (1991). The development of facial expressions in infancy. In R. Feldman & B. Rime (Eds.), *Fundamentals of nonverbal behavior* (pp. 73-105). New York: Cambridge University Press.

Capage, L., & Watson, A. C. (2001). Individual differences in theory of mind, aggressive behavior, and social skills in young children. *Early Education & Development, 12*(4), 613-628.

Capron, C., & Duyme, M. (1989). Assessment of effects of socio-economic status on IQ in a full cross-fostering study. *Nature, 340*(6234), 552-554.

Carey, S. (1991). Knowledge acquisition: Enrichment or conceptual change?. In S. Carey & R. Gelman (Eds.), *The epigenesis of mind: Essays on biology and cognition* (pp. 257-291). Hillsdale, NJ: Erlbaum.

Carlo, G., Koller, S. H., Eisenberg, N., Da Silva, M. S., & Frohlich, C. B. (1996). A cross-national study on the relations among prosocial moral reasoning, gender role orientations, and prosocial behaviors. *Developmental Psychology, 32*(2), 231.

Carlson, E. A., Sroufe, L. A., & Egeland, B. (2004). The construction of experience: A longitudinal study of representation and behavior. *Child Development, 75*, 66-83.

Carlson, S. M., & Moses, L. J. (2001). Individual differences in inhibitory control and children's theory of mind. *Child Development, 72*, 1032-1053.

Carlson, S. M., & Moses, L. J., & Claxton, S. J. (2004). Individual differences in executive functioning and theory of mind: An investigation of inhibitory control and planning ability. *Journal of Experimental*

Child Psychology, 87, 299–319.

Caron, A. J., Caron, R. F., & Carlson, V. R. (1979). Infant perception of the invariant shape of an object varying in slant. *Child Development, 50*, 716–721.

Carroll, J. B. (1997). The three-stratum theory of cognitive abilities. In D. P. Flanagan., & P. L. Harrison (Eds.), *Contemporary intellectual assessment: Theories, tests and issues* (pp. 122–130). New York, NY: Guilford.

Carson, S. H., Peterson, J. B., & Higgins, D. M. (2005). Reliability, validity, and factor structure of the creative achievement questionnaire. *Creativity Research Journal, 17*(1), 37–50.

Carstensen, L. L. (1992). Social and emotional patterns in adulthood: Support for socioemotional selectivitytheory. *Psychology and Aging, 7*, 331–338.

Carstensen, L. L. (1999). A life–span approach to social motivation. In J. Heckhausen & C. Dweck (Eds.), *Motivation and self regulation across the life-span* (pp. 341–364). Cambridge, England: Cambridge University Press.

Carstensen, L. L., & Fried, L. P. (2012). The meaning of old age. In J. Beard, S. Biggs, D. Bloom, F. Fried, P. Hogan, A. Kalache, S. Jay olshanky (Eds.), *Global population ageing: Peril or promise? World Economic Forum, 6*(1), 15–17.

Carstensen, L. L., Mikels, J. A., & Mather, M. (2006). Aging and the intersection of cognition, motivation and emotion. In J.

Birren, K. W. Schaie (Eds.), *Handbook of the Psychology of Aging.* (6th ed., pp. 342–362). San Diego: Academic Press.

Carver, L. J. & Bauer, P. J. (2001). The dawning of a past: The emergence of long-term explicit memory in infancy. *Journal of Experimental Psychology: General, 130*, 726–745.

Case, R. (1985). *Intellectual development: Birth to adulthood.* New York: Academic Press.

Case, R. (1992). Neo-Piagetian theories of child development. In R. J. Sternberg & C. J. Berg (Eds.), *Intellectual development* (pp. 161–196). Cambridge: Cambridge University Press.

Case, R. (1992). *The mind staircase: Exploring the conceptual underpinnings of children's thought and knowledge.* Hillsdale, NJ: Erlbaum.

Case, R. (1998). The development of conceptual structures. In D. Kuhn & R. Siegler (Eds.), *Handbook of child psychology: Vol. 2. Cognition, perception & language* (5th ed., pp. 745–800). New York: Wiley.

Caspi, A., Henry, B., McGee, R. O., Moffitt, T. E., & Silva, P. A. (1995). Temperamental origins of child and adolescent behavior problems: From age three to age fifteen. *Child Development, 66*, 55–68.

Cassel, W. S., & Bjorklund, D. F. (1995). Developmental patterns of eyewitness memory and suggestibility: An ecologically based short-term longitudinal study. *Law & Human Behavior, 19*, 507–532.

Cassidy, J., Parke, R., Vygotsky, L., & Braungart,

J. (1992). Family-peer connections: The roles of emotional expressiveness within the family and children's understanding of emotions, *Child Development, 63*, 603-618.

Cattell, R. B. (1941). Some theoretical issues in adult intelligence testing. *Psychological Bulletin, 38*(592), 10.

Cavanaugh, J. C. (1999). Theories of aging in the biological, behavioral, and social sciences. In J. C. Cavanaugh & S. K. Whitbourne (Eds.), *Gerontology: Interdisciplinary perspective* (pp. 1-32). New York: Oxford University Press.

Cavanaugh, J. C., & Blanchard-Fields, F. (2015). *Adult development and aging* (7th ed.). CT: Cengage Learning.

Ceci, S. J., & Williams, W. M. (1997). Schooling, intelligence, and income. *American Psychologist, 52*(10), 1051.

Ceci, S., Loftus, E. W., Leichtman, M., & Bruck, M. (1994). The role of source misattributions in the creation of false beliefs among preschoolers. *International Journal of Clinical and Experimental Hypnosis, 62*, 304-320.

Charles, S. T., & Carstensen, L. L. (2010). Social and emotional aging. *Annual Review of Psychology, 61*, 383-409.

Charlesworth, W. R. (1992). Charles Darwin and developmental psychology. *Developmental Psychology, 28*, 5-16.

Chess, S., & Thomas, A. (1990) The New York Longitudinal Study (NYLS): The Young Adult Periods. *Canadian Journal of Psychiatry, 35*(6), 557-561.

Chi, M. T. H. (1978). Knowledge structures and memory development. In R. S. Siegler (Ed.), *Children's thinking: What develops?* Hillsdale, NJ: Erlbaum.

Childs, C. P., & Greenfield. P. M. (1982). Informal modes of learning and teaching: The case of Zinacanteco weaving. In N. Warren (Ed.), *Studies in cross-cultural psychology* (Vol. 2, pp. 269-316). New York: Academic Press.

Cho, S. W. (1981). *The acquisition of word order in Korean.* Unpublished master's thesis. M. A. thesis: University of Calgary.

Cho, Y. Y., & Hong, K. -S. (1988). Evidence for the VP constituent from child Korean. *Papers and Reports on Child Language Development, 27*, 31-38.

Chomsky, N. (1986). *Knowledge of Language: Its nature, origin, and use.* New York: Praeger.

Chomsky, N. (1988). *Language and problems of knowledge.* Cambridge, MA: MIT Press.

Chomsky, N. (2000). *New horizons in the study of language and mind.* Cambridge, England: Cambridge University Press.

Chomsky, N. (1965). *Aspects of the theory of syntax.* Cambridge, MA: MIT Press.

Chomsky, N. (1981). *Lectures on government and binding.* Dordrecht, Holland: Foris.

Clancy, P., Jacobsen, T., & Silva, M. (1976). The acquisition of conjunction: A cross-linguistic study. *Papers and Reports on Child Language Development* 12, 71-80.

Clements, D. (1999). The future of educational computing research: The case of computer programming. *Information Technology in*

Childhood Education Annual, 1, 147-179.

Clements, D. H. (1999). Effective use of computers with young children. In J. V. Copley (Ed.), *Mathematics in the early years* (pp. 119-128). Reston, VA: National Council of Teachers of Mathematics.

Cohen, L. B., & Strauss, M. S. (1979). Concept acquisition in the human infant. *Child Development, 50*, 419-424.

Coie, J. D. (1990). Towards a theory of peer rejection. In S. R. Asher & J. D. Coie (Eds.), *Peer rejection in childhood* (pp. 365-401). Cambridge, MA: Cambridge University Press.

Coie, J. D., & Dodge, K. A. (1998). Aggression and antisocial behavior. In W. Damon (Series Ed.) & N. Eisenberg (Vol. Ed.), *Handbook of child psychology: Vol. 3. Social, emotional, and personality development* (pp. 779-862). New York: Wiley.

Colby, A., & Kohlberg, L. (1987). *The measurement of moral judgment. Theoretical foundations and research validation* (Vol. 1). New York: Cambridge University Press.

Colby, A., Kohlberg, L., Gibbs, J., & Lieberman, M. (1980). *A longitudinal study of moral judgment* Unpublished manuscript. Cambridge, MA: Harvard University.

Colby, A., Kohlberg, L., Gibbs, J., Lieberman, M., (1983). A longitudinal study of moral judgment. *Monographs of the Society for Research in Child Development, 48*(1-2, Serial No. 200).

Cole, D. A., Martin, J. M., Peeke, L, A., Seroczynski, A. D., & Fier, J. (1999). Children's over-and underestimation of academic competence: A longitudinal study of gender differences, depression, and anxiety. *Child Development, 70*, 459-473.

Cole, M., & Scribner, S. (1974). *Culture and thought: A psychological introduction.* New York: Wiley.

Cole, P. M. (1986). Children's spontaneous control of facial expression. *Child Development, 57*, 1309-1321.

Collis, B. (1996). The internet as an educational innovation: Lessons from experience with computer implementation. *Educational Technology, 36*(6), 21-30.

Comstock, G., & Scharrer, E. (2006). Media and popular culture. In K. A. Renninger & I. E. Sigel (Eds.), *Handbook of child psychology: Vol. 4. Child psychology in practice* (6th ed., pp. 817-863). Hoboken, NJ: Wiley.

Connolly, J., Furman, W., & Konarski, R. (2000). The role of peers in the emergence of heterosexual romantic relationships in adolescence. *Child Development, 71*, 1395-1408.

Cook, W. L., Kenny, D. A., & Goldstein, M. J. (1991). Parental affective style risk and the family system: A social relations model analysis. *Journal of Abnormal Psychology, 100*, 492-501.

Cooper, C. R. (1998). *The weaving of maturity: Cultural perspectives on adolescent development.* New York: Oxford University Press.

Cooper, R. P., & Aslin, R. N. (1990). Preference for

infant-directed speech in the first month after birth. *Child Development, 61*, 1584-1595.

Coopersmith, S. (1967). *The antecedents of self-esteem.* San Francisco: Freeman.

Cornell, E. H. (1979). Infants' recognition memory, forgetting and savings. *Journal of Experimental Child Psychology, 28*, 359-374.

Costa, Jr, P. T., & McCrae, R. R. (1990). Personality disorders and the five-factor model of personality. *Journal of personality disorders, 4*(4), 362-371.

Côté, J. E., & Levine, C. (1988). A critical examination of the ego identity status paradigm. *Developmental Review, 8*, 147-184.

Courage, M. L., & Howe, M. L. (2004). Advances in early memory development research: Insights about the dark side of the moon. *Developmental Review, 24*, 6-32.

Cousins, S. D. (1989). Culture and self-perception in Japan and Unites States. *Journal of Personality and Social Psychology, 56*, 124-131.

Cox, D., & Waters, H. S. (1986). Sex differences in the use of organization strategies: A developmental analysis. *Journal of Experimental Child Psychology, 41*, 18-37.

Crain, W. C. (2005). *Theories of Development* (5th ed). New York: Prentice Hall.

Crick, N. R., & Dodge, K. A. (1996). Social information-processing mechanisms in reactive and proactive aggression. *Child development, 67*(3), 993-1002.

Crook, C. (1992). Young children's skill in using

a mouse to control a graphical computer interface. *Computers & Education, 19*(3), 199-207.

Crouter, A. C., Whiteman, S. D., McHale, S. M., & Osgood, D. W. (2007). Development of gender attitude traditionality across middle childhood and adolescence. *Child Development, 78*(3), 911-926.

Csikszentmihalyi, M. (1996). *Creativity: Flow and the psychology of discovery and invention.* New York, NY: Harper Collins.

Cumming, E., & Henry, W. E. (1961). *Growing older: The process of disengagement.* New York: Basic Books.

Damon, W. (1988). *Self-understanding in childhood and adolescence.* New York: Cambridge University Press.

Damon, W. (1988). *The moral child.* New York: Free Press.

Damon, W. (1990). Self-Concept, adolescent. In R. M. Lerner, A. C. Petersen, & J. Brooks-Gunn (Eds.), *The encyclopedia of adolescence* (Vol. 2, pp. 87-91). New York: Garland.

Damon, W., & Hart, D. (1988). *Self-understanding in childhood and adolescence.* New York: Cambridge University Press.

Dannenmiller, J. L., & Stephens, B. R. (1988). A critical test of infant pattern preference models. *Child Development, 59*, 210-216.

Darwin, C. (1877). A biographical sketch of an infant. *Mind, 2*, 285-294.

Davitz, J. R. (1964). Personality, perception, and cognitive correlates of emotional sensitivity. In J. R. Davitz (Ed.), *The communication of emotional meaning* (pp. 57-68). New York: NY: Mcgraw-Hill.

de Haan, M., & Nelson, C. A. (1998). Discrimination and categorization of facial expression of emotion during infancy. In A. Slater (Ed.), *Perceptual development: Visual, auditory, and speech perception in infancy.* Hove, UK: Psychology Press.

de la Paz, Z., Munoz, G., & Jackson, A. (1965). *Columbia Mental Maturity Scale.* San Antonio, TX: The Psychological Corporation.

de Villiers, J. G., & de Villiers, P. A. (2000). Linguistic determinism and the understanding of false beliefs. In P. Metchell & K. J. Riggs (Eds.), *Children's reasoning and the mind* (pp. 87-99). Hove, UK: Psychology Press.

De Vries, R. (1969). Constancy of generic identity in the years three to six. *Monographs of Society for Research in Child Development, 34*(3), 56-60.

De Wolff, M. S., & van IJzendoorn, M. H. (1997). Sensitivity and attachment: A meta-analysis on parental antecedents of infant attachment. *Child Development, 68,* 571-591.

Deater-Deckard, K., Lansford, J. E., Dodge, K. A., Pettit, G. S., & Bates, J. E. (2003). The development of attitudes about physical punishment: An 8-year longitudinal study. *Journal of Family Psychology, 17*(3), 351-360.

DeCasper, A. J., & Fifer, W. P. (1980). Of human bondings: Newborns prefer their mother's voices. *Science, 208,* 1174-1176.

DeCasper, A. J., & Spence, M. J. (1986). Prenatal maternal speech influences newborns' perception of speech sounds. *Infant Behaviour & Development, 9,* 133-150.

DeLoache, J. S., Cassidy, D. J., & Brown, A. L. (1985). Precursors of mnemonic strategies in very young children's memory. *Child Development, 56,* 25-137.

DeMarie, D., & Ferron, H. J. (2003). Capacity, strategies, and metamemory: Tests of a three-factor model of memory development. *Journal Experimental Child Psychology, 84,* 167-193.

Deming, D. (2009). Early childhood intervention and life-cycle skill development: Evidence from Head Start. *American Economic Journal: Applied Economics, 1*(3), 111. (http://doi:10.1257/app.1.3.111.)

Dempster, F. N. (1981). Memory span: Sources of individual and developmental differences. *Psychological Bulletin, 89,* 63-100.

Denham, S. A. (1986). Social cognition, prosocial behavior, and emotion in preschoolers: Contextual validation. *Child Development, 57,* 194-201.

Denham, S. A., & Couchoud, E. A. (1990). Young preschoolers' understanding of emotions. *Child Study Journal, 20,* 171-192.

Denham, S. A., Renwick, S. M., & Holt, R. W. (1991). Working and playing together: Prediction of preschool social-emotional competence from mother-child interaction. *Child Development, 62*(2), 242-249.

Denham, S. A., Zoller, D., & Couchoud, E. A. (1994). Socialization of preschooler' s emotion understanding. *Developmental Psychology, 30(6),* 928-936.

Dennis, T., Bendersky, M., Ramsay, D., & Lewis, M. (2006). Reactivity and regulation in children prenatally exposed to cocaine. *Developmental Psychology, 42,* 688-697.

DePaulo, B. M., & Jordan, A. (1982). Age changes in deceiving and detecting deceit. *In Development of nonverbal behavior in children* (pp. 151-180). New York: Springer.

DeSmet, A., Veldeman, C., Poels, K., Bastiaensens, S., Van Cleemput, K., Vandebosch, H., & et al. (2014). Determinants of self-reported bystander behavior in cyberbullying incidents amongst adolescents. *Cyberpsychology, Behavior, and Social Networking, 17(4),* 182-188.

Diamond, A. (1985). Development of the ability to use recall to guide action as indicated by infants' performance on AB. *Child Development, 56,* 868-883.

Diamond, A., & Taylor, C. (1996). Development of an aspect of executive control: Development of the ablities to remember what I said and to "do as I say, not as I do". *Developmental Psychobiology, 29,* 315-334.

Diane, P. F., Montague, A., & Walker-Andrews, S. (2002). Mothers, Fathers, and Infants: The Role of Person Familiarity and Parental Involvement in Infants' Perception of Emotion Expressions. *Child Development, 73(5),* 1339-1352.

DiDonato, M. D., & Berenbaum, S. A. (2011). The benefits and drawbacks of gender typing:

How different dimensions are related to psychological adjustment. *Archives of sexual behavior, 40(2),* 457-463.

Dixon, R. D., & Kinlaw, B. J. (1983). Belief in the existence and nature of life after death: A research note. *Journal of Death & Dying, 13,* 287-292.

Dodge, K. A. (1986), A social information processing model of social competence in children. In M. Perlmutter (Ed.), *Cognitive perspectives on children's social and behavioral development.* Minnesota symposia on child psychology (27th ed., Vol. 18, pp. 77-125). Hillsdale, NJ: Erlbaum.

Dodge, K. A., Bates, J. E., & Pettit, G. S. (1990). Mechanisms in the cycle of violence. *Science, 250(4988),* 1678-1684.

Dodge, K. A., Murphy, R. R., & Buchsbaum, K. (1984). The assessment of intention-cue detection skills in children: Implications for developmental psychopathology. *Child Development, 55,* 163-173.

Donaldson, S. K., & Westerman, M. A. (1986). Development of children's understanding of ambivalence and causal theories of emotions. *Developmental Psychology, 22(5),* 655-662.

Dondi, M., Simon, F., & Caltran, G. (1999). Can newborns discriminate between their own cry and the cry of another newborn infant? *Developmental Psychology, 35,* 418-426.

Droege, K. L., & Stipek, D. J. (1993). Children's use of dispositions to predict classmates' behavior. *Developmental Psychology, 29,* 646-654.

DuBois, D. L., Holloway, B. E., Valentine, J. C., & Cooper, H. (2002). Effectiveness of mentoring programs: A meta-analytical review. *American Journal of Community Psychology, 30*, 157-197.

Dufresne, A., & Kobasigawa, A. (1989). Children's spontaneous allocation of study time: Differential and sufficient aspects. *Journal of Experimental Child Psychology, 47*, 274-296.

Dunfield, K., Kuhlmeier, V. A., O'Connell, L., & Kelley, E. (2011). Examining the diversity of prosocial behavior: Helping, sharing, and comforting in infancy. *Infancy, 16*(3), 227-247.

Dunn, J., & Munn, P. (1985). Becoming a family member: Family conflict and the development of social understanding. *Child Development, 56*, 480-492.

Dunn, J., Bretherton, I., & Munn, P. (1987). Conversations about feeling states between mothers and their young children. *Developmental Psychology, 23*(1), 132-139.

Dunn, J., Brown, J., Slomkowski, C., Tesla, C., & Youngblade, L. (1991). Young children's understanding of other people's feelings and beliefs: Individual differences and their antecedents. *Child Development, 62*, 1352-1366.

Dutta, D., Calvari, R., Bernabei, R., Leeuwenburgh, C., & Marzetti E. (2012). Contribution of impaired mitochondrial autophagy to cardiac aging: Mechanisms and therapeutic opportunities. *Circulation Research, 110*, 1125-1138.

Dweck, C. (1975). The role of expectations and attribution of learned helplessness. *Journal of Personality and Social Psychology, 31*, 674-685.

Dweck, C. S. (2002). Messages that motivate: How praise molds students' beliefs, motivation, and performance (in surprising ways). In J. Aronson (Ed.), *Improving academic achievement: Impact of psychological factors on education* (pp. 37-60). San Diego, CA: Academic Press.

Dweck, C., & Leggett, E. L. (1988). A social-cognitive approach to motivation and personality. *Psychological Review, 95*, 256-273.

Eckerman, C. O., & Peterman, K. (2001). Peers and infant social/communicative development. In G. Bremner & A. Fogel (Eds.), *Blackwell handbook of infant development* (pp. 326-350). Malden, MA: Blackwell.

Eder, R. A., & Mangelsdorf, S. C. (1997). The emotional basis of early personality development: Implications for the emergent self-concept. In R. Hogan, J. Johnson, & S. Briggs (Eds.), *Handbook of personality psychology* (pp. 209-240). San Diego, CA: Academic Press.

Egan, S. K., & Perry, D. G. (2001). Gender identity: A multidimensional analysis with implications for psychosocial adjustment. *Developmental psychology, 37*(4), 451.

Eimas, P. D., Siqueland, E. R., Zusczyk, P., & Vigorito, J. (1971). Speech perception in infants. *Science, 171*, 303-306.

Eisenberg, N. (2000). Emotion, regulation, and moral development. In S. T. Fiske, D. L. Schacter, & C. Zahn-Waxler (Eds.), *Annual review of psychology* (Vol. 51, pp. 665-697). Palo Alto, CA: Annual Reviews.

Eisenberg, N., & Hand, M. (1979). The relationship of preschoolers' reasoning about prosocial moral conflicts to prosocial behavior. *Child development, 50,* 356-363.

Eisenberg, N., Cumberland, A., & Spinard, T. L. (1998). Parental socialization of emotion. *Psychological Inquiry, 9,* 241-273.

Eisenberg, N., Fabes, R. A., & Murphy, B. C. (1996). Parents' reactions to children's negative emotions: Relations to children's social competence and comforting behavior. *Child Development, 67,* 2227-2247.

Eisenberg, N., Fabes, R. A., Schaller, M., Carlo, G., & Miller, P. A. (1991). The relations of parental characteristics and practices to children's vicarious emotional responding. *Child Development, 62,* 1393-1408.

Eisenberg, N., Fabes, R. A., Shepard, S. A., Guthrie, I. K., Murphy, B. C., & Reiser, M. (1999). Parental reactions to children's negative emotions: Longitudinal relations to quality of children's social functioning. *Child Development, 70(2),* 513-534.

Eisenberg, N., Murphy, B., & Shepard, S. (1997). The development of empathic accuracy. In W. Ickes (Ed.), *Empathic accuracy* (pp. 73-116). New York: Guilford.

Ellsworth, C., Muir, D., & Hains, S. (1993). Social competence and person-object differentiation: An analysis of the still-face effect. *Developmental Psychology, 29,* 63-73.

Emde, R. N. (1994). Individual meaning and increasing complexity: Contributions of Sigmund Freud and René Spitz to developmental psychology. In R. D. Parke, P. A. Ornstein, J. J. Rieser, & C. Zahn-Waxler (Eds.), *A century of developmental psychology* (pp. 203-231). Washington, DC: American Psychological Association.

English, T., & Carstensen, L. L. (2014). Selective narrowing of social networks across adulthood is associated with improved emotional experience in daily life. *International Journal of Behavior Development, 38,* 195-202.

Epstein, J. L. (1989). The selection of friends: Changes across the grades and in different school environments. In T. J. Berndt & G. W. Ladd (Eds.), *Wiley series on personality processes: Peer relationships in child development* (pp. 158-187). Oxford, England: John Wiley & Sons.

Erikson, E. H. (1963). *Childhood and society* (rev. ed.). New York: Norton.

Erikson, E. H. (1968). *Identity, youth, and crisis.* New York: Norton.

Erikson, E. H. (1982). *The life cycle completed.* New York: Norton.

Fabes, R. A., Eisenberg, N., Nyman, M., & Michealieu, Q. (1991). Young children's appraisals of others' spontaneous emotional reactions. *Developmental Psychology, 27,*

858–866.

Fagan, J. F. (1976). Infants' recognition of invariant features of faces. *Child Development, 47,* 627–638.

Fantz, R. L. (1961). The origins of form perception. *Scientific American, 204,* 66–72.

Farrar, M. J., & Goodman, G. S. (1990). Developmental differences in the relation between scripts and episodic memory: Do they exist? In R. Fivush & J. Hudson (Eds.), *Knowing and remembering in young children.* Cambridge: Cambridge University Press.

Feingold, A. (1988). Cognitive gender differences are disappearing. *American Psychologist, 43*(2), 95.

Feldman, K. (2010). *Post parenthood redefined: Race, class, and family structure differences in the experience of launching children.* Doctoral dissertation completed at Case Western Reserve University. Retrieved from http://etd.ohiolink.edu/rws_etd/document/get/case1267730564/inline.

Feldman, R. S., Philippot, P., & Custrini, R. J. (1991). Social competence and nonverbal behavior. In R. S. Feldman & B. Rime (Eds.), *Fundamentals of nonverbal behavior* (pp. 329–350). New York, NY: Cambridge University Press.

Feuerstein, R., Feuerstein, R. S., Falik, L., & Rand, Y. (2002). *The dynamic assessment of cognitive modifiablilty: The learning propensity assessment device: Theory, instruments, and techniques.* Jerusalem, Israel: ICELP Press.

Feuerstein, R., Rand, Y., Hoffman., M., & Miller, R. (1979). *The dynamic assessment of retarded performers: The learning potential assessment device, theory, instrument, and techniques.* Baltimore, MD: University Park Press.

Fine, S. E., Izard, C., Mostow, A., Trentacosta, C. J., & Ackerman, B. P. (2003). First grade emotion knowledge as a predictor of fifth grade self-reported internalizing behaviors in children from economically disadvantaged families. *Development and Psychopathology, 15,* 331–342.

Finkelhor, D., & Dziuba-Leatherman, J. (1994). Children as victims of violence: A national survey. *Pediatrics, 94*(4), 413–420.

Fischer, K. W., & Bidell, T. R. (1998). Dynamic development of psychological structures in action and thought. In W. Damon & R. M. Lerner (Eds.), *Handbook of child psychology:* Vol. 1. *Theoretical models of human development* (5th ed., pp. 467–561). New York: Wiley.

FitzGerald, D. P., & White, K. J. (2003). Linking children's social worlds: Perspective-taking in parent–child and peer contexts. *Social Behavior and Personality, 31,* 509–522.

Fivush, R. (1997). Event memory in childhood. In V. Cowan (Ed.), *The development of memory in childhood* (pp. 139–161). Hove East Sussex: Psychology Press.

Fivush, R., & Hamond, N. R. (1990). Autobiographical memory across the preschool years: Toward reconceptualizing childhood amnesia. In R. Fivush & J. A. Hudson (Eds.), *Knowing and remembering in young children*. Cambridge, UK: Cambridge University Press.

Flanagan, D. P., McGrew, K. S., & Ortiz, S. O. (2000). *The Wechsler intelligence scales and Gf-Gc theory: A contemporary approach to interpretation*. Boston, MA: Allyn & Bacon.

Flavell, J. H. (1971). First discussant's comments: What is memory development the development of?. *Human Development, 14*, 272-278.

Flavell, J. H., Beach, D. R., & Chinsky, J. M. (1966). Spontaneous verbal rehearsal in a memory task as a function of age. *Child Development, 37*, 283-299.

Flavell, J. H., Friedrichs, A. G., & Hoyt, J. D. (1970). Developmental changes in memorization processes. *Cognitive Psychology, 1*, 324-340.

Flavell, J. H., Miller, P. H., & Miller, S. A. (1993). *Cognitive development* (3rd ed.). Englewood Cliffs, NJ: Prentice-Hall.

Flieller, A. (1999). Comparison of the development of formal thought in adolescent cohorts aged 10 to 15 years (1967-1996 and 1972-1993). *Developmental Psychology, 35*(4), 1048.

Flynn, J. R. (1996). What environmental factors affect intelligence: The relevance of IQ gains over time. In D. K. Detterman (Ed.), *Current topics in human intelligence: Vol. 5. The environment* (pp. 17-29). Norwood, NJ: Ablex.

Flynn, J. R. (1999). Searching for justice: The discovery of IQ gains over time. *American Psychologist, 54*(1), 5-20.

Flynn, J. R. (2007). *What is intelligence?: Beyond the Flynn effect*. Cambridge, England: Cambridge University Press.

Fodor, J. (1983). *The modularity of mind*. Cambridge: MIT Press.

Forbes, L. M., Evans, G., Moran, G., & Pederson, D. R. (2007). Change in atypical maternal behavior predicts change in attachment disorganization from 12 to 24 months in a high-risk sample. *Child Development, 78*, 955-971.

Fossati, P. (2012). Neural correlates of emotion processing: From emotional to social brain. *European Neuropsychopharmacology, 22*, S487-S491.

Fredrickson, B. L., & Carstensen, L. L. (1990). Choosing social partners: How old age and anticipated endings make people more selective. *Psychology and Aging, 5*(3), 335-347.

Freud, A. (1936). *The ego and the mechanisms of defense*. New York: International Universities Press.

Freund, A. M., & Baltes, P. B. (1998). Selection, optimization, and compensation as strategies of life management: Correlations with subjective indicators of successful aging. *Psychology and Aging, 13*, 531-543.

Freund, A. M., & Baltes, P. B. (2002). The adaptiveness of selection, optimization, and compensation at strategies of life management: Evidence from a preference study on proverbs. *Journal of Gerontology: Psychological Sciences, 57B,* 426–434.

Frey, K. S., & Ruble, D. N. (1985). What children say when the teacher is not around: Performance assessment in the classroom. *Child Development, 56,* 550–562.

Friedrich, L. K., & Stein, A. H. (1975). Prosocial television and young children: The effects of verbal labelling and role playing on learning and behavior. *Child Development, 46,* 27–38.

Fromkin, V., & Rodman, R. (1993). *An Introduction to Language (5th ed.).* Orlando: Harcourt Brace Jovanovich.

Frosch, C. A., Mangelsdorf, S. C., & McHale, J. L. (2000). Marital behavior and the security of preschooler-parent attachment relationships. *Journal of Family Psychology, 14,* 144–161.

Fuchs, I., Eisenberg, N., Hertz-Lazarowitz, R., & Sharabany, R. (1986). Kibbutz, Israeli city, and American children's moral reasoning about prosocial moral conflicts. *Merrill-Palmer Quarterly, (1982-),* 37–50.

Gallup, G. G., Jr. (1979). *Self-recognition in chimpanzees and man: A developmental and comparative perspective.* New York: Plenum Press.

Garces, E., Thomas, D., & Currie, J. (2000). *Longer term effects of Head Start* (NBER Working Paper No. 8054). Cambridge, MA: National Bureau of Economic Research.

Gazzaniga, M. S. (1970). The bisected brain. New York: Plenum.

Gelman, R. & Gallistel, C. R. (1978). *The child's understanding of number.* Cambridge, MA: Harvard University Press.

Gelman, R., & Williams, E. M. (1998). Enabling constraints for cognitive development and learning: Domain-specificity and epigenesis. In D. Kuhn & R. S. Siegler (Eds.), *Handbook of child psychology: Vol. 2. Cognition, perception, and language* (5th ed., pp. 575–630). New York: Wiley.

Gergely, G., Bekkering, H., & Kiràly, I. (2002). Rational imitation in preverbal infants. *Nature, 415,* 755.

Gerrig, R. J., & Zimbardo, P. G. (2009). *Psychology and life* (18th ed.). New York, NY: Allyn & Bacon.

Getzels, J. W., & Jackson, P. W. (1962). *Creativity and intelligence: Explorations with gifted students.* New York, NY: Wiley.

Ghim, H. R. (1990). Evidence for perceptual organization in infants: Perception of subjective contours by 3- and 4-month-old infants. *Infant Behavior and Development, 13,* 221–248.

Gibson, E. J., & Walk, R. D. (1960). The "visual cliff". *Scientific American, 202*(4), 64–71.

Gilligan, C. (1982). *In a different voice.* Cambridge, MA: Harvard University Press.

Gluck, M. A., Mercado, E., & Myers, C. (2008). *Learning and memory: From brain to behavior.* Worth. 최준식, 김현택, 신맹식 역 (2011). 학습과 기억: 뇌에서 행동까지. 서울: 시그마프레스.

Gnepp, J., & Hess, D. (1986). Children's

understanding of verbal and facial display rules. *Development psychology, 22,* 103-108.

Golden, M., & Birns, B. (1971). Social class, intelligence, and cognitive style in infancy. *Child Development,* 2114-2116.

Goleman, D. (1995). *Emotional Intelligence: Why it can matter more than IQ.* New York, NY: Bantam Books.

Gonzalez, A-L., & Wolters, C. A. (2006). The relation between perceived parenting practices and achievement motivation in mathematics. *Journal of Research in Childhood Education, 21,* 203-217.

Goodman, G. S., Quas, J. A., Batterman-Faunce, J. M., Riddlesberger, M. M., & Kuhn, J. (1994). Predictors of accurate and inaccurate memories of traumatic events experienced in childhood. *Consciousness and Cognition, 3,* 269-294.

Gopnik, A., & Choi, S. (1990). Do linguistic differences lead to cognitive differences? A cross-linguistic study of semantic and cognitive development. *First Language,* 10, 199-215.

Gosselin, P., Warren, M., & Diotte, M. (2002). Motivation to hide emotion and children's understanding of the distinction between real and apparent emotions. *Journal of Genetic Psychology,* (4), 479-495.

Goswami, U. (2008). *Cognitive development: The learning brain.* 정명숙, 박영신, 이현진, 김경미 역(2010). 인지발달: 전통적 관점에서 신경과학적 관점까지. 서울: 시그마프레스.

Gottesman, I. I. (1963a). Genetic aspects of intelligent behavior. In N. Ellis (Ed.), *Handbook of mental deficiency.* New York: McGraw-Hill.

Gottesman, I. I. (1963b). Heritability of personality: A demonstration. *Psychological Monographs, 11*(Whole No. 572).

Gottman, J. M., Katz, L. F., & Hooven, C. (1996). Parental meta-emotion philosophy and the emotional life of families: Theoretical models and preliminary data. *Journal of Family Psychology, 10,* 243-268.

Grady, C. (2012). The cognitive neuroscience of aging. *Nature Reviews Neuroscience, 13,* 491-505.

Gray, M. R., & Steinberg, L. D. (1999). Unpacking authoritative parenting: Reassessing a multidimensional construct. *Journal of Marriage and the Family, 61,* 574-587.

Gray, S. W., & Klaus, R. A. (1970). The early training project: A seventh-year report. *Child Development,* 41, 909-924.

Greenberg, J. H. (1963). *Universals of language.* Cambridge, MA: MIT Press.

Grolnick, W. S., & Ryan, R. M. (1989). Parent styles associated with children's self-regulation and competence in school. *Journal of Educational Psychology, 81,* 143-154.

Gross, J. (1998). The emerging field of emotion regulation: An integrative review. *Review of General Psychology, 2*(3), 271-299.

Grotevant, H. D., & Cooper, C. R. (1998). Individuality and connectedness in adolescent development: Review and prospects for research on identity, relationships, and context. In E. Skoe & A. von der Lippe (Eds.), *Personality development in adolescence* (pp. 3-37). London: Routledge & Kegan Paul.

Guerra, N. G., Huesmann, L. R., Tolan, P. H., Van Acker, R., & Eron, L. D. (1995). Stressful events and individual beliefs as correlates of economic disadvantage and aggression among urban children. *Journal of consulting and clinical psychology, 63*(4), 518.

Guerra, N.G., & Slaby, R. G. (1990). Cognitive mediators of aggression in adolescent offenders: II. Intervention. *Developmental Psychology, 26*, 269-277.

Guilford, J. P. (1956). The structure of intellect. *Psychological Bulletin, 53*(4), 267.

Guilford, J. P. (1986). *Creative talents: Their nature, uses and development*. Buffalo, NY: Bearly limited.

Guilford, J. P. (1988). Some changes in the structure-of-intellect model. *Educational and Psychological Measurement, 48*(1), 1-4.

Gunnar, M. R., & Vazquez, D. (2006). Stress neurobiology and developmental psychopathology. In D. Cicchetti & D. J. Cohen (Eds.), *Developmental psychopathology: Vol. 2. Developmental neuroscience* (2nd ed., pp. 533-577). Hoboken, NJ: John Wiley & Sons.

Guttman, J. M., & Levenson, R. W. (2004). The timing of divorce: Predicting when a couple will divorce over a 14-year-period. *Journal of Marriage and Family, 62*(3), 737-745.

Hadwin, J & Perner, J. (1991). Pleased and surprised: Children's cognitive theory of emotion. *Developmental psychology, 9*(2), 215-234.

Haidt, J. (2001). "The emotional dog and its rational tail: A social intuitionist approach to moral judgment". *Psychological Review, 108*, 814-834.

Halberstadt, A. G. (1983). Family expressiveness styles and nonverbal communication skills. *Journal of Nonverbal Behavior, 8*, 14-26.

Halberstadt, A. G. (1986). Family socialization of emotional expression and nonverbal communication styles and skills. *Journal of personality and Social Psychology, 51*(4), 827-836.

Halberstadt, A. G., Cassidy, J., Stifter, C. A., Parke, R. D., & Fox, N. A. (1995). Self-expressiveness within the family context: Psychometric support for a new measure. *Psychological Assessment, 7*, 93-103.

Halberstadt, A. G., Denham, S. A., & Dunsmore, J. C. (2001). Affective social competence. Social *Development, 10*, 79-119.

Hammill, D. D., Pearson, N. A., & Wiederholt, J. L. (2009). *Comprehensive Test of Nonverbal Intelligence: Practitioner's guide to assessing intelligence and achievement* (2nd ed.). Austin, TX: Pro-Ed.

Hamond, N. R., & Fivush, R. (1991). Memories of Mickey Mouse: Young children recount their trip to Disney world. *Cognitive Development, 6*, 433-448.

Happé, F. G. (1995). The role of age and verbal

ability in the theory of mind task performance of subjects with autism. *Child Development, 66*, 843-855.

Harlow, H. F., & Harlow, M. K. (1965). The affectional systems. In A. M. Schrier, H. F. Harlow, & F. Stollnitz (Eds.), *Behavior of nonhuman primates* (2nd ed.). New York: Academic Press.

Harlow, H. F., & Zimmerman, R. (1959). Affectional responses in the infant monkey. *Science, 130*, 421-432.

Harris, N. B. (1992). Sex, race, and the experiences of aggression. *Aggressive Behavior, 18*, 201-217.

Harris, P., Johnson, C. N., Hutton, D., Andrews. G., & Cooke, T. (1989). Young Children's Theory of Mind and Emotion. *Cognition and Emotion, 3*(4), 379-400.

Harter, S. (1977). A cognitive developmental approach to children's expression of conflicting feelings and a technique to facilitate such expression in play therapy. *Journal of Consulting and Clinical Psychology, 45*(3), 417-432.

Harter, S. (1999). *The construction of self: A developmental perspective.* New York: Guilford.

Harter, S. (2003). The development of self-representations during childhood and adolescence. In M. R. Leary & J. P. Tangney (Eds.), *Handbook of self and identity* (pp. 610-642). New York: Guilford.

Harter, S. (2005). Self-concepts and self-esteem, children and adolescents. In C. B. Fisher &

R. M. Lerner (Eds.), *Encyclopedia of applied developmental science* (Vol. 2, pp. 972-988). Thousand Oasks, CA: Sage.

Harter, S., & Buddin, B. J. (1987). Children's understanding of simultaneity of two emotions: A five-stage developmental acquisition sequence. *Developmental Psychology, 23*(3), 388-389.

Harter, S., & Monsour, A. (1992). Developmental analysis of conflict caused by opposing attributes in the adolescent self-portrait. *Developmental Psychology, 28*, 251-260.

Hartup, W. W. (2006). Relationships in early and middle childhood. In A. L. Vangelisti & D. Perlman (Eds.), *Cambridge handbook of personal relationships* (pp. 177-190). New York: Cambridge.

Hartup, W. W., & Abecassis, M. (2004). Friends and enemies. In P. K. Smith & C. H. Hart (Eds.), *Blackwell handbook of childhood social development* (pp. 285-306). Malden, MA: Blackwell.

Hasselhorn, M. (1992). Task dependency and the role of category typicality and metamemory in the development of an organizational strategy. *Child Development, 63*, 202-214.

Hauser, M. (1997). *The evolution of communication.* Cambridge, MA: MIT Press.

Havighurst, R. J. (1969). *Adjustment to Retirement: A Cross-national Study.* The Netherlands: Van Gorcum.

Hay, D. F., Castle, J., & Davies, L. (2000). Toddlers' use of force against familiar peers: A precursor of serious aggression? *Child development, 71*(2), 457–467.

Hazan, C., & Shaver, P. (1987). Romantic love conceptualized as an attachment process. Journal of *Personality and Social Psychology*, (3), 511–524.

Helms, J. E. (1997). Toward a model of white racial identity development. College Student Development and Academic Life. *Psychological, Intellectual, Social and Moral Issues*, 49–66.

Helwig, C. C., Zelazo, P. D., & Wilson, M. (2001). Children's judgments of psychological harm in normal and noncanonical situations. *Child Development, 72*(1), 66–81.

Herzberger, S. D., & Hall, J. A. (1993). Consequences of retaliatory aggression against siblings and peers: Urban minority children's expectations. *Child Development, 64*(6), 1773–1785.

Hetherington, E. M., & Kelly, J. H. (2002). *For better or worse: Divorce reconsidered.* New York: Norton.

Hill, J. P., & Lynch, M. E. (1983). The intensification of gender–related role expectations during early adolescence. *In Girls at puberty* (pp. 201–228). New York: Springer US.

Hill, S. D., & Tomlin, C. (1981). Self–recognition is retarded children. *Child Development, 52*, 145–150.

Hiskey, M. S. (1966). *Hiskey–Nebraska test of learning aptitude.* New York, NY: Union College Press.

Hoff, E. (2014). *Language Development.* 이현진,

권은영 역(2017). 언어발달(5판). 서울: 박학사.

Hoff–Ginsburg, E. (1986). Function and structure in maternal speech: Their relation to the child's development of syntax. *Developmental Psychology, 22*, 155–163.

Hogrefe, G. J., Wimmer, H., & Perner, J. (1986). Ignorance and false belief: A developmental lag in attribution of epistemic states. *Child Development, 57*, 567–582.

Hokoda, A., & Fincham, F. D. (1995). Origins of children's helpless and mastery achievement patterns in the family. *Journal of Educational Psychology, 87*, 375–385.

Holliday, R. E. (2003). The effect of a prior cognitive interview on children's acceptance of misinformation. *Applied Cognitive Psychology, 17*, 443–457.

Hong, J. –S., & Lee, H. (1995). The status of mutual exclusivity principle in normal and mentally retarded children: data from Korean. *Paper presented at Biennial meeting of the SRCD 1995.*

Horn, J. L. (1979). Trends in the measurement of intelligence. *Intelligence, 3*(3), 229–239.

Horn, J. L. (1982). The aging of human abilities. In B. B. Women (Ed.), *Handbook of developmental psychology* (pp. 847–870). Englewood Cliffs, NJ: Prentice Hall.

Horn, J. L., & Noll, J. (1997). Human cognitive capabilities: Gf–Gc theory. In D. P. Flanagan, J. L. Genshaft, & P. L. Harrison (Eds.), *Contemporary intellectual assessment: Theories, tests and issues* (pp. 53–91). New York, NY: Guilford.

Huesmann, L. R. (1986). Psychological processes promoting the relation between exposure to media violence and aggressive behavior by the viewer. *Journal of Social Issues, 42*(3), 125-139.

Huesmann, L. R., Eron, L. D., Lefkowitz, M. M., & Walder, L. O. (1984). Stability of aggression over time and generations. *Developmental psychology, 20*(6), 1120.

Hughes, F. P. & Noppe, L. D. (1985). *Human development across the life span.* New York, NY: West Publishing Co.

Humphreys, L. (1989). Intelligence: Three kinds of instability & their conseguences for policy. In R. L. Linn (Ed.), *Intelligence* (pp. 193-216). Urbana, IL: University of Illinois Press.

Huston, A. C., Wright, J. C., Marquis, J., & Green, S. B. (1999). How young children spend their time: Television and other activities. *Developmental Psychology, 35,* 912-925.

Huyuk, M. H. (1996). Continuities and discontinuities in gender identity in midlife. In V. L. Bengston (Ed.), *Adulthood and aging* (pp. 98-121). New York: Springer-Verlag.

Hymel, S., LeMare, L., Ditner, E., & Woody, E. Z. (1999). Assessing self-concept in children: Variations across self-concept domains. *Merrill-Palmer Quarterly, 45,* 602-623.

Ilaria, G., & Veronica, O. (2011) Emotional state talk and emotion understanding: A training study with preschool children. *Journal of Child Language, 38*(5), 1124-1139.

Imai, M., & Gentner, D. (1997). A cross-linguistic study of early word meaning: universal ontology and linguistic influence. *Cognition, 62,* 169-200.

Imai, M., Gentner, D., & Uchida, N. (1994). Children's theories of word meaning: The role of shape similarity in early acquisition. *Cognitive Development, 9,* 45-75.

Impett, E. A., Sorsoli, L., Schooler, D., Henson, J. M., & Tolman, D. L. (2008). Girls' relationship authenticity and self-esteem across adolescence. *Developmental Psychology, 44*(3), 722-733.

Inagaki, K., & Hatano, G. (2008). Conceptual change in naïve biology. In S. Vosniadou (Ed.), *International handbook of research on conceptual change* (pp. 240-262). New York: Routeledge/Taylor & Francis.

Intlekofer, K. A., & Cotman, C. W. (2013). Exercise counteracts declining hippocampal function in aging and Alzheimer's disease. *Neurobiology of Disease, 57,* 47-55.

Intons-Peterson, M. J. (1988). *Children's concepts of gender.* New Jersey: Ablex.

Isaacowitz, D. M., & Blanchard-Fields, F. (2012). Linking process and outcome in the study of emotion and aging. *Perspectives on Psychological Science, 7,* 3-16.

Isabella, R. A. (1993). Origins of attachment: Maternal interactive behavior across the first year. *Child Development, 64,* 605-621.

Izard, C. E., & Ackerman, B. P. (2000). Motivational, organizational, and regulatory functions of discrete emotions. In M. Lewis & J. M. HavilandJones (Eds.), *Handbook of emotions* (2nd ed.). New York: Guilford.

Jack, F., MacDonald, S., Reese, E., & Hayne, H. (2009). Maternal reminiscing style during early childhood predicts the age of adolescents' earliest memories. *Child Development, 80*(2), 496-505.

Jacobsen, T., & Hofmann, V. (1997). Children's attachment representations: Longitudinal relations to school behavior and academic competency in middle childhood and adolescence. *Developmental Psychology, 33*, 703-710.

Janzen, H. L., Obrzut, J. E., & Marusiak, C. W. (2004). Stanford-Binet Intelligence Scales. *Canadian Journal of School Psychology, 19*(1), 235-244.

Jaswal, V. K., & Dodson, C. (2009). Metamemory development: Understanding the roles of similarity in false memories. *Child Development, 80*(3), 629-635.

Jensen, A. (1969). How much can we boost IQ and scholastic achievement. *Harvard Educational Review, 39*(1), 1-123.

Jensen, A. R. (1998). *The g factor: The science of mental ability*. Westport, CT: Praeger.

Jensen, L. A., Arnett, J. J., Feldman, S. S., & Cauffman, E. (2004). The right to do wrong: Lying to parents among adolescents and emerging adults. *Journal of Youth and Adolescence, 33*(2), 101-112.

Jeynes, W. H. (2007). The impact of parental remarriage on children: A meta-analysis. *Marriage and Family Review, 40*, 75-102.

Johansson, G. (1973). Visual perception of biological motion and a model for its analysis. *Perception and Psychophysics, 14*, 201-211.

Johnson, D. L., Swank, P., Howie, V. M., Baldwin, C. D., Owen, M., & Luttman, D. (1993). Does HOME add to the prediction of child intelligence over and above SES?. *The Journal of Genetic Psychology, 154*, 33-40.

Johnson, M. H., & Morton, J. (1991). *Biology and cognitive development: The case of face recognition*. Cambridge, MA: Blackwell.

Jones, S. E. (2014). *Examining cyberbullying bystander behavior using a multiple goals perspective*. Unpublished master's thesis, University of Kentucky.

Josselson, R. L. (1992). *The space between us: Exploring the dimensions of human relationships*. San Francisco, CA: Jossey-Bass.

Justice, E., Baker-Ward, L., Gupta, S., & Jannings, L. R. (1997). Means to the goal of remembering: Developmental changes in awareness of strategy use-performance relations. *Journal of Experimental Child Psychology, 65*, 293-314.

Kagan, J. (1976). Emergent themes in human development. *American Scientist, 64*, 186-196.

Kagan, J. (1984). *The nature of the child*. New York, NY: Basic Books.

Kagan, J. (1997). Temperament and the reactions to unfamiliarity. *Child Development, 68*, 139-143.

Kagan, J., & Fox, N. (2006). Biology, culture,

and temperamental biases. In W. Damon, R. M. Lerner (Series Eds.) & N. Eisenberg (Vol. Ed.), *Handbook of child psychology: Vol. 3. Social, emotional, and personality development* (6th ed., pp. 167-225). Hoboken, NJ: Wiley.

Kagan, J., & Moss, H. A. (1962). *Birth to maturity: A study in psychological development.* New York: Wiley.

Kail, R. (1991). Processing time declines exponentially during childhood and adolescence. *Developmental Psychology, 27,* 259-266.

Kail, R. V. (2002). *Children.* New Jersey: Upper Saddle River: Perason Educaton.

Kail, R., & Salthouse, T. A. (1994). Processing speed as a mental capacity. *Acta Psychologica, 86,* 199-225.

Kakihara, F., Tilton-Weaver, L., Kerr, M., & Stattin, H. (2010). The relationship of parental control to youth adjustment: Do youths' feelings about their parents play a role? *Journal of Youth and Adolescence, 39,* 1442-1456.

Kallio, E. (2011). Integrative thinking is the key: An evaluaion of current research into the development of adult thinking. *Theory and Psychology, 21,* 785-801.

Kamins, M. L., & Dweck, C. S. (1999). Person versus process praise and criticism: Implications for contingent self-worth and coping. *Developmental Psychology, 35,* 835-847.

Kaufman, J. C., Plucker, J. A., & Baer, J. (2008). *Essentials of creativity assessment (Vol. 53).*

New York, NY: Wiley.

Kee, D. W., & Bell, T. S. (1981). The development of organizational strategies in the storage and retrieval of categorical items in free-recall learning. *Child Development, 52,* 1163-1171.

Kegan, R. (2009). What "form" transforms?: A constructive-developmental approach to transformative learning. In K. Illeris (Ed.), *Contemporary theories of learning: Learning theorists in their own words. Abingdon: Routledge.*

Keil, F. C. & Batterman, N. (1984). A characteristic-to-defining shift in the development of word meaning. *Journal of Verbal Learning and Verbal Behavior, 23,* 221-236.

Kellman, P. J., & Banks, M. S. (1998). Infant visual perception. In W. Damon, D. Kuhn, & R. S. Siegler (Eds.), *Handbook of child psychology: Vol. 2. Cognition, perception, and language* (5th ed.). New York: Wiley.

Kellman, P. J., & Spelke, E. S. (1983). Perception of partly occluded objects in infancy. *Cognitive Psychology, 15,* 483-524.

Keltner, B. (1994). Home environments of mothers with mental retardation. *Mental Retardation, 32,* 123-127.

Kendrick, C., & Dunn, J. (2014). Siblings and their mothers: Developing relationships within the family introduction. In M. E. Lamb & B. Sutton-Smith (Eds.), *Sibling relationships their nature and significance across the lifespan* (pp. 39-60). New York: Psychology Press.

Kernis, M. H. (2002). Self-esteem as a multifaceted construct. In T. M. Brinthaupt & R. P. Lipka

(Eds.), *Understanding early adolescent self and identity* (pp. 57-88). Albany, NY: State University of New York Press.

Kessler, E. M., & Staudinger, U. M. (2009). Affective experience in adulthood and old age: The role of affective arousal and perceived affect regulation. *Psychology and Aging, 24,* 349-362.

Kestenbaum, R., & Gelman, S. A. (1995). Preschool Children's Identification and understanding of mixed emotions. *Cognitive Development, 10,* 443- 458.

Kim, J. M. (1998). Korean children's concepts of adult and peer authority and moral reasoning. *Developmental Psychology, 34*(5), 947.

Kim, J. M., & Turiel, E. (1996). Korean and American children's concepts of adult and peer authority. *Social Development, 5*(3), 310-329.

Kim, K. H. (2006). Can we trust creativity tests? A review of the Torrance Tests of Creative Thinking (TTCT). *Creativity Research Journal, 18*(1), 3-14.

Kim, K.(2005). Can only intelligent people be creative? A meta-analysis. *The Journal of Secondary Gifted Education, 16*(2-3), 57-66. http://doi:10.4219/jsge-2005-473.

Kim, Y. -J. (1997). The acquisition of Korean. In D. Slobin (Ed.), *The crosslinguistic study of language acquisition* (Vol. 4, pp. 335-443). Hillsdale, NJ: Lawrence.

Klein, J. (2011). Time to ax public programs that don't yield results. *Time, July 7,* http://content.time.com/time/nation/article/0,8599(2081778),00.html.

Klineberg, O. (1963). Negro-white differences in intelligence test performance: A new look at an old problem. *American Psychologist, 18*(4), 198.

Klinnert, M. D. (1985). Maternal emotional signaling: Its effect on the visual cliff behavior of 1-year-olds. *Developmental Psychology, 21*(1), 195-200.

Knowles, M. S., Holton, E. F., & Swanson, R. A. (2005). The Adult Learner. New York: Routledge.

Kobiella, A., Grossmann, T., Reid, V., & Striano, T. (2008). The discrimination of angry and fearful facial expressions in 7-month-old infants: An event-related potential study. *Cognition and Emotion, 22,* 134-146.

Kochanska, G., Aksan, N., & Nichols, K. E. (2003). Maternal power assertion in discipline and moral discourse contexts: Commonalities, Differences, and implications for children's moral conduct and cognition. *Developmental Psychology, 39,* 949-963.

Kochanska, G., Aksan, N., Prisco, T. R., & Adams, E. E. (2008). Mother-child and father-child mutually responsive orientation in the first 2 years and children's outcomes at preschool age: Mechanisms of influence. *Child Development, 79*(1), 30-44.

Kochanska, G., Barry, R. A., Aksan, N., & Boldt, L. J. (2008). A developmental model of maternal and child contributions to disruptive conduct: The first six years. *Journal of Child*

Psychology and Psychiatry, 49, 1220-1227.

Kochanska, G., Gross, J. N., Mei-Hua, L., & Nichols, K. E. (2002). Guilt in young children: Development, determinants and relations with a broader system of standards. Child Development, 73, 461-482.

Kohlberg, L. (1969). Stage and sequence: The cognitive developmental approach to socialization. In D. A. Goslin (Ed.), Handbook of socialization theory and research (pp. 347-380). Chicago: Rand McNally.

Kohlberg, L., & Candee, D. (1984). The relationship of moral judgment to moral action. Morality, moral behavior, and moral development, 52, 73.

Kolak, A. M., & Volling, B. L. (2011). Sibling jealousy in early childhood: Longitudinal links to sibling relationship quality. Infant and Child Development, 20, 213-226.

Kramer, L. (2010). The essential ingredients of successful sibling relationships: An emerging framework for advancing theory and practice. Child Development Perspectives, 2, 80-86.

Kreutzer, M. A., Leonard, C., & Flavell, J. H. (1975). An interview study of children's knowledge about memory. Monographs of the Society for Research in Child Development, 40(1, Whole No. 159).

Kroger, J. (1995). The differentiation of "firm" and "developmental" foreclosure identity statuses: A longitudinal study. Journal of Research on Adolescence, 10, 317-337.

Kroger, J. (2005). Identity in adolescence: The balance between self and other. New York: Routledge.

Kross, E., & Grossmann, I. (2012). Boosting wisdom: Distance from the self enhances reasoning, attitudes, and behavior. Journal of Experimental Psychology: General, 141, 43-48.

Kruger, A. C. (1993). Peer collaboration: Conflict, cooperation, or both? Social Development, 2, 165-182.

Kuhl, P. K., & Meltzoff, A. N. (1982). The bimodal perception of speech in infancy. Science, 218, 1138-1141.

Kunzinger, E. L., & Witryol, S. L. (1984). The effects of differential incentives on second-grade rehearsal and free recall. The Journal of Genetic Psychology, 144, 19-30.

Labouvie-Vief, G. (2003). Dynamic integration: Affect, cognition, and the self in adulthood. Current Directions in Psychological Science, 12, 201-206.

Labouvie-Vief, G. (2005). Self-with-other representations and the organization of the self. Journal of Research in Personality, 39, 185-205.

Ladd, G. W., Buhs, E. S., & Seid, M. (2000). Children's initial sentiments about kindergarten: Is school liking an antecedent of early classroom participation and achievement? Merrill-Palmer Quarterly, 46, 255-279.

Lagattuta, K. H., Wellman, H. M., & Flavell, J. H. (1997). Preschoolers' understanding of the link between thinking and feeling: Cognitive cuing and emotional change. *Child Development, 68,* 1081-1104.

Laible, D. J., & Thompson, R. A. (1998). Attachment and emotional understanding in preschool children. *Developmental Psychology, 24,* 1038-1045.

Lalonde, C. E., & Chandler, M. J. (1995). False belief understanding goes to school: on the social-emotional consequences of coming early or late to a first theory of mind. *Cognition and Emotion, 9,* 167-185.

Lamb, M. E., & Campos, J. J. (1982). *Development in infancy: An introduction.* New York: Random House.

Lamb, M. E., Thompson, R. A., Gardner, W, & Charnov, E. L. (1985). *Infant-mother attachment: The origins and developmental significance of individual differences in strange situation behavior hillsdale.* NJ: Erlbaum.

Lang, F. R., & Carstensen, L. L. (2002). Time counts: Future time perspective. goals, and social relationships. *Psychology & Aging, 17,* 125-139.

Langlois, J. H., Ritter, J. M., Roggerman, L. A., & Vaughn, L. S. (1991). Facial diversity and infant preferences for attractive faces. *Developmental Psychology, 27,* 79-84.

Langlois, J. H., Ruggman, L. A., Casey, R. J., Ritter, J. M., Reiser-Danner, L. A., & Jenkins, V. Y. (1987). Infant preferences for attractive faces: Rudiments of a stereotype?. *Developmental Psychology, 23,* 363-369.

Lapsley, D. K. (1996). *Moral psychology.* Boulder, CO: Westview Press.

Laupa, M., & Turiel, E. (1993). Children's concepts of authority and social contexts. *Journal of Educational Psychology, 85*(1), 191.

Lecanuet, J. -P. (1998). Faetal responses to auditory and speech stimuli. In A. Slater (Ed.), *Perceptual development: Visual, auditory, and speech perception in infancy.* Hove, UK: Psychology Press.

Lecanuet, J. P., Granier-Deferre, C., Jacquet, A. Y., Capponi, I., & Ledru, L. (1993). Prenatal discrimination of a male and a female voice uttering the same sentence. *Early Dev. Parent, 2,* 217-228. doi: 10.1002/edp.2430020405

Lee, H. (1996). The role of ontological constraints in Korean word learning: From the cross-linguistic point of view. *Paper presented at the VIIth International Congress for the Study of Child Language.*

Lee, H. (1997). Word learning in Korean children. *Paper presented at the Biennial meeting of the Society for Research in Child Development.*

Lee, K., Cameron, C. A., Xu, F., Fu, G., & Board, J. (1997). Chinese and Canadian children's evaluations of lying and truth telling: Similarities and differences in the context of pro-and antisocial behaviors. *Child development, 68*(5), 924-934.

Lee, V. E., & Loeb, S. (1995). Where do Head Start attendees end up? One reason why preschool effects fade out. *Educational Evaluation and Policy Analysis, 17*(1), 62-82.

http://doi:10.2307/1164270.

Lee, Y. E., Yun, J. E. E., Kim, E. Y., & Song, H. J. (2015). The development of infants' sensitivity to behavioral intentions when inferring others' social preferences. *PloS one, 10*(9), e0135588.

Legerstee, M. (1991). The role of people and objects in early imitation. *Journal of Experimental Child Psychology, 51,* 423-433.

Legerstee, M., Anderson, D., & Schaffer, A. (1998). Five- and eight-month-old infants recognize their faces and voices as familiar and social stimuli. *Child Development, 69,* 37-50.

Legerstee, M., Barna, J., & DiAdamo, C. (2000). Precursors to the development of intention at 6 months: Understanding people and their actions. *Developmental Psychology, 36,* 627-634.

Leiter, R. G. (1948). *Leiter International Performance Scale.* Chicago, IL: Stoelting.

Lemery, K. S., Goldsmith, H. H., Klinnert, M. D., & Mrazek, D. A. (1999). Developmental models of infant and childhood temperament. *Developmental Psychology, 35,* 189-204.

Leuner, B. (1965). Emotional intelligence and emancipation. A psychodynamic study on women. *Praxis der Kinderpsychologie und Kinderpsychiatrie, 15*(6), 196-203.

Levenson, P. M., Morrow, J. R., Morgan, W. C., & Pfefferbaum, B. J. (1986). Health information sources and preferences as perceived by adolescents, pediatricians, teachers and school nurses. *The Journal of Early Adolescence, 6*(2), 254-259.

Levinson, D. J., Darrow, C., Kline, E., Levinson, M., & McKee, B. (1978). *The seasons of a man's life.* New York: Knopf.

Levinson, D., & Levinson, J. D. (1996). *The seasons of a woman's life.* New York: Knopf.

Lewis, C., Freeman, N. H., Kyriadidou, C., Maridakikassotaki, K., & Berridge, D. M. (1996). Social Influences on false belief access specific sibling influences or general apprenticeship? *Child Development, 67,* 2930-2947.

Lewis, M. D. (2005). Bridging emotion theory and neurobiology through dynamic systems modeling. *Behavioral and Brain Sciences, 28,* 169-194.

Lewis, M., & Brooks-Gunn, J. (1979). *Social cognition and the acquisition of self.* New York: Plenum.

Lewis, M., & Brooks-Gunn, J. (1979). *Social cognition and the acquisition of self.* New York: Plenum Press.

Lewis, M., Alessandri, S. M., & Sullivan, M. W. (1990). Violation of expectancy, loss of control, and anger expressions in young infants. *Developmental Psychology, 26,* 745-751.

Lewis, M., Alessandri, S. M., & Sullivan, M. W. (1992). Differences in shame and pride as a function of children's gender and task difficulty. *Child Development, 63,* 630-638.

Lewis, M., Stanger, C., & Sullivan, M. W. (1989). Deception in 3-year-olds. *Developmental psychology, 25*(3), 439-443.

Lewis, M., Sullivan, M. W., Stanger, C., & Weiss,

M. (1989). Self development and self-conscious emotions. *Child Development, 60*(1), 145-156.

Li, J. (2004). Learning as a task or a virtue: US and Chinese preschoolers explain learning. *Developmental Psychology, 40,* 595.

Li, J., & Wang, Q. (2004). Perceptions of achievement and achieving peers in U.S. and Chiese kindergartners. *Social Development, 13,* 413-436.

Liben, L. S., & Bigler, R. S. (2002). The developmental course of gender differentiation: Conceptualizing, measuring, and evaluating constructs and pathways. *Monographs of the Society for Research in Child Development,* 67(2, Serial No. 269).

Liben, L. S., Bigler, R. S., & Krogh, H. R. (2001). Pink and blue collar jobs: Children's judgments of job status and job aspirations in relation to sex of worker. *Journal of experimental child psychology, 79*(4), 346-363.

Liberty, C., & Ornstein, P. A. (1973). Age differences om organization and recall: The effects of training in categorization. *Journal of Experimental Child Psychology, 30,* 401-410.

Liszkowski, U., Carpenter, M., & Tomasello, M. (2008). Twelve-month-olds communicate helpfully and appropriately for knowledgeable and ignorant partners. *Cognition, 108*(3), 732-739.

Lochman, J. E., & Wells, K. C. (2004). The coping power program for preadolescent aggressive boys and their parents: Outcome effects at the 1-year follow-up. *Journal of consulting and clinical psychology, 72*(4), 571.

Lucas-Thompson, R., & Clarke-Stewart, K. A. (2007). Forecasting friendship: How martial quality, maternal mood, and attachment security are linked to children's peer relationships. *Journal of Applied Developmental Psychology, 28,* 499-514.

Lum, J., Kidd, E., Davis, S., & Conti-Ramsden, G. (2010). Longitudinal study of declarative and procedural memory in primary school-aged children. *Australian Journal of Psychology, 62*(3), 139-148.

Luria, A. R. (1966). *Human brain and psychological processes.* New York, NY: Harper & Row.

Luria, A. R. (1970). The functional organization of the brain. *Scientific American, 222*(3), 66-79.

Luria, A. R. (1973). *Foundations of neuropsychology.* Moscow, MO: Moscow State University.

Maccoby, E. E., & Jacklin, C. N. (1974). *The psychology of sex differences.* Stanford, CA: Stanford University Press.

MacFarlane, A. (1975). Olfaction in the development of social preferences in the human neonate. In R. Porter & M. O'Connor (Eds.), *Parentinfant interaction* (CIBA Foundation Symposium 33). Amsterdam: Elsevier.

Magai, C. (2008). long-lived emotions: A life course perspective on emotional development. In M. Lewis, J. M. Haviland-Jones, & L. F. Barrett (Eds.), *The handbook of emotion* (3rd ed., pp. 376-392). New York: The Guilford press.

Mahler, M. S., Pines, F., & Bergman, A. (1975). *The psychological birth of the human infant.* New York: Basic Books.

Malatesta, C. Z., & Haviland, J. M. (1985). Learning display rules: The socialization of emotion expression in infancy. *Child Development, 53*(4), 991-1003.

Malouff, J. M., Thorsteinsson, E. B., & Schutte, N. S. (2007). The efficacy of problem solving therapy in reducing mental and physical health problems: A meta-analysis. *Clinical psychology review, 27*(1), 46-57.

Mandler, J. M., & McDonough, L. (1995). Long-term recall of event sequences in infant. *Journal of Experimental Child Psychology, 59*, 457-474.

Marcia, J. E. (1980). Identity in adolescence. In J. Adelson (Ed.), *Handbook of adolescent psychology* (pp. 159-187). New York: Wiley.

Marcia, J. E., Waterman, A. S., Matteson, D. R., Archer, S. L., & Orlofsky, J. L. (1993). *Ego identity: A handbook for psychosocial research.* New York: Springer-Verlag.

Markman, E. M. (1991). Constraints of word meaning in early language acquisition. In L. Gleitman & B. Landau (Eds.), *The Acquisition of the Lexicon.* Cambridge: MIT Press.

Markman, E. M., & Hutchinson, J. E. (1984). Children's sensitivity to constraints on word meaning: Taxonomic versus thematic relations. *Cognitive Psychology, 16*, 1-27.

Markman, E. M., & Wachtel, G. A. (1988). Childrem's use of mutual exclusivity to constrain the meanings of words. *Cognitive Psychology, 20*, 121-157.

Markus, H. R., & Kitayama, S. (1991). Culture and the self: Implications for cognition, emotion, and motivation. *Psychological Review, 98*, 224-253.

Marsh, D. T., Serafica, F. C., & Barenboim, C. (1981). Interrelationships among perspective taking, interpersonal problem solving, and interpersonal functioning. *Journal of Genetic Psychology, 138*, 37-48.

Marsh, H. W., & Ayotte, V. (2003). Do multiple dimensions of self-concept become more differentiated with age? The differential distinctiveness hypothesis. *Journal of Educational Psychology, 95*, 687-706.

Marsh, H. W., Ellis, L. A., & Craven, R. G. (2002). How do preschool children feel about themselves? Unraveling measurement and multidimensional self-concept structure. *Developmental Psychology, 38*, 376-393.

Matheny, A. P. (1989). Children's Behavioral Inhibition Over Age and Across Situations: Genetic Similarity for α Trait During Change. *Journal of Personality, 57*(2), 215-235.

Matthews, G., Zeidner, M., & Roberts, R. D. (2002). *Emotional intelligence: Science & myth.* Cambridge, MA: The MIT Press.

Maurer, D., Lewis, T. L., Brent, H. P., & Levin, A. V. (1999). Rapid improvement in the acuity of infants after visual input. *Science, 286*, 108-110.

Mayes & Carter, 1990 Emerging Social Regu latory

Capacities as Seen in the Still-Face Situation. Linda C. Mayes, Alice S. *Carter Child Development, 61*(3), 754-763.

McAdams, D. (2010). Performance and turnover in a stochastic partnership. *Economic Research Initiatives at Duke Working Paper, 59*, 1-60.

McAdams, D. P. (2001). The psychology of life stories. *Review of General Psychology, 5*, 100-122.

McAdams, D. P., & Olson, B. D. (2010). Personality development: Continuity and change over the life course. *Annual Review of Psychology, 61*, 517-542.

McCall, R. B. (1977). Challenges to a science of developmental psychology. *Child Development*, 333-344.

McCall, R. B. (1983). Environmental effects on intelligence: The forgotten realm of discontinuous nonshared within-family factors. *Child Development*, 408-415.

McCall, R. B., & Carriger, M. S. (1993). A meta-analysis of infant habituation and recognition memory performance as predictors of later IQ. *Child Development, 64*(1), 57-79.

McCall, R. B., Hogarty, P. S., & Hurlburt, N. (1972). Transitions in infant sensorimotor development and the prediction of childhood IQ. *American Psychologist, 27*(8), 728-748.

McCartney, K., Harris, M. J., & Bernieri, F. (1990). Growing up and growing apart: A developmental meta-analysis of twin studies. *Psychological Bulletin, 107*(2), 226.

McClelland, D. C., Atkinson, J., Clarke, R., & Lowell, E. (1953). *The achievement motive.*

New York: Appleton-Century-Crofts.

McKenzie, B. E., & Over, R. (1983). Young infants fail to imitate facial and manual gestures. *Infant Behaviour & Development, 6*, 85-95.

McNamee, S., & Peterson, J. (1986). Young children's distributive justice reasoning, behavior, and role taking: Their consistency and relationship. *Journal of Genetic Psychology, 146*, 399-404.

McShane, J. (1991). *Cognitive development: An information processing approach.* Cambridge, MA: Blackwell.

Measelle, J. R., Ablow, J. C., Cowan, P. A., & Cowan, C. P. (1998). Assessing young children's views of their academic, social, and emotional lives: An evaluation of the self-perception scales of the Berkeley puppet interview. *Child Development, 69*, 1556-1576.

Meeus, W., Oosterwegel, A., & Vollebergh, W. (2002). Parental and peer attachment and identity development in adolescence. *Journal of Adolescence, 25*, 93-106.

Meillman, P. W. (1979). Cross-sectional age changes in ego identity status during adolescence. *Developmental Psychology, 15*, 230-231.

Meins, E., Fernyhough, C., Wainwright, R., Gupta, M. D., Fradley, E., & Tukey, M. (2002). Maternal mind-mindedness and attachment security as predictors of theory of mind understanding. *Child Development, 73*, 1715-1716.

Meltzoff, A. N., & Borton, R. W. (1979).

Intermodal matching by human neonates. *Nature, 282*, 403-404.

Meltzoff, A. N., & Moore, M. K. (1977). Imitation of facial and manual gestures by human neonates, *Science, 198*, 75-78.

Meltzoff, A. N., & Moore, M. K. (1977). Imitation of facial and manual gestures by human neonates. *Science, 198*, 75-78.

Michalson, L., & Lewis, M. (1985). What do children know about emotions and when do they know it. In M. Lewis & C. Saarni (Eds.), *The socialization of emotions* (pp. 117-139). New York: Plenum.

Miller, J. G., & Bersoff, D. M. (1992). Culture and moral judgment: How are conflicts between justice and interpersonal responsibilities resolved?. *Journal of personality and social psychology, 62*(4), 541.

Miller, P. A., Eisenberg, N., Fabes, R. A., & Shell, R. (1996). Relations of moral reasoning and vicarious emotion to young children's prosocial behavior toward peers and adults. *Developmental Psychology, 32*(2), 210.

Miller, P. H., & Weiss, M. G. (1981). Children's attention allocation, understanding of attention, and performance on the incidental learning task. *Child Development, 52*, 1183-1190.

Minton, H. L., & Schneider, F. W. (1980). *Differential psychology*. Monterey, CA: Brooks/Cole.

Mischel, W., & Liebert, R. M. (1966). Effects of discrepancies between observed and imposed reward criteria on their acquisition

and transmission. *Journal of Personality and Social Psychology, 3*(1), 45-53.

Mischel, W., Shoda, Y., & Peake, P. K.(1988). The nature of adolescent competencies predicted by preschool delay of gratification. *Journal of Personality and Social Psychology, 54*(4), 687-696.

Mistry, J., & Saraswathi, T. S. (2003). The cultural context of child development. In R. M. Lerner, M. A. Easterbooks, & J. Mistry (Eds.), *Handbook of psychology: Vol. 6. Developmental Psychology* (pp. 267-291). New York: Wiley.

Mojon-Azzi, S. M., Sousa-Poza, A., & Mojon, D. S. (2008). Impact of low vision on well-being in 10 European countries. *Ophthalmologica, 222*, 205-212.

Molfese, V. J., DiLalla, L. F., & Bunce, D. (1997). Prediction of intelligence test scores of 3- to 8-year-old children by home environment, Socioeconomic status and biomedical risks. *Merrill-Palmer Quarterly, 43*, 219-234.

Mollenkopf, H., & Walker, A.(2007). Quality of life in old age: Synthesis and future perspectives, In Mollenkopf, H. and Walker, A(eds.), *Quality of life in old age: International and multidisciplinary perspectives* (pp. 235-252). Dordrecht: Springer.

Mondloch, C. J., Lewis, T. L., Budreau, D. R., Maurer, D., Dannenmiller, J. L., Stephens, B. R., & Kleiner-Gathercoal, K. A. (1999). Face perception during early infancy. *Psychological Science, 10*, 419-422.

Montague, D. P. F., & Walker-Andrews, A. S.

(2001). Peekaboo: A new look at infants' perception of emotion expressions. *Developmental Psychology, 37*(6), 826-838.

Montemayor, R., & Eisen, M. (1977). The development of self-conceptions from childhood to adolescence. *Developmental Psychology, 37*, 317-318.

Moody, H. R. (2001). Productive ageing and ideology of old age. In Productive Ageing. In N. Morrow-Howell, J. Hinterlong, & M. Sherraden (Eds.), *Productive ageing: Concepts and challenges.* Baltimore & London: The Johns Hopkins University Press.

Mueller, C. M., & Dweck, C. S. (1998). Praise for intelligence can undermine children's motivation and performance. *Journal of Personality and Social Psychology, 75*, 33-52.

Mumford, M. D. (2003). Where have we been, where are we going?. Taking stock in creativity research. *Creativity Research Journal, 15*(2-3), 107-120.

Munro, G., & Adams, G. R. (1977). Ego-identity formation in college students and working youth. *Developmental Psychology, 13*, 523-524.

Myers, J. & Raup, J. (1989). The empty nest syndrome: Myth or reality? *Journal of Counseling and Development, 68*(2), 180-183.

Naef, R., Ward, R., Mahrer-Imhof, R., & Grande, G. (2013). Characteristics of the bereavement experience of older persons after spousal loss: An integrative review. *International journal of nursing studies, 50*(8), 1108-1121.

Nastasi, B. K., & Clements, D. H. (1994). Effectance motivation, perceived scholastic competence, and higher-order thinking in two cooperative computer environments. *Journal of Educational Computing Research, 10*(3), 249-275.

National Institute of Child Health and Development Early Child Care Research Network. (2004). Trajectories of physical aggression from toddlerhood to middle childhood. *Monographs of the society for Research in Child Development, 69*(4, Seiral No. 278).

Neisser, U. E. (1998). The rising curve: Long-term gains in IQ and related measures. *American Psychological Association.* http://dx.doi.org/10.1037/10270-000

Neisser, U., Boodoo, G., Bouchard, T. J., Boykin, A. W., Brody, N., Ceci, S. J., Halpern, D. F., Loehlin, J. C., Perloff, R., Sternberg, R. J., & Urbina, S. (1996). Intelligence: Knowns and unknowns. *American Psychologist, 51*(2), 77-101.

Nelson, K. (1973). Structure and strategy in learning to talk. *Monographs of the society for Research in Child Development, 38*(1-2, serial, No. 149).

Nelson, K. (1993). The psychological and social origins of autobiographical memory. *Psychological Science, 4*, 1-8.

Nelson, K., & Fivush, R. (2004). The emergence of autobiographical memory: A social cultural developmental theory. *Developmental Review, 111*, 486-511.

Nelson, S. A. (1980). Factors influencing young children's use of motives and outcomes as moral criteria. *Child Development*, 823-829.

Nesselroade, J. B., Schaie, K. W., & Baltes, P. B. (1972). Ontogenetic and generational components of structional and quantitative change in adult behavior. *Journal of Gerontology, 27*, 222-228.

Newport, E. L. (1990). Maturational constraints on language learning. *Cognitive Science, 14*, 11-28.

Newport, E. L., Gleitman, L., & Gleitman, H. (1977). Mother I'd rather do it myself: Some effects and non-effects of motherese. In C. E. Snow & C. A. Ferguson (Eds.), *Talking to children: Language input and acquisition*. Cambridge, UK: Cambridge University Press.

Newton, N., Torges, C., & Stewart, A. (2012). Women's regrets about their lives: Cohort differences in correlates and contents. *Sex Roles, 66*, 530-543.

NICHD Early Child Care Research Network. (2000). Characteristics and quality of child care for toddlers and preschoolers. *Applied Developmental Science, 4*, 116-135.

NICHD Early Child Care Research Network. (2001). Child-care and family predictors of preschool attachment and stability from infancy. *Developmental Psychology, 37*(6), 847-862.

Nyberg, L., Lovden, M., Riklund, K., Lindenberger, U., & Backman, L. (2012). Memory aging and brain maintenance. *Trends in Cognitive Sciences, 16*, 292-306.

O'Sullivan, J. T. (1996). Children's metamemory about the influence of conceptual relations on recall. *Journal of Experimental Child Psychology, 62*, 1-29.

Olhso, L. W., Schoon, C., Sakai, R., Turpin, R., & Sperduto, V. (1982). Auditory frequency discrimination in infancy. *Developmental Psychology, 18*, 721-726.

Ornstein, P. A., Naus, M. J., & Liberty, C. (1975). Rehearsal and organizational processes in children's memory. *Child Development, 46*, 818-830.

Ostrov, J. M., Gentile, D. A., & Crick, N. R. (2006). Media exposure, aggression, and prosocial behavior during early childhood: A longitudinal study. *Social Development, 15*, 612-627.

Parke, R. D., Ornstein, P. A., Rieser, J. J., & Zahn-Waxler, C. (1994). The past is prologue: An overview of a century of developmental psychology. In R. D. Parke, P. A. Ornstein, J. J. Rieser, & C. Zahn-Waxler (Eds.), *A century of developmental psychology* (chapter 1, pp. 1-70). Washington, DC: Amercan Pschological Association.

Patterson, C. J. (2002). Lesbian and gay parenthood. In M. H. Bornstein (Ed.), *Handbook of parenting* (pp. 317-338). Mahwah, NJ: Erlbaum.

Paxton, S. J., Eisenberg, M. E., & Neumark-Sztainer, D. (2006). Prospective predictors of body dissatisfaction in adolescent girls and boys: A five-year longitudinal study. *Developmental Psychology, 42*, 888-899.

Payne, W. L. (1985). A study of emotion: Developing emotional intelligence; self-integration; relating to fear, pain and desire.

Dissertation Abstracts International, 47(1), 203.

Pederson, D. R., & Moran, G. (1996). Expressions of attachment relationship outside of the Strange Situation. *Child Development, 67,* 915-927.

Peng, M., Johnson, C., Pollock, j., Glasspool R., & Harris, P. L. (1992). Training young Children to acknowledge mixed emotions. *Cognition & Emotion*, 387-401.

Perner, J., & Wimmer, H. (1985). "John thinks that Mary thinks that …": Attribution of second-order beliefs by 5- to 10-year-old children. *Journal of Experimental Child Psychology, 39,* 437-471.

Perner, J., Leekam, S., & Wimmer, H. (1987). Three-year-old's difficulty with false belief: The case for a conceptual deficit. *British Journal of developmental Psychology, 5,* 125-129.

Pernoud, L. (1993). *J'attend un enfant.* Paris: Horay.

Perris, E. E., Myers, N. A., & Clifton, R. K. (1990). Long-term memory for a single infancy experience. *Child Development, 61,* 1796-1807.

Perry, D. G., Perry, L. C., & Weiss, R. J. (1989). Sex differences in the consequences that children anticipate for aggression. *Developmental Psychology, 25*(2), 312.

Peskin, J. (1992). Ruse and representations: On children's ability to conceal information. *Developmental Psychology, 28*(1), 84.

Peterson, C. C., & Siegal, M. (2002). Mindreading and moral awareness in popular and rejected preschoolers. *British Journal of Developmental Psychology, 20,* 205-224.

Petrides, K. V., & Furnham, A. (2001). Trait emotional intelligence: Psychometric investigation with reference to established trait taxonomies. *European Journal of Personality, 15*(6), 425-448.

Pezdek, K., & Hodge, D. (1999). Planting false childhood memories in children: The role of event plausibility. *Child Development, 70,* 887-895.

Piaget, J. (1999). *The moral judgement of the child.* London: Routledge.

Piaget, J., & Inhelder, B. (1956). *The child's conception of space.* London: Routledge & Kegan Paul.

Pianta, R., Steinberg, M. S., & Rollins, K. B. (1995). The first two years of school: Teacher-child relationships and deflections in children's classroom adjustment. *Development and Psychopathology, 7,* 295-312.

Pinker, S. (1994). *Language Instinct.* New York: William Morrow.

Pinker, S., & Bloom, P. (1990). Natural language and natural selection. *Behavioral and Brain Sciences, 13,* 707-784.

Pintner, R. (1923). Comparison of american and foreign children on intelligence tests. *Journal of Educational Psychology, 14*(5), 292-295.

Pipe, M. E., Lamb, M. E., Orbach, Y., & Esplin, P. W. (2004). Recent research on children's testimony about experienced and witnessed events. *Developmental Review, 24,* 440-468.

Pipp, S., Easterbrooks, M. A., & Brown, S. R. (1993). Attachment status and complexity of infants' self- and other-knowledge when tested with mother and father. *Social Development, 2,* 1-14.

Piquero, A. R., Carriaga, M. L., Diamond, B., Kazemian, L., & Farrington, D. P. (2012). *Stability in aggression revisited. Aggression and Violent Behavior, 17*(4), 365-372.

Pomerantz, E. M., & Saxon, J. L. (2001). Conceptions of ability as stable and self-evaluative processes: A longitudinal examination. *Child Development, 72,* 152-173.

Pons, F., & Harris, P. L. (2005). Longitudinal change and longitudinal stability of individual differences in children's emotion understanding. *Cognition & Emotion, 19,* 1158-1174.

Pons, F., Harris , P., & Rosnay, M. (2004). Emotion comprehension between 3 and 11 years: Developmental periods and hierarchical organization. *European Journal of Developmental Psychology, 1*(2), 127-152.

Pons, F., Harris, P. L., & Doudin, P. A. (2002). Teaching emotion understanding. *European Journal of Psychology of Education, 17*(3), 293-304.

Poole, D. A., & Lamb, M. E. (1998). *Investigative interviews of children: A guide for helping professionals.* Washington, DC: American Psychological Association.

Poole, D. A., & Lindsay, D. S. (1995). Interviewing preschoolers: Effects of nonsuggestive techniques, parental coaching and leading questions on reports of nonexperienced events. *Journal of Experimental Child Psychology, 60,* 129-154.

Poulin-Dubois, D., Serbin, L. A., Eichstedt, J. A., Sen, M. G., & Beissel, C. F. (2002). Men don't put on make-up: Toddlers' knowledge of the gender stereotyping of household activities. *Social Development, 11*(2), 166-181.

Poulin-Dubois, D., Serbin, L. A., Kenyon, B., & Derbyshire, A. (1994). Infants' intermodal knowledge about gender. *Developmental Psychology, 30*(3), 436.

Povinelli, D. J. (2001). The self-Elevated in consciousness and extended in time. In C. Moore & K. Lemmon (Eds.), *The self in time: Developmental perspectives* (pp. 75-95). Mahwah, NJ: Erlbaum.

Pride, N. B. (2005). Aging and changes in lung mechanics. *European Research Journal, 26,* 563-565.

Ramey, C. T., & Ramey, S. L. (1998). Early intervention and early experience. *American Psychologist, 53*(2), 109-120.

Ramey, C. T., Mills, P., Campbell, F. A., & O'Brien, C. (1975). Infants home environments: A comparison of high-risk families and families from the general population. *American Journal of Mental Deficiency, 80,* 40-42.

Raven, J. C., Raven, J. E., & Court, J. H. (1998). *Progressive matrices.* Oxford, England: Oxford Psychologists Press.

Razieh, J., Ali, G., Zaman, A., & Narjesskhatoon, S.(2012). The relationship between internet addiction and anxiety in the universities students. *Interdisciplinary Journal of Contemporary Research in Business, 4*(1), 942-949.

Reed, A. E., & Carstensen, L. L. (2012). The theory behind the age-related positivity effect. *Frontiers in Psychology, 3*, 1-9.

Reed, A. E., Chan, L., & Mikels, J. A. (2014). Meta-analysis of the age-related positivity effect: Age differences in preferences for positive over negative information. *Psychology and Aging, 29*, 1-15.

Reese, E., & Newcombe, R. (2007). Training mothers in elaborative reminiscing enhances children's autobiographical memory and narrative. *Child Development, 78*(4), 1153-1170.

Reissland, N. (1985). The development of concepts of simultaneity in children's understanding of emotions. *Journal of Child Psychology and Psychiatry, 26*, 811-824.

Renzulli, J. S. (1986). The three-ring conception of giftedness: A developmental model for creative productivity. In R. J. Sternberg & J. E. Davidson (Eds.), *Conceptions of giftedness* (pp. 53-92). Cambridge, England: Cambridge University Press.

Repacholi, B. M., & Gopnik, A. (1997). Early reasoning about desires: Evidence from 14- and 18-month-olds. *Developmental Psychology, 33,* 12-21.

Rest, J. R. (1979). *Development of judging moral issues.* Minneapolis: University of Minnesota Press.

Rheingold, H., Gewirtz, J. L., & Ross, H. W. (1959). Social conditioning of vacalization

in the infant. *Journal of Comparative and Physiological Psychology, 52*, 68-73.

Robins, R. W., Trzesniewski, K. H., Tracy, J. L., Gosling, S. D., & Potter, J. (2002). Global self-esteem across the lifespan. *Psychology and Aging, 17*, 423-434.

Rochat, P. (1998). Self-perception and action in infancy. *Experimental Brain Research, 123*, 102-109.

Rochat, P., & Hespos, S. J. (1997). Differential rooting responses by neonates: Evidence for an early sense of self. *Early Development and Parenting, 6*, 105-112.

Rogoff, B. (1990). *Apprenticeship in thinking cognitive development in social context.* New York: Oxford University Press.

Rogoff, B. (1998). Cognition as a collaborative process. In D. Kuhn & R. S. Siegler (Vol. Eds.), *Handbook of child psychology: Vol. 2. Cognition, perceptual, and language development* (5th ed., pp. 679-744). New York: Wiley.

Rogoff, B., Gauvain, M., & Ellis, S. (1984). Development viewed in its cultural context. In M. H. Bornstein & M. E. Lamb (Eds.), *Developmental psychology: An advanced textbook* (pp. 139-151). Hillsdale, NJ: Lawrence Erlbaum Associates.

Rosenstein, D., & Oster, H. (1988). Differential facial responses to four basic tastes in newborns. *Child Development, 59*, 1555-1568.

Rosenthal, R., & Jacobson, L. (1968). Pygmalion in the classroom. *The Urban Review, 3*(1), 16-20.

Rothbart, M. K., & Bates, J. E. (1998). Temperament. In W. Damon (Series Ed.) & N. Eisenberg (Vol. Ed.), *Handbook of child psychology: Vol. 3. Social, emotional, and personality development* (5th ed., pp. 105-176). New York: Wiley.

Rothbart, M. K., & Bates, J. E. (2006). Temperament. In W. Damon & R. M. Lerner (Series Eds.) & N. Eisenberg (Vol. Ed.), *Handbook of child psychology: Vol. 3. Social, emotional, and personality development.* (6th ed., pp. 99-166). Hoboken, NJ: Wiley.

Rothbart, M. K., Ahadi, S. A., & Evans, D. E. (2000). Temperament and personality: Origins and outcomes. *Journal of Personality and Social Psychology, 78,* 122-135.

Rovee-Collier, C. K. (1993). The capacity for long-term memory in infancy. *Current Directions in Psychological Science, 2,* 130-135.

Rovee-Collier, C. K. (1999). The development of infant memory. *Current Directions in Psychological Science, 8,* 80-85.

Rovee-Collier, C. K., Sullivan, M. W., Enright, M., Lucas, D., & Fagen, J. W. (1980). Reactivation of infant memory. *Science, 208,* 1159-1161.

Rowe, J., & Kahn, R. (1998). *Successful aging.* New York: Random House.

Rubin, K. H., Bukowski, W. M., & Parker, J. G. (2006). Peer interactions, relationships, and groups. In N. Eisenberg (Ed.), *Handbook of child psychology: Social, emotional, and personality development* (6th ed., Vol. 3, pp. 571-645). Hoboken, NJ: Wiley.

Ruble, D. N., & Dweck, C. S. (1995). Self-conceptions, person conceptions, and their development. In N. Eisenberg (Ed.), *Social development* (pp. 109-139). Thousand Oaks, CA: Sage.

Ruf, D. L. (2003). *Use of the SB5 in the assessment of high abilities. Assessment Service Bulletin No. 3.* Itasca, IL: Riverside.

Saarni, C. (1999). *The development of emotional competence.* New York: Guilford press.

Saarni, C., Mumme, D. L., & Campos, J. J. (1998). Emotional development: Action, communication, and understanding. In W. Damon (Series Ed.) & N. Eisenberg (Vol. Ed.), *Handbook of child psychology: Vol. 3. Social, emotional, and personality development* (5th ed., pp. 237-309). New York: Wiley.

Sakraida, T. J. (2005). Divorce transition differences of midlife women. *Issues in Mental Health Nursing, 26,* 225-249.

Salapatek, P. (1975). Pattern perception in early infancy. In L. B. Cohen & P. Salapatek (Eds.), *Infant perception: From sensation to cognition.* New York: Academic Press.

Salmivalli, C., Huttunen, A., & Lagerspetz, K. (1997). Peer networks and bullying in schools. *Scandinavian Journal of Psychology, 38,* 305-312.

Salovey, P., & Mayer, J. D. (1990). Emotional intelligence. *Imagination, Cognition and Personality, 9*(3), 185-211.

Sameroff, A. J., Seifer, R., Baldwin, A., & Baldwin,

C. (1993). Stability of intelligence from preschool to adolescence: The influence of social and family risk factors. *Child Development, 64*(1), 80–97.

Santrock, J. W. (2004). *A tropical approach to life-span development.* Boston: McGraw-Hill.

Santrock, J. W. (2006). *Child Development* (10th ed.). 곽금주, 정윤경, 김민화, 박성혜, 송현주 역(2006). 아동발달심리학. 서울: 박학사.

Saudino, K. J., McGuire, S., Reiss, D., Hetherington, E. M., & Plomin, R. (1995). Parent ratings of EAS temperaments in twins, full siblings, half siblings, and step siblings. *Journal of Personality and Social Psychology, 68*(4), 723–733.

Saxe, G. B., Guberman, S. R., & Gearhart, M. (1987). Goals and contexts: A reply to the commentaries. Reply to commentaries of social processes in early number development (1987). *Monographs for the Society for Research in Child Development, 52*(2), 160–163.

Scarr, S., & McCartney, K. (1983). How people make their own environments: A theory of genotype-environment effects. *Child Development, 54*, 424–435.

Scarr, S., & Salapatek, P. (1970). Patterns of fear development during infancy. *Merrill-Palmer Quarterly, 16*, 53–90.

Scarr, S., & Weinberg, R. A. (1983). The Minnesota adoption studies: Genetic differences and malleability. *Child Development, 54*, 260–267.

Schaffer, H. R. (1986). Child psychology: The future. *Journal of Child Psychology and Psychiatry, 27*, 761–780.

Schaie, K. W. (2005). *Developmental influences on adult intelligence.* New York: Oxford University Press.

Schaie, K. W. (2008). A lifespan developmental perspective of psychological aging. In K. Laidlaw & B. G. Knight (Eds.), *Handbook of emotion disorders in late life: Assessment and treatment* (pp. 3–32). Oxford, UK: Oxford University Press.

Scheibe, S., & Carstensen, L. L. (2010). Emotional aging: Currents and future trends. *Journal of Gerontology: Psychological Sciences, 65B*, 133–144.

Scheibe, S., English, T., Tsai, J. L., & Carstensen, L. L. (2013). Striving to feel good: Ideal affect, actual affect, and their correspondence across adulthood. *Psychology and Aging, 28*, 160–171.

Scheier, C., Lewkowicz, D. J., & Shimojo, S. (2003). Sound induces perceptual reorganization of an ambiguous motion display in human infants. *Developmental Sciences, 6*, 233–244.

Schneider, W. J., & McGrew, K. S. (2012). The Cattell-Horn-Carroll model of intelligence. In D. P. Flanagan, & P. L. Harrison (Eds.), *Contemporary intellectual assessment: Theories, tests, and issues* (3rd ed.). New York, NY: Guilford.

Schneider, W., & Pressley, M. (1997). *Memory development between two and twenty* (2nd ed.). Mahwah, NJ: Erlbaum.

Schneider, W., & Sodian, B. (1988). Metamemorymemory relationships in preschool children: Evidence from a memory-for-location task. *Journal of Experimental Child Psychology, 45,* 209-233.

Schneider, W., Bjorklund, D. F., & Maier-Bruckner, W. (1996). The effects of expertise and IQ on children's memory: When knowledge is, and when it is not enough. *International Journal of Behavioral Development, 19,* 773-796.

Schneider, W., Gruber, H., Gold, A., & Opwis, K. (1993). Chess expertise and memory for chess positions in children and adults. *Journal of Experimental Child Psychology, 56,* 328-349.

Schneider, W., Korkel, J., & Weinert, F. E. (1989). Domain-specific knowledge and memory performance: A comparison of high- and low-aptitude children. *Journal of Educational Psychology, 81,* 306-312.

Schneider, W., Kron, V., Hunnerkopf, M., & Krajewski, K. (2004). The development of young children's memory strategies: First findings from the Wurzburg Longitudinal Memory Study. *Journal of Experimental Child Psychology, 88,* 193-209.

Schneider, W., Schlagmuller, M., & Vise, M. (1998). The impact of metamemory and domain-specific knowledge on memory performance. *European Journal of Psychology of Education, 13,* 91-103.

Schroeder, R. D., Bulanda, R. E., Giordano, P. C., & Cernkovich, S. A. (2010). Parenting and adult criminality: An examination of direct and indirect effects by race. *Journal of Adolescent Research, 25,* 64-98.

Scullin, M. K., Bugg, J. M., McDaniel, M. A., & Einstein, G. O. (2011). Prospective memory and aging: preserved spontaneous retrieval, but impaired deactivation, in older adults. *Memory & Cognition, 39*(7), 1232-1240

Sears, R. R., Farnsworth, P. R., McNemar, Q., & Wallin, P. (1974). Memorial Resolution for Lewis Madison Terman 1877-1956 (See Cover). *Gifted Child Quarterly, 18*(2), 81-82.

Seifer, R., Sameroff, A. J., Barrett, L. C., & Krafchuk, E. (1994). Infant temperament measured by multiple observations and mother report. *Child Development, 65,* 1478-1490.

Sekuler, R., Sekuler, A. B., & Lau, R. (1997). Sound alters visual motion perception. *Nature, 385,* 308.

Selman, R. L. (1976). Social-cognitive understanding: A guide to educational and clinical practice. In T. Lickona (Ed.), *Moral development and behavior: Theory, research, and social issues* (pp. 299-316). New York: Holt, Rine-hart and Winston.

Selman, R. L. (1980). *The growth of interpersonal understanding.* New York: Academic Press.

Serbin, L. A., Poulin-Dubois, D., Colburne, K. A., Sen, M. G., & Eichstedt, J. A. (2001). Gender stereotyping in infancy: Visual preferences for and knowledge of gender-stereotyped toys in the second year. *International Journal of Behavioral Development, 25*(1), 7-15.

Shaffer, D. (2009). *Developmental psychology:*

Childhood and adolescence (8th ed.) Belmont, CA: Wadsworth.

Shaffer, D. R. & Kipp, K. (2010). *Developmental psychology: Childhood & adolescence* (8th ed.). 송길연, 장유경, 이지연, 정윤경 역(2012). 발달심리학. 서울: 센게이지 러닝코리아.

Shaffer, E. R., & Kipp, K. (2014). *Developmental psychology: Childhood and adolescence* (9th ed.). United Kingdom: Cengage Learning.

Shanahan, L., McHale, S. M., Crouter, A. C., & Osgood, D. W. (2007). Warmth with mothers and fathers from middle childhood to late adolescence: Within-and between-families comparisons. *Developmental psychology, 43*(3), 551.

Shaw, D.S., Gilliom, M., Ingoldsby, E.M., & Nagin, D. (2003). Trajectories leading to school-age conduct problems. *Developmental Psychology, 39*, 189-200.

Shepherd, R. M., & Edelmann, R. J. (2005). Reasons for internet use and social anxiety. *Personality and Individual Differences, 39*(5), 949-958.

Shivapour, S. K., Nguyen, C. M., Cole, C. A., & Denburg, N. L. (2012). Effects of age, sex, and neuropsychological performance on financial decision-making. *Frontiers in Neuroscience, 6*, 1-14.

Shweder, R. A. (1982). Beyond self-constructed knowledge: The study of culture and morality. *Merrill-Palmer Quarterly*, (1982-), 41-69.

Siegler, R. S. (1976). The effects of simple necessity and sufficiency relationships on children's causal inferences. *Child Development, 47*, 1058-1063.

Siegler, R. S. (1996). *Emerging minds: The process of change in children's thinking*. New York: Oxford University Press.

Siegler, R. S., & Alibali, M. W. (2005). *Children's thinking* (4th ed.). 박영신, 이현진, 정윤경, 최영은 역(2007). 아동 사고의 발달. 서울: 아카데미프레스.

Siegler, R. S., & Jenkins, E. (1989). *How children discover new strategies*. Hillsdale, NJ: Erlbaum.

Siegler, R. S., & Richards, D. D. (1982). The development of intelligence. In R. J. Sternberg (Ed.), *Handbook of human intelligence* (pp. 897-971). Cambridge, England: Cambridge University Press.

Simcock, G., & Hayne, H. (2002). Breaking the barrier? Children fail to translate their preverbal memories into language. *Psychological Science, 13*, 225-231.

Sims, T., Hogan, C., & Carstensen, L. L. (2015). Selectivity as an emotion regulation strategy: Lessons from older adults. *Current Opinion in Psychology, 3,* 80-84.

Sinclair-deZwart, H. (1969). Developmental psycholinguistics. In D. Elkind & J. Flavell (Eds.), *Studies in cognitive development* (pp. 315-336). New York: Oxford University Press.

Skinner, E. A., Zimmer-Gembeck, M. J., & Connell, J. P. (1998). Individual differences and the development of perceived control. *Monographs of the Society for Research in*

Child Development, 63(2-3, Serial No. 254).

Slaby, R. G., & Frey, K. S. (1975). Development of gender constancy and selective attention to same-sex models. *Child development, 46,* 849-856.

Slaby, R. G., & Guerra, N. G. (1988). Cognitive mediators of aggression in adolescent offenders: I. Assessment. *Developmental psychology, 24*(4), 580.

Slater, A., von der Schulenburg, C., Brown, E., Badenoch, M., Butterworth, G., Parsons, S., & Samuels, C. (1998). Newborn infants prefer attractive faces. *Infant Behavior & Development, 21,* 345-354.

Slaughter, V., Dennis, M. J., & Pritchard, M. (2002). Theory of mind and peer acceptance in preschool children. *British Journal of Developmental Psychology, 20,* 545-564.

Smith, L. (2015). Welcome the new office of head start director [Blog post]. Retrieved from https://www.acf.hhs.gov/archive/blog/2015/04/welcome-the-new-office-of-head-start-director

Smith, P. K., Mahdavi, J., Carvalho, M., Fisher, S., & Tippett, N. (2008). Cyberbullying: It's nature and impact in secondary school pupils. *Journal of Interpersonal Violence, 29*(12), 2218-2238.

Sodian, B., Taylor, C., Harris, P. L., & Perner, J. (1991). Early deception and the child's theory of mind: False trails and genuine markers. *Child Development,* 468-483.

Soja, N., Carey, S., & Spelke, E. (1991). Ontological categories guide young children's inductions of word meaning: Object terms and substance terms. *Cognition,* 38, 179-211.

Sonne, T., Kingo, O. S. & Krøjgaard, P. (2016). Empty looks or paying attention? Exploring infants' visual behavior during encoding of an elicited imitation task. Infancy, 21, 728-750.

Sorce, J. F., Emde, R. N., Campos, J. J., & Klinnert, M. D. (1985). Maternal emotional signaling: Its effect on the visual cliff behavior of 1-year-olds. *Developmental Psychology, 21,* 195-200.

Spearman, C. (1904). General intelligence objectively determined and measured. *The American Journal of Psychology, 15*(2), 201-292.

Spearman, C. (1927). *The abilities of man.* New York, NY: Macmillan.

Spelke, E. S. (1976). Infants intermodal perception of events. *Cognitive Psychology, 8,* 533-560.

Sperry, R. W. (1968). Hemisphere deconnection and unity in conscious awareness. *American Psychologist, 23,* 723-733.

Spinath, B., Spinath, F. M., Harlaar, N., & Plomin, R. (2006). Predicting school achievement from general cognitive ability, self-perceived ability, and intrinsic value. *Intelligence, 34*(4), 363-374.

Sprigle, J. E., & Schaefer, L. (1985). Longitudinal evaluation of the effects of two compensatory preschool programs on fourth-through sixth-grade students. *Developmental Psychology, 21*(4), 702-708.

Sroufe, L. A. (1995). *Emotional development: The organization of emotional life in the early years*. Cambridge, UK: Cambridge University Press.

Sroufe, L. A., & Waters, E. (1976). The ontogenesis of smiling and laughter: A perspective on the organization of development in infancy. *Psychological Review, 83*, 173-189.

Sroufe, L. A., Bennett, C., Englund, M., Urban, J., & Shulman, S. (1993). The significance of gender boundaries in preadolescence: Contemporary correlates and antecedents of boundary violation and maintenance. *Child Development, 64*, 455-466.

Sroufe, L. A., Egeland, B., & Kreutzer, T. (1990). The fate of early experience following developmental change: Longitudinal approaches to individual adaptation in childhood. *Child Development,* (5), 1363-1373.

Stawski, R. S., Almeida, D. M., Sliwinski, M. J., & Smyth, J. M. (2008). Reported exposure and emotional reactivity to daily stressors: The roles of adult age and global perceived stress. *Psychology and Aging, 23*, 52-61.

Stein, N. L., & Trabasso, T. (1989). Children's understanding of changing emotional states. In C. Saami & P. L. Harris (Eds.), *Children's understanding of emotion* (pp. 50-77). Cambridge: Cambridge University Press.

Steinberg, L., Blatt-Eisengart, I., & Cauffman, E. (2006). Patterns of competence and adjustment among adolescents from authoritative, authoritarian, indulgent, and neglectful homes: A replication in a sample of serious juvenile offenders. *Journal of Research on Adolescence, 16*, 47-58.

Steinberg, L., Vandell, D. L., Bornstein, M. H. (2011). *Development Infancy Through Adolescence*. 곽금주, 김경은, 김근영, 김연수, 이강이, 한세영 역(2012). 아동발달. 서울: 박영사.

Sternberg, R. J. (1985). *Beyond IQ: A triarchic theory of intelligence*. Cambridge: Cambridge University Press.

Sternberg, R. J. (1997). A triarchic view of giftedness: Theory and practice. In N. Coleangelo & G. A. Davis (Eds.), *Handbook of gifted education* (pp. 43-53). Boston, MA: Allyn and Bacon.

Sternberg, R. J., Grigorenko, E., & Bundy, D. A. (2001). The predictive value of IQ. *Merrill-Palmer Quarterly, 47*(1), 1-41.

Stipek, D. J. (1984). Young children's performance expectations: Logical analysis or wishful thinking? In J. G. Nicholls (Ed.), *Advances in motivation and achievement: The development of achievement motivation* (Vol. 3). Greenwich, CT: JAI Press.

Stipek, D. J., Gralinski, J. H., & Kopp, C. B. (1990). Self-concept development in the toddler years. *Developmental Psychology, 26*, 972-977.

Stipek, D. J., Recchia, S., & McClintic, S. (1992). Self-evaluation in young children. *Monographs of the Society for Research in Child Development, 57*(1, Serial No. 226).

Stipek, D., & MacIver, D. (1989). Developmental change in children's assessment of intellectual competence. *Child Development,*

60, 521-538.

Suzuki, L. A., & Valencia, R. R. (1997). Race-ethnicity and measured intelligence: Educational implications. *American Psychologist, 52*(10), 1103-1114.

Svetlova, M., Nichols, S. R., & Brownell, C. A. (2010). Toddlers' prosocial behavior: From instrumental to empathic to altruistic helping. *Child development, 81*(6), 1814-1827.

Szkrybalo, J., & Ruble, D. N. (1999). "God made me a girl": Sex-category constancy judgments and explanations revisited. *Developmental psychology, 35*(2), 392.

Talwar, V., & Crossman, A. (2011). From little white lies to filthy liars: The evolution of honesty and deception in young children. *Advances in Child Development and Behaviour, 40*(140), 139-179.

Tangney, J. P., & Fischer, K. W. (1995). *Self-conscious emotions: The psychology of shame, guilt, embarrassment, and pride*. New York: Guilford Press

Tangney, J., & Dearing, R. (2002). *Shame and guilt*. New York: Guilford.

Taylor, M. C., & Hall, J. A. (1982). Psychological androgyny: Theories, methods, and conclusions. *Psychological bulletin, 92*(2), 347-366.

Teller, D. Y., & Bornstein, M. H. (1987). Infant color vision and color perception. In P. Salapatek & L. Cohen (Eds.), *Handbook of infant perception: Vol. 1. From sensation to perception*. Orlando, FL: Academic Press.

Terman, L. M. (1906). Genius and stupidity: A study of some of the intellectual processes of seven "bright" and seven "stupid" boys. *The Pedagogical Seminary, 13*(3), 307-373.

Terman, L. M. (1916). *The measurement of intelligence*. Boston, MA: Houghton Mifflin.

Terman, L. M. (1922). A new approach to the study of genius. *Psychological Review, 29*(4), 310-318.

Terman, L. M. (1925). Mental and physical traits of a thousand gifted children. In L. M. Terman (Ed.), *Genetic studies of genius*. Stanford, CA: Stanford University Press,

Terman, L. M., & Oden, M. H. (1947). *Genetic studies of genius: IV. The gifted child grows up: Twenty-five years follow-up of a superior group*. Stanford, CA: Stanford University Press.

Terman, L. M., & Oden, M. H. (1959). *Genetic studies of genius: V. The gifted group at mid-life*. Stanford, CA: Stanford University Press.

Tett, R. P., Fox, K. E., & Wang, A. (2005). Development and validation of a self-report measure of emotional intelligence as a multidimensional trait domain. *Personality and Social Psychology Bulletin, 31*(7), 859-888.

Thatchter, R. W., Lyon, G. R., Rumsey, J., & Krasnegor, N. (Eds.) (1996). *Developmental neuroimaging: Mapping the development of brain and behavior*. San Diego, CA: Academic Press.

Thelen E., & Smith, L. (1994). Paradox of nature and nurture. In R. D. Parke, P. A. Ornstein,

J. J. Rieser, & C. Zahn-Waxler (Eds.), *A century of developmental psychology*. Washington, DC: Amercan Pschological Association.

Thelen, E., & Smith, L. (1998). Dynamic systems theories. In R. M. Lerner (Vol Ed.), Theoretical Models of human development. In W. Damon (chief editor), *Handbook of child psychology* (5th ed). New York: John Wiley & Son.

Thomas, A. G., Dennis, A., Bandettini, P. A., & Johansen-Berg, H. (2012). The effects of aerobic activity on brain structure. *Frontier in Psychology, 3*, 86. doi:10.3389/fpsyg.2012.00086

Thompson, R. A.(1994). Emotion Regulation: A theme in search of definition. *Monographs of the Society for Research in Child Development, 59*(2), 25-52.

Thurstone, L. L. (1938). *Primary mental abilities*. Chicago, IL: University of Chicago Press.

Thurstone, L. L. (1947). *Multiple factor analysis*. Chicago, IL: University of Chicago Press.

Tiedens, L. Z. (2001). Anger and advancement versus sadness and subjugation: The effect of negative emotion expressions on social status conferral. *Journal of Personality and Social Psychology, 80*(1), 86.

Tolman, D. L. (2002). *Dilemmas of desire: Teenage girls talk about sexuality*. Cambridge, MA: Harvard University Press.

Tomasello, M. (2009). *The cultural origins of human cognition*. Cambridge, MA: Harvard University Press.

Tomasello, M., & Haberl, K. (2003). Understanding attention: 12- and 18-month-olds know what is new for other persons. *Developmental Psychology, 39*, 906-912.

Tomasello, M., & Rakoczy, H. (2003). What makes human cognition unique? From individual to shared to collective intentionality. *Mind and Language, 18*, 121-147.

Torrance, E. P. (1974). *The Torrance tests of creative thinking norms-Technical manual*. Bensenville, IL: Scholastic Testing Service.

Torrance, E. P. (1988). The nature of creativity as manifest in its testing. In R. J. Sternberg (Ed.), *The nature of creativity: Contemporary psychological perspectives* (pp. 43-75). Cambridge, England: Cambridge University Press.

Torrance, E. P. (1998). *The Torrance tests of creative thinking norms-Technical manual figural (streamlined) forms A & B*. Bensenville, IL: Scholastic Testing Service.

Totsika, V., & Sylva, K. (2004). The home observation for measurement of the environment revisited. *Child and Adolescent Mental Health, 9*(1), 25-35.

Treffinger, D. J., Renzulli, J. S., & Feldhusen, J. F. (1971). Problems in the assessment of creative thinking. *The Journal of Creative Behavior, 5*(2), 104-112.

Trehub, S. E., & Schneider, B. A. (1983). Recent advances in the behavioral study of infant audition. In S. E. Gerber & G. T. Mencher (Eds.), *Development of auditory behavior*. New York: Grune & Stratton.

Trevarthen, C. (1984). Emotions in infancy: Regulators of contact and relationships with persons. In K. Scherer & P. Ekman (Eds.), *Approaches to emotion* (pp. 129-157). Hillsdale, NJ: Eralbaum.

Trzesniewski, K. H., & Robins, R. W. (2004). A cohort-sequential study of self-esteem from age 25 to 96. Poster presented at the Society for Personality and Social Psychology. Austin, Texas.

Trzesniewski, K. H., Donnellan, M. B., & Robins, R. W. (2003). Stability of self-esteem across the lifespan. *Journal of Personality and Social Psychology, 84*, 205-220.

Turiel, E. (1983). The development of social knowledge: Morality and convention. Cambridge University Press.

Usher, J. A., & Neisser, U. (1993). Childhood amnesia and the beginnings of memory for four early kife events. *Journal of Experimental Psychology: General, 122*, 155-165.

Vaillant, G. (2012). *Triumphs of experience: The men of Harvard Grant Study.* Cambridge, Massachusetts: The Belknap Press of Harvard University Press.

Van Abbema, D. L. V., & Bauer, P. J. (2005). Autobiographical memory in middle childhood: Recollections of the recent and distant past. *Memory, 13*, 829-845.

Van den Boom, D. C. (1995). Do first-year intervention effects endure? Follow-up during toddlerhood of a sample of Dutch irritable infants. *Child Development, 66*, 1798-1816.

Van Doorninck, W. J., Caldwell, B. W., Wright, C., & Frankenberg, W. K. (1981). The relationship between twelve month home stimulation and school achievement. *Child Development, 52*, 1080-1083.

Van IJzendoorn, Juffer M., & Poelhuis F., & Klein, C. (2005). Adoption and cognitive development: A meta-analytic comparison of adopted and nonadopted children's IQ and school performance. *Psychological Bulletin, 131*, 301-316.

Van IJzendoorn, M. H. (1995). Adult attachment representations, parental responsiveness, and infant attachment: A meta-analysis on the predictive validity of the Adult Attachment Interview. *Psychological Bulletin, (3)*, 387-403.

Van IJzendoorn, M. H., Schuengel, C., & Bakermans-Kranenburg, M. J. (1999). Disorganized attachment in early childhood: Meta-analysis of precursors, concomitants, and sequelae. *Development and Psychopathology, 11*, 225-249.

Vickio, C. J., & Cavanaugh, J. C. (1985). Relationships among death anxiety, attitudes toward aging, and experience with death in nursing home employees. *Journal of Gerontology, 40*(3), 347-349.

Vittrup, B., & Holden, G. W. (2010). Children's assessments of corporal punishment and other disciplinary practices: The role of age, race, SES, and exposure to spanking. *Journal of Applied Developmental Psychology,*

31(3), 211-220.

Volling, B. L., McElwain, N. L., & Miller, A. L. (2002). Emotion regulation in context: The jealousy complex between young siblings and its relations with child and family characteristics. *Child Development, 73*, 581-600.

Vosniadou, S., & Brewer, W. F. (1992). Mental models of the earth: A study of conceptual change in childhood. *Cognitive Psychology, 24*, 535-585.

Vurpillot, E. (1968), The development of scanning strategies and their relation to visual differentiation. *Journal of Experimental Psychology, 6*, 632-650.

Waddington, C. H. (1966). *Principles of development and differenciation*. New York: McMillan.

Waldman, I. D., Weinberg, R. A., & Scarr, S. (1994). Racial group differences in IQ in the Minnesota Transracial Adoption Study: A reply to Levin and Lynn. *Intelligence, 19*, 29-44.

Walker, A. (2006). Active Aging in Employment: Its meaning and Potential, *Asian-Pacific Review, 13*(1), 78-93.

Walker, L. J. (2006). Gender and morality. *Handbook of moral development*, 93-115.

Walker, L. J., de Vries, B., & Trevethan, S. D. (1987). Moral stages and moral orientations in real-life and hypothetical dilemmas. *Child development*, 842-858.

Walker-Andrews, A. S., & Dickson, L. R. (1997). Infants' understanding of affect. In S. Hala (Ed.), *The development of social cognition* (pp. 161-186). West Sussex, UK: Psychology Press.

Walker-Andrews, A. S., Bahrick, L. E., Raglioni, S. S., & Diaz, I. (1991). Infants' bimodal perception of gender. *Ecological Psychology, 3*, 55-75.

Wallach, M. A., & Kogan, N. (1965). *Modes of thinking in young children: A study of the creativity-intelligence distinction*. New York, NY: Holt, Rinehart, & Winston.

Walther, J. B. (1994). Anticipated ongoing interaction versus channel effects on relational communication in computer-mediated interaction. *Human Communication Research, 20*(4), 473-501.

Wang, M., & Shi, J. (2014). Psychological research on retirement. *Annual Review of Psychology, 65*, 209-233.

Wang, Q. (2007). Remember when you got the big, big bulldozer? Mother-child reminiscing over time and across cultures. *Social Cognition, 25*, 455-471.

Warin, J. (2000). The attainment of self-consistency through gender in young children. *Sex roles, 42*(3-4), 209-231.

Warneken, F. (2013). Young children proactively remedy unnoticed accidents. *Cognition, 126*(1), 101-108.

Warneken, F., & Tomasello, M. (2006). Altruistic helping in human infants and young chimpanzees. *Science, 311*(5765), 1301-1303.

Warneken, F., & Tomasello, M. (2007). Helping and cooperation at 14 months of age. *Infancy, 11*(3), 271-294.

Waterman, A. S. (1992). Identity as an aspect of optimal psychological functioning. In G. R. Adams, T. P. Gullotta, & R. Montemayor (Eds.), *Adolescent identity formation: Advances in adolescent development* (pp. 50–72). Newbury Park, CA: Sage.

Watson, T. L., & Blanchard-Fields, F. (1998). Thinking with your head and your heart: Age differences in everyday problem-solving strategy preferences. *Aging, Neuropsychology, and Cognition, 5*(3), 225–240.

Webster-Stratton, C., & Reid, M. J. (2010). *The incredible years parents, teachers, and children training series: A multifaceted treatment approach for young children with conduct disorders.*

Webster-Stratton, C., Rinaldi, J., & Reid, J. M. (2011). Long-term outcomes of incredible years parenting program: Predictors of adolescent adjustment. *Child and Adolescent Mental Health, 16*(1), 38–46.

Wechsler, D. (1939). *The measurement of adult intelligence.* Baltimore, MD: Williams & Wilkins.

Wechsler, D. (2012). *Technical and interpretative manual: WPPSI-IV.* New York, NY: Pearson Inc.

Weinberg, M. K., & Tronick, E. Z. (1994). Beyond the face: An empirical study of infant affective configurations of facial, vocal, gestural, and regulatory behaviors. *Child Development, 65,* 1503–1515.

Weinberg, R. A., Scarr, S., & Waldman, I. D. (1992). The Minnesota transracial adoption study: A follow-up of IQ test performance at adolescence. *Intelligence, 16*(1), 117–135.

Weiner, B. (1974). *Achievement motivation and attribution theory.* Morristown, N. J.: General Learning Press.

Weiner, B. (1986). *An Attributional Theory of Motivation and Emotion.* New York: Springer Verlag.

Weisgram, E. S., Bigler, R. S., & Liben, L. S. (2010). Gender, values, and occupational interests among children, adolescents, and adults. *Child Development, 81*(3), 778–796.

Wellman, H. M. (1990). *The child's theory of mind.* Cambridge, MA: MIT Press.

Wellman, H. M., & Bartsch, K. (1988). Young children's reasoning about beliefs. *Cognition, 30,* 239–277.

Wellman, H. M., & Gelman, S. A. (1998). Knowledge acquisition in foundational domains. In D. Kuhn & R. S. Siegler (Vol. Eds.), *Handbook of child psychology: Vol. 2. Cognition, perception & language* (5th ed., pp. 523–573). New York: Wiley.

Wellman, H. M., Phillips, A. T., & Rodriguez, T. (2000). Young children's understanding of perception, desire, and emotion. *Child Development, 71,* 895–912.

Wentworth, N., Benson, J. B., & Haith, M. M. (2000). The development of infants' reaches for stationary and moving targets. *Child Development, 71,* 576–601.

Werker, J. F., & Tees, R. C. (1999). Cross-language speech perception: Evidence for perceptual reorganization during the first year of life. *Infant Behavior and Development*, 7, 49-63.

Wertheimer, M. (1961). Psychomotor coordination of auditory-visual space as birth. *Science, 134*, 1692.

Wertsch, J. V., & Tulviste, P. (1994). Vygotsky and contemporary developmental psychology. In R. D. Parke, P. A. Ornstein, J. J. Rieser, & C. Zahn-Waxler (Eds.), *A century of developmental psychology*. Washington, DC: Amercan Pschological Association.

White, B. L. (1985). *The first three years of life*. New York: Prentice-Hall.

White, S. H. (2000). Conceptual foundations of IQ testing. *Psychology, Public Policy, and Law, 6*(1), 33-43.

WHO. (2002). *Active Ageing: A Policy Framework*. Geneva: WHO.

Widen, S. C., & Russell, J. A. (2003). A closer look at preschoolers' freely produced labels for facial expressions. *Developmental Psychology, 39*, 114-128.

Wilson, A. E., Smith, M. D., & Ross, H. S. (2003). The nature and effects of young children's lies. *Social Development, 12*(1), 21-45.

Wilson, R. S. (1983). The Louisville twin study: Developmental synchronies in behavior. *Child Development*, 298-316.

Wimmer, H., & Perner, J. (1983). Beliefs about beliefs: Representation and constraining function of wrong beliefs in young children's understanding of deception. *Cognition, 13*, 103-128.

Winsler, A., De Léon, J. R., Wallace, B. A., Carlton, M. P., & Willson-Quayle, A. (2003). Private speech in preschool children: Developmental stability and change, across-task consistency, and relations with classroom behavior. *Journal of Child Language, 30*, 583-608.

Wintner, M.G., Vallance, D. D. (1994). A developmental sequence in the comprehension of emotions: Intensity, multiple emotions and valence. *Developmental Psychology, 30*(4), 509-514.

Witherington, D. C., Campos, J. J., & Hertenstein, M. J. (2001). Principles of emotion and its development in infancy. In J. G. Bremner & A. Fogel (Eds.), *Blackwell handbook of infant development* (pp. 427-464). Malden, MA: Blackwell Publishers.

Wolff, P. (1987). *The development of behavioral states and expression of emotions in early infancy*. Chicago: University of Chicago Press.

Wong, P. T. P., Recker, G. T., & Gesser, G. (1994). Death Attitude Profile-Revised: A multidimensional measure of attitudes toward death. In R. A. Neimeyer (Ed.), *Death Anxiety handbook* (pp. 121-148). Washington, DC: Taylor & FrancisFlorian.

Wood, D. J., & Middleton, D. J. (1975). A study of assisted problem solving. *British Journal of Psychology, 66*, 181-191.

Wrzus, C., Hanel, M., Wagner, J., & Neyer, F. J. (2013). Social network changes and life events across the life span: A meta-analysis. *Psychological Bulletin, 139*, 53-80.

Wynn, K. (1992). Addition and subtraction by human infants. *Nature, 358*, 749-750.

Yamada, J. E. (1990). *Laura: A case for the modularity of language.* Cambridge: MIT Press.

Yarrow, M. R., Scott, P. M., & Waxler, C. Z. (1973). Learning concern for others. *Developmental Psychology, 8*(2), 240.

Yates, D. (2013). Researchers map emotional intelligence in the brain. Champaign, IL: University of Illinois News Bureau. Retrieved from https://news.illinois.edu/blog/view/6367/271097

Yonas, A., Cleaves, W., & Petterson, L. (1978). Development of sensitivity to pictorial depth. *Science, 200,* 77-79.

Yunger, J. L., Carver, P. R., & Perry, D. G. (2004). Does gender identity influence children's psychological well-being? *Developmental psychology, 40*(4), 572.

Yussen, S. R. (1977). Characteristics of moral dilemmas written by adolescents. *Developmental Psychology, 13*(2), 162-163.

Yussen, S. R., & Bird, J. E. (1979). The development of metacognitive awareness in memory, communication, and attention. *Journal of Experimental Child Psychology, 28,* 300-313.

Zahn-Waxler, C., Friedman, R. J., Cole, P. M., Mizuta, I., & Hiruma, N. (1996). Japanese and United States preschool children's responses to conflict and distress. *Child Development, 67*(5), 2462-2477.

Zeman, J., & Garber, J. (1996). Display rules for anger, sadness, and pain: It depends on who is watching. *Child Development, 67*(3), 957-973.

Zimprich, D., & Martin, M. (2009). A multilevel factor analysis perspective on intellectual development in old age. In C. Hertzog & H. Bosworth (Eds.), *Aging and cognition: Research methodologies and empirical advances* (pp. 53-76). Washington DC: American Psychological Association.

찾아보기

저자 소개

성현란(Hyunran Sung / 제1장)
일본 오사카 시립대학교 심리학과 박사
전) 대구가톨릭대학교 심리학과 교수
현) 대구가톨릭대학교 심리학과 명예교수

〈저서 및 역서〉
성인 및 노인 심리학(공역, 8판, 시그마프레스, 2015)
심리학과 삶(공역, 20판, 시그마프레스, 2015)
인지발달(공저, 학지사, 2001)

성은현(Eunhyun Sung / 제2장)
프랑스 파리 5대학교 인지발달 교육심리학과 박사
현) 호서대학교 유아교육과 교수

〈저서 및 역서〉
유아 창의성 교육(공저, 양서원, 2016)
교실에서의 창의성 교육(공역, 학지사, 2014)
창의성-이론과 주제(공역, 시그마프레스, 2009)

장유경(Youkyung Chang / 제3장)
미국 UCLA 대학교 심리학과 박사
전) 성균관대학교 아동학과 연구교수
현) 한솔교육 연구원 원장

〈저서 및 역서〉
장유경의 아이놀이 백과(저, 북폴리오, 2015)
발달심리학(공역, 9판, 센게이지 러닝, 2014)
아이의 가능성(저, 예담프렌즈, 2012)

정명숙(Myungsook Chung / 제4장)
호주 Monash 대학교 심리학과 박사
현) 꽃동네대학교 상담심리학과 교수

〈역서〉
아동청소년정신병리학(공역, 시그마프레스, 2017)
재미있는 심리학 이야기(공역, 시그마프레스, 2012)
인지발달: 전통적 관점에서 신경과학적 관점까지
   (공역, 시그마프레스, 2010)

박혜원(Hyewon Park /제5장)
미국 University of Massachusetts, Amherst 심리학
   과 박사
현) 울산대학교 아동가정복지학과 교수

〈저서〉
한국 웩슬러 유아지능검사(공저, 4판, 학지사, 2016)
한국 비언어지능검사(저, 2판, 마인드프레스, 2015)
한국 Bayley 영유아발달검사(공저, 2판, 특수교육
   사, 1996)

이현진(Hyeonjin Lee / 제6장)
미국 University of California, Irvine 심리학과 박사
현) 영남대학교 유아교육과 교수

〈저서 및 역서〉
인간의 의사소통기원(역, 영남대학교 출판부, 2015)
마음이론(역, 학지사, 2013)
심리학의 이해(공저, 4판, 학지사, 2012)

정윤경(Yoonkyung Jeong / 제7장)
미국 University of Chicago 심리학과 박사
현) 가톨릭대학교 심리학과 교수

〈저서 및 역서〉
여성심리학(공저, 학지사, 2015)
발달심리학(공역, 박영스토리, 2014)
자폐증에 대한 진실과 오해(공역, 시그마프레스, 2010)

김혜리(Heirhee Ghim / 제8장)
미국 Brown University 심리학과 박사
현) 충북대학교 심리학과 교수

〈저서 및 역서〉
길고 멋진 미래: 행복한 노년 준비하기(공역, 박영스토리, 2017)
아동청소년정신병리학(공역, 시그마프레스, 2017)
인지발달(공저, 학지사, 2001)

송현주(Hyunjoo Song / 제9장)
미국 University of Illinois 심리학과 박사
현) 연세대학교 심리학과 교수

〈저서 및 역서〉
심리학의 이해(공저, 학지사, 2012)
아동발달심리학(공역, 박학사, 2006)

유경(Kyung Ryu / 제10장)
서울대학교 심리학과 박사
전) 한림대학교 고령사회연구소 연구원
현) 고려사이버대학교 외래교수

〈저서〉
여성심리학(공저, 학지사, 2015)
노화와 심리 (공저, 학지사, 2014)
성공적인 한국 노인의 삶(공저, 박학사, 2008)

유연옥(Younoak Yu / 제11장)
미국 CUNY GSUC 발달심리전공 박사
현) 계명대학교 유아교육과 교수

〈역서〉
창의성과 발달(역, 학지사, 2012)
놀이, 발달, 유아교육(공역, 아카데미프레스, 2006)
심리학을 변화시킨 40가지 연구(역, 학지사, 2001)

발달심리학
Developmental Psychology

2019년 1월 15일 1판 1쇄 발행
2024년 1월 25일 1판 7쇄 발행

지은이 • 성현란 · 성은현 · 장유경 · 정명숙 · 박혜원 · 이현진
　　　　정윤경 · 김혜리 · 송현주 · 유경 · 유연옥

펴낸이 • 김진환

펴낸곳 • ㈜**학지사**

　　　　04031 서울특별시 마포구 양화로 15길 20 마인드월드빌딩

대표전화 • 02-330-5114　　팩스 • 02-324-2345

등록번호 • 제313-2006-000265호

홈페이지 • http://www.hakjisa.co.kr

인스타그램 • https://www.instagram.com/hakjisa

ISBN 978-89-997-1625-6　93180

정가 28,000원

이 도서의 국립중앙도서관 출판시도서목록(CIP)은 서지정보유통지
원시스템 홈페이지(http://seoji.nl.go.kr)와 국가자료공동목록시스템
(http://www.nl.go.kr/kolisnet)에서 이용하실 수 있습니다.
(CIP 제어번호: CIP2018040063)

출판미디어기업 **학지사**

간호보건의학출판 **학지사메디컬** www.hakjisamd.co.kr
심리검사연구소 **인싸이트** www.inpsyt.co.kr
학술논문서비스 **뉴논문** www.newnonmun.com
교육연수원 **카운피아** www.counpia.com